LOS AÑOS DE LAS LUCHAS

Nicolas Sarkozy

LOS AÑOS DE LAS LUCHAS

Traducción de Manuel Cuesta

Alianza editorial

Título original: Le Temps des Combats

Diseño de cubierta: Nuit de Chine

Calle Valentín Beato, 21, 28037 Madrid
www.alianzaeditorial.es
ISBN: 978-84-1148-503-6
Depósito legal: M. 28.353-2023
Printed in Spain

Palabras preliminares

He querido tomar al lector de la mano, hacerle vivir mis años en el Elíseo como si hubiese estado a mi lado a lo largo de todos aquellos acontecimientos. Me ha parecido lo más natural, teniendo en cuenta que esta historia no me pertenece más a mí que a cada una de las personas que me den la inmensa alegría de leerla. Aquellos momentos compartidos, que muchos conservan en la memoria, constituyen una parte de nuestro patrimonio común, de nuestra identidad, de nuestros recuerdos ocultos; pero siguen vinculados a instantes de cada una de nuestras vidas privadas. No he tratado de organizar mi relato en torno a temáticas o a conexiones programáticas. He seguido, por supuesto, un hilo cronológico; pero, a medida que avanzaba en la narración de aquella parte de mi vida, los sentimientos que iba experimentando han marcado siempre el ritmo del relato. El resultado será menos académico. La exposición, probablemente más entrecortada. La construcción, menos coherente. Pero mi prioridad ha sido intentar mantener el interés del lector haciéndole compartir aquella vida de presidente de la República desde dentro. Los acontecimientos se precipitan. Los calendarios se interrumpen. Y así he querido que sea para que cada uno de ustedes pueda vivir junto a mí, con la misma intensidad, todos aquellos años. Tal era, en cualquier caso, mi intención. Mi objetivo último consistía en poner sobre la mesa la verdad de las emociones que experimenté al hallarme frente a los avatares y tormentos de la historia contemporánea. He dado la espalda deliberadamente a la fría objetividad, al triste rigor de un relato exclusivamente fáctico, pretendiendo con ello preservar el calor de las emociones, los sentimientos y las pasiones que siempre me han animado. Se trata de un relato ardiente que me ha encantado escribir desde la primera línea hasta la última. El mero hecho de que ustedes se hayan tomado la molestia de abrir este libro me basta. Como apasionado que soy de la lectura, mi mayor deseo sería que este nuevo encuentro confirmara esa máxima que suelo citar de que «el libro es del lector en la misma medida que del autor». Compartir ha sido siempre la razón profunda de mi vida. Espero que sientan ustedes, a través de estas páginas, hasta qué punto he querido a Francia y que los franceses me quieran.

Siempre he desconfiado de la nostalgia. Se trata, sin duda, de un sentimiento natural al que todos podemos tener la tentación de sucumbir en algún momento de nuestra vida. Y yo, lógicamente, no soy una excepción a esa regla. Más de una vez me he sorprendido pensando, diciendo e incluso creyendo que «el mundo de antes» era mejor, más interesante, más brillante, más profundo. Pensando así, me dejaba llevar por una inercia ridícula que me empujaba a incluirme en esa visión tan benévola del pasado, de mi pasado.

Me olvidaba de que, en mi época, personas mayores que yo debieron de experimentar exactamente esas mismas sensaciones. Y esta sencilla constatación habría de bastar para curarnos definitivamente de esa querencia, más inmadura que otra cosa. A eso se añade que la memoria y el recuerdo son unos compañeros aduladores. Tendemos, en efecto, a magnificar lo positivo y, viceversa, a olvidar lo negativo. Se exagera la dicha. Las penalidades a menudo se desdibujan. Parece una buena estrategia, así las cosas, mantenerse alerta para no caer en esa trampa de una «nostalgia feliz» que es capaz de distorsionar rápidamente todas las perspectivas, oscureciendo el presente y embelleciendo el pasado.

Esta desconfianza se vuelve aún más necesaria cuando se pretende, como es mi caso ahora, volver sobre unos hechos que ya quedan lo suficientemente lejos como para permitir un análisis más objetivo, pero no tanto como para haber sido sepultados por el rigor de la gran historia. Añado que me gustaría que estos acontecimientos que he compartido con los franceses puedan serles útiles de cara tanto a su presente como a su futuro. Estoy convencido de que se insiste demasiado en las diferencias entre las épocas cuando lo cierto es que tienen infinidad de elementos comunes, sobre todo tratándose de lo esencial: de los miedos, de las esperanzas. Eso del «mundo nuevo» es una quimera, un timo, una ilusión de lo más vulgar. Las enseñanzas del ayer pueden ser instructivas para el mañana. La vida no es una página en blanco, es un *continuum*...

Quiero explicar, por supuesto, del mejor modo posible —o con la mayor sinceridad posible— los motivos de esta o aquella decisión, el porqué de tal o cual acontecimiento, la concatenación de hechos que pudo desembocar en un fracaso, en un error o, de vez en cuando —aunque con menos frecuencia—, en un éxito. Pero voy a intentar hacerlo sin perder de vista nunca la relación con el presente, de manera que aquellas experiencias puedan resultar beneficiosas para la comprensión de los tremendos desafíos a los que han de hacer frente el mundo occidental en general y Francia en particular.

*

* *

Estoy convencido de que nos hallamos ante una crisis en términos de civilización, ante un completo cambio de paradigma, y de que asistimos a un desplazamiento del eje de nuestro planeta. Hasta el último tercio del siglo XX, dicho eje estaba sólidamente instalado en el oeste. De un tiempo a esta parte se ha trasladado hacia el este. Nosotros, los europeos, éramos el centro del mundo. Ya no lo somos. Asia se ha convertido en el principal eje estratégico. Antes éramos nosotros quienes dominábamos. Ahora estamos pasando a ser los dominados. Y esta constatación, por monstruosa que resulte, se ha vuelto insoslayable. No se trata ni de declinismo ni de pasadismo; menos aún de una depresión pasajera. Es un hecho que conviene tener presente, describir e intentar explicar.

Hay una razón objetiva para esta nueva situación, y no es la menos importante. Me refiero a la demografía. Las cifras son incontestables: todo Occidente —es decir, básicamente Estados Unidos y Europa— cuenta hoy con algo más de ochocientos millones de habitantes. ¿Qué peso va a tener frente a Asia, que cuenta con cuatro mil quinientos millones? India y China superan con creces los mil millones. El 60 % de la humanidad vive en Asia; en Occidente, apenas un 10 %. Esto es algo de una relevancia enorme, pues el factor determinante de la historia suele ser la demografía. Rara vez se ha verificado lo contrario. Podría replicarse que las cosas pueden cambiar, que nada es definitivo. Y es cierto, pero nada garantiza que, en tal caso, el cambio fuese a beneficiarnos a nosotros. Si mañana el eje del mundo tuviese que volver a desplazarse, parece bastante verosímil que eso beneficiase a África, que en menos de treinta años tendrá dos mil quinientos millones de habitantes frente a sus mil trescientos millones actuales.

De todos los desafíos del planeta, el demográfico probablemente sea el más peligroso, el más difícil y, al mismo tiempo, el que peor se conoce. En el lapso que dura una vida, la población mundial se ha multiplicado nada menos que por tres. Cuando yo nací, éramos dos mil quinientos millones; hoy somos siete mil quinientos millones. Algo nunca visto. Y lo peor es que todo sigue acelerándose exponencialmente. Es extraño que se oiga hablar constantemente del desajuste climático —que es algo muy real—, pero que no se diga una palabra sobre el desajuste demográfico, que resulta que es la causa principal del primero. La obcecación es total. Hay un silencio absoluto, como si cualquier reflexión sobre la necesidad de planificación familiar fuese inconveniente —o cuando menos políticamente incorrecta— si se hace con referencia al ámbito mundial. Lo más chocante es que ni siquiera existe una organización mundial dedicada en exclusiva a la observación de las evoluciones demográficas. No es posible analizar —huelga aclararlo— una evolución que no nos tomamos la molestia de observar, salvo quizás de lejos y de manera episódica. Porque es verdad que, cada año, la División de Población de la Organización de las Naciones Unidas publica proyecciones demográficas; pero cualquiera entiende que eso es prestar una atención insuficiente a un asunto de tamaña magnitud.

Me preocupa, en efecto, que esta evolución se traduzca finalmente en una tragedia para la humanidad. Las últimas cifras son escalofriantes: para finales del siglo se estiman once mil millones de habitantes. Es una situación que la humanidad no ha conocido nunca. Hay quien se queda tan tranquilo prediciendo una estabilización de la población mundial a lo largo de la segunda mitad del siglo XXI. Pero el nivel de esa supuesta «estabilización» será, además de muy elevado, eminentemente aleatorio y en ningún caso cambiará nada en lo que se refiere al desequilibrio inmenso entre Asia y Occidente.

*
* *

A esta constatación objetiva se suma un error de diagnóstico cuyas consecuencias aún no hemos sido capaces de calibrar en su totalidad. Lo que conforma la riqueza del mundo —de nuestras sociedades, de nuestras familias— son esas «diferencias» que no dejan de entremezclarse, de potenciarse, de alimentarse: diferencias culturales que permiten la competición, la emulación y el progreso; diferencias personales en el seno de una misma familia que legitiman y crean la diversidad de recorridos y de maneras de realizarse; diferencias de gustos —de talentos, de orígenes, de inteligencias— que generan la abundancia y la riqueza de la vida en todas sus formas. No fue, por lo demás, sino esa «efervescencia primitiva» lo que permitió la eclosión de la vida bajo millones de facetas distintas. Pues bien: es fácil constatar hasta qué punto la diferencia ha dejado de estimarse en nuestras sociedades europeas; concretamente en Francia, donde a menudo se la vive como un peligro. Todas las cabezas que sobresalen han de ser eliminadas porque resultan molestas para «el resto»; en cualquier caso, para aquellos que no sobresalen. Y eso se traduce en una voluntad proteiforme de tutelar a dichas cabezas, de banalizarlas, de nivelarlas y, por encima de todo, de ponerles un tope. La herramienta de esa estandarización generalizada lleva un nombre: el de la reivindicación igualitaria a cualquier precio y bajo cualquier forma.

El «igualitarismo desaforado» es la nueva fórmula mágica, la exigencia compartida por todos sin distinción. No es la igualdad, sino una exageración desmesurada de esta lo que ha pasado a ser el alfa y el omega de todos los discursos. Todos reposan en el mismo presupuesto, al que no cabe objetar nada u oponer ningún límite. La nivelación por lo bajo ha pasado a ser, frente a lo que aconsejarían el sentido común y la meritocracia, el nuevo El Dorado. Es decir: que, para ser felices, nuestras sociedades deben alinearse con el menos bueno que haya entre nosotros. Más vale ser todos pobres que arriesgarnos a que algunos puedan enriquecerse. Como si estuviéramos todos adscritos al mismo ideal, a la misma vida, a las mismas perspectivas y, en ocasiones, a la misma falta de ambición. Por supuesto, y nuestro lema republicano nos lo recuerda, debemos ser fraternales, pero con la condición expresa de encajar en el molde hecho a medida por los bienintencionados, para constreñir mejor a todos aquellos que se desvían de la norma. La casta quiere, en efecto, que seamos libres… pero siempre y cuando aceptemos una vida coartada. Pero resulta que las personas somos todas distintas: eso es un hecho. No somos iguales ante la enfermedad. No tenemos todos la misma estatura, ni el mismo peso, ni la misma apariencia. Hay quien tiene más energía. Otros tienen un don para la música, para el dibujo, qué sé yo. La reivindicación igualitarista sirve, en realidad, para enmascarar unos sentimientos infinitamente menos nobles, por ejemplo, la envidia. En Francia hay quien se mueve por esta última y preferiría que sus vecinos ganasen menos que él antes que ver a su propia familia vivir mejor. De modo que me arriesgo a ir contra corriente al confesar que me gusta mucho más la palabra «diferencia» que la palabra «igualitarismo». La primera me agrada. De la segunda desconfío. Considero que ambas son incompatibles.

No cabe afirmar que se prioriza la igualdad y profesar, al mismo tiempo, el respeto por las diferencias. Se trata de un objetivo inalcanzable, ya que ejercer ese respeto requiere tener en cuenta tantos particularismos que no puede verse obstaculizado por la posibilidad de dar más o de tratar mejor a quienes más lo necesitan. Ahora bien: el camino de la armonía, de la felicidad y del equilibrio reside, para nuestras sociedades, en el acompañamiento, en el respeto, en el desarrollo de las diferencias. A cada uno según sus méritos, sus gustos, su voluntad propia; que el Estado, el marco de la nación, la Administración, estén ahí para garantizar y hacer cumplir los límites que han de permitir la vida en sociedad. De otra manera, no veo que esa obsesión igualitaria y normativa, esa nivelación, puedan llevar sino a la catástrofe de una decadencia anunciada y, por lo demás, activa ya desde hace tiempo…

Me hago cargo de la ardua pendiente que hay que remontar para convencer de este cambio de rumbo a mi juicio tan necesario. Mis oponentes dirán, por ejemplo, que desdeño la prioridad de la igualdad entre hombres y mujeres. Lejos de mí la idea de rechazar un objetivo tan altamente deseable, pero resulta que se podría alcanzar con más rapidez, y sobre todo con más eficacia, si nos decidiésemos a optar por el camino de la consideración de las diferencias —concretamente de las que se dan entre los sexos— en lugar de insistir en negarlas. Apelarán igualmente, estoy seguro, al peligro de que nuestras sociedades se dividan, o incluso al del ascenso del comunitarismo en caso de que cada cual pueda construir su propia vía al éxito o al desarrollo personal. Para mí se trata justamente de lo contrario: estoy íntimamente convencido de que es la rigidez lo que lleva a la división y a la ruptura, y no al revés. El comunitarismo, por su parte, viene dado por identidades negadas, humilladas y no reconocidas; jamás por el reconocimiento y el respeto. A lo largo de estas páginas tendré ocasión de desarrollar y aclarar mis convicciones poniéndolas en diálogo con los acontecimientos que viví y las decisiones que hube de asumir.

Me permito unas últimas palabras de introducción para decir hasta qué punto haría falta que la escena política actual se regenerase con debates nuevos, libres, respetuosos y, sobre todo, desembarazados del temor a lo políticamente correcto o al linchamiento mediático, tan dispuesto siempre a estigmatizar, a caricaturizar, a cortarle la cabeza a cualquier mensajero que traiga un discurso diferente. Considero que, en el lugar que ocupo de un tiempo a esta parte, es mi deber mantenerme libre para contribuir a abrir debates que puedan resultar útiles para el futuro de Francia.

De hecho, durante las últimas elecciones presidenciales de 2022 ya hice uso de esa libertad para apoyar la candidatura del actual presidente de la República, Emmanuel Macron. Haciendo lo cual, sorprendí a algunos, decepcioné a otros —seguramente a bastantes— y tranquilicé, o eso quiero pensar, a la mayoría, que desde luego no esperaba que la decisión de un expresidente de la República obedeciese única y exclusivamente a consideraciones sectarias y partidistas. No me arrepiento de aquella decisión. Volvería a hacer lo mismo, llegado el caso. Pero quiero precisar y explicar, porque hasta ahora no lo he hecho, que aquello no comportaba una adhesión «fanática» al balance de los cinco años del Gobierno saliente; que aquello no implicaba un entusiasmo ardiente por la persona del presidente, y que no había, sobre todo, la menor expectativa de recibir ninguna respuesta o contrapartida. Se trataba, sencillamente, de expresar una opción por la responsabilidad. Ambas palabras tienen, en mi opinión, un sentido profundo. Una «opción», pues el hecho de elegir no es jamás —y eso incluye aquella elección mía que nos ocupa— la expresión de un ideal absoluto, sino una selección entre lo posible y lo peor. Raymond Aron estaba en lo cierto: «La opción política no es entre el bien y el mal, sino entre lo preferible y lo detestable».

Pues bien: optar por la extrema izquierda suponía, sin perjuicio del gran talento de su líder —Jean-Luc Mélenchon—, tomar como modelo las páginas más violentas de nuestra historia —la Comuna, el Terror— e incluso asumir, ya puestos, aquella caricatura del apogeo del comunismo que planteaba Georges Marchais, quien se atrevía a hablar de un «balance globalmente positivo de la Unión Soviética»; convertir en un principio de gobierno, en resumidas cuentas, que todo el mundo odie a todo el mundo. Eso yo, naturalmente, no me lo he planteado jamás. Los ecologistas habrían podido ser una opción. ¿Quién iba a estar contra la defensa de la naturaleza y la biodiversidad o a favor de la desregulación de la economía de mercado? Nadie. Y, sin embargo, basta oír a esas mismas personas echar pestes sin cesar contra la energía nuclear —que tanta falta nos hace—, contra el progreso científico —tan necesario para el futuro de la humanidad—, contra el hombre —al que acusan de todos los males—, contra los árboles de Navidad, contra el Tour de Francia… para salir corriendo, preguntándose qué habrá hecho nuestra sociedad para engendrar un pensamiento tan equivocado y, en última instancia, tan peligroso. Dice un refrán francés que el infierno está pavimentado de buenas intenciones. ¿Hay un modo mejor de ilustrarlo que con los ecologistas?

En cuanto a Marine Le Pen, hay que decir que ha progresado mucho. Se prepara mejor los temas y expone sus planteamientos con más calma, fuerza y moderación. A mí nunca me gustó que la demonizaran. Por otra parte, ¿cómo es posible acusarla de no ser demócrata y permitirle, al mismo tiempo, presentar candidatos por doquier hasta sacar ochenta y nueve diputados? No tiene mucho sentido que a quien participa en unas elecciones y obtiene unos magníficos resultados se le pueda luego reprochar que no ha respetado las reglas democráticas. Es absurdo. De hecho, la presidencia de la Comisión de Finanzas debería haberle correspondido a un miembro de su grupo parlamentario. Ese era, en efecto, el espíritu de la reforma de la Constitución que yo quise e hice adoptar en 2008. El principal grupo de la oposición de la Asamblea Nacional es el de la Agrupación Nacional, le guste o no a uno. Y eso quiere decir que se ha desvirtuado la norma. Quien pretenda dar lecciones de respeto a las reglas de la democracia debería evitar colocarse en situación de recibirlas. De todas formas, Marine Le Pen, a quien tanto le gusta criticar mi gestión y que fue una adversaria constante —igual que su padre—, debería reconocer que tuvo una grave responsabilidad en la elección de François Hollande, cuyo ejercicio fue calamitoso, como ahora todo el mundo sabe. Porque entonces ella no tuvo escrúpulo alguno en hacer un llamamiento a votar en mi contra y, por tanto, a favor de él. De manera que el balance de la gestión de Hollande también le atañe a ella. Por lo demás, su falta de experiencia y de cultura, su desconocimiento de los engranajes del Estado, lo exacerbado de algunas de sus convicciones y la personalidad de no pocos de sus elegidos me hacían ver su elección como una opción imposible, cuando no indigna. No se puede dejar Francia en manos de unos diletantes.

Quedaba mi propio partido. A este asunto le di muchas vueltas. Yo lo había creado al darle su nombre, Los Republicanos. Había organizado las primarias, en las que participaron cuatro millones de electores. Tengo allí infinidad de amigos. Quiero a sus altos cargos y a sus militantes, hacia quienes mantendré una gratitud eterna mientras viva. Ellos son mis mejores recuerdos. Lo que vivimos juntos durante todos esos años nadie lo va a poder borrar. Si algunos dicen que quieren «pasar página», será porque no han entendido que no se trata de una página, sino de un libro entero. Así de largo fue el camino que enfilamos juntos... No optar por nuestra candidata, Valérie Pécresse, fue un tormento personal, pero, tras reunirme con ella varias veces, en seguida comprendí que aquella posibilidad no era viable. No para mí, sino para nuestro país. La candidata, por muy buena voluntad que tuviera, no estaba lista. No contaba ni con el equipo ni con la madurez necesarios para afrontar semejante prueba. El listón estaba demasiado alto, como el resultado puso de relieve. Yo presentía una catástrofe. Fue un fiasco. Y así fue como, por primera vez en cuarenta años de vida pública, no opté por la candidata de mi propio partido. (Y al parecer fuimos unos cuantos los que nos encontramos en tal situación, porque Valérie Pécresse quedó por debajo del umbral del 5 %.) Experimenté una gran tristeza ante aquel estropicio. Habría sido posible, cuando no fácil, hacer las cosas de otro modo. Pero llorar sobre la leche derramada no lleva a ninguna parte. Probablemente este sea el momento, para mi familia política, de hacerse las preguntas adecuadas y, sobre todo, de intentar ofrecer las respuestas debidas. Los Republicanos tienen un vivero de talentos en la línea de su presidente, Éric Ciotti, a quien en los últimos tiempos no han faltado el coraje y la energía. Cada vez que ha asumido riesgos, ha sido capaz de sacar a relucir cualidades que de entrada no se le atribuían. Él es la sorpresa positiva de estos últimos años. Y otro tanto rige para mi exministro Laurent Wauquiez, a quien siempre he considerado el más brillante de su generación. Me lo sigue pareciendo. A él le corresponde ahora saber arriesgarse saliendo de su zona de confort. Si quiere, puede. A ellos les toca hoy encontrar el camino para imponer sus ideas y su liderazgo. No me corresponde a mí hacerlo, por más que vaya a estar disponible siempre para ayudar a la reconstrucción de una derecha abierta, resuelta y orientada al futuro. El espacio existe. La expectativa es inmensa. Estoy convencido de que esta familia no está condenada a la desaparición, a pesar de las desilusiones de estos últimos años y de las ridículas batallas internas.

*

* *

El año 2009 empezó con el tradicional ritual del discurso de apertura del año. Es un ejercicio difícil, pues siempre está a caballo entre las reglas de la cortesía y la consideración —donde es de buen tono no decir nada que pueda prestarse a polémicas—, y esa expectativa mediática que no se sacia nunca y, ávida tras los días de ayuno de Navidad y Año Nuevo, espera que el presidente salga con iniciativas, decisiones o, por lo menos, declaraciones rotundas. A razón de tres o cuatro discursos diarios, uno acaba calibrando bien el riesgo de cansar a una opinión pública empachada de informaciones múltiples o de pronunciar, por descuido, una palabra desafortunada que bastaría para estropear un comienzo de año que se presentaba, por la crisis financiera mundial, bajo los peores auspicios. De manera que aquel año traté de ampliar mis márgenes de maniobra empezando con un recorrido por Oriente Próximo en el que preveía visitar, al menos, cinco países en tres días: Egipto, los Territorios Palestinos, Israel, Siria y el Líbano. (En realidad se trataba más de escalas que de auténticas visitas.) Ese tipo de visitas siempre me gustaron. Los asuntos exteriores me apasionaron desde el primer momento. El descubrimiento de nuevos interlocutores no ha dejado de fascinarme nunca.

Al presidente de la República esos paréntesis internacionales le suponen un oasis, un respiro. De repente, las agotadoras servidumbres cotidianas quedan atrás. Se desvanece la brutalidad del debate nacional y de sus actores habituales, portadores de tantos rencores y tantas hostilidades —porque entienden que uno está ocupando el sillón que les correspondía a ellos—. Hasta los interlocutores de la prensa cambian: los especialistas en política ceden provisionalmente su sitio a los expertos en asuntos internacionales. A menudo pensé que, con aquel trueque, difícilmente podía yo salir perdiendo. Siempre volví de mis viajes al extranjero más rico en conocimientos y en experiencias, mejor informado de otras realidades. Y necesitaba ver Francia desde lejos para conocerla más de cerca. Puede que suene paradójico, pero así lo viví yo. Tenía una percepción más nítida de nuestras fuerzas y nuestras debilidades al compararlas con las de otros países. Me inspiraba en iniciativas adoptadas por otros jefes de Estado y de Gobierno. Me planteaba estrategias para desarrollar mi obsesión: la influencia de Francia.

Una vez más, la situación se había deteriorado muchísimo entre Israel y Hamás. Como de costumbre, las responsabilidades estaban repartidas: Israel había lanzado una ofensiva terrestre contra Gaza; Hamás seguía disparando cohetes contra Israel. Catorce años después de aquellos hechos, se impone constatar que la situación sigue siendo estrictamente la misma. El conflicto sigue igual de caliente; las conversaciones, igual de frías; las perspectivas de paz, cada vez más lejos. El callejón sin salida es total. La obcecación es absoluta. Para colmo, ya nadie quiere —o al menos intenta— hacerse cargo del asunto. Tiene uno la sensación de que ya ningún dirigente del mundo se siente investido de la responsabilidad de encontrar una solución. Los propios medios de comunicación hablan del asunto infinitamente menos que hace unos años. Ya ni siquiera se trata de un diálogo de sordos: directamente ha dejado de haber diálogo. Los protagonistas ya no disimulan: o se ignoran o se lanzan invectivas. Yo mismo he pensado, durante mucho tiempo, que la solución podría venir dada por la intermediación de grandes padrinos poderosos y comprometidos como Estados Unidos, Arabia Saudí, Egipto o incluso Europa. Mi viaje no era, por lo demás, una excepción a la regla, pues yo trataba a mi vez de implicar al presidente egipcio (Hosni Mubarak) y al presidente sirio (Bashar al-Ásad) con el primer ministro israelí (Ehud Ólmert) y con el presidente de la Autoridad Palestina (Mahmud Abás). Fue inútil: cada cual estaba encerrado, a pesar de su aparente buena voluntad, en sus propios intereses, en sus contradicciones y, sobre todo, en su red de amigos, integrada a la vez por sus protectores y por quienes estaban en deuda con ellos.

Hoy tengo la certidumbre de que, en realidad, nada será posible sin voluntad de los israelíes y la Autoridad Palestina. Ellos son los únicos que deben y pueden hacer las paces. Sin esa voluntad inicial de reconciliación y lucidez, no va a avanzar nada. Digo «lucidez» porque los adversarios más acérrimos de Israel han de entender que la comunidad internacional no se va a replantear nunca la existencia de ese país, cuya aparición fue uno de los mayores acontecimientos de la segunda mitad del siglo XX; y nadie en su sano juicio va a aceptar que se cuestione eso. En sentido inverso —y paralelamente—, ¿alguien puede concebir que los palestinos, con su importante crecimiento demográfico, renuncien a poseer su propia patria? En la medida en que ninguno de sus vecinos árabes parece dispuesto a dejarles el menor espacio en su país, la cuestión de la necesidad de un Estado palestino no lleva trazas de decaer. De manera que palestinos e israelíes están condenados, y por mucho tiempo, a vivir los unos al lado de los otros. Los países no cambian de domicilio, no se mudan. La alternativa es, por tanto, binaria. O se soportan o se enfrentan. Es decir, que, a semejanza de lo que fueron capaces de construir los alemanes y los franceses al término de la Segunda Guerra Mundial, la única perspectiva que queda es la reconciliación. Es solo una cuestión de tiempo. Y se ha desperdiciado ya mucho. Demasiados niños de esa tierra han perdido en ella la vida inútilmente. Hay que poner coto a semejante estropicio ya.

A quienes esto que digo les parezca iluso o idealista les voy a contestar que, con la paz, todo serían beneficios y, con la guerra, todo desventajas. ¿Por qué considerar, entonces, que optar por lo peor sería lo más realista? Quiero decir asimismo que la cuestión del Estado de Israel va más allá del mero problema de la identidad judía. Tras las atrocidades del Holocausto, Israel se convirtió en el símbolo del renacimiento de la civilización frente a las fuerzas del mal. Ese país nació de lo peor, del desastre, de la inhumanidad desatada durante una guerra mundial; jamás podrá llegar el hombre más lejos en la abyección. Israel es la respuesta a ese derrumbe moral. Es un símbolo que no se va a poder borrar nunca. Por eso he sostenido siempre que Francia tenía que mantenerse al lado de Israel. (Incluso militarmente, si su existencia se viera algún día amenazada.) Es una cuestión de principios y de prioridades, cosa que en absoluto excluye la posibilidad de expresar desacuerdos —llegado el caso, profundos— con los dirigentes de ese Estado. El primer ministro Ehud Ólmert estaba dispuesto a llegar bien lejos en la dirección de la paz. Me lo dijo personalmente. Era sincero, pero se puso manos a la obra demasiado tarde. Sus apuros de política interior ya no le permitían contar con la autoridad y la legitimidad necesarias para tomar iniciativas valientes. De modo que aquella ocasión se desaprovechó y ambas partes perdieron mucho: los palestinos siguen sin tener su tierra; los israelíes continúan perdiendo, con la regularidad de un metrónomo, todas las guerras de comunicación. A la larga, eso podría convertirse en una amenaza muy seria…

Una preocupación completamente distinta tenía en la cabeza con el Líbano. Ese pequeño país, al que durante mucho tiempo se ha llamado «la Suiza de Oriente Medio», representaba un milagro: el de una coexistencia jamás pacífica pero a fin de cuentas aceptada —o al menos tolerada— de comunidades diversas. El drama de Oriente es que, teniendo una identidad múltiple, su presente se ve saboteado por pulsiones tendentes a excluir del ámbito nacional al vecino «diferente». Oriente necesita esa diversidad que le es consustancial, y, sin embargo, parece fascinado precisamente por esa pureza étnica o religiosa que enfrenta sin cesar a unas comunidades con otras. Irak y Siria son los ejemplos más caricaturescos y tristes. Estos países ofrecen, en ese sentido, un espectáculo tan desolador como desesperante. El Líbano sigue siendo uno de los últimos refugios de esa diversidad tan necesaria. Allí se ven chiíes, suníes, cristianos, drusos de la montaña y tantos otros. La pregunta es cuánto tiempo va a seguir siendo así, teniendo en cuenta hasta qué punto se han exacerbado las tensiones. La comunidad internacional tendría que movilizarse hoy mucho más para ayudar, preservar y proteger a ese país tan cercano a Francia por su cultura y su historia. Allí las reglas de la democracia no se pueden aplicar en su rigor implacable, pues la adopción de una disciplina exclusivamente mayoritaria supondría la desaparición del Líbano diverso y múltiple, cuyo lugar ocuparía un Líbano chií a merced de Irán, que ya utiliza sin ningún pudor a este país al servicio de sus intereses propios. Salvar al Líbano significa preservar esa concepción que tenemos de un Oriente fiel a su cultura y a su historia, las cuales se han forjado a base de mezcolanza, encuentros, influencias, contradicciones y diferencias. Ese país representa mucho más que su población o su superficie. Constituye, igual que Israel, un símbolo. Y dejar morir un símbolo equivale a aceptar la desaparición de una parte de nuestra humanidad, de nuestra civilización, de nuestra historia. Porque no todo se reduce a las cifras, a los kilómetros cuadrados, a los intereses económicos. La memoria del mundo no puede prescindir de un Líbano libre y, sobre todo, vivo...

Tenía que visitar, una vez más, a la FINUL (Fuerza Interina de las Naciones Unidas en el Líbano) y a nuestros soldados franceses presentes en el sur del país para garantizar la independencia y la soberanía de nuestros hermanos libaneses. Yo en absoluto cuestiono la legitimidad de este contingente destinado a proteger, bajo el mando de la ONU, ese territorio tan amenazado. Lo que sí me da que pensar es la duración interminable de la misión. No hace menos de cuarenta y cinco años que hay tropas francesas desplegadas en esa zona. Eso es mucho, mucho tiempo, muchísimo tiempo... Entre otras cosas porque, poco a poco, se va percibiendo al ejército francés como una fuerza de ocupación. Es algo inevitable, por muchas precauciones que se tomen. Pero resulta que a nosotros no nos cuadra ese papel. Nuestras fuerzas han de ser enviadas para intervenir en un «conflicto caliente»: hacer uso de la fuerza —tan necesaria— y volver a marcharse una vez efectuada la primera labor quirúrgica. Y eso vale para el Líbano, para Mali, para la República Centroafricana o para Costa de Marfil. Es la única manera de evitar las polémicas, las falsas acusaciones, las hipocresías y las manipulaciones, inevitables en casos de presencia prolongada. Así, del mismo modo en que estuve de acuerdo con el envío del contingente Barkhane al Sahel para hacer frente a los yihadistas, también critiqué su eternización. Aquella operación no tendría que haber durado más que unos meses. ¿Cómo iba a poder controlarse un territorio el triple de grande que Francia con cuatro mil hombres? No tenía ningún sentido. Por no hablar de que así se dejaba al ejército francés a merced de las maledicencias capciosas del dictador militar de turno. Del mismo modo, si bien la operación Sangaris permitió evitar importantes matanzas, nosotros no tenemos mayor interés en mantener separados a largo plazo a cristianos y musulmanes en la República Centroafricana. En el mejor de los casos, no podremos hacer nada; en el peor, pasaremos a ser nosotros el objetivo. Los grupos carentes de cualquier tipo de legitimidad necesitan, en efecto, designar un enemigo en la esperanza de que así se olviden sus propias negligencias.

Nuestro país debe desempeñar un papel en la escena internacional. Su papel. En absoluto es un asunto de orgullo nacional, de presunción o de ego, como a menudo sostienen tantos comentaristas que miden el poder de Francia con el rasero de sus propias y pobres capacidades imaginativas o proyectivas. Para Francia, la ambición de desempeñar un papel no es una opción o una alternativa: es un asunto de identidad nacional. Nosotros no conocemos la mesura, el punto de equilibrio, el término medio. Necesitamos algo «grande» porque, de lo contrario, nos entregamos a lo peor. Y toda nuestra historia lo ejemplifica del modo más palmario. Los franceses experimentan siempre la exigencia de vivir un gran proyecto, una gran ambición, una visión incandescente. Solo tales perspectivas son capaces de canalizar su energía, esa energía que constituye nuestra mayor baza y nuestro mayor punto débil. Digo que constituye nuestra mayor baza porque nos permite afrontar ese género de retos desaforados que han marcado tantas páginas gloriosas de nuestra historia. Francia está dotada de talentos múltiples, de temperamentos originales, de creadores asombrosos. Nosotros somos capaces de hacer un montón de cosas que los demás no podrían acometer. Y, al mismo tiempo, una especie de masoquismo nacional nos hace caer con frecuencia en lo peor inmediatamente después de haber encarnado lo mejor…

*
* *

Era evidente que no podía prolongar mi estancia en Oriente Próximo. Tenía que pronunciar ante los franceses el discurso de apertura del año. Los pocos días de descanso de finales de diciembre los había pasado trabajando a matacaballo en el plan de gobierno para la vuelta de las vacaciones. Era absolutamente necesario retomar la iniciativa en el ámbito nacional. La impresión general era que la presidencia francesa de la Unión Europea había sido un éxito. Otro tanto, la gestión de la grave crisis financiera mundial. Pero teníamos que recuperar el impulso. Tanto económica como políticamente.

Económicamente porque nuestra economía, como la del resto de países, estaba anémica. Políticamente porque la crisis había anestesiado temporalmente las críticas. Sin embargo, el final de la depresión es siempre el momento más peligroso. Al contrario de lo que se cree, las verdaderas dificultades se presentan, con mucha más frecuencia que durante la crisis, una vez que esta ha terminado. Sucede igual que cuando las fieras salen de la jaula tras el espectáculo: los domadores saben que esa parte es la más delicada de gestionar; es en ese momento cuando se producen la mayoría de las tragedias.

Yo quería, fiel a mi estrategia constante, dejar fuera de juego a todos mis oponentes imponiéndoles un calendario de reformas e iniciativas frenéticas. Deseaba que Francia aprovechase aquella gran conmoción financiera mundial para intentar reventar, uno a uno, los cerrojos de los conservadurismos sindicales, corporativistas o políticos. Por otra parte, tampoco me desagradaba desestabilizar a mis opositores obligándoles a reaccionar y, viceversa, impidiéndoles actuar. Tenía ya muy claro que, debiendo ser el blanco de los ataques, más vale ser un blanco en movimiento que uno estático. Eso me protegía de una inmovilidad que indudablemente habría sido mi perdición.

No tengo problema en reconocer, retrospectivamente, que no elegí el tema más fácil para abrir aquel año político, ya que hablé de la justicia en general y, más concretamente, de la justicia penal. Me parecía, sin embargo, que mi ambición era perfectamente legítima, toda vez que nos habría situado, por fin, en conformidad con los grandes principios europeos consagrados por el Tribunal Europeo de Derechos Humanos, los cuales declaran contrario a todas las reglas de protección del derecho a la defensa el que un acusado se encuentre ante un juez que instruye y sentencia al mismo tiempo. Se ponía así finalmente sobre la mesa, después de tanto tiempo, la cuestión del juez de instrucción a la francesa, que ya no existe prácticamente en ninguna otra democracia.

De modo que fue el 7 de enero de aquel año 2009 cuando tomé la palabra en la sala de la cámara primera del Tribunal de Casación, tan cargada de historia y símbolos. En modo alguno me mostré, contra lo que pretende una leyenda por desgracia bastante extendida, «agresivo» con mis interlocutores; menos aún, provocador. Antes al contrario, teniendo en cuenta que, desde las primeras palabras de un discurso que había preparado minuciosamente —con la asistencia de mi brillante asesor de justicia Patrick Ouart y su talentoso adjunto y exjuez Christophe Ingrain—, puse de relieve que yo era miembro de pleno derecho de la familia judicial debido a mi pertenencia a la abogacía desde 1981. Fui incluso más lejos al apelar a un auténtico diálogo entre el poder ejecutivo y el poder judicial. Y utilizar la palabra «poder» tenía su importancia, pues los padres fundadores de la Quinta República francesa encajonaron a los jueces en la expresión «autoridad judicial». Es decir: que, como buenos franceses, se veían relegados a un estatus inferior. De ahí las frustraciones tantas veces descritas…

Por último recordé mi total confianza en la justicia de nuestro país. Y añadí: «Quiero que esto quede claro. No es ninguna figura retórica consabida». No cabe decir que aquello fuesen palabras ambiguas o de circunstancia. Quise incluso volver sobre las críticas que había formulado en el pasado para aclarar que, en tales ocasiones, la idea no era estigmatizar a la institución judicial, sino constatar sus disfunciones «para que esta encuentre en sí misma los medios de resolverlas». Como prueba de mi absoluta buena fe, anuncié mi decisión de reformar el Consejo Superior de la Magistratura, empezando por retirarle su presidencia al presidente de la República, quien en breve sería reemplazado por el primer presidente del mencionado Tribunal de Casación. En todo lo cual no hay nada que justifique ningún tipo de recelo…

Para procedimientos judiciales penales, el principio europeo es muy sencillo: no puede ser la misma persona quien instruye una causa y quien la juzga. Se trata de una regla fundamental para cualquiera que esté comprometido con el respeto a los derechos humanos. (A eso se debe, de hecho, que Francia sea una de las últimas democracias europeas que siguen teniendo un juez de instrucción todopoderoso...) Cualquier observador dotado de un mínimo de buena fe habría tenido que prestar su apoyo a la propuesta. La izquierda, que tiene la costumbre de dar lecciones en materia de derechos humanos, habría tenido que encontrar en aquello un terreno a su medida para hacer valer esa generosidad suya tan conocida (al menos en el ámbito de los principios...).

Es resumen: que yo quería poner fin a un *modus operandi* inadecuado separando las funciones de la instrucción y la sentencia. No es razonable contar con que el juez que se encarga de la instrucción vele al mismo tiempo por la salvaguardia de los derechos de la persona investigada. Pero subestimé la importancia de mis «desaciertos del pasado» en la materia: en el pasado había osado criticar al juez de instrucción del caso Outreau. El cual resulta, sin embargo, que había mantenido en prisión durante varios años —ahí es nada— a trece inocentes, uno de los cuales se quitó la vida. Injustamente acusado en unas condiciones ignominiosas, el pobre hombre se suicidó sin que aquello conmoviese lo más mínimo al mencionado juez, quien ni siquiera tuvo a bien disculparse. Añádase que también me había enfrentado, cuando desempeñaba el cargo de ministro del Interior, con el presidente del Tribunal de Menores de Bobigny, Jean-Pierre Rosenczveig, a quien los delincuentes del departamento apodaban «el Enrollado», lo que da una idea de los sentimientos que inspiraba a aquellos que hubiesen debido temerle y veían en él, cuando menos, a un aliado benévolo. Curiosa concepción de sus funciones como juez encargado de la represión...

Es decir: que yo había cometido una especie de sacrilegio al criticar a algunos jueces cuyo compromiso político había ido claramente en detrimento de su capacidad para ejercer su oficio de manera, si no objetiva, sí por lo menos ecuánime. Porque en modo alguno me había permitido emitir un juicio global sobre la judicatura: simplemente había constatado algunas disfunciones a mi juicio chocantes. Pero haciéndolo, me había saltado una regla mediática no escrita que prohíbe criticar las decisiones de los jueces. Ahora bien: semejante costumbre —que es una imposición del pensamiento único—, aparte de que no reposa en ningún texto jurídico, a lo que lleva es a que la institución judicial no esté sujeta a ningún control, a ningún contrapoder, a ninguna crítica por moderada que sea. Y así se ha ido construyendo, poco a poco, un mundo cerrado en sí mismo en el que no se rinde cuentas sino ante compañeros de profesión, y donde los problemas se arreglan de puertas adentro en una cierta opacidad. No hay que justificar la gestión realizada, no se tolera ningún tipo de polémica y únicamente importa el juicio de los jueces sobre sí mismos. La Justicia se ha convertido en el único poder que no debe someterse a ningún contrapoder... Yo no me imaginaba que, haciendo lo que yo entendía que era mi trabajo de ministro del Interior, hubiese herido hasta ese punto «la conciencia» y «la sensibilidad» de tantos jueces que tenían un compromiso político tan sólido. (Y eso que, para entonces, aún no había tenido el honor de figurar en un sitio destacado del tristemente célebre «muro de los gilipollas» del sindicato izquierdista de jueces Syndicat de la Magistrature.) Menos mal que los responsables políticos no tienen la piel tan fina, porque, si no, ¿qué iba a quedar de nuestra vida democrática, que avanza gracias a debates y más debates, a polémicas airadas y a reivindicaciones de transparencia?

Fue ese contexto lo que explicó la violencia de las reacciones a mi proyecto de reforma, que sin embargo era necesario desde el punto de vista de las obligaciones europeas de Francia, que siempre anda a un tris de que la condenen por no respetar las reglas del derecho a la defensa. Un periodista del *Journal du dimanche* llegó a plantear la siguiente pregunta: «El presidente de la República ¿quiere acabar con los jueces?». Hasta ahí podíamos llegar... El proyecto pretendía, sencillamente, sustituir al juez de instrucción por un juez de instrucción cuya función consistiera en hacer de árbitro entre el ministerio público, encargado de presentar la acusación e investigar, y la defensa, encargada de contestar. El juez de instrucción habría tenido la responsabilidad de dirimir entre los planteamientos de ambas partes, opuestos por naturaleza. Así habría recuperado su función de juez, abandonando una posición esquizofrénica que le obligaba a ser un instructor de cargo, digamos, la mitad de la semana y de descargo la otra mitad, escisión difícilmente asumible, al menos para quien aspire a mantenerse en el terreno de la ecuanimidad. No queda claro cómo aquella propuesta hubiese podido impedir el debido desarrollo de ninguna investigación. Yo estaba decidido, además, a darle al ministerio público su independencia. Pero el vicepresidente del Tribunal de París, Serge Portelli, denunció mi «desprecio absoluto por la Justicia». Igualmente comedida fue la reacción de Dominique Barella, presidente de la USM, el principal sindicato de jueces. Él habló de mi «concepción bonapartista del poder»; a sus ojos, yo quería nada menos que «prefectoralizar» la judicatura. (Para mostrar hasta qué punto se trata de un juicio objetivo, basta recordar que este hombre en 2007 había llamado a votar a la candidata oficial del Partido Socialista, Ségolène Royal, lo que evidencia un cinismo obvio y un descaro adecuadísimo para alguien que pretende defender la independencia de sus colegas y protegerlos de la influencia de los políticos...) De todos los conservadurismos a los que hube de hacer frente, el de la judicatura fue, sin lugar a dudas, uno de los más fuertes y eficaces. Apoyándose en unos medios de comunicación sedientos siempre de escándalos supuestamente encubiertos y agitando el espantajo del control político sobre los «casos», acabó constituyendo una fortaleza hermética y completamente autocontrolada a la que nada ni nadie puede pedir la menor explicación.

Como no quería alimentar un clima de polémica que no llevaba a ninguna parte, al final renuncié a aquel proyecto por muy íntimamente convencido que estuviese de su conveniencia. Hasta en el seno de mi propia mayoría parlamentaria habían empezado a aparecer fisuras al respecto... Pierre Mazeaud, expresidente del Consejo Constitucional, me pidió que nos reuniésemos para convencerme de que abandonara mis veleidades reformistas. (Es verdad que a este último, que siempre se había opuesto a Europa, no habría sido razonable reprocharle su oposición a una reforma que nos habría puesto en consonancia con el derecho europeo.) Aquella fue la primera vez que reculé. No se trataba, sin embargo, de ceder ante la calle o ante la presión popular, sino ante un *lobby* de menos de diez mil personas. Era una prueba más de que el número no representa la única variable relevante y de que ciertos conservadurismos, aunque no resulten espectaculares por su capacidad de organizar demostraciones de fuerza, no son menos temibles por su eficacia y por su incidencia en los medios de comunicación.

Después de haber padecido tantas acometidas judiciales desproporcionadas y excesivas, y pensando en todos esos franceses que no han tenido ocasión de expresarse públicamente como yo tengo la oportunidad de hacer, hoy lamento todavía más no haber tenido la perseverancia de llegar hasta el final con este asunto. Es verdad que mi propio equipo del Elíseo me instaba —y cómo iba a llevarles la contraria— a centrar mis esfuerzos en la salida de la crisis económica, que representaba con diferencia el problema principal, en vez de correr el riesgo de dispersarme en batallas que a ellos les parecían periféricas. Lo cierto es que no lo eran. Concretamente esta, que habría podido tener una importancia enorme para un funcionamiento armonioso de nuestra democracia... No tardaría en comprobar lo profundo de la animadversión que mi persona había suscitado, de manera totalmente injusta, en parte de la judicatura. Expresar mi opinión era un derecho que, según parece, no habría tenido que ejercer. Querer situar el procedimiento penal francés en conformidad con los principios europeos era una iniciativa que se consideró «provocadora». El problema sigue intacto en la actualidad. Por mucho que le pese al conservadurismo que sea, algún día habrá que acometerlo y solucionarlo.

*

* *

Aproveché aquel comienzo de año para sacar conclusiones del cataclismo económico y financiero que se había abatido sobre el mundo. Lo que yo temía era que, como de costumbre, una vez pasado el *shock,* las cosas volvieran a su curso natural sin que nada cambiase. Estaba convencido de que, en tal caso, había un riesgo enorme de que la cólera de la población, que tanto había sufrido los efectos de la crisis, se volviera incontrolable. Lo pensaba tanto para el mundo, como para Francia. Debo decir que sobre todo para Francia, cuya capacidad eruptiva a la hora de preconizar una revolución es prácticamente insuperable. Yo no quería dejar a la izquierda, ni a la extrema izquierda, la posibilidad de tirar, como se dice popularmente, «el bebé con el agua del baño», es decir, el capitalismo con la crisis. Resultaba sumamente tentador —y sobre todo fácil— propugnar la desaparición del capitalismo sobre la mera base de las disfunciones que habían llevado a la depresión económica. Era urgente, así las cosas, que todos los que creían en la economía de mercado optasen por defenderla y explicasen qué era lo que no había funcionado y, por tanto, qué se debía modificar. De no llevarse a cabo ese ejercicio de reconsideración, todo apuntaba a un riesgo ineluctable de amalgama, de confusión de conceptos, de soluciones sumarias contraproducentes y juicios de intenciones. Verdaderamente creo que una debilidad endémica de la derecha consiste en desatender, con demasiada frecuencia, el terreno ideológico, sobre todo en materia económica. Parece, en efecto, que la derecha se avergonzara de sus convicciones, mientras que la izquierda, por el contrario, está orgullosa de defender principios, razonamientos y posturas a menudo desconectados de la realidad, pero que finalmente logran imponer a la opinión pública cuáles son los debates «autorizados». Yo veía el peligro inminente de vernos atrapados en esa cascada de tópicos sobre la culpa de los ricos, del lucro, de los capitalistas, de los propietarios... Lo cual era, a mi juicio, absolutamente injusto, teniendo en cuenta que entre las principales víctimas de la crisis se encontraban, precisamente, los verdaderos empresarios y los trabajadores auténticos. Ellos también habían sufrido, y mucho más de lo que se pensaba. Pero esa labor de explicación no era tan sencilla, pues había que hilar muy fino y demostrar que de lo que se trataba no era de acabar con el capitalismo, sino de corregir sus disfunciones. Era un análisis preciso que, de no hacerse con rigor, se prestaba fácilmente a las conclusiones precipitadas, a los eslóganes y a las caricaturas habituales en los tratamientos del tema.

Dicho de otro modo: yo quería defender la idea de que el capitalismo exclusivamente financiero era una traición al capitalismo económico, que era en el que yo creía. (Este último es un capitalismo de emprendedores; aquel, de especuladores.) Con ello me arriesgaba a que me atacaran desde ambos lados a la vez, es decir, desde la izquierda —a la que siempre le iba a parecer que no estaba yendo lo bastante lejos en el cuestionamiento de un sistema injusto—, pero también desde una parte de la derecha a la que le pacería, en cambio, que me estaba pasando de la raya, lo que podía convertirme en alguien sospechoso. De hecho hicieron mofa de mí por lo que cierta derecha llamaba mi «tropismo» de izquierdas, y, aunque es verdad que no llegaron a compararme con Jacques Chirac y su famosa «fractura social», poco les faltó.

Tuve la ocasión de expresar mi visión sobre este importante asunto con motivo de la inauguración del coloquio «Nuevo mundo, nuevo capitalismo». Fue el 8 de enero de 2009 en el anfiteatro de la Escuela Militar; estaban presentes Angela Merkel y Tony Blair. La iniciativa había sido de mi ministro Éric Besson, quien, habiendo pertenecido al Partido Socialista, estaba mucho más familiarizado con esa clase de coloquios que muchos de mis amigos, más acostumbrados a meras convenciones de militantes. Una vez más, me congratulé de tener a mi lado a un hombre de su nivel, valiente e inteligente. Valentía ciertamente le hizo falta para venirse conmigo: no era tan fácil pasar ese Rubicón que supone cambiar de familia política. Menos aún siendo el cambio de izquierda a derecha. En tal caso, la lluvia de insultos se duplica…

Es un fenómeno bastante curioso de observar. Porque los tertulianos insisten, todos ellos, constantemente en el inmovilismo caricaturesco de los posicionamientos políticos, que por lo general consideran «pavlovianos y sectarios» o, en cualquier caso, carentes de matices. Muchos son, en efecto, quienes ponen en evidencia lo previsible y automático de determinada reacción de un político según este pertenezca a la mayoría parlamentaria o a la oposición, a la izquierda o a la derecha, a un partido o a otro. Es un comportamiento que se suele juzgar severamente. Ahora bien: cuando alguien se emancipa de las querencias partidistas, entonces será objeto de críticas por su «oportunismo». Se le niega cualquier posible convicción, como si un cambio de orientación no pudiese ser nunca otra cosa que una vulgar pulsión dictada por el interés de la carrera personal. He conocido y he tenido delante, naturalmente, comportamientos que respondían a esta lamentable descripción; pero esa generalización apresurada me parece injusta, como si un responsable político no pudiese elegir sino entre el dogmatismo y el oportunismo. (Ninguno de los cuales resulta muy alentador, sinceramente…) Tras cuarenta años de vida política, sigo creyendo que fueron la sinceridad y la valentía las que motivaron, en contextos que yo pude observar de cerca, la expresión de ciertas opciones estructuradoras. Jacques Chirac era sincero en su convencimiento de que Jacques Chaban-Delmas no saldría elegido y que Valéry Giscard d'Estaing representaba un mal menor para la supervivencia de la familia política gaullista. (Yo tenía clarísimo que las cualidades de hombre de Estado de Édouard Balladur eran superiores a las de Jacques Chirac —al menos en ese momento de la historia— para guiar a Francia.) También comprendí, aunque entonces no la compartiera, la opción de Gérald Darmanin, Bruno Le Maire y Sébastien Lecornu por Emmanuel Macron tras el desastre de las elecciones presidenciales de 2017 y la subsiguiente estenosis ideológica de Los Republicanos. (Uno puede, digo yo, ser de derechas y no querer verse limitado a la lucha contra el matrimonio para todos o la reproducción asistida...) Ninguno de estos hombres fue, a mi juicio, un «traidor». Lo que hicieron fue plantear análisis políticos. Análisis que podemos compartir o no, faltaría más. Pero no podemos reducirlos a un comportamiento dictado por puros intereses personales.

Antes de que yo fuese elegido, Éric Besson se planteó la situación desde sus convicciones y llegó a la conclusión de que Francia estaría en mejores manos conmigo que con Ségolène Royal. Me cuesta, claro, llevarle la contraria; pero es obvio que aquí no se me puede pedir objetividad. En cualquier caso prefiero, de lejos, la actitud de Besson que esa otra consistente en fingir que se apoya a un candidato —o a una candidata— en quien en realidad no se cree, diciendo en privado todo lo malo que se piensa de él o de ella. Eso sí que es falta de valentía. Y el límite de la fidelidad se cruza, bien mirado, en el momento en que empieza la insinceridad. Porque la fidelidad pasa a ser entonces un automatismo, una hipocresía, la expresión de una falta de convicciones y de coherencia. Lo cual rige tanto para la vida profesional como para la personal. Una opción fue también lo que tuve que hacer yo. Me refiero a aquel nudo gordiano que tuve que cortar ante las últimas elecciones presidenciales. Es algo que no resulta ni fácil ni agradable, pero que vuelve a conferir nobleza, libertad y pasión a un mundo político que se ha vuelto demasiado previsible y tedioso, como evidencia la incesante caída en picado de los índices de participación de todas las elecciones.

Yo siempre he sido fiel a mi familia política. Y lo he sido desde que empezó mi compromiso con ella en 1975. ¡Cuarenta y ocho años! Es una eternidad, una dilatadísima senda compartida, unos vínculos y unos recuerdos indestructibles. Jamás me he puesto de perfil en lo que atañe a mis convicciones. No he dudado en quedarme en minoría si la alternativa era sacrificarlas. Algunas veces me he equivocado en el sentido de que los hechos me han dejado en evidencia. Otras veces he acertado. Pero esa ha sido, y sigue siendo, mi concepción de un compromiso político digno de ese nombre.

*
* *

Para entender la crisis que entonces acabábamos de vivir, yo veía necesario reconsiderar esa «globalización feliz» que todos los liberales del planeta se habían afanado en vendernos, concepto al que era obligatorio adherirse so pena de ser tachado de pasadista, nacionalista o, peor aún, populista. No había margen para razonar o explicar; todavía menos, para refutar. La globalización era un hecho incontestable que no cabía cuestionar y que iba a derramar sus beneficios por el mundo entero y por los siglos de los siglos. (Alguno llegó al extremo de tomar por lema de campaña nada menos que la «identidad feliz»...) Para ciertos iluminados se trataba incluso del «fin de la historia». La realidad era, por supuesto, mucho menos fascinante. Del lado de los beneficios es de justicia insistir en el fuerte crecimiento económico mundial, en las múltiples innovaciones tecnológicas e incluso en el enriquecimiento de tantos países que anteriormente se contaban entre los más pobres del planeta, a lo que cabría añadir la multiplicación de los viajes y de los viajeros, más ávidos estos cada vez de conocer, descubrir y compartir. Todo eso significa mucho y, ciertamente, no habría sido posible sin esa revolución económica mundial. Ahora bien: este hecho insoslayable no se está negando si se pone de relieve que la moneda tenía su otra cara, que había, además del lado luminoso, un lado oscuro.

La globalización ha creado un vacío al disolver unos puntos de referencia, unos valores y unas solidaridades tradicionales que eran, al fin y al cabo, los que mantenía un equilibrio precario, pero muy real, entre lo individual y lo colectivo. Pues bien: de ese vacío nació una angustia, y de esa angustia nació una revuelta. La reacción fue tanto más violenta cuanto que la angustia era negada por una parte de las élites que, como no la comprendía, había terminado desdeñándola. Así, he visto crecer el odio hacia todas las formas de poder en las cumbres internacionales, lo que dio lugar a manifestaciones cada vez más violentas. Los jefes de Estado cruzaban el mundo para que los encerrasen —literalmente— en ciudadelas donde únicamente tendrían contacto con diplomáticos y funcionarios internacionales; jamás con ningún ciudadano del país anfitrión. Eso ha generado querencias identitarias, frenesís comunitaristas y pasiones religiosas desaforadas que se retroalimentan entre sí y se hinchan recíprocamente con más odio y más intolerancia. Sobre un fondo de crecimiento económico fuerte se han entrelazado, pues, una crisis moral y una crisis identitaria que explican —sin justificarlos ni, por supuesto, servirles de excusa— unos comportamientos extremos. Esos desequilibrios tremendos, esas injusticias flagrantes y esas desigualdades han brindado al extremismo y a la violencia un caldo de cultivo propicio. La globalización es un hecho consumado que no cabe revertir, pero el calificativo de «feliz» resultaba verdaderamente inapropiado habida cuenta del número de perdedores que han pagado un altísimo precio; número de perdedores que, además, no cesa de crecer.

Quiero poner también de relieve un efecto paradójico de la globalización. Me refiero a que esta, al mismo tiempo que permitía el surgimiento bastante espectacular de una clase media en numerosos países en vías de desarrollo como puede ser China —porque a no menos de cuatrocientos millones de chinos se les podría ya calificar de clase media—, paralelamente articulaba un descenso de categoría social —igualmente súbito— entre las clases medias de los países que decimos «desarrollados». La globalización ha obrado, en efecto, como lo haría un sistema de vasos comunicantes —o de suma cero—, es decir, dando a unos lo que les quitaba a otros.

El sistema financiero mundial ha prosperado con una gran habilidad para aprovechar tales desequilibrios. Los considerables excedentes financieros de unos servían para financiar los déficits —no menos considerables— de otros. Con la creación ilimitada de moneda, el dinero acabó teniendo un valor casi negativo. Semejante abundancia de capital líquido se invertía en cualquier cosa, en lo que fuera. Y los especuladores terminaron ganando dinero revendiendo frenéticamente —y con devaluación— importantes deudas sin tener que saldarlas nunca. Este comportamiento irresponsable generó un mar de deudas. De lo que se trataba era de ser el más imaginativo, el que más se arriesgaba, el que más rápido exigía que le llegara el beneficio. Ni siquiera se trataba de saltarse las reglas, porque resulta que no había. El mercado global surgió mucho antes de que se adoptara ningún conato de regulación mundial o, por lo menos, de normativa universal mínima.

Así traté de explicar cómo el capitalismo financiero había terminado pervirtiendo la lógica del capitalismo. Aquello era, para mí, un asunto básico. Dejé claro, de hecho, que, si no estábamos de acuerdo en eso, no estaríamos de acuerdo en nada. Porque el capitalismo tenía que ser, al menos según yo lo concebía, el trabajo, el esfuerzo, el espíritu emprendedor, una asunción de riesgos en la que cabe la posibilidad tanto de ganar como de perder. El capitalismo financiero, por el contrario, es un sistema de irresponsabilidad, como quedó claro tanto con las bonificaciones, a cuyos beneficiarios era fácil identificar, como con los recargos, que, una vez sobrevenida la crisis, ya no encontraban destinatario.

Quiero precisar que, fiel a mis convicciones en materia de diferencia e igualdad, a mí no me sorprende la magnitud de determinadas retribuciones o de determinadas ganancias. A fin de cuentas, no es nada amoral, y menos aún inmoral, que quien sea capaz de crear riqueza —mucha riqueza de la que al final todo el sistema se beneficiará directa o indirectamente— se beneficie de lo que ha sabido crear con su talento, con su dinero, con su capacidad de asumir riesgos, con su inteligencia. Que Bill Gates o Bernard Arnault son ricos es un hecho. Ahora bien: ¿quién más habría sido capaz de construir los imperios que hoy ellos poseen? Esos empresarios globales dan trabajo a cientos de miles de asalariados por todo el mundo. Lograr vender a consumidores chinos productos que resulta que se han fabricado en Francia supone un reto a la altura de muy pocos. La injusticia no reside, por tanto, en lo que ese gran industrial francés posee; se lo ha ganado con creces. La injusticia residiría en que hubiese acumulado lo que haya podido acumular sin habérselo ganado. Eso fue, en efecto, lo que a mí me chocó del asunto aquel de las bonificaciones, de los bonus. Porque no es admisible un sistema en el cual se salga ganando en cualquier caso, es decir, en el que nunca se pueda perder. Que unos financieros recibiesen bonificaciones cuando contribuían a crear riqueza a mí no me perturbó jamás. Cuando esas mismas personas tomaban, sin embargo, decisiones inoportunas y ello no comportaba ningún tipo de consecuencia financiera, entonces sí que me pareció que el sistema se volvía profundamente amoral. Fue en ese espíritu como pedí a los banqueros franceses que renunciaran, aunque solo fuera durante aquel año, a sus bonus, pues, si los resultados se habían vuelto positivos —o al menos equilibrados—, eso también se debía, en gran parte, a que el Estado había financiado ampliamente las recapitalizaciones de unas entidades que, pocos meses antes, estaban al borde de la quiebra.

Puse término a mi intervención en aquel coloquio afirmando que el remedio a la crisis del capitalismo no era el anticapitalismo. Que este último sería un callejón sin salida; que supondría una política de tabla rasa; que representaría la negación de cuanto hasta entonces había permitido asentar nuestra idea de progreso. Era un mensaje claro. La crisis del capitalismo financiero era un llamamiento a la moralización del capitalismo, no a su desaparición. De lo que se trataba no era de romper con el capitalismo, sino de refundarlo. Yo tenía la certidumbre, y sigo teniéndola, de que con el capitalismo hay dos opciones: o se refunda o será destruido. El desafío era enorme. En buena parte, sigue siéndolo.

En aquel momento me conformé con posponer para la siguiente reunión del G-20, que había de celebrarse en Londres en el mes de abril, las aplicaciones concretas que yo aspiraba a conseguir sobre la base de aquel primer análisis de fondo. (No me decepcionaría la violencia de los debates que entonces me enfrentarían a dos interlocutores de peso curiosamente unidos y asociados para no hacer nada, el presidente estadounidense Barack Obama y el presidente chino Hu Jintao; pero sobre eso, ya volveré más adelante.) Durante aquel coloquio, Angela Merkel mostró un útil apoyo, aunque escueto. Ella tampoco estaba dispuesta a ir a Londres para que no pasara nada. Aquella declaración era un primer paso. Pero luego no dijo —y sobre todo no hizo— nada más, sino que dejó, como tantas otras veces, que yo me diese de tortas hasta el momento en que ella decidió adoptar la posición que consideraba la más «razonable». ¡Cosa que hizo en el último segundo del último minuto!

No reproché a la canciller alemana su pusilanimidad. Es su naturaleza, su cultura; incluso su historia. ¿Qué se adelanta reprochándole a alguien aquello que constituye la esencia profunda de su manera de ser? Ella es del este, de un régimen comunista, y la resiliencia es su valor fundamental: el pilar que todo lo sostiene y que todo lo hace posible. La estabilidad es su obsesión; da igual cuál sea el precio, aunque sea el del inmovilismo. No asumir ningún riesgo se había convertido, para ella, en una convicción hondamente arraigada. Conservar la libertad de cambiar de estrategia hasta el ultimísimo instante es una táctica que siempre utilizó maravillosamente. Angela Merkel desconfía de los debates demasiado intelectuales; ella se aparta de cualquier discurso arrebatador. Quiere cosas sólidas, sustanciosas, consistentes; y, si eso en ocasiones es tedioso, le da igual. Al margen de que conozco sus estrechos vínculos con la patronal alemana, que nunca le habría permitido ir demasiado lejos en la refundación de un capitalismo que había permitido a Alemania granjearse un sitio de excepción entre las grandes potencias económicas mundiales. Los intereses de la industria alemana eran una preocupación constante de la canciller. Cualquier iniciativa, cualquier novedad, se examinaba, por tanto, desde ese prisma. A ella le gustaba reunirse casi a diario con este o aquel de esos grandes empresarios alemanes que le servían de guías en materia de estrategia económica. En Alemania, semejante familiaridad se veía con buenos ojos: se consideraba una señal de pragmatismo y una garantía frente a cualquier riesgo de desmán ideológico. Afortunada Alemania… En Francia, por el contrario, cualquier vínculo con la patronal, cualquier cercanía con los planteamientos de la empresa, cualquier sospecha de amistad con un empresario se analiza y disecciona inmediatamente como algo contrario a la ética, como una ofensa a los principios democráticos, como algo rayano en lo comprometedor o directamente reprobable. Así ocurrió con mi participación en los cursos de verano del MEDEF (Movimiento de las Empresas de Francia) en el verano de 2007, que fue objeto de críticas casi unánimes y se instrumentalizó durante meses. ¡Haber hablado con la patronal era la prueba, por supuesto, de que yo era el presidente de los ricos!

A mí me hacía muchísima falta el apoyo de Angela Merkel. Lograr la creación del G-20 (Grupo de los Veinte) había sido una batalla tremenda, pero ahora se trataba de evitar que el nuevo foro se estancase. La crisis y su apremio habían creado una dinámica. La salida de la crisis comportaba el riesgo de hacernos volver a caer en el inmovilismo habitual. Yo tenía que conseguir, así las cosas, una mayoría para actuar en el seno de aquella nueva organización, y el primer paso era cohesionar a los europeos del G-20. Eso era un prerrequisito, pero en absoluto bastaba. Entre los europeos contaba, por supuesto, con el Reino Unido y su primer ministro, Gordon Brown. Él también era importante, porque me permitía hacer presión sobre Estados Unidos en concreto, y sobre el mundo anglófono en general. Mi condición de «francés» me hacía sospechoso en ese universo, donde ser de izquierdas o de derechas no afecta a la premisa incuestionable: la de ser, en primer lugar y antes que nada, liberal. Así, Gordon Brown era un laborista que con bastante frecuencia estaba a mi derecha en lo que respecta a economía, industria o comercio. A pesar de estar adscrito a la Internacional Socialista, nada tenía que ver, en rigor, con nuestros socialistas franceses, que miran el funcionamiento de la economía mundial con unas convicciones del Paleolítico. Era un hombre apasionado y, con frecuencia, apasionante; enamorado de cuanto guardase una relación más o menos directa con la teoría, los grandes principios o el ámbito intelectual; amante de las cuestiones más complejas; deseoso siempre de profundizar en todas las disciplinas atinentes a la historia de la economía mundial. Fue un aliado leal y eficiente, al menos hasta donde yo pude seguirlo en sus razonamientos, que en ocasiones de verdad que sobrepasaban mi capacidad de comprensión. Añádase el caudal de su verbo: yo jamás me habría imaginado que pudiera hablarse así de rápido y tan como en ráfagas. Y con el acento escocés más marcado del mundo. Decir que, cuando hablábamos, yo estaba concentrado es decir poco. Y conversábamos con mucha frecuencia.

Evocando ahora aquellos años de colaboración confiada, útil y a menudo grata con los dirigentes británicos, no puedo evitar considerar aquella locura del *brexit* un auténtico drama tanto para ellos como para nosotros. Para ellos, porque su aislamiento nunca ha sido tan pronunciado. Salta a la vista el poco cumplimiento que han tenido las promesas estadounidenses de establecer unas relaciones económicas privilegiadas con «sus amigos ingleses». Por otra parte, las relaciones entre la isla y el continente europeo son cada día más tirantes. Y todo lleva a pensar que esto no sea más que el comienzo, del mismo modo que, tras un divorcio, resulta inevitable que el contacto vaya haciéndose, con el tiempo, cada vez más exiguo. Solamente nos separan una treintena de kilómetros, pero el *brexit* nos alejará de un modo tan definitivo como inútil.

Desde la perspectiva de la gran historia —que ha visto a los pueblos europeos enfrentarse tanto—, y además ahora que por fin habíamos conseguido reencontrarnos, tal separación no es ni más ni menos que escandalosa. Todavía no podemos imaginarnos qué energía será necesaria para que un día nos volvamos a encontrar. Temo que pueda llevar decenios. La moraleja de esta historia, por lo menos, está asegurada, porque, como pasó con la Revolución francesa —que devoró a sus instigadores—, a Boris Johnson no tardó en llevárselo por delante esa misma falta de seriedad y de convicciones que lo condujo a propugnar aquella herejía del *brexit* por cálculo personal. Pobre consuelo para esa gran economía que tantísima falta le haría hoy a Europa.

Es lo mismo que yo decía cerrando aquel coloquio: «Defenderé hasta el último aliento que necesitamos a los ingleses en Europa, que vuestro sitio está aquí con nosotros, que vuestra apertura al mundo nos resulta indispensable». Tony Blair, quien ya dije que estuvo en aquella reunión, me agradeció aquello una barbaridad. Lamentablemente, a ninguno de los dos nos hicieron caso. Yo no he cambiado, sin embargo, de convicciones ni tengo intención de hacerlo.

Terminé mi intervención, que a lo mejor había sido demasiado intensa a ojos de algunos amigos míos que siempre se mostraban preocupados por que yo pudiera pasarme de la raya —como si me hubiesen elegido para andar repitiendo tópicos—, tratando de lanzar una serie de mensajes tranquilizadores. Empecé por los banqueros —había algunos en aquella sala—, precisando que en modo alguno se trataba de suprimir las finanzas, sino simplemente de ponerlas al servicio de la producción y de la economía real; que para nada era cuestión de descalificar el endeudamiento —que es señal de confianza en el futuro y constituye un motor esencial del desarrollo económico—, sino que el planteamiento era, antes bien, hacer de modo que los riesgos —contrapartida inevitable del efecto de palanca del crédito— se evaluasen debidamente; que yo no tenía ningún tipo de ojeriza oculta a los banqueros —sin perjuicio de que encontrase llamativo el hecho de que, cada vez que una burbuja especulativa estallaba, hubiese banqueros en el origen de la misma, banqueros que se habían puesto a prestar da igual qué a da igual quién—, y que realmente haría falta encontrar, en algún momento, un equilibrio.

En aquel foro tuve un encuentro que se me quedó grabado; fue con el presidente de uno de los mayores bancos estadounidenses. Era un hombre inteligente, simpático, abierto y sincero. (Esta última cualidad no era tan frecuente en la profesión.) Se encontraba todavía impactado por lo que le acababa de pasar. Me contó que, pocas semanas antes, se habían puesto a dar vueltas alrededor de la casa en la que él vivía con su familia unos manifestantes provistos de pancartas en las que habían escrito: «Ladrón, devuelve el dinero». Como era un hombre honesto y sensible, aquello le había afectado: «¿Se da usted cuenta de lo bajo que hemos caído en términos de imagen? Es desastroso...». Le contesté que los banqueros estaban pagando el precio del culto al secreto: «Durante años, no habéis explicado las servidumbres de vuestro oficio, los riesgos, las dificultades, el contexto particular en el que habéis de salir adelante». Le dije que, cuando llega la crisis y afloran los bonus, una de las principales razones de la perplejidad de la opinión pública es su desconocimiento absoluto de cómo funcionan las finanzas y cuáles son sus prácticas; y que, por eso, yo creía en la necesidad de un profundo esfuerzo de transparencia, dictado por imperativos morales y por el deber de explicar y hacer pedagogía. Mi interlocutor me pareció sinceramente convencido tanto del problema como de los caminos para buscar una solución o, por lo menos, mitigarlo. Al final, aquel coloquio resultó más útil de lo que yo había pensado. Se lleva uno, en ocasiones, sorpresas buenas. Y más vale saber aprovecharlas, porque no son tan frecuentes. Me prometí repetir la experiencia en cuanto se presentara la ocasión.

*
* *

En Francia todo ha sido, es o será político. La política siempre vuelve a aparecer, como un estribillo. Aunque a los franceses les guste decir lo contrario, mostrar su desconfianza y castigar a sus dirigentes, llevan la política en la sangre. Pocos países hay tan politizados como el nuestro. Y quienes declaran que detestan la política la ejercen todavía más que el resto. Aquí todo es político. Lo es en el sentido de que, para tomar la más mínima decisión —o para plantear cualquier tipo de oposición—, sentimos siempre la necesidad de hacerlo con referencia a un razonamiento ideológico. Incluso los partidos que, como la Agrupación Nacional de Marine Le Pen, han prosperado desde el rechazo de la política «tradicional», son los primeros que recurren a los medios más trillados de la vida política clásica. Las formaciones que llamamos «antisistema» no lo son sino de cara a la galería, pues su primera ambición consiste precisamente en que el sistema las reconozca: en pasar a formar parte del sistema, ser digeridas por él. El ejemplo del Partido Comunista, que preconiza la revolución internacional y se conforma con aspirar a ser un modesto grupo parlamentario en la Asamblea Nacional, es sin duda uno de los más caricaturescos. Pues bien: el presidente de la República no es ninguna excepción a esta regla; tiene que estar siempre reinventando debates, explicando la coherencia ideológica de sus decisiones, bajar hasta los últimos detalles de la vida política. Está extendida, en efecto, la creencia de que él debe ocuparse solamente de lo esencial; pero eso es pura teoría, porque resulta que la naturaleza de lo esencial no está descrita en ningún libro y no obedece a ninguna regla. ¿Qué es lo esencial cuando se está dirigiendo un país? Un observador o un intelectual no encontrarán mayor problema para responder a eso; mucho más difícil lo tendrá quien esté involucrado en la acción, quien esté ejerciendo esa responsabilidad. Él sabe, por experiencia, que los mayores apuros pueden tener su origen en meros detalles. En el Elíseo hay que cuidarse de todo, supervisarlo todo, estar atento a todo. Y, así, en aquel comienzo de año, yo no me podía dedicar en exclusiva a los principios, a las ideas. Debía remangarme y atender a lo práctico, es decir, a las personas.

De ahí que eligiese un nuevo secretario general para mi formación política, la UMP (Unión por un Movimiento Popular). Aquello era absolutamente necesario, pues la apuesta por Patrick Devedjian no había salido bien; me había equivocado. Cuando uno está al frente de un partido, le tienen que gustar la gente, las reuniones, las visitas a sitios, los debates. Porque es verdad que, en ese cargo, uno no tiene poder institucional, ni siquiera operativo; pero puede ejercer una gran influencia si se muestra mínimamente reactivo, apasionado, dispuesto a vivir la actualidad sin cansarse de ella nunca. Yo quería insuflar vida y dinamismo renovados a mi familia política. Deseaba que ella fuese un catalizador de la actuación del Gobierno, que espoleara a este, en algunos de cuyos miembros advertía yo demasiada tendencia a dormirse en unos laureles que no siempre me parecían legítimos. Aquella labor requería talento, abnegación, valentía y un apetito insaciable.

Me parecía que Xavier Bertrand reunía esas características. Además me fiaba de él en el sentido de que había sabido mantener los pies en la tierra y no se había creído obligado a lanzarse de inmediato a la carrera presidencial. La comparación que me era dado hacer entre él y el presidente de mi grupo en la Asamblea Nacional —Jean-François Copé— se dirimía, así, claramente a su favor. Las virtudes de uno eran lo contrario de los defectos del otro. No había altanería ninguna en el Xavier Bertrand que yo conocí. Me gustaban su lado popular, nada esnob o elitista, y su capacidad de trabajo. Mi entorno no compartía, ni de lejos, mi optimismo. No eran pocos los que se mostraban reacios a su nombramiento, por no considerarlo fiable. Brice Hortefeux estaba muy en contra de él. Así es la vida política, con esas riñas intestinas tan ridículas y al mismo tiempo tan humanas y, por tanto, comprensibles. A la larga, sin embargo, aquello resultaba agotador. Así y todo, yo debía ponerme ante los ojos —por pura honestidad— mi propio pasado. También yo había sucumbido, en efecto —y hasta es posible que con bastante frecuencia—, a las delicias y a los venenos de la envidia. En fin: que no me desvié de mi camino y me mantuve en mi elección. Aparte de que quería poner a prueba la solidez de la nueva generación que Xavier Bertrand representaba; quería encomendarle responsabilidades, imponerle cambios de ámbito de acción, propiciar que se curtiera. Todo había sido, hasta entonces, bastante fácil para sus miembros. Primero con Jacques Chirac, luego conmigo, prácticamente no habían conocido los vientos contrarios de la vida en la oposición. Y se trata de unos vientos que hacen falta para convertirse en un diestro profesional de la política. A semejanza, digamos, del marino que sabe que la navegación con vientos contrarios requiere más conocimientos que la realizada con vientos favorables.

También aproveché el comienzo del año para mitigar aquellas incipientes tensiones que los analistas habían tenido la fineza de señalar entre François Fillon y yo. ¿Qué parte había de verdad y de quimera en todo aquello? Pues no sabría decirlo exactamente. La época de la crisis financiera fue de una intensidad insólita. Yo andaba siempre de la ceca a la meca. Y estaba perfectamente acostumbrado a la personalidad de mi primer ministro, teniendo en cuenta que este me había dejado lanzarme solo a los frentes internacional y europeo. ¿Obró así por disciplina? ¿Por falta de interés en esos ámbitos? No voy a entrar en eso. La cuestión es que no había habido entre nosotros ni el menor roce, ni el más mínimo enfado ni, por supuesto, ninguna ofensa. Probablemente el entorno de Matignon, la residencia del primer ministro, siguiese chismorreando sobre el Elíseo, al que acusaba de todos los males en descargo del primer ministro. Nada realmente grave…

Yo tampoco es que prestase demasiada atención a todo aquello, aunque por supuesto no quería que acabase enmarañando un comienzo de año bastante complicado de por sí. Pero la ventaja de la vida política es que, en ella, las cosas pueden apaciguarse con la misma rapidez con que se han embravecido. Una palabra basta para desatar un incendio y otra para extinguirlo. Eso hice al pronunciar el nombre de François Fillon en mi discurso televisivo de fin de año. Ni más ni menos. Y de inmediato se produjo en la prensa un reflorecimiento de editoriales que encarecían la solidez de nuestro vínculo renovado. El responsable de los editoriales de *Le Figaro,* Paul-Henri du Limbert, resumió de maravilla lo que yo tenía en mente: «En un momento en que el aparato del Estado debe centrarse en el plan de recuperación, ¿qué sentido tendría alimentar las dudas sobre la longevidad del jefe del Gobierno? Eso añadiría, a una crisis económica, un embrollo político cuyo interés no está claro que fuese a comprender la opinión pública». Imposible formularlo mejor. François Fillon, en su línea habitual, no compartió conmigo lo que quiera que tuviese en la cabeza. No me agradeció que le hubiese mencionado, como tampoco me había reprochado lo contrario antes. Su temperamento, y acaso su naturaleza profunda, sencillamente no le permitían expresar o poner en común el más mínimo de sus sentimientos. A mí aquello en absoluto me molestaba. Nunca he confundido las relaciones de trabajo con el trato íntimo o de amistad. Terminé pensando, de hecho, que era aquella relativa frialdad lo que hacía posible que nuestra «pareja» durase. Cuando hay pocos sentimientos pasionales en juego, el riesgo de explosión es menor. Y la pacificación fue tanto más sencilla porque, como antes dije, en realidad no había habido ningún encontronazo.

En el seno del Gobierno se había producido también un acontecimiento insólito, pero feliz: la ministra de Justicia, Rachida Dati, dio a luz a su hija Zohra. Aquello desencadenó una breve polémica porque, cinco días después del parto, la joven madre participaba en el consejo de ministros, acudiendo también al Tribunal de Casación para el acto solemne de apertura del año. Para unos era «escandaloso» que no se tomara todo su permiso de maternidad. Para otros, aquel nacimiento formaba parte de una «cortina de humo sarkozista» diseñada para distraer a la opinión pública de los verdaderos problemas. Yo encontraba todo aquello injusto y absurdo. Me preguntaba, por lo demás, qué sinceridad podía haber en todos aquellos discursos sobre la igualdad entre las mujeres y los hombres si, a la primera ocasión, se estigmatizaba a una mujer que daba a luz y quería proseguir con su carrera profesional. Aquello era la hipocresía llevada a lo más alto. Volvía a quedar en evidencia el abismo existente entre las palabras pronunciadas y la realidad vivida. Aproveché aquel consejo de ministros para saludar a la reciente madre y felicitarla por haber podido retomar tan rápido sus actividades.

Una última polémica agitó aquel mes de enero con el traslado imprevisto del prefecto del departamento de la Mancha. El día 12 yo había ido a Saint-Lô, donde llevaba seis meses ejerciendo como representante del Estado un tal Jean Charbonniaud. Yo no lo conocía y no tenía nada, obviamente, contra su persona; tampoco contra su gestión. La visita no se dio bien: los sindicatos de la enseñanza pública me habían preparado un recibimiento airado, muy en su línea. Cuando se está saliendo de una crisis, ellos son siempre de los primeros en protestar y manifestarse. Lo cual probablemente delate cierta disponibilidad en un empleo del tiempo que no siempre está sobrecargado… Los docentes sindicalizados conforman el grueso de la tropa de las múltiples y diversas manifestaciones que ocupan la vida social de nuestro país. Ya se trate del COVID o de las finanzas, ellos son los primeros en presentarse, con la regularidad de un metrónomo, como víctimas del contexto en cuestión. El discurso es siempre el mismo. Que faltan docentes, que les pagan poco, que tienen muchísimo estrés. El resto es mera coyuntura. Ellos explotan cualquier pretexto y cualquier situación para manifestarse. De hecho es una ocupación de la que jamás se cansan. Termina por convertirse en una parte de su estatus y de sus reglamentos.

Pero aquel día de Saint-Lô eran muchísimos, ocupaban todo el espacio, chillaban. El prefecto había organizado tan mal el asunto que tuve que entrar en el edificio donde debía pronunciar mi discurso entre dos tupidas columnas de manifestantes enfurecidos. Antes de lo cual, había tenido que dar la vuelta a una inmensa plaza ribeteada, toda ella, nada más que de manifestantes que no desaprovecharon la ocasión para gritar escandalosamente su oposición o incluso lanzar toda una serie de proyectiles sobre el cortejo presidencial. No digo que el prefecto hubiese hecho aquello adrede, pero realmente lo parecía. Yo habría preferido, por lo demás, que detrás de aquella negligencia organizativa hubiera habido motivaciones políticas; resultó, sin embargo, que era una cuestión de falta de profesionalidad. No se había previsto, pensado ni organizado nada. ¡Parece ser que a aquel servidor público se le había olvidado que la primera cualidad de un prefecto ha de ser la capacidad de adaptación! Y la segunda, la capacidad de reacción. No es un agravio afirmar que, aquel día, aquel prefecto había carecido de ambas.

Antes incluso de haber vuelto a París, saqué de aquello las debidas conclusiones y se las trasladé al ministro del Interior. Aquel prefecto tenía que marcharse. Y así se hizo. Pero que no se inquieten mis lectores: los altos funcionarios pueden ser sustituidos, sancionados incluso, hasta que les asignan, eso sí, el siguiente destino… Y entre tanto, no dejan de cobrar. Y, por desagradable que resulte la figura de la sanción, tampoco es que sea un precio demasiado alto. La oposición protestó muchísimo; habló de mi carácter iracundo, de mi deriva autoritaria… (La cantinela de costumbre.) Y no les fue a la zaga François Bayrou. Es cierto que, a este centrista, la idea de decidir algo rápidamente le ha resultado siempre muy chocante. Para él, procrastinar es una opción. Para mí no lo es nunca. Parece que no estábamos hechos para entendernos.

Más allá de la anécdota y de la diversidad de temperamentos a la hora de actuar, quiero poner de relieve una diferencia fundamental a propósito de cómo debe interpretarse la palabra «responsabilidad» con referencia a un alto funcionario del Estado o a un responsable político. Para mí, las cosas están claras: si hay una disfunción, eso quiere decir que hay un responsable. En cuyo caso, se le debe sancionar. De lo contrario, entramos en un sistema de irresponsabilidad generalizada en el que no hay ni responsable ni responsabilidad. ¿De qué serviría dar tanto poder a los prefectos si al final lo que hagan o dejen de hacer es indistinto? Por eso instauré en el Ministerio del Interior una política que se llamó «de resultados». Los buenos reciben una prima; los malos, una sanción. La izquierda protestó mucho contra aquella «política de las cifras», que calificaba de inhumana. Cuando volvió al poder, se apresuró a suprimirla. Así dejó de haber tanto cifras como resultados. Cosa que hubieron de sufrir los franceses y también los buenos policías, que ya no veían valorados y reconocidos su eficacia y sus esfuerzos.

Un ejemplo mucho más reciente me ha impresionado de verdad. Me refiero al asesinato de Yvan Colonna en la cárcel de Arlés. Yo no soy sospechoso de albergar ningún tipo de simpatía hacia un señor condenado por matar a un prefecto de la República pegándole un tiro por la espalda cuando el hombre caminaba solo por una calle de Ajaccio, pero lo horrible de aquel crimen no cambia nada en este asunto. Yvan Colonna estaba en la cárcel bajo la custodia del Estado francés. Había sido condenado a una dura pena de prisión, no a que lo asesinara otro presidiario. Lo que allí ocurrió constituye un auténtico escándalo de Estado para cualquiera que crea en el Estado de derecho, en los derechos humanos y en la República. Comprendo la emoción que entonces embargó a los habitantes de ese lugar maravilloso que es Córcega. Comparto incluso su cólera, sea cual sea la sensibilidad —francesa o independentista— de cada uno de ellos. Por muy abyectos que fuesen los hechos que cometió Yvan Colonna, no había de morir asesinado; menos aún, en unas condiciones tan salvajes y brutales. La cuestión es que, hasta la fecha, nadie ha sido señalado como responsable de aquello: el anterior alcaide no ha sido trasladado y el responsable de la Administración Penitenciaria sigue en el cargo. Es verdad que la primera ministra Élisabeth Borne decidió «seguir la totalidad de las recomendaciones» del informe de la IGJ (Inspección General de Justicia) publicado el 28 julio de 2022, donde se apunta a deficiencias por parte del personal del penal de Arlés. Anunció la puesta en marcha de procedimientos disciplinarios con relación a la exalcaidesa —Corinne Puglierini— y a M., funcionario encargado de la vigilancia del ala en que se encontraba Yvan Colonna. Pero todo eso es lento y no está a la altura de este asunto de Estado. No es esa la forma en la que yo concibo la responsabilidad. Y esta manera irresponsable de enfocar las cosas tiene mucho que ver con la grave crisis de confianza, por parte de los franceses, en su Administración y en sus responsables políticos.

*

*   *

Fui a Nimes para pronunciar mi discurso de apertura del año para el mundo de la cultura. Esa ciudad, que siempre me ha gustado y por la que siempre he sentido admiración, ha sabido preservar numerosísimos vestigios de la época romana —sobre todo el anfiteatro— y al mismo tiempo dotarse de unas infraestructuras y una arquitectura modernas sin perder ni su alma ni su encanto. Quería salir otra vez de París, donde me horrorizaba la perspectiva de dejarme encerrar. Aquella fue una ocasión maravillosa de poner de relieve que la cultura era un derecho de todos los franceses, fuera cual fuese su lugar de residencia. Tampoco me desagradaba alejarme, sinceramente, del mundillo cultural parisino, cuya pedantería es directamente proporcional a su compromiso político… de izquierdas. Yo deseaba sobre todo evidenciar mi adhesión a la identidad cultural francesa. Probablemente ese sea el ámbito en el que, por culpa mía, más me he dejado encasillar en una imagen —íntegramente construida por mis detractores— de desinterés por el arte, en el mejor de los casos, o incluso de hostilidad hacia él, en el peor. Con la polémica aquella de *La princesa de Clèves,* cometí la torpeza de ponérselo fácil a mis detractores. La realidad era muy diferente; tanto en el plano político como en el de mi vida íntima.

Incorporé en aquel discurso la idea —fundamental en mi opinión— de que la cultura no podía convertirse en una víctima «presupuestaria» de la crisis, puesto que constituía la primera respuesta a ella. Jamás traté, en efecto, de establecer una oposición entre las exigencias económicas y las prioridades culturales; siempre entendí, antes bien, que estas últimas podían suponer factores de crecimiento, de desarrollo y de ingresos para el Estado. Aquel día llegué incluso a anunciar un aumento presupuestario de cien millones de euros para el Ministerio de Cultura. Durante los cinco años de mi mandato, ese presupuesto no sufrió la menor congelación ni la más mínima merma; y eso a pesar del contexto financiero posterior a la crisis, que hizo estragos en las cuentas públicas. Siento gratitud hacia los dos brillantes asesores culturales que tuve en el Elíseo —primero Éric Garandeau y luego Olivier Henrard— por haber velado siempre por que eso fuera así. La izquierda se sentía apuradísima por mi activismo en un terreno que ella había considerado siempre su coto privado. Estaba tan segura de su ventaja y de su legitimidad que había dejado de hacer ningún esfuerzo con relación al mundo artístico, donde ella consideraba que estaba en casa. Yo me había dado cuenta de aquel fenómeno y había concebido una audaz maniobra de seducción dirigida al mundo cultural. No me parecía que aquel «bastión» fuera impenetrable. Estaba resuelto a hacer saltar por los aires, una vez más, los viejos prejuicios de turno.

Hice un «fichaje» de excepción con el famoso productor Marin Karmitz, fundador del grupo independiente mk2. Antaño comunista —y maoísta después—, el hombre había evolucionado mucho tras su decepción con los años de Mitterrand. Declaró, en efecto, que, «desde que François Mitterrand invitó a Silvio Berlusconi a que viniera a Francia a hacer la primera televisión privada, en la izquierda dejó de haber ninguna reflexión sobre la cultura». Era cierto, pero, viniendo de él, impactaba más. De modo que le propuse hacerse cargo de organizar un Consejo de la Creación Artística. Quería espolear la gestión de la cultura, que a mí me parecía demasiado inmovilista, demasiado clásica y, sobre todo, bastante letárgica. De modo que encomendé a Marin Karmitz la misión de reflexionar sobre unas «subvenciones útiles» que yo planteaba en oposición a las «habituales», es decir, a las que se renovaban año tras año sin que nadie se parara jamás a pensar ni en su uso real ni en su utilidad, es decir, en sus resultados. Yo pensaba que, a fuerza de dejar todo como estaba y de rechazar cualquier tipo de evaluación, aquel ministerio había entrado en una contraproducente dinámica de dispersión y había terminado extraviándose.

Obviamente no era tarea fácil, en semejantes condiciones, determinar cuáles habían de ser las prioridades de actuación en aras de una gran política cultural. Y Marin Karmitz se reveló útil. Combinaba las virtudes del coraje, la imaginación y la experiencia. Su doble cultura —privada y pública— le permitía dirigirse a todo el mundo de una forma realmente creíble. Huelga aclarar que, una vez nombrado, se convirtió en el blanco de las críticas de cuantos tenían miedo —y eran muchos— de ver peligrar sus prebendas. Con lo cual yo ya contaba. Me sorprendieron, sin embargo, los «celos» que asaltaron a los sucesivos titulares del Ministerio de Cultura —primero Christine Albanel y luego Frédéric Mitterrand—, quienes en Marin Karmitz vieron no a un aliado potencial, sino a un posible rival. ¡Y hube de andar mediando constantemente entre aquellos dos polos que yo mismo había creado! Así y todo, prefería aquellas estimulantes desavenencias al invariable inmovilismo —tanto de pensamiento como de acción— al que aquella administración me había acostumbrado. Yo anhelaba que la creación volviera a constituir un elemento del imaginario, del sueño, de la cohesión social; que volviese a conferir un movimiento y una dinámica a la sociedad. Era a través de la cultura —a través del renacimiento de la identidad francesa, a través de la creación— como Francia podía reencontrar una parte de su verdadero ser.

No se me escapaba, por lo demás, que el verdadero ministro de Cultura no podía ser sino el propio presidente; tal era el mejor modo de dar poder a ese ministerio demasiado débil como para hacer valer él solo sus necesidades. Yo había seguido con gran atención, hacía ya tiempo, las relaciones entre François Mitterrand y Jack Lang; me había parecido que era aquel quien le daba fuerza a este, permitiéndole siempre tomar la iniciativa. Y ese era el modelo que yo me esforzaba en reproducir, dejando al margen la cuestión del talento —bastante único— de Jack Lang.

Se trataba de una iniciativa sincera en el plano personal: cuadraba con cuanto me había apasionado siempre, sin que yo hiciese alusiones públicas a ello. Tal pudor excesivo fue, sin lugar a dudas, un error. Siempre he amado la cultura y, desde hace mucho tiempo, siento fascinación por los artistas. Tengo el privilegio de vivir con una. Es una suerte, porque, además de los sentimientos que albergo hacia ella —que el tiempo que pasa no hace sino acrecentar—, amo y necesito esa sensibilidad, esa manera distinta de pensar y de ver la vida, esa originalidad que hace que ningún día se parezca al anterior. Carla es una artista y, como todos los artistas, es capaz de experimentar —y luego traducir— unas emociones y unos sentimientos que al común de los mortales no les es dado captar. Hay en los artistas, con independencia de cuál sea su ámbito de expresión, una fragilidad que les confiere la fuerza de expresarse, una inestabilidad que les proporciona el equilibrio que necesitan para crear, una capacidad para rebelarse contra cualquier forma de pensamiento sistemático que aporta a la sociedad una respiración y una apertura sin las cuales el mundo se habría vuelto irrespirable. Adoro hablar, dialogar, intercambiar con ese universo tan particular. Encuentro en él materia de reflexión e inspiración. Con frecuencia me he visto comparando ese mundo con el que era el mío: la política. Salía de mis encuentros con los artistas enriquecido de ideas y perspectivas nuevas. Era como un baño rejuvenecedor en el árido día a día del presidente de la República.

Tengo muchos amigos en el mundo político, pero nuestras disputas a menudo se me antojaban vanas, desproporcionadas, esquilmadoras tanto de la mente como del alma. En el fondo, no hay nada que me guste tanto como la originalidad. Lo cual es raro, teniendo en cuenta que mi temperamento me lleva, de manera natural, hacia el orden y la estabilidad. Se trata, claramente, de una de mis contradicciones. Probablemente no sea la única, pero sí es una de las más constantes y presentes. También explica lo diverso de las personas de las que me he rodeado a lo largo de mi carrera. Siempre he querido dialogar con personalidades que pensaran de modo distinto que el resto y que yo. Lo cual no fue siempre sencillo de gestionar de puertas adentro, ni de explicar de puertas afuera. A menudo me han criticado por eso, pues la diferencia también puede constituir un riesgo para la reputación, para la estabilidad, para la armonía. Nunca he querido, sin embargo, renunciar a ello. Fue, supongo, el modo que encontré de combatir el aburrimiento, la monotonía, las rutinas, por los cuales siempre he experimentado un «santo» horror.

Hacer un sitio más grande al arte y a los artistas en nuestras vidas cotidianas debería ser una preocupación constante de los más altos responsables del Estado. Quiero precisar que, para mí, no se trata de ningún divertimento, de ninguna distracción; ni siquiera de un «cambio de aires» tan necesario como saludable. Es algo mucho más profundo que eso. Estoy convencido de que la respuesta a las angustiosas preguntas sobre la vida, su sentido, su precariedad, su brevedad... no se encuentra sino en las emociones suscitadas por la cultura o por la religión, si es uno creyente. Ambas tienen que ver, en efecto, con lo místico, con la trascendencia, con el misterio. Sin ellas estaríamos solos frente a nuestros azarosos destinos. Para vivir, todos necesitamos leer, escuchar música, ver películas, ir a exposiciones, visitar museos... Alimentarnos, a fin de cuentas, de todas esas emociones de las que depende nuestra diferencia con el resto del mundo viviente. Y este es un convencimiento inamovible. La frecuentación asidua de las obras de todos los genios que nos han precedido —o que viven entre nosotros, en el caso de los más contemporáneos— es la única manera de seguir creyendo en el futuro y mitigar tanto las angustias como las soledades del presente.

*

* *

Aquel mes de enero tan cargado terminaba por fin. No había habido dramas. Ya solo eso no estaba tan mal, por más que los medios de comunicación dedicaran sus titulares al «éxito» de la jornada de movilización contra la política económica y social del Gobierno. Aquello era un clásico. De verdad que no recuerdo una sola de tales jornadas que fuese calificada de «fracaso». Afortunados sindicalistas, pues su acción se presenta siempre de manera espectacular y positiva y, si fracasan, gozan de una tranquila discreción. ¿O alguien ha visto algún titular de prensa que destaque la «gran victoria del Gobierno sobre el frente social», ya se trate de un Gobierno de derechas o de izquierdas? En fin: que yo no era una excepción a aquella regla. Y luego venía la interminable batalla de cifras. El ministro del Interior había contabilizado más de un millón de manifestantes. Los sindicatos, por su parte, habían inventariado no menos de dos millones y medio. ¿Quién decía la verdad?, ¿dónde estaba la verdad? Probablemente entre ambos. Lo cual representaba bastante gente, aunque sin llegar a tratarse del tsunami que tampoco habría sido descabellado prever, teniendo en cuenta lo violento de la crisis que acabábamos de atravesar. Sea como sea, aquello no bastaba para quitarme el sueño y, menos aún, para hacerme renunciar a mis proyectos de reforma. Hubo, asimismo, disturbios que enfrentaron a «manifestantes autónomos» con las fuerzas del orden en el barrio de la Ópera cuando los organizadores dieron por terminado el asunto. Por muy reprobables que fueran aquellos excesos, en ningún momento llegaron a alcanzar la magnitud que hemos podido ver en los últimos años. Parece que hoy el contexto es más violento. Y no voy a ponerme aquí a pontificar en un terreno, el del orden público, que sé por experiencia que es complejo y en el cual los resultados pueden ser aleatorios. Quiero poner de relieve, en cualquier caso, que yo siempre traté de aplicar la misma política. A mí me parece que hace falta, aquí más que en otros ámbitos, tomar la iniciativa. De lo contrario, no queda otra que resignarse y soportar. Las fuerzas del orden no deben esperar, así, a los primeros altercados para tomar medidas, porque entonces es demasiado tarde: ya no cabe distinguir entre los verdaderos manifestantes y los meros camorristas. Y es en ese momento cuando pueden producirse la «brutalidad policial» o las violencias ilegítimas, mientras que, cuanto antes se actúe, mayor será la eficacia.

Yo tenía la suerte inmensa de contar con el apoyo del prefecto de policía de París —el experimentadísimo Michel Gaudin— y con mi amigo Frédéric Péchenard, director general de la Policía Nacional. Tenía una gran confianza en ellos. Ya en la víspera de cualquier gran manifestación dejábamos establecida una estrategia que había de empezar a implementarse desde primera hora del día de la convocatoria. Cualquier persona que pareciera sospechosa era sometida entonces a un control y, llegado el caso, a una detención preventiva que se prolongaba durante todo el día y parte de la noche. Así nos incautábamos de armas, verificábamos perfiles ya bien conocidos e impedíamos la agrupación y reconstitución de las bandas. Si en la tarde de la final de la Liga de Campeones del verano de 2022 se hubiese puesto en marcha una estrategia de este tipo, no habríamos sufrido semejantes atropellos ni semejante humillación nacional. Lanzar a los antidisturbios cuando las familias están mezcladas con todo género de «chusma» equivale, indefectiblemente, a «gasear» a las personas equivocadas y errar el tiro con los culpables. A las 08:00 h de la mañana del día del evento se debía haber desplegado a policías de paisano encargados de controlar, verificar y asegurar los alrededores del Estadio de Francia. Naturalmente, por actuar así me acusaban cada dos por tres de incurrir en lo que en nuestro país se conoce popularmente como «delito de jeta sucia». Y es verdad que pudo haber, aquí o allá, alguna persona que no hubiese hecho nada malo y fuese retenida durante algunas horas sin fundamento. En absoluto pretendo negar esa realidad, pero, viceversa, tampoco puede negarse que con aquel proceder se evitaron no pocos altercados, imágenes de saqueos y la desastrosa impresión de la impotencia del Estado.

Con cierta frecuencia leo artículos de prensa o veo noticias donde se asocia mi nombre al del actual ministro del Interior, Gérald Darmanin. Pues bien: siento hacia él una gratitud enorme, dado que me acompañó en una época en la que yo me enfrentaba a la situación más complicada que hasta entonces había conocido. Se mostró eficiente, leal y valiente; no he olvidado su apoyo y no pienso olvidarlo nunca. Él optó en seguida por Emmanuel Macron. El fracaso de François Fillon había dejado el campo libre para que cada uno tomase —con relación tanto a su carrera como a sus convicciones— una nueva vía. Además, sucedía que Darmanin, entonces alcalde de Tourcoing, era elegido y apoyado por un electorado popular al que la orientación dada a su partido original por Fillon, el más conservador de sus miembros, había desconcertado enormemente. Y él, ante eso, asumió el riesgo de tomar una decisión valiente y sin vuelta atrás. Hasta hoy, los hechos le han dado en general la razón. ¿Será capaz de pasar a la siguiente fase, es decir, a la fase última, la que lleva a la presidencia de la República? Yo se lo deseo, pues posee evidentes cualidades: claridad en la expresión, sensibilidad para entender las aspiraciones populares y energía, sin la cual no hay talento que valga. Añado que su trayectoria atípica me gusta. Ha tenido que hacerse a sí mismo. También aprecio sus orígenes humildes y norteños. Su madre es conserje. Ahora le queda asimilar que su habilidad no puede prevalecer sobre su sinceridad. Si uno no es constantemente auténtico, hay riesgo cierto de que lo desenmascaren en esa carrera de fondo que son las elecciones presidenciales. Tendrá también que abrirse. No me refiero solo a sus ámbitos de competencias, sino a la forma de ver la vida, de hacer amigos, de cultivarse, de ser de su época sin traicionar su identidad. Hay un poco de Xavier Bertrand en el Gérald Darmanin de hoy, pero es más flexible: con una mayor confianza en sí mismo y menos humillaciones que vengar; en él no conozco esa amargura que en ocasiones aflora en el primero. No se debe identificar jamás a una persona con quien la inspiró o dirigió. Gérald

Darmanin y yo somos personas diferentes. Ahora bien: es mi amigo, y su éxito me agradaría. En cualquier caso, es uno de los cuadragenarios más prometedores.

*
* *

A comienzos de febrero fui a Múnich con motivo de la Conferencia de Seguridad de aquel año, tras la cual hubo una comida de trabajo con la canciller Angela Merkel. Siempre me han gustado Baviera y su capital. Son Alemania sin terminar de serlo exactamente, pues los bávaros son muy distintos de sus compatriotas. No es casual, por lo demás, que ningún representante de esta gran y potente región haya sido canciller federal desde 1945: ¡en el resto del país los ven tan diferentes! Múnich es una ciudad alegre, bonita, acogedora; allí nunca he sentido esa pesadez que, en ocasiones, sí que he podido experimentar en Berlín o Fráncfort. Me encargué de que, antes del viaje, en *Le Monde* y en la *Süddeutsche Zeitung* apareciese un artículo sobre el tema de la seguridad europea coescrito por Angela Merkel y por mí. Lo hice pensando en la cumbre del sexagésimo aniversario de la Alianza Atlántica, de la que ambos íbamos a ser coanfitriones (en Estrasburgo del lado francés, y en Kehl y Baden-Baden del lado alemán). Yo quería poner de relieve que la construcción europea y la cooperación atlántica eran las dos caras de una misma política de seguridad, porque Europa precisa de Estados Unidos y estos últimos necesitan, a su vez, poder apoyarse en unos socios europeos sólidos. Aquella era la primera vez, en la historia de la Alianza Atlántica, que Alemania y Francia ejercían juntas de anfitrionas de sus aliados. Ya entonces teníamos que señalar la aparición de nuevas amenazas y la necesidad de plantear una nueva «concepción estratégica» frente al terrorismo islamista. Yo subrayé, en ese sentido, la importancia capital del famoso artículo 5 del Tratado de Washington, que todavía hoy sigue representando la esencia misma de la Alianza en la medida en que obliga a todos los Estados miembros a intervenir militarmente en caso de que cualquier otro sufra una agresión.

En el mencionado artículo de *Le Monde* y la *Süddeutsche Zeitung,* Angela Merkel y yo abordábamos un tema altamente comprometido y muy de actualidad: el de nuestras relaciones con Rusia. En el verano de 2008 se había producido, en efecto, la guerra de Georgia, y yo escribía que aquel conflicto probablemente marcase una ruptura. Nos congratulábamos de que la Unión Europea hubiese podido detener la espiral de violencia y crear las condiciones para una negociación que zanjase aquello, por más que afirmásemos —la canciller y yo— que «el uso de la fuerza militar, así como el reconocimiento unilateral de Osetia del Sur y de Abjasia, eran contrarios al derecho internacional y creaban un problema de confianza con Rusia». Todo lo cual era cierto y, catorce años después, sigue siéndolo.

Pero eso no cambia el hecho de que Rusia es una gran potencia militar que tiene una cultura europea y, además, es el vecino geográfico de Europa. Rusia dispone de las materias primas y del espacio de los que nosotros carecemos, y nosotros disponemos de las tecnologías, la superficie financiera y los mercados de los que ella carece. ¿Podemos permitirnos, así las cosas, hacernos la guerra? A mí me parece que no, porque, en tal caso, ambos saldríamos sin duda perdiendo frente a los dos ganadores habituales de los grandes asuntos globales: Estados Unidos y China. Yo no creía —ya entonces— que hubiésemos vuelto a la época de la Guerra Fría, y ello a pesar de la detestable intervención rusa en Georgia. La Unión Soviética ya no existía. Con Angela Merkel hicimos un esfuerzo enorme por presentar la Alianza Atlántica como una alianza defensiva cuya única ambición era nuestra seguridad común frente a las amenazas del mundo, en absoluto una voluntad agresiva para con Rusia. Y alguna legitimidad para afirmar eso teníamos, toda vez que, en la cumbre de la OTAN del año anterior —en Bucarest—, ambos habíamos rechazado, de común acuerdo, el ingreso de Ucrania y Georgia en la Organización. Considerábamos, en efecto, que, tras múltiples ampliaciones de la Alianza hacia el este, dejar que esta se instalara en las fronteras de Rusia se habría percibido como una provocación y habría suscitado una reacción agresiva de nuestro gran vecino en un momento en el que queríamos reconstruir una arquitectura de seguridad europea. Y resulta que, examinando el posterior desarrollo de los acontecimientos, no parece que nos equivocásemos. Si hubiésemos permitido aquellas adhesiones, hoy Europa estaría en guerra con Rusia: el famoso artículo quinto nos habría obligado a intervenir militarmente. Cabe imaginar las consecuencias de semejante cataclismo, que habría derivado en un tercer conflicto mundial. ¿Quién puede querer eso? En esta clase de asuntos conviene, por tanto, tener principios —cosa fácil— y sangre fría —cosa difícil—, así como resistir a la tentación de adoptar posturas ventajosas que no duran sino un tiempo y terminan llevando, casi siempre, al borde del precipicio.

Luego el presidente ucraniano Volodímir Zelenski ha criticado con virulencia aquella decisión francoalemana de vetar la adhesión de su país a la OTAN, pero yo volvería a hacer lo mismo. Para empezar, porque Ucrania no presentaba las garantías que nosotros teníamos derecho a exigir en términos de Estado de derecho, democracia y transparencia. Además, porque yo siempre he creído en la utilidad de la OTAN. El vínculo con Estados Unidos es fundamental para nuestra seguridad. Ha permitido a las democracias salir victoriosas en dos conflictos mundiales que habrían podido hacer desaparecer cualquier forma de civilización en el continente europeo. Los vínculos que forjó la «sangre derramada» crearon una dependencia recíproca que las contingencias de la actualidad no podrán quebrantar nunca de forma duradera. Jacques Chirac hizo bien oponiéndose a la intervención estadounidense en Irak, pero tendría que haberse ahorrado la amenaza de imponer su veto en el Consejo de Seguridad de las Naciones Unidas contra nuestros aliados. Fue ese mismo convencimiento sobre lo necesario de la alianza con Estados Unidos lo que me llevó a decidir el regreso de Francia al mando militar integrado de la OTAN. Puestos a ser miembro, lo suyo es serlo plenamente. Y observo que nadie ha vuelto a cuestionar aquella decisión, que en su día suscitó incontables polémicas. François Hollande prometió que volvería a sacar a Francia del mando integrado, pero, cuando llegó al Elíseo, se apresuró a olvidarlo. Me mostré siempre clarísimo, por el contrario, sobre el hecho de que nuestra capacidad de disuasión nuclear seguiría siendo algo estrictamente nacional; de que debíamos preservar nuestra independencia respecto a su uso y rechazar, por tanto, cualquier integración en tal sentido.

Del mismo modo, ningún contingente francés sería puesto de forma permanente bajo mando aliado. Estas convicciones a menudo me han hecho pasar por americanófilo. Quiero precisar que, si bien amo a Estados Unidos y afirmo que nos hace una falta enorme —tanto desde el punto de vista de nuestra seguridad como desde el de la defensa de nuestros valores—, eso no puede pasar por un avasallamiento de Francia y Europa. Ahora bien: luego el límite es lábil; los estadounidenses se toman mal cualquier cosa que no sea una adhesión sistemática, lo viven en seguida como una traición. Lo cierto es, sin embargo, que a quien de verdad respetan es a quien les planta cara. Con Estados Unidos hay que ser fuerte e independiente. Y eso fue lo que demostramos, en 2008, Angela Merkel y yo cuando nos negamos a avenirnos a la petición del presidente Bush de permitir que Ucrania y Georgia ingresasen en la Alianza.

En el tema de Rusia, nuestros intereses y los estadounidenses coinciden menos de lo que en general se dice. Las relaciones económicas entre Estados Unidos y Rusia son insignificantes y, en cualquier caso, carecen de la importancia estratégica que sí revisten para Europa. Los estadounidenses son productores y exportadores de energía con su gas de lutita. Cuando los precios de la energía suben, sus ingresos lo hacen en proporción directa. Otro tanto sucede con el mercado de las armas, donde la industria de ellos es, de lejos, la primera del mundo.

La actual cuestión ucraniana constituye, así las cosas —igual que aquella cuestión georgiana de 2008—, en primer lugar un asunto europeo. Tendría que correspondernos a nosotros acometerlo, gestionarlo, resolverlo. En modo alguno se trata, naturalmente, de aceptar esa política de hechos consumados puesta en práctica por Vladímir Putin mediante un uso «desacomplejado» y brutal de sus fuerzas militares. Tal estrategia es contraria a todas las leyes internacionales. Nuestra condena ha de ser fuerte y no albergar ambigüedad ninguna. Pero no debemos perder de vista el hecho de que la de Europa del Este es una historia compleja, intrincada, entretejida de conflictos violentos y ancestrales. Allí, las fronteras, las nacionalidades, los intereses y las identidades van mezclándose, colisionando, estableciéndose de una manera cada vez más compleja a medida que los siglos van pasando. Lo único que se mantiene más o menos estable son los odios, los rencores, los resentimientos, las desconfianzas. De ahí que los polacos nunca vayan a optar por Europa frente a Estados Unidos. Su odio a Rusia —en sí mismo, comprensible— será siempre el sentimiento predominante. Pero el continente europeo no puede entregarse a esta reacción epidérmica, como tampoco permitir que le impida construir su relación con Rusia. Y yo observo con preocupación tres consignas que no paran de repetirse muy alegremente y que podrían llevar a Europa a una catástrofe nunca vista.

La primera consiste en afirmar que nosotros, los europeos, estamos «en guerra con Rusia sin estarlo». (¡Curiosa fórmula!) Es verdad que no estamos tomando parte sobre el terreno, pero suministramos armas sin cesar a uno de los beligerantes. Esta situación amenaza con volverse insostenible a corto plazo. Lo que no admite duda es que en algún momento vamos a tener que poner en claro cuál es nuestra estrategia, sobre todo si esta guerra se prolonga.

La segunda consigna, más repetida aún, consiste en afirmar que los Gobiernos europeos y estadounidense van a apoyar a Ucrania «hasta el final y todo el tiempo que haga falta». Dicho así, suena claro, rotundo y definitivo. El problema es que nadie explica nunca —concretamente no lo explican los jefes de Estado y de Gobierno— en qué consiste exactamente el «hasta el final». ¿De qué estamos hablando? ¿De recuperar de manos rusas las regiones del Dombás y alrededores? ¿De reconquistar Crimea? ¿O a lo mejor se trata de ir a Moscú y exigir —cuando no imponer— la salida de Vladímir Putin? En resumen: ¿es razonable «estar en guerra sin estarlo» e involucrarse en un conflicto sin tomarse en ningún momento la molestia de aclarar cuáles son las metas y los objetivos concretos que se quieren alcanzar y que la coalición persigue? Todo esto sería simplemente extraño si la situación no fuese tan grave.

Por último, la tercera consigna consiste en afirmar —contra todo sentido común— que Ucrania tiene su sitio en la OTAN y en la Unión Europea. ¿En la OTAN? Eso será con el resultado cierto de exacerbar aún más un nacionalismo ruso ya exacerbadísimo. Y no me parece una buena política dar a todos los halcones rusos el argumento repulsivo de que a lo mejor instalan equipos militares de la Alianza en las fronteras de su país. No se me ocurre mejor forma de echar más leña al fuego. ¿En la Unión Europea? Debe de ser que la lamentable experiencia de la candidatura de Turquía no fue suficiente, porque estamos prometiendo algo que no vamos a cumplir y no tenemos interés en cumplir. Resulta que Ucrania es un puente entre Europa y Rusia, del mismo modo que Turquía es un puente entre Europa y Asia. Cortar un puente por uno de sus dos extremos equivale a destruirlo, a inutilizarlo. En lo que a la estabilidad del continente europeo se refiere, difícilmente haya una estrategia peor.

Yo creo que, para cualquier observador de buena fe, la solución ha de ser muy diferente. Debe pasar, de entrada, por la búsqueda de la desescalada y la calma. Los países, como antes dije, no cambian de domicilio, no se mudan. Rusia seguirá siendo nuestro vecino, nos guste o no. Seguirá siendo eslava y rusa y seguirá alejada, por tanto, de no pocos de nuestros valores y principios. Tenemos que encontrar los caminos y los medios para restablecer unas relaciones de vecindad, si no cordiales, por lo menos tranquilas. Lo que los alemanes y los franceses hicieron al término de la Segunda Guerra Mundial se me antoja bastante más difícil que lo que debemos construir ahora entre Europa y Rusia. Esta tendría que renunciar, antes que nada, a cualquier acción militar contra cualesquiera vecinos suyos (pequeños o grandes, del este o del oeste, del norte o del sur). Lo cual no tendría que ser un compromiso imposible de lograr, habida cuenta de que esa fue la constante de la política rusa desde la caída del Muro de Berlín —en 1989— hasta el conflicto georgiano de 2008, esto es, durante casi veinte años. Y recordemos que la Unión Soviética se derrumbó y se desmanteló sin necesidad de disparar un solo tiro. ¿No habría modo de volver al espíritu pacífico de aquella época? Podrían ayudar, paradójicamente, las dificultades que los rusos han encontrado en esta aventura ucraniana. Ucrania, por su parte, tendría que comprometerse a permanecer neutral, es decir, abstenerse de pertenecer a ningún tipo de alianza militar, incluida por supuesto la OTAN. Porque permanecer neutral no es ninguna afrenta. Suiza siempre permanece neutral. Finlandia lo ha sido durante varios decenios sin que ello fuese en detrimento del nivel y la calidad de vida de sus habitantes. La neutralidad se adecúa a la situación geográfica de Ucrania. Conferirá a esta una posición y un papel estratégicos. Hará de ella un enlace entre Europa y Rusia. Tal estatus es, por lo demás, el único que toma verdaderamente en cuenta la diversidad y complejidad de la población ucraniana, cuyo carácter mixto puede ser al mismo tiempo un punto fuerte o débil. Resultaría útil que, en paralelo, la OTAN declarara su voluntad de respetar y hacerse cargo del temor histórico de Rusia a quedar rodeada en sus fronteras por vecinos hostiles. Tal miedo puede parecer ridículo o artificial para un europeo occidental, pero es absolutamente real y siempre ha estado presente en el alma rusa, desde los orígenes más remotos. No cometamos el error de juzgarlo todo conforme al rasero único de nuestras convicciones, de nuestra propia historia, de nuestros principios occidentales. La OTAN sería mucho más fuerte si renunciara a hacer proselitismo en las fronteras de Rusia. Ya somos treinta y un países en la Alianza, lo que es mucho para alcanzar decisiones coherentes. A fuerza de ampliarla, se volverá imposible de gestionar y los conflictos de intereses se harán cada vez más violentos. Esta neutralidad podría consolidarse, por último, mediante un acuerdo internacional que estableciese importantes garantías de seguridad para Ucrania, encaminadas a protegerla frente a cualquier riesgo de una nueva agresión.

Entonces quedará la cuestión más acuciante y probablemente más delicada. Me refiero a la del destino de los territorios ocupados por el ejército ruso. Esto dependerá, en primer lugar, de la evolución de las relaciones de fuerza sobre el terreno. Para Crimea me parece que cualquier vuelta atrás es ilusoria. No olvidemos que la península era rusa hasta 1954, año en que Jruschov decidió regalársela a Ucrania con motivo del tricentésimo aniversario de la unión entre esta última y Rusia. Lo cual no legitima, en modo alguno, la invasión que en 2014 llevó a cabo el ejército de Vladímir Putin, invasión que vuelvo a calificar de inaceptable. Por lo demás, si hubiera que ratificar la actual situación, únicamente podría hacerse en el marco de un referéndum organizado bajo el control de la comunidad internacional. En cuanto al Dombás y sus territorios circundantes, nadie podrá impedir a los ucranianos que intenten reconquistar cuanto puedan de los espacios que les fueron injustamente arrebatados. Ahora bien: en caso de que no lo consiguieran, en caso de un estancamiento dilatado de las líneas, entonces llegará el momento en que habrá que elegir entre volver a un conflicto de baja intensidad o a un conflicto latente —y todos sabemos que esos son los conflictos calientes del mañana—, o bien, si nos damos una oportunidad de salir del atolladero, recurrir, también ahí, a referéndums organizados bajo un control estricto de la comunidad internacional. Con ello, el asunto podría quedar zanjado de un modo definitivo y transparente. Por otra parte, a nosotros nos interesaría enormemente, para verificar la buena voluntad de los beligerantes, proponer como gesto apaciguador, en el momento en que se entablen unas negociaciones de paz serias, el levantamiento de las sanciones europeas sobre los bienes rusos y, en paralelo, el levantamiento de las sanciones rusas sobre el suministro de gas a los países europeos. Temo que, de otra forma, la situación termine haciéndose insostenible. Nuestros conciudadanos no van a soportar mucho tiempo los cortes de suministro eléctrico que se les anuncian. Ya no estamos acostumbrados, por fortuna, a situaciones de ese estilo. Y los alemanes no tendrán más paciencia que nosotros cuando asistan, estupefactos, al cierre de parte de su industria debido a la escasez de gas. Porque su industria es su gran orgullo y no tolerarán semejante humillación durante mucho tiempo.

Por último, no debemos caer en esa tentación que algunos tienen de hacer pagar a todos los rusos por los extravíos de sus dirigentes. Me ha parecido el colmo de la incoherencia y la injusticia que el torneo de tenis de Wimbledon decidiera prohibir la participación de jugadores rusos por el simple hecho de su nacionalidad. ¿Qué tendrá que ver con la invasión de Ucrania el joven campeón Medvédev? No se repara una injusticia cometiendo otra. Salvo que entendamos, por supuesto, que el hecho de ser uno de los ciento cuarenta millones de rusos lo convierte a uno en culpable. Menos mal que respetamos los derechos humanos, porque, si no, ¡me pregunto hasta dónde seríamos capaces de llegar!

La cuestión es que esta crisis ya ha durado demasiado: estamos bailando al borde de un volcán, expuestos a todo género de desatinos —propios o ajenos— de consecuencias funestas. Ya es hora de que Europa «agarre al toro por los cuernos», esto es, que tome las riendas de su destino y actúe al servicio de la paz. El tiempo, contra lo que se dice por ahí alegremente, corre en contra de esta. El deterioro de la situación comporta que solucionarla sea todavía más difícil. Solo una actuación rápida permitirá, a quienes hoy están al mando, crear unos márgenes de maniobra y, por tanto, de acción.

Como tantos franceses, confieso que estoy cansado de oír día sí, día también, las declaraciones del presidente Joe Biden anunciando que se van a dedicar más miles de millones de dólares a comprar armas para los ucranianos, como si la guerra fuera un objetivo en sí; estoy cansado de oír los discursos no menos repetitivos, amén de marciales —incluso en el Festival de Cannes y en los cursos de verano del MEDEF (Movimiento de las Empresas de Francia)—, del presidente Zelenski dando lecciones de moral a todas las empresas que comercian con Rusia, como si las cajeras moscovitas del Carrefour tuviesen la culpa de algo; estoy cansado, sobre todo, de oír a los dirigentes rusos —y al primero de ellos— blandir la amenaza de la guerra nuclear.

¡A fuerza de jugar con esa idea, puede acabar viéndose como algo normal y producirse! ¿Es utópico esperar que toda esa gente se deje de soflamas y grandilocuencia y actúe, pero esta vez al servicio de la paz y no de la guerra? ¿Es ilusorio pensar en la organización de un encuentro en el que los protagonistas realmente hablen? ¿Es razonable pensar que, sin que eso ocurra, puede arreglarse algo? ¿Cómo se va a avanzar si nadie dialoga, se escucha, intenta entenderse? ¿Sería pedir demasiado, por último, que quien auspiciara tal iniciativa fuese un dirigente de la Europa democrática y no el presidente turco Erdoğan, cuya legitimidad al efecto está, como mínimo, pendiente de demostrar y que se lanza a ocupar un espacio abandonado por nuestros actuales dirigentes?

A mi juicio, está claro que al presidente Emmanuel Macron le corresponde ahora llegar hasta el final en su adecuada estrategia de mantener un hilo de diálogo, por muy exiguo que este sea, con Vladímir Putin. La problemática de nuestras relaciones con Rusia lleva varios siglos ocupando a nuestros jefes de Estado y ha estado en el centro de las principales preocupaciones diplomáticas de todos los presidentes de la Quinta República francesa. Es un ejemplo más del hecho de que los presidentes pasan y los problemas persisten. El de nuestra relación con Rusia amenaza con ocupar ampliamente la agenda —y la mente— de unos cuantos de mis sucesores, y eso con independencia de cuál sea la evolución personal de Vladímir Putin. Encuentro curioso ese argumento de que su «radicalización» debería exigirnos cortar todo intento de comunicación con él, porque es justo lo contrario: es más peligroso dejarle que se encierre en una suerte de paranoia que obligarle a mantener el contacto y perseverar en la vía de la diplomacia.

*

* *

La gestión de la crisis financiera me había expuesto mucho, política y mediáticamente. Había estado activo, en efecto, en todos los frentes. Quise, pues, hacer un corte —aunque solo fuese durante la tregua de Navidad y Año Nuevo— para tomarme un respiro y dejar que otro tanto hicieran los franceses. Yo también aspiraba a aquella abstinencia mediática. Ya empezaban a proliferar, sin embargo, editoriales y artículos que, si la víspera opinaban que yo hablaba demasiado, ahora de repente me conminaban a explicar sin dilación adónde nos dirigíamos, qué medidas tenía intención de aplicar en adelante y en qué había cambiado mis convicciones, mi agenda y mi programa la brutalidad de los acontecimientos financieros y económicos que habíamos vivido. Ya no estábamos en el meollo de la crisis, sino en las consecuencias de esta. Para mis oponentes de la izquierda, del centro o incluso de la derecha, aquello suponía el despertar tras una larga hibernación. Era como si la crisis y su violencia los hubiesen entumecido. Ya no podían —al menos temporalmente— asestar sus golpes con la misma fuerza. Sus palabras llevaban el lastre de la gravedad de los acontecimientos. Nadie podía permitirse adoptar un comportamiento demasiado brutal, porque eso habría podido parecerles indigno a los franceses.

Una vez acabada la crisis, pues, sonaba el despertador para todas aquellas energías tanto tiempo refrenadas, que volvían a abrir los ojos y se levantaban de la cama con un humor de perros... Cada cual tenía su idea de lo que yo tendría que haber hecho, de las medidas que no había tomado o, simplemente, de lo que había hecho mal. No podía quedarme callado mucho tiempo. De modo que terminé por decidirme a tomar la palabra, y, puestos a hacerlo, me parecía que más valía aprovechar la mayor explosión posible, lo que me hizo optar de inmediato por la televisión. Son muchos los que plantean —y a mi juicio se equivocan— que, en la época de las redes sociales, la televisión herciana, gratuita y en abierto ya no tiene la misma importancia, o incluso que se podría pasar sin ella. Yo no lo veo así, pues la televisión sigue siendo la única posibilidad de dirigirse a millones de franceses sin intermediario. Sigue siendo un medio irremplazable que permite a los ciudadanos hacerse una idea de lo que sus dirigentes hacen y son. Con la televisión podía estar seguro de que me oyesen y me vieran directamente, es decir, no a través del prisma de los comentarios y de los comentaristas, que en Francia no escaseaban. ¡Probablemente sea, de hecho, el único sector que nunca está en crisis! Tiene uno a veces la impresión de que se multiplican a una velocidad desconcertante...

Cada canal propuso a su periodista estrella: TF1 (Télévision Française 1) a Laurence Ferrari, France 2 a David Pujadas y M6 (Métropole Télévision) a Guy Lagache. Quise que participara este último canal para atraer a un mayor número de espectadores jóvenes; tal era, en cualquier caso, mi esperanza. Yo apenas conocía a Guy Lagache, que hizo su trabajo con soltura, profesionalidad y, por añadidura, sin la menor acritud. Aquella noche me pareció el que más seguro de sí mismo estaba. No tenía nada que demostrar. No se mostró ni complaciente ni agresivo. En cuanto a Laurence Ferrari, es una profesional que trabaja mucho y cuyas marcas de identidad son la seriedad y la rectitud. Únicamente noté que tal vez estuviera, en ocasiones, demasiado pendiente de los juicios de sus colegas. Eso es algo que a ella le importa mucho, y así se explica que a veces mostrase una agresividad sobreactuada en la esperanza de que no la acusaran de condescendencia. David Pujadas es un buen profesional, sólido y aparentemente simpático; pero es un hombre doble. En privado se muestra amabilísimo —rayando en la zalamería—, y su naturaleza verdadera aparece en el instante en que se encienden las luces del plató. Entonces es capaz de los peores golpes bajos. Ese es un arte que él practica con cierto talento. Lo cual a menudo me sorprendió, porque no le suponía tanta hiel. Él era, aquella noche, el que más desconfianza me inspiraba. También participó en aquel programa, por cuenta de la cadena de radio RTL (Radio Télévision Luxembourg), Alain Duhamel, cuya sola presencia era garantía de que los grandes temas se trataran con esa precisión que lo caracteriza y que yo apreciaba desde hacía tanto tiempo.

A menudo me han preguntado —también algunos de mis amigos más íntimos— si en aquellas noches de gran exposición mediática no me ponía nervioso o no me entraba, por decirlo de otra forma, «miedo escénico». Pero ese fue un sentimiento que superé en seguida, por extraño que pueda parecer. Lo tuve al comienzo de mi carrera política. Luego desapareció para no volver jamás, y no sabría explicar cómo o por qué. Es verdad que, con la cantidad de programas de gran audiencia en los que he participado, la experiencia acumulada podría ser la clave de esa ausencia de tensión. ¿O a lo mejor hay en mí una especie de inconsciencia frente al «peligro» que me lleva a amar este oficio de la política tan particular y tan expuesto? La excitación tan característica de esos momentos de grandes tensiones no me ha paralizado nunca. Antes bien, me revigorizaba. Pero se me ocurre otra razón que, bien mirado, es la que mejor describe cómo me sentía en el momento de acometer ese tipo de ejercicio. Me refiero a la voluntad feroz que había en mí de explicarme, de argumentar, de discutir, de responder a todos aquellos que, durante las semanas previas, no habían dejado de presentar acusaciones tanto contra el Gobierno como contra el presidente. Difícilmente pueda alguien imaginarse lo frustrante que resulta sufrir día sí, día también, semejante diluvio de críticas sin poder salir al paso de ellas con las respuestas que le queman a uno dentro y anhela poder esgrimir. Naturalmente, en una democracia son la regla el debate y el careo, cuyo exceso será siempre preferible a su escasez. El lector pensará, con razón, que, cuando se elige la vida política, hay que ser capaz de asumir esta forma de confrontación, incluso de amarla. Y es completamente cierto, pero eso no quita que yo, por muy presidente que fuera, seguía siendo un ser humano con mi sensibilidad, mis puntos débiles, mi susceptibilidad. La experiencia ayuda a protegerse leyendo lo menos posible la prensa y evitando exponerse a los comentarios. Lo cierto es que, incluso protegiéndome todo lo que podía, el exterior seguía afectándome. Yo percibía el clima del momento incluso en la manera en que me saludaba cualquier persona o en cómo alguien cercano me hablaba. Y, así, tenía todos los sentidos alerta y podía interpretar —y a veces sobreinterpretar— el menor indicio que advertía en quienes me informaban de cómo estaba el ambiente.

La cuestión es que aquellas noches de gran exposición mediática representaban, para mi estado de ánimo y mi temperamento, una liberación. Por fin iba a poder hablar, explicar, responder, ponerme en acción. Y ese sentimiento me hacía olvidar los riesgos, los peligros, lo mucho que estaba en juego. Porque en casi dos horas en directo hay mil ocasiones de pronunciar una palabra indebida —o una palabra de más—, de meter la pata o equivocarse. Y si uno se pone a darle vueltas a eso, entonces debe tener claro que no lo hará bien: no habrá dicho lo suficiente, o habrá dicho demasiado. El desafío de aquella noche no me paralizaba. Me suscitaba incluso un deseo hondo de acometerlo. Los telespectadores lo notaron: fueron 11,9 millones los que vieron aquel programa. Esa cifra imponente ilustra mejor que cualquier comentario lo que yo pensaba de la utilidad —absolutamente real aún— del medio televisivo. Me preguntaron, como es debido, por una gran variedad de asuntos de importancia muy diversa. Concretamente pude poner de relieve aquellos famosos «servicios mínimos», que habían demostrado su utilidad durante los días de huelga general; porque, a diferencia de lo que había ocurrido en un pasado reciente, Francia en ningún momento se vio paralizada. Y eso contra la voluntad del alcalde de París, Bertrand Delanoë, quien se negó a aplicar la ley que, sin embargo, le obligaba a recibir a los niños en los colegios durante los días de huelga.

Confirmé también, no obstante la oposición cada vez más insistente de mis propios amigos, una reducción significativa del número de funcionarios. Este es un tema que, en Francia, en seguida adquiere tintes como de guerra de religión. Desde 1981, nuestro país había contratado a no menos de un millón de funcionarios adicionales. Se trata de una cifra a todas luces considerable. Pues bien: aquello tenía un coste inasumible ya en tiempos normales, pero, tras el golpe durísimo de la crisis económica, la constatación resultaba más pertinente si cabe. Para reducir nuestro déficit y nuestra deuda, no nos quedaba otra que perseverar en la mencionada reducción del número de funcionarios. Habría tenido que ser un asunto de puro sentido común. Yo tenía la ambición —al fin y al cabo, moderada— de volver a las cifras de la función pública de 1992, fecha en la que yo no tenía el recuerdo de que Francia estuviese infraadministrada. Mi equipo, en particular la eficiente Cécile Fontaine, se encargó de ello escrupulosamente. La operación fue, de hecho, mucho más ambiciosa de lo que yo podía imaginar: hoy en día, sigo siendo el único de todos los presidentes de la República que, en sus cinco años de mandato, ha disminuido en 150.000 el número de funcionarios. Me siento orgulloso y sigo convencido de que se habría debido continuar en esa línea, aumentando paralelamente en la función pública las horas de trabajo y, proporcionalmente, las remuneraciones. Sin ningún espíritu polémico, sino en aras de la verdad y de la exactitud, quiero recordar que los profesores de los colegios tienen —quiero decir estando frente a los alumnos— una carga de trabajo semanal de veinticuatro horas, y eso seis meses al año habida cuenta de las vacaciones y los fines de semana. He defendido siempre que hacen falta menos docentes, pero mejor pagados y mejor considerados; unos docentes a los que se anime a pasar más tiempo en sus centros de trabajo y cuyos salarios, en contrapartida, se revaloricen. Del mismo modo, tampoco estoy faltando al respeto a nadie si recuerdo el hecho de que la inmensa mayoría de los funcionarios que llamamos «territoriales» —los que dependen de entidades subnacionales— trabajan bastante menos de las treinta y cinco horas que pretende Martine Aubry. Hay, por tanto, múltiples y obvios márgenes de maniobra en ese sentido.

Intenté explicar también cómo aspiraba a «refundar y moralizar el capitalismo», subrayando hasta qué punto la segunda reunión del G-20, que había de celebrarse en Londres en el mes de abril, sería una cita determinante, con la voluntad —que era la mía— de erradicar los paraísos fiscales, así como de lograr la modificación del sistema de remuneración de los corredores de bolsa. Si bien, a corto plazo, yo no estaba dispuesto a limitar sistemáticamente el salario de los ejecutivos. Anuncié, por último, que en 2010 se suprimiría el llamado «impuesto profesional» con el objetivo de desincentivar la deslocalización de nuestras fábricas, ya que aquel era un tributo que no existía en ningún otro lugar del mundo. Durante toda mi vida política había oído criticar este impuesto, que ya no contaba con ningún defensor ni en la derecha ni en la izquierda. Y, sin embargo, seguía existiendo y cada año experimentaba unos aumentos que resultaban contraproducentes para nuestro aparato industrial. Había que poner fin a aquello, y eso fue lo que hicimos.

En fin: que me quedé razonablemente satisfecho de aquel ejercicio en la televisión, si bien había aprendido a desconfiar de mi optimismo impenitente. Se trata de un defecto que con frecuencia me llevaba —lo reconozco— a juzgar «bastante favorablemente» mi propio desempeño. Pero esa peculiaridad nacía más de mi voluntarismo que de la presunción, rasgo que, según creo, no está muy presente en mi temperamento. Como podía haber esperado, aquella misma noche estalló una polémica. Lo que no podía esperar era la naturaleza de la misma. El poderoso sindicato nacional de periodistas SNJ-CGT calificó aquella emisión de «mascarada» y aun de «insulto» a la profesión periodística, la cual habría ejercido de «bufón del rey». Ni más ni menos. Es decir: que aquella censura no la dirigían tanto contra mí ¡como contra sus colegas periodistas! Viniendo de la CGT (Confederación General del Trabajo), la acusación de falta de independencia de la prensa resultaba ridícula, sobre todo si uno echa un vistazo a cómo gestionaban la información —y siguen gestionándola— los regímenes comunistas de todo el mundo. Así funciona Francia, donde siempre habrá una minoría de activistas que considerará que la derecha ocupa el poder de manera ilegítima, ¡y que el simple hecho de formularle preguntas en unos términos civilizados constituye algo comprometedor! En cuanto a esa camarilla de *Mediapart* —que jamás descansa—, zanjó aquella polémica con uno de esos comentarios desaforados típicos suyos: «Esta entrevista se presenta como un paso más en el camino del derrumbe de la democracia francesa». Viniendo de quienes defendieron a su amigo Tariq Ramadan hasta extremos absurdos, aquello había que tomárselo como una invitación a seguir adelante…, en sentido contrario, se entiende, al que ellos querrían.

Ya más en serio, aquella noche conseguí tomar la iniciativa en el ámbito que hasta entonces venía gestionando peor: el del diálogo social. La verdad es que no le había dedicado demasiada atención. Me había llevado tiempo comprender la importancia de las palabras en ese terreno. A nuestros «fijos» de los debates sociales les encanta, en efecto, perderse en ellas para evitar que no se tome ninguna decisión salvo, naturalmente, en la dirección de más gastos, de los que ellos siempre muestran un apetito insaciable. Yo tenía conmigo al mejor conocedor de la vida sindical francesa de los últimos cincuenta años: Raymond Soubie. Sus conocimientos son enciclopédicos; sus relaciones y sus contactos, amplísimos; su experiencia es inmensa, y su inteligencia, viva. Todo el mundo lo conoce y todo el mundo lo respeta, lo escucha y, a veces, incluso lo teme. Fue un apoyo sólido, un amigo fiel, un asesor valiosísimo que supo rodearse de una joven y prometedora generación de asesores, muchos de los cuales hoy ostentan importantes responsabilidades (por ejemplo, Marguerite Bérard, Sibyle Veil o France Henry-Labordère). Manteníamos largas discusiones, pues éramos muy distintos. Yo estaba impaciente por actuar y llegar hasta el final con mis proyectos de reforma. Raymond Soubie consideraba, a menudo, que mi prisa era excesiva y que una buena solución de compromiso era infinitamente preferible al puro conflicto. Yo entonces le planteaba que, con tantos «compromisos», al final se terminaba sin hacer nada o llegando, incluso, a un resultado inverso del inicialmente pretendido. Así había ocurrido con la reforma de las pensiones de Fillon de 2003, que, a fuerza de toda clase de negociaciones y concesiones, se concretó en unos ahorros significativamente menores que los esperados para la Seguridad Social. ¡Mucho ruido y pocas nueces!

A estas razones de fondo probablemente se sumara una cuestión de temperamento. Aquellos meses y aquellas semanas hablando de todo y de nada me dejaban exhausto antes incluso de que comenzara el ritual de las grandes misas sociales. Yo quería resolver los problemas del país. Para eso me habían elegido, no para andar dándoles vueltas y hablando de ellos. El riesgo residía en que mi actitud podía dar la impresión de que yo estaba empeñado en «imponerme por la fuerza». Iba construyéndose, así, la imagen de cierta brutalidad. Aquella era la trampa en la que yo había caído. Porque había terminado aceptando la idea de que era inútil librar la batalla a la vez en los frentes de la forma y del fondo, de que eso representaba una pérdida de tiempo, de energía y, en última instancia, de eficacia. Ahora bien, quería dejar claro que era sincero en mi voluntad de avanzar de un modo más colectivo. Los periodistas hablaron de una «apertura social» a propósito de la organización de una cumbre que, según yo la enfocaba, había de servir también para frenar la dinámica de movilización de los agentes sociales. Mientras dialogábamos, les resultaba más difícil lanzar a sus «tropas». Naturalmente, François Chérèque, en nombre de la CFDT (Confederación Francesa Democrática del Trabajo), se declaró decepcionado por mis planteamientos. Bernard Thibault hacía sus rituales llamamientos a la antes mencionada CGT para que continuase con la movilización. François Hollande y François Bayrou metían baza por igual para ver qué podía sacar cada uno de todo aquello. Pero la cumbre social del 18 de febrero estaba en marcha. Ya nadie podía comportarse o actuar como si el Gobierno no estuviese decidido a escuchar, a proponer y a tender la mano. Incluso Laurent Joffrin se vio obligado a escribir: «Nicolas Sarkozy ha suavizado, a todas luces, su actitud. Su apertura debe confirmarse». Tales palabras dejaban claro que aquella aparición televisiva había cumplido su función —al menos parcialmente— y había alcanzado parte de sus objetivos. Yo me sentí aliviado y bastante cómodo con el giro que estaban dando los acontecimientos. Ese es el encanto de la política, en la que no hace falta mucho para pasar del pesimismo más profundo a un optimismo siempre relativo.

*

* *

De repente, aquella cumbre social del 18 de febrero entrañaba importantes riesgos: una batería de sondeos publicados justo antes del encuentro con los dirigentes sindicales anunciaba una notable caída de mi popularidad. Nada como eso para insuflar nuevas energías a unos agentes sociales ávidos de confrontación y de arrancarme todas las concesiones posibles. Tal era, bien mirado, su papel. Cuesta imaginar hasta qué punto esos sondeos de opinión que se publican prácticamente a diario complican la tarea de los Gobiernos al volver «pesado» o «ligero» el clima de la sociedad política. Es como si se organizaran cada día unas nuevas elecciones presidenciales. La estabilidad —que tanta falta le hace a un Gobierno—, la calma —tan indispensable para hacer frente a la crisis—, el buen ánimo de los parlamentarios de la mayoría —que ya entonces era frágil—, todos esos elementos iban asociados a los índices de popularidad. Cosa que puede antojarse ridícula, pero realmente es así. Con aquellos vientos contrarios, todo se volvía más difícil. Incluso Dominique de Villepin se subía a aquel carro. Él había desaparecido y, de repente, volvía a aparecer para aconsejarme —ahí es nada— «cambiar de política», llegando a decirme que «la política consiste precisamente en dar giros». No creo que esté sometiéndole a un juicio de intenciones si digo que aquellas sugerencias suyas no necesariamente eran amistosas y, menos aún, oportunas. Y, como sus planteamientos no me resultaban convincentes, le contesté —con cierta malicia— que entonces a lo mejor también tendría que plantearme una nueva disolución de la Asamblea Nacional... Me refería, por supuesto, a aquella disolución calamitosa de 1997, que dio lugar a un cambio de rumbo radical con la sustitución de Alain Juppé por Lionel Jospin, quien se mantuvo en el cargo nada menos que cinco años. Semejante precedente no convertía al ex primer ministro, se mire como se mire, en el consejero más avezado…

Yo estaba resuelto a demostrar la veracidad de mi credo de la campaña presidencial de 2007, según el cual era posible continuar con las reformas durante los cinco años de mandato. Al otro lado de la mesa de negociación, los agentes sociales querían, por el contrario, que se pusiera freno a todos los cambios para preservar —decían ellos— «la paz social». Yo no quería caer en aquella trampa, que me habría dejado, para empezar, con las manos atadas; habría dejado desubicados, además, a los electores que me seguían dando su confianza, y habría dado lugar, por último, a mi «muerte política» de resultas del fortalecimiento de mis opositores y de la desmovilización de mis partidarios. Resolví, así las cosas, no ceder un ápice en el fondo y mostrarme flexible en la forma, así como en las compensaciones financieras indispensables para que mis interlocutores no se sintiesen humillados por no haber conseguido nada.

Al final, aquella cumbre costó 2.600 millones de euros. Los dediqué mayoritariamente a las clases medias, que siempre habían sido el objetivo prioritario de mi política. Quería mantener la coherencia con la importancia capital que siempre había atribuido a la revalorización del trabajo. Una de las medidas principales era la supresión de una parte del impuesto sobre la renta para los contribuyentes del primer tramo impositivo. Aquello representaba, en cualquier caso, algo más de cuatro millones de franceses; suponía un estímulo para que esas personas optaran por retomar una actividad cuyos beneficios no estarían sujetos a impuestos, en vez de conformarse con vivir de prestaciones. Me mantuve firme, sin embargo, en mi negativa a cualquier aumento del SMIC (Salario Mínimo Interprofesional de Crecimiento), para no agravar las dificultades de las pequeñas empresas y no excluir del mercado de trabajo a los franceses menos cualificados. Encareciendo el salario mínimo se levantaba, en efecto, una barrera de cara al acceso de estos al sector privado. Esa fue, por lo demás, mi posición constante durante los cinco años de mi mandato, durante los cuales me negué a cualquier subida del salario mínimo. Por muy difícil que resultara de asumir políticamente, se trataba de una decisión económica coherente de la que yo estaba sinceramente convencido.

La reunión duró varias horas. Vi conveniente imponer, de hecho, cierto ritmo «despacioso» para dejar claros la seriedad y el alcance de lo que estaba en juego. En menos de cinco horas, ya me habían acusado de despreciar el diálogo social. Es una especie de ritual, pero ¿hay alguien que de verdad se lo crea? Porque debate allí no había. Aquello era, más bien, una sucesión de monólogos. Cada participante empezaba leyendo una declaración introductoria. Ninguna presentaba la menor originalidad. Todas eran largas y previsibles. Hablaban siempre de unas empresas que obtenían demasiados beneficios, de unos trabajadores asalariados que no ganaban lo suficiente, de una cólera cada vez mayor y de unas injusticias contra las que era necesario luchar. De todo aquello probablemente algo fuese cierto; eso en absoluto voy a cuestionarlo. Adonde voy a parar es a que aquellos discursos carecían de espontaneidad. Los papeles estaban escritos y repartidos de antemano. El mundo de economías competidoras en el que vivíamos brillaba por su ausencia en las preocupaciones de mis interlocutores, cuyas declaraciones a la salida, en la escalinata del Elíseo, fueron, una vez más, perfectamente previsibles. Yo era muy consciente de aquellos arcaísmos, de aquella forma de inmovilismo, del lado un poco ridículo del comportamiento de todos los participantes, incluido el mío. Pero ¿cuál era la alternativa? ¿Cómo puede lograrse un auténtico diálogo bajo la mirada de los omnipresentes medios de comunicación, que mantenían a cada cual bajo la vigilancia de sus propios amigos? En el fondo, ninguno de los que allí estábamos era lo bastante fuerte como para poder permitirse abandonar sus posturas. Cada uno tenía que rendir cuentas ante sus tropas. Aquello paralizaba la democracia social.

El interlocutor más difícil fue el jefe de la CFDT, François Chérèque. Me resultaba complicado soportar su voluntad constante de dar lecciones y de querer estar siempre del «lado bueno». (En este sentido, he seguido con interés la evolución de las relaciones entre Emmanuel Macron y Laurent Berger. Tenían todo para entenderse. Si se han convertido en los peores enemigos, no ha sido tanto por sus diferencias ideológicas como por sus similitudes en términos de carácter. Ambos apuntaban, por así decir, al mismo nicho de mercado: el del «al mismo tiempo». Y eso solamente podía acabar mal.) Yo no apreciaba a François Chérèque, cuyo arte del lenguaje doble había tenido múltiples ocasiones de constatar. Lo practicaba con maestría escudándose en unas convicciones cristianas que probablemente le prohibiesen hablar mal de ninguna persona, pero que tampoco le animaban a hablar bien de nadie. Se amparaba siempre en la concepción que él tenía de «la modernidad». En realidad tenía un alma socialista y no entendía las cosas sino en términos de nuevos impuestos y más reparto. La posibilidad de crear riqueza no se le pasó por la cabeza nunca. Su postura era clásica, pero su aparente moderación hacía muy difícil refutarle. Con la CGT, la confrontación era más clara y, por tanto, más fácil de gestionar. Huelga aclarar que yo seguía siempre firme en mi afán por descubrir nuevas ideas y socios con los que poder reformar la economía y las relaciones sociales de nuestro país.

En cuanto a la patronal, la representante era Laurence Parisot, quien, más tecnócrata que empresaria, estaba obnubilada por su propia imagen y, naturalmente, por la de su organización, lo que se traducía en una gran aversión a cualquier forma de riesgo. Es probable que mi recelo hacia aquel «mundo social» tan codificado no favoreciese unos debates en profundidad y sin cortapisas. En absoluto pretendo exonerarme de aquel pésimo resultado y debo asumir mi parte de responsabilidad. Considero, así y todo, que el modelo francés ha quedado completamente obsoleto. Los sindicatos son cada vez menos representativos, y hace ya años que eso viene siendo así. El diálogo padece anemia y apenas si produce conceptos nuevos; los trabajadores asalariados se sienten abandonados a su suerte. La situación seguramente sea distinta en la función pública, donde los agentes sociales son mucho más poderosos. Yo mantengo, no obstante, mis reservas frente a ciertas prácticas de pertenencia casi obligatoria a los sindicatos; pues es mucho más fácil conseguir un nombramiento en la Administración si se tiene el carné del sindicato adecuado, y otro tanto rige en el seno de la enseñanza pública.

En aquella reunión insistí, por último, en mi preferencia por un amplio plan de relanzamiento basado en la inversión y no, como querían los agentes sociales, en el consumo. En el primer caso, el dinero invertido podrá recuperarse cuando las infraestructuras y los equipos financiados generen crecimiento y beneficios tributarios. Se trata, en efecto, de un gasto que se hace al comienzo del proceso en aras de unos ingresos que se escalonarán en el tiempo y serán recurrentes. Es un empujón constructivo que crea actividad a largo plazo. Sucede exactamente lo contrario con el apoyo a la demanda, donde el gasto inicial no ha de traducirse en beneficios económicos para el Estado sino una sola vez y, además, mediante ingresos que han de venir dados por un aumento del IVA. El Partido Socialista, fiel a sí mismo, quiso competir en «inventiva» exigiendo el restablecimiento de la llamada «autorización administrativa de despido», en virtud de la cual un representante sindical no podía ser despedido sin el visto bueno de la Inspección de Trabajo. ¿Cabe imaginar una propuesta más desfasada como respuesta a la crisis financiera mundial? Finalmente, cuando Jean-Luc Mélenchon reclama hoy la prohibición de los despidos, se está situando completamente en línea con una izquierda francesa que está aislada en Europa por su ideología y su arcaísmo, y en contra de cuanto funciona en la economía moderna.

*
* *

Una visita al municipio de Flamanville, en el departamento de la Mancha —allí se estaba construyendo un reactor EPR (Reactor Europeo Presurizado) de tercera generación cuya instalación había decidido yo mismo cuando era ministro de Economía e Industria—, me dio la oportunidad de insistir en mi compromiso con la energía nuclear. La semana anterior había dado luz verde a la construcción de un segundo EPR, esta vez en el municipio de Penly, en el departamento del Sena Marítimo. Como motivos de aquella decisión aduje el envejecimiento del parque nuclear galo y la necesidad de mantener al mejor nivel nuestras capacidades nacionales en la materia. Deseaba, además, que Francia se convirtiera en «exportadora de electricidad». Aquella ambición podía convertirse en una realidad. Por extraño que pueda parecer, hacía veinte años que no se había decidido poner en marcha ningún nuevo reactor. Y, desde aquellos dos EPR, tendría que pasar un decenio hasta que se volviera a invertir en ese tipo de energía. Ahora bien: como todo el mundo sabe, nosotros no tenemos ni gas ni petróleo. Y no hace falta ser ningún especialista para entender que, por muy necesarias que resulten las energías renovables, ninguna va a poder ser, a corto y medio plazo, sino un «apoyo» a la energía nuclear. ¿Por qué, así las cosas, esa pusilanimidad, ese miedo, esa obcecación?

Los avatares de nuestro sector nuclear son bastante reveladores de ese temperamento de dos caras que tiene nuestra nación, donde lo peor va alternándose con lo mejor. Fuimos dotados, en efecto, de una considerable ventaja con aquella tecnología de futuro gracias a la ambición del general De Gaulle y a la constancia de todos los presidentes que le han sucedido, con la notable excepción de François Hollande. Es un caso digno de estudio, la verdad: cómo dilapidar el legado recibido, acabar con un sector descollante, arruinar la independencia energética. Lo que habría tenido que convertirse en un orgullo para Francia se estancó, durante todos estos últimos años, en la mediocridad de un debate nacional confiscado por los adversarios del progreso tecnológico. Una parte de la clase política —concretamente los ecologistas, la extrema izquierda y el Partido Socialista—, aliada con unos medios de comunicación en su mayoría complacientes con las tesis profundamente reaccionarias de aquella, se las ingenió para inculcar en la opinión pública francesa la desconfianza —cuando no la hostilidad— hacia la energía nuclear. Su labor destructora ha tenido un enorme éxito. Hasta el punto de que, durante estos últimos veinte años, estar a favor de la energía nuclear se percibía, socialmente, como una forma de abyección. Y esto a pesar de que se trata de la energía con menos huella de carbono y más fiable.

El colmo del escándalo se alcanzó con la aciaga decisión de cerrar la central de Fessenheim por razones de pura politiquería, sin el menor motivo en términos de seguridad o fiabilidad. Había que complacer a unos ecologistas más preocupados por armar jaleo que por el medio ambiente. En definitiva: el desastre es absoluto, porque ahora nuestra compañía eléctrica nacional está al borde de la quiebra. El Estado ha tenido que recapitalizarla con hasta ocho mil millones, a pesar de que la empresa no había dejado de generar unos ingresos considerables. Nuestro sector nuclear está estancado por falta de inversiones en centrales de nueva generación. Nuestros éxitos exportadores pertenecen a un pasado ya remoto. Y todo por una desestabilización originada en el seno del propio país. ¡Así va Francia! Los franceses pueden ser los adversarios más crueles y más temibles de su propia patria. Somos capaces de convertirnos en los campeones de la destrucción de nuestras mejores bazas y de nuestros mejores puntos fuertes. De ahí nuestra necesidad absoluta de una gran ambición en la que proyectarnos. Porque, mientras le dediquemos nuestras energías, no tendremos esa tentación mortífera de dirigirlas contra nosotros mismos.

Las cifras hablan por sí solas: un único EPR puede producir doce mil millones de kilovatios hora al año, lo que representa un potencial de seiscientos millones de euros de exportación. ¿Cómo han podido todos los responsables políticos mostrarse herméticos hasta ese extremo frente a las necesidades energéticas de nuestro país? Esto da una idea de hasta qué punto el debate público ha sido secuestrado, amañado, desnaturalizado durante todos estos años por el poder de los grupos de presión antinucleares. Realmente tiene sentido hablar de un escándalo de Estado. ¡Estábamos en una posición ventajosa y ahora andamos a la zaga! Es un triunfo inesperado para nuestros competidores, que no podían contar con algo así.

He de reconocer que, en este asunto, los sindicatos han sido mucho más lúcidos y valientes que la mayoría de los responsables políticos. Valga de ejemplo cómo se desarrolló mi visita presidencial a Flamanville: los agentes sociales no convocaron entonces ninguna manifestación. Los trabajadores de otros sitios, por muy en contra que pudiesen estar de mis políticas, obviamente no quisieron perjudicar a sus compañeros de aquella central nuclear, quienes habían entendido perfectamente que yo era el primer defensor de una industria en la que les iba mucho. Y pocas visitas presidenciales hice, en efecto, tan tranquilas en términos sociales como aquella. Me reuní y dialogué con los trabajadores y con sus representantes en un clima de gran comprensión mutua. Los ocho representantes de los sindicatos estaban todos presentes, incluida la CGT, cuyo apoyo a la energía nuclear francesa probablemente fuese el único punto en el que coincidíamos. Resulta, sin embargo, que no era un punto menor. Yo quería hacer de Flamanville la planta modelo del renacimiento de la energía nuclear. Hay que tener claro que la industria nuclear necesita, más que ningún otro sector, el compromiso y el apoyo del presidente de la República. Se trata de unas inversiones que requieren grandes capitales, que tardan tiempo en implementarse y que pueden suscitar polémicas. Si no se da el debido ejemplo desde arriba, el conjunto del sector queda expuesto y no tarda en verse amenazado.

Yo quería que nuestra industria nuclear reviviese tras aquellos veinte años de hibernación. No podía imaginarme que, tras mi mandato, vendrían otros diez años de luchas desfasadas. Me parecía, además, que no había mejor argumento, de cara a la venta de nuestras centrales al extranjero, que experimentar en nuestro territorio nacional nuestros propios equipos. Para dar un ejemplo del entusiasmo que había generado mi decisión de reimpulsar la energía nuclear, basta recordar que entonces había dos grupos franceses de ámbito mundial que competían por gestionar y explotar aquellas plantas nucleares: EDF y GDF-Suez. De ahí lo esencial del impulso político. Porque, una vez desaparecido este, todo se fue al traste.

Tuve que hacer frente, por supuesto, a la oposición de los ecologistas, que no amainaba. Greenpeace, por ejemplo, me acusó de «dar la espalda al espíritu de los encuentros del Grenelle Environnement con aquella fuerte reactivación nuclear llevada a cabo sin consenso, transparencia ni evaluación de las necesidades». Ahí es nada… Pero atención, porque también se me calificaba de instrumento de «grupos de presión cercanos al poder, por ejemplo Areva, EDF o GDF-Suez». Es decir: que había que demonizar la energía nuclear, igual que llevaban intentando hacer, desde el primer momento, con mi presidencia. De la independencia energética de Francia, eso sí, ni una palabra. De la baza tecnológica nacional, tampoco. Y menos todavía de los trescientos mil puestos de trabajo del sector. Todo aquello no existía y, a ojos de aquellos ideólogos, ni siquiera tenía importancia. He aquí cómo y por qué Francia ha retrocedido tanto en este terreno durante los dos últimos mandatos presidenciales. Exagerando un poco —pero tampoco tanto—, podría decir incluso que hemos sacrificado nuestra industria nuclear para que Nicolas Hulot y sus amigos puedan seguir sin problema en las mayorías parlamentarias y en los Gobiernos de los presidentes François Hollande y Emmanuel Macron. No puedo dejar de pensar que se trata de un precio exorbitante y que lleva aparejado un estropicio sin precedentes. La historia, que no es indulgente, tomará nota, y no precisamente en beneficio de todos aquellos que deban ser considerados los responsables.

*

* *

El mes de marzo empezaba con un viaje a México. Para mí tenía una gran importancia. Se trataba de uno de los principales países de América Latina. Yo quería que Francia emprendiese su gran regreso a un continente que culturalmente le queda cerca y que sigue siendo, todavía hoy, el gran olvidado de la escena internacional a pesar de sus más de quinientos millones de habitantes. Me parecía que ahí había un vacío que llenar, un sitio que ocupar, un liderazgo que asumir. Me alentaba en aquel convencimiento la elección del nuevo presidente mexicano, Felipe Calderón, con quien había comido en el Elíseo poco después de ser yo elegido presidente. Se había forjado entre nosotros un buen vínculo. Me daba la sensación de que nos acercaban tanto nuestras convicciones políticas como nuestra edad. Acepté con entusiasmo su invitación a ir a México. Las relaciones entre nuestros países eran buenas, pero exiguas. Así y todo, había no menos de trescientas cincuenta empresas francesas instaladas en aquel país, que constituye el segundo mercado de América Latina. Todo se presentaba, pues, bajo los mejores auspicios.

En un plano más personal, a mí me agradaba mucho la perspectiva de descubrir México, país que no conocía. Cuando se enteraron de que pensaba ir con Carla, el presidente Felipe Calderón y su esposa me propusieron que fuésemos un día antes para conocer, en la costa del Pacífico —en Manzanillo—, un sitio de su país que a ellos les gustaba especialmente y les apetecía enseñarnos. A tal efecto, querían poner a nuestra disposición la casa de campo de un buen amigo suyo, de manera que pasáramos allí un día y una noche. Era el fin de semana previo a la visita oficial. De ese modo —me dijo el presidente mexicano— no habría ningún gasto de hotel y, sin eso, tampoco posibilidad de polémicas. Y efectivamente nadie puso pegas a los gastos de aquella visita. Lo que sí que se cuestionó —y de manera totalmente injusta— fue la personalidad del propietario de aquella casa. Yo no lo conocía y, de hecho, sigo sin conocerlo; no hemos coincidido nunca. Fueron los opositores mexicanos del presidente Felipe Calderón quienes crearon aquel embrollo, al solicitar que se les informase de en qué condiciones, y por cuáles motivos, el dueño de aquella casa, un tal Roberto Hernández, había «prestado o alquilado» su domicilio para nuestra visita. Aquello no tuvo mayor repercusión, pero ponía de relieve una voluntad polémica exacerbada a la que yo habría tenido que prestar más atención. Ahí me equivoqué...

Pocos días antes de volar a México, había recibido en el Elíseo a los padres de Florence Cassez, una joven francesa que había sido sentenciada en aquel país a la pena exorbitante de noventa y seis años de cárcel —que, en virtud de la acumulación de condenas, quedaban en veinte años efectivos— por un turbio asunto de secuestro del que la había acusado el que fuera su pareja. Había conocido a aquellas personas un año y medio antes por petición de uno de mis amigos parlamentarios del norte, Thierry Lazaro. Quedé muy impresionado por la calma y la determinación de la familia de aquella desdichada. El padre era muy digno. La madre, silenciosa. Estaban convencidos de la inocencia de su hija y, habiendo agotado todos los recursos, no sabían a quién más acudir. Todo el mundo les daba la espalda. Estaban solos y apenas les quedaban ahorros, con tantas idas y vueltas entre México y Francia para no abandonar afectivamente a su hija. Siempre he sido sensible al destino de todas esas personas que, con independencia de lo que hayan podido hacer, se encuentran en situaciones cercanas a lo que podríamos imaginar que es el infierno. Así es como concibo yo el papel del presidente de la República: salir en auxilio de aquellos compatriotas nuestros que se ven abandonados por todos. ¿De qué serviría ese gran poder que se nos confiere si no lo utilizásemos para aliviar injusticias individuales?

Tal era el caso, sin duda, de Florence Cassez, a quien para colmo habían encerrado en una de las cárceles con el régimen penitenciario más severo de todo México. Las condiciones en que vivía eran terribles. Corrían un peligro evidente tanto su salud como su integridad psíquica. ¡Y había de seguir allí otros siete interminables años! Prometí a mis interlocutores que, con motivo de mi viaje a México, intercedería ante mi homólogo. Toda aquella historia me había impresionado de verdad y estaba resuelto a llegar hasta el final del asunto. Encargué a Damien Loras, uno de los brillantes miembros de la oficina diplomática del Elíseo —y con el que tenía confianza—, que valorase qué se podía conseguir. Las primeras noticias fueron bastante alentadoras: el presidente Felipe Calderón no veía con malos ojos un traslado de la penada francesa a su país natal para que cumpliera allí una parte de su condena. De hecho, unas semanas antes de mi visita me escribió en ese sentido. Las primeras señales eran buenas.

Tuve que disuadir a Carla de que fuese ella misma a visitar a nuestra compatriota a la cárcel mexicana; aquello habría supuesto una humillación para el Gobierno mexicano y habría puesto de los nervios a la opinión pública del país, que sufría cada año no menos de ocho mil secuestros. Porque tal era, como he dicho, la razón por la que había sido condenada Florence Cassez... en lo que resultó ser una auténtica maquinación sobre un fondo de montajes, presiones y falsos testimonios. La iniciativa humanitaria de Carla era generosa y profundamente altruista, pero yo temía que acabásemos metidos, a pesar de su discreción, en un barullo mediático que podría complicar las relaciones con el presidente Calderón, a quien yo veía abierto a la posibilidad de llegar a una solución satisfactoria. La desilusión no tardó en llegar; fue en la primera comida oficial que tuvimos con el matrimonio presidencial mexicano. El ambiente había sido cálido y distendido en aquella finca a la que quisieron invitarnos. Las cosas se torcieron en el momento en que pronuncié el nombre de Florence Cassez. La violencia de su respuesta me dejó de piedra. Yo no contaba con algo así. Era evidente que aquello ahora representaba para el presidente Calderón un asunto personal. El hombre se mostraba totalmente enrocado en sus certezas. Aquello chocaba frontalmente con la carta que me había escrito con anterioridad. Carla estaba tan aterrorizada como yo. Fue entonces cuando sospeché que algo no cuadraba y que había algo que no sabíamos. Entendí, sobre todo, que iba a ser muy complicado sacar a Florence Cassez de aquel atolladero. Pero aún andaba lejos de entender lo que pasaba...

Lo que pasaba era mucho peor de lo que habría podido imaginar. De repente el clima de aquella visita se había vuelto pesado, casi irrespirable. Jean-David Levitte, mi asesor diplomático y *sherpa,* advirtió perfectamente aquel cambio. Me sugirió vivamente que renunciara a pronunciar el nombre de nuestra compatriota injustamente encarcelada en mi discurso del día siguiente ante el Senado de México. Los periodistas de ambos países no hablaban más que de eso. Para calmar los ánimos, hube de recibir en mi hotel a la influyente asociación de víctimas mexicanas de ese tipo de secuestros. Me costó muchísimo apaciguar la cólera de aquellas personas, convencidas como estaban de la culpabilidad de Florence Cassez. Habían sido cuidadosamente manipuladas e instrumentalizadas por el poder. Aquella fue una situación tan extraña como desagradable, porque toda una parte de mí se identificaba con su discurso de víctimas de aquellos bárbaros crímenes. Así y todo, insistí. ¿Y si mi compatriota era inocente? ¿Había que aceptar que se la castigara con veinte años de cárcel? ¡Ella tenía en ese momento veintisiete años! Nos separamos en unos términos más serenos, pero sin que lograra convencerles.

Al día siguiente hablé ante el Senado mexicano en medio de un silencio catedralicio, señal de la tensión reinante. Llegado un punto de mi discurso, expliqué que, «como me han dicho que no hable del asunto, siento un fuerte deseo de hacerlo», pues «la política no puede ser el único lugar en el que las cosas no se hablen». Quería hacer entender que, en una gran democracia como México, cada cual tenía la obligación de buscar la verdad, no el símbolo o la instrumentalización. Florence Cassez merecía un juicio justo, no un proceso llevado a término de cualquier manera. No pronuncié su nombre, pero ahora todo giraba en torno a su suerte. Cualquier otra cosa quedaba ya en segundo plano, y yo me hallaba en un callejón sin salida: o bien reculaba para preservar las relaciones francomexicanas —abandonando a una posible inocente— o bien perseveraba a costa de una crisis diplomática entre ambos países. La rigidez, la brutalidad, la inhumanidad del presidente mexicano habían conferido unas dimensiones tremendas a lo que debería haber quedado en una cuestión «particular», como a menudo ocurre entre países amigos. Conseguí *in extremis* que se constituyese un grupo de trabajo jurídico encargado de estudiar las posibilidades de que se trasladase a Florence Cassez a Francia para que cumpliese allí su condena. Se trataba de determinar si prevalecía el Convenio de Estrasburgo —ratificado por México—, que disponía el traslado a la patria de origen, o la Constitución mexicana, que exigía que la justicia del país tuviese la última palabra. Aquel avance, por ínfimo que fuera, fue muy mal recibido. El titular que el gran periódico mexicano de izquierdas *La Jornada* dedicó a aquel grupo de trabajo decía: «Vergüenza nacional. El Gobierno se pliega a la lógica racista y discriminatoria impuesta por Nicolas Sarkozy». Aquello ilustraba la situación de incomprensión absoluta entre ambos países, el ambiente envenenado del momento y el estado de exasperación de la opinión pública mexicana.

Intenté, con todo, salvar las apariencias anunciando que México sería el invitado de honor del siguiente Salón del Libro de París, así como que el año 2011 sería el Año de México en Francia y, viceversa, de Francia en México. Iniciativas culturales de ese tipo me permitían crear la ilusión de unas relaciones diplomáticas sosegadas al menos en la forma. Aquel frágil edificio, sin embargo, no tardó en saltar en pedazos con la conjunción de varias circunstancias cada vez más desfavorables para Florence Cassez. En primer lugar, estaba el resultado del recurso, que se había producido dos días antes de mi llegada a México y no solo confirmaba la condena sino que, para colmo, aumentaba la pena a sesenta años de cárcel. A eso se sumó el cambio de criterio del presidente Calderón sobre el asunto del traslado y aun de la comisión jurídica: hizo de todo para que no se produjese un auténtico debate y terminó logrando que el grupo de trabajo no se reuniera sino en dos ocasiones.

En el avión que nos llevaba de regreso a Francia pensé, intuitivamente, que mi homólogo debía de estar coaccionado. Y no me refiero simplemente a la opinión pública mexicana, exasperada por los secuestros y casi unánimemente convencida de la culpabilidad de nuestra compatriota. Porque yo podía quizás entender semejante reacción en un político que había de afrontar unas elecciones legislativas pocas semanas después, pero aquello, en realidad, no bastaba para explicar tamaño bandazo. Había, en efecto, algo más. Algo más grave y que ocurría entre los bastidores de la vida política mexicana. Se trataba del papel decisivo que desempeñaba Genaro García Luna, el responsable federal de Seguridad Pública. La relación de fuerza entre ambos hombres estaba invertida: era el ministro quien dictaba su voluntad al presidente, y no al revés. Yo no conocía el motivo de aquella extraña situación, pero ahora podía calibrar su alcance. Cuando la comisión apenas si había empezado a trabajar, el presidente Calderón anunciaba públicamente, como quería su subordinado, que Florence Cassez cumpliría su condena en México, argumentando que la sentencia de sesenta años de reclusión no existía en Francia y que el traslado era, por consiguiente, imposible. Pero lo tremendo no era el agravio que me habían infligido a mí, ¡sino la suerte de aquella desdichada a quien le estaban diciendo que moriría en prisión a nueve mil kilómetros de su familia!

Viéndome ante aquel muro de incomprensión e injusticia, decidí cambiar por completo de estrategia. Como ya no teníamos nada que esperar de las autoridades mexicanas, más valía dirigirnos a la opinión pública del país para convencer, al menos a una parte de ella, de que Florence Cassez no era culpable. Aquello nos llevó no menos de tres años durante los cuales nuestro magnífico embajador Daniel Parfait no escatimó tiempo ni esfuerzos en sus infinitos contactos con medios de comunicación, personalidades políticas, intelectuales, artistas, asociaciones de víctimas de secuestros... El punto determinante fue cuando la Iglesia mexicana aceptó llevar a cabo su propia investigación sobre el asunto, siguiendo el dictado de su conciencia y ayudándonos a reparar una injusticia espantosa.

Fue gracias a Benedicto XVI como logré aquel compromiso decisivo. Me reuní con él en Roma en 2010. Yo apreciaba mucho su personalidad, que tuve la oportunidad de conocer de cerca durante la visita de Estado que él había hecho a Francia unos años antes. Era un hombre de una inteligencia notable, de una bondad profunda y de una capacidad de escucha inagotable. Todo ello rematado por un temperamento sereno, una voz reposada, un dominio de un número de lenguas extranjeras impresionante y una sonrisa que propiciaba la confianza e invitaba a la confidencia. Aquel día estuvimos conversando a solas más de una hora en su despacho del Vaticano. No había nadie con nosotros: estábamos sin asesores. Fue una conversación bastante personal. Todo era a la vez sencillo, intenso y apropiado. Hay que decir que ese marco tan penetrante, tan majestuoso, tan profundo del Vaticano obra en la disposición íntima de la persona incitándola a la reflexión, a la toma de distancia y, probablemente, también a la oración. (Al menos si la persona en cuestión es sensible a tales problemáticas.) Cuando llegó el momento de despedirnos, le dije al papa que tenía que pedirle algo de tipo personal y particular. Intrigado, permaneció en silencio y me dijo con gran sencillez: «Le escucho». «Santísimo padre, hay una joven francesa que acaba de ser condenada a sesenta años de cárcel en México. Usted puede ayudarla.» Antes incluso de preguntarme qué había hecho la joven para merecer semejante castigo, respondió: «Dios mío, pobrecilla...». Yo lo sentía impresionado y conmovido. No había en él ningún juicio: únicamente compasión y una humanidad profunda. Animado por su reacción, le expliqué mi convencimiento de que Florence Cassez era inocente, y que me hacía falta la profunda influencia de la Iglesia mexicana para intentar reorientar a la opinión pública de aquel país. La Iglesia sigue siendo muy poderosa en América Latina. Me prometió que intervendría a través del nuncio apostólico de México, cosa que hizo aquella misma semana. Por fin una primera buena noticia.

Desde mi regreso de México, había tomado la costumbre de llamar por teléfono a Florence Cassez siempre que podía para brindarle apoyo moral y estar al tanto de las condiciones de su reclusión. Ella estaba profundamente desestabilizada y lloraba mucho. No era difícil de entender. También quería mostrar al presidente Calderón que no tenía intención de abandonar a mi protegida. Estaba seguro de que escuchaban nuestras conversaciones, toda vez que se producían a través del teléfono del locutorio de la cárcel. Cuando le conté a Florence Cassez mi conversación con el papa, su primera reacción fue deshacerse en sollozos: «¡No está bien esto que hace usted de mentirme estando yo encerrada...!». No quería creerse que aquello fuese cierto; realmente pensaba que me lo estaba inventando. «¿Un papa y un presidente que se ponen a hablar de mi condena a sesenta años de cárcel? En serio, no puedo creérmelo...» Me costó mucho convencerla de que, efectivamente, así había sido; de que tal era, ni más ni menos, la verdad. La emoción a flor de piel de Florence Cassez me reforzaba en la idea de que no había tiempo que perder. La degradación de su estado de ánimo avanzaba a pasos agigantados.

La Iglesia, por su parte, quería asegurarse, antes de comprometerse a fondo, de lo justo de la causa que yo le había pedido defender. El investigador al que encomendó el asunto —Pedro Arellano— era un hombre experimentado e incorruptible. Estuvo varios meses trabajando sin descanso; movilizó a muchas personas de buena voluntad y a muchos sacerdotes. Su informe final no se hizo público, pero el Vaticano compartió con nosotros las conclusiones principales. Y eran demoledoras para las autoridades mexicanas. Florence Cassez no era ninguna secuestradora, sino un chivo expiatorio: una persona inocente que simplemente estaba en el momento equivocado en el lugar equivocado. Todo era, por tanto, un desvergonzado montaje de las más altas autoridades del Estado y la policía mexicanas. Se habían creado pruebas falsas con la única finalidad de inculpar a nuestra compatriota. A raíz de aquello, todo empezó a moverse en una dirección más positiva. Numerosas personalidades mexicanas exigieron conocer la verdad, pues se olían el fraude. La propia Iglesia mexicana, convencida ya de la inocencia de Florence, solicitó ante el Tribunal Supremo una revisión del proceso. El responsable federal de Seguridad Pública —García Luna— se veía ahora acusado de manipulaciones y cuestionado en términos de integridad. A pesar de todo, el Tribunal de Casación mexicano estaba sometido a las mismas presiones políticas y confirmó la culpabilidad y la sentencia de Florence. Había que empezar otra vez de cero. Recibí a los padres de la joven tras aquel nuevo escándalo. Estaban aterrorizados. ¿Y qué decir de la desesperación que embargaba a su hija en aquel momento? En un intento de revertir la tendencia y de enviar una señal fuerte, anuncié que el Año de México en Francia estaría dedicado a Florence Cassez. Las autoridades mexicanas se cerraron en banda y retiraron su participación. ¡De manera que aquel Año de México en Francia terminaba antes siquiera de empezar! No me estaban dejando ya otra opción que operar a la brava.

El rechazo del traslado era un insulto a los convenios internacionales. Francia, que se enorgullecía de ser la patria de los derechos humanos, no podía abandonar a una de sus hijas en manos de un Estado que recurría a unos métodos que no resulta excesivo calificar de mafiosos. Aquello representaba, más allá del dramático caso de Florence Cassez, una cuestión de principios. La degradación de las relaciones francomexicanas no me hacía ninguna gracia, pero la alternativa de resignarnos a la «comedia diplomática habitual» —fingir que no entendíamos lo que estaba pasando y, sobre todo, que no veíamos aquella injusticia— me parecía que estaba fuera de lugar habida cuenta de la gravedad de los hechos. Me hacía cargo de las exigencias de la realpolitik; yo también la he practicado. En aquel caso excepcional, sin embargo, me parecía que las cosas habían ido demasiado lejos. No estaba dispuesto a dejar que Florence Cassez se pudriera en aquella cárcel mexicana sin ser culpable de nada.

A los pocos días de la decisión del Tribunal Supremo mexicano, un importante semanario de aquel país reveló que un asesor del presidente Calderón se había reunido con los correspondientes magistrados unas horas antes del veredicto para ordenarles que desestimaran el recurso de Florence Cassez. Es decir: que las prácticas dignas de una dictadura persistían a pesar de las pruebas que exculpaban a nuestra compatriota. Florence Cassez sería finalmente puesta en libertad —por decisión del mencionado Tribunal Supremo— a comienzos del año 2013, esto es, unas semanas después de que Felipe Calderón dejase el poder... El expresidente mexicano, que ahora vive en España, posteriormente fue acusado de mantener vínculos con el crimen organizado. García Luna, su antiguo ministro de Seguridad Pública, continúa recluido en una cárcel de Estados Unidos, donde fue condenado a comienzos de 2023 por tráfico de droga y connivencia con el cártel de Sinaloa...

Durante todo aquel proceso fui muy criticado en México, cosa que, aun careciendo de justificación, resultaba comprensible. La cuestión es que también me criticaron en Francia, y eso ya era más extraño. La más caricaturesca de mis oponentes fue Martine Aubry, quien dirigía el Partido Socialista. En aquella polémica se deshonró a sí misma pisoteando lo que habría tenido que constituir el fundamento de su compromiso político. Yo la había oído vilipendiar, con mucha frecuencia, las exigencias de la diplomacia, por cuya virtud los derechos humanos pasaban, cuando menos, al segundo plano de las preocupaciones de Francia. Pero ella hizo algo mucho peor, pues me acusó de «falta de madurez al sacrificar las relaciones bilaterales francomexicanas al caso aislado de una francesa en cuya culpabilidad creía todo el mundo en México y mucha gente en Francia». Y una vez esclarecida la inocencia de Florence Cassez, la susodicha responsable socialista no hizo amago de disculparse. Pasó a otra cosa haciendo gala de un cinismo que, después de tantos años, no me deja de indignar. He observado en múltiples ocasiones tal clase de comportamiento en el seno de esa familia política. Pienso ahora en Danielle Mitterrand encomiando las virtudes de Fidel Castro, en Henri Emmanuelli apoyando hasta el final a su amigo Laurent Gbagbo en Costa de Marfil cuando este último se presentaba como el apóstol de la *ivoirité*. No otra línea seguía Martine Aubry al dar la espalda, a sabiendas, a la verdad y a los derechos humanos en aras de un politiqueo obtuso.

También a algunos de mis amigos les parecía que yo me estaba extralimitando. Yo creo, retrospectivamente, todo lo contrario. No había justificación para abandonar a una inocente, sobre todo siendo el presidente de la República y representando, en consecuencia, la última esperanza de las personas que se han quedado sin ninguna. Quiero recordar que nunca deja de haber entre mil y dos mil franceses que se encuentran recluidos en cárceles de todo el mundo. No es raro que en ocasiones se trate de privaciones de libertad arbitrarias. El poder no debe hacernos insensibles a esos casos individuales, pues detrás de cada una de esas personas están nuestros principios democráticos, a los cuales nos corresponde dar vida. Luego hubo intelectuales mexicanos que escribieron que el caso Cassez se había convertido en el caso Dreyfus de México, que aquello marcó un antes y un después. O sea: que esta dramática historia hizo progresar el Estado de derecho en la segunda economía de América Latina. Y si solamente hubiera que quedarse con eso, bastaría con creces para justificar todos nuestros esfuerzos.

*
* *

Las entregas de condecoraciones colectivas o individuales no constituyen los momentos más «emocionantes» de la vida de un presidente de la República. Para empezar porque, como hay tantas, su frecuencia atenúa su carácter especial. Además, porque no siempre conoce uno a los receptores o apenas sabe nada de ellos. Por último, porque el significado del momento es muy distinto para quien entrega la condecoración que para quien la recibe. Para este último se trata de una consagración ante su familia y sus amigos. El primero necesita, por el contrario, hacer un esfuerzo de concentración para conferir a ese momento toda la solemnidad e intensidad que los participantes tienen derecho a esperar.

La ceremonia que yo había de presidir aquel 19 de marzo tenía, en cualquier caso, unas connotaciones muy particulares: se trataba de conceder la orden de la Legión de Honor a Bernadette Chirac, la única «del clan» que en ningún momento dejó de demostrarme lealtad y cariño. Me pidió que fuera, como quiere la costumbre, su padrino. Yo acepté con entusiasmo, porque Bernadette Chirac lo merecía sobradamente. Allí donde había ido con su esposo, había tratado siempre de ser útil y de contribuir a esas causas con las que tan comprometida estuvo siempre: los jóvenes con desequilibrios psicológicos, las personas mayores, las campañas de recaudación de fondos para hospitales… Siempre se ha hablado de la energía de Jacques Chirac —y con razón—, pero con demasiada frecuencia se ha ignorado la de su esposa, que era una persona no menos indómita. Esta mujer menuda, de aspecto burgués y sin un físico, digamos, de atleta, estaba dotada en cambio de una fuerza, una vivacidad y una resiliencia para las que me cuesta encontrar parangón. Jamás la he visto parar, descansar o renunciar a la más mínima de sus obligaciones. Era un prodigio de diligencia que, a la manera de la reina Isabel II del Reino Unido, nunca se quejaba y llevaba siempre hasta el final lo que tuviese que hacer. Fue una primera dama particularmente activa e influyente. La carrera de su esposo no habría sido la misma sin ella y sin el papel que ella supo desempeñar en tantos momentos críticos. Cada vez que Jacques Chirac flaqueaba —como efectivamente le ocurrió—, allí estaba ella para apoyarlo, defenderlo, confortarlo. Por el amor que le tenía soportó, sin rechistar, no pocas humillaciones. Hubo de tragarse unos cuantos sapos. Aceptó muchas cosas que le desagradaban enormemente. Y todo sin dejar que nada trasluciera. Hasta ese punto estaba forjada por su educación, por su sentido del deber, por su pudor, y era consciente de la importancia capital de su figura para su esposo. Dejaba, así, que hablasen y dijesen lo que quisieran quienes nunca entendieron nada, porque ella sí que lo sabía: su gran hombre, el hombre de su vida, no podía recorrer su camino sin ella. Y compartieron ese camino hasta el final. Aquella pareja era, a su manera, indestructible.

Pero mi emoción especial de aquel día tenía otro motivo: el apego y el cariño que siempre he experimentado hacia Bernadette Chirac. En la vida política hay más sentimientos de lo que se cree. Tantas cosas compartidas durante tantos años dejan hondas cicatrices afectivas, para lo mejor y para lo peor. No sale uno indemne de todas esas luchas fratricidas o de las múltiples batallas electorales. Al final se han vivido tantas cosas junto al otro, o frente a él, que se acaba teniendo la impresión de formar parte de una misma familia. Estar juntos en la esperanza y en la derrota —más raramente, en la victoria— crea unos vínculos que los años que pasan no atenúan, sino fortalecen. Cuando aquel día yo miraba a Bernadette Chirac, mis comienzos en la política volvieron a aflorar en mi memoria con una intensidad que no me esperaba. Nos unían aquellos cuarenta años de vida política. Yo no necesitaba decirle nada para entender su estado de ánimo o sus preocupaciones. Y sabía que aquella frialdad aparente y aquella pose de distancia ocultaban el corazón de una mujer sensible y siempre vulnerable. A pesar de la diferencia de edad —y del hecho de que ella fuera la esposa «incondicional» de Jacques Chirac—, tuvimos siempre un trato muy cercano. Y en aquella cercanía no había ni cálculo, ni interés, ni cinismo, sino una misma comprensión y una experiencia parecida de la crueldad que la vida política reserva a quienes quisieron abrazarla.

Lo más extraño de aquel día fue que la ceremonia transcurría ante la presencia muda de su esposo. Yo era el presidente de la República. Él ya no lo era. Yo rendía homenaje a su esposa. Él escuchaba. Ella era la protagonista. Él, el testigo. ¿Cómo expresar de otro modo que todos éramos conscientes de que el tiempo había pasado y de que el suyo se estaba agotando? No obstante todas las cautelas retóricas que tuve en cuenta —mencionando a Jacques Chirac en varias ocasiones—, me sentía, de algún modo, incómodo. En absoluto quería yo ofenderlo, pero veía que el hombre no estaba a gusto a pesar de su aparente y habitual jovialidad. Al final, la más natural de los tres fue Bernadette Chirac. Yo ya había podido observar la redistribución de las fuerzas en el seno de aquel matrimonio. Ahora era ella quien proponía y decidía. La ceremonia se celebraba en la Maison de Solenn, un centro para adolescentes del hospital parisino Cochin que se había creado gracias a la campaña de recaudación de fondos *Pièces jaunes,* puesta en marcha unos años antes por la propia Bernadette. Asistieron todas las personalidades relevantes de la vida política, económica e incluso artística parisina. Nadie quería faltar. Aquello era, bien mirado, una ocasión para reconciliar a nuestra familia política, en la medida en que permitía a todos encontrar un buen motivo para participar. Algunos iban por Bernadette. Otros, por lealtad a Jacques Chirac. También hubo quien fue porque yo era el padrino de aquella condecoración. Bernadette Chirac, muy en su línea, dio muestras de una afectuosa y pícara insolencia al explicar que quería compartir la medalla con su esposo porque «lleva cincuenta años acompañándome». Genio y figura hasta la sepultura... Ella efectivamente conservará, defenderá y reivindicará hasta el final su sitio: el de una mujer libre. Porque detrás de sus modales, de su educación, de su rigor..., nadie podrá decir nunca que le dictó cómo había de pensar o qué ideas debía tener. Ella supo construirse, sin renegar de su identidad un ápice, un espacio de libertad. Bernadette Chirac es una mujer libre.

*

* *

A últimos de marzo organicé una nueva reunión de los parlamentarios de la mayoría, a quienes recibí a tal efecto en el Elíseo. Los periodistas habían terminado por acostumbrarse a aquel ritual: semejantes reuniones ya no suscitaban ni escándalo ni debate; nadie me acusaba ya de modificar el espíritu de la Quinta República francesa. Con la salida de la crisis, el clima político se había vuelto más pesado y las perspectivas se ensombrecían para la mayoría parlamentaria, que en los sondeos había empezado a bajar. Mi equipo político, muchos de cuyos miembros son hoy talentosos integrantes de la Cámara —por ejemplo, Constance Le Grip, Olivier Marleix, Guillaume Larrivé o Éric Schahl—, me alertaba sobre la inquietud de los diputados. Había que hablarles, tranquilizarlos, ofrecerles un horizonte. Debía hacerlo yo mismo, pues en el temperamento del primer ministro François Fillon no encajaba hacerse cargo de las cosas. Aunque, sinceramente, ¡he de reconocer que tampoco sé si hubiese querido que lo hiciera! La cuestión es que su prudencia, su reserva y, probablemente, la manera como él entendía sus intereses, hacían que le horrorizara cualquier forma de riesgo o de iniciativa demasiado prematura. El hombre estaba, por supuesto, junto a mí en el estrado de la gran Sala de Fiestas de aquel palacio. También estaba el presidente de la Asamblea Nacional, Bernard Accoyer —cuya lealtad fue siempre impecable—, y el presidente del grupo mayoritario de la Asamblea Nacional, Jean-François Copé. Yo me había equivocado, al comienzo de mi mandato, disuadiendo a Christian Estrosi de que se presentara contra este último, pues habría sido elegido y yo habría salido ganando, de lejos, con el cambio, porque uno era la antítesis del otro. Jean-François Copé se sentía llamado, desde su más tierna edad, al destino más alto. No es que fuese el único que se sintiese así, pero aquel convencimiento había desarrollado en él una arrogancia bastante notable y un amor hacia su propia persona probablemente desproporcionado. Decir que no me inspiraba confianza y que jamás sentí afinidad con él es decir poco. Y, sin embargo, hice cuanto estuvo en mi mano para que él ocupara el puesto estratégico de presidente del primer grupo de la mayoría parlamentaria. En mi obsesión por el reagrupamiento, me parecía lo correcto que todos pudieran tener su lugar, es decir, que no solo hubiese espacio para adeptos míos. Aquella era una buena intuición, siempre y cuando todos desempeñaran sus funciones con lealtad. Y en general así fue, pero no en el caso de Jean-François Copé, quien, cuando las cosas iban bien, afirmaba «modestamente» que aquello era una coproducción Parlamento-Gobierno, y, cuando no iban tan bien, dejaba que asumiera las consecuencias yo solo.

Para ejercer la presidencia del grupo de los parlamentarios que me eran más fieles, sin duda habría podido encontrar a alguien mejor. Una vez elegido con mi apoyo, se apresuró a colocar en todos los puestos importantes a sus incondicionales. Entre ellos se encontraba aquel famoso equipo «Bygmalion», que se llevó todos los contratos de comunicación del grupo parlamentario desde el minuto en que Copé asumió la presidencia del mismo hasta el momento en que la dejó. Dicha camarilla estaba entonces dirigida por dos de sus antiguos jefes de gabinete, en estrecha colaboración con la persona que estaba entonces al frente de este. Yo de aquello, naturalmente, no sabía nada, y no fue sino mucho después cuando me enteré de que aquel organismo estaba, en realidad, dedicado por completo al servicio y a la persona de su único mentor, Jean-François Copé. Promover al cual fue, por tanto, un error. Muchos de mis amigos me habían prevenido contra él, pero no les hice caso. Aquella necesidad de reagrupamiento que yo me había marcado como una prioridad absoluta me hacía sentir obligado a encontrar una función para todos los antiguos chiraquistas. Jean-François Copé reivindicaba su pertenencia al primer círculo de este grupo. Era capaz de desplegar, por añadidura, un incontestable talento pedagógico y una habilidad que yo realmente pensaba que podrían resultarnos útiles. Siempre he sabido, en efecto, que nunca se tienen demasiados talentos en un equipo. Y Copé era un talento, por más que él mismo lo echara en parte a perder con una actitud innata que le granjeaba muchos enemigos. De ello tuvo la cruel prueba en las elecciones primarias que yo organicé en vista de las presidenciales de 2017, ¡donde no obtuvo más que un único voto por colegio electoral! Siendo cuatro millones los electores, aquello no era mucho y revelaba una situación de desamor profundo. Así funciona la política, donde no hay estrategia tan útil y necesaria como la del reagrupamiento. Porque este también tiene, por supuesto, sus contrapartidas e inconvenientes; pero yo prefería, así y todo, asumir los costes de un exceso de voluntad de apertura y unión que no los peligros —de lejos más graves— que habría conllevado un comportamiento sectario o de clan, algo que siempre me ha resultado profundamente ajeno.

Aquella tarde, yo no quería ir más allá de unas breves palabras de introducción. Prefería contestar a las preguntas de los parlamentarios en vez de endosarles un discurso que no se habría correspondido ni con el formato de aquella reunión ni con las expectativas de mis invitados. Pues bien: la primera pregunta fue sobre mi capacidad de mantener la línea de las reformas frente a la creciente contestación social. Era la misma problemática siempre: la de optar por el repliegue o por la resiliencia. Pero a aquellos diputados, escaldados por las marchas atrás de la época de Chirac —que habían empezado ya en 1995, cuando Alain Juppé retiró el plan de reforma de la Seguridad Social—, les preocupaba la idea de que yo pudiese acabar tomando el mismo camino. Les saqué de su error aduciendo el ejemplo del puerto de Marsella —cuyo estatus acabábamos de cambiar— y sus famosos estibadores. Allí la CGT nos esperaba, en efecto, en pie de guerra, deseosa de provocarnos para romper las hostilidades. Y afirmé que aquel sería un excelente terreno para un primer enfrentamiento y que yo estaba preparado. Les expliqué, por otra parte, que, para nuestra mayoría parlamentaria, la amenaza no residía en que nuestros adversarios estuviesen fuertes, sino en que *nosotros* estuviésemos débiles. Ese era el verdadero peligro. Yo estaba convencido de que el menor signo de debilidad significaría la debacle y de que no teníamos, por tanto, otra opción que continuar o, incluso, acelerar. Añadí que no creía que pudiésemos salir perdiendo ante la opinión pública con un asunto tan conocido como el de los bloqueos recurrentes de los puertos franceses. Aquella anomalía se llevaba repitiendo demasiado tiempo ya. Era evidente que tocaba ponerle fin.

Aproveché para intentar sintetizar los tres problemas que lastraban a Francia de cara a la feroz competencia a la que nos enfrentábamos y, por supuesto, las correspondientes soluciones que debíamos aplicar. Me referí, por ese orden, a la jornada laboral de treinta y cinco horas, a las huelgas y los bloqueos recurrentes y a nuestro sistema tributario, uno de los más confiscatorios de todas las economías desarrolladas. Para cada uno de aquellos problemas creía haber encontrado un remedio por lo menos parcial. Para la jornada laboral de treinta y cinco horas, las horas extra libres de impuestos. Para los bloqueos, los servicios mínimos obligatorios para todas las empresas públicas, especialmente las de transporte, que ya no podrían tomar como rehenes a los trabajadores. (Era evidente que aquello había modificado profundamente las relaciones de fuerza en el ámbito social.) En cuanto a la fiscalidad, ahora el tope impositivo garantizaba que el Estado no pudiese quitar a ningún contribuyente más del 50 % de lo que había ganado. Me di el gusto de señalar que el presidente del Gobierno de España, José Luis Rodríguez Zapatero —todo un socialista—, había suprimido el impuesto a las grandes fortunas; también que el líder de los socialistas alemanes, Frank-Walter Steinmeier, había introducido en la Constitución de su país, para que así fuese intocable, un tope impositivo semejante al nuestro. Y a lo mejor convenía —añadí para terminar— que la derecha francesa reivindicara aquellas medidas que las izquierdas europeas habían hecho suyas, ¡toda vez que había sido ella la que las había puesto en marcha!

Fueron tres horas de diálogo y terminé agotado. Era importante contestar tanto a las grandes preguntas como a las pequeñas. Había que tener en la cabeza todos los temas y sus correspondientes cifras; no dejar, en ningún momento, de mostrarse humano; transmitir energía y fuerza, pero sin avasallar; mostrarse cercano con todos, pero sin perder nunca el decoro propio de un presidente de la República; adoptar una actitud conciliadora y hablar, al mismo tiempo, como un militante; hacer gala de aplomo sin resultar prepotente; marcar el rumbo e imponer la necesaria disciplina, pero sabiendo a la vez escuchar y demostrando empatía. En fin: un ejercicio mucho más complejo y delicado de lo que pudiera parecer. Requería, en cualquier caso, un despliegue de energía probablemente difícil de imaginar. Conseguir que cuatrocientos diputados se marcharan de allí tranquilizados y casi contentos representaba todo un desafío. Yo sentía como si tuviese que multiplicarme, a la manera de esos artistas que hacen girar simultáneamente un montón de platos sobre unas varillas y no pueden permitir que ninguno se les caiga y se rompa.

*
* *

Terminé el mes de marzo con un discurso en el que daba mucha importancia al tema de la defensa europea y la OTAN. Durante la anterior campaña electoral se me había criticado mucho por mi supuesta querencia exclusivamente proestadounidense. Me importaba, por tanto, aclarar las cosas y exponer mi visión de esos asuntos tan complejos y, a la vez, eminentemente estratégicos. El acto tuvo lugar en Los Inválidos; concretamente, en el anfiteatro de Foch. Aquello tenía su carga simbólica, dado que Ferdinand Foch fue el primer comandante en jefe de las fuerzas aliadas europeas y estadounidenses durante la Primera Guerra Mundial. Es decir: ¡que la idea de alianza y amistad con los estadounidenses no databa precisamente del comienzo de mi mandato presidencial!

Empecé llamando la atención sobre el hecho de que nosotros pertenecíamos a la familia occidental y debíamos reivindicar tal pertenencia. No podíamos situarnos simplemente a medio camino entre todo el mundo. Añadí que el prerrequisito de la independencia consistía en que uno supiese dónde estaba su familia y en que esta no dudase de uno. Pues bien: nuestra familia era, sin duda, la que formábamos con los europeos y los estadounidenses. Y decir aquello no significaba cuestionar la independencia nacional, sino más bien fortalecerla. ¿Qué sería una política de defensa francesa aislada y replegada sobre sí misma? En el mejor de los casos, una línea Maginot tan ineficaz como la originaria de cara a afrontar los desafíos del mundo moderno. Yo proponía, por consiguiente, efectuar un doble movimiento —paralelo y concomitante— de reactivación de la defensa europea y reacercamiento a la OTAN. En cuanto a la OTAN, siempre había pensado que nuestro interés nacional debía conducir a dicho reacercamiento. Nosotros somos, en efecto, miembros fundadores de esta alianza nacida al término de la Segunda Guerra Mundial. Una alianza que era, y seguirá siendo, un elemento central de nuestra política de defensa y seguridad en virtud del compromiso fundamental de auxilio mutuo en caso de agresión a un país miembro. El general De Gaulle pronunció, en 1966, estas afortunadas palabras: «Nuestra alianza es la de los pueblos libres de Occidente». Imposible ser más claro.

Por otra parte, veintidós de las veintisiete democracias europeas son miembros de la OTAN. Abandonar esta supondría ni más ni menos que romper con tres cuartas partes de nuestros socios del continente. ¿Hace falta aclarar que eso no tendría absolutamente ningún sentido? Fue también con la OTAN como intervinimos en Afganistán a lo largo de la década de 1990. Y en 1993, François Mitterrand tomó la decisión de que volviéramos a estar presentes en el Comité Militar. En 1996, Jacques Chirac fue más lejos haciendo explícito su deseo de que nos reintegrásemos plenamente. Por lo demás, desde entonces es frecuente que Francia participe con soldados en la fuerza de reacción rápida de la Alianza. En resolución: que el proceso de reacercamiento fue constante y no se vio afectado por el hecho de que en el Elíseo hubiera un presidente de derechas o de izquierdas. ¡Aquello no había empezado, por tanto, conmigo! A pesar de todo, seguíamos estando fuera de la estructura militar integrada de la Organización, lo que había terminado provocando múltiples inconvenientes. En primer lugar, nuestros aliados cada vez entendían menos aquella posición nuestra. Nuestra incapacidad para asumir sin remilgos nuestra opción por la Alianza Atlántica arrojaba una sombra de duda sobre nuestros objetivos y, por qué no decirlo, sobre nuestra lealtad. Aquella desconfianza pesaba sobre el proyecto de la Europa de la Defensa, el cual, por tal motivo, no avanzaba como habríamos deseado. Presentar, en efecto, la iniciativa defensiva europea como una alternativa a la alianza con Estados Unidos equivalía a la muerte cierta de la idea misma de dicha Europa de la Defensa (al menos para la práctica totalidad de los países del este de nuestro continente). Presentar, por el contrario, la Europa de la Defensa como una actuación complementaria a la de la OTAN permitía que la idea de una defensa europea prosperase.

El otro inconveniente de seguir fuera de la estructura militar integrada de la Alianza estribaba —y aquello a mí me parecía un problema importante— en que no disponíamos de ningún puesto militar de responsabilidad, por lo que no teníamos nada que decir cuando los aliados definían los objetivos y los medios militares para las operaciones de la organización. Francia había terminado, en resumidas cuentas, excluyéndose a sí misma. Aquello había pasado a ser, sencillamente, nuestra postura respecto a la OTAN. Y ya era hora de poner término a semejante situación. Porque estando ausente, no se gana nada. Yo prefería una Francia que codirigiera antes que una Francia que se dejara hacer. Reintegrándonos plenamente en la Alianza, volvíamos a estar donde se fraguaban las decisiones y las normas. De paso, nuestro regreso reforzaba la influencia de Europa en el seno de la OTAN y moderaba la de Estados Unidos. Así se hacía menos absoluto el predominio estadounidense en la organización. Pero lo más importante era el clima de confianza que restablecimos al volver a integrarnos por completo. A partir de entonces, nuestros socios europeos empezaron a prestar más atención a nuestras ambiciones en materia de defensa europea: ya no éramos sospechosos de doble juego para con Estados Unidos. Yo me sentía aliviado de haber llevado hasta el final un proceso en el cual creía y que suscitaba, desde hacía años, debates espantosamente crispados: se adoptaban posturas marciales, se lanzaban anatemas, estallaban polémicas a cada instante... Era crucial que la mayoría parlamentaria, que incluía a muchísimos diputados de obediencia gaullista, me siguiera en aquel camino de una reincorporación completa a las estructuras militares integradas.

Terminé mi intervención recordando que, como no podía ser de otra forma, nuestras fuerzas armadas seguían siendo nacionales, lo que significaba que no se integrarían en ninguna fuerza supranacional cuya responsabilidad escapase al Gobierno francés. Precisé asimismo que la capacidad de disuasión nuclear se mantendría igualmente independiente y que conservaríamos nuestra libertad de determinar, llegado el caso, si enviar o no a nuestros soldados, con lo que contestaba a cuantos afirmaban que mi decisión podría comprometer nuestra independencia nacional. Entonces hubo, en efecto, multitud de polémicas y capciosos juicios de intenciones sobre mi decisión. Casi tres lustros después, sin embargo, ninguno de los dos presidentes que me han sucedido la ha revocado; ninguna mayoría parlamentaria la ha querido cuestionar. Hoy el consenso se impone, como si la plena reincorporación de Francia al seno de la OTAN hubiese sido una obviedad. Y efectivamente en tal se ha convertido. Pero no lo era entonces. Aquella fue una decisión estratégica que puede dar a los franceses la medida del balance de un mandato presidencial de cinco años. Porque era una decisión que apuntaba al largo plazo, no a la inmediatez. Hacía falta tiempo para calibrar su impacto. Se trata de una decisión que no lamento.

Quedaba el asunto de esa traición de la que a menudo me acusaban para con el legado del general De Gaulle. No puedo evitar pensar que hace falta una buena dosis de obcecación, cuando no de ceguera, para afirmar qué habría hecho o dejado de hacer este en las circunstancias que entonces se nos presentaban a nosotros. Las razones que movieron a De Gaulle a actuar como actuó en 1966 —apartándose, se entiende, de la Alianza— ¿seguían siendo acaso las mismas? Salta a la vista que no. ¿O iba a resultar que Francia también tenía que rechazar, de nuevo apelando a la fidelidad gaullista, el tratado de no proliferación de armas nucleares porque, en su momento, el general De Gaulle así lo había decidido? Yo estaba tan resuelto a avanzar en aquella dirección con la mayor transparencia que, la misma mañana en que pronuncié aquel discurso, le pedí al consejo de ministros que recabara el compromiso del Gobierno con la política exterior de Francia. Aquello era nuevo, al tratarse del ámbito de competencias del presidente de la República. La democracia tiene sus reglas. Yo quería, sin embargo, que mi decisión se sometiera a la consideración del Parlamento, de modo que este pudiera rechazarla o asumirla. (Precisamente ese era el espíritu de la reforma de la Constitución cuya aprobación yo había logrado *in extremis* en 2008.) Al final, mi decisión fue aprobada. Por fin podíamos pasar página. Y no fue tan difícil como yo había imaginado: las polémicas cesaron de inmediato tras la votación. Las evidencias, a veces, se acaban imponiendo.

*

* *

El primer fin de semana del mes de abril se dedicó a la cumbre de la OTAN que, copresidida por Alemania y Francia, se celebraba tanto en Estrasburgo como en Kehl y Baden-Baden. No voy a volver aquí sobre el fondo de las cosas. Ya he explicado los motivos que me habían animado a tomar la iniciativa de aquella reunión. Era un acontecimiento especialmente significativo, teniendo en cuenta que se trataba de la primera visita a Francia de Barack Obama —en calidad de presidente de Estados Unidos— y de su esposa Michelle. Los medios de comunicación estaban sobreexcitados por la presencia del matrimonio presidencial estadounidense. Carla y yo debíamos recibirlos en la capital alsaciana; concretamente, en el palacio Rohan, que había sido dispuesto para la ocasión. Yo ya conocía a Barack Obama, con quien había mantenido dos largas conversaciones, en el transcurso de los tres años previos, en París y Washington, cuando él no estaba todavía en la Casa Blanca. Con su esposa, por el contrario, no había coincidido aún. Trajeron regalos para nosotros, por ejemplo, una bonita guitarra Gibson para Carla, con una pequeña placa que indicaba que se trataba de un regalo de Michelle y Barack Obama, así como la fecha de aquella visita. Fue un detalle delicado y realmente amistoso. Es algo lo suficientemente insólito como para no tener que insistir en ello.

La prensa francesa lisonjeaba al presidente estadounidense, lo cubría de elogios y le atribuía todas las virtudes. Su verdadera personalidad está bastante lejos, sin embargo, de la imagen milimetrada y particularmente cuidada que él se preocupaba por ofrecer en todo momento. Tiene un temperamento, en realidad, bastante frío e introvertido; y no manifiesta un interés sino bastante moderado por todas las personas que le rodean. Su esposa es más auténtica, más intensa, más sincera en la expresión de sus convicciones, que, por otra parte, son muchas; y las expresa con una franqueza grande y con una valentía genuina. Su marido, en cambio, detestaba cuanto pudiera colocarlo en una posición delicada y se atenía al pensamiento único más estricto. Para él se trataba, ante todo, de evitar cualquier cosa que pudiera menoscabar su imagen. No tomaba ninguna decisión que no hubiera sido previamente validada por sus asesores y su equipo de gobierno. Fue este último, en efecto, quien durante sus años de presidencia asumió y se hizo cargo de la realidad del poder. Aquello tuvo mucho peso en la victoria de Trump, quien supo sacar partido de la inclinación de Barack por el pensamiento conformista.

Durante aquella cumbre tuvimos dos desavenencias profundas que contribuyeron a degradar sensiblemente nuestra relación. La primera se produjo ya desde el comienzo mismo de la primera conversación a solas entre ambos que se organizó en Estrasburgo. Barack Obama quería complacer a toda costa al primer ministro turco Erdoğan. Resulta, sin embargo, que este se había marcado como prioridad su voluntad de que su país ingresara en la Unión Europea. Pero yo no quería ni oír hablar del tema, como ya tuve ocasión de explicar en *Le Temps des Tempêtes*. Había sido clarísimo al respecto durante la campaña electoral; en modo alguno podía desdecirme. El presidente estadounidense, aunque estaba perfectamente al tanto, no por eso dejó de plantearme su petición, como lo más normal del mundo, con una insistencia turbadora. Digo yo que habría habido algún modo mejor de entrar en materia. Hizo, con todo, un esfuerzo en el plano de la forma encareciendo mi «inteligencia», por cuya virtud yo había de entender que el «interés superior» tenía que llevarme a ceder. Aquello era una mera lisonja. George Bush me había dicho con otras palabras, pero con la misma insistencia, exactamente lo mismo un año antes. Me pregunto si la evolución del ex primer ministro y actual presidente de Turquía les ha hecho cambiar de parecer desde entonces... Sea como sea, mi respuesta fue un «no» firme y rotundo. Añadí que a Estados Unidos no le correspondía decidir quién tenía que ser miembro de la Unión Europea y quién no. Desde mi punto de vista, aquello constituía una injerencia bastante fuera de lugar.

Injerencia que me abrió los ojos, sin embargo, sobre la importancia que Turquía tenía para los estadounidenses; también sobre hasta dónde estaban estos dispuestos a llegar para ayudar a su amigo Erdoğan. Entendí rápidamente que el primer objetivo de aquella conversación nuestra era presionarme para que cambiase la postura que sobre este asunto había expresado en nombre de Francia. La cosa empezaba, pues, bastante mal. Pero es que a aquello en seguida se añadió un pulso con el presidente turco Abdullah Gül, quien, teledirigido por su primer ministro Recep Tayyip Erdoğan, hizo de todo para bloquear el nombramiento del danés Anders Fogh Rasmussen como nuevo secretario general de la OTAN. ¿Que cuál era su defecto? Ser ciudadano del país que había osado publicar ciertas caricaturas de Mahoma. Barack Obama estaba dispuesto a ceder o, por lo menos, a dejar que pasara un poco el tiempo. Angela Merkel y yo hicimos frente común hasta el final, plenamente conscientes como éramos del alcance de aquel símbolo en términos de civilización. Ni ella ni yo estábamos dispuestos a ceder a la amenaza: renunciar a aquel nombramiento equivalía a aceptar el dictado de las fetuas. Venció el bando de la razón. Desde aquel día, mis relaciones con Obama no volvieron a ser las mismas. A mí me costaba perdonarle aquella falta de convicciones ante un asunto de tamaña gravedad, y, viceversa, él probablemente pensara que yo tensionaba inútilmente las cosas. Dos culturas opuestas, al fin y al cabo: la tradición angloestadounidense, que toleraba el comunitarismo, y nuestra tradición democrática republicana.

*
*   *

La primera cumbre propiamente dicha del G-20, que se celebró en Londres el día 2 de abril, fue particularmente complicada. La reunión anteriormente habida en Washington había sido la de la puesta en marcha de aquella nueva instancia internacional. Había suscitado mucha esperanza y pocas decisiones concretas. Aquella nueva edición londinense, por el contrario, tenía que producir los primeros resultados tangibles. Se trataba de un test de credibilidad en toda regla. No podíamos fallar. Concretamente a mí, en Francia, todo el mundo se me habría echado encima. La cuestión era que, lamentablemente, la diplomacia iba volviendo a tomar posiciones, y, con ella, el inmovilismo. Porque es verdad que la crisis seguía haciendo daño, pero el cénit de su violencia ya había quedado atrás. Muchos eran los que imaginaban que las cosas podían volver a su curso normal y que ya no estábamos obligados a tomar decisiones y, por tanto, a asumir riesgos. Los medios de comunicación estaban al acecho: todos se habían congratulado del éxito que representaba la creación del G-20, pero, siguiendo una regla no escrita —y «en aras de un cierto equilibrio»—, habrían estado encantados de poder escribir ahora: «Mucho ruido y pocas nueces».

Opté, pues, por la única estrategia posible (al menos para mí): quemar las naves. Había recibido, en efecto, las conclusiones del trabajo preparatorio de los *sherpas* y eran cosas rimbombantes, pomposas, consabidas y totalmente imprecisas. De hecho, el proyecto de comunicado era lo peor que podía haberse hecho en términos de lenguaje inane; en serio que costaba imaginarse algo menos operativo. Y me hago cargo, cómo no, de que armonizar en un mismo texto intereses tan distintos y contradictorios como los de los chinos, los estadounidenses, los saudíes, los brasileños y tantos otros representaba un importante desafío; pero estaba convencido de que no llegaríamos a nada si nadie tomaba la iniciativa de dar un buen golpe sobre la mesa para salir de las inercias y las banalidades. Conque eso hice anunciando, en la víspera de aquella cumbre londinense, que Francia no firmaría el comunicado con aquella propuesta de redacción. Y eso incluso cuando el resto de naciones ya le había dado su visto bueno. Para dejar más clara aún mi determinación, en la mañana del día previo a la reunión recibí en el Elíseo a Jean-Pierre Elkabbach, que entonces se encargaba de la entrevista política matutina de la emisora Europe 1. Era un interlocutor curtido, temible, que siempre exigía más a sus entrevistados. Juzgaba la pertinencia de sus entrevistas según el número de notas de la AFP (Agence France-Presse) que generaban. Su obsesión era la búsqueda de primicias. A mí me impresionaba su enorme curiosidad, intacta tras tantos años en el oficio. Me dejaba pasmado su capacidad de trabajo, su conocimiento de los más mínimos detalles de la actualidad. No todos sus colegas eran así de rigurosos. Lo elegí a él porque la complejidad de los temas que había que tratar en aquel G-20 de Londres exigía un interlocutor que conociera a fondo los asuntos que estaban sobre la mesa o, por lo menos, hubiese hecho por documentarse bien. Y, en ese sentido, el nivel de preparación de sus preguntas ofrecía todas las garantías. Aquel hombre hacía siempre por llevar a sus entrevistados al mejor terreno posible, no al peor, lo que al cabo resultaba tan grato como infrecuente. Es obvio que resulta más sencillo desenvolverse debidamente en el terreno mediático teniendo delante a un interlocutor que centra su energía en el rigor y en la precisión de sus preguntas, no en mostrar una agresividad puramente formal. Jean-Pierre Elkabbach es uno de esos pocos periodistas que entienden que una entrevista no es un debate. Una entrevista tendría que ser siempre una serie de preguntas sin concesiones cuyas respuestas pueda escuchar el espectador u oyente para formarse luego su opinión.

De manera que, conforme a lo previsto, anuncié, antes de que hubiese empezado la cumbre, que Francia «no se asociaría con un G-20 cuya conclusión fueran compromisos en falso». Yo quería que se establecieran nuevas reglas para evitar que el mundo tuviese que volver a hacer frente a una situación como la que estábamos afrontando entonces. Exigí acciones específicas. En primer lugar, que se publicara tanto una lista de los paraísos fiscales que había en el mundo como la naturaleza de los cambios que les exigíamos. Precisé incluso que sería «completamente inaceptable que en los días posteriores a la reunión de Londres no se aplicaran decisiones concretas». Aquello era esencial, porque, si bien es cierto que en Washington habíamos avanzado sobre la coordinación de la reactivación económica mundial y sobre el rechazo paralelo de cualquier clase de proteccionismo, aún no habíamos decidido nada sobre la regulación de los mercados financieros ni sobre la nueva gobernanza mundial. Eso era, sin embargo, lo que había provocado que se desencadenara aquella crisis financiera sistémica. De modo que, si queríamos volver a un verdadero crecimiento mundial, teníamos que poder apoyarnos en un sistema financiero estable y eficaz, así como en la recuperación de la confianza, por parte de los mercados, en el funcionamiento de la economía. Más concretamente, yo quería conseguir de aquel G-20 la publicación de un documento que enumerase los paraísos fiscales, es decir, que mencionara exactamente cuáles eran.

En cuanto a la nueva gobernanza mundial, abogué, una vez más, por los países emergentes, los cuales tenían que desempeñar un papel en las Naciones Unidas que se correspondiese mejor con el lugar incuestionable que habían pasado a ocupar en la demografía del planeta. Deseaba abrir con ello el gran capítulo de la renovación del conjunto del sistema multilateral. Renovación que, quince años después, lamentablemente debo constatar que sigue pendiente de iniciarse, por más que ninguna de las instancias internacionales encargadas del multilateralismo esté hoy ya en condiciones de funcionar de un modo mínimamente adecuado. Mi planteamiento chocaba de lleno, claro, con fuertes intereses no siempre reconocidos ni, de hecho, confesables. China, por ejemplo —que defendía el centro financiero de Hong Kong—, no estaba en absoluto por la labor; y a unos cuantos países europeos no les hacía ninguna gracia ver señalados a unos amigos tan íntimos como Luxemburgo o Mónaco, por no hablar de Chipre o Malta. Los propios Estados Unidos se mostraban bastante ambiguos al respecto. Es decir: que había unos cuantos obstáculos que superar.

Mi posición suscitó muchas críticas bastante contradictorias. Para el Partido Socialista, por ejemplo, lo único que yo estaba haciendo era un alarde, exhibir mis músculos. De otra manera, sin embargo, me habrían acusado —y con la misma violencia— de no hacer nada y de defender a los ricos y a los poderosos. La prensa tampoco se quedó atrás. Para un editorialista de un diario regional, aquello no eran más que «bravuconadas» que no tendrían la menor repercusión. El periódico *Libération* hablaba, en una línea parecida, de mis «fanfarronadas». Era, bien mirado, como si el conjunto de los editorialistas deseara un fracaso de la cumbre que validara la famosa tesis de «incompetentes y corruptos todos».

La opinión pública francesa estaba particularmente escindida, toda vez que el 62 % de los simpatizantes de la derecha aprobaba mi actuación internacional y el 79 % de los simpatizantes de la izquierda la desaprobaba. ¡No había sido elegido por estos últimos, lo que me permitió poner las cosas en perspectiva! Conservar la confianza de mi electorado, en cambio, realmente me tranquilizaba, porque, teniendo en cuenta lo duro de la coyuntura, suponía algo incluso bastante inesperado y me proporcionaba una base de resistencia muy fuerte. No habría sido razonable esperar nada mejor. Además, aquella bipolarización tenía la ventaja de que limitaba el espacio político de los extremos tanto de izquierdas como de derechas, conteniéndolos en un espectro bastante reducido, lo cual en absoluto era anecdótico para la vida democrática. Es fácil constatar que, en ese sentido, los tiempos han cambiado bastante. De ahí que yo siga prefiriendo la escisión derecha-izquierda —una escisión que se corresponde con nuestra historia política, existe y es sana— antes que la actual confrontación, tan deprimente como peligrosa, entre unos extremos que no harán sino agravar una situación que es justo lo último que necesita. Habrá quien diga que yo fui el primero que preconizó la superación de las fronteras tradicionales con la apertura a la izquierda. Y es cierto: lo asumo. Francia se merece tener a la cabeza al mejor equipo, con los mejores elementos disponibles. Pero tal superación de las fronteras tradicionales no tiene nada que ver con esa política indefinida del «al mismo tiempo». Mi línea no ha dejado de ser nunca la de la derecha. ¡Bastante me lo ha reprochado el bando de los buenos, a mí y a cuantos decidieron venirse conmigo!

Sea como sea, la tensión había aumentado significativamente. Barack Obama, que no podía permitirse que aquel G-20 fracasara, trataba de encontrar un compromiso que a mí se me antojaba insustancial. Con la cuestión de los paraísos fiscales —tan delicada—, el presidente estadounidense pretendía que todo quedase en una plantilla de evaluación de centros financieros. Aquello era algo meramente teórico y, sobre todo, no serviría de nada. Yo no quería ceder en mi exigencia de que se elaborase ni más ni menos que una lista negra de los países que no habían asumido ningún compromiso de transparencia. La existencia de semejante documento representaba, a mi juicio, la única manera de que aquellos auténticos «agujeros negros» financieros desapareciesen. ¡Había habido demasiados escándalos, demasiado sufrimiento, demasiadas situaciones indignantes como para que nos conformásemos con adoptar medidas descafeinadas o ni siquiera eso!

La noche de la víspera, la reina Isabel II del Reino Unido había invitado a todos los participantes de la cumbre a una recepción oficial en el palacio de Buckingham. Era algo protocolario e inevitable, aunque yo habría preferido que se hubiesen organizado reuniones de trabajo para intentar acercar unas posturas aún excesivamente antagónicas. Por ejemplo en la cuestión —muy simbólica en aquellos tiempos de crisis— de la retribución de los corredores de bolsa, sobre la cual yo exigía que fuese autorizada, como mínimo, por el consejo de administración del correspondiente banco, que tuviese un tope en términos de cuantía y que los bonus fueran una recompensa por el desempeño anual, no por la promesa de hipotéticos beneficios futuros. También a este respecto nos quedaba mucho por hacer.

El día siguiente fue interminable. Los temas eran terriblemente complejos; hacía falta un gran esfuerzo de concentración para entender exactamente lo que se proponía y qué efectos se derivarían de unas medidas que se presentaban como meramente técnicas pero cuyo impacto podía resultar muy político. Allí el diablo estaba, sin duda, en los detalles. Durante las labores de preparación se habían producido avances reales que yo celebraba, pero seguía sin haber acuerdo sobre la famosa lista negra de los paraísos fiscales. Gordon Brown, el primer ministro británico, presidía la reunión con eficacia y autoridad. Se le veía muy cómodo con todos aquellos temas financieros, que le habían apasionado desde el comienzo de su carrera política. Barack Obama hacía, habilidosamente, como si todo marchara de la mejor manera en el mejor de los mundos posibles. Era evidente que jugaba a ganar tiempo y que quería evitar, a cualquier precio, cualquier tipo de conflicto.

Hacia las cuatro de la tarde —cuando llevábamos reunidos ya unas cuantas horas—, el presidente de la sesión nos dio la palabra para conocer la opinión de cada uno sobre la propuesta final para el comunicado, que había de publicarse aquella misma noche y debía recapitular todas nuestras decisiones. Empezaba a fraguarse la unanimidad… y entonces yo pregunté si a aquel documento se le adjuntaría el de la lista de los paraísos fiscales, dándose ambos a conocer conjuntamente. Siguió un silencio tenso y, por fin, la respuesta: que aquello no estaba previsto, es decir, que no habría lista negra de paraísos fiscales. Contesté que, en semejantes condiciones, Francia no firmaría aquel documento y yo me vería obligado a denunciar aquel oscurantismo y aquella impotencia. Mis colaboradores se quedaron de piedra. François Pérol, que era mi secretario general adjunto, y Xavier Musca, entonces director general del Tesoro —a quienes yo les profesaba afecto y en los cuales tenía depositada una gran confianza—, me pasaron una nota sin ambigüedades: «Tú sabes los riesgos que estás asumiendo. Es todo o nada. Y, si es nada, será espantoso». No les contesté, porque estaba convencido de que lo realmente catastrófico sería un acuerdo en falso. Y tenía ya muy claro que prefería quedarme solo antes que ser cómplice de aquello.

En la mesa reinaba ahora la estupefacción. El bloqueo venía en primer lugar del presidente chino Hu Jintao, que se negaba obstinadamente a cualquier avance en ese tema. (Ahora resultaba que los comunistas me iban a seguir sorprendiendo…) El hombre estaba tranquilo, pero con la mirada baja; parecía casi ausente. Yo estaba fuera de mí. Había puesto muchísimo empeño en aquel G-20. Desde luego no para acabar respaldando semejante palinodia… En plena sesión, Barack Obama se levantó de su silla para venir a hablar conmigo. Los demás seguían en sus asientos. Reinaba un silencio incómodo. Nadie quería un fracaso, pero empezaba a quedar claro que yo no iba de farol. Todos en aquella mesa tenían una larga experiencia política y comprendían lo peligroso que podía ser que se los identificara con los paraísos fiscales, dejando a Francia como único caballero de aquella cruzada que tan popular se prometía entre la opinión pública… Barack quería, una vez más, calmar las cosas. Me explicó que aquello era complicado para los chinos, que de hecho no querían dar su brazo a torcer. Había que hablar con ellos, en tal caso. Y entonces se produjo una situación verdaderamente llamativa en la que todos los miembros de G-20, que permanecían en sus sitios de aquella sala de reuniones, asistieron al espectáculo de una discusión muy animada entre el presidente chino, el presidente estadounidense y yo. Estábamos los tres de pie en un rincón de la sala. El resto nos miraba, preguntándose qué podría salir de aquello. Se trataba realmente de una discusión en directo ante los diecisiete representantes de las otras veinte grandes economías del mundo. Únicamente los intérpretes nos acompañaban. La tensión era palpable. Se unió a nosotros Gordon Brown. Él estaba más preocupado que ningún otro por el éxito de una cumbre de la que era el anfitrión.

Yo no podía recular en mi exigencia de que se publicara la lista negra. El presidente Hu no quería ceder sobre Hong Kong. Nuestros respectivos *sherpas* se habían puesto igualmente a discutir. Tras unos minutos de bloqueo total, Barack Obama se inclinó hacia mí: «Te voy a complacer». Le contesté de forma un poco brutal: «No se trata de complacerme. Te han elegido para construir un nuevo mundo. Los paraísos fiscales son la quintaesencia del mundo viejo». Pero poco importaban las formas, puesto que ahora contaba con el apoyo nada menos que de Estados Unidos. El presidente chino ya no podía arriesgarse a quedar completamente aislado. En el último momento decidimos, por tanto, adjuntar al documento final de aquel G-20 la lista de paraísos fiscales establecida por la OCDE (Organización para la Cooperación y el Desarrollo Económicos). Yo me comprometí a no poner en la picota el mencionado centro financiero chino en las ruedas de prensa o entrevistas subsiguientes a la cumbre.

Se trataba de una auténtica victoria obtenida en buena lid y cuyo efecto fue que, desde aquel día en adelante, la mayoría de los países señalados como paraísos fiscales no dejaron de expresar su deseo de abandonar aquel estatus escasamente envidiable y particularmente estigmatizador. Era tan fuerte la presión mundial que nadie era capaz de resistirla. Los tiempos del secreto bancario quedaban atrás. El apoyo de Barack Obama en el último minuto fue especialmente útil. Me sorprendió mucho, por el contrario, la violenta intervención del primer ministro checo Mirek Topolánek, quien se oponía a cualquier señalamiento de los paraísos fiscales. Viniendo de un europeo, aquel comportamiento resultaba tan extraño como chocante; pero el presidente de la Comisión Europea,

José Manuel Durão Barroso, tuvo la valentía de desautorizar de inmediato a Mirek Topolánek. De manera que lo esencial estaba a salvo: ya nadie podía escribir o decir que el G-20 no había tomado ninguna decisión. He de reconocer, por lo demás —porque es de justicia—, que nadie en la prensa lo hizo o tuvo siquiera la idea de hacerlo.

Los países del G-20 habían decidido reformar a fondo la organización financiera internacional, cosa que no había vuelto a suceder desde los Acuerdos de Bretton Woods en 1944. La iniciativa no quedaba así zanjada: harían falta aún, sin duda, meses e incluso años para llegar hasta el final. Pero las cosas se habían puesto en marcha y ya nada ni nadie podía detenerlas. La regulación y la supervisión de las actividades financieras podían empezar al fin; ¡era solo cuestión de tiempo! Una lectura implícita de todo aquello era también que la crisis había sido resultado de un funcionamiento indebido de las mencionadas actividades financieras. Por lo demás, a partir de ahora se iban a poder regular los fondos llamados «de cobertura» o «de alto riesgo» (los *hedge funds*). En la rueda de prensa final comparecimos Gordon Brown y yo. Angela Merkel no nos fue a la zaga, ya que celebró «este compromiso histórico nacido de una crisis excepcional». En ningún momento de la cumbre faltó su solidaridad, aunque, como de costumbre, estuvo casi siempre callada. ¡La canciller se cuidó mucho de inmiscuirse en las discusiones «frontales» con los chinos!

Por último, las veinte economías más potentes del mundo se comprometían a inyectar en la economía, todas juntas y al mismo tiempo, cinco billones de dólares desde entonces hasta el final de 2010. Por su parte, el FMI (Fondo Monetario Internacional) recibiría quinientos mil millones de dólares adicionales; los bancos de desarrollo —entre los que se incluye el Banco Mundial—, cien mil millones. Se emitirían asimismo ciento cincuenta mil millones de nuevos derechos especiales de giro. Se trataba de unas sumas vertiginosas cuya magnitud indicaba la gravedad de la crisis de la que estábamos saliendo. Aquella primera cumbre propiamente dicha del G-20 fue un éxito y reforzaba a todo el mundo en el convencimiento de que ningún país, ningún continente, ninguna región del mundo estaba en condiciones de librarse, por muy potente que fuera, de los efectos de aquel tsunami económico; quedaba igualmente claro que ir todos en la misma dirección era el único modo en que cabía esperar terminar viendo la luz al final del túnel. Yo tenía verdaderamente la impresión de que podíamos entrar en un nuevo mundo. Tal cosa no ocurrió, pero eso no invalida el hecho de que entonces se había presentado una auténtica oportunidad: la violencia de la crisis nos permitía lograr que las cosas cambiaran y, en efecto, muchas cosas estaban cambiando. Es probable, sin embargo, que no las suficientes... Y luego en seguida volvió el crecimiento y, con él, los inmovilismos y las facilidades. Habíamos tenido que desplegar una energía loca para evitar lo peor y empezar a caminar hacia un mercado mundial en el que la palabra «regulación» no fuese un tabú y en el que cupiese esperar que no pudieran volver a producirse los mismos errores.

Me gustó vivir la intensidad de aquellos momentos en que, en un instante, todo podía cambiar para bien o para mal. No olvidaré la pasión que se apoderaba tanto de mi pequeño equipo de colaboradores cercanos como de mí mismo; un entusiasmo que nos hacía olvidar el cansancio, el estrés, las noches sin dormir, las decepciones, las traiciones... Era algo tan intenso y, al mismo tiempo, tan peligroso que se acababa uno olvidando de sí mismo. Nos guiaba, en efecto, nuestra misión. Todo cobraba un sentido. Puede incluso que tuviésemos la vanidad de imaginar que estábamos escribiendo la historia. Me encantó vivir aquellos instantes en los que la política —la verdadera— recuperaba toda su sustancia; en los que las polémicas ridículas encontraban menos sitio; en los que las decisiones que tomábamos podían tener efectos planetarios, y en los que uno sentía que estaba trabajando en aras del «libro», es decir, no del «periódico» del día o, como mucho, del día después.

También estaban, cómo no, el sufrimiento, el paro, la miseria, las desgracias que se abatían sobre tantas víctimas inocentes sobrepasándolas y destruyéndolas. Pero justamente en tales circunstancias el verbo «servir» cobraba todo su sentido: teníamos la impresión de estar sirviendo a una causa más grande que nosotros. Probablemente ahí resida, de hecho, el secreto de una vida plena cuando uno puede decirse al volver la vista atrás: «¡Aquel día fuimos útiles!». Tal es el sentimiento que me invade cuando rememoro aquellos días y aquellas noches en que vivimos al borde del abismo.

*
* *

A finales de abril se produjo el fallecimiento de Maurice Druon. Yo lo conocía bien: habíamos comido juntos muchas veces, acompañados igualmente por su esposa Madeleine. Era un amigo exquisito, leal y valiente. Me encantaba conversar con aquel hombre de gran erudición, y que a tantos gigantes del siglo XX había conocido y tratado. En mi juventud leí con avidez los siete volúmenes de *Les Rois maudits,* donde se recreaban magistralmente el siglo XVI y los inicios de la guerra de los Cien Años. Gracias a su talento de narrador, pude descubrir la historia de Francia como se devora una novela policiaca. Aquellas novelas se llevaron a la televisión en una serie que iluminó con su talento Jean Piat. Yo era un adolescente y no me habría perdido, por nada del mundo, un solo episodio de aquel fresco histórico. La magia de la pluma de Maurice Druon me familiarizó con Luis X de Francia —llamado el Hutín—, con Felipe V el Largo, con Carlos IV el Hermoso, con los templarios y con las guerras de sucesión de la monarquía francesa. Fue uno de los autores que despertaron en mí el deseo de leer.

Era el prototipo de escritor francés del siglo XX. Conoció la guerra, la Resistencia, la lucha, el miedo y, por tanto, la valentía. Tenía una visión grande y amplia. Su vida fue una epopeya, y otro tanto sus novelas, con una escritura límpida, un ritmo trepidante y unos sentimientos exacerbados. Todo en su obra me gustaba, igual que en su persona. Me lo imaginaba con la tribu de los Kessel, de los Gary, de los Saint-Exupéry. De esos aventureros que amaban la vida, sabían contarla y le conferían un sentido. Su voz cavernosa y su temperamento incandescente podían hacer temblar absolutamente a cualquier interlocutor, por famoso que fuera: más valía guardarse de sus cóleras e indignaciones. Mantuvo el júbilo de la juventud hasta el último minuto de su existencia.

Yo había ido a verle a su casa de cerca de Burdeos: en Les Artigues-de-Lussac, en medio de las viñas. Le gustaban el buen vino y la tierra generosa. A los 48 años fue elegido miembro de la Academia Francesa. Estaba hecho para llevar el hábito ceremonial de los conocidos como «Inmortales». Durante toda su vida luchó sin descanso por la Francia libre, por la lengua francesa, por la política, por el general De Gaulle. Era un indignado por naturaleza, pero tenía otro aire y respiraba distinto que los insumisos de hoy. Amaba a Francia en cuanto patria universal: no era ningún nacionalista cerril. Hijo de un inmigrante ruso, gustaba de proclamar que «Francia era, antes que nada, una voluntad». En 1939, cuando se declaró la guerra, escribió una carta admirable que empezaba así: «Tengo veinte años y marcho [al frente]». Visionario, hablaba de la necesidad «del coraje en la paz tras el coraje en la sangre». No conocía ni el odio ni el rencor. Admiraba y conocía la fuerza del «no» en la historia; de ese «no» que, desde la tragedia griega hasta el gaullismo, es la expresión última de la libertad humana. El «no» de Maurice Druon no era un «no» de muerte, sino un «no» de vida, porque él llegaba hasta el sacrificio último por la libertad. Sigo siendo incapaz, todavía hoy, de escuchar aquel «Canto de los partisanos» que escribió con su tío Joseph Kessel y no sentir una emoción profunda. En medio de tantas desdichas, aquel canto encarnaba la vida, la dignidad, la esperanza.

Pronunciando el discurso en su honor en la iglesia de Los Inválidos —allí tuvo lugar la ceremonia oficial el día 20 de abril—, quise citar estos versos suyos inolvidables e insuperables: «Aquí cada cual sabe lo que quiere, lo que está haciendo cuando pasa… Amigo, si tú caes, un amigo sale de la sombra en tu lugar. Mañana ha de secarse al sol, en las carreteras, sangre negra. Silbad, compañeros: en la noche, la libertad nos escucha». Era uno de esos hombres que no querían aceptar que la historia fuese pequeña. ¿Trágica? Sí. ¿Triste? A menudo. ¿Pequeña? Jamás. *Honor y patria* fue su consigna en la radio de Londres. No quiero imaginarme cuáles habrían sido sus «erupciones» ante nuestra actualidad cotidiana. Era un gran hombre.

*
* *

Terminé el mes de abril con una visita de Estado que para mí tenía mucha importancia, ya que había de llevarme a España. Mi equipo diplomático, guiado por mis asesores especializados en asuntos europeos —Fabien Raynaud y Éric Tallon—, había preparado cada etapa de aquella visita, sin descuidar el menor detalle. Yo siempre he sentido un gran afecto por España. Nunca he comprendido, ni aceptado, esa especie de condescendencia que a menudo he observado en nuestras élites respecto a la península Ibérica. A Jacques Chirac, por ejemplo, no le caía bien José María Aznar y no tenía la menor orientación hispanófila. François Mitterrand, otro tanto. La única prioridad política de nuestros dirigentes era, con mucha frecuencia, Alemania. En cuanto a nuestra preferencia sentimental, apuntaba siempre a Italia. Nuestra hostilidad espontánea solía dirigirse contra Gran Bretaña. Nuestra exasperación tenía por blanco, de manera recurrente, a los países de Europa del Este. España quedaba, en mi opinión, como la gran ausente.

Y eso en el mejor de los casos. En el peor estaba, en efecto, nuestra postura tradicional de complacencia pasiva hacia los terroristas de ETA, a quienes dejábamos utilizar nuestro territorio como una base de repliegue en toda regla, lo que suponía un perjuicio enorme para las autoridades españolas, que protestaban. Esa fue invariablemente la política de Valéry Giscard d'Estaing, François Mitterrand y Jacques Chirac. Yo le puse punto final sin contemplaciones en 2002, cuando fui nombrado ministro del Interior. Aquella actitud general de distancia ligeramente desdeñosa, o cuando menos indiferente, era injusta, inapropiada y lamentable. En primer lugar porque España, con su población de cuarenta y dos millones de habitantes, su economía particularmente innovadora y creativa, sus vínculos con el continente latinoamericano, su cultura y sus artistas —de los más talentosos del mundo—, es una de las grandes naciones de Europa. Además, porque nosotros estamos cerca de ella en términos de geografía, historia, civilización y religión. A menudo se compara a los españoles con los italianos. Es un error, porque ellos son más sombríos, más graves; acaso también más profundos. Lo cual se explica sencillamente por la omnipresencia de la muerte en su cultura y en sus tradiciones populares, por ejemplo en la tauromaquia.

Confieso que Madrid es una de las ciudades europeas que más me gustan. Podría vivir allí tranquilamente. Es la segunda capital más alta de nuestro continente; su altitud de algo más de 657 metros le proporciona un cielo y una luz raros para una ciudad de esa importancia. En todas las responsabilidades públicas que ejercí, siempre traté de privilegiar el eje París-Madrid, y eso con independencia del color político del presidente del Gobierno que en cada caso hubiese en el palacio de la Moncloa. Trabé vínculos de auténtica amistad con todos ellos: con Felipe González, con José María Aznar, con José Luis Rodríguez Zapatero, con Mariano Rajoy. Y luego está esa Corona española que siempre me ha fascinado: tanto por su respeto por las tradiciones como por el papel que el rey Juan Carlos desempeñó en la transición democrática posfranquista. Fui con frecuencia al palacio de la Zarzuela, la residencia privada de la familia real en Madrid, con ese parque inmenso apartado de la ciudad y lleno de ciervos y gamos. Para nosotros, España tendría que ser un socio, un aliado, un amigo de primerísima línea. Cualquier sentimiento de superioridad para con esta gran nación me ha parecido siempre que estaba absolutamente fuera de lugar.

Empezamos la visita de Estado con una comida que ofrecían, en honor de Francia, el rey y la reina de España. En la mesa real reinaban la alegría, el buen humor y una cercanía que nada tenía de protocolo regio. La política era omnipresente, pues apasionaba a aquella familia. La reina Sofía se mostraba atenta, solícita; hacía gala de una dignidad en absoluto artificiosa y se mostraba infinitamente más reservada que su marido. No sé si eso tiene algo que ver con sus orígenes griegos. No hablaba, en efecto, una sola palabra de español cuando, jovencísima, llegó a la corte. Probablemente el aprendizaje y la adaptación fuesen más duros de lo que pueda imaginarse. Las relaciones entre ambos monarcas nos parecieron bastante tensas, aunque aquello fuera más una sensación que una información revelada. En cualquier caso, la comida fue agradable, relajada, a menudo divertida: pudimos compartir con la familia real un momento feliz. Carla, que entonces coincidía con ellos por primera vez, quedó gratamente sorprendida y encantada por aquella acogida tan cálida y amistosa. Juan Carlos, aunque no fuera socialista, me explicó que no había tenido el menor problema con el presidente Zapatero. Su relación era cordial, de bastante confianza, lo que daba lugar a una colaboración inteligente al servicio de España. Entonces no me pareció que hubiese ningún tipo de ataque a la monarquía desde la izquierda española, que veía clara la utilidad de un rey para un país que se hallaba minado por las divisiones vascas y catalanas.

Después me reuní con el presidente del Partido Popular, Mariano Rajoy, quien tenía todas las posibilidades de convertirse en el siguiente presidente del Gobierno. Lo había conocido algunos años antes, cuando ambos éramos ministros del Interior. Él era el sucesor de Aznar al frente de la derecha española, pero era imposible imaginar dos personalidades y temperamentos más distintos. Rajoy era sombrío, reservado y taciturno en la misma medida en que su antiguo mentor era carismático, locuaz y explosivo. Yo pensé para mis adentros que parecía más un nórdico que un meridional; hasta tal punto era difícil lograr que se distendiera o arrancarle una sonrisa. Era su gran capacidad de trabajo, perseverancia y rigor —y una especie de jansenismo— lo que le había permitido aspirar a ocupar los más altos cargos.

Podría alguien sorprenderse, legítimamente, de que un jefe de Estado invitado por un Gobierno extranjero dedique tiempo a reunirse con la oposición. Sin embargo, la fuerza de nuestras democracias reside precisamente en saber organizar encuentros «cordiales» que permitan preparar el futuro en previsión de las probables alternancias; también es importante escuchar otro discurso distinto de quienes ostentan el poder. Siempre procedí así durante mis visitas al extranjero y, viceversa, naturalmente velaba por que quienes visitaban Francia pudiesen tener cuantos contactos y reuniones desearan con mis oponentes. Probablemente ese sea el rasgo exclusivo de las democracias; se trata de una práctica que las honra y les confiere nobleza. A mí me parece importante esa apertura mental, pues el sectarismo y el ostracismo no pueden tener carta de naturaleza en un régimen libre. La mejor forma de responsabilizar a la oposición consiste en compartir con ella una parte del conocimiento necesario de los asuntos de Estado. Eso puede dar lugar, por supuesto, a susceptibilidades o herir egos. En conjunto, sin embargo, tales iniciativas se entienden y se aceptan. Forman parte incluso del obligado ritual.

Nada más terminar aquel encuentro político, Carla y yo debíamos reunirnos con los reyes en el Prado, en pleno centro de Madrid. Se trata sin duda de uno de los museos más importantes del mundo, con su colección única de Velázquez y Goya. Yo ya lo había visitado en varias ocasiones, igual que el Museo Reina Sofía, donde me encantaba contemplar la famosa obra maestra de Picasso, el *Guernica*. Sumergirme en esa gigantesca pintura del genio español me abre siempre una oportunidad de descubrir cosas nuevas. Hay partes de la obra que se le escapan a uno, hasta que acaba reparando en ellas. Es esa mirada constantemente renovada lo que revela el misterio del genio creador. Es imposible agotar semejante cuadro. Aquellas escapadas a los distintos museos españoles, aquellas inmersiones en sus obras, me hicieron comprender hasta qué punto pertenecemos a la misma cultura. Había asimismo obras de numerosos artistas franceses, por ejemplo de Georges de La Tour. Nuestros países están íntimamente interconectados. El Mediterráneo, las raíces judeocristianas y Europa conforman una identidad común, a pesar tanto de las guerras fratricidas que han podido enfrentarnos como de las rivalidades de vecindad. Eso explica la solidez de la Unión Europea. Esta no puede reducirse, en efecto, a la mera construcción política, que depende de las alternancias. No puede limitarse a intereses económicos, por mucho peso y legitimidad que estos tengan. Europa es, antes que nada, una identidad cultural y artística. Eso le confiere unas raíces más profundas de lo que cabría imaginar y le permitirá resistir a las pasiones destructoras que la cólera de los pueblos puede provocar. Porque es posible que un río desbordado abandone su cauce natural, pero al final acabará volviendo siempre a él. Puede ocurrir que unas poblaciones exasperadas nieguen Europa, sean injustas con ella, la critiquen violentamente e incluso la rechacen temporalmente. Los pueblos europeos, sin embargo, volverán a ella, porque en ella está su historia y su destino. Nuestras naciones europeas no están hechas para el aislamiento. La visita al Prado me ponía ante los ojos estas evidencias.

La cena de Estado en el Palacio Real fue tan majestuosa como impresionante. Hay que decir que, en lo que a fasto y protocolo se refiere, las monarquías son insuperables: se apoyan en siglos de historia y tradiciones. Aunque la República Francesa y su desfile del 14 de julio no es que vayan a la zaga, claro. En cuanto a los demás —sobre todo en el norte de Europa—, sus estándares son más tristes o más modestos, según se quiera adoptar la perspectiva de los símbolos y el protocolo, o la de la sencillez y la cercanía. Yo siempre he sido más de la primera de estas dos escuelas; considero que, para suscitar un respeto duradero, el poder necesita mantener la distancia y encarnar símbolos de unidad que se expresen a través de ceremonias prestigiosas y tradicionales. No creo que un poder que haga alarde de cercanía, de normalidad y de transparencia vaya a ser menos criticado que cualquier otro. Nuestros trece siglos de monarquía crearon una tradición que no desapareció con los reyes. Observando la virulencia de los golpes bajos que los ecologistas se asestan entre ellos —unos acérrimos partidarios, por lo demás, de la desacralización del poder—, no puede uno sino quedarse aterrorizado. Su práctica del poder no me provoca —por decirlo suavemente— ni envidia ni fascinación. No suscita ningún tipo de sueño, no saca sino lo peor de la naturaleza humana y da una pésima imagen de la política. ¡Cuesta imaginar cómo podría esta degradarse más!

En las cenas de Estado, la imagen y las formas suelen ser, como mínimo, igual de importantes que el fondo. Los discursos oficiales que en tal contexto se intercambian son breves, oficiales y siempre consensuados. Los medios de comunicación se centraron, por tanto, en una competición bien distinta: la que ellos mismos habían organizado por su cuenta entre la esposa del príncipe heredero Felipe de Borbón —Letizia Ortiz— y Carla. Se trataba de saber cuál de las dos mujeres sería la más elegante, la más carismática; cuál quedaría, a fin de cuentas, por encima de la otra. Aquello era algo un poco obtuso y bastante machista. La prensa española dedicó al asunto todas sus portadas. No importaba nada más que la apariencia, cuando lo cierto es que ambas habrían tenido no poco que decir en términos de visión e inteligencia. A esas alturas, ninguna de las dos necesitaba acreditar su vivacidad mental. El periódico *El Mundo,* tan serio siempre, salió con una comparativa histórica que nos hizo muchísima gracia a Carla y a mí: «Madrid resistió a Napoleón, pero, doscientos años después, la ciudad ha sucumbido a su réplica o, mejor dicho, a la esposa de su réplica. Salta a la vista que Napoleón se equivocó enviando al general Murat a invadir la capital de España. Si hubiera enviado a Josefina, puede que la historia hubiera sido diferente…». Imposible imaginar un homenaje más cumplido. Es verdad que Carla fue una primera dama que ofreció al mundo una imagen de la elegancia y la inteligencia francesas. Yo estaba encantado con aquel éxito tan merecido. Qué lejanas y ridículas se veían ya las críticas que en su momento había suscitado nuestro matrimonio. Carla hacía honor a Francia, y aquel día asumió los deberes de su cargo con aplicación, rigor y excelencia, igual que hizo todos y cada uno de los días de mi mandato presidencial de cinco años. La futura reina de España, por su parte, se mantenía en su sitio con una gracia notable y mucha contención. Aquella experiodista se preparaba con tesón para su futuro papel de reina; se la veía aplicada y seria. Pero yo percibí, por algunos de sus comentarios, que al mismo tiempo tenía sus propias convicciones y que no estaba dispuesta a renunciar a ellas. El futuro rey Felipe estaba muy atento a las reacciones de su esposa. Solo tenía ojos —literalmente— para ella. Le vi muy cercano y atento a todo lo que decía su mujer. Era un marido enamorado y daba gusto verlo. Por el contrario, la relación de Letizia con el rey, su suegro, no me pareció ni de confianza ni de afecto. Constaté claramente una reticencia, sin duda recíproca.

Aquella noche dormimos en el palacio que nuestros anfitriones habían asignado a la delegación francesa. Resulta que se trataba de la antigua residencia del general Franco. El palacio de El Pardo se emplazaba en medio de un frondoso parque situado a las puertas de Madrid. A Carla, cuando se enteró de aquel detalle, le costó mucho conciliar el sueño; encontraba turbador que Franco hubiese vivido allí. No es que haya creído nunca en los fantasmas, pero sí que ha sido siempre sensible a las vibraciones de las casas y siempre ha pensado que algunas, por su historia, no eran buena compañía… Tal vez fuera el caso de aquel palacio en que nos alojábamos.

Hubo una escena cómica volviendo a nuestro alojamiento, en un coche blindado que nos llevaba a buena velocidad por las calles de Madrid. Carla llevaba un vestido que le apretaba mucho el hombro; había llegado un punto en que realmente le estaba haciendo daño. La cena se había prolongado hasta bastante después de medianoche, como siempre sucede en España, donde todo acaba tarde y nada empieza pronto. La pobre no podía más y me pidió, en cuanto entramos en el pequeño habitáculo de nuestro vehículo, que le desabrochara urgentemente la parte alta del vestido. Yo también iba de gala, con toda la parafernalia de las condecoraciones, lo que dificultaba bastante mis movimientos. Y, por motivos de seguridad, el convoy circulaba a unos cien kilómetros por hora: íbamos dando tumbos de un lado a otro del coche, era incomodísimo. Los dos policías españoles que iban en la parte delantera del vehículo no se volvían, por pudor, mientras yo bregaba por soltar aquel dichoso corchete. Al final, por pura torpeza, lo rompí. Nos dio un ataque de risa pensando que alguien pudiera vernos en aquella situación lamentable: Carla con el vestido medio abierto y yo con la pajarita desenganchada y, por si fuera poco, el botón del cuello de la camisa arrancado, víctimas ambos elementos de la «delicada» operación. En serio que acabamos llorando de la risa. Afortunadamente, en aquel palacio no nos esperaba ningún tipo de recibimiento oficial, conque pudimos llegar a la habitación sin testigos y en una relativa discreción. Menos mal... Aquella noche pensé en la suerte inmensa que tenía de poder estar tan bien acompañado en un viaje oficial. No creo que existan en la vida muchas cosas comparables a poder compartir la felicidad.

El componente realmente político de la visita estaba previsto para el segundo día. Empezó con un encuentro bilateral con el presidente del Gobierno español, con quien terminé encontrando el modo de crear una complicidad casi de amigos. No fue tan fácil, porque el periódico *Libération,* especializado en los rumores falsos cuando se trataba de la derecha, había afirmado, sin aportar ninguna prueba, que unos días antes yo me había permitido expresar en privado un juicio severo y desagradable sobre la persona de Zapatero. Aquello era absurdo y completamente infundado, pero el daño estaba hecho. La intención de aquel periódico era obvia; tenía que alimentar el retrato poco halagüeño que hacía siempre de mí: egocéntrico, presuntuoso, maleducado. Afortunadamente mi interlocutor, como el político experimentado que era, no había caído en la trampa. Yo se lo agradecí muchísimo y ambos rivalizábamos en muestras de amistad; la prensa española celebraba las magníficas relaciones entre nuestros países. Firmamos dos acuerdos. Uno era sobre seguridad interior, para reforzar nuestra cooperación estratégica y operativa contra el crimen y el tráfico de droga. El otro era sobre la presidencia española de la Unión Europea, prevista para el primer semestre de 2010. Aquello no suponía ningún punto de inflexión, ni constituía nada especialmente original; pero era bueno en el sentido de que consolidaba los lazos entre nuestros países. A mí me parecía que a Francia le hacía mucha falta ampliar su red de amistades privilegiadas en Europa. Veía que estábamos muy aislados en nuestra asociación exclusiva con Alemania. España representaba, a mi juicio, un aliado ideal.

El acontecimiento más notable de aquella visita de Estado fue la invitación que se me hizo para que hablara ante las Cortes Generales. Siempre me gustó ese ejercicio tan particular de dirigirse, en la lengua materna de uno, a un hemiciclo compuesto por todas las opciones políticas del país que se está visitando. Es una ocasión única de descubrir, y a veces también comprender desde dentro, las sutilezas del funcionamiento de una sociedad extranjera. Yo disfrutaba observando los rostros de tantos parlamentarios —lo mismo de derechas que de izquierdas— a quienes entonces veía por primera vez. Tenía que tratar de encontrar enfoques, temas, palabras y un tono que tuviesen la capacidad de unir, de sorprender y también de interesar. Pronunciar un discurso de consenso, pero no tedioso; pensar en contentar a todos, pero sin incurrir en retóricas huecas. Tal era mi reto aquel día ante las Cortes españolas…

Percibía que la expectativa del auditorio era grande. Pronuncié un discurso de media hora para el que opté deliberadamente por poner sobre la mesa, ante todo, el terrorismo de los independentistas vascos de ETA. Quería dejar claro a toda costa que Francia sería siempre un amigo leal de la democracia española contra su enemigo, los terroristas. Eso no siempre había sido así. Francia a veces se había mostrado complaciente con aquella banda. Yo quería terminar con aquellas dilaciones y no dudé en calificar a los etarras de asesinos, a lo que añadí que Francia, patria de los derechos humanos, se deshonraría aceptando ser, de un modo u otro, un santuario para aquellos terroristas. Ante tales palabras, los diputados y senadores de todas las tendencias se pusieron en pie de un brinco y estallaron en aplausos. El hemiciclo estaba hasta los topes. No había ni un solo sitio libre (incluida la zona del público, llena igualmente a reventar). A lo largo de cuarenta años, ETA fue considerada responsable de más de ochocientos cincuenta asesinatos, lo que la convertía en una de las organizaciones terroristas más sanguinarias de Europa. Su legado es demoledor. Su salvajismo, ilimitado. Todas las familias españolas siguen conservando, todavía hoy, un recuerdo espantoso.

Resultaba emocionante hablar en aquel lugar, que fue escenario de uno de los últimos combates entre la democracia y la dictadura habidos en Europa. Allí unos hombres armados retuvieron durante toda una noche, el 23 de febrero de 1981, a muchos grandes líderes de las fuerzas democráticas españolas. Desde aquel sitio tan particular, yo sentía físicamente la pujanza de aquella joven democracia. Vivía como un gran honor la posibilidad que se me brindaba de dirigirme, en nombre de Francia, a aquellos representantes electos en aquel sitio tan simbólico. Volviendo a París tras dos días tan intensos —en los que Carla había brillado y nos habían recibido como a amigos de verdad—, yo pensaba en esta frase de Stendhal, que podría haber hecho mía: «Tengo una inclinación natural por la nación española».

*

* *

Aquel mes de mayo se cumplían los dos años desde que empecé a desempeñar las funciones de presidente de la República. Cuando volvía la vista atrás, se apelotonaban en mi mente infinidad de recuerdos, imágenes e impresiones. Y, sin embargo, tenía la sensación de que todo había pasado rapidísimo, como si el tiempo se hubiese acelerado. A los días intensos les seguían otros más cargados todavía. A diario tenía que tomar decisiones, fijar rumbos, marcar tiempos. Apenas me quedaba margen para respirar. Afortunadamente, Carla estaba atenta e imponía, cuando estábamos en Francia, veladas familiares en las que veíamos una película o nos juntábamos con unos pocos amigos íntimos. Fue ella quien tuvo la magnífica idea de conservar nuestra casa particular. Así, me decía, «cuando haya que irse del Elíseo, no te habrás olvidado de ella y no te habrás acostumbrado a vivir en un palacio». Una sabia recomendación que me resultó muy útil y me ayudó a seguir teniendo los pies firmes en la realidad.

Todos los medios de comunicación coincidían en querer hacer un balance provisional de aquella casi primera mitad de mandato, como por otra parte resultaba perfectamente normal. Al periódico *Le Parisien* se le ocurrió incluso realizar un divertido cómputo: «En dos años, el Airbus A319 presidencial ha recorrido 584.700 km, es decir, catorce veces la vuelta al mundo y 1,5 veces la distancia de la Tierra a la Luna». Efectivamente: durante aquel periodo había hecho ciento noventa y seis viajes, dentro de Francia y al extranjero. (Siento gratitud hacia mis jefes de gabinete —primero Cédric Goubet y luego Guillaume Lambert— y hacia sus adjuntos Samuel Fringant y Simon Babre, quienes asumieron la delicada misión de velar por la organización de cada uno de mis desplazamientos.) Ya estoy oyendo cómo me reprochan mi huella de carbono cuantos piensan que una sociedad ideal sería aquella en la que nadie cogiera ni el avión ni el coche y donde cada cual se limitase a comprar cerca de su casa. No hace falta decir que yo no tengo tal visión de las cosas. Probablemente sea una cuestión de educación. Desde que era un niño, mi madre siempre me animó a marcharme a descubrir el mundo. Cuando aún era joven, consideraba que, para ser un ciudadano del siglo XX, a uno le tenía que gustar viajar, compartir, descubrir. Y si uno es presidente de Francia y se hace «cierta idea» de su proyección y de su lugar en el mundo, entonces el viaje pasa a ser, con más razón, la regla. El viaje constituye, bien mirado, la mejor formación imaginable para un joven. Y es el mejor modo del que dispone un «menos joven» para mantenerse entusiasta, curioso y vivo. Viajar es la forma de cobrar conciencia tanto de nuestra pertenencia al mismo planeta como de nuestro destino común. Es lo contrario del repliegue y del nacionalismo obtuso; es el antídoto contra los malentendidos nacidos de la ignorancia y del miedo a las diferencias. Verdaderamente, el dislate y la necedad se han impuesto hasta tal punto que hasta es posible refutar, en nombre de la legítima promoción de una sociedad descarbonizada, el concepto mismo del viaje, del descubrimiento, de las aventuras lejanas. Hace poco he oído incluso afirmar sentenciosamente, a uno de nuestros profetas autoproclamados de la ecología, que habría que «educar a nuestros hijos para que ya nunca utilicen el avión». Lo que equivale a prohibir a todos los jóvenes europeos ir a ver qué hay al otro lado del Atlántico, del Pacífico, del Índico. Ahí es nada. (Salvo que se utilice un velero y se disponga, claro, de unas interminables vacaciones…) Entonces el mundo será más pequeño y también encogerán las mentalidades, cosa que habremos de lamentar. Y, con ellas, la apertura de espíritu, que ya no será sino un lejano recuerdo.

Yo sabía que aquel hito de los dos primeros años sería un cabo difícil de doblar. Otros habían zozobrado, antes que yo, precisamente ahí. Tenía en la cabeza los ejemplos de François Mitterrand —con aquel giro de 1983 a una política de austeridad y la subsiguiente derrota en las municipales— y de Jacques Chirac, quien en 2004 conoció la desbandada en las regionales y, en 1997, aquella famosa disolución de la Asamblea Nacional que condujo a la cohabitación con los socialistas. No había ningún motivo por el que yo no pudiera encontrarme, a mi vez, con mi lote de dificultades; sobre todo teniendo en cuenta que estábamos a menos de cinco semanas de las elecciones europeas. Los editorialistas se dedicaron de lleno al asunto, pero el balance global no resultó ni particularmente severo ni totalmente elogioso. Digamos que se mostraron, en general, moderadamente críticos. A mi favor mencionaban la energía, la voluntad de continuar con las reformas e incluso el modo en que había gestionado la crisis financiera. En mi contra volvía siempre a aparecer «mi forma de actuar». Consideraban que no escuchaba lo suficiente, que me mostraba demasiado tajante y, en cualquier caso, demasiado presuroso, por no decir impaciente. Seguramente hubiese parte de verdad en aquellos análisis, pero he de reconocer que le había cogido manía a una expresión que entonces se utilizaba a modo de estribillo y que hoy veo que se retoma: «No se debe imponer por la fuerza». Para mí estaba claro que aquello era un pretexto para no hacer nada. Los que querían que yo no procediera así habrían estado encantados, en efecto, de que simplemente no actuara en ningún sentido. François Bayrou, quien tuvo la fineza de calificarme de «niño bárbaro», se indignaba porque yo nunca me detuviera suficientemente a escuchar y alcanzar acuerdos. ¡Prácticamente me presentaba como si fuese un dictador!

Hay que decir que este hombre se había convertido en un maestro en lo que a inmovilismo se refiere: tras los cuatro años en que fue titular del Ministerio de Educación, no salió adelante ni una sola rcforma que llevase su nombre. Normal, teniendo en cuenta que no había puesto en marcha ninguna... De manera que estaba bien que él llamase a «no tratar de imponer por la fuerza». (Huelga aclarar que detesto semejante inmovilismo y que lo encuentro absolutamente opuesto a las necesidades de Francia.) No puedo ocultar cierta inquietud al pensar en el cargo que este hombre ocupa ahora. Porque es posible que nuestros compatriotas lo hayan olvidado, habida cuenta de su ensordecedor silencio —del que únicamente sale para soltar algún comentario sobre la política del presidente que lo nombró—, pero François Bayrou dirige hoy el Alto Comisariado de Planificación y Perspectivas, organismo del que se espera que diseñe el futuro de Francia con valentía y determinación, demostrando su capacidad de dejar atrás cualquier conservadurismo. «Plantearse el futuro es la primera fase de la acción», afirmaba Pierre Massé, comisario general de Planificación. Quién sabe: a lo mejor algún destello termina abriéndole los ojos a esta personalidad pusilánime y le hace ponerse, al fin, manos a la obra en lugar de limitarse a hacer comentarios. «Hay una única manera de fracasar», decía con gran acierto Clemenceau, «y consiste en claudicar sin haber triunfado». Bayrou claudica antes siquiera de empezar.

De manera que me reprochaban exceso de celo y, al mismo tiempo, también se me acusaba de tener demasiada tendencia a volver la espalda, en aras del «compromiso», a la «ruptura» que había preconizado durante la campaña. Aquellos reproches contradictorios ponían de relieve hasta qué punto las expectativas eran múltiples. Si he de ser sincero, tampoco es que me agobiara más de lo debido con todos aquellos comentarios, en el fondo bastante consabidos. El único artículo de prensa que captó entonces verdaderamente mi atención llevaba la firma de un hombre a quien yo admiraba mucho y que, no obstante su apariencia quintaesenciada, conocía de maravilla la Francia real. Me refiero al célebre escritor Jean d'Ormesson. La conclusión de su artículo me obligó a reflexionar: «A un presidente eminentemente pragmático y al que las circunstancias han forzado a convertirse en un negociador sin par», escribía, «le quedan tres años para convencer a este país que, según De Gaulle, no era ni de derechas ni de izquierdas, sino simplemente Francia». Ni de derechas ni de izquierdas... Aquello era una teorización de mi convencimiento de que debía caminar usando las dos piernas —la derecha y la izquierda— sin dejar de mantenerme bien a la derecha. Me cuidaba, eso sí, del peligro que representaba la hipertrofia de una en detrimento de la otra. Porque la constatación era correcta, pero encontrar ese sutil equilibrio era mucho más difícil. Y justamente en eso debía centrarme a partir de entonces.

Francia es un país libre. Nada le gusta menos a su pueblo que verse reducido a tal bando o a tal otro. A los franceses les gusta poder cambiar, tener la opción de modificar su voto en cada consulta electoral, estar en condiciones de exigir cosas contradictorias. La mera ideología no puede explicar las pulsiones francesas. En ese sentido, nuestro país es uno de los más difíciles de gobernar, de comprender, de predecir. Es demasiado cambiante, demasiado imprevisible, demasiado inflamable para eso. Yo conocía y tenía presente esta realidad. De ahí que quisiera ir deprisa para no dar a mis oponentes la posibilidad de recobrar el aliento y organizarse. En eso me diferenciaba mucho de algunos de mis predecesores (y sucesores). François Mitterrand pensaba que siempre había que darle tiempo al tiempo; aquello probablemente viniese dado por la época y, acaso, por la edad. Emmanuel Macron cree que puede ser el dueño del tiempo; de nuevo es una cuestión generacional. A mí me parece que el tiempo no nos pertenece y que la rapidez de ejecución es el mejor margen de maniobra —por no decir el único— de un presidente de la República. En eso difiero del actual presidente.

*

* *

Se acercaban las elecciones europeas de 2009. Yo había elegido a Michel Barnier para encabezar la lista de la mayoría parlamentaria en la circunscripción de la región de París. Entonces el escrutinio se hacía por regiones. Pero el cabeza de lista de la región parisina era también el cabeza de lista nacional. Junto a Michel Barnier —una persona de reconocida solvencia, pero a la que puede faltar a veces un poco de carisma—, quería presentar a una número dos impetuosa y pugnaz: Rachida Dati. Conocía su talento de luchadora, su extraordinaria capacidad argumentativa y su solidez sin parangón. Jamás se dejaba aturdir o impresionar. Para mí, aquella elección era evidente.

El problema fue convencerla. Me sorprendió, aun conociéndola, la escena sin precedentes que me armó, acusándome, entre otras cosas, de querer exiliarla en Bruselas. Llegó a decir que prefería dejarlo todo antes que sufrir aquella humillación de salir del Gobierno; que aquello que yo le hacía era, básicamente, una reprobación insoportable y nada menos que una ruptura entre nosotros cuyo único responsable era yo. Es todo un clásico de la «vida ministerial». En el momento de su nombramiento, los ministros se sienten agradecidos por ver reconocidos su capacitación y sus méritos personales; entonces todo es amabilidad y gratitud para quien los nombra. Pero en seguida surgen los primeros desencuentros con los decretos de atribuciones, porque resulta que estas nunca son lo bastante amplias; los ámbitos de competencias son siempre demasiado reducidos. Por lo demás, las puestas en marcha de los Gobiernos suelen transcurrir sin la menor dificultad. Es en las disoluciones cuando el ambiente pasa a ser muy diferente. Y si la mayoría parlamentaria que hasta entonces gobernaba ha perdido las elecciones, el *shock* es brutal; pero no se vive como una reprobación. Si de lo que se trata es, por el contrario, de una reestructuración del Gobierno, entonces todo se complica enormemente; porque, del mismo modo que el nombramiento era algo «natural», la no renovación del cargo constituye una injusticia individual especialmente insoportable (al menos para quien la padece). La gratitud por el nombramiento hace ya mucho tiempo que se olvidó; queda solo la humillación por la dimisión que se exige. En eso, Rachida Dati no se diferenciaba del estándar, sin perjuicio de que ella hubiese tenido siempre más energía que el resto y de que yo albergase hacia su persona unos sentimientos de auténtica amistad, incluso una admiración genuina. Por eso me tomé el tiempo necesario para exponerle hasta qué punto el desafío que yo le planteaba estaba a la altura de sus ambiciones. Y era sincero: pensaba que necesitaba empaparse de los temas europeos y familiarizarse con las prácticas parlamentarias de Estrasburgo. Para ella, todo había sido muy rápido; probablemente demasiado rápido. Había pasado a ser ministra sin conocer ninguna de las etapas previas, que resultan hondamente formativas. Fuera cual fuese su talento, Rachida Dati necesitaba aprender. Añado que la encontraba demasiado presente en la «vida parisina». Era una reacción seguramente normal: ¿quién puede resistirse al atractivo de una fama recién descubierta, de un nuevo estatus que puede llevarle a pensar que, de repente, tiene muchos «amigos»? Una época de alejamiento relativo no podía sino protegerla de los peligros de una exposición mediática excesiva. Ante mi insistencia, terminó cediendo y aceptando. Casi de buen grado, de hecho. Es una luchadora a la que nada le gusta tanto como asumir nuevos desafíos. Y lo hizo de maravilla, lo que no excluye que, en su fuero interno, sin duda conserve, de aquella época, una sensación de injusticia. Luego le he dicho muchas veces que no fui yo quien fue injusto con ella, sino que es la «injusticia» misma la que está presente en el fondo de su identidad más íntima. Constituye al mismo tiempo su fuerza, porque le da una energía loca, y su debilidad, porque le hace librar no pocas batallas inútiles. Me parece que algo sé también yo de esa clase de temperamento…

No se me dio tan bien con Rama Yade, a quien traté de convencer para que siguiera el mismo camino. Apenas tenía 33 años y disfrutaba de una carrera tan fulgurante como fácil. Yo creía en su talento; la veía capaz de unir a muchos jóvenes que podían empatizar con su trayectoria, con su identidad múltiple, con su juventud. Ella también necesitaba profundizar en su formación; por eso le pedí que nos devolviera, a su familia política y a mí mismo, un poco de todo lo que le habíamos dado. No quiso ni oír hablar del tema; ella lo que quería era quedarse en París y hacer «política», esto es, ver a periodistas y llevar a su molino el agua de la prensa. Lo que más miedo le daba era que, estando en Bruselas, todo el mundo se pudiera «olvidar» de ella. Semejante actitud me decepcionó y enojó a partes iguales. Así y todo, no insistí. Rachida Dati pensó entonces que, si no lo hice, fue porque valoraba a Rama Yade más que a ella. Pero era justo al revés: fue porque no la valoraba tanto como a ella por lo que no me tomé la molestia de seguir insistiéndole.

Eligiendo así de cuidadosamente a los cabezas de lista de la mayoría parlamentaria para las elecciones europeas, yo quería dejar atrás esa detestable costumbre francesa de mandar a Estrasburgo a meros «segundones» o «teloneros». Yo mismo había sido uno de estos en 1999, cuando fui parlamentario europeo tan solo unas semanas. Aquel no fue un comportamiento responsable por mi parte, más allá de las circunstancias que me llevaron allí tras la dimisión de Philippe Séguin. Semejante práctica desacreditaba a nuestro país, le impedía ejercer una influencia real en el seno de una institución que iba cobrando cada vez más importancia. También me preocupaba mucho la incidencia que tenía en las dinámicas de la Eurocámara la actuación de una serie de diputados con comportamientos erráticos (Daniel Cohn-Bendit), ideológicos (el ex primer ministro belga ultraliberal Guy Verhofstadt) o sectarios (los Verdes franceses). El tándem Barnier-Dati se me antojaba muy apto para ganar la campaña nacional y para inspirar respeto a nuestros socios de Bruselas.

Varios medios de comunicación mostraron un disgusto enorme ante el hecho de que yo me ocupase del partido que me respaldaba y de la elección de los candidatos que habían de defender mi gestión europea durante la siguiente votación nacional. Pero esos mismos medios se habían mostrado menos escrupulosos cuando, una vez por semana, el presidente François Mitterrand organizaba un desayuno con los elefantes del Partido Socialista, o cuando la práctica totalidad de los sindicatos estudiantiles eran miembros de ese mismo partido. (Ahí no cabían, claro, conflictos de intereses.) O bien cuando todas las organizaciones sindicales estaban representadas por secretarios generales que en ningún caso ocultaban haber tenido durante toda su vida el corazón a la izquierda y haber votado en consonancia. Eso también les parecía lo más normal del mundo a aquellos medios de comunicación. En fin: que se supone que yo habría tenido que hacer frente a todas las redes de la izquierda y de la extrema izquierda de Francia —y Dios sabe que son unas cuantas— sin preocuparme en ningún momento por organizar, movilizar y reagrupar a quienes querían brindarme su apoyo. ¡Bonito ejemplo de equilibrio democrático!

En un instante de rara objetividad, aquellos medios de comunicación me reconocían, con todo, una cosa: «Por lo menos no oculta que es el omnipresidente». Y es verdad que me sigo preguntando, todavía hoy, qué podía haber de «sorprendente» en aquella iniciativa coherente con el espíritu de la Constitución de la Quinta República francesa, que quiere que el presidente sea responsable de todo ante todos. Yo estaba resuelto a implicarme hasta el fondo en la batalla por las elecciones europeas. Apenas hacía caso a los consejos de prudencia de cuantos me exhortaban a no mezclarme en aquellos comicios para que no me viese salpicado en caso de derrota (ineluctable, según ellos). Aquel razonamiento era doblemente erróneo. Para empezar se me habría considerado responsable del resultado con independencia de que me implicase o no, sobre todo si el resultado era malo. Así pues, más valía que me implicara en cuerpo y alma para obtener el mejor resultado posible.

Pero es que a eso se añadía el hecho de que acabábamos de salir de la presidencia francesa de la Unión Europea y habría sido incomprensible que hubiese dado la impresión de desinteresarme de esos mismos asuntos europeos que yo había convertido en prioritarios para mi mandato de cinco años. Y, así, aun a riesgo de reforzar las caricaturas del supuesto «omnipresidente», decidí ocuparme de todo, es decir, del proyecto, de la selección de los candidatos, de los temas de la campaña y hasta de la movilización. Aquello tenía, por lo menos, el mérito de ser claro y estar plenamente asumido. No tenía, en efecto, la menor intención de ocultarme, de disimular, de engañar. Mis oponentes quedaban avisados: estaba resuelto a subir al cuadrilátero de nuevo. He de confesar que aquella perspectiva me agradaba: para mí era importantísimo hacer entender a los franceses que, entre el rechazo de Europa que encarnaban los soberanistas y el planteamiento de una construcción federal europea adepta al pensamiento único, había un camino en el que las palabras «Francia» y «Europa» podían ir de la mano sin que ninguna de las dos estuviese condenada a desaparecer.

Opté por ir de nuevo a Nimes para iniciar la campaña con un mitin como es debido. En esa ciudad meridional tenía yo muchos amigos, entre los que destacaba el alcalde (Jean-Paul Fournier); me parecía, pues, un lugar adecuado para mis objetivos. Mi idea era que el Frente Nacional mordiese el polvo en un terreno que le era, no obstante, muy propicio. La oposición insistía en que mi implicación en la campaña suponía un conflicto de intereses, una confusión de roles. Los cronistas se mostraban escépticos sobre mi capacidad de movilizar a la opinión pública francesa de cara a unas elecciones que, según decían, a esta no la apasionaban. Y mi propio ministro de Asuntos Exteriores, Bernard Kouchner, cometió la estupidez de declarar que no sabía a quién iba a votar en aquella convocatoria electoral europea. Luego el hombre intentó rectificarlo, pero el daño estaba hecho. Yo me quedé pasmado ante tamaño desatino, que era indicio o bien de deslealtad, o bien de falta de experiencia política. ¡En cualquier caso, digamos que no fue una maniobra brillante!

En mi discurso cargué contra la asentada inercia intelectual que imperaba a propósito de Europa. En el ámbito de la política francesa se la miraba, en efecto, ora con una hostilidad sistemática, ora con una satisfacción beatífica. Rara vez se hablaba, sin embargo, de su futuro, de las cosas que había que cambiar, de las iniciativas que convenía poner en marcha. Aquella tarde insistí en que Francia seguiría vetando siempre el ingreso de Turquía, lo que a mi parecer representaba también un acto de franqueza para con Ankara, a quien llevábamos casi medio siglo contando pamplinas. Luego dije que Europa, para existir, necesitaba fronteras. Llegué al extremo de referirme a la necesidad de la «preferencia comunitaria». Aquello sentó fatal a los liberales de mi mayoría parlamentaria. Jean-Pierre Raffarin consideraba incluso que yo había ido demasiado lejos al tomar prestado un vocabulario que era, según él, el del Frente Nacional, como si las palabras les perteneciesen. (Aparte de que era, por supuesto, *nacional* —y no comunitaria— la preferencia de la que el mencionado partido hablaba.) Hoy esta idea de preferencia comunitaria puede parecer banal, pero en 2009 no lo era. Se trataba incluso de un concepto chocante para los defensores del pensamiento único.

Puse de relieve asimismo la necesidad de un Gobierno económico europeo, propuesta que ponía muy nerviosos a los más europeístas, quienes extrañamente veían en aquello un riesgo de que se sometiera a tutela al Banco Central Europeo. Jean-Claude Trichet no era el menos contrario a esta idea; tampoco los alemanes. Yo deseaba, en efecto, reconciliar —y por supuesto unir— a quienes seguían creyendo en Europa y a quienes habían dejado de creer en ella. Es la única forma de constituir una mayoría. En el fondo, los más europeístas se habían convertido en los más conservadores e inmovilistas. Yo quería poner de relieve que, muy al contrario, era en aras del ideal europeo por lo que había que hacer que la Unión Europea se moviese, operando en ella unos cambios estructurales indispensables para que recuperase tanto la confianza de los pueblos como la capacidad de protegerlos.

Propuse, por último, la instauración de una tasa de carbono en las fronteras de la Comunidad para luchar contra el *dumping* ecológico del que eran víctimas nuestras empresas. Me parecía especialmente injusto imponer a estas unas reglas muy restrictivas en materia de medio ambiente y al mismo tiempo aceptar que se siguieran importando a Europa productos procedentes de países que no respetaban ninguna de esas mismas reglas. Expliqué que nuestras instituciones habían de imponer la reciprocidad —que éramos demasiado ingenuos o demasiado débiles— y que semejante situación no podía durar. Aquella tarde, los militantes se portaron: la AFP (Agence France-Presse) contó «más de cuatro mil quinientas personas en el mitin de Nimes». Aquello evidenciaba la movilización de nuestro electorado, cuyo incremento yo notaba a través de múltiples indicios. Aquella afluencia fue uno de esos indicios.

Daniel Cohn-Bendit, cabeza de lista del partido Europe Écologie, estaba, como de costumbre, sobreexcitado. Decía que amaba a Europa, pero habría querido prohibirme hablar de ella: a su juicio, yo había pasado a ser el portavoz de la UMP (Unión por un Movimiento Popular) por mi mera implicación en aquella campaña; ¡como presidente de la República que era, no habría tenido que implicarme! El hombre se convirtió en el más apasionado defensor de la entrada de Turquía en la Unión Europea. Luego quiso debatir conmigo. Yo no estaba por la labor, pues conocía su capacidad para armar escándalo en lugar de intercambiar ideas. No era más que un provocador. No tenía ninguna intención de regalarle una tribuna así porque sí.

Para mostrar mi determinación de ganar aquella batalla de las europeas, insistí en mi compromiso yéndome, dos días después de Nimes, a Berlín, donde tuve un encuentro público con Angela Merkel. Tampoco sobre este viaje hubo unanimidad: mi entorno temía que demasiada cercanía con la canciller pudiese terminar perjudicándonos electoralmente; en realidad había una mezcla de temor real y de envidia apenas disimulada. Yo consideraba, por el contrario, que aquella iniciativa sí que merecía la pena. Nuestros países, cuando se asociaban, resultaban imprescindibles en Europa. Aquello nos daba un plus incontestable de poder recíproco. Por otra parte quería dejar atrás, a cualquier precio, nuestra larga tradición de enfrentamientos, que estaba convencido podía reanudarse si no teníamos cuidado. Había demasiado en juego como para renunciar a aquel viaje tan simbólico como necesario, teniendo en cuenta los contenciosos del siglo pasado, que habían llevado al continente europeo al borde del abismo.

Nos encontramos en Potsdamer Platz, el emblema del nuevo Berlín, donde los jóvenes democristianos de la CDU (Unión Demócrata Cristiana de Alemania) habían congregado a dos mil de sus simpatizantes para una fiesta en la que se combinaban la modernidad y el homenaje a los padres fundadores de Europa. Había fotos de De Gaulle y de Adenauer, de François Mitterrand y de Helmut Kohl, y por supuesto una foto de Angela y otra mía. El ambiente era distendido; las medidas de seguridad, muy discretas; un coro entonó «Las hojas muertas» en honor de Francia. Yo hice una declaración de amor en toda regla al público: «Francia no os teme. Francia quiere parecerse a vosotros en la excelencia de vuestra industria y de vuestra tecnología, en la capacitación de vuestros trabajadores… y en el equilibrio de vuestras finanzas públicas». Estaba siendo realmente sincero, sobre todo en el último punto.

Los aplausos fueron entusiastas y potentes. La canciller no me fue a la zaga; esta vez dijo claramente que «Turquía no podía ser un miembro de pleno derecho de Europa», a lo que añadió: «No podemos aceptar a todo el mundo». Era evidente que quería ser amable y se esforzaba por complacerme; unas afirmaciones así de claras y rotundas no eran algo habitual en ella. La prensa concluyó que todo iba bien entre los dos. El semanario *Der Spiegel* decía: «El mitin de Berlín es un "paso a dos" diplomático en aras del interés común». Bastante bien visto. Yo había publicado, esa misma mañana, un artículo en otro medio alemán —en el periódico *Bild*— para anunciar que Francia encontraba legítima la petición alemana de obtener un puesto permanente en el Consejo de Seguridad de las Naciones Unidas. Me parecía que, más de sesenta años después del fin de la Segunda Guerra Mundial, había que pasar página otorgando a Alemania en el ámbito internacional un papel político que se correspondiera con su peso económico.

*

* *

Tuve mucho gusto en proponer al consejo de ministros el nombramiento del periodista Jean-Luc Hees como nuevo presidente de Radio France. Él me había invitado varias veces a su programa de mediodía de la emisora France Inter, pero no teníamos trato íntimo; nuestra relación no era especialmente cercana. Yo apreciaba la elegancia de aquel hombre esbelto de cabellera prematuramente encanecida. Siempre afable, preciso; casi nunca levantaba la voz. Me parecía positivo no saber, en absoluto, cuáles eran sus opiniones políticas; aquello era algo raro —por no decir excepcional— en la redacción en que él trabajaba, donde todos sus colegas no era solo que fuesen de izquierdas, sino que no lo ocultaban y, en ciertos casos, incluso hacían alarde de ello. Se consideraban los dueños de Radio France, como si el servicio público radiofónico no debiera ni pudiera dirigirse sino a los oyentes de ese lado del tablero político. Jean-Luc Hees, por el contrario, jamás se refería a sus visiones propias. Yo había observado en varias ocasiones su rigor profesional y su integridad. Me gustaba, además, aquella timidez suya, que contrastaba con su aspecto físico imponente. Cuando, más adelante, pude conocerlo mejor, descubrí un gran pudor al que se añadía una auténtica sensibilidad.

Cuando le propuse el nombramiento, su reacción fue de sorpresa, de estupefacción… y de felicidad. No daba muestras de la menor duda sobre su capacitación para asumir el desafío, lo que me reafirmó en mi decisión. Además, sentía un amor profundo por «la casa» que le estaba proponiendo dirigir. Yo estaba realmente entusiasmado. Fue uno de los momentos en los que menos dudas tuve, del mismo modo que después no he lamentado aquello en lo más mínimo. Conforme al nuevo procedimiento previsto en la reforma de la Constitución de 2008, la Comisión de Asuntos Culturales de la Asamblea Nacional debía dar su visto bueno ratificando el nombramiento de la persona propuesta por el presidente de la República o rechazándolo con mayoría cualificada. El resultado fue incontestable: con treinta y tres diputados electores, Jean-Luc Hees obtuvo veintiséis votos a favor —seis se abstuvieron y solo uno votó en contra—. Era más de lo que hacía falta: su candidatura había sido un éxito y el nombramiento fue ratificado. Un nombramiento merecido. No se trataba de un «enarca» ni de un alto funcionario; tampoco de uno de esos confidentes de todos los poderes que estaban en campaña permanente para alcanzar alguno de los grandes puestos que la República podía ofrecer aún. Él manifestó claramente su voluntad de preservar la independencia del servicio público; solo que eso, para él, regía lo mismo para el Gobierno que para los sindicatos o los partidos de izquierdas. Aquello suponía un importante avance frente a las prácticas precedentes. Durante la comparecencia, un oscuro diputado socialista —Didier Mathus— le soltó: «Usted se lo debe todo a Sarkozy». Una vez pronunciado el anatema, eso sí, al hombre le costó arrancar con la argumentación. Porque argumentos no tenía: yo no había hecho nada, nunca, por Jean-Luc Hees.

La primera decisión que este tomó fue poner al frente de France Inter a Philippe Val, que acababa de dejar el cargo de director de la redacción de *Charlie Hebdo*. Yo acababa de conocerlo hacía poco. Me lo había presentado Carla. Habíamos congeniado bastante, al menos intelectualmente. Su inteligencia viva, su cultura inmensa, su experiencia vital tan variada, su amabilidad profunda…, todas esas cualidades que le veía me convencieron de que se trataba de la persona correcta. El hecho de que viniese de la izquierda no me importaba en absoluto, porque eso daba credibilidad a mi voluntad de apertura. Habíamos tenido unas cuantas conversaciones. Me había impresionado por su libertad de espíritu, por su apertura intelectual y por su gran curiosidad respecto a todas las cuestiones que agitaban nuestra sociedad. Yo estaba convencido de que aquel tándem iba a ser capaz de construir una programación de calidad para el servicio público. No tenía problema en reconocer que el carácter original de aquellas personalidades podía desconcertar, y aun desorientar, a no pocos de quienes me apoyaban. Aquella era, sin embargo, la imagen que yo deseaba ofrecer de la «derecha popular» que gobernaba. Tenía que ser capaz de ir a buscar a los mejores allá donde se encontraran, de juntar a gente distinta y de responder a la diversidad de Francia con opciones que llevasen en sí mismas aquella aspiración a la diferencia.

Jean-Luc Hees había trabajado treinta años en France Inter antes de que lo echaran de allí en 2004 con la llegada de Jean-Paul Cluzel. Su nombramiento de 2009 suponía, así, el regreso de un hijo de la casa. Pero en aquello había un guiño malicioso: el hecho de que, habiendo sido despedido por un hombre cercano a Alain Juppé en la época de Jacques Chirac, fuese luego promovido por mí podía inducir a pensar en motivaciones más personales que políticas. Yo estaba encantado con aquel proceso de nombramiento que tenía la ventaja de la claridad. No era una autoridad independiente cualquiera la que había tomado aquella decisión. Se estuviese a favor o en contra, no había la menor dificultad para identificar al responsable; era yo. Aquella era, y sigue siendo, mi forma de entender la democracia.

*

*   *

A finales de aquel mes de abril de 2009 llegaban a Europa los primeros casos de gripe A (H1N1). En aquel momento concreto solo teníamos una cuarentena de enfermos sospechosos cuya situación había que estudiar antes de llegar a conclusiones definitivas. Era evidente, sin embargo, que la gripe A (H1N1) estaba en Francia. Roselyne Bachelot no perdió un minuto en movilizar todos los medios necesarios. Acudió a mí de inmediato y me pidió que le asignase los fondos que le hacían falta. Estábamos muy preocupados por los estragos que aquel virus pudiera causar. Le contesté que tomara todas las medidas que sus servicios estimasen precisas y que no tenía que preocuparse por el asunto de los fondos, porque yo estaba resuelto a hacer de aquel riesgo sanitario una prioridad. Lo que significaba, básicamente, que pagaríamos cualquier cosa que fuese útil. No quería, en efecto, que, con el elevado número de víctimas que cabía anticipar, hubiese luego polémicas sobre que habíamos querido ahorrar o no habíamos sido lo bastante previsores. Me encargué personalmente de presidir las reuniones destinadas a poner en marcha la estrategia del Gobierno frente a aquel riesgo epidémico. La Organización Mundial de la Salud acababa de elevar a 5 el nivel de alerta. Era un asunto muy serio.

La prioridad absoluta consistió en verificar, y en su caso completar, nuestras reservas de productos médicos y paramédicos. En aquella época teníamos un depósito de mil millones de mascarillas quirúrgicas y 723 millones de mascarillas FFP2 destinadas a los profesionales sanitarios o a los agentes de seguridad. Disponíamos, por otra parte, de treinta y dos millones de tratamientos de las dos moléculas implicadas. Estábamos listos. Lo que no fue óbice para hacer un pedido adicional de noventa millones de dosis de la futura vacuna contra aquella gripe A (H1N1); en total, casi mil millones de euros. Habíamos tenido cuidado de repartir el pedido entre tres laboratorios farmacéuticos: GlaxoSmithKline, Novartis y Sanofi Pasteur. En ningún caso queríamos depender de uno solo. De manera que Roselyne Bachelot había hecho bien su trabajo y las prioridades del Gobierno habían quedado claras. Teníamos que preservar, a cualquier precio, la vida de los pacientes que se infectasen, costara lo que costara. Habíamos previsto incluso espacios en los que era posible organizar vacunaciones masivas. El número de víctimas de aquel virus en Asia había sido muy alto; no había ninguna razón, al menos desde un punto de vista racional, para que las mismas causas no diesen lugar a los mismos efectos en Europa y, por tanto, en Francia.

Para sorpresa de la mayoría de los científicos, aquello no se verificó. Tuvimos algo más de un millar de casos graves, pero nada que ver con lo que nos temíamos. Aquel virus terminó desapareciendo de nuestros radares igual de misteriosamente que había aparecido. Los científicos siguen, todavía hoy, sin lograr formular una hipótesis plausible que explique aquel suceso inesperado que nos cogió completamente desprevenidos. Siguió una violenta polémica; nos acusaron de haber dilapidado el dinero público sin consideración. Varios años después, el Tribunal de Cuentas emitía un informe sobre nuestra supuesta gestión reprobable de una crisis sanitaria que no habría necesitado semejante movilización de recursos. Qué fácil resulta decir «después» lo que habría que haber hecho «antes». Puedo imaginarme a todos esos altos funcionarios, tranquilamente instalados en sus certidumbres y sin deber rendir cuentas a nadie. Una posición, sin duda, comodísima… pero que nada tiene que ver con las responsabilidades «en caliente» que ejercen el presidente de la República y su ministro de Sanidad.

Hubo incluso una investigación penal en la que se requirió al director del gabinete de Roselyne Bachelot para que diera explicaciones sobre aquella gestión «dispendiosa». Yo creo —y hoy más todavía de lo que podía imaginarme antes— que entonces actuamos bien en el sentido de cumplir con nuestra obligación de respetar el principio de precaución que está en la base de nuestras reglas constitucionales. Posteriormente pude comprobar —igual que todos los franceses— el grave estado de desprevención en que François Hollande había dejado al país cuando estalló la primera ola de COVID. Las reservas de mascarillas apenas cubrían la mitad de las que se requerían y de las que nosotros habíamos dejado. El estado material de dichas reservas, ya de suyo insuficientes, era además catastrófico, con en torno al 30 % de las mascarillas inutilizables. Francia llegó, así, tarde a todo —concretamente a los pedidos de vacunas— de resultas de la situación de profunda desorganización y desprevención que Emmanuel Macron acababa de heredar. Lo cual era tanto menos justificable cuanto que el *Libro blanco sobre la defensa y la seguridad nacional* de 2008 establecía una nueva figura: la de la pandemia, a la que se dedicaba un epígrafe titulado «Pandemia masiva de letalidad alta». Sus efectos se describían con absoluto detalle: «La cinética de una pandemia de contagio alto abarcaría un lapso de entre varias semanas y varios meses, en varias olas. Por su alcance, duración, extensión geográfica y carácter indiscriminado, una crisis de estas características compromete el funcionamiento normal de la vida nacional y de las instituciones». Aquello era realmente premonitorio y daba muestras de la calidad y solvencia de nuestro *Libro blanco*.

Prefiero de lejos el reproche de haber hecho demasiado por proteger la salud de los franceses que el de no haber hecho nada o, peor aún, haberlo hecho mal. Esa es la gran dificultad de la política, donde a uno lo juzgan sobre la marcha y con criterios cuya pertinencia solo el paso del tiempo permitirá evaluar. Así, tras las múltiples olas de COVID que estallaron en Francia y tras las decenas de miles de víctimas que sucumbieron a aquel virus y a sus mutaciones, probablemente resulte más fácil apreciar la acción de un Gobierno que hizo cuanto estuvo en su mano para no verse sorprendido por un virus que, del mismo modo que acabó desapareciendo, también habría podido ser tremendamente letal. El transcurso del tiempo es siempre el que mejor coloca la «actualidad del pasado» en el lugar que le corresponde.

*

*   *

Mi agenda seguía una regla inmutable: tras una actividad nacional intensa, tocaba un periodo dedicado a la actividad internacional. De nuevo se trataba de un viaje importante —cuando no estratégico—, ya que había de llevarme a Abu Dabi, en los Emiratos Árabes Unidos. A menudo he observado la gran desatención que esta región —el golfo Pérsico— ha sufrido por parte tanto de los observadores como de los responsables políticos franceses. Esta parte del mundo llevaba mucho tiempo siendo, en efecto, un coto privado de caza de los estadounidenses y los ingleses. Sin duda, François Mitterrand y Jacques Chirac habían plantado allí, con buen juicio, las primeras banderillas. Pero, en general, la opinión sobre los países de la zona era mala, en el peor de los casos, y neutral en el mejor.

Yo tenía en la cabeza una estrategia bien distinta: quería que Abu Dabi se convirtiera ni más ni menos que en nuestra cabeza de puente en el océano Índico y en los territorios que marcan el comienzo de Asia; deseaba que, en aquel año de 2009, la prioridad diplomática fuesen los países del Golfo. Durante aquel viaje tenía que inaugurar la base militar cuya instalación había decidido unos meses antes. Era un proyecto ambicioso. Había una parte naval con un muelle de trescientos metros de largo —que permitía el atraque de buques de guerra de gran tonelaje—, una instalación diseñada para recibir un destacamento aéreo —allí se estacionarían de modo permanente una decena de nuestros aviones de combate— y un contingente terrestre con un centro de entrenamiento en zona desértica para nuestras fuerzas armadas. El interés de aquellas potentes instalaciones era su ubicación frente a Irán en una zona marítima clave, la del estrecho de Ormuz, por donde pasaba el 40 % del petróleo mundial.

Aquella nueva implantación militar francesa no tenía nada de fortuito: tenía la vocación de poner de relieve la implicación de nuestro país en una región altamente estratégica, situada en el corazón de un «arco de múltiples crisis» que había sido señalado e identificado en el *Libro blanco sobre la defensa* de 2007. Yo llevaba mucho tiempo preparando aquella iniciativa, que había sido objeto de un acuerdo que firmamos a comienzos de 2008 —en un viaje mío anterior— y evidenciaba la confianza que me había inspirado de inmediato quien entonces solo era el príncipe heredero de los Emiratos: Mohamed bin Zayed, al que llaman MBZ. Se trata, sin duda, de uno de los jefes de Estado más resueltos y más inspirados que me ha sido dado conocer. Sabía perfectamente adónde quería llevar a su país y de qué modo. Había sido uno de los primeros dirigentes en denunciar y combatir el islam político y sus derivadas. Consideraba que el régimen de los mulás iraníes representaba la principal amenaza para su nación, y no era un hombre que se equivocara de enemigo. Ya entonces pensaba en acercarse a Israel frente al mencionado adversario común, como luego hizo con los Acuerdos de Abraham de 2020 y aquel espectacular intercambio de embajadores entre ambos países, lo que delata una gran valentía. En repetidas ocasiones me explicó, con mucho detalle, que en Francia no éramos lo suficientemente duros con los islamistas radicales y que aquello un día acabaría mal; que lo que nosotros llamábamos «derechos humanos» aquellos iluminados lo interpretaban como signos de debilidad de las democracias y les daba un aliciente adicional para persistir en el camino del mal absoluto. (¡Los acontecimientos de los últimos quince años no es que le hayan desautorizado, precisamente!) Desde nuestro primer encuentro me impresionaron su lucidez, su calma y su determinación. Daba la impresión de que nada ni nadie estaba en condiciones de desviarlo del rumbo que se había marcado. Él era, según mi opinión, el socio árabe ideal para Francia.

A aquellas consideraciones personales se añadía el hecho de que todo lo relativo al golfo Pérsico me había suscitado siempre una gran curiosidad. Es algo insólito encontrar, en un perímetro tan reducido —porque allí el mar no se extiende más allá de los trescientos kilómetros en los puntos más anchos—, unas naciones tan distintas, e incluso antagónicas, como Irán, Arabia Saudí, Catar, Omán, los Emiratos Árabes Unidos y Kuwait (por no hablar de Yemen). La influencia de Asia es omnipresente y se mezcla con la tradición árabe más estricta. A lo largo del último medio siglo, estos países han conocido unas evoluciones vertiginosas y han construido unas ciudades gigantescas cuya modernidad no tiene nada que envidiar a las nuestras. Por último, los dirigentes de esas nuevas naciones han cometido —dejando al margen a Irán y a Yemen— un número de errores bastante pequeño en su estrategia de desarrollo. Y nadie puede negar su voluntad de apertura y modernización. Yo tenía la intuición de que Francia debía estar presente en aquel lugar del mundo, donde todo se movía a una velocidad sorprendente y todo se mezclaba (con frecuencia para lo mejor y, en ocasiones, para lo peor). También estaban, por supuesto, los contratos que sería posible establecer para nuestras empresas; un extremo, este último, en absoluto anecdótico. ¿Por qué mantenerse al margen de semejante potencial de inversiones, cuya necesidad resultaba entonces cruelmente obvia en nuestros viejos países? Habría sido muy irresponsable, en efecto, no darle a aquel maná la importancia que tenía. Aparte de que, si nosotros no lo hubiéramos aprovechado, los otros países de Europa no se habrían privado de hacerlo y habrían ocupado nuestro sitio. No había, pues, motivos para andarse con escrúpulos…

Pero eran muchas más las cosas que yo tenía en la cabeza. Estaba convencido de que nos convenía observar muy de cerca lo que ocurría por allí. No podíamos estar ausentes de aquellos movimientos tectónicos propios del siglo XXI. Nuestra presencia nos permitiría estar mejor informados y entender mejor. Resumiendo: que se trataba de una decisión estratégica motivada por el violento desplazamiento del eje del mundo desde el oeste hacia el este. En Abu Dabi estábamos en el meollo del este, en el lugar en que tantas cosas podían suceder. De modo que me dirigía allí para inaugurar la primera base militar francesa en el golfo Pérsico, que también era la primera base militar que Francia establecía desde 1945. Muchos observadores se mostraban inquietos al ver que, con aquello, nos situábamos en primera línea de cara a un eventual conflicto con Irán. Y el acuerdo de defensa que yo había negociado nos comprometía, en efecto, a utilizar todos los medios militares de que dispusiéramos para defender a los Emiratos Árabes Unidos —nuestros anfitriones— en caso de que estos sufriesen una agresión. Ahora bien: nos habíamos cuidado mucho de utilizar la palabra «nuclear»; aquel nuevo acuerdo no ofrecía ninguna «garantía atómica» ilimitada. Yo reconocía, así y todo, que nos hacía ir un paso más allá en nuestra alianza con los Emiratos Árabes Unidos. Me hacía cargo, como digo, de tal situación; pero aquello no era sino la contrapartida de cuanto aquella nueva asociación nos aportaba. ¿O es que alguien ve factible disfrutar de todas las ventajas sin asumir ningún inconveniente? Por lo demás, ¿es realmente un problema tener enfrente al Irán de los mulás y de los líderes religiosos, cuya ambición consistía en devolver a su pueblo a la Edad Media? Yo estaba muy contento con aquella decisión que estaba tomando Francia, decisión que podía hacer olvidar la del recibimiento y la hospitalidad que a comienzos de la década de 1970, bajo la presidencia de Valéry Giscard d'Estaing, se dispensaron al ayatolá Jomeini. Es decir: asumía plenamente el hecho de que aquel acuerdo bilateral aumentaba significativamente el riesgo de que algún día nos viésemos implicados militarmente en aquella región del lado de nuestros socios.

En cuanto a los emiratíes, su estrategia era transparente: querían diversificar sus alianzas, lo que básicamente significaba que su confianza en Estados Unidos había dejado de ser total. Yo había notado aquella brecha y estaba resuelto a aprovecharla. Tal era, bien mirado, mi papel. Se trataba, así, de un vuelco geoestratégico para Francia, que se iba viendo cada vez más implicada en las zonas de conflicto de las que dependía la estabilidad mundial. Lo cual ponía de relieve asimismo que África ya no era la única prioridad de nuestra proyección militar. El hecho de que Abu Dabi hubiese sido colonia británica daba una idea del camino que Francia había recorrido para ampliar sus zonas de influencia. La inauguración de aquella base militar representaba, según mi opinión, un auténtico punto de inflexión diplomático, estratégico y político. Semejante actuación resultaba coherente, por último, en un momento en que Francia regresaba al mando integrado de la OTAN. En Abu Dabi, nuestros militares podrían mantener contactos constantes con sus homólogos estadounidenses y británicos presentes en la región. Ahora estábamos, en resumidas cuentas, en el meollo del lugar en que se generaba una información que era de gran utilidad para nuestra seguridad tanto interna como exterior.

La otra consecuencia era la organización de cierto repliegue militar en África. No podíamos estar presentes en todas partes. Aquello debía ayudarnos a corregir aquella fijación africana de Francia que había persistido y se había seguido percibiendo desde la época colonial. Teníamos que evolucionar. Los acontecimientos que han agitado las relaciones francoafricanas durante los últimos años no han hecho sino reforzar mi intuición inicial. La presencia a largo plazo del ejército francés en nuestras antiguas colonias constituye hoy un problema irresoluble (tanto en términos de percepción como políticos).

A partir de 2009 retiré a muchos soldados de Costa de Marfil. Incluso tras los enfrentamientos de 2011, me limité a mantener una presencia reducida en tanto que el país volvía a estabilizarse tras el establecimiento del presidente Ouattara. El mantenimiento de nuestras fuerzas en Mali constituía, del mismo modo, un doble error. Para empezar, en el plano militar: ¿tiene algún sentido querer controlar un territorio el triple de grande que Francia con cuatro mil hombres? (Aquello estaba condenado al fracaso.) En segundo lugar, porque una misión demasiado larga convertía al ejército francés, por más que la intención no fuera esa, en una fuerza de ocupación con responsabilidades más propias de la policía que del ejército. Otro tanto pensaba sobre nuestra presencia en la República Centroafricana como fuerza interpuesta entre los cristianos y los musulmanes. Antes puse de relieve, en efecto, que, si bien la operación Sangaris permitió evitar importantes matanzas, no por ello resultaba deseable, ni oportuno, que se prolongase y pasara a ser una misión de interposición dilatada en el tiempo. El contexto geopolítico africano, la presencia constante de los medios de comunicación de «la instantaneidad», los consabidos infundios de las redes sociales… hacen que hoy resulte absolutamente imposible llevar a cabo semejantes misiones sin correr un riesgo enorme, permanente e incesante de manipulaciones, escándalos y polémicas. En un mundo hasta tal punto en movimiento, Francia no podía insistir en aferrarse a sus viejas certidumbres. Aquel era, a mi juicio, el precio que había que pagar por mantener nuestro rango de «potencia mediana, pero global», esto es, con vocación de influir en todos los grandes problemas del mundo.

*
* *

A finales de aquel mes de mayo vi que era importante celebrar el éxito económico de los trabajadores autoempleados, y por este motivo los invité al Elíseo. Aquella iniciativa no había generado, ni mucho menos, un entusiasmo unánime, sobre todo teniendo en cuenta el contexto posterior a la crisis financiera. Se trataba de una apuesta audaz cuyas evoluciones y resultados yo iba siguiendo mes tras mes. La idea original era sencilla: compensar el hecho de que las empresas ofreciesen menos empleos tras el batacazo financiero y económico que acababan de afrontar, poniendo al alcance de cualquiera —pero sobre todo de las personas en situación de desempleo— la posibilidad de crear su propia actividad. Era un proyecto ambicioso y arriesgado, contrario a las costumbres francesas. Nuestra historia y nuestra cultura nos llevan, de manera natural, más hacia empleos públicos o por cuenta ajena —con todas las garantías estatutarias que comportan— que hacia la asunción de riesgos y hacia los múltiples azares de la aventura empresarial. Yo sabía que, si fracasaba, todo el mundo se me echaría encima. Muchos fueron, en efecto, los sarcasmos y los escepticismos cuando anuncié aquella medida. Al habitual cortejo de pesimistas —esa gente que siempre estaba de vuelta de todo y según la cual nunca había nada que hacer— se sumaban en este caso quienes albergaban dudas sinceras de que lo que podría funcionar en una economía angloestadounidense pudiese arraigar en Francia. Jean-Marc Ayrault veía en aquello «una voluntad (oculta) de desregular la economía». Por su parte, Jérôme Cahuzac —quien todavía no era tristemente famoso por sus vilezas tributarias—, nos explicaba doctamente que aquella figura «degradaba la imagen del sector de la construcción, toda vez que el estatuto del autoempleado situaba al operario especializado en el mismo plano que un mero manitas». Pero, si en estos casos había claramente mala fe, en otros el escepticismo no carecía por completo de fundamento.

Así y todo, seguí adelante. Me decía que aquello, aun si no funcionaba, no iba a costarle nada al erario público. Cabía la posibilidad, además, de que esa mentalidad que se atribuía a los franceses ya no fuese la misma; de que hubiésemos cambiado con la globalización que se había impuesto, y de que eso nos permitiese, por lo menos, hacer evolucionar a la Administración francesa imponiéndole unas deseables exigencias de sencillez y rapidez que podrían ir haciéndose extensivas a otros ámbitos. La clave del nuevo sistema residía, en efecto, en la facilidad con que cualquiera podía crear su propio negocio. El futuro autoempleado no tenía sino que declarar su actividad con un clic vía internet, o bien con una declaración administrativa única. (Imposible imaginar un procedimiento más sencillo.) Más importante aún era, a mi juicio, el planteamiento de que, mientras el nuevo emprendedor no ganase nada, tampoco pagaba nada. Me habían llegado incontables testimonios que me habían puesto claramente ante los ojos lo absurdo de que tantos comerciantes, operarios especializados y empresarios tuviesen que andar pagando gravámenes, tasas e impuestos antes de haber facturado un solo céntimo con su actividad. Con aquel método de autoempleo, las liquidaciones con la Administración no se hacían sino sobre las cantidades previamente facturadas. Aquel era un cambio positivo en los usos administrativos franceses.

Yo intentaba desintoxicar a los franceses del recurso sistemático al Estado; les incitaba a valerse por sí mismos. Era mi forma de confiar en ellos y de rechazar esa cultura humillante del asistencialismo a cualquier precio y en cualesquiera circunstancias. Su respuesta no me decepcionó: ¡en menos de seis meses, fueron ciento cincuenta mil las personas inscritas en aquel régimen de autoempleados! (Era un 50 % más de los objetivos que nos habíamos marcado cuando se votó la ley.) De manera que, aquella noche, venía a visitarme al Elíseo una muestra representativa de aquel colectivo. Yo veía en aquellos resultados la puesta en marcha de un fenómeno social en virtud del cual los valores del emprendimiento, el riesgo, el trabajo y el tesón volvían a ocupar el primer puesto en el corazón de los franceses. Estábamos muy lejos de las teorías marxistas, cuya premisa es la idea de que unos hombres explotan a otros. Aquí el planteamiento era, antes bien, que cada cual debe y puede trabajar por y para sí mismo. También era mi deseo desmitificar el fracaso. Estaba convencido de que, de aquellos ciento cincuenta mil primeros autoempleados, algunos fracasarían. Cabía esperar incluso que bastantes. Pero al menos lo habrían intentado, habrían aprendido y habrían recuperado el aplomo y la esperanza. En nuestro país, el fracaso a menudo se vive como una condena definitiva, cuando lo que tendría que ser siempre es una ocasión para volver a levantarse. Todos hemos de tener derecho a una segunda o tercera oportunidad, y a más si hiciera falta.

Cuando acabó 2009, los autoempleados inscritos eran más de trescientos mil. La iniciativa fue un éxito, mucho más de lo que yo me había imaginado. ¡Más espectacular aún resultaba el hecho de que la mitad de aquellas personas fuesen antiguos demandantes de empleo! Sin embargo —y a pesar de aquellos números—, no faltaron las críticas. En primer lugar estaban las relativas a la «legalización del trabajo en negro», porque el autoempleado no pagaba o apenas pagaba impuestos. La respuesta era bastante fácil: con aquel nuevo estatuto, cualquiera podía regularizar sus actividades, declararlas como era debido y pagar impuestos sobre lo que había ganado legalmente. El trabajo «ilegal» pasaba a resultar, por consiguiente, menos atractivo. Más consistencia presentaba, en cambio, el argumento de una competencia «desleal» para con los operarios especializados y los comerciantes que ya estaban bien establecidos y pagaban unas cotizaciones y unos seguros cuantiosos para ejercer el mismo oficio que muchos de los nuevos autoempleados. La CGPME (Confederación General de Pequeñas y Medianas Empresas) y la UPA (Unión de Operarios Especializados) no dejaron de hacérmelo saber. Les prometí un ajuste de aquel régimen de autoempleo si las condiciones de la competencia realmente se volvían demasiado desfavorables para sus representados. Eso fue, por lo demás, lo que al final tuvimos que hacer.

A corto plazo, sin embargo, lo que más me importaba era no poner en peligro aquella tendencia que yo notaba aumentar y coger cuerpo. Nadie contaba con que tantos hombres y mujeres se lanzasen a la aventura empresarial con tal pasión y entusiasmo. Aquello era la prueba de que no había que perder la esperanza en los franceses. El ambiente de la velada en el Elíseo fue muy agradable. Todos los participantes tenían mucha ilusión por presentarme su proyecto. Había mucha esperanza en sus miradas. Era conmovedor ver cómo cada uno de ellos y cada una de ellas se aferraba a su sueño con energía y fervor. La Francia que allí se había congregado aquella noche era muy distinta de la que solían presentar los grandes medios de comunicación. De aquella Francia yo sí que me sentía cerca. Aquellos franceses encarnaban unos valores muy distintos de los que se exhibían en las tradicionales manifestaciones del Primero de Mayo. Para los defensores de estos últimos, el trabajo constituía una alienación de la que había que liberarse lo antes posible. Para los primeros, por el contrario, el desempleo era una cárcel, y el trabajo, una emancipación. Yo me sentía profundamente identificado con tal forma de pensar.

*

* *

El mes de junio empezaba de la mejor forma posible: para sorpresa de no pocos analistas y de la práctica totalidad de la clase política, las listas de la UMP (Unión por un Movimiento Popular) a las elecciones europeas lograron un éxito en toda regla, quedando ampliamente en cabeza y dejando atrás a las de todos sus competidores. Obtuvieron casi el 28 % de los sufragios, muy por delante del escaso 16 % del Partido Socialista y del bochornoso resultado de los ecologistas. Incluso el periódico *Le Monde* decía que yo era «el ganador incontestable de aquellos comicios». (Me imagino el dolor del redactor que hubiese de escribir tal cosa.) Habíamos conjurado el riesgo del voto de castigo a pesar de estar en la época inmediatamente posterior a la crisis financiera. Era casi un milagro, pero es que a eso se añadían los modestísimos resultados tanto del Frente Nacional (6,5 %) como de François Bayrou (8 %). Este último anunció, en su línea habitual, su ineluctable éxito futuro de forma imprudente, y luego hubo de resignarse a la triste realidad de aquel resultado mediocre.

Los ejes de nuestra campaña habían sido el balance de la presidencia francesa de la Unión, la necesidad de Europa, la fuerza del tándem francoalemán y mi voluntad de preservar «la identidad francesa». Los editorialistas no salían de su asombro y, de hecho, reconocieron con deportividad la magnitud de su sorpresa. Lo que más estupefactos los dejaba era que aquel «frente antisarkozista» por el que habían apostado muchos de ellos… ¡se había desmoronado! El periódico *Le Républicain Lorrain* escribía: «Vaciado del electorado del Frente Nacional y acentuación de la atomización de la izquierda… Eso debería dar que pensar sobre lo oportuno de un antisarkozismo exacerbado como estrategia política». Aquel era, obviamente, un análisis que yo suscribía. Era consciente, con todo, de que ese sabor tan especial de las noches de victoria nunca dura más allá de unas pocas horas. Tenía que conseguir transformar aquello en iniciativas para lo que quedaba de mi mandato. ¡No era la empresa más sencilla!

El análisis de aquellos resultados electorales de hace ya catorce años da lugar a una última observación, pues evidencia que el Frente Nacional no puede mostrar su fuerza sino en ausencia de una derecha democrática. La extrema derecha saca el máximo partido, en efecto, de la desaparición de esta. Algunos de nuestros votantes optan por el partido de Le Pen a falta de otra cosa o por desesperación, que viene a ser lo mismo. Ya estoy oyendo ese argumento, cómo no, de que las cosas son hoy muy distintas y ya nada ha de ser como antes. Yo no comparto ese análisis. Porque también yo tuve que enfrentarme a un Frente Nacional potente: fue Jean-Marie Le Pen el primero que logró pasar a la segunda vuelta de las presidenciales. Era el año 2002, y neutralizarlo no fue fácil teniendo en cuenta las decepciones de buena parte de los votantes de derechas tras los años de Chirac; pero lo conseguimos. Lo conseguimos a fuerza de voluntad de reagrupar, de hablar y de actuar con claridad. La fatalidad no existe. La derecha no puede ni debe desaparecer, porque la alternativa es que la reemplace una formación política que en realidad es muy distinta de ella, por mucho que no se piense ni se diga. A propósito de Europa, de la política económica, de las pensiones, de nuestra relación con la cultura y el arte…, entre el Frente Nacional y nosotros hay abismos que no van a salvarse nunca. Prefiero no pensar en los comentaristas —tanto de derechas como de izquierdas— que entonces me acusaban de ir demasiado lejos o de hacer demasiado, o que no encontraban palabras lo bastante duras para estigmatizar mi supuesta deriva derechista, o que denunciaban lo que ellos calificaban de populismo, de nacionalismo y, en ocasiones, incluso de racismo… Me acuerdo muy especialmente de Axel Kahn, aquel profesor emérito de nuestras universidades —¡y candidato con el Partido Socialista nada menos que por la 2.ª circunscripción de París!— que no dudó en tuitear lo siguiente: «El Núremberg en miniatura de ayer movilizaba imágenes y símbolos; a mí me vienen a la cabeza los de la Resistencia y el "Canto de los partisanos"». ¿Cómo es posible que un ser de tal inteligencia pudiese permitirse comparar un mitin nuestro en la plaza del Trocadero en 2012 con un congreso de nazis? No serviría de nada entrar en polémicas. Por lo demás, el hombre se disculpó. Al final el tiempo siempre pasa, pero yo sigo quedándome de piedra, todavía hoy, ante la capacidad de cierta izquierda elitista para negar la realidad de lo que viven y piensan los franceses. Estos últimos no se han hecho de rogar, en cualquier caso, para hacerles pagar un alto precio electoral por su arrogancia. El escaso 2 % del Partido Socialista en las presidenciales de 2022 lleva la marca indeleble de tal arrogancia.

*
* *

Llevaba semanas corriendo el rumor, por toda la clase política y mediática, de una reestructuración del Gobierno. Se produciría, según los comentaristas, tras las elecciones europeas del mes de junio. Yo no había hecho nada por desmentir aquello, porque era verdad. Se trata siempre de una decisión delicada. Para empezar, había que elegir el momento adecuado. El modo en que se habían desarrollado los comicios europeos me brindaba una buena ocasión para iniciar «un nuevo capítulo». Desde ese punto de vista, las cosas eran bastante incontestables; el calendario jugaba a nuestro favor. Tenía que evitar, sin embargo, que aquel rumor cobrara demasiada importancia. De lo contrario, podría terminar generando unas expectativas desproporcionadas que, en tal caso, necesariamente quedarían insatisfechas. Yo sabía que el vals de nombres de

Carla... ¡sin comentarios!

Mi madre quería
mucho a mi padre.

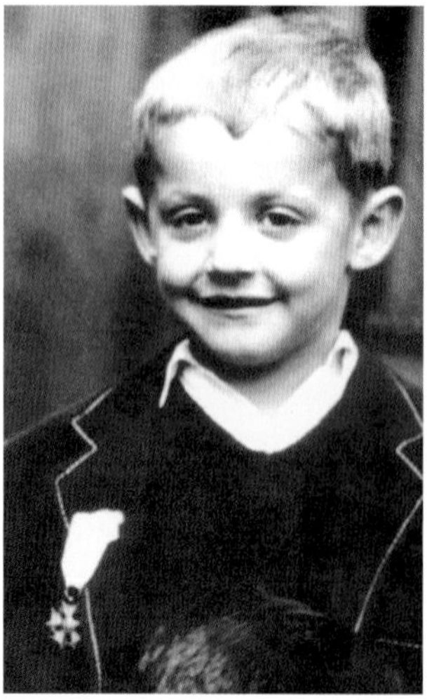

La única vez que tuve la cruz.
Se merecía una foto.

De campamento durante las vacaciones. Con los esquís
me siento más cómodo parado que en marcha.

Una infancia feliz.

Con mi madre en
el ayuntamiento de
Neuilly.

Louis quedó impresionado por Barack Obama.

Mis hijos Jean y Pierre, Carla, François Fillon y yo mismo nos reuimos con el príncipe, que después se convirtió en el rey Carlos III, con motivo de la conmemoración del 65.º aniversario del Desembarco.

פ נ
ALLOUL MESSAOUD PROSPER
MORT POUR LA FRANCE le

Visita al cementerio militar
de Notre-Dame de Lorette.

Con Jacques Chirac. Después de mi elección, tuvimos momentos de complicidad.

La vida pasa..., y me toca a mí condecorar a Bernadette Chirac.

En China, con Alain Delon, en la inauguración del pabellón francés de la Exposición Universal que se celebró en Shanghái en 2010.

Visita a Montboudif, en Cantal, con ocasión del centenario del nacimiento de Georges Pompidou.

Baño de masas durante la visita a Fort-de-France, en Martinica.

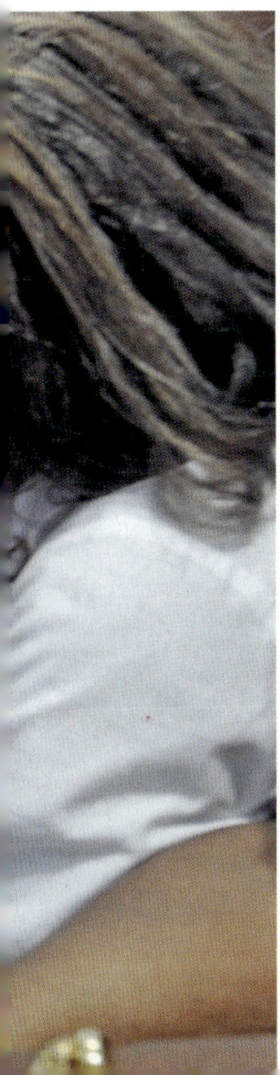

Siempre me han gustado
los Territorios de Ultramar
y sus ciudadanos.

CLEMESSY

Fue varonil y amigable.
Con ellos, al menos,
no había retórica vacía.

Nunca debemos acostumbrarnos a sentarnos en la mesa del consejo de ministros. Es un gran honor.

El despacho del general De Gaulle fue,
durante cinco años, una fuente de inspiración.

Con los reyes de España y los príncipes de Asturias
en la cena de Gala celebrada en el Palacio Real.

Un momento de mi discurso en el Congreso de los Diputados.

posibles «salientes» y «entrantes» suscita siempre mucha agitación y exaspera, legítimamente, a los franceses, ocupados con las realidades del día a día y poco dados, por ello, a soportar la comedia de los «excelentísimos» promovidos o apartados. No era tan fácil, por último, encontrar figuras que estuviesen inmediatamente dispuestas a asumir semejantes responsabilidades y fuesen capaces, al mismo tiempo, de encarnar una auténtica renovación. Aquello era una especie de cuadratura del círculo en toda regla, porque quienes tenían experiencia no representaban nada «nuevo», y los nuevos carecían de experiencia. A todo ello se añadía la dificultad de desalojar a quienes pensaban que no habían desatendido su labor —o no eran, al menos, conscientes— y sentían que aquella decisión no solamente era injusta, sino además humillante. A menudo se ha hablado de lo mucho que me cuesta separarme de ministros o colaboradores, y es cierto. Sobre todo cuando las personas en cuestión habían sido fieles y leales. En caso contrario, sin embargo, las cosas eran muy distintas: mis escrúpulos eran menores… Es verdad, así y todo, que no me gusta herir, en general, los sentimientos de nadie; menos aún, tratándose de amigos. A diferencia de «grandes fieras políticas» con las que he tratado, yo nunca he experimentado el menor placer viendo sufrir a nadie, y todavía menos haciéndole quedar en evidencia.

Pero aquella reestructuración del Gobierno hacía falta. Le había dado muchas vueltas. Aquellos dos primeros años habían sido difíciles, extenuantes, y en algunos de mis ministros habían sacado a relucir flaquezas o puntos débiles que convenía paliar. A algunos los veía psicológicamente agotados por el estrés del cargo, o desgastados por el peso de una labor a menudo repetitiva. Otros habían dado muestras de torpeza o incluso de deslealtad. Tenía que separarme de ellos para lanzar un mensaje claro a cuantos pudiesen tener la mala idea de querer imitarlos. Por último estaba el caso —más discutible o incluso injusto— de quienes yo consideraba que no tenían suficiente presencia mediática por su voluntad de no asumir ningún riesgo o simplemente por su personalidad más reservada. Por otra parte, tenía que hacer sitio en el Gobierno a cuantos habrían merecido estar en él desde el principio pero no habían sido seleccionados. Un mínimo de rotación de hombres y mujeres resultaba absolutamente necesario —al menos para los integrantes de la «segunda fila»— a fin de evitar unas frustraciones demasiado grandes que habrían terminado desestabilizando mi mayoría parlamentaria, a la que aquello no le habría venido nada bien.

Escarmentado por mis «locuacidades» de los años previos —tan insensatas como contraproducentes— y enriquecido por una experiencia al fin y al cabo ya más sólida, opté por no hablar de aquel asunto sino con un reducido número de personas cercanas. Entre ellas estaban el secretario general de la Presidencia —Claude Guéant, cuya entrada en el futuro Gobierno me había planteado en algún momento— y el primer ministro François Fillon. Lo hice un mes antes, pero más para que este último me confiase los nombres de las personas de las que quería separarse y no tanto los de las que habría querido incorporar. Yo ya tenía, en efecto, candidaturas espontáneas de sobra y en absoluto necesitaba añadir más. De manera que el rumor se había terminado extendiendo a pesar de aquella voluntad de discreción y de todas mis cautelas. Probablemente fuese inevitable. Sea como sea, yo ahora quería, fiel a mi estrategia habitual, actuar con rapidez. Sabía adónde quería ir. Decidiendo sin demora, esperaba dar del Gobierno una imagen de profesionalidad y eficacia.

La importancia de aquella reestructuración sorprendió a los observadores. Eran nada menos que ocho los ministros que se iban, y nueve los que entraban o cambiaban de competencias. Nombré a Michèle Alliot-Marie ministra de Justicia. Era una forma «amable» de pedirle que dejara el Ministerio del Interior. No quería humillarla y deseaba mantenerla en el seno del equipo gubernamental, pero tenía que corregir el error que consideraba había sido su nombramiento para aquella cartera previa. Ella no estaba hecha para un cargo que exigía una capacidad de reacción constante. Aquello le resultaba imposible, sin perjuicio de sus evidentes cualidades. Su naturaleza profunda exigía un marco preciso y previsible que le permitiera sentirse cómoda. En su lugar designé a Brice Hortefeux, amigo mío de siempre. Confiaba en que nuestra gran cercanía le confiriese el peso y la autoridad necesarios para ejercer aquella ardua responsabilidad, a mi juicio tan prioritaria. No podía permitirme defraudar a los franceses en aquella cuestión de Estado en la que tan grandes eran sus expectativas.

Para completar aquel juego de las sillas, pedí a Xavier Darcos que dejase la cartera de Educación. No quería que siguiese allí porque sentía que le exasperaba el trato cotidiano con sus colegas docentes. ¡Unas semanas antes, le había visto reaccionar con ellos más como el inspector general de Educación que había sido que como un ministro! En su lugar le propuse el Ministerio de Trabajo y Relaciones Sociales, donde su sentido innato del compromiso podía resultarnos útil. Luc Chatel se hizo de rogar para sustituirlo, pero insistí; pensaba que su capacidad de empatía haría de él un buen ministro al frente de aquella administración nutrida y frondosa. Era un hombre, en efecto, capaz de anunciar las decisiones más duras con una suavidad y un talento para crear cordialidad que me habían impresionado. Aparte de que su sencillez, y sus dudas sobre su propia capacitación de cara a tamaño puesto, terminaron de convencerme de que aquella falta de arrogancia que lo caracterizaba supondría, a fin de cuentas, una gran baza.

La incorporación más inesperada fue la de Frédéric Mitterrand como ministro de Cultura, que tenía la ventaja de mostrar que yo no había renunciado en absoluto a la apertura. Su apellido suponía un enésimo guiño político y, efectivamente, obró la virtud de exasperar al Partido Socialista, que no dejaba de condenar mis «tentativas de captaciones individuales». Yo estaba, por el contrario, bastante contento de perseverar en la desestabilización de una oposición que se me antojaba sectaria y maniquea, por no decir simplista. Apreciaba, por lo demás, la personalidad de aquel recién llegado a la política. Era un hombre entusiasta, cultivado, voluntarioso y realmente feliz de ver que al fin se le ofreciera un puesto a la altura de sus ambiciones, que de hecho descubrí eran mayores de lo que yo había imaginado. A él le dolía que a menudo lo consideraran un mero saltimbanqui. Yo conocía bien sus programas televisivos, sus películas e incluso sus libros. Poco hecho a los usos y costumbres de aquel medio político —nuevo para él—, se encargó de anunciar él mismo su designación ministerial, ¡cosa que hizo antes incluso de haberse dado a conocer el nuevo Gobierno! Fue una torpeza tremenda que complicó y ralentizó todo. El hombre se disculpó ante mí con mucho énfasis; lamentaba aquello de verdad. Yo no se lo tuve demasiado en cuenta, achacándolo a la inexperiencia. Los hechos no tardarían en demostrarme, sin embargo, su propensión a seguir metiendo la pata…

Por último, le propuse a Pierre Lellouche, neófito en responsabilidades ministeriales, que se uniera a nuestro equipo sucediendo en la Secretaría de Estado de Asuntos Europeos a Bruno Le Maire, a quien nombré ministro de Agricultura. Conocía bien al primero y siempre había apreciado su gran inteligencia y su sentido de la pedagogía —que era bastante excepcional—, a lo que se sumaba una pasión profunda por los asuntos internacionales. (Por eso heredó la cartera europea.) En cuanto a Bruno Le Maire, quería ponerlo a prueba y ver cómo gestionaba responsabilidades de primer nivel, sobre todo retos verdaderamente políticos. En el Ministerio de Agricultura tenía la oportunidad de desplegar todo el talento que yo veía en él, y ciertamente nunca me decepcionaron su rigor y su capacidad de trabajo. Ahora demuestra sus grandes cualidades políticas al servicio de Emmanuel Macron. Por lo demás, quería dar una última oportunidad a Rama Yade y le confié la Secretaría de Estado de Deportes. Lo cierto es que dudé, pues sus dificultades para «jugar en equipo» me habían exasperado en repetidas ocasiones; pero pensé que aquello había que achacarlo a su juventud y que podría corregirse con más experiencia. ¡Estaba confundiendo, sin darme cuenta, mis deseos con realidades!

Padecí, naturalmente, la gran amargura de los que cesaban. Era inevitable que lo percibiesen como una injusticia, al menos una parte de ellos (por ejemplo Christine Albanel). En cuanto a los demás, a Yves Jégo «se lo llevó por delante» la crisis de las regiones de ultramar, con la que no supo hacerse; a Christine Boutin, un estilo y un posicionamiento poco adecuados al nuevo contexto político, así como sus múltiples declaraciones excesivamente conservadoras; a Roger Karoutchi, todos los desatinos a propósito de varios proyectos de ley que fracasaron en la Cámara sin que él fuese capaz de poner orden en nuestra mayoría parlamentaria. Aquella regla podía parecer cruel, pero era de todos sabida. Nadie era dueño de su cargo. Tampoco yo, que algún día iba a sufrir la misma suerte. (Eso nunca lo perdí de vista.) La cuestión es que entonces tenía que tomar decisiones, aunque ello afectase a viejos e íntimos amigos. El primer ministro no puso ninguna pega a las decisiones que yo iba tomando y tampoco hizo por favorecer a ningún aspirante. Se lo agradecí. El ejercicio de aquella reestructuración era delicado: si se daba bien, apenas si nos daría impulso durante unos días; pero, si se daba mal, podía crearnos problemas a largo plazo. Yo estaba encantado de que, al final, todo se hubiese desarrollado armoniosamente. La lealtad y discreción de que entonces hizo gala François Fillon me facilitaron la labor.

*

* *

Todo aquello tenía que ver únicamente con la forma, con el estilo, con la elección de las personas. Tenía que ir más lejos planteándome qué rumbo fijar. Decidí aprovechar la oportunidad del voto de la revisión constitucional para dirigirme al Congreso. Aquello era un estreno solemne en la historia de la Quinta República francesa, y aun de la República en general. Desde 1875, el jefe de Estado no había tenido derecho a tomar la palabra ante la Asamblea; únicamente podía comunicarse con esta por mensajes escritos. Tal norma, hoy obsoleta, se había planteado en un clima de desconfianza en el que la República se sentía frágil y amenazada. Afortunadamente, aquella época había quedado atrás y la República estaba sólidamente consolidada. Con el tiempo, entre el poder legislativo y el poder ejecutivo se habían establecido unas relaciones más conformes con el espíritu de una democracia serena, esto es, de un ámbito donde todos aceptaban las diferencias de los demás, se escuchaban y se respetaban.

Tras la crisis financiera y las elecciones europeas, yo quería exponer en qué direcciones llevaría al país durante aquella segunda mitad de mi mandato de cinco años. El artículo decimoctavo de la Constitución permitía hacerlo, de modo que el Parlamento fue convocado en Versalles. Di la consigna de aligerar al máximo el protocolo. El simbolismo de Versalles ya tenía, por sí solo, suficiente peso. Yo llegaba a aquella cita, sin embargo, en posición de fuerza teniendo en cuenta nuestro éxito electoral reciente. Era el momento de dar un nuevo impulso, un segundo aliento, por más que semejante ejercicio también entrañara sus riesgos. La dificultad era triple: se trataba de no defraudar las expectativas —cosa que nunca resulta fácil—, de no cometer el error de hacer un mero discurso de política general —porque eso le habría correspondido al primer ministro— y de seguir en la línea de lo que llevábamos poniendo en práctica desde 2007, pero anunciando cambios. Tal era, en efecto, el desafío de la vida política, en la que había que reinventarse cuantas veces hiciese falta para evitar, exactamente igual que sucede en una pareja, que el pueblo francés se cansara, se acostumbrara o se sumiese en una decepción refunfuñadora. Consciente de lo que estaba en juego, trabajé en aquel discurso varios días. Hasta la noche de la víspera estuve corrigiendo, modificando, aumentando y modelando el primer esbozo que había preparado Henri Guaino. Como de costumbre, no le enseñé mi texto a nadie. Quería mantener el efecto sorpresa, que nada trascendiera antes de que yo lo pronunciara. Aquello tenía que dejar huella. Era inconcebible que hubiese convocado al Congreso por el mero gusto de pronunciar un discurso abocado al olvido.

Al llegar a Versalles, sentí cómo la presión subía. Carla estaba a mi lado, atenta y solícita como siempre. Aquello le permitía descubrir desde dentro el protocolo de la República, que, incluso aligerado, no dejaba de resultar impresionante. Antes de dirigirme al hemiciclo, tenía que atravesar un largo pasillo en el que dos filas de guardias republicanos con uniforme de gala me rendían honores. Los tambores marcaban mis pasos y anunciaban mi entrada en el inmenso salón de sesiones. Novecientos veinte parlamentarios colocados por orden alfabético se pusieron en pie. El azar del abecedario dio lugar a sorpresas, haciendo en ocasiones coincidir a adversarios inveterados. Visto desde la tribuna, el espectáculo era sobrecogedor. Todo el mundo quería estar a la altura de aquel acontecimiento y se abstenía de cualquier gesto o comentario susceptibles de considerarse «intempestivos». Pude, pues, pronunciar mi discurso sin ser interrumpido, a diferencia de lo que me había sucedido tantas veces en la tribuna de la Asamblea Nacional siendo ministro.

En primer lugar, defendí la idea de que la crisis no era un mero paréntesis que, una vez cerrado, permitiría a cada cual volver a empezar igual que antes, con idénticos criterios y métodos. Quería convencer de que la demanda de protección, justicia y regulación se iba a ir intensificando y alcanzaría una magnitud que no estábamos en condiciones de imaginar. Tengo la impresión de que los acontecimientos de los últimos quince años no me han quitado la razón.

Para financiar nuestras nuevas prioridades necesitábamos importantes recursos, pero resulta que el déficit de Francia iba a superar el 7 % del producto interior bruto; el golpe de la crisis financiera había sido tremendo. Anuncié que, a pesar de aquella situación, íbamos a llevar a cabo una importante emisión de deuda con el objetivo de financiar las prioridades nacionales. Aquella era una apuesta arriesgada que no contaba con una aceptación unánime ni en mi propio entorno ni en la mayoría parlamentaria, una parte significativa de la cual quería convencerme para reducir primero el déficit —a marchas forzadas, por así decir— y, solo entonces, incurrir en nuevos gastos. Yo me negaba a aquella estrategia, que inmediatamente nos habría conducido a una política de austeridad que, desde Raymond Barre hasta Alain Juppé —sin olvidar a Pierre Bérégovoy—, siempre había fracasado, aumentando los sacrificios de los franceses sin que eso se tradujese nunca ni en un futuro mejor ni en una reducción del déficit. Expuse, pues, que aquella deuda se dedicaría exclusivamente a la financiación de inversiones de futuro, encaminadas a que Francia mantuviera su sitio en la feroz competición mundial por la tecnología, el progreso y el crecimiento. Yo pensaba, en efecto, que únicamente una estrategia ambiciosa en el ámbito de las inversiones de futuro podía permitirnos alcanzar ese excedente de creación de riqueza que necesitábamos para propiciar nuevos empleos y, en última instancia, reducir nuestro déficit. Puse de relieve que aún era pronto para fijar la cuantía de aquella emisión de deuda, así como las modalidades de utilización de tales fondos. Lancé la idea de mantener, durante tres meses, un diálogo a todos los niveles que permitiese definir las prioridades. Precisé asimismo que, para compensar el batacazo financiero, al año siguiente se haría efectiva la decisión de retrasar ineluctablemente la edad de jubilación. Aquello constituía un auténtico tabú que yo me disponía a romper cuestionando aquel ídolo de los famosos sesenta años que François Mitterrand instituyó contraviniendo todas las predicciones sobre un aumento constante de la esperanza de vida. Naturalmente, los sindicatos no querían ni oír hablar del tema. (Sobre esto volveré.) Con esos dos primeros elementos quedaba establecida, pues, la base de mi estrategia.

También tenía que zanjar otros asuntos que llevaban meses agitando la vida política. Eran cosas menos estratégicas en términos de perspectiva, pero aun así tenían su importancia políticamente. En primer lugar estaba el tema del burka, sobre el que precisé que no constituía un símbolo religioso, sino una señal de sometimiento. Anuncié, por consiguiente, su prohibición por ley en todo el territorio de la República. Aquello tenía el mérito de la claridad, aunque provocase la ira de la extrema izquierda y de una parte de la izquierda, pronta siempre a aducir el riesgo de islamofobia. Me cuidé, sin embargo, de reencuadrar el debate. Yo no quería participar, en efecto, en un rechazo del sentimiento religioso que veía en auge entre nuestras élites político-mediáticas. No había que equivocarse de lucha. Lo que estaba en juego con el tema del burka era la dignidad y la libertad de la mujer; aquello no era ninguna cuestión religiosa. Siempre me ha parecido que las religiones están ahí para ayudar a dar un sentido a la vida; para mí no constituyen ningún tipo de amenaza. Es su instrumentalización por parte de fanáticos extremistas lo que las convierte en un cáncer de nuestras sociedades.

Luego me referí a la reforma de las colectividades territoriales, que a mi juicio revestía gran importancia en la medida en que resultaba decisiva para poner término a las complejidades y duplicaciones de nuestra organización político-administrativa. Dicha reforma pasaba sobre todo por una reducción indispensable del número de los representantes electos regionales y departamentales. Era consciente de la dificultad de su puesta en marcha, pues atacaba de lleno el inmovilismo y los hábitos franceses. La reforma de las pensiones y la de las colectividades territoriales acometían dos de los temas más explosivos. Con aquella estrategia entrábamos de lleno en la cultura de los «beneficios adquiridos», que era absolutamente necesario cuestionar. Los opositores no serían los mismos para ambas reformas, pero harían gala de idéntica combatividad. De eso no me cabía la menor duda.

Mi intervención ante el Congreso no fue muy larga: duró apenas cuarenta y cinco minutos. No hubo sorpresas en las reacciones, lo que era buena señal. La mayoría parlamentaria hacía piña y me apoyaba; la izquierda mostraba su decepción. Hubo algunos comentarios que adquieren bastante gracia a la luz de los acontecimientos posteriores. Jérôme Cahuzac, por ejemplo, se presentaba como el gran defensor de la austeridad frente a cualquier gasto excesivo por parte del Estado. Le salió incluso una vena jansenista al declarar que «quinientos mil euros, que es lo que ha costado este acto, es un precio a todas luces excesivo para oír lo que acabamos de oír». En cuanto a los Verdes, su análisis fue más matizado. Era evidente que la referencia al impuesto sobre el carbono los había dejado fuera de juego. Entre el resultado de las elecciones europeas, la acogida de la reestructuración del Gobierno y aquella alocución a los parlamentarios, el balance que cabía hacer de aquel periodo era bastante positivo. Yo estaba convencido de que Francia se hacía más fuerte cuando apostaba por el futuro. Tal era mi hoja de ruta.

*

* *

Aquel periodo político había sido intenso. Yo aspiraba a cambiar el ámbito de acción y volver a entrar en el terreno concreto de las decisiones «prácticas». Soy un político, y todo el mundo sabe que ejercer la política me apasionaba. Constaté, sin embargo, hasta qué punto resultaba agotador, gravoso y frustrante dedicarse de manera exclusiva a esa actividad, pues uno nunca es dueño de la agenda. Son los acontecimientos los que se imponen y le marcan a uno su ritmo.

Era el lunes de Pentecostés; hacía bueno. Estábamos en familia en nuestra residencia de Cap Nègre, donde por fin podíamos descansar. Aquellos dos días debían permitirnos desconectar un poco, que buena falta nos hacía; pero nada sucedió conforme a lo previsto. La mañana del propio lunes 1 de junio recibí, muy temprano, una alarmante nota: esa misma madrugada —concretamente a las dos horas y catorce minutos— el control aéreo había recibido un mensaje automático emitido por el avión de Air France que efectuaba el trayecto Río de Janeiro-París; el mensaje señalaba una avería del circuito eléctrico. El aparato se encontraba entonces sobrevolando el Atlántico, en una zona de intensa actividad electromagnética, es decir, de terribles tormentas. Desde entonces, el control aéreo no había vuelto a recibir ningún tipo de noticia. No tardé en entender que, probablemente, aquel avión ya no volviera a emitir ninguna señal... En mi cabeza, la peor hipótesis estaba a punto de verificarse. Me estremecí leyendo el resto del documento que acababan de remitirme, en el cual se detallaba el espantoso número de potenciales víctimas. Eran doscientas veintiocho las personas que aquel día se habían embarcado —cargadas de proyectos, de recuerdos, de esperanzas— en lo que había de convertirse en la pesadilla de su último viaje. Entre aquellos desdichados había, sobre todo, brasileños y franceses. En aquel momento no sabíamos absolutamente nada de lo que había podido ocurrir. El avión estaba en buenas condiciones, me aseguraron. Era relativamente nuevo, de hecho. Los tres pilotos, experimentados. Al margen de las condiciones meteorológicas horrorosas, todo lo demás parecía normal. Más avanzado el día me enteré de que la zona en que se había perdido la comunicación tenía fama, no tanto por ser peligrosa como por abundar en episodios meteorológicos muy violentos.

No podía decir nada públicamente en tanto que no tuviéramos confirmación del desenlace fatal. Entre tanto, los familiares y los allegados de los viajeros desaparecidos acudían masivamente al aeropuerto de París-Charles de Gaulle en un intento desesperado de saber qué había ocurrido. Llevaban allí horas, sin que nadie pudiese decirles claramente que no volverían a ver nunca a sus seres queridos, que todo había terminado; que ni siquiera tendrían el consuelo de recuperar los cuerpos de los difuntos para poder darles una sepultura digna. Yo no sé qué era peor: si lo repentino de aquella tragedia, la brutalidad de lo sucedido o el verdadero suplicio que aquella espera interminable e inhumana les suponía. Decidí, apenas a mediodía, volver a París y aterrizar directamente en ese mismo aeropuerto de París-Charles de Gaulle para ir a ver a las familias y decirles la verdad que presentían y temían pero que aún no conocían oficialmente. Era imposible no ponerse en su lugar: cuando uno debe afrontar lo inaceptable, resulta profundamente humano seguir esperando hasta el último segundo. En tales situaciones, el cerebro da una información que el corazón no puede asumir ni aceptar. Hay dolores demasiado intensos, demasiado arrebatadores, demasiado brutales como para que su mera idea pueda llegar al lugar en que se forma la comprensión.

Era necesario atajar aquella incertidumbre que tenía crucificadas a las familias de los desaparecidos. En el avión que me llevaba de regreso a París no era capaz de pensar en otra cosa que no fuese aquel drama. No conseguí aflojar la tensión que me agarró las mandíbulas ni pronunciar una sola frase durante aquel trayecto. Me preguntaba qué habría de decirles a las familias, cómo tendría que decírselo. ¿Cuáles serían sus reacciones? Trataba de ponerme en su piel. ¿Qué fuerza hacía falta para superar la pérdida de un hijo, de un marido, de una esposa o de unos padres cuando nada, absolutamente nada, podía llevar a esperar una cosa así? La única palabra que me venía a la cabeza era «inhumanidad». Aquello era, literalmente, inhumano. Porque la muerte, por ejemplo, de un joven soldado es dramática, pero al menos puede uno decirse que el hombre había elegido tal vida, no obstante su muerte. O, si fallece un enfermo, es frecuente que la enfermedad ya hubiese hecho en él estragos, lo que permite a los familiares prepararse un poco. En aquel caso, sin embargo, estábamos todos atónitos. Y se trataba, para colmo, de Air France, con reputación de ser una de las compañías más seguras del mundo.

El vuelo fue corto; me sorprendí de que ya hubiésemos llegado. Temía aquel encuentro y quizás por eso perdí la noción del tiempo. Ya estábamos allí. Tuve, con todo, una breve respiro en el momento de la reunión con los responsables de Air France y Aviación Civil, que consideraron importante hacerme un último resumen de la situación. No teníamos, por desgracia, novedades, salvo que ya no había, definitivamente, la menor esperanza de encontrar supervivientes.

Varios centenares de allegados de las víctimas estaban congregados en una gran sala del aeropuerto de París-Charles de Gaulle desde la cual podían ver, ironías del destino, las pistas con el ir y venir de aviones «sanos y salvos». Muchos tenían los ojos enrojecidos por el llanto. Los rostros estaban lívidos, deformados por la angustia y el cansancio extremos de aquellas atroces últimas horas. Quienes aún conservaban energía contenían con dificultad su cólera. Esta se dirigía ora a los responsables, ora a los técnicos, ora al destino... Era una válvula de escape. Se abrió la puerta. Entré. Me acompañaban Jean-Louis Borloo y Dominique Bussereau, los ministros competentes al efecto. Con mi aparición, el ambiente se cargó todavía más. El silencio era glacial. La tensión se cortaba en el aire. Aquella tal vez fuese la atmósfera más sofocante que he conocido en mi vida. Ni un movimiento. Los desdichados se apartaban, silenciosos y rígidos, para dejar que yo me abriese paso hacia donde estaba el micrófono. No saludé a nadie y nadie me dijo nada a mí. Caminaba con la vista al frente. Esperaban con horror que les anunciara algo. Por inverosímil que pueda parecer, al mirarlos comprendí que algunos seguían alimentando una loca esperanza. ¡Aquello era desgarrador!

Nunca olvidaré aquellos momentos en que la vida de los demás se había sumido en una pesadilla y nada cabía hacer. Estábamos, en efecto, desvalidos, totalmente desarmados ante la inaceptable realidad. Yo estaba emocionado. Curiosamente, oír el sonido de mi propia voz me tranquilizó. Mi mensaje era crudo: no podía mentir. Tenía que decirles la verdad. Las palabras salieron de mi boca como una guillotina que cae: «Las posibilidades de encontrar supervivientes son ínfimas». Entonces vi a mujeres, a niños, a hombres empezar a llorar en un silencio catedralicio. Los ruidos, los sollozos, los gritos llegaron unos segundos después. Tras el pasmo; como si fuera necesario ese momento de transición. Les dije que, en colaboración con las autoridades brasileñas, habíamos puesto en marcha todas las medidas imaginables para encontrar los restos del avión y a posibles supervivientes. Les di mi palabra: seguiríamos buscando hasta los límites de lo razonable. Aquella tarde vi de cerca el sufrimiento y la angustia humanos en su desnudez y en su temible crueldad.

Fue una experiencia que me cambió profundamente. De verdad creo que, desde aquel momento, no he vuelto a ser el mismo. Aquello era demasiado incluso para alguien a quien los cuatro años pasados en el Ministerio del Interior habían acostumbrado al sufrimiento y a la muerte. O eso creía yo. Porque estaba profundamente equivocado. A partir de aquel día he comprendido que la muerte y el sufrimiento que acompañan al ser humano a lo largo de su existencia no pueden volverse aceptables nunca; menos aún, banales. Es algo demasiado serio como para poder resignarse.

Volví a ver a las familias en el Elíseo en la semana que siguió a la tragedia. Tenían todos una necesidad tan grande de expresarse… Escuchándoles, les estábamos permitiendo iniciar el largo calvario del duelo. La ceremonia ecuménica de homenaje nacional tuvo lugar en la catedral de Notre Dame. Fue estremecedora. La presidió el arzobispo de París, André Vingt-Trois, quien justo delante de la primera fila colocó doscientas veintiocho velas encendidas, una por cada víctima. A los allegados de los difuntos les correspondía ir encendiendo, cada uno, la suya. Yo miraba todos aquellos rostros a los que había golpeado el destino. Eran rostros dignos, abrumados por el dolor; mediante el pensamiento y la oración, trataban de estar cerca de aquellos a los que acababan de perder. No había un solo féretro, lo que hacía que todo fuese más desgarrador aún. Carla, que estaba a mi lado, no paraba de llorar. Estábamos todos destrozados. Cuando una joven viuda con un niño encendió su vela, el tiempo de detuvo. La emoción nos embargó a todos. Nadie podía permanecer insensible ante algo así. Todos aquellos rostros llegaban al corazón. Ante todos aquellos desdichados, yo podía sentir cómo se engrandecía la fraternidad humana. Aquella tarde comprendí mejor el auxilio que podían prestar el sentimiento religioso y la esperanza de una vida futura.

*
* *

El 8 de junio de 2009, Omar Bongo, emblemático presidente de Gabón, se apagaba a los setenta y tres años en un hospital español donde llevaban largas semanas tratándolo. Nunca supe la naturaleza exacta de su enfermedad. No tenía, por lo demás, especial interés en conocerla. Pero siempre he pensado que se murió de tristeza y depresión a causa de la desaparición de su esposa, a la que adoraba. Esta no era ni más ni menos que la hija del presidente del país vecino, el Congo-Brazzaville. Omar Bongo era, pues, el yerno de Denis Sassou N'Guesso. Así funciona África, donde hace falta conocer los vínculos familiares para entender la complejidad de las redes humanas que siempre han irrigado ese continente inmenso. Por motivos de edad —yo era mucho más joven que el presidente gabonés—, no tenía con él un trato íntimo. Así y todo, nos habíamos visto varias veces durante sus estancias en París. Como él era amigo de Jacques Chirac, trataba siempre de convencerme de que hiciera las paces con este. Yo no hacía más caso del debido a sus consejos de viejo sabio, pero sí que era sensible a la manera en que me explicaba África, que por entonces yo conocía tan mal. Era precisamente en ese continente donde él era el más respetado y escuchado. Entre los africanos, la edad representa un privilegio, una señal de sabiduría y experiencia. Cuanto más viejo es uno, más derecho a consideración tiene. Huelga aclarar que nuestras sociedades europeas son muy distintas. En este caso, no necesariamente para mejor...

La noticia de su fallecimiento me entristeció. Se decían muchas cosas sobre él, sobre la llamada *Françafrique,* sobre su régimen de presidente vitalicio, sobre el patrimonio mal adquirido... Lo cierto es que, sea como sea, aquel hombre amaba y respetaba profundamente a Francia. Los intereses franceses eran siempre una prioridad para aquella generación de jefes de Estado a la que él pertenecía. Además, era un hombre cultivado. Conocía muchas cosas y a mucha gente. Se había reunido con la práctica totalidad de los gigantes del siglo XX. Su francofilia militante no le impedía ser completamente gabonés. Estaba orgulloso, por lo demás, de aquella identidad singular de esos hombres del bosque de la cuenca del Congo, uno de los cuatro mayores espacios boscosos naturales del planeta y probablemente el más bello, teniendo en cuenta las especies raras y preciosas de las que está ricamente dotado. Como todo ser humano, Omar Bongo tenía sus defectos. ¿Hay que pensar, sin embargo, que el mundo ha salido ganando con la llegada de esos nuevos dictadores de pacotilla, salidos de golpes de Estado sucesivos y pertenecientes, cada uno, a la correspondiente junta militar? Todos ellos tienen en común, desde Mali hasta Burkina Faso, su falta de cultura, de experiencia, de humanidad. Por otra parte, todos profesan el mismo odio a Francia, a nuestra lengua, a nuestro pasado común. En lo cual se equivocan de estrategia: sustituir al ejército francés por las milicias Wagner no me parece una opción particularmente juiciosa. Trocar nuestra ayuda al desarrollo por créditos chinos tampoco es la mejor inversión para quienes anhelan la independencia. Y creer, de cara al propio desarrollo, en las promesas del presidente turco —que a veces actúa como un sultán— puede deparar sorpresas muy desagradables. Estoy convencido de que ni Francia ni los países africanos saldrán beneficiados con esta triste evolución…

Al anunciarse la muerte de Omar Bongo, decidí de inmediato acudir a Libreville para participar en las ceremonias fúnebres. Era un signo de fidelidad que yo deseaba trasladar no solamente al pueblo gabonés, sino también a todos los del África Central y Occidental. El continente africano siempre ha representado para mí una prioridad estratégica cuyas directrices he querido reorientar, sin modificar su intensidad. No podemos desinteresarnos de África. Estamos demasiado cerca unos de otros como para no entender que nuestros destinos están ligados. Renunciar a una política africana ambiciosa equivaldría ni más ni menos que a sacrificar una parte del porvenir de Europa y, por consiguiente, de Francia.

Con motivo de aquellos funerales, quise que estuviésemos representados por los dos últimos presidentes de la República. Invité, por tanto, a Jacques Chirac a acompañarme. Para empezar, porque él conocía a Omar Bongo mejor que yo; en cualquier caso, desde hacía más tiempo. Además, porque a mí predecesor aquello le agradaba. Por último, porque toda África apreciaba aquel gesto de respeto para con mi mayor. Jacques Chirac aceptó, visiblemente contento. Al enterarse, Bernadette me llamó para interesarse por las condiciones en las que su marido efectuaría aquel desplazamiento. «Usted sabe», me dijo en confianza, «que ya tiene sus años. Está cansado. No querría que ese viaje lo agotara». (Retrospectivamente he entendido que las afecciones que aquejaban a Jacques Chirac debían de ser más graves de lo que entonces se suponía, y que en todo caso ya habrían hecho su aparición en aquel año de 2009.) Contesté que, como era natural, pondríamos un avión de la República a su disposición exclusiva: «Tendrá la posibilidad de descansar cuanto desee».

Nuestros aviones llegaron juntos. Tomamos la misma limusina de la organización gabonesa para dirigirnos al lugar de las ceremonias. Me sorprendió encontrar, cuando llegamos, a una cincuentena de energúmenos agitados que nos saludaron con consignas agresivas: «¡No a Francia!», «¡Ya no queremos nada de vosotros! ¡Fuera de aquí!». Jacques Chirac estaba tan sorprendido como yo. Gabón era un país tranquilo y poco acostumbrado a aquel tipo de expresiones. Luego me enteré de que se trataba de un grupo de opositores a la familia Bongo. Es decir: nos había tocado pagar el pato de los sobresaltos de la vida política gabonesa. Aquel fue el único incidente y no tuvo, en cualquier caso, mayor trascendencia; pero probablemente era la antesala de un fenómeno que no tardaría en llegar y que consistía en que todos los opositores con problemas existenciales convirtieran a Francia en el blanco de sus ataques. El resto de la ceremonia fue mucho más cordial. Cuando entramos en la gran sala del palacio presidencial —donde esperaban centenares de invitados—, nos recibieron con un caluroso aplauso. Y fue juntos, uno al lado del otro, como Jacques Chirac y yo nos inclinamos ante los restos mortales de Omar Bongo. Nuestra presencia común, a pesar de los desacuerdos del pasado, enviaba a todo el continente un mensaje de amistad, respeto y fidelidad. Los periodistas eran muy numerosos, más de trescientos cincuenta. Su presencia ponía de relieve la importancia que atribuían a aquel acontecimiento. Aquello era un relevo generacional que iba a conllevar muchos otros. Ilustraba a la perfección el lugar que Omar Bongo ocupaba en el ámbito africano e internacional, mucho más importante de lo que los dos millones de gaboneses habrían imaginado. El contraste entre la avalancha de críticas dirigidas contra la mencionada *Françafrique* —contra todo lo que, para los medios de comunicación, tal concepto representaba de escandaloso y condenable— y la auténtica fascinación que a cuantos hablaban de dicha *Françafrique* les inspiraban sus máximos representantes era sorprendente. La expresión se ha convertido, con los años, en algo tan negativo que no precisa explicación. Basta pronunciarla y la persona a la que se dirige queda de inmediato condenada. La consecuencia directa fue la total desafección hacia África que he podido observar en tantos jóvenes políticos franceses, con independencia de su adscripción ideológica. Conforme iba cobrando magnitud, el fenómeno fue traduciéndose en un desconocimiento profundo y general, por parte de nuestras élites, de aquel continente y de quienes ahora lo dirigen. La pérdida de influencia de Francia se debe, en parte, a esta tendencia. Por condenables que fueran los comportamientos propios de la *Françafrique* —y yo fui uno de los primeros en criticarlos ya en 2006, en mi discurso de Cotonú—, eso no quita que algunos de sus mayores exponentes conociesen y amasen a los africanos y sus países. Aquella cercanía y aquella comprensión mutua hicieron posible el surgimiento de grandes personalidades africanas: Léopold Sédar Senghor, Félix Houphouët-Boigny, Alassane Ouattara y tantos otros.

Es posible —y yo me dediqué a ello durante todo mi mandato—, construir con nuestros socios africanos unas relaciones saneadas, desacomplejadas, liberadas de los residuos y de las complacencias del pasado, de los círculos oficiosos y de los secretos, pero que no se entiendan, y no puedan entenderse nunca, como una forma de desinterés por este continente único al que nosotros estamos ligados no solo por la historia, sino por el destino. Añado que me cuesta entender que medios de comunicación del ámbito público francés, como RFI (Radio Francia Internacional) o France 24, puedan considerar que su principal misión consiste en criticar al país cuyo Estado resulta ser su accionista único. Extraña situación la de que Francia invierta importantes sumas para financiar unas televisiones y unas radios que se supone han de ayudarle a consolidar su influencia pero que terminan entregadas a un puro vituperio de cuanto representamos. Jamás los angloestadounidenses darían muestras de semejante masoquismo o de tamaña ingenuidad. Sea como sea, la pérdida de nuestras redes, nuestro conocimiento y nuestra influencia en África constituye, según yo lo veo, una de las mayores amenazas para nuestro futuro. Imaginar que ha de ser posible construir una estrategia mundial sin África —que está ante nuestra puerta y seguramente duplicará su población en los próximos treinta años— es simplemente un contrasentido.

*
* *

La actualidad internacional no es, al fin y al cabo, sino un perpetuo volver a empezar. En el momento en que escribo estas líneas, el pueblo iraní se rebela, con una valentía que obliga a admirarlo, una vez más contra el régimen de los mulás. Han sido los propios iraníes quienes han tomado la iniciativa después de que una de las suyas fuese golpeada hasta la muerte por la «policía de la moral». Ya la mera idea de que semejante institución pueda seguir existiendo en el siglo XXI produce escalofríos.

En aquel mes de junio de 2009 se celebró un simulacro de elecciones en Irán. Hubo unos fraudes masivos que, en realidad, aquel régimen opresor prácticamente asumía; yo los denuncié sin ambigüedad en nombre de Francia. Salió reelegido Mahmud Ahmadineyad frente al candidato moderado Mir Husein Musavi. Aquellos comicios no eran más que una parodia. Varios civiles resultaron muertos en una serie de manifestaciones de protesta que evidenciaron la fuerza de un descontento popular sin precedentes desde la revolución islámica de 1979. La situación sigue siendo, por desgracia, la misma: los iraníes sufren, los mulás reinan, las víctimas inocentes se acumulan; aquella cultura persa de tantos siglos desaparece poco a poco; la Edad Media impera en una de las civilizaciones más sofisticadas y elaboradas del planeta. ¿Cuánto tiempo han de seguir así las cosas? ¿Hasta qué nivel de sacrificio va a ser obligado a llegar el pueblo iraní para lograr su libertad? ¡Que algún día lo va a conseguir es obvio! La multiforme oposición a ese sistema teocrático terminará venciendo. La pregunta es cuándo y a cambio de cuántas nuevas víctimas. Las sanciones que llevan imponiéndose a Irán tantos años son de doble filo, puesto que aumentan la miseria de un pueblo que ya acumula mucha. No parece, sobre todo, que basten para debilitar a un régimen al que la población detesta. Al mismo tiempo, sin embargo, levantar esas sanciones equivaldría a dar un auténtico soplo de aire fresco a unos dirigentes religiosos que no merecen tal cosa y que lo interpretarían como prueba de nuestra debilidad.

A ese panorama —ya bastante complicado— se añade la problemática inextricable del programa nuclear militar iraní, que representa una amenaza real para la estabilidad del sistema internacional. Tal fue el caso ya durante mi mandato de cinco años. Yo dije con claridad que la perspectiva de un Irán provisto de la bomba atómica era inaceptable. Estuve asimismo en primera línea para pedir más firmeza frente a las múltiples provocaciones y el doble discurso del régimen iraní, sobre todo después de que nuestros servicios de inteligencia descubriesen, en el otoño de 2009, una nueva planta nuclear clandestina en Qom. Aquel delicado asunto lo seguía, desde el Elíseo, el asesor diplomático encargado de los asuntos estratégicos —François Richier—, quien conocía bien el sistema de seguridad iraní por haberse encargado anteriormente de la negociación sobre el programa nuclear. Desde aquella época, las cosas se han agravado con la decisión de Donald Trump de abandonar el acuerdo que su predecesor había firmado sobre el programa nuclear iraní. Porque aquel acuerdo no era, desde luego, perfecto; pero tenía el mérito de que suspendía el programa de enriquecimiento de uranio, lo que no es ningún asunto baladí o accesorio. Los dirigentes iraníes están dispuestos a cualquier cosa. Saber que están cerca de conseguir la bomba atómica no resulta en absoluto tranquilizador. Todos los servicios de inteligencia del mundo conocen la realidad del programa iraní, su nivel de avance y, por consiguiente, la realidad de su amenaza. Conviene tomar muy en serio este asunto, porque ha dejado de ser algo «técnico» —ya no se trata, en efecto, simplemente de evaluar el nivel de madurez del programa iraní de enriquecimiento de materias fisionables con vistas a la confección de la bomba atómica—para convertirse en algo «político» en el sentido de que el mundo necesita responder a la problemática de que tales armas estén en tales manos.

Previamente hace falta, sin embargo, que los observadores miren por fin de frente a la realidad de ese régimen iraní. A mí me parecía, y me sigue pareciendo, que tanto los medios de comunicación como no pocos dirigentes de todo el mundo daban y dan muestras de una ingenuidad rayana en la complacencia cuando se trata de mirar con ojos críticos al régimen chiita. Siempre he sentido que hay una doble vara de medir, un doble rasero en todo lo concerniente a países como Arabia Saudí o Catar, por un lado, e Irán, por otro. Se impone, efectivamente, la constatación de que el juicio de los comentaristas y expertos resulta infinitamente más severo para con los primeros que para con el segundo. Basta recordar el escándalo mundial que provocó —y con razón— el asesinato del intelectual saudí Jamal Khashoggi y compararlo con la tenue cobertura que suscitó en 2020 el derribo por error, mediante un misil iraní, de un avión procedente de Ucrania cuyos ciento setenta y seis ocupantes murieron. En este último caso, la polémica apenas duró ocho días; el régimen iraní se disculpó y se pasó de inmediato a otra cosa… Había, en tal silencio, algo terrorífico: como si a aquel país le estuviese permitido todo. (Hablamos de un régimen, por lo demás, especialmente hábil a la hora de manejar y orientar a los medios de comunicación del mundo entero.) Esa relativa indulgencia no solo es incomprensible, sino profundamente injusta. Tengo la certeza de que semejante forma de apatía casi benévola refuerza el sentimiento de impunidad de los mulás.

Unos meses antes de aquellos acontecimientos de 2009, yo había tenido una conversación telefónica con el presidente iraní; le llamé para hablar con él por motivos estrictamente humanitarios. Resulta que a aquel régimen no se le había ocurrido otra cosa que condenar a muerte por lapidación a Sakineh Mohammadi Ashtiani, una joven a la que acusaban de adulterio. Es decir: en el siglo XXI seguía siendo posible conocer tamañas abominaciones. El régimen iraní es, en efecto, uno de los más brutales del mundo. Carla estaba aterrorizada ante la perspectiva de la muerte inminente de aquella mujer; no podía concebir que los mulás iraníes fuesen a llegar hasta el final. Yo era infinitamente menos optimista salvo que, quizás, por todo el mundo se alzara un gran clamor popular para tratar de impedir tal infamia. Por eso decidimos que

Carla publicaría un artículo en la prensa para defender a aquella desdichada y yo llamaría a las autoridades iraníes, poniendo con ello de manifiesto la importancia que Francia atribuía al destino de aquella mujer. Las reacciones iraníes fueron tan violentas como impropias: el periódico ultraconservador *Kayhan* calificó a Carla de «prostituta», precisando que, a semejanza de Sakineh, también ella merecía morir. Entonces tuve una conversación franca —por no decir «a cara de perro»— con el presidente iraní Mahmud Ahmadineyad al término de la cual este me indicó —tras exponerme un razonamiento surrealista— que la decisión final sobre la lapidación correspondería ni más ni menos que ¡a la familia del esposo ofendido! Al final, afortunadamente, no se llevó a efecto. La presión internacional dio resultados. Yo recibí incluso un comunicado del Ministerio de Asuntos Exteriores iraní en el que se decía que «no era correcto insultar a personalidades extranjeras como Carla Bruni». Verdaderamente era lo mínimo. De aquel episodio terrible saqué el convencimiento de que nada sería posible mientras los ayatolás siguiesen dirigiendo aquel país de cultura, sin embargo, plurisecular. Y cuanto ha ocurrido desde entonces no ha hecho sino reforzarme en tal visión.

*
* *

Terminé el mes de junio con un viaje de dos días —y de «alto riesgo»— a las Antillas francesas. Me había comprometido tras los bloqueos y disturbios que se habían producido en ambas islas. El frente social no se restringía, en efecto, a la Francia metropolitana, sino que había de enfrentarme también a una violenta contestación en ultramar; concretamente, como digo, en las Antillas francesas. Me había reunido en el Elíseo con los diputados de las regiones de ultramar tras la cumbre social del 18 de febrero. La situación estaba degenerando en Guadalupe, donde las fuerzas del orden fueron objeto de disparos con munición real desde barricadas levantadas en las carreteras de Le Gosier y Sainte-Rose. Un sindicalistas miembro del LKP (Liyannaj Kont Pwofitasyon) había muerto por impacto de bala una noche de aquel mes de febrero.

Esas islas paradisíacas que a todos nos hacen soñar, esa naturaleza exuberante y de una belleza que deja sin aliento, esas bahías de un azul intenso, esas playas como de postal..., tales territorios paradisíacos ocultan, en lo más hondo de la sociedad antillana, una capacidad de violencia inaudita, súbita y sin límites. El contraste que existe entre la perfección de los paisajes —que invitan a la meditación, a la poesía, al reposo— y la capacidad eruptiva de la población es demoledor. Las frustraciones, la cólera, las humillaciones del pasado y la energía de los habitantes constituyen un cóctel tan detonante como explosivo.

Nada detiene, una vez que se han puesto en marcha, ni a los guadalupeños ni a los martiniqueses. Garantizar allí la paz civil resulta más complicado que en cualquier otro lugar de Francia. Todos los Gobiernos han tratado de restablecer la calma con medidas concretas y materiales que, por muy significativas que sean, únicamente consiguen sosegar la cólera de forma provisional. En cuestión de semanas, meses o, como mucho, algunos años, todo vuelve a empezar de modo idéntico. Porque ahí están, por supuesto, la pobreza, la exclusión, el sufrimiento, el desempleo... Pero luego hay algo mucho más profundo: esa identidad caribeña tan arraigada y tan a flor de piel. Y termina uno no sabiendo ya cómo abordar el problema. No ocuparse de él equivaldría, en efecto, a despreciarlos. Prestarle atención equivale a agobiar con una pesada losa centralista a unos territorios que aspiran a la libertad pero que al mismo tiempo están deseosos de ayuda. La contradicción es flagrante y hace que cualquier solución resulte profundamente aleatoria. Yo puse todo mi empeño, sin embargo, en aquellas inextricables situaciones ultramarinas.

Siempre me han gustado estos territorios y sus habitantes. Me reconozco en esos temperamentos al mismo tiempo joviales y hoscos, optimistas y sombríos, llenos de energía y flemáticos, jóvenes y tan vueltos hacia su pasado. Nadie puede quedar indiferente ante tamaña mezcla de contradicciones y expectativas tan completamente opuestas. Cada una de las visitas que hacía a aquellos territorios me requería un dispendio inimaginable de energía. En estas islas todo es físico; todo se concibe y se enfoca como una relación de fuerza. Tiene uno la sensación de que todo el mundo se calibra antes de enfrentarse. Quien viene de la metrópolis ha de justificarse sin cesar, demostrar su buena fe, ofrecer pruebas e invertir a largo plazo. Es algo a la vez apasionante, conmovedor y extenuante. Las impresiones que uno tiene allí son engañosas, porque, a fuerza de insistir, puede uno pensar que ha convencido al otro o quizás, incluso, que se ha ganado su adhesión. ¡No es así! Las multitudes que acuden a escuchar son numerosas y a menudo se muestran entusiastas. Cede uno entonces a la vanidad de imaginar que les ha dejado huella. ¡Pura ilusión! Estamos hablando de unas islas en las que el visitante aclamado es olvidado apenas se marcha y su puesto lo pasa a ocupar el siguiente que ha anunciado su llegada. Y también este tendrá la impresión de haber triunfado… hasta que entienda que tal cosa no ha ocurrido. En absoluto es una cuestión de fidelidad, infidelidad o versatilidad. Es un asunto de alisios, de esos vientos caribeños que van y vienen: nadie es su dueño, su beneficiario, su poseedor exclusivo. Otro tanto rige para los habitantes, que, tan acostumbrados a las promesas sin futuro y tan frecuentemente decepcionados, han terminado fingiendo que se creen lo que les cuenta el último que acaba de llegar.

Pero, no obstante el contexto —de cuya dificultad era consciente—, decidí implicarme personalmente para convencer a las Antillas francesas de que la fatalidad no existía y de que sus problemas tenían soluciones. Anuncié, así, que, apenas hubiese vuelto la calma, viajaría a Guadalupe para abrir una serie de debates en los que se pusieran encima de la mesa y se abordaran los grandes desafíos de cada una de las colectividades ultramarinas. Proponía cinco temas principales: la formación de precios, los circuitos de distribución, el poder adquisitivo, las producciones locales y el desarrollo endógeno (la gobernanza en sentido amplio). A este respecto, señalé que la cuestión de la evolución institucional no era ningún tabú. Yo era favorable, por lo demás, a la creación de una colectividad única por departamento si ese resultara ser el deseo de la población. Estaba, en efecto, cada vez más convencido de que no había *un* ultramar francés, sino *ultramares* franceses cada vez más distintos entre sí. Anuncié una serie de medidas adicionales por un total de casi seiscientos millones de euros. Era mucho dinero, pero hacía falta, y al final salía menos caro que dejar que los disturbios prosperaran, el desorden se impusiera y la parálisis económica se hiciese persistente. Por no hablar de mi temor a que las imágenes de los bloqueos habidos en Guadalupe, retransmitidas una y otra vez por los medios de comunicación,

¡terminasen dando ideas a los sindicalistas de la Francia metropolitana!

La prensa dedicó sus titulares a mi implicación personal en el asunto de ultramar, reforzando más si cabe mi estatus de «omnipresidente». En ese sentido era difícil, cuando no imposible, encontrar un equilibrio. Me habían criticado severamente por dejar que los acontecimientos degeneraran durante meses —lo que a ojos de muchos analistas suponía demasiado tiempo—, pero también me criticaban ahora por querer arreglarlo todo en el Elíseo a través de mi asesor Olivier Biancarelli, que trataba a los diputados con paciencia y solicitud. Lo cierto era que el ministro responsable, Yves Jégo, no había podido salir solo de aquel apuro a pesar de toda su buena voluntad. No tenía ni los recursos políticos ni las herramientas administrativas necesarios. Yo lo notaba, por añadidura, verdaderamente enervado al constatar que no lograba ni calmar las cosas ni reanudar los hilos del diálogo. Lo había enviado sobre el terreno para que pudiera hacerse una idea precisa de la situación y se quedó allí mucho tiempo, probablemente demasiado: casi dos semanas. En realidad era inevitable teniendo en cuenta la gravedad de las tensiones. Al mismo tiempo, sin embargo, aquello obró como una trampa que se cerraba sobre él, desacreditando su palabra y convirtiéndolo en prisionero del discurso local. Me di cuenta después de hablar con él por teléfono: el síndrome de Estocolmo estaba empezando a apoderarse de él; había terminado haciendo suyos los planteamientos y las propuestas de los elementos más exaltados de la isla; su estado de ánimo oscilaba enormemente; dentro del mismo día podía estar sobreexcitado o abatido. Hay que decir que la situación era cualquier cosa menos fácil de asimilar y, desde luego, de gestionar. No me quedaba más remedio que sacar conclusiones rápidamente y pasar a la primera línea.

Quise dirigirme directamente a los antillanos; desconfiaba de los intermediarios políticos, sindicales o profesionales de allí. No es un problema menor, para un Gobierno, tener unas dificultades espantosas para encontrar *in situ* interlocutores representativos y razonables. En aquellos territorios, sin embargo, nadie representa verdaderamente a la población. Esto terminó de convencerme de que lo mejor sería hacer una declaración solemne en RFO (Réseau France Outre-mer), la radiotelevisión pública de la Francia ultramarina. Eso me permitía, además, referirme con más detenimiento al trasfondo histórico del conflicto, habida cuenta de la honda huella que en aquellas islas dejaron la esclavitud y un pasado hecho de tantas injusticias. Yo era muy consciente del camino que aún teníamos que recorrer para construir con los antillanos una República verdaderamente fraternal. Utilicé incluso la palabra «explotación» al referirme a formas de trabajo que no habrían ya de tener cabida en el siglo XXI, lo que fue bastante bien acogido. Por último, me mostré convencido —y sigo estándolo— de que habíamos llegado al final de un ciclo histórico en ultramar. Tocaba ahora reflexionar, en efecto, sobre cambios profundos. Lógicamente, no podía ceder a la reivindicación de los antillanos sobre un aumento generalizado de los salarios porque, de haberlo hecho, automáticamente habría desencadenado una demanda reconvencional —por así decir— en la Francia metropolitana, ¡lo que a su vez nos habría llevado a un abismo económico súbito! A ese respecto no disponía, pues, del menor margen de maniobra.

Naturalmente me criticaron; tanto en el fondo como en la forma. Unos decían que no había cedido lo suficiente y, los otros, que había ido demasiado lejos. Lo esencial, sin embargo, estaba en otra parte, porque los disturbios cesaron. Se retomó el diálogo, pues todos aceptaban participar en aquellos foros de debate que yo había propuesto. Pude incluso observar que la visita que yo tenía prevista a Guadalupe —la del mes de junio— andaba suscitando cierta expectación. Así es el día a día del presidente de la República, que puede darse con un canto en los dientes si ha conseguido frenar la espiral de enfrentamiento a cambio de la simple promesa de un diálogo sin concesiones. Sabía que aquel viaje sería complejo y delicado, pero al menos había conseguido ganar un tiempo precioso.

Empecé por Martinica, que yo veía más apegada a su identidad en términos intelectuales y culturales que Guadalupe, más sensible, por su parte, a las relaciones sociales y estrictamente políticas. Tal fue la razón que me llevó, apenas aterrizado en Fort-de-France, ante el monumento a los caídos de la ciudad, pues quería poner en valor una página injustamente olvidada de nuestra historia nacional, y que tiene una gran importancia desde el punto de vista de la identidad martiniquesa. Me refiero a los miles de jóvenes antillanos y guyaneses que, en 1940, pusieron en riesgo sus vidas al abandonar sus islas con rumbo a Santa Lucía y Dominica para enrolarse en las Fuerzas Francesas Libres. A aquellos auténticos miembros de la Resistencia se los conocía en aquel entonces como «los disidentes». Participarían en el desembarco de Provenza y luego en la liberación de París. Muchos se dejaron la vida. Su ausencia en nuestra novela nacional resultaba particularmente injusta. Finalicé mi discurso exaltando nuestro «destino común… nuestras sangres están mezcladas, son unos cimientos que nadie podrá quebrantar».

Era muy consciente de que no podía limitarme a la evocación histórica que hice con motivo de mi viaje a tierras antillanas. Tenía que anunciar también una propuesta política sólida para intentar retomar la iniciativa respecto a unos territorios que, según yo percibía, tenían cada vez más intención de emanciparse de cualquier vínculo con la metrópolis. (Excepción hecha, por supuesto, de los vínculos financieros, muy estimados siempre; tal cabía inferir, en cualquier caso, de la larga lista de peticiones que venían presentándome desde el momento en que llegué a la isla.)

Decidí, por tanto, asumir unos riesgos que consideraba razonables porque estaba convencido de que el inmovilismo nos habría conducido, sin demasiada dilación, a la catástrofe. Esta en mi cabeza podía revestir múltiples formas: desde la reanudación de aquellos sucesos violentos que nos había costado un trabajo enorme detener hasta el ascenso de un independentismo desesperado que no fuésemos capaces de controlar, lo que habría sido todavía peor. Yo temía especialmente esta última posibilidad, aunque supiera que la misma también tenía partidarios en el meollo de mi electorado de la Francia metropolitana. Conocía, en efecto, sus argumentos sobre el exorbitante coste financiero de los territorios ultramarinos y sobre los problemas irresolubles que sus poblaciones planteaban al Estado francés. Aquello era una reacción epidérmica de exasperación, pero, sin perjuicio de la realidad incontestable de parte de aquel razonamiento, este a mí nunca me había convencido, pues, sin nuestros territorios de ultramar, Francia perdería esa particularidad casi única en el mundo de estar presente en todos los océanos del planeta. Ya solo desde el punto de vista de nuestros intereses estratégicos, geográficos y políticos, tales territorios representaban, por tanto, una baza insólita y notable. A lo cual se añade el vigor demográfico de una población joven que podrá, en un futuro próximo, poner coto a ese envejecimiento de la Francia continental que derivará del descenso de las tasas de fecundidad que ya puede observarse. Por último, calibrando debidamente nuestra historia nacional y cuanto nos han legado las generaciones que nos han precedido, yo no quería que deshiciésemos todo aquello que tanta energía había costado construir. Abandonar a aquellas poblaciones ultramarinas cuya clara mayoría seguía creyendo en Francia y en la República era algo inconcebible.

De manera que, para conciliar todos aquellos imperativos en ocasiones contradictorios, decidí proponer una evolución institucional a la carta. Y, así, anuncié que se celebraría un referéndum para consultar a los martiniqueses sobre la posible modificación de sus instituciones territoriales. Aclaré, no obstante, que «el debate del que estamos hablando no es el de la independencia, sino el del grado de autonomía oportuno». Yo estaba convencido de que un territorio situado a siete mil kilómetros de la Francia metropolitana no podía administrarse del mismo modo que un departamento de la región parisina. Los martiniqueses iban a poder optar, en consecuencia, entre el *statu quo* —seguir siendo, se entiende, un departamento-región regido por el artículo septuagésimo tercero de la Constitución— o adquirir el estatuto de autonomía previsto por el artículo septuagésimo cuarto. Y puse de relieve la ventaja de esta última fórmula, según la cual, cuanto más autónoma se vuelve una colectividad, menos margen de intervención tiene el Estado en sus asuntos. De hecho, este último estatus mencionado confería gran libertad de cara a los impuestos, a la normativa para la construcción de viviendas o a las iniciativas locales; podía llegar incluso al punto de permitir que el territorio en cuestión tuviese una bandera, una moneda o incluso un himno propios. Mi iniciativa tuvo una acogida bastante positiva entre los representantes electos martiniqueses, mayoritariamente favorables a un cambio de estatuto y a una colectividad autónoma. Aquel era un primer paso interesante y, para mí, un auténtico alivio, ya que habíamos frenado los intentos de quienes deseaban sumir a los departamentos de ultramar en el caos y la aventura.

En Guadalupe todo fue otra historia. Aquellos dos territorios, separados apenas por unos cientos de kilómetros, son en realidad muy distintos. Únicamente comparten el mismo convencimiento de que la metrópolis, el exterior, los países limítrofes —en resumidas cuentas: todos los demás— los desprecian o, como mínimo, no los tienen en suficiente consideración. Sus reacciones, sus prioridades, su sentimientos, etc., no son, en cambio, los mismos. Sería un error pensar que, como están tan cerca geográficamente, sus identidades han de coincidir. Yo no tardé en entenderlo porque, nada más llegar a Guadalupe, el presidente del Partido Socialista de la región me advirtió: «Nada de poner en marcha aquí el mismo proceso que en Martinica». A lo que añadió un aserto de carácter bastante paradójico, por no decir contradictorio: «Nosotros no estamos ni por el inmovilismo ni por una autonomía sin financiación». Es decir: no hacía falta ni moverse ni cambiar. Rara vez había oído yo una cosa más demagógica y menos clara.

La verdad era que él mismo se veía desbordado por las proteiformes reivindicaciones de los guadalupeños. Por lo demás, sin necesidad de que aquel hombre me explicase nada, me resultaba evidente que la prioridad de la isla era «social», sobre todo tras aquellos cuarenta y cuatro días de huelga general. Una buena noticia llegó gracias al líder independentista Élie Domota, que no quería ni reunirse conmigo ni hablar, pero sufrió un fracaso estrepitoso con su manifestación, que apenas si congregó, según la prensa, a mil personas. Quedaba de relieve, pues, que los más radicales no eran los más representativos. Así que puse en marcha, sin sobresaltos, aquellos foros de debate de ultramar que habían de permitir el surgimiento de una visión común y compartida del porvenir económico y social de Guadalupe.

Volví a París agotado tras aquellas cuarenta y ocho horas a toda máquina, saturadas de encuentros y jalonadas por discursos. Siempre me ha gustado ese carácter antillano hecho de alegría de vivir, de energía, de cóleras, de pasiones. Era un cambio enorme con respecto al ambiente de la metrópolis. En el avión que me llevaba de vuelta, sentí alivio de que no hubiésemos encontrado el menor incidente. Aquello no dejaba de ser un pequeño milagro, pues las Antillas francesas se apaciguan y erupcionan, cual auténticos volcanes, sin que se pueda prever razonablemente. En cualquier caso, la calma había vuelto. Yo pensaba, con mi optimismo habitual, que eso era debido a mis iniciativas; pero la lucidez habría debido llevarme a achacarlo, antes bien, a ese carácter imprevisible y misterioso que empuja a los pueblos a permanecer tranquilos y a resignarse —o, por el contrario, a manifestarse— sin que ningún motivo prevalezca, en todo caso, verdaderamente sobre otro y permita una explicación. Axioma, este, que se verifica en todas partes pero que resulta especialmente cierto con relación a nuestros territorios de ultramar. Lo que me lleva, de nuevo, a Jean Cocteau, a quien ya citaba en *Le Temps des Tempêtes:* «Esos acontecimientos nos superan; de ahí que finjamos ser sus organizadores...».

*

* *

Decidí retomar mi estrategia de triangulación concediendo una entrevista al semanario de izquierdas *Le Nouvel Observateur,* que con tanta frecuencia me había atacado. Concretamente habíamos tenido aquel contencioso sobre el célebre SMS que supuestamente yo le había enviado a mi exesposa. Aquello fue un infundio que dejó huella, al menos en lo que a mí se refiere. Así y todo, yo quería pasar página respecto a aquel episodio desagradable y tratar de construir una relación más sosegada. Fue una ingenuidad por mi parte. Les supuse buena fe y no podía equivocarme más de plano, como los hechos me demostraron.

Mi temor era acabar encerrado, de manera excluyente, en el ámbito de la derecha. Necesitaba, por supuesto, al núcleo de mi electorado; pero sabía que eso no alcanzaba para conformar una mayoría. Tenía que perseverar, así, en aquel trabajo de ampliación y agrupación. Debía aplicarme cotidianamente a aquella ardua labor para luchar contra la tendencia política natural a la retracción y el repliegue. Conceder una entrevista a aquel semanario que con tal desenvoltura se dirigía a la izquierda mundana e «intelectual» podía resultar útil. No me hacía muchas ilusiones sobre mi capacidad de lograr el apoyo de aquella publicación —tampoco el de gran parte de sus lectores—, pero sí que aspiraba a atenuar la intensidad de su movilización contra nuestro Gobierno y nuestra política. Hacerla menos agresiva era un objetivo que se me antojaba razonable o, por lo menos, factible. Facilitó aquella entrevista el hecho de que yo conociera a quien entonces era el director del semanario. Unos meses antes, a Denis Olivennes le había confiado, en efecto, una misión relativa al proyecto de la ley Hadopi (Alta Autoridad para la Difusión de Obras y la Protección de Derechos en Internet). Desempeñó su cometido con gran solvencia. Es un hombre de izquierdas, pero de mente abierta. (Lo cual hace de él un tipo de interlocutor poco frecuente...) Es de una gran honestidad intelectual. Aquella primera impresión positiva se confirmó: con el paso de los años terminamos haciéndonos amigos. Mi ala izquierda era minoritaria, razón de más para que la quisiera preservar. No se gobierna Francia con el propio partido solamente.

El mero hecho de que una revista que informaba sobre la actualidad pudiese entrevistar al presidente de la República en ejercicio para hacerle todas las preguntas posibles e imaginables provocó una fortísima polémica. A día de hoy, me sigue costando creer que aquello se produjera. La izquierda se había vuelto tan sectaria que la idea misma de hacerme una entrevista se le antojaba chocante. La palma del sectarismo podría habérsela llevado Claude Bartolone, quien en nombre del Partido Socialista declaró: «Pero, ¿qué le ocurre a mi *Nouvel Observateur*...?». Es decir, que, según él, aquella publicación solamente tenía derecho a dar la palabra a la izquierda; el resto de interlocutores estaban descalificados. ¿Puede alguien imaginarse el revuelo de esa misma izquierda que tan pronta se dice siempre a defender la democracia y la República si *Le Figaro* decidiese ofrecer su tribuna exclusivamente a dirigentes de derechas? Incluso en el seno del propio semanario hubo un debate intenso. Poco tenía que ver con el periodismo y con su presunta exigencia de imparcialidad y equilibrio. La redacción llegó al extremo de publicar un comunicado en el que cuestionaba «la pertinencia de haberme dedicado la cubierta y las ocho páginas que ocupaba la entrevista». El comunicado terminaba con un toque de humor (involuntario, por desgracia): «Tememos una deriva sarkófila». Pero de tal deriva había poco riesgo en vista de la actitud que la revista venía manteniendo desde mi elección. Se me acusaba, sea como sea, de instrumentalizar *Le Nouvel Observateur*. Y aquella redacción debía de tener muy poco aplomo en sus convicciones si tal era su temor a quedar contaminada nada más que por aquella entrevista. Pero Denis Olivennes fue valiente. Asumió aquella iniciativa y a quienes se le oponían les dio el golpe de gracia comentando que las ventas en los quioscos habían sido «muy superiores a la media». Por lo menos a los lectores sí que les había interesado la entrevista, y eso era lo único que contaba para mí. Quedaba en evidencia, una vez más, que la izquierda francesa se creía autorizada a todo, incluso a decidir quién tenía derecho a la palabra. Se habían alcanzado auténticas cimas de intolerancia... en nombre de la tolerancia. Aquella polémica tuvo la ventaja de garantizar a mi entrevista una amplia publicidad. Y, bien mirado, cada pequeña victoria contaba...

Durante la conversación quise volver sobre un incidente que unos meses antes me había enfrentado con Laurent Joffrin —entonces dueño del periódico *Libération*—, a quien yo había dado, digámoslo así, un pequeño empujón verbal durante una rueda de prensa. A su pregunta, según él moderadísima —decía, mucha atención, que yo había instaurado «una especie de poder personal, por no decir una monarquía electiva»—, le contesté, de manera reconozco que un poco lapidaria, que «una monarquía es hereditaria. ¿Cree usted que yo soy el hijo ilegítimo de Jacques Chirac, el cual me habría colocado en su trono?». Las carcajadas llenaron la sala. A él aquello le dolió bastante, cosa que me sorprendió. He observado con frecuencia que los periodistas de pluma más acerba para los demás ¡son los que luego tienen la piel más fina cuando se trata de ellos mismos! Aclaré, en cualquier caso, que, de repetirse aquella situación, yo no emplearía ni el mismo tono ni las mismas palabras. Haciendo gala de cierta deportividad, «mi víctima» agradeció mi gesto, que calificó de «democrático». Un psicodrama mediático menos.

Por lo demás, la entrevista fue bastante politiquera. Mis interlocutores estaban empeñados en que yo dijese que había cometido errores durante los dos primeros años de mi mandato. Lo hice de buen grado reconociendo, como era la pura verdad, que me había llevado un tiempo hacerme al puesto que ocupaba, entender su dinámica, «colocarme a la altura de una carga casi inhumana». No podía explicarme en términos más sinceros. Verdaderamente así me sentía entonces. Admito, por lo demás, que el reconocimiento espontáneo de mis errores no era mi querencia natural. Me requería siempre cierto esfuerzo. En el fondo estaba, por tanto, bastante convencido de la necesidad de aquel acto de contrición. Es complicado mantener el equilibrio entre la gran confianza en uno mismo que requiere la acción política al más alto nivel y la imagen de arrogancia que dicha confianza puede trasladar a los observadores, incluso a los menos implicados. El liderazgo impone avanzar derecho y muy rápido —sin la sobrecarga de un exceso de matices— para movilizar y además transmitir tranquilidad. Al mundo exterior, sin embargo, tal fuerza puede antojársele en seguida insoportable, y entonces pasa a percibir presunción o suficiencia. Me convenía, así, como mínimo alternar periodos de fuertes avances con momentos de introspección. Me quedo corto si digo que con los primeros me sentía más cómodo que con los segundos.

*
* *

El Consejo Constitucional, que entonces presidía Jean-Louis Debré, había tomado una «inverosímil» decisión sobre la mencionada ley Hadopi. No voy a volver a enumerar los motivos que me llevaron a querer amparar a los artistas y creadores exigiendo el respeto de sus derechos de autor. Quise renovar mi compromiso de defender hasta el final la libertad de los artistas y creadores protegiendo sus mencionados derechos de autoría, que tan maltrechos estaban por la ausencia de reglas específicas para internet, ámbito que se asemejaba a una jungla en la que todo estaba permitido, incluido el saqueo y el robo de la propiedad artística. Mi intervención se producía después de que el Consejo Constitucional hubiese invalidado, por razones políticas espurias, una parte de aquella famosa ley Hadopi. Yo no tenía intención de tolerar la existencia de zonas en las que el derecho no imperase por la sencilla razón de que se tratara de un nuevo modo de comunicación. Entendía que estaba en juego el futuro tanto de nuestra cultura como de la propia creación artística.

Francia tenía que moverse, cambiar, adaptarse. No podíamos conformarnos con ser un viejo país de un viejo continente y con una vieja civilización, satisfechos de nuestro pasado e inseguros de nuestro porvenir. Teníamos que dirigir la mirada hacia el futuro con las armas de hoy. Tal era la única ambición posible. Yo quería, sin embargo, ilustrar y documentar lo difícil que resultaba reformar e innovar en nuestro país. El texto de la ley Hadopi planteaba una respuesta a base de sanciones graduadas para poner término al auténtico saqueo de creaciones artísticas —principalmente musicales— que se había instaurado en el seno de internet. El defraudador ocasional recibía, así, inicialmente un mero correo que le avisaba. Luego las sanciones iban agravándose en función de la reincidencia de los actos de piratería, hasta la suspensión de cualquier suscripción a internet. Dicho carácter progresivo de las sanciones resultaba esencial para garantizar la eficacia del dispositivo, que, de lo contrario, habría sido meramente informativo y, por tanto, ineficaz. De manera que, por razones basadas esencialmente en un resentimiento personal, el Consejo suprimió cualquier posibilidad de sanción aduciendo el motivo, absolutamente deshonesto, de que «esta no podía ser establecida sino por un juez», mientras que el proyecto de ley preveía que lo fuese por la autoridad independiente encargada de la gestión de este asunto. El argumento aducido por el Consejo era falaz, pues existía una cantidad impresionante de autoridades independientes que, en otros ámbitos, ya establecían penas significativamente más duras, por ejemplo la Autoridad de los Mercados Financieros, que podía prohibir a una persona ejercer la profesión financiera, o la CNIL (Comisión Nacional de Informática y Libertades), que tenía potestad para imponer multas de varios cientos de miles de euros, o incluso el CSA (Consejo Superior de lo Audiovisual), que era libre de prohibir emitir nada menos que a una cadena de televisión.

Abundaban, en fin, los ejemplos que permitían demostrar el carácter arbitrario de aquella decisión. La cual no provocó, sin embargo, el escándalo jurídico que habría debido suscitar porque, lamentablemente, la mayoría de los observadores y comentaristas de entonces se oponían a la ley Hadopi, que ellos consideraban liberticida. La mera idea de imponer un poco de autoridad en el sistema de internet les resultaba insoportable. Imperaban a diestro y siniestro tanto la demagogia como la cobardía. En primer lugar estaba el miedo a contrariar a los jóvenes, mayoritarios en el uso de aquel nuevo medio de comunicación. Fijar un límite, explicar que no todo estaba permitido, se les antojaba, a cuantos estaban familiarizados con aquellas cuestiones, lisa y llanamente intolerable. Mi mayoría parlamentaria, desgraciadamente, también estaba contaminada. Varios diputados se habían negado a votar el texto o lo habían enmendado tanto que lo vaciaban de cualquier sustancia. Según ellos, no hacía falta sanción alguna; la palabra misma se había vuelto impronunciable. La ministra de Cultura, Christine Albanel, defendió la posición del Gobierno con valentía e inteligencia, pero sin la energía que habría hecho falta para revertir la tendencia. En el seno mismo del Gobierno, mis ministros más jóvenes no entendían el riesgo que yo estaba dispuesto a asumir para proteger los derechos de autor. Convencidos de que estos últimos pertenecían al «mundo de antes», solo aspiraban a demostrar que eran «modernos» por el mero hecho de no querer ninguna regla susceptible de restringir aquel nuevo modo de comunicación. Nathalie Kosciusko-Morizet dio muestras de una ambigüedad pasmosa. No quería asumir aquella regla de autoridad. Se arriesgaba a estropear con ello una imagen que le importaba muchísimo. Pensaba sinceramente que instaurar reglas de funcionamiento era algo «obsoleto». ¡Como la idea, supongo, de que un ministro tenga la valentía de decir «No»!

La prensa de izquierdas era igualmente reacia a aquella ley. Fue la primera fractura seria entre los artistas y la izquierda política. Aquellos se sentían abandonados por esta, que optó por el bando que, a su juicio, era el de los «jóvenes». Aquel aluvión de demagogia y cobardía me resultó profundamente enojoso. Me disgustaba lo que se me antojaba una mera pose, en absoluto la expresión de convicciones reales. Veía claramente las consecuencias de aquella epidemia de elusión de responsabilidades: la precarización, primero, del sector de la música —por ser el más vulnerable a la piratería—, pero luego el de los escritores y las editoriales y, por último, el del cine. ¡Todos, más tarde o más temprano, tendrían muchísimo que perder! Hube de soportar incluso la petición de firmas de la «red de los piratas», que declaraba: «Afirmo que he consumido, usado para remixes o difundido obras culturales»… Por supuesto, sin pagar; como si todo hubiera de ser gratuito. Al fin y al cabo, ¿por qué tomarse tal molestia? Para mí aquello era el colmo del cinismo.

Exigí al Gobierno, así las cosas, que presentara un nuevo texto. Y así se hizo. Mi fracaso en las elecciones de 2012, así como la llegada de François Hollande, dieron al traste con todos los esfuerzos. (Con este último estaba claro que podíamos contar para dejar correr las cosas y no tomar ningún tipo de medida coercitiva.) Nada de lo que ha pasado después me ha hecho cambiar de opinión. Era la libertad de creación, y la libertad de los autores, lo que estaba en juego entonces y sigue estándolo hoy. La cultura, el arte, la música y todo el proceso de creación son cosas demasiado importantes como para ceder a la demagogia, a la elusión de responsabilidades y a la debilidad. Estoy contento por haber librado aquella noble y vital lucha. Estoy triste por haberla perdido. Ahora a los autores y a los artistas no les quedan sino los ojos para llorar.

Unos meses después, aproveché la oportunidad que se me brindaba de hablar ante un público joven para volver a referirme a este asunto. Acababan de enviarse los primeros correos que dirigía a los «defraudadores» la nueva institución Hadopi. El objetivo era combatir la descarga ilegal de obras culturales en internet. Mi intención no era, como es lógico, castigar a los usuarios, sino proteger a los artistas, cuyos derechos de autor eran vitales para garantizar tanto su existencia como su independencia. Pues bien: el envío de las primeras misivas había suscitado un gran revuelo. (Aquello no era un problema para mí, pues se trataba de una fase absolutamente necesaria para detener la piratería y poner término al saqueo de obras.) Intenté explicar aquella realidad a los alumnos de instituto que me escuchaban aquel día. Puse de relieve en concreto que la salvaguarda del cine francés había sido prácticamente un milagro. La situación de nuestro país era muy distinta de la de Italia, Alemania o incluso Inglaterra; la Europa del cine estaba, al completo, en vías de desaparición. Francia había tenido el buen juicio de preservar un sistema de financiación que permitía a sus creadores seguir realizando películas, pero la piratería podía destruir en un instante aquel frágil equilibrio privando al cine de los ingresos que necesitaba. Eso era, ni más ni menos, lo que estaba en juego.

La izquierda hacía gala de una demagogia sin límites, abandonando a los artistas para ofrecer ante los jóvenes el discurso del «todo gratuito y todo libertario». Aquello resultaba fácil y peligrosísimo para la libertad de creación. Si los autores dejaban de poder vivir de su trabajo, ¿qué sería de sus obras futuras? Así fue como empezó la catástrofe que supuso, concretamente para la música, el rechazo de la defensa de los derechos de autor. Hoy sabemos, en efecto, qué ocurrió con Hadopi: mi sucesor la destruyó sin que mediase un debate de fondo sobre un tema que lo habría merecido sobradamente. No lamento haber librado aquella lucha, que me parecía justa entonces y me sigue pareciéndolo hoy. Me entristece ver que, una vez más, la demagogia se ha salido con la suya. La libertad sin reglas se traduce siempre en la opresión del más fuerte sobre el más débil. Las grandes empresas lo han aprovechado y han expoliado a los artistas. El operador de telefonía Free fue el único que se negó a transmitir los avisos de Hadopi a los defraudadores. Xavier Niel, su propietario, se oponía a aquella ley. Estaba en todo su derecho, cómo no; pero me sonrío pensando en cómo reaccionaría él si sus clientes decidieran de repente dejar de pagarle las suscripciones. Tratándose de sus propios ingresos, ¿se mostraría igual de «generoso» que con los de los artistas, a quienes no dudó en malbaratar en el altar de una modernidad de pacotilla que no era sino una farsa? Me extrañaría mucho, sinceramente.

*

* *

El mes de julio parecía interminable. Yo estaba deseando que llegaran los días de descanso del mes de agosto, aunque por experiencia supiese que más valía no fiarse de esas épocas que se anuncian tan plácidas y luego sorprenden por su intensidad inesperada. Había llegado con Carla a La Lanterne, la segunda residencia del presidente de la República Francesa, en la tarde previa a aquel último domingo de julio. Salí, como de costumbre, a hacer mi sesión cotidiana de *jogging*. Yo disfrutaba mucho rompiendo la monotonía de mis carreras gracias a los cambios de lugar y de recorrido. El parque de Versalles siempre es espléndido, pero ese día lo era aún más con aquel sol radiante, sin una nube en el horizonte, con el juego de las sombras de los grandes árboles de aquel terreno, con mil destellos reluciendo en el agua de los estanques, que se antojaban espejos allí instalados por el puro placer del reflejo y de los transeúntes. Aquello era un espectáculo pasmoso. Yo pensaba en el genio de André Le Nôtre, quien supo calcular, prever y armonizar todas aquellas perspectivas. Cada recodo reservaba una sorpresa. Me crucé con varias decenas de paseantes matutinos. Intercambiamos pequeños gestos amables o corteses. Yo iba rodeado de policías del Grupo de Seguridad de la Presidencia de la República. El médico que sigue siempre al presidente se había quedado en La Lanterne. (Era Sergio Albarello quien estaba de guardia aquel día.) Salimos trotando a ritmo suave. Yo no me sentía especialmente cansado. No tenía ninguna molestia perceptible. Había desayunado en el jardín que linda con el parque sin sentir la menor indisposición. Es cierto que hacía calor, pero era un calor soportable, o eso me parecía a mí. Al cabo de cuarenta y cinco minutos, experimenté una especie de ofuscamiento de la visión. No estaba sofocado, pero de pronto un gran cansancio se había apoderado de mí. Fue algo lo bastante molesto como para que me acuerde de que tuve la tentación de detenerme. De hecho me había puesto a caminar y entonces me desplomé. Desperté en una cama del hospital militar parisino Val-de-Grâce. Luego supe que el fiel y competente doctor Albarello llegó de inmediato. Me perfundió una solución de glucosa que me permitió recuperar el conocimiento. Carla estaba a su lado. La habían avisado de urgencia y llegó corriendo desde La Lanterne. El médico llamó a un helicóptero, que aterrizó en el propio césped sobre el que yo me encontraba tendido. Volamos apenas un cuarto de hora sobre París y aterrizamos directamente en el Val-de-Grâce, donde habían movilizado y puesto en alerta a todo un equipo médico que de inmediato me atendió. Lo primero que hicieron fue sedarme y someterme a una resonancia magnética que duró algo más de una hora. El resultado fue muy satisfactorio, ya que no detectaron ninguna anomalía. No había habido, en efecto, ni infarto cardíaco ni ictus cerebral. Todo el mundo parecía muy aliviado. Recuerdo las explicaciones del médico mientras yo estaba en la cama de mi habitación del hospital. Aquello me reconfortó, aunque para entonces ya me encontraba mejor y, francamente, listo para volver a ponerme en marcha de inmediato. Pero los médicos no me dieron opción. Tenía que quedarme ingresado aquella noche. A la mañana siguiente me practicaron una coronariografía que igualmente resultó normal. Entre tanto pude hablar con cada uno de mis hijos. Su preocupación era extrema. Sobre todo en el caso de Louis, que entonces se encontraba en Nueva York.

Los medios de comunicación, como es natural, dedicaron sus titulares a aquel suceso: «El presidente ha sufrido una indisposición. Está en el hospital». Era la única noticia del día. Yo no seguí el detalle de las informaciones. Estaba desconectado del exterior y no tenía ganas de ver la televisión. Pero no me costaba imaginarme cuál sería el ambiente… Carla estaba a mi lado. Le había hecho pasar un mal día. Yo no me esperaba vivir una cosa así. Fue una buena lección de modestia. Por muchas precauciones que tomemos —y yo había tomado unas cuantas, teniendo en cuenta que jamás he bebido una gota de alcohol, como tampoco he fumado, y que hago ejercicio con regularidad y estoy casi constantemente a régimen para no coger peso—, aun así todos estamos expuestos a un desfallecimiento físico. Los médicos llegaron a la conclusión de que, en mi caso, una deshidratación me había llevado a la pérdida del conocimiento. La situación había sido bastante espectacular, pero no revestía mayor importancia. Tenía sencillamente que obligarme a beber más, no sobrestimar mis fuerzas y abstenerme de correr en pleno calor. Es decir: una serie de cuestiones de sentido común que yo habría debido entender, asumir y prever mucho antes. Verdaderamente no había dado muestras de sensatez, y aquello era un aviso, digamos, sin costes.

Esas épocas de sacudidas inesperadas obligan a las personas a darse a conocer, a manifestar su naturaleza profunda en sus facetas mejores… o peores. Yo, en aquel estado de debilidad, pude apreciar la gentileza, la amistad desinteresada, la emoción sincera de sencillas personas anónimas y experimentar la fuerza del amor de mi familia, de mi esposa, de mis hijos, de mi madre, de mis amigos íntimos. Me sentía culpable por haberles preocupado tanto. Pero advertí igualmente, con sorpresa, el escepticismo, la desconfianza, la perversidad de ciertos analistas a los que jamás habría creído capaces de tales sentimientos. Constaté, por último, la auténtica maldad y la alegría insana de adversarios cuyo odio hacia mí no pensé que pudiera ser tan fuerte. Yo no soy así, y siempre me cuesta atribuir a otras personas sentimientos que yo no albergo.

Tomé todas las precauciones para garantizar la mayor transparencia a propósito de aquel incidente. El secreto médico no rige para el presidente en ejercicio, quien ha de hallarse en todo momento en plenas facultades físicas. Pedí, por tanto, que se comunicara toda la información. A mí mismo me habían desconcertado, cuando no directamente ofendido, los misterios y las mentiras de Estado que habían envuelto la salud de mis predecesores. Me prometí gestionar aquello de otro modo.

Durante el día en que se produjo el incidente, el Elíseo publicó no menos de tres comunicados para especificar las pruebas que se habían practicado y el diagnóstico de los médicos sobre mi «indisposición lipotímica de esfuerzo sostenido por gran calor». No me recomendaron tratamiento alguno; simplemente debía guardar unos días de reposo relativo. Aquello cuadraba bien: llegaba agosto y teníamos que pasar las tres semanas siguientes en mi residencia de Cap Nègre. Cuando me dieron el alta —hacia el final de la mañana del día siguiente al ingreso—, salí caminando por mi propio pie. Una multitud de periodistas y cámaras me esperaba alerta, al acecho de cualquier señal sobre mi estado físico. Aquel no era precisamente el momento de trastabillar o dar un paso en falso. Saludé a uno de los médicos y a todo el personal sanitario. Se habían mostrado profesionales, solícitos, amables y, por encima de todo, discretos. Todos eran militares, conscientes de sus deberes y orgullosos de su misión. Yo ponderé el privilegio de que se hubiese hecho cargo de mí semejante equipo. Me sentía un poco cansado, como aturdido por todos aquellos acontecimientos; pero naturalmente disimulé para evitar sobredimensionar la situación. En el coche que nos llevaba al Elíseo, Carla me pidió que me esforzase «de verdad» por respetar estrictamente aquellas tres semanas de vacaciones. Tres días después presidí el consejo de ministros e incluso hice una pequeña rueda de prensa a su término para responder a todas las preguntas sobre mi salud. Aquello era algo perfectamente normal y natural. Los franceses tenían que estar al tanto y debían comprender. Y, con ellos, los medios de comunicación.

Para buena parte de la prensa, el asunto estaba cerrado. No había nada más que decir al respecto ni a lo que dedicar editoriales. Pero una minoría optó, en busca de publicidad, por un camino muy distinto: el de una supuesta «mentira de Estado». Los peores no fueron la prensa sensacionalista y las revistas de cotilleos. En aquel caso particular, Christophe Barbier evidenció una mala fe que no es excesivo calificar de abismal. Para él, las cosas estaban claras: a los franceses se les había ocultado la verdad a sabiendas. Aquel percance era mucho más grave de lo que se había dicho. Haciendo gala de sus conocimientos médicos —hasta donde yo sé, bastante superficiales—, afirmó que todo aquello pretendía disimular, como mínimo, una grave afección cardíaca. ¿Tenía alguna información? No. ¿Se había beneficiado de alguna indiscreción?

No. ¿Le habían puesto al corriente de algún secreto? No. Sencillamente, pagado de sí mismo y del papel que se autoatribuía, decidió no andarse con chiquitas y no arredrarse ante nada. Y, así, afirmaba sin saber. Yo me había convertido en lo contrario del enfermo imaginario. Molière se equivocaba: allí lo que había era un «sano imaginario», que era yo. Obviamente, aquel hombre no era el primero —ni sería el último— que tomaba sus deseos por realidades. Pero entonces pude calibrar hasta qué punto la energía que yo había desplegado para realizar mis ambiciones políticas había ofendido a quienes llevaban tantos años a mi acecho. El hecho de que yo pudiera estar débil, enfermo, doliente..., les parecía un consuelo. Ese señor fue prácticamente el único que defendió aquella tesis. Pensé que en ello había una mezcla de incompetencia y malicia. Por lo demás, los últimos catorce años no han sacado a relucir esa famosa enfermedad que yo habría ocultado. ¿Ha reconocido aquel hombre su error en todo este tiempo? Probablemente estemos pidiendo demasiado...

Hubo otros editorialistas que optaron por la misma tesis, pero lo hicieron con más sutileza. Para algunos, dado que en su día Georges Pompidou, François Mitterrand y Jacques Chirac habían disimulado la verdad, estaba en la naturaleza de las cosas que yo hiciera lo mismo. Otros ponían de relieve las torpezas de mi entorno o de personas supuestamente cercanas a mí. Y hay que reconocer que, efectivamente, torpezas hubo. Por parte, por ejemplo, de Frédéric Lefebvre, entonces portavoz de la UMP (Unión por un Movimiento Popular), quien se refirió, antes de retractarse, a «una crisis cardíaca». (Aquello fue algo, más que malintencionado, tonto; tampoco es que el hombre tuviera especial fama por la finura de sus análisis.) O por parte de Patrick e Isabelle Balkany, quienes aprovecharon la ocasión para ofrecer su análisis sobre mi estado de salud a todos los medios de comunicación cuando resulta que yo no había hablado con ellos. (En el caso de estos había un componente grande de solicitud y cariño, pero también una costumbre de hablar primero y pararse a pensar después.) En la prensa estaban, por último, quienes insistían en la falta de transparencia. Lo cierto es que sigo sin ver qué más habría podido decir o hacer. Luego entendí que, salvo que hubiésemos anunciado una crisis cardíaca, nunca habríamos dicho la verdad. Ciertos periodistas jugaban a la ambigüedad hablando de un síncope vasovagal que presentaba los síntomas de un infarto cardíaco, y así quedaba establecido el bucle: yo mentía porque me negaba a decir «la verdad» que muchos de aquellos comentaristas albergaban la esperanza de tener que comentar. De haber ocurrido, podía imaginarme la línea de sus razonamientos y de sus titulares: «un presidente disminuido físicamente» no podía sino reforzar el análisis de «un presidente debilitado políticamente». Mis oponentes políticos fueron, por el contrario, irreprochables. Insistieron, todos ellos, en desearme una pronta recuperación. A los auténticos profesionales no les gustan, en efecto, los golpes bajos… Eso es lo que marca la diferencia.

*

* *

El informe del Tribunal de Cuentas sobre los gastos del Elíseo constituía un punto de inflexión histórico. Se trataba de la primera vez que, desde Luis XVI, era posible verificar los gastos del jefe de Estado y publicar un informe detallado de ellos. Nunca antes se había hecho una cosa así. Al Partido Socialista, tan puntilloso a propósito de mi comportamiento, jamás se le había ocurrido pedir la más mínima explicación, por poner un caso, a François Mitterrand sobre su vida en el Elíseo durante catorce años ni sobre el hecho de que el Estado alojara a su «segunda familia» en las viviendas oficiales del muelle Branly. El control fue tan exhaustivo que hube de reembolsar 14.123 euros de gastos privados de los que se había hecho cargo la presidencia. Los inspectores me pidieron que reembolsara —valga de ejemplo— el dentífrico y los productos de afeitado que había en el avión presidencial. Lo cual demostraba, teniendo en cuenta que el presupuesto total era de ciento diez millones, que no había el menor indicio de escándalo o malversación. Mi director de gabinete, el llorado Christian Frémont, velaba en ese sentido escrupulosamente. Aquello tenía la virtud de poner en su sitio a René Dosière, diputado del Partido Socialista que había publicado un acerbo informe sobre el presupuesto de 2008 del Elíseo. La ventaja de la nueva práctica era, en efecto, que protegía a la presidencia frente a burdas instrumentalizaciones políticas. En fin: nunca he lamentado aquella iniciativa que, desde mi punto de vista, se habría debido poner en práctica mucho antes... y habría debido aplicarse, además de a la presidencia de la República, a la jefatura del Gobierno, ajena todavía a cualquier tipo de control.

*

* *

Me faltaba ultimar la organización del vasto programa de inversión que había dispuesto para evitar la recesión tras la crisis económica de 2008 y para ampliar nuestras posibilidades de crecimiento de cara al futuro. ¿Cómo repartir aquel maná de varias decenas de miles de millones de euros sin suscitar interminables polémicas ni futuros escándalos? Aquella problemática era clara y sencilla de enunciar, pero nada fácil de resolver en la práctica. Yo tenía, por lo menos, una idea nítida de lo que no quería. Ya relaté la puesta en marcha del asunto en *Le Temps des Tempêtes*. En aras de la independencia, le había pedido a Michel Rocard que se pusiera al frente de aquel programa. Su nombramiento sacó a la luz el verdadero carácter de Bertrand Delanoë, quien habló de una «indecente incitación a la deserción» y de *«marketing* político». Aquel hombre albergaba, tras una fachada de supuesta apertura, una actitud muy sectaria y cierta envidia por cuanto no fuera él mismo. Curiosamente, Jean-Marc Ayrault dio muestras de más mesura y contención, recordando que él «confiaba en Michel Rocard para que diera su opinión sintiéndose absolutamente libre». (Aquello al menos tenía el mérito de no condenar la iniciativa *a priori.)* Igual de natural me pareció el nombre de Alain Juppé. Tenía la ventaja de ser un hombre práctico, de gestión, de no ser considerado parte de mi círculo de confianza y de poseer una rigidez natural que lo protegía frente a cualquier posible forma de presión. Yo pensaba, además, que ambos hombres eran muy complementarios y que como «pareja» funcionarían armoniosamente.

Salta a la vista que no fui el único al que así le pareció, ya que la práctica totalidad de los observadores coincidió en encarecer aquella decisión. Es verdad que poner a trabajar juntos a un ex primer ministro de izquierdas y a un ex primer ministro de derechas era algo, digamos, poco frecuente. Habría cabido esperar una guerra de egos, pero no fue el caso. Ambos hombres se acostumbraron en seguida el uno al otro y se profesaron respeto inmediatamente. «Juppé tiene una buena formación y es inteligente. A diferencia de los monetaristas, posee sentido de Estado», confesaba Michel Rocard. «Nos entendemos bien, pero es sorprendente que a veces Rocard se muestre más liberal que yo…», replicaba Alain Juppé. Por lo que a mí respecta, veía reforzada mi intuición de siempre: si en la izquierda había talentos dispuestos a servir al país, mi deber como presidente era darles la oportunidad de actuar al servicio del interés general.

Ambos hombres trabajaron a matacaballo; se celebraron casi doscientas cincuenta audiencias. El Programa de Inversiones de Futuro, que ascendía a treinta y cinco mil millones de euros, se lanzó en el marco de la ley financiera rectificativa del 9 de marzo de 2010. Rocard quería destinar el grueso de aquel dinero a la universidad; Juppé, a las infraestructuras. Al final se impuso la tesis de Rocard, muy influida por los trabajos del economista Daniel Cohen (¡otro hombre de izquierdas!). Una parte muy significativa del plan se dirigió, en efecto, a la enseñanza superior y a la investigación.

Yo estaba orgulloso de preparar el futuro con la ayuda de personalidades capaces de superar las disputas partidistas. Tras los ejemplos de Dominique Strauss-Kahn —a quien había enviado a Washington para que dirigiese el Fondo Monetario Internacional—, Jack Lang —a quien había nombrado Defensor de los Derechos— y Michel Rocard —quien ahora estaba al frente de la comisión que decidía sobre aquel Programa de Inversiones de Futuro—, la apertura hacia la izquierda empezaba a cobrar consistencia efectiva. Pero había otra cosa más importante aún: ya nadie hablaba de una supuesta confusión indebida entre el Estado y la UMP, mientras que nunca se había dejado de hablar de un Estado-RPR (Agrupación por la República). Aquello suponía una diferencia particularmente notable. Se trataba de una victoria. El precio a pagar era el creciente descontento de una parte de mi mayoría parlamentaria, que así se veía privada de una serie de puestos apetecibles. Era un riesgo que yo había asumido con cabal conocimiento de causa y, por tanto, sin mayores miramientos. Incluso algunos de mis más fervientes y habituales detractores saludaron aquella iniciativa «bipartidista» sin la menor reserva. Era un fenómeno curioso de observar. Francia adora el pugilato político, las tensiones, los enfrentamientos, las crisis, los debates frontales..., pero a la vez siente siempre nostalgia por los grandes reagrupamientos, por momentos de unanimidad como los que encarnaron aquel mítico Consejo Nacional de la Resistencia o el país del Mundial de 1998, que se decía «blanco, negro y moro» *(black-blanc-beur)*. Toda la prensa regional se mostró unánime en la celebración de «aquel hermoso golpe político». Olivier Picard llegó a escribir, en *Dernières Nouvelles d'Alsace,* que, «con esta iniciativa inesperada, Nicolas Sarkozy revela su mejor lado». Según otros, con aquello yo estaba «inventando una Quinta República francesa sin tabúes». No tenía costumbre de recibir semejante trato, sobre todo habida cuenta de que al Partido Socialista le llovían las críticas por todas partes. *Le Nouvel Observateur* resumía la situación a su manera: «El Partido Socialista está en hibernación comatosa». Aquella fórmula la había sugerido Michel Rocard. No cabía expresarlo mejor...

*

* *

Habíamos elegido, para pasar las vacaciones de verano, el sitio que pudiese suscitar la menor polémica: la casa familiar de Cap Nègre. Con el rumbo que llevan las cosas, sinceramente no sé cuánto tiempo más tendremos derecho a usar ese topónimo, que existe desde siempre y tiene su origen en el color negro plateado de la roca de ese promontorio que penetra orgulloso en el Mediterráneo. ¡Hoy en día pueden acusarlo a uno de racista por menos que eso! Cada vez que lo utilizo, me acuerdo de Aimé Césaire, que fue el cantor e inventor genial de la «negritud» *(négritude)*. ¿Qué diría él de todos esos falsos pudores que ocultan tantos motivos espurios mezquinos y perniciosos, por no hablar de las hipocresías? Podríamos haber ido exactamente igual a la residencia vacacional del presidente de la República Francesa, en Brégançon, pero, aparte de que Carla prefería estar en su casa, Cap Nègre tenía la ventaja de evitar los comentarios esperables sobre las vacaciones del jefe del Estado pagadas por los franceses. Desde ese punto de vista al menos, estábamos a salvo. Y éramos, además, unos auténticos privilegiados, porque el sitio es espectacular.

He viajado mucho a lo largo de mi vida, pero no creo que haya visto nunca nada tan hermoso. Cap Nègre está justo enfrente de tres islas —Levante, Port-Cros y Porquerolles— colocadas como por ensalmo en ese Mediterráneo que a mis ojos es, de lejos, el mar más bonito del mundo. Mientras trabajo o escribo, las puedo vigilar de reojo. Es un espectáculo fascinante. Desde la casa, la vista se extiende sin el menor obstáculo en todas direcciones. Esté uno donde esté, el mar se impone y maravilla con su hermosura, con su fuerza apenas disimulada, una fuerza tan animal que uno la siente dispuesta a manifestarse y erguirse en cualquier momento, de manera absolutamente imprevisible. El escenario natural es sobrecogedor, por no decir hipnótico. Me descubro contemplándolo inmóvil un buen rato sin que me canse lo más mínimo. Aquel verano fuimos todos los días al mar sin necesidad siquiera de salir de la finca. Nos zambullíamos directamente en el agua, con frecuencia recibiendo los saludos de veraneantes que llegaban a bordo de sus pequeñas embarcaciones para disfrutar de la calma protectora de la bahía de Cavalière —y del sol intangible de los meses de agosto del Mediodía francés— haciendo pícnic, poniéndose morenos, mirando. Eran siempre encuentros cordiales y distendidos. Solía haber una o varias invitaciones a compartir un aperitivo, a hacernos una foto, a conversar brevemente. El atuendo veraniego ayudaba a levantar las barreras protocolarias y crear complicidad. Para mí aquello era como volver a vivir.

Los niños habían venido a estar con nosotros unos días. Estaba bien volver a coincidir todos. No había ni obligaciones, ni fotógrafos, ni presión exterior. La gente de Le Lavandou suele hablar de la casa del «castillo». Lo dicen con buena intención, pero no se corresponde con la realidad. Se trata de una amplia casa de piedra y teja, sólidamente plantada en lo alto del promontorio; sin presunción pero con elegancia. El interior es cómodo, pero de nuevo sin afectación, sin lujo inútil u ostentoso. La familia Bruni es de Turín, donde la buena educación y la discreción se han tenido siempre por virtudes cardinales. La casa responde a su forma de ser. Los cuartos de baño son, así, prácticamente de época. Y todos ellos ponen de relieve con orgullo que los radiadores son de hierro fundido y los interruptores de porcelana, como era de buen tono en la década de 1930. ¡Quien busque esos muebles nuevos estilizados o la marca de algún decorador de moda aquí no los va a encontrar! Un interior así, probablemente, decepcionaría mucho a los nuevos propietarios rusos o de Oriente Medio que hoy son legión en los departamentos franceses del Var y los Alpes Marítimos. La finca pertenece a la familia desde hace sesenta años. Respetar su identidad es un deber inviolable.

Se trata, en efecto, de un enclave italiano gracias al cual se preserva ese rincón milagroso de Francia. En la casa reina, ante todo, la libertad. Allí no hay ni obligación, ni horario fijo, ni agenda que respetar. Cada cual es libre y ha de velar por respetar la libertad del prójimo. Yo hube de hacer que instalaran —obligaciones de la función presidencial— un sistema de comunicación protegida y un espacio para los agentes de seguridad, así como otro para el edecán que me acompañaba a todas partes con los códigos nucleares. La finca es tan amplia que no hay sensación de encierro. Carla pasó todo aquel mes de agosto sin salir de allí en ningún momento. Estábamos con Marisa, mi suegra, magnífica siempre en su papel de ama de casa acogedora, solícita y encantada con todo aquel desbarajuste que tener un yerno presidente trajo a su vida. Por nada del mundo se habría perdido una cena, una visita, una ocasión de charlar, de reírse, de vivir… y de olvidarse del tiempo que pasa. Invariablemente acompañada de su hermana Gigi —de una elegancia inmutable—, ambas imponían, siempre que era posible, el italiano como lengua oficial de Cap Nègre. Vamos a añorar mucho la presencia de Gigi y su alegría. Este es el primer verano que hemos de pasar sin ella. El volumen sonoro siempre es alto, jovial y eruptivo. Las esporádicas tensiones se producen de golpe, impresionan en el momento por su teatralidad y desaparecen igual de misteriosamente que aparecieron. Incluso su recuerdo se borra: el clan está unido —también en eso a la italiana— y plantará cara a cualquier acontecimiento externo sin medias tintas y sin flaquear, con un amor que puede llevar hasta el perjurio. La familia es sagrada, y eso no es ninguna fórmula vacua para los miembros de esta. Cuando murió mi suegro —y tras el fallecimiento prematuro de mi cuñado—, esta pequeña república, a la que conviene añadir a Valeria —mi talentosa cuñada—, fue durante mucho tiempo un régimen matriarcal concebido, dirigido y encarnado por mujeres en el cual los hombres no ocupaban el primer puesto. Aquí el feminismo no es una postura o un eslogan, sino una mera realidad y una evidencia que sería de muy mal gusto impugnar. Razón de más para agradecer a esta familia haberme acogido con una calidez y una confianza tales: sin juicios, sin apriorismos, sin preconceptos. Llevo dieciséis años valorando, todos los días, la suerte que supuso encontrarme con Carla y con esta tribu transalpina cuya originalidad no deja de sorprenderme y encandilarme.

Yo daba diariamente una vuelta de varias horas con la bicicleta por la sierra que llaman Massif des Maures. Atravesaba bosques enteros de alcornoques. Me cruzaba con bastantes jabalís a los que se veía intrigados ante aquella tropa de ciclistas sudorosos por las carreteras de los altos del Mediodía francés. Resulta extraño que, apenas se aparta uno de la costa, el paisaje quede libre de casas, de coches, de cualquier contaminación visual. Nada hay ya en lo que fijar la vista que no sea la belleza de los lugares. Los puertos alpinos de Canadel y Babaou, la carretera que llaman Route des Crêtes, los altos de Bormes-les-Mimosas o el pueblo de Collobrières siguen siendo, todavía hoy, mis destinos favoritos para esas salidas.

Aquel mes de agosto estuvo lleno de los múltiples aromas, del silencio, del rezumado de los neumáticos de mi bicicleta por la carretera mal asfaltada, del sudor que de un modo sorprendente fluía desde la cabeza hacia las piernas y del placer de aquel sufrimiento difuso que también era un goce. En aquello no había masoquismo: tan solo la felicidad del esfuerzo. ¿Qué sentido tendría la vida sin este? ¿Qué serían nuestras alegrías si pudiéramos conseguir todo fácilmente, sin haber tenido tiempo ni siquiera para anhelarlas? En ese sentido el deporte es una escuela de vida y, sobre todo, una lección de cara a esta. Durante todas aquellas horas sobre la bicicleta, yo no hablaba. Era un descanso poder estar en silencio. Me dedicaba a pensar y volvía revitalizado, lleno de ideas nuevas. Únicamente hice dos excepciones en aquella nueva determinación de descanso absoluto. La primera fue para invitar a cenar en Cap Nègre a Bernadette y Jacques Chirac. Se hospedaban en Saint-Tropez, en casa de los Pinault, a quienes también invitamos (igual que a su gran amigo monseñor Di Falco, el simpático obispo de la diócesis de Gap y Embrun, quien no perdía la esperanza de que la jerarquía de la Iglesia lo llamara a otras responsabilidades). Era la primera vez que los recibíamos en aquel marco familiar. Bernadette estaba visiblemente contenta. Yo no lo estaba menos por volver a verla en aquella atmósfera propicia a conversaciones más íntimas, de más confianza. Ella se mostró como siempre, es decir, alegre, atenta y amistosa. Se interesó por mi salud con una sinceridad que me conmovió. Se encargó de ir guiando la conversación durante toda la cena. Resultaba obvio que había asumido el poder en su familia. Se mostraba elocuente, disponible, plena. Era evidente que no echaba de menos la política. Había digerido el *shock* de la jubilación. Yo me alegraba mucho de su trato con Carla, quien le hacía múltiples preguntas sobre el modo en que debía comportarse como primera dama. Como siempre, mi esposa estaba ávida de consejos y atenta a los de Bernadette, a quien ella quería y al mismo tiempo admiraba.

Yo no sabía gran cosa de los problemas de salud de Jacques Chirac. Aquella tarde, con todo, lo noté raro. Lo achaqué al mencionado *shock* de la jubilación, que él no había encajado aún. Ya no mostraba verdadero interés por ningún tema de conversación. No intervenía en los intercambios de la cena sino esporádicamente, cosa realmente insólita en aquel hombre famoso por su vitalidad y, sobre todo, por su cordialidad. Mientras comíamos le pregunté por la redacción de sus memorias, que, según había leído en la prensa, no tardarían en publicarse. Quería saber si se había quedado contento y si lo había pasado bien escribiéndolas. Me contestó, de forma un poco brusca y ligeramente irritado, que aquello no tenía para él «ninguna importancia». Aclaró, de hecho, que él no había participado en el asunto sino de forma muy superficial y que, sinceramente, le traía sin cuidado. Yo me quedé perplejo ante aquella muestra de dejadez, que jamás había visto en él. Solo más tarde comprendí hasta qué punto «sus recuerdos» hubieron de ser gestionados al margen de quien, a todas luces, ya no estaba capacitado para ser el único autor de los mismos. Aquella tarde advertí, sin lugar a dudas, un cambio en el carácter de Jacques Chirac. Seguramente la enfermedad estuviese empezando a hacer estragos. Aquella fue la última vez que lo recibimos… Comprendí también por qué François Pinault estaba tan atento al comportamiento y a las palabras de su amigo. El secreto que aquel pequeño grupo compartía se iba haciendo cada vez más difícil de guardar y más aún de esconder.

La segunda excepción fue para recibir al primer ministro François Fillon. Yo quería que sacáramos tiempo para comentar los temas previstos para la vuelta de las vacaciones; también los nombres de los futuros secretarios de Estado, cuyas designaciones yo había pospuesto para el mes de septiembre. Aquello permitió evitar las decepciones de quienes, no habiendo entrado como ministros en julio, podían seguir teniendo esperanzas de cara a la «repesca». Yo me alegraba de aquel encuentro con François Fillon, de quien apreciaba la calma y aquella especie de distancia que él sabía imponer perfectamente con respecto a los acontecimientos y las personas. Vestía siempre con una gran elegancia (un poco afectada para mi gusto, pero bastante original en la elección de los colores y en el corte de las chaquetas o las camisas). Terminé constatando que el hombre prestaba una atención muy especial a su atuendo. Cada detalle estaba pensado. Tenía un estilo propio. A mí me hacían gracia aquellos trajes que siempre le hacían destacar en las fotos.

Estuvimos hablando atropelladamente —saltando de un asunto a otro— unas dos y tres horas. Lo que él decía era siempre inteligente, pero conformista. Probablemente en ello residiera el carácter complementario de nuestro tándem. Yo quería generar una mayor complicidad y amistad entre nosotros. Había tomado nota de todos aquellos comentarios que me atribuían el desagradable papel de «martirizar» al primer ministro. Pero, no obstante mis esfuerzos, no lograba traspasar cierto límite en lo que se refería a profundidad y libertad en nuestro trato. Lo cierto es que François Fillon era más frío de lo que yo pensaba. Probablemente estuviera esperando su hora. Lo cual no era ilegítimo, habida cuenta de sus obvias cualidades y de su talento. Pero yo me equivocaba pensando que a él le agradaba que lo invitase a Cap Nègre. Con el tiempo entendí que, en realidad, aquello le disgustaba mucho más de lo que yo habría imaginado. Él seguramente quisiera que lo tratara de igual a igual. A sus ojos, yo nunca hacía lo suficiente en ese sentido. No era el primer inquilino de Matignon que albergaba aquellos sentimientos desapegados y ambivalentes tras dos años en el cargo. Tampoco fue el último, a juzgar por las reacciones de Édouard Philippe frente a Emmanuel Macron. En varios aspectos eran muy parecidos, de hecho. Son dos personalidades de valía que saben cómo exponer las cosas y que poseen un auténtico talento oratorio, pero que se superan cuando adoptan «posturas» que pueden disimular una falta de liderazgo. Tales comportamientos, acaso inevitables, son muy humanos. Quien ocupa el cargo de primer ministro olvida siempre que fue nombrado por quien fue elegido. Esta ambigüedad, que ha dado lugar a multitud de relaciones complicadas, terminará provocando la desaparición del cargo de primer ministro, tan anhelado por quien lo desea y motivo de tantas frustraciones para quien lo ha logrado. La rivalidad en la cúspide del poder no puede resolverse sino con la victoria del presidente electo, quien, sin embargo, lo habrá de pagar nada menos que con la desunión en el seno de su propio bando. En tal «drama» no hay vencedor posible. De ahí que yo mantuviera mi confianza en François Fillon durante los cinco años de mi mandato sin lamentarlo nunca.

*
* *

Retomé mis actividades a tiempo completo el 25 de agosto. A mi pesar, dejé Cap Nègre y su relativa despreocupación. Había que volver al ritmo infernal del Elíseo. Regresando en el avión de la República, pensaba en la fugacidad del tiempo que pasa y en aquel título maravilloso de Jeanne Herry que tanto me había marcado: *80 étés*. Una vida se resumía en eso: ochenta veranos. Quedaba, por tanto, uno menos. Me acordaba de que, empezando el mes, me había dicho a mí mismo en un momento de inconsciencia: «Tres semanas son mucho tiempo». No iba a tardar en descubrir que tres semanas, tres horas, tres años o incluso treinta…, al final todo pasa igual de rápido que un instante.

La primera reunión de trabajo que me esperaba era muy importante para mí, ya que en ella había de tratarse el tema de los bancos y los banqueros. No es que yo tuviera fijación con sus personas o sus situaciones, pero me veía obligado a constatar que habían estado involucrados en el meollo de la crisis financiera. Para empezar, en las causas de la misma, debido a la imprudencia y al cinismo de una parte de ellos. Luego en su evolución, adoptando por reacción unas posturas demasiado rígidas. Del «todo es posible para todos» habíamos pasado al «más crédito para cualquiera». En aquella ocasión había sido la práctica totalidad de los dirigentes de la banca quienes habían adoptado tal postura. Por último en sus consecuencias, con la práctica, anterior a la crisis, de los bonus descomunales que volvía a aparecer, después de esta, con más fuerza aún.

Yo notaba que la exasperación del país ante aquellos comportamientos había aumentado considerablemente. No me gusta, por principio, señalar chivos expiatorios; menos aún quería hacer semejante cosa entonces, con lo fácil que habría sido utilizarlos a tal efecto, no siendo ellos en absoluto conscientes ni de la gravedad de la situación ni del rechazo que suscitaban. Lo cual era verdaderamente lamentable teniendo en cuenta que la necesidad de finanzas y financieros era todavía más crucial en aquel periodo de crisis económica que si hubiésemos gozado del impulso de un crecimiento vigoroso. En el fondo, los banqueros podían tanto contribuir a que todo volviera a ponerse en marcha debidamente como provocar —en caso de nuevos errores— que el mundo entero se sumiera en otra crisis más profunda todavía y, sobre todo, mucho más larga. De ahí la importancia enorme que para mí tenía aquella reunión, de la que esperaba resultados y no simplemente análisis o declaraciones de buena voluntad. Unos días antes hice que se publicara un comunicado oficial en el que el Gobierno exigía «con firmeza que las nuevas reglas adoptadas por el G-20 en materia de remuneración se respetaran escrupulosamente». Me había irritado —por no usar otra palabra más fuerte— un anuncio del primer banco francés, el BNP Paribas, que preveía la recuperación de los «bonus variables» para finales de año e incluso había provisionado a tal efecto ¡nada menos que mil millones! Era obviamente demasiado pronto para una cosa así, toda vez que estábamos asumiendo aún las pérdidas; y resultaba especialmente inapropiado teniendo en cuenta la cantidad de gente que estaba padeciendo con dureza las consecuencias de la crisis. Era imposible encontrar un momento peor para aquello. El banco estadounidense Goldman Sachs fue más lejos todavía al provisionar una cantidad siete veces mayor que la del BNP Paribas para el pago de los bonus de sus corredores de bolsa. En aquella situación concreta, semejantes comportamientos pasaban a ser claramente irresponsables.

La principal dificultad residía en el hecho de que una respuesta exclusivamente nacional habría penalizado a nuestros bancos. Se hacía necesario, así, internacionalizar nuestra respuesta. Por eso pedí, justo después de aquellos anuncios por parte de los bancos, que la siguiente cumbre del G-20, que había de celebrarse en Pittsburgh, acometiera el problema del fin del carácter automático de los bonus. Era asimismo mi deseo que, junto a bonificaciones para cuando todo marchase bien, se previesen igualmente penalizaciones para las mismas personas cuando todo marchase mal. Para sintetizar mi idea, recurrí a la fórmula «Ninguna bonificación sin penalización». Aquel era, en efecto, un sistema injusto en el cual, cuando se creaba valor, los corredores de bolsa reivindicaban la paternidad del mismo, pero, cuando sobrevenían pérdidas y había que asumirlas, nadie estaba obligado a rendir cuentas ni se hacía responsable de ellas.

La reunión empezó en un clima tenso. Ante mí se hallaban los mejores banqueros del lugar. Todos manifestaron tanto su buena fe como sus buenas prácticas. Todos me reprocharon que estaba manteniendo un discurso de izquierdas, cuando no ultraizquierdista. Yo los conocía muy bien a todos; algunos eran incluso mis amigos. Lo cual no me impidió hablarles sin contemplaciones: «Pensáis que os estoy atacando, pero os estoy protegiendo al evitar que volváis a las andadas, que cedáis a la presión de vuestro ámbito profesional y que acabéis creando una situación irreparable en términos de imagen y de trato con los franceses». Tal era el sentido de mi preámbulo. Reconocía que había sido brusco. Quería abrirles los ojos y hacerles entender que estábamos caminando por la cuerda floja. Aquel no era el momento de las medias tintas, las hipocresías y los paripés. Sé que aquella reunión dejó marca en algunos de los asistentes, de cuyo apoyo carecí en la campaña de 2012. Probablemente pensaran que yo debía estar a su servicio… Ese es uno de los puntos débiles de esos grandes actores de la economía y las finanzas, que exigen para sí mismos un apoyo incondicional que jamás están dispuestos a corresponder. Entendieron rápido, no obstante, que era inútil insistir. Baudouin Prot, presidente del grupo BNP Paribas, fue el primero que hizo un esfuerzo al reducir a la mitad —esto es: a quinientos millones de euros— la provisión de fondos para los bonus de los corredores de bolsa de su banco. (Aquello era un primer paso en la buena dirección.) Dejé claro que el Estado no otorgaría ningún mandato a los bancos que no aplicasen las nuevas reglas. En mi fuero interno estaba escandalizado al ver que las lecciones de la crisis que acabábamos de vivir se olvidaban tan rápido, antes incluso de haber pasado página de dicha crisis.

Había otro tema que no me preocupaba menos, aunque por razones distintas. Me refiero al acceso de las empresas a la financiación. De todas partes me llegaban señales de alarma sobre el rechazo de los bancos a prestar, sobre todo a las pequeñas y medianas empresas. Estas últimas estaban asfixiadas; se veían atrapadas entre la crisis y la falta de fondos disponibles. Los ejemplos abundaban. Yo recibía multitud de cartas donde se me describían situaciones verdaderamente impactantes. Numerosas pymes corrían peligro de no poder superar aquel bache. Temía también que aquella situación pudiera conducir, si se prolongaba, a un ahogamiento de los primeros signos de la recuperación. Era el colmo. Antes de la crisis, los bancos se habían puesto a prestar a diestro y siniestro. La crisis de los créditos *subprime* era la prueba. Y ahora resultaba que no querían prestarle a nadie. ¡Estábamos echando un pulso y yo solo podía permitirme ganarlo!

La oposición y los sindicatos, en lugar de secundar mi iniciativa, denunciaron unánimemente —reacción bastante curiosa— «una mera operación publicitaria». Concretamente François Chérèque me acusó, en nombre de la CFDT (Confederación Francesa Democrática del Trabajo), de no «haber sido lo bastante combativo frente a los banqueros». Era algo tan ritual como injusto; pero no tenía mayor importancia. Yo sabía que la prueba decisiva llegaría luego, cuando se me juzgara por mi capacidad de arrastrar primero a Europa, y al G-20 después, por el camino de la refundación del capitalismo. Y contaba con una lucha tanto más difícil cuanto que el presidente estadounidense Barack Obama acababa de anunciar que, por lo que a él respectaba, renunciaba a hacer que se aplicara ningún tipo de regla en materia de bonificaciones. Postura que, para un político del Partido Demócrata…, resultaba bastante republicana. Aquello era un mal augurio de cara al G-20 de Pittsburgh, pero a mí no me sorprendía demasiado en vista de la pusilanimidad a la que Barack Obama nos había acostumbrado cada vez que habría hecho falta plantar cara a un grupo de presión o a un adversario. Y es verdad que en Estados Unidos, los banqueros representaban un poder mucho más abrumador que el que solía conferirse a los bancos franceses y a sus directivos.

*
* *

El mes de septiembre empezó con un viaje de seis días a Brasil. Mi sintonía con el presidente Lula da Silva se había ido reforzando con el tiempo. Mi voluntad de crear una entente con «el gigante brasileño» empezaba a tomar forma. Yo veía el gran interés estratégico de aquella alianza, que nos permitía instalar una cabeza de puente en América Latina —ese continente de seiscientos millones de habitantes—, impulsar nuestras exportaciones a un país que necesitaba de todo y fortalecer nuestra influencia en los ámbitos internacionales gracias a aquella amistad «extraña» entre el héroe de la izquierda suramericana y el líder de una derecha francesa que empezaba a crear escuela en Europa. Aquello era una simbiosis en toda regla. Lula estaba tan contento como yo. Varias veces me había pedido que fuera a Brasil, concretamente cuando comimos juntos en abril de 2009 (aquella fue nuestra primera conversación realmente a solas). Yo llevaba tiempo queriendo establecer vínculos de confianza con él, pues me parecía importante hacer de Brasil un socio privilegiado de Francia. La primera potencia económica de América del Sur se me antojaba un coloso de dimensiones humanas. «Coloso» porque sus más de doscientos millones de habitantes lo convertían en una de las democracias más grandes del mundo. «Dimensiones humanas» porque su economía, aún en vías de desarrollo, no le permitía aplastar —ni siquiera dominar— a un socio como Francia. Brasil era lo bastante fuerte como para resultar un aliado útil pero lo bastante débil como para no imponer su dominio en nuestras relaciones bilaterales. Y el hecho de que Lula sea conocido por su compromiso de izquierdas —o incluso de ultraizquierda— en absoluto representaba un problema, ya que, muy al contrario, podíamos servirnos de nuestras complementariedades, al menos si teníamos el buen juicio de sumar nuestras amistades y nuestras redes. Yo tenía la intuición, de hecho, de que entre los dos podríamos reunir a mucha gente. Aquello era, además, una ocasión para poner de relieve a América Latina, cuyo posición política en la escena internacional me parecía, una vez más, muy insuficiente comparada con su peso demográfico. Todo nos diferenciaba: el idioma, la orientación política, la historia personal, los referentes históricos y las afinidades. Así y todo, nos entendimos al instante. Fue una cosa inmediata. A mí me agradaba conversar con él. Me gustaba su forma de ver a las personas y las situaciones. Diría que fue uno de los jefes de Estado por los que más simpatía sentí. Era espontáneo y bastante profundo. Cuanto más lo iba conociendo, más apreciaba la riqueza de su recorrido y la intensidad de las luchas que había tenido que librar. Hijo de una familia de ocho hijos, criado solamente por su madre, fue obrero durante muchos años. Fue trabajando en la fábrica como perdió un dedo de la mano izquierda. Hubo de volver a intentarlo cuatro veces antes de ser elegido por vez primera presidente de Brasil. Rara vez me he encontrado una voluntad así, una tenacidad tan honda y semejante coraje, atributos ambos que le han permitido superar tantas adversidades. Lo vi mientras combatía un feroz cáncer de laringe que alteraba fuertemente el sonido de su voz. Me reuní con él después del trance del encarcelamiento, cuando se disponía a volver a casarse. Lula no es un hombre al que se pueda abatir, destruir o reducir. Es una roca. Confieso mi admiración por este hombre, sin entrar a juzgar unos «asuntos» de los que ignoro todo.

Teníamos, cómo no, desacuerdos políticos, pero en realidad muy pocas divergencias en lo tocante a las personas. Fue un aliado valiosísimo por su capacidad de transgredir. Durante su visita a Francia, puso contra las cuerdas a Ségolène Royal, quien sin embargo afirmaba tener sintonía con él. Una sintonía que quedó claramente en entredicho cuando él declaró: «Sarkozy tiene razón. Francia tiene que trabajar más». Porque Lula será de izquierdas, ¡pero no es ningún adepto del pensamiento *woke!* Ese encanto tienen, por lo demás, las relaciones internacionales, donde las restricciones que imponen las contingencias políticas nacionales obstaculizan menos los sentimientos personales. Por curioso que pueda parecer, me encantó trabajar con el presidente brasileño, en quien siempre deposité mi confianza. Sea como sea, si hoy hubiese de comparar a Lula con el presidente Bolsonaro, lo vería más claro si cabe. No me habría agradado lo más mínimo trabajar con este último, mientras que disfruté construyendo la nueva relación franco-brasileña con Lula. Este ilustraba con total nitidez la diferencia abismal entre el populismo más demagógico y una presidencia que reivindicaba su origen popular. Es posible discrepar de Lula, a quien no todo le ha salido bien; ¡pero no puede negarse su autenticidad! Hay pocos jefes de Estado en todo el mundo que puedan decir lo mismo.

De manera que Lula me dispensó el honor de asistir a su lado al desfile de la fiesta nacional brasileña del 7 de septiembre, en la que se celebraba la independencia el país. Aquello era un espectáculo colorido, alegre, múltiple, extraño y, al mismo tiempo, apasionante. «Colorido» porque parecía que el color hubiera sido inventado por Brasil y para su beneficio exclusivo. Yo no sabía hacia dónde dirigir la mirada. Allí no había, digamos, gama de grises: los participantes iban todos vestidos con luminosos trajes abigarrados y centelleantes. Era un cuadro deslumbrante de gusto impecable y en el que ninguna tonalidad prevalecía sobre otra. Era una algarabía inverosímil en la cual reinaba, a pesar de todo, cierta coherencia. El desfile se desarrollaba sin monotonía: el espectáculo cambiaba a cada instante. «Alegre» porque, no obstante la pobreza y las desigualdades, yo no vi, entre el nutrido público y entre los participantes, sino a personas sonrientes y dispuestas a entregarse a los ritmos de cuantos grupos musicales se iban sucediendo. El baile era como una segunda naturaleza. Entendí que, cuando un brasileño se mueve, está bailando aunque no se dé cuenta. Aquello contrastaba enormemente con nuestra rigidez habitual y con nuestra falta de flexibilidad, ¡en sentido tanto propio como figurado! «Múltiple» porque al armamento más sofisticado —misiles por ejemplo de largo alcance— le seguían de inmediato organizaciones de la sociedad civil como la escuela de samba de São Paulo o la escuela de deportes de combate de Río. Desfilaban, así, regimientos que marchaban impecablemente al paso de la oca y muchachas con las medias a veces agujereadas que bailaban al son de una música tan tradicional como efervescente. Los brasileños son de todos los orígenes. Hay negros, blancos, mestizos, indios. Imposible encerrarlos en un morfotipo. La mezcla es el meollo de su identidad. El propio término debió de crearse para Brasil... «Extraño» porque, a pesar de esas múltiples diferencias —de esa suma espectacular de culturas, tradiciones e identidades que inicialmente poco tenían en común—, Brasil se ha convertido en un auténtico país. El conjunto ha sabido construir y encontrar una coherencia que no es artificial. Constituye una nación, una sociedad, un todo cuyos vínculos tienen una enorme potencia. «Apasionante» porque este país es la prueba de que todas las diferencias deberían poder coexistir pacíficamente, como Brasil continúa demostrando.

Yo estaba fascinado por aquel espectáculo del Nuevo Mundo, que tan joven y vigoroso se me antojaba por el potencial sin límites de aquella nación cuyo suelo y subsuelo ocultan todas las riquezas, y cuyo número de habitantes la convierte en la tercera democracia más grande del planeta. Naturalmente que los brasileños tienen sus dificultades y sus problemas y están divididos política, social y culturalmente; pero tampoco mucho más de lo que hoy lo están los europeos. En lo que a diferencias se refiere, sin embargo, ellos partían de más lejos y, sobre todo, tuvieron menos tiempo que nosotros para afinar su sistema de integración.

La visita debía empezar con una cena privada que Lula tenía muchísimo interés en organizar. Hacía casi un año que me había prometido un *churrasco,* o sea, carne asada al espeto o a la parrilla. Quería prepararlo él mismo: decía que se había hecho un experto. Cuando llegamos —al caer la tarde—, Lula ya se afanaba, entusiasmado, en torno a un ingenio diseñado para asar las famosas carnes brasileñas. Aquel artefacto imponente —y bastante moderno— estaba enmarcado, en ambos laterales, por dos espejos de vidrio templado. Por desgracia Lula, queriendo esmerarse, probablemente había echado demasiado carbón. (Yo me había fijado, cuando entré, en la potencia impresionante de aquel fuego.) La cuestión es que, cuando llevábamos apenas diez minutos instalados, oímos una violenta explosión que nos sobresaltó y atrajo a una cantidad nada desdeñable de guardias brasileños armados que, a todas luces, debieron de pensar que aquello era un atentado. Tras unos minutos de gran confusión, se descubrió la causa de tamaño lío, todo mucho menos novelesco de lo que la policía imaginaba: había sido aquella dichosa barbacoa, que acababa de estallar con un estruendo terrible de cristales rotos. Estos se habían desperdigado por la carne que pensábamos comernos que quedó, por tanto, inutilizada para tal fin. Lula sintió aquello una barbaridad. Habría que dejar la barbacoa para otra ocasión... Afortunadamente Marisa, la hoy difunta esposa del presidente, había previsto el riesgo de lluvia y había dejado todo listo para un posible repliegue a un comedor anejo cubierto. Así pues, nos trasladamos allí para degustar la *moqueca,* un plato de pescado tradicional brasileño acompañado de judías. Todo arreglado, pues. Lula no hablaba inglés y yo tampoco domino el brasileño, por lo que hubimos de recurrir a un intérprete. Aquello en absoluto entorpeció la fluidez de nuestros intercambios.

La cena fue alegre, interesante e íntima. Lula era un anfitrión entregado que hacía cuanto estaba en su mano para que sus invitados se sintieran cómodos. Conservaba las maneras y los gustos sencillos de la época en que no era sino un obrero más. Era todo lo contrario de un arribista o de un nuevo rico. Ni sus costumbres, ni sus preferencias, ni su aspecto se habían alejado de la sencillez que era su marca de fábrica. Marisa, por su parte, era una mujer discreta y reservada. Hacía mucho calor. Lula sudaba bastante. Su esposa tenía siempre en la mano un gran pañuelo con el que enjugaba tiernamente el cuello de su marido. Me parecieron un matrimonio feliz.

Rara vez me he encontrado a un hombre con el temple de Lula. Me alegro de la nueva página de su destino excepcional que se ha abierto con su reciente victoria en las elecciones presidenciales. Puede decirse que lo habrá conocido y vivido todo. Yo creo que será mejor presidente de lo que fue, pues ha conservado su talento pero ha acumulado una experiencia que habrá contribuido a enriquecer su humanidad con la vivencia del fracaso, la enfermedad y la cárcel. Ha impuesto su resurgir mil veces. A cuantos le han criticado y lo siguen haciendo me limitaré a decirles: «No es Lula quien lo quiere». Este hombre es una lección de esperanza, de energía, de ganas de vivir. Brasil tiene suerte por contar con un líder de su casta. Añado que, en épocas de grandes incertidumbres como las que ahora vivimos, no es casualidad ver triunfar, un poco por todas partes en el mundo, a hombres de experiencia. Tienen la capacidad de transmitir seguridad y guiar a unos pueblos desorientados por múltiples crisis. Otro tanto cabría decir para explicar el regreso inesperado del primer ministro israelí Benjamín Netanyahu, ¡que no responde a ninguno de los criterios habituales de la política!

Durante la cena hablamos de los numerosos temas que ocupaban a nuestros países. Mi prioridad estaba en la industria armamentística. Yo había transgredido las normas acostumbradas al ignorar la oposición de Estados Unidos y aceptar ayudar a los brasileños a adquirir submarinos nucleares. Aquello equivalía a violar un tabú, por más que lo nuclear se limitara al modo de propulsión de las naves y en ningún caso incluyera, por supuesto, «la bomba».

Aun así, la muestra de confianza era fuerte, pues hasta entonces todos los Gobiernos franceses, al igual que todos los países dotados de esa tecnología, habían rechazado compartirla con Brasil. Yo veía las cosas de otro modo. ¿Por qué razón teníamos que prohibir el uso de la propulsión nuclear a una auténtica democracia como la brasileña? Exportando como exportábamos nuestras centrales nucleares, a mi juicio no había ningún motivo razonable para no hacer otro tanto con los submarinos. Sea como sea, aquello instauró un nuevo clima entre Brasil y Francia. Yo quería aprovechar para impulsar nuestros aviones Rafale, que llevaban veinticinco años sin encontrar un solo comprador extranjero, lo que empezaba a suponer un problema grave para las cadenas de producción del grupo Dassault Aviation, que no estaban pensadas para tener como único cliente al ejército francés. La competencia con los estadounidenses era violenta y frontal: se permitía cualquier golpe, pues ellos entendían que Brasil formaba parte de su coto privado y no podían concebir que un mercado armamentístico se les escapara. Lula se había mostrado muy alentador al reivindicar una entente estratégica con Francia en materia de defensa que comportara la transferencia de una serie de tecnologías que a él le interesaban muy especialmente. Brasil representaba la octava potencia económica del mundo y la quinta por su superficie. A nosotros nos interesaba muchísimo entablar aquella nueva amistad, que resultaba tanto más natural teniendo en cuenta que éramos el único país de Europa que compartía una frontera con Brasil, ¡y una frontera de nada menos que setecientos kilómetros! (También eso nos aportaba la Guayana Francesa.) Se trataba de una baza decisiva. El anuncio por parte de Lula de que se iniciaban negociaciones para la adquisición de treinta y seis Rafale franceses fue una de las grandes satisfacciones de aquel viaje, y no tardó en provocar una auténtica tensión con los estadounidenses, que hicieron todo lo posible para lograr que aquel proyecto fracasara.

Decidimos, por último —y en absoluto era lo menos importante—, que ambas naciones plantearan en la siguiente cumbre del G-20, que se celebraría en Pittsburgh, una posición común sobre el crucial asunto de la nueva organización del sistema multilateral mundial. Los dos estábamos igual de convencidos de que los cambios necesarios se estaban produciendo demasiado despacio, de que había que reformar la composición de los miembros permanentes del Consejo de Seguridad, de que convenía modificar la estrategia del FMI (Fondo Monetario Internacional) y del Banco Mundial para que dichas instituciones se ocuparan más de propiciar el desarrollo, y no solo de controlar los gastos de funcionamiento de los países más pobres. Dicho de otro modo: no queríamos que los mismos organismos de control que hacían la vida imposible a pequeños países como Benín —recortando muchos de sus gastos— siguieran sin estar en condiciones de lanzar la menor señal de advertencia a unos grandes bancos estadounidenses que habían hecho lo que les había dado la gana con los créditos *subprime* y con toda una serie de instrumentos financieros de complejidad temible y opacidad total. Durante mi mandato, aquella alianza francobrasileña funcionó sin el menor incidente. Jamás me arrepentí de haber emprendido aquella política. Ahora que se ha ido el presidente Bolsonaro y ha vuelto Lula, le corresponde a Emmanuel Macron recoger el testigo de una estrategia tan provechosa para ambos países.

*

* *

De nuevo en Francia tras una noche entera de viaje, no tardé en volver a verme atrapado por la política debido a tres asuntos que no guardaban relación entre sí pero provocaron una gran agitación. El primero tenía que ver con la detención —tan chocante como inesperada— de Roman Polanski en Suiza precisamente cuando las autoridades de ese país lo habían invitado para que recibiese el premio que los organizadores del Festival de Cine de Zúrich le habían otorgado por el conjunto de su obra. Aquel fue un proceder bastante extraño, ya que consistía en conceder un visado para que Roman Polanski pudiera asistir a aquel evento y, paralelamente, organizar su arresto en el momento mismo en que bajara del avión. ¡Digo yo que hay formas mejores de recibir a la gente! Los suizos habrían podido declarar al director *persona non grata* y no dejarle ir a recoger su premio. Ahí no habría habido nada que objetar. Recibir al hombre para detenerlo, sin embargo, era una cosa totalmente distinta. Entonces no existía el movimiento #MeToo. Aquella detención y el contexto en que se llevó a cabo desencadenaron un escándalo tremendo.

Yo conocía a Roman Polanski. Apreciaba al genial director de tantas de nuestras cintas de culto —desde *La semilla del diablo* hasta *El baile de los vampiros*— y me gustaba el hombre que había sobrevivido al gueto de Cracovia siendo un niño aún muy pequeño. Carla y yo teníamos trato cercano con la talentosa Emmanuelle Seigner, su esposa desde hace más de tres decenios. La noticia del encarcelamiento de Roman Polanski me dejó atónito, y más aún el riesgo de que lo extraditaran a Estados Unidos, donde se exponía a treinta años de cárcel. El problema venía de una orden de detención emitida en 1978, es decir, ¡treinta y dos años antes! Una orden de detención de la que todo el mundo se había olvidado, incluido el principal interesado, que en ese entonces tenía setenta y cinco años. Los hechos son demasiado conocidos como para que haga falta repetirlos con detalle: Roman Polanski había incurrido en la grave culpa de mantener relaciones sexuales con una menor de edad, concretamente de trece años. Aquello era un comportamiento inaceptable y nadie, ni siquiera el propio Roman Polanski, cuestionó nunca eso. Ninguno de los dramas por los que este hombre haya podido pasar a lo largo de su vida se puede esgrimir como circunstancia atenuante: ni la deportación de su familia durante la Segunda Guerra Mundial ni el asesinato atroz, por parte del demoníaco Charles Manson, de Sharon Tate, su esposa entonces embarazada. Tampoco cabe escudarse en el ambiente particularmente pernicioso que imperaba en la California de la década de 1970, ebria de droga y sexo. Todo lo cual, sin embargo, está ahí. A lo que se añade que la víctima del señor Polanski había expresado claramente su deseo de que aquel asunto dejara de recordarse. Llegó incluso a afirmar que hacía ya mucho tiempo que había pasado página. Añado un último elemento que, a mi juicio, tiene su importancia. Me refiero al derecho de cualquier persona al olvido, sobre todo si es con el consentimiento de la víctima. Y resulta que tal era el caso aquí, dado que esta había solicitado el desistimiento de las actuaciones judiciales. Habían pasado treinta años desde los hechos y Roman Polanski vivía con aquella espada de Damocles sobre la cabeza. Jamás se había visto involucrado de nuevo en ningún asunto parecido.

La noticia de su encarcelamiento provocó una gran conmoción en los medios culturales tanto franceses como europeos. Los suizos tenían un plazo de cuarenta días para contestar a la solicitud de extradición del fiscal de Los Ángeles encargado del expediente. Aquello dejaba muy poco margen de actuación. Recibí a Emmanuelle Seigner, que estaba muy afectada y preocupada. Al mismo tiempo rebosaba sangre fría y determinación. Admiré la valentía de aquella mujer dispuesta a todo para sacar al padre de sus dos hijos de aquella trampa. Para mí era importante decirle la verdad, por duro que le resultara escucharla. Tenía que prepararse para que aquello se prolongara; tenía que armarse de paciencia. Los tiempos de la Justicia son interminables, sobre todo cuando conviene recurrir a convenciones internacionales. En cualquier caso, yo estaba resuelto a ayudarlos. Pero no porque fuesen conocidos ni porque fuesen amigos nuestros, sino porque yo, como presidente de la República, tenía que traer de vuelta a Francia, igual que había hecho tantas veces con personas anónimas, a todos los franceses que se encontraran en ese tipo de situaciones peligrosas. Roman Polanski no podía tener, por el hecho de ser famoso, menos derechos que cualquier otro ciudadano.

Hablé del caso Roman Polanski con el presidente estadounidense Barack Obama. Quería sensibilizarlo tanto con la situación de este director conocido en todo el mundo como con la conmoción que dicha situación había suscitado en el ámbito cultural francés. El hombre me escuchó educadamente... y no hizo nada. Me lo confesó con bastante franqueza: ¡ni quería ni podía tomar iniciativa alguna! O sea: el «icono» de los estudios hollywoodienses no movió un dedo. Le gustaba, eso sí, recibir a los actores, a los directores, a las estrellas tanto de la pequeña como de la gran pantalla. Valoraba aparecer en fotografías con ellos, hacer ver que tenían un trato cercano. Pero percibí que, en aquel caso específico, había demasiados riesgos para su imagen. Barack Obama no podía soportar la menor contrariedad, incluso si se trataba de responder a una situación tan injusta. Hillary Clinton fue más valiente al manifestar claramente su conmoción. Ella era mucho más sensible y comprensiva con el aspecto humanitario del caso, ¡lo que ya era una gran diferencia!

Traté igualmente aquel asunto con la representante federal suiza. Era una mujer inteligente y simpática que se encontraba ejerciendo durante un año la presidencia del país. Así funciona el sistema suizo, donde el titular del primer cargo nacional lo ocupa de forma muy breve. La rotación anual en el seno del Consejo Federal es la regla constitucional. El resultado era que el titular carecía de experiencia en el poder y en las relaciones internacionales. Y, por añadidura, aquella presidenta era bastante joven. La noté muy incómoda con aquel tema, del que con gusto se habría desentendido y que parecía superarla. Yo le hice ver que la decisión de extraditar a Estados Unidos a un hombre de setenta y cinco años que previamente había recibido una invitación oficial para visitar Suiza supondría un gran riesgo para su país en términos de reputación. Ella convino conmigo con bastante rapidez y con cierta honestidad. Yo sentí, así y todo, que el peso del poder y de la decisión última era demasiada carga sobre sus hombros. Tras pasar cuarenta y dos días en la cárcel, Roman Polanski fue por fin trasladado a la casa que poseía en la montaña suiza. Aquello era un primer paso y todo un alivio. Todavía hizo falta no menos de un año para que lo autorizaran a salir del territorio suizo. Pero hoy, con casi noventa años, Roman Polanski sigue sin poder viajar y salir de Francia. La «pequeña Suiza» finalmente resistió al «gigante estadounidense».

Fue entonces cuando surgió la polémica a propósito de Frédéric Mitterrand. Yo no me lo esperaba. La sorpresa fue absoluta. Mi ministro de Cultura había volado en auxilio de Roman Polanski cuando este fue encarcelado. A mí me parecía que había hecho bien, habida cuenta de las funciones que ejercía. Tenía la obligación de brindar su apoyo a los artistas. Además, yo conocía su sensibilidad. Le gustaba aquel ámbito artístico, al cual pertenecía. Vivía la vida y las pasiones de los creadores, cuyas reacciones compartía. Él mismo era un artista de talento. En resumidas cuentas: yo estaba satisfecho de verlo meterse en harina de aquel modo y dar muestras de una valentía auténtica. No me había imaginado que el caso Polanski pudiera convertirse en el caso Frédéric Mitterrand. Justamente eso fue, sin embargo, lo que pasó. La mecha la prendió Marine Le Pen. Con un cinismo asumido y con su habitual mala fe, no dudó en explicar que el apoyo del ministro al cineasta era comprensible, puesto que ambos habían incurrido en un mismo comportamiento pedófilo. Para respaldar su «tesis», leyó en el programa *Mots croisés* [Palabras cruzadas] un pasaje del libro autobiográfico de Frédéric Mitterrand, *La Mauvaise Vie* [La mala vida]. Citó algunos pasajes truncados que narraban episodios de la vida personal de este en Tailandia. Llegó hasta el punto de inventar la expresión «chicos jóvenes» *(jeunes garçons)*, que no figuraba en el libro. Es decir: en un instante, y por boca de ella, la homosexualidad se convertía en pedofilia. Era un juicio sumarísimo deshonesto e insultante. También, por desgracia, bastante eficaz para impresionar a la gente. Pero eso no fue todo: Marine Le Pen no dudó en exigir la dimisión inmediata del ministro. Una situación enojosa pero que venía del Frente Nacional, que nos tenía acostumbrados, desde hacía mucho tiempo, a esa clase de comportamientos nauseabundos.

Las cosas se inflamaron de verdad cuando el portavoz del Partido Socialista, Benoît Hamon, no tuvo ningún reparo en sumarse, con el apoyo del «procurador» Arnaud Montebourg, al bando de la moral ultrajada que encarnaba el Frente Nacional. Ambos hicieron suya la argumentación de Marine Le Pen y afirmaron sentirse impactados por el libro de Frédéric Mitterrand, el cual, conviene recordar, había sido publicado ¡cuatro años antes! Se trataba, por tanto, de un *shock* en diferido, o más exactamente de conveniencia, pues querían ajustarle las cuentas a un ministro que había abandonado la izquierda para unirse a mí. Yo estaba estupefacto ante el hecho de que el Partido Socialista pudiera alinearse de aquel modo con el Frente Nacional con el único objetivo de debilitar a la mayoría parlamentaria. Entiende uno mejor la absoluta pérdida de identidad de los dirigentes socialistas de ese entonces. Ya no tenían puntos de referencia, líneas rojas, límites. Yo creo que, a pesar de la elección de François Hollande en 2012, la crisis del socialismo francés empezó en aquellos años, íntegramente consagrados a la demolición de los demás, y nunca a la construcción de un corpus nuevo de ideas y valores. Frédéric Mitterrand contestó de forma harto pertinente y punzante: «Que el Frente Nacional me arrastre por el fango es un honor. Que un diputado de izquierdas me arrastre por el fango es una vergüenza para él». Con aquella respuesta mostraba que había asimilado en seguida los códigos del mundo de los partidos y que se había convertido en un auténtico ministro político, algo de lo que muchos habían dudado en el momento de su designación.

Yo había leído su libro mucho antes de que la polémica empezara. Me pareció talentoso, doloroso y sensible. Frédéric Mitterrand en ningún momento hacía apología del turismo sexual, y menos aún de la pedofilia. Sí que revelaba, en cambio, su homosexualidad y confesaba haber recurrido a prostitutos varones adultos. Mostraba, pues, el lado oscuro de una parte de sí mismo. Yo entendía que aquello pudiera impactar, pero consideraba que ya no estábamos en el Medievo y, sobre todo, que en aquel comportamiento no había nada que pudiese motivar acciones penales. Frédéric Mitterrand estaba muy afectado por aquellos ataques y, al mismo tiempo —y con razón—, furioso ante aquella mala fe. El hombre daba muestras, al mismo tiempo, de un abatimiento genuino y de una belicosa voluntad de plantar cara a cualquier precio. Yo le aconsejé insistentemente que tomase la palabra para zanjar aquel debate. Me parecía que el telediario de las ocho de la tarde de TF1 (Télévision Française 1) le brindaría la oportunidad de llegar al mayor número de franceses. Estaba convencido de que la honestidad, la sinceridad y la verdad de su testimonio cerrarían aquel episodio, que no tenía nada de agradable. No me costaba imaginarme lo humillante que podía resultar verse obligado a dar explicaciones sobre su vida íntima. Faltaba mucho todavía para la actual avalancha de revelaciones escabrosas, de la que aquello probablemente fuera el comienzo.

En la televisión lo hizo bien; pudo confirmar que las acusaciones eran difamatorias aclarando, aun así, con una profunda sinceridad, que «cometí un error, pero no un crimen; ni siquiera una infracción». Yo confirmé de inmediato mi apoyo a aquel ministro tan distinto del resto, el cual me confesó cuánto había significado para él mi firmeza a su lado, ¡y que jamás olvidaría aquello! Los hombres son lo que son, es decir, no siempre son lo que les habría gustado ser. Estoy seguro de que Frédéric Mitterrand era sincero. Pero luego volvió a imponerse su naturaleza profunda. Posteriormente no fue el defensor inequívoco de nuestra acción común que yo esperaba que fuera. No le guardo rencor, porque es un hombre capaz de comprometerse con un sentimiento, una causa, un impulso, pero que tiene más dificultades para hacerlo a largo plazo y en un sentido más técnico o más político que emocional. Nada le gustaba tanto a Frédéric Mitterrand como torturarse dando de sí mismo una imagen a menudo exageradamente negativa. Él quería, por encima de todo, que lo quisieran. Y le daba pánico ser rechazado. Tal vez así se explique el hecho de que antaño recurriese a amores venales. Era demasiado sensible como para afrontar a largo plazo las ásperas luchas políticas, donde es necesario demostrar constancia y resiliencia. A mí me gustaba su diferencia y aquella forma de dulzura ingenua y de entusiasmo adolescente que lo hacía tan especial. Hoy en los partidos políticos faltan este tipo de talentos inclasificables y, no obstante, tan útiles para elevarse, soñar y seguir creyendo que el arte es algo indispensable para el hombre porque le es inherente y constituye su rasgo específico en el universo de los seres vivos.

Desde entonces las cosas no han dejado de deteriorarse, como se pudo constatar con la desoladora ceremonia de los premios César de 2020. Hoy vivimos en una atmósfera de linchamiento constante. ¿Alguien piensa de verdad que esta avalancha de odio puede mitigar las injusticias, las miserias y los padecimientos de quienes más expuestos están a ellos en nuestras sociedades? Semejante clima exacerba, muy al contrario, tanto las tensiones como las relaciones humanas. Desacraliza todo. Ensucia a todos cuantos toman parte en él o se hallan momentáneamente expuestos. Esta clase de exhibición no tiene nada que ver con la justicia, con la transparencia, con la verdad. Son las pulsiones más bajas del ser humano las que se ven lisonjeadas cotidianamente. La democracia recula y, con ella, la civilización. También la verdad, porque, en ese guirigay en el que solo tienen la palabra los cortadores de cabezas y los imprecadores, nadie está en condiciones de orientarse. El resultado es que la confusión se erige en dueña absoluta. No se intenta comprender, reflexionar, analizar o, simplemente, abrir la mirada. Aquí se trata de linchar. Al final, lo único que queda es un sabor amargo en la boca, el de un disgusto generalizado. Lo peor es que esto acabará desanimando incluso a quienes están comprometidos con el respeto a las mujeres, con la erradicación de una violencia física y moral intolerable. Esas causas justas pueden desaparecer arrastradas por las incesantes polémicas. No se combaten tales lacras siendo uno mismo violento, intolerante y sectario, imprecando o simplemente calumniando. El Estado de derecho dispone de las armas que le han conferido siglos de civilización. Son esas —y solo esas— las que deben emplearse, con independencia de cuál sea la causa que haya que defender. Ser presidente también es saber asumir el riesgo de mantenerse al lado de quien está solo frente a la jauría o la conmoción del momento. ¿Para qué habría servido, si no, aquel gran poder del que yo entonces disponía temporalmente? Seguir sistemáticamente la opinión general, aceptar la injusticia y callarse ante ella no era, según mi opinión, una opción.

La tercera polémica tenía que ver con el famoso caso Clearstream, en el que dos amigos íntimos de Dominique de Villepin habían resultado estar involucrados en un sórdido asunto. La cuestión es que se inventaron la existencia de dos supuestas cuentas a mi nombre en un banco de Luxemburgo en un intento de comprometerme en un asunto de fraude y evasión fiscal. No voy a volver aquí sobre los detalles de una historia sobre la que ya he dado las explicaciones oportunas. La menciono porque en ese momento el proceso estaba en manos del tribunal de primera instancia de París. El ex primer ministro, viéndose en una posición incómoda por la acumulación de hechos en su contra, llevó a cabo una hábil tentativa —que tuvo cierto éxito— de modificar la perspectiva del debate judicial para transformarlo en un asunto político. Según él, allí no había ningún turbio tejemaneje, sino «un proceso político en el cual Nicolas Sarkozy, la parte civil, pesa con todo su empaque institucional». Es decir: el responsable del carácter perverso de aquella situación habría sido yo. Él dejaba de ser, en efecto, el presunto culpable para convertirse en la «víctima designada». Para dar más lástima, acudió a la vista acompañado de su mujer y sus tres hijos, quienes lo rodeaban en el momento de su declaración solemne. Los medios de comunicación, tan apasionados normalmente por cualquier tipo de escándalo, dejaron de interesarse por este, que, sin embargo, era auténtico. Les interesaba mucho más lo que ellos presentían era un enfrentamiento politiquero entre el presidente de la República en ejercicio y aquel ex primer ministro de Jacques Chirac. A mí me sacaba de quicio aquella actitud, que me parecía injusta. Yo pensaba, ingenuamente, que aquel procedimiento penal sería la ocasión de liberar a la Quinta República francesa de aquellos complots odiosos. Probablemente el asunto me afectara demasiado emocionalmente y, sobre todo, me concerniera demasiado. Era un tema que me había hecho sufrir mucho; de ahí que me costara pasar página. En aquella ocasión me faltó sangre fría. Lo cual supuso, por muy comprensible que pueda resultar, un error que Dominique de Villepin explotó sin el menor escrúpulo y con un cinismo y un aplomo notables. Representó con gran talento el papel de víctima en el preciso instante en que era absolutamente conocedor de la realidad y del rol que se le imputaba en el auto de enjuiciamiento.

Así estaban las cosas cuando todo se complicó por culpa de un lapsus mío que se produjo en el peor momento, justo cuando toda la prensa estaba centrada en aquel asunto. Yo me encontraba en Nueva York, donde debía pronunciar un discurso ante la Asamblea General anual de las Naciones Unidas. Tenía que hacer balance de los avances en materia de regulación bancaria mundial antes de la cumbre del G-20 que se celebraría al día siguiente en Pittsburgh. La cadena TF1 había enviado a Nueva York a Laurence Ferrari, que me recibía en directo para cubrir aquel acontecimiento. Se había improvisado un estudio en un edificio cercano al de las Naciones Unidas que albergaba a la legación permanente de Francia. Era la ocasión de analizar en perspectiva todos los esfuerzos que nuestro país había hecho para conseguir esa famosa refundación del capitalismo de la que tanto había hablado yo, así como la regulación que dicha refundación debía conllevar. El canal France 2 participaba también en aquella cita mediática a través de su periodista David Pujadas. Temas no faltaron, ya que a los relativos a la crisis financiera se sumaban todos los concernientes al calentamiento climático. No eran ni menos numerosos ni menos importantes. Aquella era, por lo demás, una semana particular teniendo en cuenta que, por vez primera en mi mandato presidencial, iba a estar ausente de Francia cinco días. Era algo que no me había pasado nunca. No me gustaba ausentarme demasiado tiempo. Hacerlo no casaba con mi temperamento, quizás excesivamente angustiado. También temía el riesgo de desconexión con las circunstancias nacionales. Eso me daba verdadero miedo, porque había visto a mis predecesores caer en tal trampa. Yo quería hacer todo lo posible por que a mí no me pasara o por que me pasara, al menos, lo más tarde posible. Me acordaba del general De Gaulle, quien no dudaba en pasar semanas fuera de Francia para visitar el mundo. Su gira suramericana duró, por ejemplo, ¡nada menos que tres semanas! Ese tipo de detalles me hacían entender hasta qué punto el mundo había cambiado.

La entrevista duró casi treinta minutos. Al final me hicieron dos preguntas, de manera accesoria, sobre el caso Clearstream. Respondí expresamente esto: «Confío absolutamente en la Justicia. Que cada cual se explique ante el tribunal, ante los jueces, y estos últimos decidirán quiénes son los ejecutores, quiénes son los comitentes… Tras dos años de instrucción, dos jueces independientes han considerado que los culpables habían de comparecer ante un tribunal penal». Ninguno de ambos periodistas reaccionó a aquellas palabras en el momento. La entrevista prosiguió sin el menor incidente. No habían reparado en el objeto de la polémica que se produciría. Pocas horas después, aquel debate se emitía y estallaba, en efecto, la reyerta. Dominique de Villepin se agarró a la palabra «culpable» y fue coreado por sus abogados, que se pusieron a machacar con aquella «violación intolerable de la presunción de inocencia» en la que yo me había permitido incurrir. A mí también me habría gustado beneficiarme de esos mismos escrúpulos cuando posteriormente me tuve que enfrentar a desafíos judiciales… ¡Verdaderamente nunca vi que aplicaran conmigo semejante reserva! La cuestión es que, en un instante, el escándalo ya no era el montaje financiero del que yo había sido víctima, sino el empleo de la palabra «culpable». Aquella expresión era, sin lugar a dudas, torpe e inapropiada. Así y todo, a Dominique de Villepin no le causaba un gran perjuicio. Una vez desatada la polémica, sin embargo, ninguno de mis argumentos fue ya audible. Me había metido yo solo en la trampa. No podía culparme sino a mí mismo. Toda la entrevista quedó reducida a aquella única polémica, de la cual salí vencido. Daba igual que aquello fuese injusto o desproporcionado: el mal estaba hecho.

He querido referirme a aquellos acontecimientos con el único objetivo de mostrar el estado de concentración constante del que es necesario dar prueba cuando se ejerce la función presidencial. Cualquier palabra indebida, el menor patinazo, tiene unas consecuencias que uno no puede ni imaginar ni prever. Las seis horas de desfase horario, los cinco días ausente del territorio nacional y la inmersión completa en los asuntos internacionales durante todo aquel viaje me impedían disponer de la concentración necesaria. No estaba, pues, en condiciones de conceder una entrevista televisiva tan larga sobre las cuestiones más políticas del momento. No estuve lo bastante atento a todos los detalles, que, de hecho, no eran solo detalles. Me prometí no repetir aquella experiencia. Es verdad que aprende uno, en primer lugar, de sus errores. Y yo aquel día efectivamente aprendí… a mi costa.

La dificultad también se explicaba por el desfase entre la importancia de los temas que yo estaba tratando y el carácter explosivo de las cuestiones «periféricas», mucho más inflamables. Estas últimas, en efecto, no duran; pero arden y, al arder, dejan marca. El clima y la crisis financiera, aunque eran asuntos infinitamente más graves para el planeta, exigían que los observadores dedicaran tiempo a trabajar en ellos antes de comentarlos. La polémica política, por el contrario, puede ocupar un plató televisivo durante horas sin necesidad de ningún tipo de esfuerzo personal por parte de nadie. La conclusión es que los temas periféricos recibirán siempre más atención que los grandes problemas de fondo en los canales que informan sobre la actualidad inmediata. No es un juicio de valor ni una crítica, sino una simple constatación. Ni siquiera tengo claro si, en las circunstancias actuales, los directivos de esos medios de comunicación podrían hacer las cosas de otro modo. Y este proceso no hará más que agravarse, lo que no va a facilitar la labor de cuantos están —o estén— a cargo de los asuntos de Francia.

Lo bueno de aquella polémica fue, aparte de que se evaporó con bastante rapidez, que me permitió saber con quiénes podía contar de verdad en mi mayoría parlamentaria. En aquella ocasión, el secretario general de la UMP (Unión por un Movimiento Popular), Xavier Bertrand, demostró una gran entereza. Me defendió con tenacidad… Y, desde entonces, pasé a tenerlo en mayor estima. Se había ganado, de algún modo, sus galones políticos. Igual de sólido se mostró François Fillon. La valentía no era una virtud tan frecuente. ¡Había que apreciarla, pues, en la medida de su rareza! Tanto Xavier Bertrand como François Fillon dieron prueba de que la poseían. También hubo, en efecto, quienes, como Gérard Longuet —a la sazón presidente del grupo de la UMP en el Senado—, tuvieron comportamientos calamitosos. Lo peor fue que este último no tenía, en realidad, ninguna mala intención. Yo ya había observado su particular capacidad para incurrir en torpezas, pese a ser un hombre verdaderamente inteligente y contar con una sólida experiencia. (Parece que con eso no bastaba…) No se le ocurrió otra cosa que mencionar el caso de Michel Poniatowski, quien, siendo ministro del Interior, había sido condenado por el Tribunal Europeo de Derechos Humanos por presentar como culpable a un acusado. Probablemente hubiese algún otro argumento mejor para ayudarme, sobre todo teniendo en cuenta que yo no había pronunciado el nombre de Villepin asociado a la palabra «culpable». Por último estaban cuantos tenían la costumbre de esconderse en caso de polémica esperando que todo aquello terminara debilitándome.

A la cabeza de estos se hallaba el presidente del grupo de la UMP en la Asamblea Nacional, lo que tampoco fue ninguna sorpresa.

El abogado de Dominique de Villepin anunció que me llevaría a los tribunales por violación de la presunción de inocencia y que exigiría incluso una indemnización por daños y perjuicios. El anuncio levantó un gran revuelo. Luego nadie reparó en que aquella amenaza no se llevó nunca a cabo… En absoluto pretendo quitar hierro a mi error, que sin duda fue tal; pero la prueba de lo superficial de todas aquellas indignaciones fingidas quedó de manifiesto cuando a los dos días ya nadie hablaba del asunto, que había caído en el olvido. Fue una gran pérdida de tiempo mientras los temas realmente importantes seguían a la espera de que alguien los dirimiera y abordase.

Sea como sea, comprendí que necesitaba organizar mejor la mayoría parlamentaria, reforzar su unidad, perfilar sus argumentos y, sobre todo, impulsar su dinamismo. Era fascinante constatar cuantísimos de quienes me habían acompañado en la conquista del poder se habían «aburguesado». Como si este —el poder— fuera un derecho. Se habían olvidado que no se merece sino a cambio de un trabajo constante y de continuas asunciones de riesgos. Ni ellos ni yo podíamos permitirnos la menor relajación. Se trataba, una vez más, de algo humano; pero no por eso dejaba de constituir una flaqueza. De manera que decidí reunir un comité de enlace compuesto por el conjunto de los líderes y movimientos asociados o aliados de la UMP. Y la presencia de dos nuevas figuras en aquellas reuniones dio mucho que hablar.

En primer lugar estaba Frédéric Nihous, presidente del partido CPNT (Caza, Pesca, Naturaleza y Tradiciones). Aunque yo no hubiese cazado en mi vida, el hombre me caía muy bien y, sobre todo, me parecía que representaba toda una corriente de opinión. No en sentido estrictamente político, sino con relación a la nostalgia de cierto modo de vida. Hablaba en nombre de una Francia que no quería desaparecer. Yo comprendía aquellos sentimientos. A mí mismo me habría gustado tener un padre que me hubiese llevado consigo el domingo por la mañana, con el que hubiese podido compartir al mismo tiempo una pasión y una complicidad. Probablemente no habría sido capaz de disparar a un animal; el acto en sí me produce un rechazo bastante hondo. Pero puedo entender la pasión que esa actividad suscita, así como los vínculos que puede generar entre quienes la practican. Añado que prefería, de lejos, que toda esa gente estuviera con nosotros en el seno de la mayoría presidencial a que se uniesen a las filas del Frente Nacional.

El invitado que más comentarios provocó fue, sin embargo, Philippe de Villiers. A mí me obsesionaba el objetivo de reagrupar a todas las derechas con la excepción del Frente Nacional. Aquella era la condición absoluta del éxito. No teníamos otra opción. Y eso regía especialmente en el caso de los soberanistas, que habían sido mayoritarios en el referéndum de 2005 sobre la Constitución europea. No podía tomar la decisión de contar, para mi mayoría parlamentaria, solo con europeístas convencidos, por mucho que yo lo fuera. Habríamos sido minoritarios en el país. Había que dar muestras de espíritu unificador y, al mismo tiempo, de apertura. Pero resulta que esta última cualidad es, con diferencia, la más infrecuente en política, donde cada cual suele estar dispuesto a romper la baraja en nombre de convicciones simplemente «intocables». A mí me parece, por el contrario, que cuanto más fuertes son las convicciones, más se debe uno al compromiso y a la síntesis. La cuestión es que aquellas dos incorporaciones hicieron rechinar dientes en la mayoría parlamentaria. Christine Boutin habló de mi voluntad de «mezclar el agua con el fuego», mientras que los centristas llegaron a pensar que yo estaba dispuesto a liquidar mis convicciones europeístas. Yo no di mi brazo a torcer. El reagrupamiento tenía que ser lo más amplio posible.

A posteriori, constatando la actual dispersión de la derecha en «mil pequeñas corrientes irreconciliables» y sin cristalizar en nada, me siento reafirmado en la idea de que nuestra estrategia de entonces era la correcta y, de hecho, la única posible. Si la derecha quiere recuperar el poder, tendrá que dejar atrás sus mezquindades, sus envidias, sus intolerancias y sus pequeñeces, de manera que quienes abandonaron sus filas para irse con Macron, con Zemmour o con Édouard Philippe —o quienes permanecieron en el seno de Los Republicanos— puedan volver a encontrarse, a trabajar, a reflexionar, a proponer y a militar juntos. No es imposible, ya que eso fue ni más ni menos lo que hicimos durante todos aquellos años. Para negar esta evidencia, a menudo se aducen las incompatibilidades programáticas. Se trata de un pretexto. No hay que olvidar que el éxito facilita enormemente la superación de tales incompatibilidades, mientras que el fracaso las aviva. Traiciona uno mucho más sus ideas quedando reducido al 4,7 % que aceptando compromisos útiles e inteligentes que permitirán ejercer el poder y, sobre todo, evitar que lo ejerzan otros con ideas opuestas a las nuestras. La división es siempre signo de debilidad y de falta de ambición. Indudablemente habrá que resolver la cuestión del liderazgo de cara al futuro. La política es, en primer lugar, un asunto de encarnación. No es solo una cuestión de ideas y programa. El valor de una pintura no podría explicarse simplemente por la elección de los pinceles o del lienzo, ni por la calidad de los tubos de color, sino que es en el pintor donde radica la diferencia. Otro tanto sucede en política, donde la clave está en el líder. Pero este tendrá más posibilidades de emerger si se encuentra en el seno de una formación grande y potente que si está encerrado en una pequeña. Y en lo que a división se refiere, la derecha no dispone del mismo margen que la izquierda. Los votantes de la primera abominan de la división. Los de la segunda la consideran, por el contrario, ¡una oportunidad que da pie a la libertad y a la creatividad!

Contra lo que acostumbraba, Philippe de Villiers respondió a mi llamada a la reagrupación con una actitud tanto positiva como colectiva. Y, así, declaró: «Nos han propuesto formar parte del comité de enlace y pensamos que se trata de un enfoque interesante de cara al futuro». A mí me alegraban todos aquellos signos de unidad. La ampliación complicaba la gestión de la mayoría parlamentaria porque yo tenía que multiplicarme para que todo el mundo se sintiera considerado y comprendido. Pero así se creaba una atmósfera dinámica, se suscitaba una esperanza, se proponía un ejemplo digno de imitar. Y, sobre todo, se trataba de mi responsabilidad. La división se me habría reprochado con razón. La unión reposaba, pues, sobre mis hombros. Las críticas más acerbas vinieron de cuantos no estaban incluidos o de mis oponentes. En primer lugar de Nicolas Dupont-Aignan, cuya presencia yo no había deseado no por razones ideológicas, sino debido a su temperamento, que nunca le permitía integrarse en un colectivo sin experimentar una pulsión destructora. La izquierda, por su parte, me acusó, como de costumbre, de «haber dejado de ser el presidente de todos los franceses». Para ella hubiese sido más cómodo, claro, que yo dejara que la mayoría parlamentaria se desmoronase... Los comentaristas se mostraron, por el contrario, bastante impresionados por la constancia de aquella voluntad de reagrupación. Y, así, Paul-Henri du Limbert escribía para *Le Figaro:* «Las razones que han permitido la increíble ampliación de la mayoría parlamentaria. "Increíble" no es un término demasiado fuerte si nos acordamos de la imagen que perseguía a Sarkozy en mayo de 2007, cuando muchos veían en él al representante de una derecha arrogante e intolerante». Retrospectivamente he comprendido que fue el día en que el comité de enlace de la mayoría parlamentaria se reunió en el Elíseo cuando todos los analistas empezaron a dar por hecha mi futura candidatura a las elecciones de 2012. Cómo iba yo a llevarles la contraria...

*

* *

En aquel mes de septiembre anuncié una de las decisiones más complejas y más difíciles de mis cinco años de mandato: la inclusión, en los presupuestos de 2010, de la primera fiscalidad ecológica. Se trataba de reforzar la carga impositiva de las actividades contaminantes y, viceversa, de reducir los impuestos que repercutían negativamente en la producción y en el trabajo. Mi razonamiento era sencillo: era preferible penalizar los comportamientos nocivos para la colectividad que los que le resultaban útiles. No podíamos seguir gravando el trabajo y el capital e ignorar cualquier gravamen sobre la contaminación. Había que anunciar, por tanto, el impuesto sobre el carbono. Este había de afectar al petróleo, al gas y al carbón en función de sus contenidos de dióxido de carbono, que era el gas de efecto invernadero que mayor incidencia tenía en el cambio climático. Aquella fiscalidad ecológica tenía un único objetivo: incentivar a las familias y a las empresas a reducir progresivamente su consumo de energías fósiles que emitían dióxido de carbono. Era una decisión importante, por no decir histórica. Anuncié que la electricidad no se vería afectada por aquel impuesto porque, siendo de origen nuclear, no producía dióxido de carbono y no había, por ello, razón para gravarla adicionalmente. Fuera de esa excepción, el impuesto sobre el carbono pasaba a ser universal y pagadero para todos los consumidores de energía fósil.

Aquel mecanismo se inspiraba en el principio del «contaminador-pagador»: quien contamina paga. Hube de dirimir la cuantía del nuevo gravamen. Michel Rocard propuso fijar en treinta y dos euros la tonelada de dióxido de carbono. Yo no quise llegar tan lejos. Aquello me parecía una suma, sobre todo en aquella época posterior a la crisis, demasiado elevada. Nos basamos, por consiguiente, en el valor del precio medio de la tonelada de dióxido de carbono en el mercado conforme se había verificado durante los dos años previos, y eso ascendía a diecisiete euros por tonelada. La misma carga habían de asumir las empresas y los hogares, a saber, cuatro céntimos más por cada litro de gasolina, cuatro céntimos más por cada kilovatio de gas y cuatro céntimos y medio más por cada litro de gasoil. Era un esfuerzo, pero me parecía razonable. Sobre todo teniendo en cuenta que, al mismo tiempo, me comprometía a que no hubiera ningún aumento de la fiscalidad general. Es decir: el saldo fiscal debía ser neutro. Y a tal efecto había prometido tanto una reducción del impuesto sobre la renta para quienes cumplieran determinados requisitos como al pago de un cheque verde equivalente al importe recaudado para los hogares que no cumpliesen dichos requisitos. Habíamos previsto incluso una reducción más importante para las zonas rurales, dado que en ellas no quedaba más opción que utilizar el coche. La medida me parecía, en conjunto, muy equilibrada.

Sabía que se trataba de una apuesta políticamente arriesgada. Un nuevo impuesto, por más que luego se compense, nunca es popular. (¡Aparte de que nadie termina de creerse la compensación!) Pero yo estaba resuelto a llevar aquello hasta el final. El debate era, a mi juicio, bastante binario: o bien se pensaba que el cambio climático en curso nos estaba conduciendo a una catástrofe planetaria —en cuyo caso no quedaba otra que actuar de inmediato—, o bien no se pensaba tal cosa, en cuyo caso cabía la posibilidad de seguir postergando cualesquiera medidas y mantenerse inmóvil. Yo no solo me creía las sombrías previsiones de los científicos —prácticamente unánimes al respecto—, sino que además había asumido, en nombre de Francia, una serie de compromisos a los que tenía la intención de atenerme, como la reducción de entre el 20 y el 30 % de las emisiones de gases de efecto invernadero durante los diez años siguientes. Y la fiscalidad ecológica nos permitía dar la espalda a la ecología coercitiva, moralizante y culpabilizadora para adoptar una política de incentivos cuya primera arma podía ser aquel impuesto sobre el carbono.

La izquierda tuvo unas reacciones particularmente negativas a pesar de todas sus promesas al respecto. Para Jean-Luc Mélenchon, «con Sarkozy la ecología se ha convertido en un nuevo método para esquilmar a la gente hoy prometiéndole maravillas para mañana. Con tales métodos estamos lejos de salir del modelo productivista...». O sea: protestó contra el principio mismo del impuesto sobre el carbono. Es divertido verle hoy aliado con sus amigos los Verdes y rivalizando en promesas de futuro cuando en el pasado mostró claramente que el desafío medioambiental nunca fue su prioridad. No menos demagógico se mostró Bertrand Delanoë, quien me acusó de haber «desperdiciado una ocasión histórica al negarme a replantear, desde sus cimientos, la totalidad de nuestro sistema fiscal». Quienes afirman que lo quieren cambiar todo resultan ser, en realidad, los más conservadores siempre. ¡Nunca llega, en efecto, *«le Grand Soir»* [la Gran Noche]!

Quienes más incómodos estaban eran los Verdes. Como no podían oponerse a una fiscalidad ecológica que tantas veces habían reclamado en vano, intentaron encontrar otros ángulos de ataque. Yannick Jadot me acusó, por ejemplo, de ser «prisionero de mi apoyo incondicional a la energía nuclear, que me había llevado a desnaturalizar la idea del impuesto sobre el carbono». Era un razonamiento difícil de seguir. Mi compromiso con la causa de la industria nuclear ¿en qué sentido ponía en entredicho la lógica de aquel impuesto ecológico que yo planteaba? Aquello no fue óbice para que el mismo Yannick Jadot incluyera la creación de una fiscalidad ecológica en el meollo de su proyecto presidencial de 2022, ¡proyecto que le valió menos del 5 % de los sufragios! Probablemente los franceses percibieran en aquello una forma de insinceridad u oportunismo y quisieran sancionarla. Todos aquellos actores de la vida política habían firmado, apenas dos años antes, un pacto que, propuesto por Nicolas Hulot a instancias de un colectivo de ONG ecologistas, preveía la creación del impuesto sobre el carbono. ¡Pero aquel pacto se rubricó y se olvidó! No respetaron la firma, que habría debido comprometerlos formalmente.

La palma de la demagogia se la llevó, como de costumbre, Ségolène Royal, quien se alzó contra «ese impuesto injusto e insoportable» que, sin embargo, ella misma había hecho suyo durante la campaña —sin estar realmente a favor— al firmar el mencionado Pacto Ecológico de Nicolas Hulot, donde dicha medida iba incluida. (Entienda quien pueda…) Yo me quedaba siempre anonadado ante aquel aplomo suyo que le permitía encadenar las sucesivas y aleatorias «verdades» sin que se la viera mínimamente incómoda. Por lo demás, recuerdo —con un punto de malicia, sí— aquella frasecita que le propiné cuando, durante la campaña de 2007, los socialistas lanzaron una polémica sobre un supuesto espionaje a la candidata por parte de mis equipos. Barrí aquellas acusaciones falaces con el dorso de la mano y añadí: «Para buscar ¿qué? ¿Su programa? Para su programa no sería una investigación lo que haría falta. Su programa es digno de estudio…». Es verdad que no fue un comentario cariñoso, pero el tiempo me dio la razón.

Lo más enojoso era la reacción de los franceses conforme la medían los sondeos de opinión. Uno de la empresa CSA —que fue muy comentado— reveló que tres cuartas partes de la población se oponían al gravamen sobre las energías que producían dióxido de carbono. Aquel estudio había sido encargado por la potente asociación de consumidores Que choisir [Qué elegir], que no mostraba precisamente entusiasmo por comprometerse en la defensa del medio ambiente y se esmeraba, así, en su oposición a cuanto estábamos haciendo. Obviamente, aquella falta de apoyo en la opinión pública acentuaba y amplificaba la energía de mis oponentes. Porque todo el mundo estaba convencido de la gravedad y la urgencia de los desafíos medioambientales, todos eran conscientes de la importancia de una fiscalidad ecológica, ¡pero nadie deseaba asumir su paternidad! Incluso dentro de la mayoría parlamentaria aparecían, con distintos pretextos, reticencias y aun oposiciones. A Jean-François Copé, por ejemplo, le preocupaban las «posibles desigualdades geográficas de las que sería responsable el futuro impuesto sobre el carbono». El hombre daba muestras de cierta constancia en querer complicarme la labor.

He de reconocer, sin embargo, que Nicolas Hulot nos brindó un apoyo público minoritario, pero apreciable, ya que consideró que la iniciativa suponía «un paso muy positivo y, a la vez, muy importante». Aquello era honesto y valiente por su parte, por más que no dejara de ser una cuestión de lógica. En aquella ocasión calibré la insinceridad de todas esas profesiones de fe ambientalistas. En la derecha, muchos me instaban a no dejar el tema en manos de la izquierda; pero a la hora de la verdad, rezongaban. En la izquierda, lo que realmente les preocupaba era la posibilidad de que sus aliados naturales los superaran. Por eso hablaban mucho pero no querían hacer nada, y daban más importancia a la lucha política contra mí que a la protección del medio ambiente. Yo me hallaba, pues, solo: criticado desde todos los lados y con una opinión pública mayoritariamente hostil. El balance no era muy alentador. Mi único consuelo residía en el convencimiento de que tenía razón, al menos a largo plazo. Era importante consolidar una asociación entre la derecha y la problemática ecológica. Estábamos construyendo nuestra credibilidad.

Me faltaba completar aquel dispositivo tratando de darle una dimensión europea. Era un punto importante, pues no podía permitir que a las contrariedades políticas se añadiera el tema de la competitividad de la industria francesa. ¿Cómo iba a poder justificar la pertinencia de un impuesto que afectara tan solo a nuestras empresas sin que sus competidores europeos o mundiales hubiesen de hacer frente a las mismas cargas? Era una cuestión de equidad y de respeto a las reglas de la competencia justa... De modo que solicité que en la agenda de los próximos Consejos Europeos se introdujera el tema de un impuesto sobre el carbono en las fronteras de Europa con el objetivo de proteger a esta de cualquier riesgo de *dumping* ecológico. Yo no quería imponer a nuestras empresas restricciones en aras del equilibrio climático del planeta y que al mismo tiempo siguiésemos importando a Europa productos fabricados en países que no respetaban ninguna de las reglas vigentes en Francia. Aquello no tenía nada que ver con el proteccionismo: era la problemática de la competencia equitativa lo que estaba sobre la mesa. Actuando así, esperaba reforzar la influencia de Francia. Les estábamos diciendo a nuestros socios: «Esto es lo que nosotros hemos hecho con el impuesto sobre el carbono. Hacedlo ahora vosotros también e impongámoslo en nuestras fronteras para proteger a nuestro continente».

*

* *

Un suceso conmocionó a los franceses y ocupó, en octubre de 2009, un gran espacio en los medios de comunicación, que rivalizaron por revelar toda una serie de pormenores (a cuál más espeluznante). Marie-Christine Hodeau, de profesión madre de día, acababa de ser asesinada cerca de Milly-la-Forêt, en el departamento de Essonne. Primero fue secuestrada por su agresor mientras hacía *jogging* y lanzada al maletero de un coche, desde donde consiguió llamar con su móvil a los gendarmes y darles el número de matrícula del vehículo. No sirvió de nada, pues el asesino siguió su camino hasta el bosque de Rumont, en el departamento de Sena y Marne. El lugar estaba aislado. El calvario de aquella desdichada no había concluido. Fue violada y atada a un árbol. Logró liberarse y huir. El hombre la volvió a atrapar, la golpeó y la mató. Los hechos eran aterradores. Pero lo más insufrible de todo era que aquel depredador ya había matado y violado. Había sido condenado en 2002 a once años de reclusión por la violación de una niña de trece años. Salió de la cárcel en 2007, tras obtener los beneficios de una libertad condicional y una reducción de condena.

Aquella historia me afectó muchísimo. Quise recibir a la familia de aquella joven. Era lo mínimo que podía hacer. El modo en que se había desarrollado aquel drama resultaba abrumador para el Estado que yo representaba. Fue uno de los encuentros más difíciles y conmovedores de toda mi carrera política. Yo me sentía impotente ante el dolor de aquella familia. Sentía una profunda culpabilidad. ¿Cómo era posible semejante despropósito a esas alturas? ¿Cuáles eran las enormes fallas de nuestro dispositivo de seguridad? ¿Quiénes eran los responsables? Era demasiado fácil ponerse simplemente en manos del destino. Aquello no podía y no debía repetirse. Mirar para otro lado, lavarnos las manos y pasar a otra cosa no era una opción. Yo sentía indignación, rabia e incluso vergüenza por no haber sabido proteger a aquella mujer. La entrevista con su familia fue larga. Cuando se marcharon, no fui capaz de retomar el trabajo. Necesitaba estar solo y recuperarme. La congoja de aquella familia persiste, todavía hoy, dentro de mí. En ese entonces me acusaron de exceso de emotividad, de haber tenido una reacción exagerada ante la actualidad, de utilizar un suceso, de instrumentalizar a las víctimas. Pero ¿qué tendría que haber hecho? ¿Mostrarme frío, indiferente, distante, como si el hecho de ser presidente de la República me hubiese debido deshumanizar? Hoy volvería a hacer lo mismo. Por eso aprobé la decisión del presidente Macron de recibir a los padres de la pequeña Lola, asesinada de una forma igualmente brutal. Recibirlos era su obligación. Macron hizo lo correcto.

Decidí abrir de inmediato un debate sobre el tema de los depredadores sexuales. No quería una comisión cuyo resultado fuera un enésimo informe que no sirviera más que para prolongar la inacción y la impotencia. La verdad que nadie quería ver, pero que a mí me había estallado en la cara, era que el riesgo de reincidencia de los agresores sexuales es enorme. Tiendo casi a pensar, de hecho, que ronda el 100 %… Antes o después terminan volviendo a las andadas, porque llevan esa locura dentro. De manera que les pedí al ministro del Interior —Brice Hortefeux— y a la ministra de Justicia —Michèle Alliot-Marie— que preparasen un texto legal que permitiese, como complemento de la sanción destinada a castigar el crimen, ampliar la medida de retención de seguridad que yo había introducido en el derecho francés en 2008. Actuando así, estaba anteponiendo la protección de la sociedad a los derechos del condenado; me daba perfecta cuenta. Era el precio que había que pagar por no soltar a asesinos en medio de tantas víctimas potenciales. Los principios hermosos, las ideas nobles, las intenciones virtuosas, las indignaciones selectivas… no pesaban demasiado comparadas con todas esas vidas destrozadas y con esos destinos martirizados. Teníamos que encarar la realidad y rechazar cualquier tipo de pose. ¡Al fin y al cabo, aspirar a la eficacia en la lucha contra el crimen sexual no era algo reprensible! Había que dotarse de los medios. Y para eso no teníamos otra opción que la de innovar. Me reprocharon mucho una supuesta tentación de legislar al albur de los acontecimientos. Aquella polémica no tenía ningún sentido, pues toda tragedia debía ser la ocasión de aprender y comprender dónde habíamos pecado colectivamente y por qué. ¿Era por ingenuidad, por debilidad o acaso por incompetencia? Sacar conclusiones, hacer balance tras aquellas dramáticas experiencias era una obligación.

El trágico fin de Marie-Christine Hodeau merecía al menos eso. Se lo debíamos a su memoria. Como siempre —y del mismo modo en que tan a menudo les había visto proceder—, los sindicatos de jueces hicieron piña sin fisuras, con una determinación corporativista perfectamente asumida. Un juez de vigilancia penitenciaria había liberado a aquel reincidente. Las consecuencias se sabían, pero no se le podía reprochar nada. A ojos de sus colegas, él lo único que hizo fue aplicar la ley. Buscar un responsable —o, peor todavía, un culpable— no era más que la expresión de la demagogia del poder. El fallo —si es que de fallo cabía hablar— residía en la falta de seguimiento de esos criminales. Aquello era, por tanto, el resultado del déficit de efectivos contra el que esos mismos sindicatos habían protestado. Lo que estaba claro era que no podía ser responsabilidad de un juez. Dicha responsabilidad no había de sacarse a colación nunca. Ni en aquel drama ni en ningún otro. Y en aquel concierto de declaraciones, ni una palabra en memoria de la víctima o, cuando menos, en apoyo de su devastada familia. Aquello no tenía nombre…

Por muy intenso y vivo que fuera el debate, yo estaba decidido a no ceder ni un centímetro. No lo había hecho con la implantación de las penas mínimas y no iba a hacerlo con la medida de seguridad. Las penas mínimas fueron suprimidas por la izquierda en cuanto llegó al poder. La explosión de la delincuencia durante todos los años que siguieron no fue producto, por supuesto, únicamente de aquella vuelta atrás, por mucho que esta fuese emblemática de una actitud de elusión de responsabilidades y de desistimiento. Al menos mi mayoría intentó poner coto a aquel avance de la delincuencia, del crimen y de la violencia. Nosotros probamos, innovamos, experimentamos. Probablemente no todo lo que hacía falta. Y yo habría entendido perfectamente que el nuevo poder enmendara aquellas medidas, las modificara e incluso las sustituyera. La desenvoltura y la ligereza que prevalecieron en el abandono de dichas medidas mostró hasta qué punto estos temas cruciales no interesan a la izquierda, no tienen nada que ver con ella y hasta le disgustan, pues amenazan con menoscabar su pose de generosidad y humanismo. Esta realidad tuvo un gran peso en el 1,7 % que cosechó, en las últimas elecciones presidenciales, la candidata socialista Anne Hidalgo, con independencia de cuál pueda ser su talento personal. Nunca un divorcio con los franceses fue tan flagrante, previsible y predecible como el que vino motivado por su seguridad.

*
* *

Si hubiera necesitado que me recordaran que acababa de iniciar la segunda mitad de mi mandato de cinco años, la multiplicación de las polémicas sobre tantos temas periféricos habría podido servirme de despertador. Había entrado, de algún modo, en la «fase descendente» del mandato. Aún no estábamos en las siguientes elecciones, pero el objetivo se iba haciendo visible. No llegábamos todavía al destino, pero podíamos irlo atisbando. Aquello avivaba las tensiones, excitaba a los actores —que sentían que les crecían alas— y por supuesto aguzaba los apetitos. Cualquier cosa se convertía en el pretexto de un escándalo. La atmósfera se había vuelto inflamable. La más mínima chispa podía abrasar un vasto territorio. Lo cierto es que yo no terminaba de darme cuenta. Puede parecer extraño, teniendo en cuenta toda la experiencia que ya entonces poseía. Sin embargo, así fue. Pero mi temperamento no me llevaba nunca al titubeo, a la pusilanimidad, al inmovilismo. Yo quería por encima de todo avanzar, reformar, poner en práctica con la mayor rapidez posible mi proyecto, consciente como era de la brevedad del tiempo que se me concedía para llevar a efecto todo lo que teníamos que hacer. Me apasionaba mi labor. Pensaba en ella en cada instante. El trabajo era difícil, agotador, pero tremendamente estimulante. Cada día era una especie de torbellino en el que debía decidir, dirimir, prever, arrastrar, movilizar y explicar constantemente. Estaba centrado en mis objetivos y en mis deberes de presidente. Había que estar aquí y allá en Francia, de algún modo en todos los frentes y también, con mucha frecuencia, en el frente internacional, donde las problemáticas financieras, medioambientales, económicas y políticas no daban prácticamente tregua. Tenía que obligarme a reservar un poco del tiempo del que disponía para ocuparme de las cuestiones más politiqueras o de los problemas relativos a personas. La verdad es que aquello me interesaba bastante poco y yo sentía que, si le dedicaba demasiado tiempo, me arriesgaba precisamente a perderlo. Lo cual en absoluto disculpa mi falta de vigilancia, pero tal vez contribuya a explicarla.

Así fue como apareció «el caso» de la presidencia del EPAD (Organismo Público para la Ordenación de la Región de La Défense). Yo había sido presidente del departamento de Altos del Sena, por lo que conocía el procedimiento que permitía situar al frente del mencionado organismo a un miembro electo del consejo departamental. Se trataba de una presidencia estatuaria. El titular no tenía ninguna responsabilidad operativa. No disponía ni de despacho, ni de remuneración, ni de secretaría. El trabajo real lo asumía un director general que era *de facto* el auténtico jefe. El presidente asumía, en efecto, únicamente la presidencia del consejo de administración. Mi hijo Jean había sido elegido consejero general de Neuilly-sur-Seine dos años antes. De hecho fue, con veintidós años, el consejero general más joven de Francia. Se dedicó a aquel cargo con pasión y con un talento que me dejó boquiabierto. De todos mis hijos, probablemente fuera, con Louis, el que más aptitudes tenía para desarrollar una brillante carrera política. Ese no era mi deseo. Como todos los padres, tenía miedo por él. Yo sabía lo devoradora, aleatoria y cruel que es esta pasión. Desconfiaba también de la malicia de este mundillo. Pero no podía, ni quería, contrariar su compromiso y, sobre todo, las aptitudes de que daba muestras. Tenía una madurez y una capacidad pedagógica que me sorprendían. Además, sabía arrastrar a la gente y hacerse querer. Yo veía en él a un auténtico joven talento para el futuro, y siempre he querido impulsar a tales talentos, viniesen de donde viniesen. Se trata, por lo demás, de la cosa más rara y más difícil de descubrir. El hecho de que llevara mi apellido no me parecía, así las cosas, ningún defecto redhibitorio.

Me acordaba del hijo de François Mitterrand, que había sido empleado del Elíseo sin que ello extrañara a nadie; de la hija de Jacques Chirac, en la misma situación, o de Bernard Debré, quien había sucedido a su padre en Amboise. No era, por tanto, la primera vez —ni probablemente sería la última— que la vocación política pasaba de una generación a la siguiente en el seno de una misma familia. Jean había mencionado la posibilidad de que fuese candidato a aquella función. Nada alertó mi desconfianza o suscitó mi recelo. No contaba, en efecto, con el clima político. Fue el semanario *Le Point* el primero que reveló que Jean podría suceder a Patrick Devedjian al frente del EPAD. De inmediato empezaron a llover las reacciones desde todos los lados. Muchos entendieron que tenían la oportunidad de atacarme por mi punto débil, el de los sentimientos que siempre he albergado hacia mi familia. De repente me convertí en lo peor que podía haber en el «nepotismo francés». Quisiera recordar que Jean había sido elegido y que no se había beneficiado de ningún tipo de nombramiento. Utilizaban en su contra cualquier argumento, incluido el de su falta de titulaciones. Es verdad que no había hecho la ENA (Escuela Nacional de Administración), y ya se sabe lo que esa carencia puede representar para una parte de nuestras élites. Cuando Jacques Chirac puso al frente del Consejo Constitucional a Jean-Louis Debré, ¡nadie sacó a relucir el hecho de que este no había logrado aprobar el bachillerato! En Francia está esa gente de buena cuna que tiene derecho a construir una dinastía… y luego están los demás, a los que dicha casta considera advenedizos. Ella quiere a toda costa preservar su coto privado para sí misma y para su progenie, impedir el éxito a quienes entiende que no son de su mundo. Si este clan tiene derecho a colocar a sus hijos tras haber sido colocado a su vez por sus padres, «los demás» solo tienen derecho a triunfar en silencio y a caer en el olvido con la siguiente generación. Yo creo que en el rechazo que los franceses experimentan hacia sus élites está ese sentimiento tan cierto de que ni ellos ni sus hijos tendrán derecho a los mismos privilegios. De manera que le hicieron pagar a Jean lo que ya no me podían hacer pagar a mí.

A fuerza de matraca mediática cotidiana, esas élites político-mediáticas lograron incluso radicalizar a los franceses. Se realizó un sondeo para valorar su grado de hostilidad a la candidatura de Jean y, ¡qué sorpresa!, se mostraron hostiles. A mí me asombraba, de hecho, que todo un tercio siguiera estando a favor a pesar de toda aquella polémica. La edad de mi hijo enardecía las pasiones tanto en Francia como en el extranjero. En el torrente de burlas, bajezas y golpes bajos que estalló, me llamó la atención la valentía y la dignidad de un diputado del Partido Socialista, Julien Dray: «El proceso al que están sometiendo a Jean Sarkozy es injusto. Tiene talento y es víctima de una intriga». (Huelga aclarar que fue el único en su bando.) No he podido olvidar sus palabras, sobre todo porque fue más allá: «A todos los que la han tomado con Jean Sarkozy les digo que mañana sus hijos podrían decantarse también por entrar en política y no les gustaría que, por tener un apellido, fuesen víctimas de una intriga». Aquello no sirvió para poner fin a la polémica, pero fue un testimonio que me conmovió muchísimo. La paradoja estaba en que venía de un adversario político hacia quien siempre he sentido respeto y reconocimiento.

Jean terminó entendiendo que el cariz que estaban adquiriendo las cosas hacía imposible mantener su candidatura. Era injusto, pero los estropicios ya alcanzaban cierta magnitud. Lo anunció en el telediario de las ocho de la tarde del canal France 2, que lo invitó al plató. Yo estaba tan preocupado por él que ni siquiera pude ver el programa en directo. Aquello era demasiado para mí. Lo vi dos días después y me impresionaron su calma, su precisión, su claridad y también su honradez. Me entristecía verlo humillado y echado al foso de los leones. Era mi falta de discernimiento la que lo había arrojado a aquella trampa. Los golpes fueron asestados sin consideraciones, sin respeto, con voluntad de herir. Conservo en la memoria los nombres de quienes más lejos llegaron. Que atacaran a mi familia con ese nivel de violencia fue, sin lugar a dudas, uno de los momentos más lamentables de mi mandato. El error ciertamente fue mío. No supe frenar el comprensible ímpetu de Jean, anticiparme a la evolución evidente de los hechos, parar las cosas cuando estaba a tiempo todavía. De ese modo Jean se convertía en el único consejero departamental que no tenía derecho a ser elegido para aquella función por la simple razón de ser mi hijo. ¡Era injusto y, a la vez, previsible! Nunca me han gustado las injusticias.

El único consuelo fue el sondeo —¡otro!— que hicieron tras la intervención televisiva de Jean: el 43 % de las personas encuestadas consideraba que renunciar a presidir el EPAD era un signo de sensatez, mientras que el 42 % pensaba que había dado marcha atrás ante la presión pública. Un resultado bastante satisfactorio. Pero lo más extraño fue observar el vuelco casi instantáneo de buena parte de la prensa. Esta se había mostrado muy crítica durante toda la polémica, y, tras el telediario de las ocho y la renuncia, fue como si los periodistas se dieran cuenta de que aquello había ido demasiado lejos y sintiesen remordimientos por haberse llevado por delante con tal violencia a un joven de veintitrés años. *Le Progrès* resumió bastante bien aquella nueva actitud: «En apenas cinco minutos, Jean Sarkozy ha encarnado a la vista de todos al inocente perseguido, al hijo obediente, al cargo electo que se debe a sus votantes, al hombre herido, al joven que maduró en la adversidad y al político portador de una ambición. Un arte excelso. Su padre, pero más rubio, más joven y más sereno. ¿La izquierda se regocija? ¡Inconscientes!». Bien escrito y, sobre todo, bien visto. Yo entendí cuán hondamente hirió a Jean aquel asunto. Comprendió que, si se implicaba en la vida política, nunca se le permitiría combatir en igualdad de condiciones. De modo que renunció y optó por un universo totalmente distinto para construir su vida profesional. Hizo lo correcto, pero el enamorado de la política que yo sigo siendo sabe que esta perdió a un gran talento. Aquello fue un desperdicio.

*

* *

Una visita al departamento del Alto Marne —a Saint-Dizier— me brindó la ocasión, a finales de aquel mes de octubre, de volver a los temas de fondo y dedicarme a nuestro ambiciosísimo programa de reformas. No me privé de aquel gusto aun sabiendo que el tema en cuestión era políticamente delicado. Por eso quise presentar yo mismo el proyecto de reforma de nuestras colectividades territoriales. Era uno de esos asuntos de la vida política eternamente pendientes: todo el mundo comentaba el tema, pero nadie lo acometía. Y detrás de aquel inmovilismo había poderosas razones. La primera era el conservadurismo de ese mundillo de los representantes electos locales, muy apegado al mismo tiempo a sus costumbres y caracterizado por una abnegación a menudo admirable. Era precisamente ese compromiso cívico ilimitado y reconocido por los franceses lo que planteaba problemas a un Gobierno que diese la impresión de que estaba atacando —o simplemente importunando— a dichos representantes locales. Estos se habían convertido, igual que el personal sanitario, en «intocables» de la vida pública. Añádase que, si se sentían amenazados por un proyecto de reforma torpe —o demasiado ambicioso—, sabían cerrar filas en torno a sus poderosas asociaciones para la defensa de los alcaldes o de los representantes electos de los departamentos y las regiones. Ante cualquier ofensiva, su discurso se volvía unánime. Ya no había ni izquierda frente a derecha, ni París frente a ruralismo, ni ayuntamientos grandes frente a pequeños, sino un mundo transversal en términos de partidos y capaz de hacer recular a cualquier Gobierno, que en tal situación se encontraría con la oposición de la opinión pública conforme la medían los sondeos. El presidente

Macron lo entendió muy bien cuando se apoyó en las fuerzas vivas para lanzar su Gran Debate Nacional. Yo conocía aquella realidad porque había sido alcalde durante veinte años, pero también representante electo departamental e incluso presidente de un departamento. Sabía de aquel desequilibrio de fuerzas.

Elegí conscientemente aquella ciudad pequeña y aquel departamento esencialmente rural. Quería hablar desde lo más profundo de ese mundo de los cargos electos locales, integrado en buena parte por representantes de municipios muy pequeños y en el cual un consejero departamental era aún una figura capaz de sacar adelante los asuntos de la zona en cuestión. Me gustaba visitar aquellas poblaciones medianas, que no dejaban de ser capitales de departamentos. Allí sentía el pulso del país. Podía incluso respirar el ambiente del momento. En tales sitios seguía siendo posible el intercambio directo. A nadie le contrariaba la visita de un presidente de la República. La emoción estaba ahí: palpable, emocionante, real. La población era más reacia a la manipulación de los sindicatos o de los partidos al servicio de una causa partidista. Las manifestaciones de hostilidad eran menos habituales. A todo lo cual se añadía la educación y la cortesía propias de los territorios que reciben pocas visitas pero se sienten honrados por ellas cuando se producen. Yo apreciaba el orgullo que cada cual experimentaba por su territorio, por su iglesia, por sus comercios, por sus particularidades locales. Conocí a muchas personas que amaban su ciudad, su trabajo, su familia, su país. Había, por supuesto, motivos de descontento, desavenencias, incomprensiones e incluso decepciones. Pero yo tenía la sensación de que aún era posible dialogar, escucharse, explicarse. Durante aquellas visitas, muy rara vez me encontraba cinismo o mala fe. A veces había algunos manifestantes más violentos o radicales, pero en general venían de otros sitios para prepararme, digamos, un comité de bienvenida. A lo largo de mi dilatada carrera política —y fueran cuales fuesen mis funciones—, nunca me dio pereza esta clase de inmersiones en provincias. Fueron centenares. Siempre había algo nuevo que descubrir u oír. Puedo decir que fui conociendo bien Francia con motivo de aquellas visitas. Todavía hoy sigo embarcándome en el mismo ritual para ir a firmar libros, entregar alguna condecoración, inaugurar algún sitio o pronunciar un discurso. Mi agrado al respecto permanece intacto. Es imposible acostumbrarse a Francia. ¡Nunca acaba uno de recorrerla! Probablemente ese sea el milagro francés.

En resumidas cuentas: el tema de aquel día era sumamente sensible desde un punto de vista estrictamente político. Se trataba de no echarse encima al sector de los representantes electos locales, pero sin dejar de anunciar la reforma que iba a permitir simplificar nuestra organización territorial y aligerar sus costes, que habían engordado notablemente con la multiplicación de las estructuras. Ya nadie entendía nada de aquel sistema ni lograba, por lo menos, ubicarse en él. A los consejos regionales y departamentales se les habían añadido las comunidades de municipios, los territorios, las áreas metropolitanas, los sindicatos intermunicipales… Nada de lo cual repercutía, sin embargo, en un aligeramiento o en una simplificación de la Administración del Estado. Yo estaba resuelto a dar un buen golpe en la mesa y a negarme a cualquier tipo de *statu quo*.

Estaba atrapado entre dos tesis, a saber, la de los regionalistas y la de los departamentalistas (defendidas ambas con la misma determinación). Unos me pedían que suprimiera los departamentos; otros, que suprimiera las regiones. Ambos bandos disponían de argumentos bastante sólidos con los que sustentar sus convicciones. Las regiones tenían a su favor, en efecto, la legitimidad económica, que venía dada por su tamaño. Pero los departamentos poseían una legitimidad no menos arraigada en términos históricos. Habían sido creados por Napoleón dos siglos y medio antes. Su anclaje territorial y su representatividad eran incontestables. Elegir entre ambas opciones no solo era un rompecabezas, sino que tampoco resultaba realista teniendo en cuenta las oposiciones virulentas que la desaparición de una u otra instancia habría suscitado. Y así fue como tuve la idea de plantear la creación de un consejero territorial, idea que me permitía afirmar que la solución no residía en la supresión de una de ambas colectividades, sino en un acercamiento entre ellas. La función del consejero territorial sería, pues, representar tanto a su departamento como a su región. Sería un mismo representante electo que tuviese escaño en ambas instancias. Aquella iniciativa permitiría organizar esas dos grandes asambleas siguiendo a un esquema de complementariedad, no de competencia. Eran muchos los ejemplos que podía aducir en los que ambas colectividades territoriales se pisaban entre sí, ocupándose de los mismos asuntos o aplicando, en función de las alternancias políticas, estrategias opuestas... Estaba dispuesto a mantener, además, un mapa cantonal en cuya representatividad creía. Obviamente había que rediseñarlo, pero así conservaríamos un nivel de representatividad intermedio entre los municipios y el departamento. Nuestra reforma era ambiciosa: reduciría el número de los representantes electos locales a la mitad. Los seis mil consejeros regionales y departamentales serían sustituidos por tres mil consejeros territoriales. (Entre nuestros objetivos estaba, claramente, conseguir una mejor organización a menor coste.) Opté por conservar un escrutinio uninominal mayoritario para la elección del consejero territorial. Eso permitía preservar el anclaje territorial del nuevo representante electo. Contaba, sin embargo, con que el 20 % de los escaños se repartieran mediante un sistema de representación proporcional con lista de partidos, de manera que todas las corrientes de pensamiento tuviesen una oportunidad de obtener representación. Suprimía, por último, la llamada «cláusula de competencia general» de los departamentos y las regiones, que a tantos abusos había dado pie al permitir iniciativas extrañas que nada tenían que ver con las responsabilidades iniciales de dichas colectividades territoriales.

La reforma suscitó un maremoto en la izquierda. A esta le encantaba, como siempre, disertar sobre el cambio. El cambio que se proponía, sin embargo, nunca era el bueno. El Partido Socialista se había convertido en el partido del ultraconservadurismo. No se podía tocar nada ni en la sanidad, ni en las colectividades territoriales, ni en las pensiones, ni mucho menos en la enseñanza pública. Con lo único con lo que se mostraban indulgentes era con «el gasto». Y aun así, jamás bastaba. Laurent Fabius, a quien los comentaristas suelen presentar como una persona inteligente y fina, era siempre el que encarnaba las posiciones más binarias y zafias. Era extraño verle actuar de aquel modo. Cabía esperar que hubiera sido más exigente consigo mismo. El hombre se encerraba en la caricatura de lo que era. Esta empezó con el «no» al referéndum sobre Europa, del que nunca llegó a recuperarse.

Estábamos imaginando una nueva etapa en la reciente historia de la descentralización. Era algo nuevo, pues la matriz política francesa llevaba siglos completamente orientada hacia el centralismo. Este había caracterizado la historia de Francia. Desde Felipe II el Augusto hasta Luis XIV —pasando por Luis IX el Santo, Felipe IV el Hermoso o Enrique IV—, todos nuestros reyes perseveraron, para consolidar su soberanía, en la construcción de un Estado fuerte, centralizado y hostil tanto a feudalidades como a cualquier forma de poder local. Hay que señalar que la Revolución continuó la labor centralizadora de la monarquía. No otra cosa hizo, en efecto, al abolir los privilegios de las antiguas provincias y poner fin, en nombre de la igualdad, a los particularismos locales. El primero que tuvo la intuición de que hacía falta descentralizar fue el general De Gaulle. Aquello se saldó con una catástrofe política para él: el no del referéndum de 1969 se lo llevó por delante. Fueron, así, las leyes Mitterrand de 1983 las que dieron el primer empujón real a aquellas nuevas libertades locales. No había que cortar aquel impulso, pero había que organizarlo y controlarlo. El sistema se iba encareciendo paulatinamente y eso empezaba a plantear un problema importante a las finanzas públicas francesas. Entre 2003 y 2007 —y sin que hubiese habido ninguna transferencia de competencias—, los gastos locales habían aumentado nada menos que ¡cuarenta mil millones de euros! La función pública territorial había contratado, por su parte, a treinta y seis mil nuevos empleados públicos únicamente en 2008 y, de nuevo, sin que las competencias hubiesen aumentado. Desde 1992 se había incrementado en un millón el número de funcionarios. No podíamos seguir en esa línea. Ante aquella realidad se habían encargado un aluvión de informes —el de Mauroy, el de Pébereau, el de Lambert, el de Attali, el de Warsmann, el de Valletoux, el de Perben—, pero por supuesto no se había tomado ningún tipo de decisión. De ahí que para mí tuviera tanta importancia aquella reforma y quisiera encargarme de presentarla, explicarla y defenderla personalmente.

Mirando hacia atrás, me doy cuenta de que el ritmo de los cambios que proponía era intenso, tal vez demasiado intenso. Entre el impuesto sobre el carbono y el nuevo mapa territorial, había material de sobra para una indigestión. A algunos miembros de mi familia política que últimamente comentan que yo no hice lo suficiente supongo que ha debido de atacarles la amnesia (salvo que se trate de pura ignorancia de los hechos, claro). Lo cierto es que mi mayoría parlamentaria daba tumbos en su intento de seguir aquel ritmo frenético. Yo podía entenderla, pero quería poner en práctica una nueva estrategia basada en la teoría que unos años antes me había explicado un amigo arquitecto. La clave estaba en el reparto de las cargas entre las vigas que soportaban una cubierta. Ninguna de las vigas tenía que asumir en solitario la totalidad del peso, sino que había que velar por un reparto armonioso de la carga.

Eso era lo que yo quería hacer con nuestras reformas. Estaba harto de ver Gobiernos obligados a recular con proyectos de ley o medidas que habían coagulado a todos los opositores. Los ministros presentaban, muy aplicados ellos, una reforma tras otra. Después del primer repliegue, sin embargo, ya no había reforma posible. ¡El sistema quedaba atascado de arriba abajo! Pues bien: multiplicar las reformas y sumar unas a otras durante el mismo periodo dificultaba enormemente la coagulación, cuando no la imposibilitaba. Mis oponentes ya no sabían en qué centrarse o a qué responder. Y, así, la polémica relativa al impuesto sobre el carbono había sido desplazada por la polémica —no menos violenta— de la reforma de las colectividades territoriales. Era muy complicado, por tanto, que la movilización contra una medida concreta pudiese durar mucho. Aquello era un punto positivo: ¡la oposición perdía el norte! Había, sin embargo, una contrapartida más negativa con la focalización de los ataques en mi persona, puesto que yo era el punto de enlace de todos aquellos proyectos. Resultaba enojoso, pero tampoco es que fuese incapacitante. Yo estaba preparado para aquellos encontronazos, que, de hecho, hasta tenían su punto divertido…

La verdadera dificultad residía en la desestabilización de mi mayoría parlamentaria. Veía, en efecto, a muchos diputados ponerse nerviosos, lo que creaba tensión e inquietud en un periodo ya de por sí difícil. Y si a ese panorama se le añadían los sondeos de opinión —que a cada nuevo desafío político reaccionaban con una bajada de mi índice de popularidad—, la situación se hacía aún más compleja. Muchas personas de mi entorno me instaban a aflojar el ritmo. En ocasiones aducían argumentos sólidos, por ejemplo que a los franceses podía costarles comprender el sentido de nuestra actuación. Y es verdad que todo aquello creaba confusión. Pero yo no escuché tales consejos de prudencia, pues sentía la premura del tiempo, que pasaba tan rápido. Me horrorizaba la idea de llegar al final de mi mandato y experimentar la pesadumbre de que, con tanto esperar el momento oportuno para actuar, había terminado dejando que pasara ese momento… sin actuar. ¡Prefería enfrentarme a aquella oposición entonces que sufrir un reproche después por no haber hecho nada o haber hecho poco!

*

* *

El mes de noviembre, marcado por la solemnidad de Todos los Santos, representa la época de los difuntos y de la huella que estos dejaron en nuestras memorias. Cada cual tiene los suyos. Con la edad, de hecho, van siendo más. Se fueron, pero siguen estando. A mí me gusta evocar el recuerdo de las personas a las que tanto quería. Mi madre, mi abuelo, mi tía, mis amigos íntimos, Jean-Michel Goudard, Jean-Marc Forneri... y también mi padre. Llevo a cada uno de mis muertos en mí; pienso con frecuencia en ellos. ¿Dónde están? Me encantaría pensar que sus vidas han tenido un sentido. No es la muerte lo que asusta: ¡es la ignorancia a la que estamos condenados lo que nos abruma! No nos deja sino la esperanza como antídoto a la aflicción definitiva. Siempre he amado la vida y siempre he pensado en la muerte. También cuando era joven. Verdaderamente conviene acostumbrarse a ella, pues es algo muy familiar. ¿Cómo olvidarla cuando todo en nuestro día a día nos lleva a ella? Yo, como todo el mundo, busco. Y tengo, como a tantos les sucede, dificultades para encontrar... Aun así, no renuncio. Eso es, por lo demás, lo que me fascina de las religiones y lo que me reafirma en mi identidad y mi cultura cristianas. Confieso una predilección por Jesús, probablemente la personalidad más importante de la historia de la humanidad. No seré yo, desde luego, quien dirima el debate sobre si se trata de un dios o de un hombre. Sigo maravillado, no obstante, por el lugar que continúa ocupando veinte siglos después de su nacimiento, habiendo tenido tan solo tres años de vida pública y ni el menor rastro de ningún escrito legado a la posteridad. Pero las palabras que pronunció mantienen intacta toda su potencia. Su final en los confines de un sufrimiento extremo sigue resultando estremecedor. Y la de su sudario devotamente conservado en Turín es una historia, se mire como se mire, absolutamente extraordinaria. ¿Cómo no conmoverse ante tal relato?

A mí noviembre nunca me ha parecido triste. Los crisantemos son mis flores favoritas. Es en pleno otoño cuando mejor puede uno pensar, soñar, imaginar. Esa época de transición hace las veces de estación de paso. En ella los sentimientos son menos violentos, igual que los días son menos largos. Me gusta el otoño.

Fue la estación que aquel año escogió para dejar este mundo tras cumplir los cien —y con la misma discreción y la misma dignidad que le caracterizaron durante toda su vida— Claude Lévi-Strauss. Yo sentía una profunda admiración por él y lo había citado ampliamente en muchos de mis discursos. Fue uno de los mayores etnólogos de todos los tiempos. Su trabajo de campo de la década de 1930 en aquel Brasil que él tanto amaba revolucionó nuestros conocimientos sobre las culturas primigenias. Fue un gran sabio y un intelectual que hacía honor al pensamiento francés. *Tristes trópicos* me marcó profundamente. Es la obra de un hombre libre, curioso, humano, en ocasiones violento en su expresión y tremendamente original. «Odio los viajes y a los exploradores. Y resulta que ahora me dispongo a relatar mis expediciones. ¡Pero cuánto he tardado en decidirme!», escribía para iniciar su obra maestra. Contrastaba, por su querencia aventurera y su apertura mental, con muchos de quienes hoy se consideran miembros de la *intelligentsia.* Hizo descubrir al mundo la riqueza y la complejidad de la vida social de las tribus indias de la Amazonia. Él afirmaba que tales tribus no representaban la adolescencia de la civilización, sino culturas a carta cabal.

No le daba miedo la palabra «identidad». Se atrevió a escribir que «la identidad no es ninguna patología». Estudiaba todos los sistemas sociales con la misma pasión y sin espíritu de superioridad ni voluntad de jerarquización. Era un gran intelectual que ayudaba a la comunidad —no solamente científica, sino también nacional— a reflexionar, a comprender, a elevarse. Supo reconectar con la tradición del viaje filosófico. Su reflexión sobre el lugar del hombre en la naturaleza, su preocupación por la amenaza a la biodiversidad, el modo que tenía de desmontar las complejas relaciones existentes entre la civilización y el progreso hicieron de él un precursor de la defensa de los equilibrios del planeta. Reconocer lo tenues que resultan las figuras de los ecologistas actuales comparadas con los trabajos y los escritos de Claude Lévi-Strauss no significa ser ni pasadista ni nostálgico. Decir que hemos bajado unos cuantos niveles es decir poco…

Yo tuve el privilegio de ir a verle a su casa el día que cumplía cien años para hacerle entrega de la orden de la Legión de Honor. Tuvimos ocasión de conversar largamente. Me confesó que el único drama de su edad tan avanzada era que, por los problemas de la vista, ya no podía leer. Por lo demás, se mostraba lúcido y capaz de mantener una conversación. El lugar que aquel hombre ocupaba en la intelectualidad francesa contribuía a que nuestros compatriotas sintieran orgullo por su país. ¿Quién es el Lévi-Strauss de hoy? Me costaría dar un nombre. Nunca ha habido tantos foros en los que expresarse, tantos canales de televisión, tantas emisoras de radio…, y nunca tan pocos invitados de excepción, lo que probablemente debería alertarnos sobre el riesgo de declive de Francia. En nuestra época, en la que todo tiende a hacerse virtual bajo la presión de las redes sociales, resultaría ciertamente útil proponer como materia de reflexión, a todos «los modernos del momento», la siguiente frase de Claude Lévi-Strauss, llena de humildad y fuerza: «Todo lo que percibo me hiere y me reprocho sin tregua no mirar lo suficiente». ¿Puede haber un llamamiento a combatir cualquier forma de indiferencia más hermoso que este? Yo me he hecho con frecuencia esa misma pregunta: ¿por qué no habré mirado más? La reflexión de Lévi-Strauss sobre el hombre —sobre su lugar, su función y su destino— se echa dolorosamente en falta.

*

* *

Es uno de los grandes atractivos del cargo de presidente: puede reunirse, hablar y trabar conocimiento prácticamente con cualquier persona que desee. Es un auténtico privilegio del que disfrutan, al fin y al cabo, muy pocos. Y yo nunca me privé de ese placer de conversar con cualquier hombre o mujer a quien admirase. Cuál no sería mi alegría al recibir en el Elíseo, en la tarde de aquel 13 de noviembre, a Clint Eastwood para hacerle entrega de la orden de la Legión de Honor. Si la palabra «leyenda» significa algo, es, sin lugar a dudas, con referencia a ese cine estadounidense que fascina a toda Francia. Y, dentro de tal cine, Clint Eastwood ha ocupado siempre un lugar especial (lo mismo como actor que como director). Son incontables los premios Óscar —y aun César— que ha obtenido. En Francia, todo el mundo le conoce y ha visto, al menos una vez, alguna de sus películas. Encarna esa facilidad estadounidense para no oponer los productos populares a los de calidad. Nuestras disputas nacionales sobre un cine de autor frente a un cine para el gran público, sobre lo que los críticos desprecian y lo que los franceses adoran, se antojan ridículas cuando se piensa en la obra de Clint Eastwood, que ha logrado el milagro de la síntesis del éxito con todas las generaciones y con todos los estilos, así como con todos los públicos. Su filmografía integra los wésterns, las películas policiacas, las superproducciones bélicas, los melodramas… Es inclasificable, pues ha tocado todos los palos y en todos ha tenido éxito. Ha conquistado a los públicos más amplios sin ceder jamás al maniqueísmo ni a lo fácil. Hablar a todo el mundo sin dejar de ser sutil no es algo que esté al alcance de cualquiera.

Cuando entró en mi despacho, vi al mismo hombre al que tantas veces había admirado en la gran pantalla. Estaba realmente impresionado. Es el misterio de los actores estadounidenses: en la vida son como en sus papeles. A veces he coincidido con magníficos actores o actrices franceses que captaban perfectamente la luz de la cámara pero que en la «vida real» resultaban más grises. Con Clint Eastwood estaba viendo al hombre que me había imaginado. Acababa de terminar *Invictus,* esa película maravillosa que contaba cómo, con motivo del Mundial de *rugby* de 1995, la selección nacional de los *springboks* hizo posible, bajo la autoridad de Nelson Mandela, el nacimiento de una nación reconciliada en la cual quedaba desterrado el *apartheid.* El hombre respiraba esa sencillez propia de las estrellas estadounidenses, que jamás se preguntan si ir a ver a un presidente podría comprometerlas políticamente. Estuvimos hablando un buen rato con calidez, como si ya nos hubiéramos visto antes y nos conociéramos de mucho tiempo. «Es una suerte», me dijo, «que usted no sea candidato en Estados Unidos, porque me costaría decidirme entre usted y Barack Obama. Me vería escindido, pero eso es algo que afortunadamente no va a suceder». Terminó cambiando de opinión y optando por el candidato republicano. ¡Espero que no le pasara igual conmigo!

Se le veía encantado de recibir aquella condecoración francesa, lo que ponía de relieve el prestigio que nuestro país mantenía en aquellos Estados Unidos a los que, sin embargo, ¡tanto les costaba enterarse de que había más países aparte del suyo! Estuvimos hablando de política. El tema le apasionaba. A menudo he constatado que los actores estadounidenses tienen con esta una relación mucho menos ideológica que los nuestros. Tienen sus convicciones, hacen preguntas y son muy aficionados a las anécdotas —a las de la gran historia, y a las de sus cotidianeidades más pedestres—, pero rara vez se sienten obligados a adoptar poses. (A muchísimos actores nuestros los he visto comprometidos con la izquierda sin saber siempre por qué, interpretando al «Che Guevara del bulevar Saint-Germain».) Pasé un rato agradable con Clint Eastwood. Es algo excepcional no sentirse decepcionado al conocer a quien fuera un héroe de tu juventud. Y era importante rendir un homenaje al cine a través de uno de sus actores más descollantes.

El cine siempre me ha impresionado, en el sentido literal del término. Recuerdo mi primera sesión, a comienzos de la década de 1960. Mi tía, con la que vivía, me llevó al Kinopanorama de la plaza de Clichy a ver *Ben-Hur,* con Charlton Heston. ¡La película llevaba en cartel tres años! Cuando las escenas eran demasiado violentas, aquella señora tan delicada me tapaba los ojos con la mano, gesto ante el que yo protestaba enérgicamente. Le habíamos dado un poco de dinero a la acomodadora, que, cuando nos hubo dejado en nuestras localidades, se quedó esperando con la mano extendida y bien abierta. Aquello dejaba pocas dudas sobre sus intenciones y poco margen para negarnos, so pena de provocar un comentario desagradable… ¡Semejante situación me hizo sentir vergüenza por adelantado! Desde entonces no he dejado de experimentar la misma emoción cada vez que la pantalla inmensa me inunda con su luz en el momento en que la proyección empieza. La magia del cine siempre ha hecho efecto en mí. Me gusta cuando la sala está llena. Me descubro en sintonía con las reacciones de los espectadores. La dicha está hecha para ser compartida. El cine en sala es compartir. Carla y yo vamos siempre a la sesión del domingo a primera hora de la tarde. Creo que soy bastante buen espectador, porque rara vez salgo decepcionado y a menudo quedo contentísimo. Me parece que no hay nada mejor para despejarse. Durante esas dos horas de espectáculo, me siento transportado a otro lugar, lejos de las preocupaciones y las servidumbres del día a día. Hasta el punto de que siempre me tomo un momento para volver en mí cuando acaba la sesión. Volver a la realidad me deja como grogui. A pesar de la televisión y de la explosión del número de canales nuevos, a pesar de las redes sociales y de las múltiples ocasiones de distracción, el cine sigue ahí. Millones de espectadores continúan apiñándose en salas oscuras, por más que resulte cada vez más complicado. El cine es accesible, popular, espectacular, intenso.

Por eso nunca quise que se tocara el sistema francés —extremadamente generoso— de ayuda a la creación cinematográfica. El cine es el arte popular por excelencia, al mismo nivel que la música y los conciertos. Es un magnífico indicador del estado anímico y la vitalidad de una época. Basta ver, para convencerse, lo que ha ocurrido con el cine italiano, que hasta la década de 1960 incluida encarnaba lo más refinado e impactante del séptimo arte. El cual no es, en absoluto, un termómetro anecdótico, sino que está hondamente vinculado a las tendencias de fondo de una sociedad. Velar por la supervivencia y la salud del cine francés debería ser una prioridad de cualquier poder político que se oponga a la desaparición de Francia como potencia cultural. El cine es un medio de irradiación inigualable, ¡y eso es algo que a nuestro país verdaderamente le hace falta en estos tiempos!

*

* *

Que eligiera Marsella para lanzar el Plan Cáncer II no fue casualidad. Quería celebrar la dilatada tradición de excelencia de esa ciudad en el ámbito de la medicina y la investigación biomédica. Fue al convertirme en presidente de la República cuando realmente adquirí conciencia de la magnitud de los desastres que aquella enfermedad provocaba. No me sentía orgulloso de aquel despertar tardío. Es un tema que no resulta fácil de tratar. Todo el mundo da un respingo cuando oye la palabra «cáncer» —yo el primero—, y esa aprensión me tuvo mucho tiempo alejado del tema. A todos nos asusta tener que afrontar esa pesadilla (por nosotros mismos y por nuestros seres queridos). El cáncer fue un tabú durante demasiado tiempo. La mayoría de la gente desconocía la realidad de las cifras. Aquella enfermedad no podía concernir so-

Angela siempre tan elegante.
¡Los tres teníamos un gran vínculo!

Cumbre en el Elíseo.

Cumbre sobre los mercados financieros y la economía mundial en Washington.

¡Angela llegaba tarde a menudo!

Barack encontró una foto «extraña»: yo en tejanos a los 20 años.

Barack y yo, cara a cara.

Mi primera visita al Despacho Oval.

En la cumbre de la OTAN en Estrasburgo.

En la ceremonia de investidura de Alassane Ouattara.

En Kigali, Ruanda, con el presidente Paul Kagame y, detrás, el ministro Bernard Kouchner.

Condecoro a mi ídolo.

Con el dalái lama en Gdansk.

Es difícil encontrar un pueblo más
acogedor que el brasileño.

Con Lula, en Brasil,
durante las celebraciones
del Día de la Independencia.

Con el primer ministro británico, David Cameron, en un helicóptero francés del ejército del aire, saliendo de Trípoli.

Con los militares.

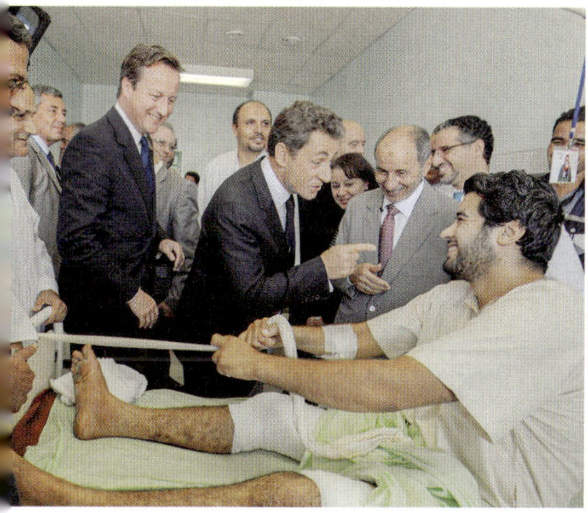

Mi visita a Libia fue, sin duda, uno de los viajes
más emotivos de mi vida como presidente.

En Afganistán.

Con Serzh Sargsián.

En Kabul, Afganistán, con los soldados del 8.º regimiento de paracaidistas de la infantería de marina.

En Armenia.

Mi encuentro con el papa en su despacho del Vaticano
es un recuerdo inolvidable.

G20
FRANCE
2011

Presido el G8 en Deauville.

Hasta qué punto he querido a Francia
y que los franceses me quieran.

lamente a los médicos. Su gravedad exige un compromiso del conjunto de la sociedad en un triple esfuerzo de prevención, tratamientos e investigación.

En la estela de Jacques Chirac —quien había tenido la excelente idea de un Plan Cáncer I—, quise llevar más lejos aquel esfuerzo acometiendo una ambiciosa fase II en la que trabajaba sin descanso Arnold Munnich —mi asesor en materia de sanidad— con el apoyo primero de Raphaël Radanne y luego de Olivier Bogillot. Aquello era una auténtica causa nacional debido a las dramáticas dimensiones que la enfermedad había adquirido en todas sus formas. Las cifras son escalofriantes. En aquella época se diagnosticaban trescientos cincuenta mil nuevos casos de cáncer en Francia cada año; esta afección era una de las principales causas de mortalidad, con más de doscientos cincuenta mil fallecimientos anuales. Bien mirado, aquella calamidad había de afectar, directa o indirectamente, a todos los franceses. Decidimos comprometer setecientos cincuenta millones de euros adicionales para combatirla. Yo tenía la ambición de que nuestro plan no se limitase a conseguir que los pacientes soportasen mejor el cáncer; se trataba de hacerlo retroceder o incluso de vencerlo en la medida de lo posible. La idea era, pues, procurarles a los cinco mil investigadores franceses del ámbito de la oncología las mejores condiciones de eficacia. A tal efecto convenía romper con la odiosa costumbre de andar espolvoreando la financiación, es decir, de andar dándole a cada cual un poquitín, para que al final nadie dispusiera nunca de los medios necesarios para llevar a término progresos decisivos. Determinamos, por tanto, que el Instituto Nacional del Cáncer certificara cinco centros para la investigación. Aquellos hospitales de excelencia dispondrían de la masa crítica necesaria en términos de médicos, pacientes, investigadores y equipos para ser los más eficientes. Yo pensaba, por lo demás, que a esos cinco centros de dimensión mundial les resultaría más sencillo trabajar con otros equivalentes, pero esta vez en un marco europeo, pues el cáncer no hacía menos estragos en España, Italia o Inglaterra. Quería convertir a Francia en un país líder en el ámbito de la investigación oncológica. Éramos los cuartos por detrás de Estados Unidos, Alemania y el Reino Unido. Podríamos hacerlo aún mejor.

Aquel importante problema de salud pública se veía agravado ulteriormente por la cuestión de las desigualdades. Estas resultaban tanto más insufribles cuanto que no se hablaba de ellas nunca. Qué extraño resultaba ver a los franceses, tan dispuestos siempre a denunciar injusticias —a veces accesorias—, omitiendo aquellas que de forma clamorosa se producían frente al cáncer. Porque resulta que el riesgo de morir entre los 30 y los 65 años era dos veces más alto entre los obreros que entre los profesionales liberales. Para un país que pone la palabra «igualdad» en el frontispicio de todos sus edificios públicos, aquello era claramente inaceptable. Y, si se entraba en el detalle de las distintas patologías, las cifras se hacían más reveladoras aún. La mortalidad por cáncer de faringe se multiplicaba por diez —y en el caso del pulmón, por tres y medio— según tuviera la persona unos orígenes privilegiados o desfavorecidos. Era nuestro contrato social al completo lo que estaba amenazado. La reducción de las desigualdades frente al cáncer era, así las cosas, una de las prioridades de nuestro plan.

Haciendo aquellos anuncios, tenía muy presente que la enfermedad podía tocarle a cualquiera, que podía abatirse con una brutalidad inusitada sobre todos y cada uno de nosotros. Yo también me daba por aludido. Desde luego nunca me he creído por encima de la enfermedad. En aquella campaña veía también un buen modo de humanizar la política, de desideologizarla, de hacerla más concreta en la vida cotidiana de todas las personas que sufren. De hecho esperaba, en mi ingenuidad, que aquella gran causa nacional generara un consenso transversal en términos de partidos; pero en seguida me desengañé. Las reacciones de la oposición eran muy críticas: «El plan carece de ímpetu y resulta decepcionante», afirmó Jean-Marie Le Guen en nombre del Partido Socialista (sin articular, naturalmente, ningún tipo de propuesta alternativa). Escuchando aquella reacción y algunas otras, recuerdo que me pregunté si a lo mejor yo había sido igual de obtuso cuando estaba en la oposición. La respuesta era probablemente afirmativa... Es algo de lo que no me enorgullezco. Espero, con todo, haber cambiado al asimilar hasta qué punto aquellos comportamientos binarios podían alejar de la política a franceses de buena voluntad que solamente querían que el país progresara. Seguramente fue esa distancia lo que me faltó en algunos momentos de mi vida política de partido.

Por lo menos la lucha contra el cáncer era un objetivo incontestable. Fue una de las causas a las que más me atuve a lo largo de toda mi presidencia, y aun después. Lo merecían tanto los pacientes como los investigadores. Conocí a personas que daban muestras de una valentía admirable ante la enfermedad. Vi asimismo a médicos que se entregaban sin límites a aquella causa. No eran tantos los ámbitos que me permitieran estar seguro de que realmente podíamos dar esperanza y aliviar dolores. El cáncer, por su violencia, nos imponía aquel compromiso. El tema debería haber interesado más a los observadores y a los medios de comunicación. Lo cierto es que no ocurrió así. Los comentarios sobre aquel Plan Cáncer II no fueron más allá del propio día del anuncio. Luego todo volvió a caer en el olvido. ¿A lo mejor es que no había suficientes polémicas como para poder hablar con seriedad de aquel asunto? Era decepcionante que una causa de tal importancia apenas llegara a los titulares. Desde que salí del Elíseo, he continuado aquella lucha implicándome con el Instituto Gustave-Roussy contra el peor de los cánceres: el que afecta a los niños. No conocía ese mundo. Me daba miedo. Estaba equivocado. Yo creía que allí estaba la muerte y me encontré con la vida. Pocas experiencias me han cambiado hasta ese punto. Noé tenía siete años cuando lo vi por vez primera. Sus padres acababan de enterarse de que su hijo estaba sentenciado y le quedaba poco tiempo. Su tumor en el cerebro era «definitivo». Ningún niño había sobrevivido hasta entonces a aquella patología. Noé estuvo luchando tres años. Fui a verlo varias veces. La quimioterapia lo había dejado calvo. Me hice amigo de sus padres, unas personas admirables por su valentía y por su dignidad. Haber tenido trato con los tres fue un privilegio y una suerte.

*

* *

En seguida volvía a imponerse la política politiquera. Apenas faltaban cuatro meses para las siguientes elecciones regionales. Así iba el ritmo de aquel mandato de cinco años salpicado de elecciones, prácticamente unas por año. Cinco años ya eran lo bastante poco, pero aquella sucesión de comicios intermedios realmente no facilitaba la acción del Gobierno a largo plazo. Tal situación reforzaba mucho, además, al bando de los «inmovilistas» de mi propia mayoría parlamentaria, quienes siempre encontraban una ocasión —buena o mala— de explicar que sería preferible posponer tal o cual reforma. Es decir: según ellos yo tendría que haber esperado siempre a que pasaran las siguientes elecciones antes de actuar. El momento oportuno, según ellos, no era nunca.

Decidí, igual que con las elecciones europeas, hacer campaña. Así que tomé la palabra al término del consejo nacional de la UMP (Unión por un Movimiento Popular) que se celebraba en las antiguas instalaciones portuarias rehabilitadas de Aubervilliers. (Elegimos esa ciudad, y ese departamento popular de Sena-Saint Denis, como un símbolo de nuestra voluntad de dirigirnos a toda Francia.) Como ya había precedentes, mi presencia suscitó menos controversias que las veces anteriores. Todo el mundo empezaba a acostumbrarse a que yo me implicara y, sobre todo, se estaba evaporando el mito de las elecciones que no tenían consecuencias en la política nacional.

Había tenido una semana particularmente cargada de viajes internacionales. Acababa de volver de Manaos, donde Lula me había pedido que participara en un congreso de las potencias de la Amazonia, círculo al que nuestro país pertenecía por la Guayana Francesa. Desde allí me dirigí a Trinidad y Tobago, donde Gordon Brown me había invitado a participar en la cumbre de la Mancomunidad de Naciones, lo que suponía un estreno histórico para un presidente francés. Había llegado a París tarde la noche previa y no había tenido un instante para escribir el discurso. Pero tampoco quería leer un texto que me hubiesen preparado, así que improvisé. Me gustaba aquel ejercicio «sin red» ante mis amigos políticos. Me permitía decir de verdad lo que tenía en el corazón y llegar al fondo de lo que pensaba, aparte de que cuadraba más con el ambiente de esa clase de encuentros celebrados en pleno día. Yo estaba, como siempre, encantado de volver a ver a mis compañeros. La vena militante nunca me ha abandonado. Me gustaban aquellas reuniones de familia. Para mí tenía siempre muchísima importancia que tanto los cargos orgánicos como los militantes de base se fueran de allí entusiasmados, henchidos, estimulados. La peor crítica habría sido que uno solo de ellos me confesara que se había aburrido durante aquellos actos. Por eso no me daban miedo ni las tensiones ni las rivalidades, y menos todavía los debates, porque añadían ese fervor que me permitía mantener en ascuas a aquella mayoría tan amplia. Yo sabía, desde hacía mucho tiempo, que un ejército en marcha era más fácil de mantener en orden de combate que una tropa acantonada. Y verdaderamente aquel no era el momento de detenernos.

Estuve cerca de una hora exhortando a mis amigos a tener la valentía de asumir las opciones políticas estructuradoras que habíamos hecho nuestras de cara al futuro: la supresión del llamado «impuesto profesional» (ya que, como dije, aquel era un tributo que no existía en ningún otro lugar del mundo), la instauración de la figura del consejero territorial, el debate sobre la identidad... Las reformas a las que nos habíamos comprometido no eran pocas. Lo único que me desasosegaba era tener que elegir. Me resultaba extraño ver hasta qué punto el ímpetu reformador de antes de mi elección se había transformado, en muchos de mis diputados, en tentación de inmovilismo, como si pensaran que, por ir más despacio, fuese a haber menos ataques. Yo estaba convencido de lo contrario. El mandato de cinco años de Jacques Chirac, que yo había vivido de cerca, me había vacunado contra aquella tentación. Aproveché la ocasión para asestar un par de golpes a los ecologistas, que abogaban por el decrecimiento. Me pregunté en voz alta: «¿Saben que hay paro? ¿Saben que hay miseria en el mundo? ¿Saben que hay mil millones de personas que pasan hambre?». (Obviamente no lo sabían.) Luego apunté a los socialistas, que volvían a poner en primer plano el asunto de los sin papeles para provocar al Frente Nacional y hacerle prosperar. A sus ojos, los viejos métodos eran siempre los mejores. Para ellos, ¡hasta la más mínima ventaja contaba!

Xavier Bertrand había hecho un buen trabajo como secretario general de la UMP. La mayoría de los líderes regionales y departamentales habían sido designados. Me brindaron un recibimiento entusiasta, caluroso, impecable. Todos aquellos militantes no sabían, mientras estaban allí aplaudiéndome como cosacos, cuánta fuerza y energía me estaban dando para continuar. Seguramente ignorasen hasta qué punto resultaba decisivo, en la soledad del presidente de la República, el calor de aquella mañana junto a quienes llevaban tanto tiempo acompañándome. La política no es cosa de monstruos fríos. Eso es una leyenda sin parecido alguno con la realidad porque en política tales perfiles no llegan nunca demasiado lejos. La política tiene que ver con los sentimientos, con los compromisos y con las pasiones. Y en ese aspecto soy consciente de haber sido especialmente afortunado, pues recibí mucho de aquel amor y de aquella amistad por parte de los militantes. Mi fidelidad hacia ellos será eterna. Jamás podría abandonar a una familia que tanto me ha dado, que me permitió atesorar como lo más valioso todos esos recuerdos y gracias a la cual he podido responder al mayor desafío de mi vida: el de servir a Francia. Sin tal familia nada habría sido posible. Son cientos de miles, personas anónimas, soldados rasos que lo han dado todo durante tantos años. Todavía hoy me los sigo encontrando. Me hablan de un discurso, de una fecha, de una reunión, de un momento en el cual vibraron, lloraron, gritaron, albergaron esperanza. Que sepan que esos días de los que se acuerdan yo los tengo también guardados como lo más valioso tanto en mi cabeza como en mi corazón.

*
* *

A menudo he tenido encuentros con el mundillo de los intelectuales franceses. Muchos de ellos brillan por su talento, por su inteligencia y por su cáustico verbo mordaz. La mayoría profesa una voluntad constante de «pensar bien». En el plano de las palabras, abundan los buenos sentimientos, la generosidad y la humanidad. Ellos nunca dudan en dar lecciones de moral y de comportamiento que, no obstante, a sí mismos no se aplican. Sus reacciones son fáciles de prever, ya que van siempre en la misma dirección. No por eso dejan de tener su utilidad en el debate público, ¡aunque solo sea para indicar el camino que más vale no seguir! No obstante, hay entre ellos personalidades de excepción, que descuellan por la originalidad de su pensamiento y por la valentía de sus posiciones. Ser capaz de ir contra corriente no es una cualidad común. Alain Finkielkraut es uno de esos pocos. Siempre lo he admirado, sin ser amigos íntimos. Lo he escuchado más de lo que he coincidido con él. Y a menudo he estado de acuerdo con lo que él pensaba sin que hayamos tenido ocasión de debatirlo. Su capacidad de síntesis, abrumadora por su claridad, le permite desmenuzar los acontecimientos del día a día para poner de relieve su sentido hondo y su significado auténtico. Su corpulencia no cuadra en absoluto con su dulzura, que de golpe puede trocarse en cólera. El interlocutor pacífico se metamorfosea entonces en polemista furioso.

Lo considero capaz de todos los entusiasmos y todas las nostalgias. La importancia que ha adquirido su esposa en su vida me conmueve y me dice muchas cosas. Esa mezcla de fuerza y fragilidad tiene un punto enternecedor y fascinante. Todo lo que este hombre dice se antoja luminoso, aun cuando no comparta uno su causa. Su agilidad fuera de lo común me rompe la cintura. Frente a la manada, frente al qué dirán, frente a la mala fe o a lo políticamente correcto, él contrapone su dignidad y la agudeza de su inteligencia. Es valiente de una forma tan insólita que la hace aún más valiosa. Alain Finkielkraut es una personalidad aparte. Es una suerte contar con esa voz influyente en el paisaje intelectual francés. Yo me he inspirado en él más de lo que se imagina.

*

* *

El mes de diciembre empezó con la publicación de un asombroso artículo, en el periódico *Libération,* firmado por una veintena de investigadores, filósofos, historiadores y sociólogos que llamaban a la supresión del Ministerio de Identidad Nacional e Inmigración, al cual acusaban de «poner en peligro la democracia». (¡Ahí es nada!) Si menciono esta anécdota, no es porque aquel texto revistiera interés en sí mismo; era tremendista, ridículo y únicamente descollaba por su violencia. Resultaba interesante, así y todo, por lo que revelaba del estado anímico de buena parte de nuestras élites ornadas con licenciaturas y demás títulos universitarios. Dichas élites, perfectamente respetables por lo demás, perdían, en efecto, cualquier atisbo de sentido común nada más pronunciarse las palabras «inmigración», «identidad» y «pueblo». Era un fenómeno extraño de observar: dichos vocablos suscitaban auténticas crisis de histeria que engendraban las declaraciones más locas. Y tal fue el caso de aquel grupo de ultratitulados de nuestras universidades, en primera línea de los cuales figuraba Patrick Weil, quien corría de plató televisivo en plató televisivo para desplegar sus conocimientos sobre el tema de los flujos migratorios y multiplicaba las declaraciones alarmistas. Porque aquellas personas señalaban «el riesgo de encierro identitario de Francia», «los escandalosos objetivos de expulsión de extranjeros». ¡Llegaban incluso a hablar de una supuesta «redada de sin papeles» de la que yo sería culpable! Me acusaban asimismo de un «secuestro nacionalista de la idea de nación». Pues bien: a la luz de lo que hoy sabemos sobre los flujos migratorios —que han dejado de estar bajo control por toda Europa—, así como sobre la exasperación creciente del pueblo francés frente a los múltiples signos de desaparición de su modo de vida y de su cultura y, por último, sobre las dificultades que todos los Gobiernos han experimentado para llevar a cabo las deportaciones en la frontera —incluidas las decididas por la Justicia—, podemos calibrar hasta qué punto toda esa gente que se pretendía sabia y cultivada había renunciado a cualquier mesura para embriagarse tan solo de ideología, fantasmas e ilusiones. (Lo peor de todo era que representaban el estado anímico de una parte no desdeñable de nuestras élites.) ¿Tendrá razón ese dicho de que el pescado se empieza a pudrir por la cabeza? ¿Cómo iba Francia a poder preparar su futuro y defender sus intereses si semejantes planteamientos se espetaban y reivindicaban con total tranquilidad, como si de evidencias se tratase? Yo no sé si los signatarios de aquel panfleto siguen encerrados, todavía hoy, en sus cárceles ideológicas. Sea como sea, sus posicionamientos de entonces ilustran bien lo difícil que le resultaba resistir a semejante hostigamiento —tan irracional como descomedido— a un Gobierno que quería actuar con sensatez y mesura en el ámbito de la inmigración.

¿Qué medidas queríamos tomar que se les antojaban tan graves a aquellos «intelectuales»? Para empezar, teníamos que velar por controlar los flujos migratorios. ¿Quién podría cuestionar ese objetivo perfectamente democrático y claramente necesario teniendo en cuenta la intensa presión a la que estaban sometidas nuestras fronteras? ¿Cómo se permitían pronunciar la palabra «redada»? Aquello evidenciaba un desconocimiento de nuestra historia. Era un insulto lanzado a la cara de cuantos habían sido víctimas de aquel método abyecto durante la ocupación alemana de nuestro país en la Segunda Guerra Mundial. Los signatarios y quienes los respaldaban actuaban así para desacreditar al Gobierno, culpabilizarlo, paralizarlo y condenarlo o bien a la inacción, o bien a una prueba de fuerza. Aquello era una trampa mortal, porque la primera opción exasperaría a mis votantes y la segunda estaba perdida de antemano: el tribunal mediático privilegiaría siempre las falsas generosidades y las hipocresías humanistas sobre la firmeza de una política migratoria. Estaba claro que una mayoría de la opinión pública compartía nuestros objetivos, pero también a esas personas les impactaban las imágenes de sufrimiento de cualquiera de aquellos desdichados que venían a nuestro país en busca de un El Dorado quimérico. Nuestros esfuerzos a menudo se cargaban en el debe del Gobierno, que no solamente era inhumano sino que además parecía ineficiente.

Nosotros queríamos abrir un debate sobre la identidad francesa, sobre en qué se había convertido; sobre aquello que podía hacerla desaparecer o, por el contrario, renacer; sobre qué representaba dicha identidad tanto para los franceses como para el mundo. A ojos de aquellos nuevos censores, la reflexión y el debate eran cosas ilegítimas que, como tales, debían proscribirse. Era lícito disertar sobre el humanismo, sobre el universalismo, sobre la cultura del resto del planeta, pero la nuestra quedaba expresamente excluida. Nosotros, bien mirado, no teníamos derecho a creer, a amar, a querer preservar nuestro legado cultural y nuestro modo de vida. Nos convertíamos, en el instante mismo en que pronunciábamos la palabra «identidad», en nacionalistas, en populistas, en peligrosos reaccionarios (por no decir más). Aquello era para echarse a reír de puro absurdo o para echarse a llorar de pura preocupación. Pero lo más grave era que al mundo mediático no le chocaban tales exageraciones, o le chocaban infinitamente menos que la deportación, en esa misma época, de dos sin papeles afganos a los que el Gobierno decidió expulsar. Yo estaba consternado al constatar hasta qué punto la sensatez y el comedimiento parecían haberse evaporado en beneficio de un oscurantismo impuesto por la extrema izquierda, por los ecologistas y por activistas ociosos.

El debate sobre la identidad se reavivó con el resultado del referéndum celebrado en Suiza en noviembre de 2009 sobre los alminares. Una mayoría de nuestros vecinos se había pronunciado contra la construcción de estos en su territorio —contra la construcción, en cualquier caso, de nuevos minaretes—, y en Francia cada cual exponía su opinión al respecto. Unos veían en aquello la prueba de que definitivamente no cabía fiarse del pueblo, que siempre optaría por el exceso; otros denunciaban una decisión basada en la islamofobia, que por supuesto condenaban. Luego estaban los que abiertamente se burlaban de nuestros vecinos, a los que calificaban, en el mejor de los casos, de egoístas y conservadores... Yo me posicioné para señalar que, en vez de condenar de aquella forma categórica al pueblo suizo, sería más juicioso intentar entender lo que sentían tantos pueblos de Europa, incluido el nuestro. Publiqué un artículo en *Le Monde* para explicar que aquel resultado evidenciaba la amenaza sorda que tanta gente percibía sobre su identidad; que hacía falta, en consecuencia, hablar de aquello y que no estábamos ante ningún tabú. Yo estaba convencido de que únicamente el debate podría calmar las cosas. Todas las izquierdas se asfixiaban de indignación y consideraban que, muy al contrario, el mero hecho de abrir una discusión tensaría la situación y avivaría las llagas. Su estrategia era fácil de desencriptar: primero habían ignorado el problema y, ahora que este le estallaba a la sociedad en la cara, había que minimizarlo a toda costa y presentarlo como cortina de humo de la derecha que ocupaba el poder. Pero resulta que rompiendo el termómetro no se consigue que baje la temperatura. La negación de una dificultad no conduce a su desaparición.

Mis oponentes se afanaron por caricaturizar el debate para así bloquearlo mejor. La violencia de aquellos posicionamientos camuflaba el recelo visceral de nuestras élites hacia cuanto viniese del pueblo, al que consideraban demasiado vulgar. La mera referencia a él se consideraba ya como el comienzo del populismo. Aquello no era ni más ni menos que la expresión de un desprecio de clase de los sapientes hacia los «incultos», que éramos los demás. (Yo el primero.) Se reprodujo a grandes rasgos el mismo fenómeno que cuando, en 2005, se rechazó el proyecto de Constitución europea. Recuerdo las palabras ofensivas proferidas con referencia a la mayoría de franceses que había dicho «No». Yo aspiraba realmente a poner término a la política de la negación. Decidí, por tanto, abrir de par en par aquel debate, que no solo me parecía útil sino también necesario. Estaba profundamente convencido de que la identidad nacional era el antídoto del comunitarismo. Llegué hasta el punto, de hecho, de defender el «mestizaje», que expresaba la voluntad de vivir juntos, mientras que el comunitarismo propiciaba la de vivir por separado. Aclaré que el mestizaje no era una negación de las identidades. El que acogía debía reconocer lo que el otro podía aportarle. El que llegaba debía respetar lo que había allí antes que él.

La prensa me acusó de haber abierto supuestamente un debate que beneficiaría al Frente Nacional. ¡Es una excusa estupenda para no pensar ni decir nunca nada! Hace falta estar ciego para creerse semejantes pamplinas. Como si bastara con obviar el problema para que este se arreglara por arte de magia. Los editorialistas fueron, en conjunto, muy críticos con aquella iniciativa mía. Para el diario *La Montagne* se trataba de «populismo». *Le Courrier picard* afirmaba que «se puede reflexionar sobre la cuestión de la identidad, pero no en el plano político, pues es un tema primordialmente filosófico». Lo cierto es que, si había un debate político, era ese. Y era urgente darle una respuesta. ¿Cuál debía ser el nivel de las transferencias de competencias entre Europa y la nación? ¿Cómo debía manifestarse la prioridad conferida a la laicidad sobre las reivindicaciones de los practicantes musulmanes? Debíamos reflexionar también sobre el espacio que convenía reservar en los programas de la enseñanza pública a la historia de los países de origen de tantos franceses que procedían de otros sitios y no deseaban cortar sus raíces familiares. Afortunadamente, unos pocos audaces adoptaron posiciones fuertes. *L'Union* se preguntaba, por ejemplo: «Si alguien ama a su país, conoce su historia, defiende sus valores fundacionales, promueve la igualdad entre hombres y mujeres…, ¿son cosas de las que no puede hablar?». Yo no podía estar más de acuerdo.

Aquel fantasma también rondaba por mi mayoría parlamentaria, algunos de cuyos miembros estaban como atenazados por la movilización de la intelectualidad de izquierdas. Sobre todo no querían parecer demasiado rotundos o demasiado de derechas o demasiado valientes. En estas lides, Jean-Pierre Raffarin se había convertido en un experto. A él también le parecía que todo aquello era «populista» y lo lamentaba. No debía de acordarse de que había sido él el primer ministro que había organizado, por orden de Chirac, aquel referéndum bomba de 2005 en el que un 55 % de los franceses había dicho «No»; aquel referéndum, sí, en el que se fingía estar pidiendo a estos su opinión sobre la construcción europea después de haberles impuesto una ampliación que no deseaban. Su voto, como era de esperar, fue un «No» producto de la cólera. Los franceses habían entendido de maravilla que se les estaba tomando el pelo. Puedo hablar del tema con total tranquilidad habida cuenta de que tuve que encargarme de aquella campaña perdida de antemano. Y fui yo quien asumió el coste político de aquello al negociar y firmar el Tratado de Lisboa en 2007 para que saliéramos del callejón sin salida al que el resultado del mencionado referéndum nos había abocado. Recibir lecciones de virtud por parte de personas que se habían dedicado a jugar con fuego sin pagar las consecuencias… ¡era el colmo! Aparte de que el populista, bien mirado, ¿era yo? Ahora teníamos que reconquistar a los votantes que habían abandonado el bando de los europeístas moderados por sus sucesivas dejaciones de funciones.

Tomarse el tiempo de escuchar lo que los franceses decían en las urnas no constituía, en absoluto, populismo. Negarse a escuchar, a comprender y a actuar sí que era sumamente grave. Yo sentía que las cosas empeoraban. Yazid Sabeg, el comisario para la Diversidad y la Igualdad de Oportunidades —a quien había nombrado yo—, sumó su voz al concierto de hipocresías. Su posicionamiento no me facilitaba demasiado la labor: «Existe un riesgo real de que el debate sobre la identidad nacional vuelva a tratar a los musulmanes como una etnia aparte. La identidad de Francia no se debe construir contra el islam, sino con él». Yo no sé si, escribiendo esas palabras, aquel hombre se daba cuenta de que lo que decía chocaba frontalmente con el modo en que concebíamos la laicidad. Hablar de «construir la identidad de Francia con el islam» era algo, en efecto, atrevido y, sobre todo, inapropiado… ¡Menudo escándalo si hubiera sido un cristiano o un judío el que hubiera dicho eso! A mí me parecía que, seguramente con las mejores intenciones del mundo —al menos en el caso de los más sinceros—, eran precisamente todos aquellos «autoproclamados humanistas» quienes, sin darse cuenta, colocaban a los musulmanes en el centro del problema. Yo estaba, de hecho, bastante de acuerdo en ese punto. Los musulmanes eran la parte más compleja de asimilar en el seno de nuestra identidad futura. ¿Por qué cuestionarlo y tratar de hacer creer que todo había de transcurrir sin incidentes?

Supongo que incurrí en no pocas torpezas al lanzar aquel debate. En todo caso, si había errores, eran de pura forma. Por lo demás —en lo que al fondo del asunto se refiere—, teníamos razón. Y los hechos lo han corroborado. ¿Quién podría afirmar, mirando hoy retrospectivamente, que el tema de la identidad no estaba en el centro de las preocupaciones de muchísimos franceses o que no constituía un problema real? Casi quince años después se constata la pertinencia de aquel diagnóstico, el error de nuestros oponentes y, sobre todo, la dolorosa pesadumbre de que aquel debate no pudiera contribuir a mitigar unas tensiones que hoy se han decuplicado en el seno de la sociedad francesa. La situación se ha degradado mucho durante todos estos últimos años. Ante los bloqueos, las incomprensiones y los malentendidos, yo no conozco nada más eficaz que la palabra, el intercambio, el debate. Hablar ya es actuar. Esa incapacidad para abordar sin dramatismos asuntos importantes es realmente una dificultad específica de nuestro país. También nos cuesta muchísimo abordar los temas relativos al dinero, al éxito, a las fronteras, a la inmigración. La gente oye esas palabras y se siente automáticamente obligada a adoptar una postura tanto más generosa ¡cuanto que no compromete a nada! A partir de este momento, ningún argumento es audible, ninguna racionalidad es posible, ningún compromiso es aceptable. El bando del «bien» se enfrenta al del «mal». Ningún tipo de acción es ya viable. Y ante esa situación los franceses se exasperan y pasan a mostrarse receptivos a las fuerzas políticas más excesivas y caricaturescas. Esto ha estado sucediendo durante demasiado tiempo. Un día —y no tan lejano— nuestros compatriotas terminarán queriendo hacer la prueba con dichas fuerzas políticas. ¡Y ese día será demasiado tarde para verter lágrimas de cocodrilo por tantas ocasiones desaprovechadas!

*

* *

Terminé aquel año 2009 con una rueda de prensa sobre las prioridades que financiaría la gran emisión de deuda nacional prevista. Aquella medida ya la había anunciado ante el Congreso; me faltaba detallar la cuantía y, sobre todo, las asignaciones concretas. De ello dependía la credibilidad de todo el asunto. Tras múltiples debates internos entre quienes temían que gastáramos demasiado y querían que pusiéramos un tope de gasto de diez mil millones de euros y quienes propugnaban una suma más significativa por considerar que por debajo de cien mil millones no alcanzaríamos nuestros objetivos, terminé decantándome por un importe de treinta y cinco mil millones destinados a inversiones de futuro. Era un gasto importante, pero absolutamente necesario teniendo en cuenta que, en general, la parte de los presupuestos dedicada a inversiones públicas no había dejado de caer desde 1974, año en que fue del 12,5 %, hasta 2008, año en que supuso el 7,5 %. (La realidad era que la inversión pública se había sacrificado en aras de la explosión de los gastos sociales.) En algún momento acaricié la idea de emitir deuda dirigida a inversores particulares para movilizar a los franceses en torno a aquel objetivo; pero hube de renunciar en consideración del alto coste que tal proceder habría tenido, ya que a aquellos prestamistas habría que haberles ofrecido una importante remuneración. Salía mucho más a cuenta buscar aquel dinero en los mercados, donde el tipo de interés era significativamente inferior. Al final suponía un ahorro de casi mil millones de euros.

Decidí que las principales partidas de aquel presupuesto se destinaran a la enseñanza superior y a la formación. Aquello me parecía una evidencia. Se trataba de un sector en el que Francia invertía dos veces menos que Estados Unidos. Pero eso no era todo: ¡entre 1995 y 2006 el gasto en este ámbito había decrecido en cuanto a porcentaje del producto interior bruto! El esfuerzo previsto suponía once mil millones de euros, y a continuación anuncié la creación, en la meseta llamada Plateau de Saclay, de un gigantesco campus que reagrupara el instituto AgroParisTech, la Escuela Central, la Escuela Normal Superior de Cachan y la Universidad de París Sur. Quería crear en la región parisina una especie de Silicon Valley. Es un orgullo constatar que hoy ese complejo se ha convertido en el que más densidad de investigadores tiene en toda Europa. ¡Casi quince mil! Aquel fue un proyecto enorme para el que mi equipo se movilizó plenamente, con mi asesor Bernard Belloc a la cabeza. Para eso tendría que servir la política. Destiné mil millones de euros exclusivamente al desarrollo de aquella iniciativa. Por otra parte, decidimos seleccionar una decena de centros universitarios de dimensión mundial para que cada uno dispusiera de una dotación de mil millones de euros. Las universidades eran evidentemente la prioridad de nuestro plan. Si añadimos la ley que les confería autonomía, así como el Plan Campus, estábamos haciendo un esfuerzo de una magnitud sin precedentes. Apuntábamos a la excelencia y esperábamos abrir la universidad francesa al mundo, a la empresa, a la tecnología y a los desafíos del futuro. Yo aspiraba también a liberarla de aquel lastre ideológico izquierdista —cuando no ultraizquierdista— que la tenía secuestrada y no le permitía desarrollarse. Para convencerse de ello, bastaba constatar la degradación constante de las posiciones que ocupaban nuestros campus en los *rankings* internacionales. Y a juzgar por el nocivo avance del pensamiento *woke* en el ámbito universitario, ¡queda mucho trabajo por hacer!

La segunda prioridad era la investigación, a la que destinábamos ocho mil millones de euros. Tampoco este sector evidenciaba un estado y una eficacia óptimos, sufriendo como sufría la dispersión de los esfuerzos presupuestarios y una desconexión absoluta respecto al mundo económico. Íbamos muy atrasados sobre todo en materia de registros de patentes. Nuestros investigadores trabajaban bien, pero a las aplicaciones industriales les costaba cristalizar.

El tercer eje era el de la industria, a la que asignamos seis mil quinientos millones de euros. Los problemas de competitividad de la economía francesa habían aumentado mucho. En los diez años anteriores, la cuota francesa de las exportaciones de la zona euro se había reducido en un 25 %. Aquel era un descenso muy preocupante. Se imponía un esfuerzo contundente para la industria. Por último, reservábamos cinco mil millones de euros para el desarrollo sostenible, de los cuales mil millones eran para la investigación sobre los reactores nucleares de cuarta generación que debían reciclar el uranio y el plutonio. (Así podía tratarse la cuestión de los residuos nucleares.) En la rueda de prensa que siguió, la primera pregunta fue sobre la vuelta a la planificación que nuestro programa comportaba. Aquel era, junto con la explosión de la deuda debida a las secuelas de la gran crisis financiera, el principal ángulo de ataque. Es decir: si antes era caricaturizado como demasiado liberal, ahora lo era por no serlo suficientemente. Siempre he creído en el mercado, pero nunca he pensado que este pudiera generar las infraestructuras que toda economía moderna necesitaba para hacer frente a la competencia mundial. Sin Estado, nunca habríamos tenido el sector nuclear, el de la aeronáutica, el TGV (Tren de Alta Velocidad) y la RER (Red Exprés Regional)… El mercado era muy eficiente en el corto plazo, pero, tratándose del muy largo, era el Estado el que debía tener una visión y los recursos financieros para hacerla realidad. Más de diez años después de la puesta en marcha de los proyectos financiados por aquella importante emisión de deuda, no ha llegado a oídos de los franceses ningún escándalo a propósito ni de la asignación de los fondos ni de la ejecución de los proyectos. ¡Es una suerte de milagro o de proeza!

En la prensa hubo división sobre aquella iniciativa. Los comentaristas oscilaban entre la seducción que la novedad de aquellas inversiones de futuro les provocaba y el importante coste que había de pesar sobre nuestras finanzas públicas, ya de por sí maltrechas de resultas de la crisis financiera. Tales reacciones no tenían nada de extraordinario; yo mismo me había hecho aquellas preguntas. Por una vez, el periódico *Libération* tuvo dificultades para ajustar el tiro: «La visión de la universidad que se desprende de las ambiciones presidenciales tiene un color muy científico, muy económico, muy utilitarista, a fin de cuentas». Yo me tomé todo aquello como un piropo. Desde luego no iba a invertir en las ciencias sociales, que tanta preponderancia tenían en nuestras universidades. Nuestro atraso en cuestiones científicas y económicas era patente y no cesaba de agravarse. Había que hacer algo. En cuanto al adjetivo «utilitarista», estaba dispuesto a asumirlo porque me parecía preferible, de lejos, al de «ideológico», que era el prisma habitual de toda la izquierda… Fue Erik Izraelewicz quien hizo la observación más pertinente para el semanario *La Tribune*. (No me sorprendió, tratándose de un periodista cuyas columnas económicas me encantaba leer, pues solían ser originales y bastante acertadas.) «El único problema de todo esto es, en última instancia, que, para financiar esas inversiones de futuro, el Estado francés tiene un solo camino: seguir aumentando su endeudamiento.» Todo eso estaba bien dicho y finamente analizado, pero ¿qué otra cosa podía hacer yo? ¿Acometer a marchas forzadas la reducción de nuestro endeudamiento? Eso habría supuesto el riesgo enorme de «lastrar» aquella recuperación económica que tanto necesitábamos. ¿Abstenerme de invertir de cara al futuro? Eso habría significado, sin lugar a dudas, aumentar nuestro atraso en términos de competitividad. Además, el dinero no era caro y abundaba en el mercado. Habríamos hecho mal no aprovechando la coyuntura. Reconozco que había en aquella estrategia una apuesta que no teníamos la certeza de ganar. Ahora bien: si no hubiéramos hecho nada para consolidar aquel crecimiento que a duras penas se recuperaba, el coste financiero habría sido mucho más elevado y el riesgo político, infinitamente mayor.

Como es natural, el Ministerio de Economía y Finanzas hizo cuanto estuvo en su mano para retrasar los compromisos financieros y limitar la magnitud de aquel plan de inversión. Los funcionarios de esa administración se oponían por principio a cualquier gasto nuevo. (Comprensible, en vista de las responsabilidades que pesaban sobre sus hombros.) Una vez efectuada aquella gran emisión de deuda, hube de esmerarme mucho más para que el plan se pusiera en práctica de lo que ya había tenido que luchar para que se adoptase. Esa es la dificultad con la administración francesa: es concienzuda y rigurosa, pero a menudo le da por intentar ganar, en la puesta en práctica de las leyes, batallas que había perdido durante su aprobación. Tales luchas de retaguardia son, en efecto, frecuentes, y cada año se ven reforzadas por la inestabilidad ministerial, que contrasta con la estabilidad de los altos funcionarios de carrera. Los ministros pasan; los funcionarios de carrera siguen en su cargo. El poder político disminuye; la fuerza de la Administración va en aumento. Ese es uno de los problemas principales de la democracia francesa.

*

* *

El año terminó como había empezado, es decir, con polémicas y controversias que son el pan de cada día de un presidente de la República. La primera era, de lejos, la más enojosa, pues el Consejo Constitucional, cuya presidencia ostentaba «mi mejor amigo» —Jean-Louis Debré—, tuvo la pésima idea de anular aquella tasa de carbono que tantísimo me había costado instaurar y hacer adoptar. El motivo aducido no era sino un pretexto que pretendía enmascarar un ajuste de cuentas politiquero. El Consejo argüía, en efecto, que aquel impuesto sobre el carbono era contrario al objetivo de la lucha contra el calentamiento climático porque no era lo bastante ambicioso. ¡Había que tener poca vergüenza para escribir eso! Sin dicho impuesto, ¿cómo iba Francia a poder ser más eficaz en sus ambiciones medioambientales? Era lícito pensar que aquella primera fiscalidad ecológica resultaba insuficiente, pero anulándola no se reforzaba, desde luego, su eficacia. Porque aquellos «sabios» protestaban, sí, contra el hecho de que únicamente la mitad de las emisiones de gas de efecto invernadero se sometiera a aquella tasa de carbono. Suprimida esta, sin embargo, ¡quedaba libre de carga el 100 %! El Consejo señalaba asimismo «un quebrantamiento de la igualdad ante los gravámenes públicos de resultas de las exenciones previstas». El argumento estaba, de nuevo, mal elegido, ya que, si bastara con esgrimir la existencia de «nichos fiscales» para declarar inconstitucional un impuesto, ¡entonces sería nuestro Código de Legislación Tributaria entero lo que habría que anular! Aquella decisión estaba cargada de consecuencias y asestó un golpe mortal a la creación de una fiscalidad ecológica que, sin embargo, hacía falta. La tasa de carbono representaba un primer paso que seguramente hubiese requerido múltiples modificaciones, pero aquella anulación suponía, sumada a las dificultades políticas que habían marcado su puesta en marcha, una vuelta atrás muy difícil de remontar, por mucho que estuviésemos resueltos a presentar un nuevo impuesto sobre el carbono. Se había malogrado el ímpetu.

La decisión del Consejo Constitucional no tenía nada de jurídica; era puramente política. De verdad que algún día habrá que acometer tamaño despropósito. Somos una democracia. Deberían ser los representantes electos quienes tuviesen la última palabra. Conviene, cómo no, que sus decisiones se adecúen a un marco tanto constitucional como administrativo. Soy el primer partidario de tal marco, pero eso no puede degenerar en un gobierno de los jueces. Afirmo, en efecto, que, entre el Consejo de Estado, el Consejo Constitucional y las reglas europeas, ningún Gobierno francés tiene libertad para proponer, con independencia de su color político, una política de regulación de los flujos migratorios, no obstante la insistente demanda y las expectativas de tantos franceses al respecto. El Consejo Constitucional conoce de prácticamente todos los textos legales. Resulta, sin embargo, que no puede —ni debe— sustituir al Parlamento. Se trata de un tema complejo, delicado e importante, pues contribuye a dar una imagen de impotencia a la política y a los sucesivos Gobiernos. Es absolutamente necesaria una reflexión sobre la composición, las reglas de nombramiento y los poderes de esas dos instituciones. Creo, de todas formas, que podría encontrarse un consenso entre las grandes fuerzas políticas francesas, pues está en juego su credibilidad y todas son conscientes de la importancia de tal debate.

La segunda polémica produjo un griterío mediático más violento aún, pero era más sencilla de gestionar; se trataba de nueve afganos a quienes habíamos expulsado y devuelto a su país de origen. Aquella decisión había impactado especialmente por estar aquel país en guerra; la televisión no hablaba de otra cosa. Y la cercanía de las fiestas navideñas excitaba más aún tanto los sentimientos más generosos como la voluntad de sus autores de exhibirlos. Aquello era el mundo al revés: esas pobres personas no tenían ningún motivo para quedarse en Francia, cosa que, de hecho, tampoco querían, ya que su deseo era llegar a Gran Bretaña, que por su parte había decidido no aceptarlos; no obstante, era al Gobierno francés al que se presentaba como el malo. Las autoridades afganas estaban de acuerdo en recibir a aquellas personas. Naturalmente no las enviábamos a zonas de combate, sino a territorios pacíficos. Y en aquel caso nadie había solicitado que se le reconociera como refugiado político. Aun así, yo me veía acusado de todos los males y denunciado desde todos los lados. Era «inhumano» y «un desalmado», carecía de «cualquier clase de generosidad». (¡Poco faltaba para llegar a las acusaciones rituales de fascismo!) Lo más chocante era que aquellas deportaciones se habían decidido de común acuerdo con el primer ministro británico Gordon Brown, ¡que era laborista! Pero eso en absoluto impidió a la izquierda francesa porfiar en su acostumbrada agresividad.

Obviamente era más fácil dejarse llevar complacientemente por las emociones que asumir decisiones firmes. Yo temía, sin embargo, que, si no se tomaban medidas, pudiera estallar una grave revuelta entre los franceses, legítimamente exasperados viendo a su país convertido en un «coladero». Constato con tristeza que, desde aquella época, la situación no ha hecho sino empeorar. Valga de ejemplo el caso, a finales de 2022, de los doscientos treinta y cuatro etíopes y somalíes del *Ocean Viking* que fueron dirigidos hacia Francia por una ONG cómplice. Unos días más tarde, aquellas personas se evaporaron en el campo desde Tolón, donde se supone que sus expedientes iban a examinarse en profundidad. Al final solamente se devolvió a sus países a unos pocos. ¿Se tiene realmente conciencia de los estragos que semejante imagen de impotencia hace en el ánimo de los franceses? Los estropicios son considerables y profundos cuando las leyes son burladas hasta ese extremo, cuando la autoridad del Estado se toma a guasa, cuando las ONG se regodean en un papel de traficantes ajeno a sus siglas pero que es bien real.

¿Qué queda de la política, de la democracia, del espíritu cívico? Nada... Pero el tiempo apremia, porque, contra lo que piensan o dicen desde esas organizaciones que se autocalifican de «humanitarias», la crisis de la inmigración no está sino en sus inicios. Cabe afirmar, de hecho, que todavía no ha empezado de verdad. Lo peor está por venir, con la duplicación de la población del continente africano durante los próximos treinta años. Es decir, que la presión migratoria se va a decuplicar. ¿Qué peso tendrán los quinientos millones de europeos frente a dos mil millones de africanos, la mitad de los cuales tendrá menos de veinte años? Los europeos vivirán ese fenómeno como una invasión económica, social, cultural. ¿Y acaso no tendrán razón? África, por su parte, experimentará una honda amargura, dado que a la mayoría de esos niños les estarán esperando, al término de su viaje, el paro, la pobreza, la exclusión. El continente africano perderá una buena parte de sus élites, cuya falta notará enormemente. Es una catástrofe programada. Producirá humillaciones, frustraciones, resentimientos hondos. Todas las relaciones entre estos dos continentes geográficamente tan cercanos quedarán entonces degradadas durante mucho tiempo. La estrategia de la «postura generosa» ha de quedar en adelante excluida. La inacción ha dejado de ser una posibilidad. Me parece que la única vía con alguna perspectiva de éxito será la de ofrecer a los países africanos, a cambio de su cooperación en la lucha contra la inmigración irregular, una política muy ambiciosa de desarrollo de sus infraestructuras financiada masivamente por Europa. El fracaso económico de África tendría consecuencias dramáticas para nuestro continente. Estoy midiendo bien mis palabras cuando digo que a lo mejor no sobreviviríamos a tal fracaso. El éxito de ese continente hermano es la única alternativa prometedora de cara al futuro para los viejos países europeos.

Financiar el desarrollo de nuestros vecinos del sur no es una mera cuestión de generosidad: se trata, ante todo, de una cuestión vital. El reloj está en marcha. Rara vez hemos tenido un desafío de tal magnitud tan a punto de estallarnos en la cara. Los pudores, las exhibiciones, las poses resultan indecentes en vista de los desafíos y de la urgencia. Francia y Europa tienen que despertar y asumir de una vez sus responsabilidades.

*
* *

Había completado la primera mitad de mi mandato de cinco años. Sabía que ahora empezaba la parte más difícil. Ya no contaba con el atractivo de la novedad. Dos años y medio era un lapso interminable para los medios de comunicación de la instantaneidad y, al mismo tiempo, demasiado corto para que pudieran empezar a producir sus efectos los primeros resultados de nuestra actuación. Yo sentía que el desaliento de una parte de los franceses iba en aumento y su impaciencia se decuplicaba. Necesitaba reflexionar y cambiar de aires. La ocasión de hacerlo llegó a instancias del rey de Marruecos Mohamed VI; nos invitó a pasar unos días en su residencia de Marrakech para descansar y poder celebrar una cena y una reunión en profundidad sobre las relaciones entre nuestros respectivos países. Siempre me ha gustado Marruecos. De las tres naciones del África Septentrional, es la más cercana a nosotros, así como la única que ha sabido digerir pacíficamente nuestro pasado común, sin experimentar la menor amargura o el más mínimo resentimiento. La diferencia con Argelia es impresionante. En Marruecos no hubo guerra con Francia, y eso tiene un peso en nuestra historia común.

Pero es que además se trataba de Marrakech. Desde mi primera visita —hace ya mucho tiempo—, tuve un flechazo de amor con la belleza de aquella ciudad. Encontré en ella la luz de la que Jacques Majorelle extrajo el azul que lleva su nombre *(bleu majorelle)*. Sentí la suavidad del aire que baja derecho de las frialdades del Atlas y llega, tras atravesar el desierto sobrecalentado, al oasis que constituye la ciudad. Tal contraste confiere al viento que sopla en esa población bendita una impresión sedosa. Las nieves perpetuas velan por ella, proporcionándole el agua que tanto necesita y un cielo con frecuencia sin mácula. Me gustan su arte, sus artesanos, su cultura; sus colores, que están presentes en cada esquina. Y, por supuesto, sus vecinos, sencillos y elegantes, cálidos y reservados, alegres y graves, acogedores y misteriosos. Me encanta pasearme por esas callejuelas abarrotadas y enigmáticas. Todo allí es diferente, y, sin embargo, siempre he sentido familiaridad con todos y con todo. Marruecos es un país hermano. Es un homólogo de Francia y como tal ha de ser considerado ya. Este reino se ha convertido en una gran potencia africana. Sus empresarios, sus intelectuales, sus artistas, sus élites no tienen hoy nada que envidiar a los nuestros. El rey Mohamed VI pasará a la historia como uno de los soberanos marroquíes más grandes. Su legado ha de ser más fecundo incluso que el de su padre. Recuerdo el escepticismo y aun la conmiseración que siguió, a mediados de la década de 1980, a su llegada al más alto nivel de nuestra clase dirigente. Aquellos comentarios resultan retrospectivamente ridículos a juzgar por el camino que este hombre ha hecho recorrer a su país.

Siempre he sentido esa cercanía con los marroquíes. Es un pueblo hospitalario y profundamente generoso. Aun si tienen poco, están dispuestos siempre a compartirlo, a abrir su casa, a entablar una conversación, a ofrecer ese té ardiente que es su bebida nacional. Marruecos ha sabido ingresar en el mundo moderno sin malbaratar su estilo de vida, sus tradiciones, ese universo suyo tan particular. No es precisamente a los marroquíes a quienes hay que explicar la importancia de salvaguardar una identidad nacional. ¡Probablemente no haya aún nacido aquel que quiera hacérsela perder! Francia debe mimar esta relación privilegiada. Debe preservarla y no darla jamás por sentada. Los marroquíes son sensibles hasta la susceptibilidad. Hay que llevar cuidado, pues la menor torpeza —aun no siendo intencionada— puede tener consecuencias penosas. El rey es, en efecto, el rey. Y además es descendiente directo del Profeta. El presidente de la República Francesa ha de tener la sensatez de entender tal particularidad y sacar todas las consecuencias oportunas en términos de protocolo. El rey Mohamed VI es un hombre de vasta cultura y de una finura intelectual deslumbrante. ¿Cuántas veces no me habré sentido impresionado yo ante su capacidad de anticipar los acontecimientos y mantener el rumbo de la visión que tiene para su reino? Sabe ser un amigo fiel como una roca. Rara vez muestra su irritación o su decepción, pero las vive hondamente. Que no reaccione a una ofensa no significa que no la haya captado. La relación exige constancia, tacto, fidelidad, así como cierta reserva. Los tiempos que imponen los medios de comunicación no van con él. Él necesita estar seguro de que la prensa no vaya a aprovecharse de sus palabras o, peor aún, a deformarlas. Jacques Chirac tuvo un trato muy cercano con su padre, el rey Hasán II. También con el hijo, pero con más distancia. Era también una cuestión generacional.

El presidente Macron no siempre ha sabido encontrar las palabras o los gestos que los marroquíes esperaban. Su tropismo argelino le valdrá no pocas decepciones. Seguramente ese sea un punto de desavenencia que existe entre nosotros. Yo no creo que tengamos ninguna necesidad de andar multiplicando las iniciativas con unos dirigentes argelinos cuya representatividad en el seno de su propio país es tan débil como su popularidad. Cuanto más intentemos construir una amistad «artificial», tanto más la rechazarán. Necesitan un adversario para distraer la atención de su pueblo del fracaso evidente en el que han sumido a ese magnífico país, uno de los más ricos del mundo de resultas de su subsuelo saturado de materias primas (sobre todo en la actual coyuntura energética). Tales iniciativas, cuya motivación puedo entender y que parten de un buen sentimiento, están, a mi juicio, condenadas al fracaso. Conllevan, por añadidura, el peligro de apartarnos de Marruecos. Este último está indignado con la actitud de su vecino, ¡que lleva treinta y dos años dándole con sus fronteras en las narices! Con ese juego, corremos el riesgo de perderlo todo. No vamos a ganarnos la confianza de Argelia y vamos a perder la de Marruecos. Es una apuesta peligrosa y, sobre todo, perdida de antemano.

La residencia del rey en Marrakech está en el Palmeral. Es una amplia finca de varias decenas de hectáreas, plantada toda ella con limoneros, naranjos y olivares inmensos. La actividad agrícola es intensa y se lleva a cabo con una profesionalidad que impresiona a las escasas visitas. Fue el padre del rey actual quien mandó construir aquel palacio, en el que hoy todo está dispuesto y escogido personalmente por Mohamed VI. Es un gran entendido en pintura del siglo XX. Sus colecciones evidencian un gusto sumamente definido. Fue él quien me inició en la pintura africana contemporánea. Esta no tiene sino unos pocos decenios de antigüedad, pero empieza a penetrar en ese círculo tan cerrado de los grandes marchantes de arte y de las prestigiosas casas que organizan las subastas internacionales de más postín.

Desde el palacio, las vistas del Atlas nevado eran pasmosas. Pasamos una semanita en aquel remanso de paz. Durante aquella estancia, el rey nos invitó a cenar a su residencia de la Medina. Él siempre ha preferido los ruidos de la ciudad al silencio del Palmeral. Lo acompañaba su esposa. Pasamos una velada maravillosa sin protocolos ni afectación. Nuestro anfitrión estaba visiblemente contento de nuestra presencia. Para él, por encima de todo, era muy importante que pudiéramos descansar. Me habló largamente de su voluntad de democratizar y modernizar Marruecos. El hombre ya tenía en mente la reforma de la Constitución que permitió que, de todos los países árabes, Marruecos fuese de los pocos que no tuvieran su «primavera». Su visión del asunto de los Hermanos Musulmanes era audaz y premonitoria: «Si ganan las elecciones legislativas, nombraré a uno de los suyos primer ministro. Es mejor que se enfrenten a la realidad del poder que convertirlos en mártires metiéndolos en la cárcel», me dijo. A mí me costaba creérmelo. Eso fue, sin embargo, lo que hizo..., y pocos años después ¡los Hermanos Musulmanes recibieron menos del 10 % de los votos de los marroquíes! La apuesta del monarca resultó ganadora. Fue el único que actuó así. Los hechos le han dado la razón.

En Francia no acabamos de darnos cuenta de la suerte que Marruecos tiene con un rey como Mohamed VI. Es un baluarte contra el fanatismo y los extremistas. Es uno de los pocos dirigentes musulmanes sinceramente comprometidos en el combate por el desarrollo de una auténtica vida democrática en su país. Nuestro deber —y, si se enfoca bien, nuestro interés— sería ayudarle más, pues él no dispone —y esto es una dificultad añadida— de las riquezas en términos de materias primas que sí tiene la vecina Argelia. Ahora Francia debería posicionarse claramente en favor de la marroquidad del Sáhara Occidental. Se trata de un asunto clave para los intereses estratégicos de Marruecos. Así se evitaría esa República Saharaui cuya solidez y perpetuidad dejan más que perplejos a todos los observadores informados. Saber elegir a los amigos, no temer incurrir en la furia de quienes lo son menos, inscribirse en una perspectiva larga, apoyarse en la historia común: esas deberían ser las directrices del presidente de la República. Si hay un ámbito de la diplomacia francesa que merecería ser replanteado y atendido es el de nuestro compromiso con nuestros hermanos marroquíes.

Fue una estancia breve, pero encantadora. De día la temperatura era perfecta y el sol de Marrakech reinaba incontestado; de noche refrescaba, lo que permitía un sueño apacible. Dedicamos aquellas vacaciones imprevistas a la lectura, al deporte, a las películas atrasadas, a las conversaciones familiares... Sentía cómo iba recuperando las fuerzas día tras día. Había, cómo no, comunicaciones telefónicas con París y asuntos de actualidad, pero la intensidad no tenía nada que ver con lo que venía siendo mi estándar cotidiano a lo largo de todo aquel año. Lo de la «tregua de Navidad» no es una fórmula retórica: es una realidad que nada puede cambiar. Todo se detiene y deja sitio a la intensa actividad familiar de los franceses; nada es capaz de turbar esos momentos de encuentros e intercambios que todo el mundo espera. En aquel comienzo de año, el país se tomaba un respiro. Y eso valía para todos, fuesen o no practicantes, creyeran o no. Las raíces cristianas de Francia se manifestaban clarísimamente en aquel modo de celebrar la Natividad y de respetar ese momento tan especial. Si hay una cosa que nunca ha cambiado, ha sido el apego de los franceses a esa época extraña que no se parece a ninguna otra y que reúne a las familias por un tiempo restringido pero sagrado.

Sacrifiqué algunas horas de aquellos días a la escritura de mi discurso ante los franceses por el Año Nuevo. Era un ejercicio ineludible, esperado, pero que apenas dejaría huella. Había que encontrar el tono justo, no estropear el ambiente de las fiestas, mostrarse unificador —pues aquel no era el momento de la política—, tratar de no ser ñoño y, por supuesto, tampoco insincero. Una vez escrito el texto, los técnicos lo volcaron en el telepronter y un operador lo iba haciendo pasar ante mis ojos de modo que yo pudiera seguirlo escrupulosamente, pero intentando no dar la impresión de estar leyendo, sino improvisando. En resumen: una situación que era cualquier cosa excepto natural. La grabación se realizó a primera hora de la tarde del 31 de diciembre para poder solventar cualquier imprevisto indeseado. A mí aquel proceder no me hacía mucha gracia; me parecía que se cargaba toda la naturalidad. Siempre me las arreglé —salvo en un caso— para no hacer más que una toma y no tener que volver a empezar el ejercicio. Nunca me he sentido a gusto con el telepronter. Había visto a Jacques

Chirac usarlo en múltiples ocasiones, incluso en los mítines. Yo nunca lo usé porque me parecía que creaba un desfase entre la sala y el orador y, sobre todo, que hacía a este último prisionero de su texto y de quien lo iba haciendo avanzar entre bastidores. A mí me gustaban más las improvisaciones, las adaptaciones, las digresiones. Necesitaba una reacción espontánea de la multitud. Aquel artilugio llegado de Estados Unidos nunca me sedujo y jamás me fue útil. Tuve que transigir, así y todo —tanto aquel año como los siguientes—, para los ocho minutos de mi discurso televisivo de fin de año.

En lo que al fondo de las cosas se refiere, intenté ofrecer un rumbo estableciendo tres ejes de trabajo prioritarios para el Gobierno. El rechazo del impuesto sobre el carbono por parte del Consejo Constitucional se había analizado, curiosamente, como un grave revés personal, por lo que debía retomarlo de inmediato; lo hice anunciando un nuevo proyecto para el consejo de ministros de finales de enero. Luego anuncié la arriesgadísima reforma de las pensiones. ¡La caja de los asalariados del sector privado presentaba un déficit de casi once mil millones de euros! Eso significaba que una de cada diez pensiones se estaba financiando a crédito. A mí aquello me parecía insostenible; había que intervenir; se trataba de una reforma esencial. Por último abrí el debate sobre una de las cuestiones clave para la futura cohesión social, a saber, la financiación de la dependencia y de la ayuda a las personas mayores. Entre el envejecimiento de la población y el aumento de la esperanza de vida, Francia se encontraría, para 2060, con cinco millones de ciudadanos de ochenta y cinco años o más. ¡Con esos tres asuntos ya teníamos bastante faena! Yo era muy consciente de que cada uno de los tres temas mencionados era, por sí solo, lo suficientemente explosivo como para «dinamitar» la mayoría parlamentaria y el Gobierno, sobre todo a pocos meses de las siguientes elecciones regionales. Así y todo, no quería dar mi brazo a torcer; teníamos que proseguir nuestra labor reformadora. Una vez más, el inmovilismo no era una opción. Al menos no para mí.

Para la mayoría no estaba tan claro. Alain Juppé y Jean-Pierre Raffarin se habían puesto de acuerdo para denunciar el debate sobre la identidad, que ellos calificaban de «inoportuno y mal gestionado». Lo cierto es que tampoco habían apoyado el impuesto sobre el carbono ni el planteamiento de la reforma de las jubilaciones.

En ese sentido, ilustraban a la perfección ese dicho popular de «Guárdame de mis amigos, que de mis enemigos ya me guardo yo». Lo peor era que pensaban sinceramente lo que decían; la izquierda había conseguido intoxicarlos más profundamente de lo que ellos mismos imaginaban. Es algo muy frecuente en la derecha; del otro lado del tablero político, jamás ocurre. La prensa fue, en general, muy crítica; no tanto con mi discurso televisivo de fin de año como con el clima político, que en su análisis calificaba de particularmente precario. El diario *La Montagne* resumía el estado anímico imperante en la prensa al presentarme, sin demasiados matices, como «desorientado por los sinsabores que se van acumulando». Era siempre extraño ver el modo en que los demás me percibían desde fuera, toda esa febrilidad tanto del sector de los medios de comunicación como del de la política. La sobrerreacción, la sobreinterpretación y la sobreexcitación se habían convertido en la norma. Había que lidiar con ello, pero no quedaba sino constatar que nos complicaba enormemente la labor. Por no hablar de que aquellos observadores, a fuerza de calificar la situación de apocalíptica, terminaban logrando que evolucionara según sus predicciones.

En un primer momento me planteé reducir la larga letanía de los discursos de apertura del año ante los diversos colectivos, pero un remanente de realismo me hizo entender en seguida que, si hacía eso, heriría a mucha gente que recibiría tales supresiones como ofensas personales. De manera que renuncié a aquella intención salvo en el caso, eso sí, de la prensa, a la que me parecía que estaba fuera de lugar —y que era inútil— ponerme a felicitar por el año nuevo teniendo en cuenta el ambiente mediático que me rodeaba. Puede que fuera un error, ¡pero al menos me permitió evitar un momento de hipocresía! No tengo inconveniente en reconocer lo que sin duda constituye un punto flaco de mi personalidad: me resulta imposible disimular lo que verdaderamente pienso. Ponerme a expresar mis mejores deseos a una corporación que yo pensaba que me caricaturizaba desvergonzadamente era algo superior a mis fuerzas. Y aquello obviamente no arreglaba mis relaciones con la mencionada profesión. De lo cual yo era el único responsable.

*
* *

Empecé el año comiendo con las ministras del Gobierno, a las que previamente había invitado a la sede del Ministerio de Justicia —en la plaza de Vendôme— Michèle Alliot-Marie, la primera de ellas protocolariamente hablando. Si he de decir la verdad, nunca me han gustado mucho esos alardes públicos de feminismo. Siempre me ha gustado trabajar con mujeres. Para mí es algo natural. Jamás me he planteado otra cosa. No pocas de las que estaban en el Gobierno eran amigas mías cercanas desde hacía muchos años. Era un auténtico placer volver a verlas y pasar aquel rato en su compañía. Pero al mismo tiempo estaba incómodo con la imagen simbólica que dábamos, como si ser una ministra fuese algo esencialmente distinto de ser un ministro. Yo veía al Gobierno como un equipo único; no me lo planteaba en términos de un equipo masculino y otro femenino. ¿Alguien pensaba de verdad que la ambición de Nathalie Kosciusko-Morizet era menor que la de Bruno Le Maire? ¿O que Valérie Pécresse era menos dura que Alain Juppé? ¿O que el celo combativo de Roselyne Bachelot estaba más atemperado que el de Brice Hortefeux? ¿O que la autoridad de Michèle Alliot-Marie no tenía, como mínimo, el aplomo de la de François Baroin? ¿Creía alguien, en resumidas cuentas, que los asuntos políticos que se abordasen durante aquella comida diferirían sustancialmente de los que se habrían abordado con sus colegas varones? Todo aquello tenía muy poco sentido más allá de la mera búsqueda de la imagen. A mí me parecía incluso que había algo humillante. En primer lugar para las mujeres, a las que se trataba como si fuesen una casta aparte a la que había que proteger en virtud del concepto que teníamos de sus supuestas debilidades. Luego para los hombres, a los que así se relegaba —aunque no se dijese— a un papel de fuerza insensible por naturaleza. Por último para mí, que me había prestado a aquel ejercicio tan artificial. ¡Me quedó claro, de todas formas, que no lo volvería a hacer!

Aquello coincidió —sin que hubiese ninguna relación entre ambas cosas— con la marcha de mi directora de gabinete, Emmanuelle Mignon, quien me había acompañado desde mi llegada al Ministerio del Interior en 2002. Me sorprendió su decisión, pero tampoco es que me empeñase en hacerla cambiar de parecer. Es una regla a la que siempre me he atenido: mis colaboradores, por muy cercanos que sean, no me pertenecen. Tienen sus vidas, sus carreras, sus deseos. Respetarles es, para empezar, aceptar sus decisiones. Emmanuelle Mignon tenía una capacidad de trabajo sin parangón. El trabajo era su equilibrio y constituía lo esencial de su vida. Su inteligencia se traducía en una capacidad de síntesis como rara vez he visto. Yo además valoraba su franqueza y, por supuesto, su originalidad. Ella asumía las discrepancias —también cuando eran conmigo— sin preocuparse jamás de las funciones de unos u otros. Verdaderamente era, desde todos los puntos de vista, la directora de gabinete perfecta. La moneda tenía, no obstante, su otra cara: era muy discreta en lo tocante a sus emociones. A veces yo me preguntaba quién era ella en el fondo y qué sentía realmente. Aquella dificultad para abrirse se traducía, ocasionalmente, en cierta brusquedad en sus reacciones. Su enemistad con Claude Guéant era notoria, como lo era su propensión a una derecha demasiado influida por sus profundas convicciones religiosas. Me quedé estupefacto cuando me explicó que se unía a la productora cinematográfica de Luc Besson. Este último es un gran artista, pero a menudo se había cuestionado —y con motivo— sus capacidades como administrador. Yo estaba convencido de que aquella aventura no duraría: entre la rigidez extrema de una y la legendaria «flexibilidad» del otro, ¡no tardarían en saltar chispas! Y efectivamente aquella colaboración se interrumpió de un modo brusco y bastante rápido. Más adelante ella hizo algunas declaraciones desagradables, explicando concretamente que «Emmanuel Macron era el mejor presidente de derechas de la Quinta República francesa». No sé si sigue pensando así. Deduje, en cualquier caso, que me guardaba un resquemor que me resulta, todavía hoy, difícil de entender. (Salvo que sea el conocido síndrome de los número uno de promoción de la ENA, ¡que no pueden soportar que no les reconozcan como los primeros y, por tanto, los únicos!) Yo a ella le guardo, con todo, una gran gratitud por cuanto me aportó durante la campaña presidencial de 2007, así como por la elaboración de la revisión constitucional de 2008.

Desde que empecé con los discursos de apertura del año ante los distintos estamentos de la sociedad francesa, hube de expresarme con vehemencia para auspiciar y reimpulsar el debate sobre la identidad nacional, que hacía aguas por todas partes, atacado como estaba lo mismo desde fuera que desde el seno de la mayoría parlamentaria. No obstante la buena voluntad y la inteligencia del ministro a cargo —Éric Besson—, no podía dejarlo solo ante aquel desafío imposible de acometer, al menos mediáticamente. Los medios de comunicación estaban, en efecto, desatados. La palabra «identidad» los sacaba de quicio. Era como si se estuviera mancillando la idea que ellos tenían de Francia. A sus ojos, aquello era más grave que ser nacionalista, populista o incluso reaccionario: no podía haber nada peor. Y el problema no era solo el hecho de defender la identidad francesa, ¡sino el de imaginar siquiera que tal cosa pudiera existir!

Diez años después, cualquiera puede juzgar lo descomedido de tales planteamientos y también el hondo error de diagnóstico que en ellos se traslucía. Reconozco que me mostré un pelín provocador cuando afirmé, a comienzos de aquel año de 2010, que «el debate sobre la identidad nacional era indispensable para no faltar a la cita con la historia que se está escribiendo». Las críticas arreciaron. Yo lo único que quería era que las palabras «nación» y «República» recuperaran su pleno sentido para todos los franceses, fuese cual fuera su origen, el barrio en que viviesen o el entorno social en que hubieran nacido. Añadí que «la fuerza de nuestra identidad es nuestra mayor baza frente a los desafíos del siglo XXI». Estaba convencido de que, en la crisis financiera de la que apenas estábamos saliendo, las naciones habían recuperado su función protectora, totalmente olvidada en épocas de fuerte crecimiento. Precisé que, sin identidad, dejaría de haber diversidad. «Qué extraño es este debate, en el que todo el mundo está de acuerdo sobre esta última y tantos tienen miedo de la primera»: aquellas fueron mis palabras en 2010; siguen siendo de actualidad. ¿Hay alguien que no vea o no entienda que los veinticinco millones de telespectadores que vieron la final del último Mundial de fútbol no solamente aplaudían a unos jugadores de gran talento o ante un escenario deportivo inédito sino también porque tenían depositada su esperanza en una Francia que volviese a ganar? Muchos franceses manifestaron de aquel modo su patriotismo y su voluntad de defender su identidad específica. ¿Qué podría reprocharse a eso?

Un fenómeno análogo se verificaba, en cualquier caso, a propósito de la palabra «frontera», que parecía que le desollara la boca a la izquierda, a nuestras élites y, lamentablemente, incluso a una parte de mi mayoría parlamentaria. Fue objeto de un conato de controversia con el ala más centrista de mis apoyos durante la campaña presidencial de 2012, cuyo proyecto yo había articulado íntegramente sobre la idea de que, contra lo que se proclamaba sin cesar, las fronteras no eran muros, sino puentes entre países vecinos; de que el riesgo de guerra era mucho mayor cuando las fronteras eran inciertas que cuando se hallaban firme e incontestablemente establecidas. Una parte del centro consideraba, curiosamente, que cualquier referencia a la idea de frontera representaba un ataque a Europa. Para mí aquello era un completo contrasentido. Pero en aquel momento, fuera cual fuese mi hoja de servicios en materia europea, se desconfiaba de mi europeísmo. Porque entonces no cabía sino un europeísmo ciego. La menor crítica, la más mínima reserva, una ínfima propuesta de concesiones se vivía como un peligro alarmante. Lo cierto es que de muchos de aquellos europeístas convencidos se había apoderado un espíritu conservador e inmovilista. No entendían hasta qué punto estaban traicionando así el temperamento —tan innovador como valiente— de los pioneros de la aventura europea, quienes lograron cumplir sus sueños volviendo con resolución la espalda a las rutinas, pleitesías y acoquinamientos del pasado. No supe convencer de la impaciencia del pueblo —cuyo hervor yo ya sentía— ante todos aquellos tabúes. Para canalizar semejante raudal de energía, había que tomarle la delantera y aplacarlo. Ese era todo mi proyecto. Forzoso es reconocer que fue insuficientemente comprendido, pues perdí las elecciones de 2012.

*

* *

Llevaba quince días sin usar el avión, lo que probablemente fuera demasiado tiempo teniendo en cuenta mi necesidad irreprimible de movimiento, de viajes, de descubrimientos. Aquel primer desplazamiento del año no era el más cómodo, pues se trataba de atravesar el océano Índico para dirigirme a Mayotte primero y a La Reunión después. Instauré aquel ritual para poner de relieve mi profundo afecto hacia nuestros compatriotas de ultramar y para dar un aire un poco distinto, ya puestos, a la ceremonia del discurso de apertura del año, expresando mis buenos deseos desde un territorio nuevo cada vez. Inauguré el formato con el mencionado viaje a La Reunión y Mayotte en 2010; en 2011 fueron las Antillas francesas, y en 2012, la Guayana. El año 2009 me había llevado mucho a las Antillas y no quería que los mayoteses y reunioneses tuvieran la impresión de que el Estado solo hacía caso a los departamentos de ultramar más revoltosos.

Mayotte es un territorio lleno de contrastes que siempre me ha producido sentimientos encontrados. Por una parte admiro la voluntad indomable de los mayoteses de seguir siendo franceses contra viento y marea. Mientras que, en el referéndum de 1975, sus hermanos y hermanas de otras islas del archipiélago de las Comoras eligieron la independencia —y la consiguiente pertenencia al Estado de la Unión de las Comoras—, ellos resistieron y persistieron en su opción por Francia. Semejante adhesión no podía quedar sin respuesta, sobre todo si tenemos en cuenta el clima anticolonialista que con frecuencia convierte a Francia en la causa de todas las cobardías y connivencias de no pocas de nuestras excolonias. Esta fidelidad mayotesa es admirable y no puede reducirse a un mero interés material y financiero. Yo quería restituir a nuestros compatriotas del océano Índico un poco de ese amor que con tal gallardía y tesón ellos habían manifestado a Francia. Estaba firmemente decidido a poner término a ese escándalo consistente en prometerles acceder al estatus de centésimo primer departamento francés y no hacer nunca efectiva dicha promesa. ¡No por encontrarse a nueve mil kilómetros de la metrópolis iba a tener la mentira menos importancia y, sobre todo, menos impacto! Al mismo tiempo oía —e incluso comprendía— las críticas que contra tal medida se alzaban desde todas partes, a saber, que, dado su atraso en términos de desarrollo y sus múltiples especificidades, la departamentalización estaría abocada al fracaso. Yo resolví pronunciarme, con todo, en favor de esta última.

El interés estratégico de aquella isla del océano Índico, la confianza de la población en la República, los compromisos que mi predecesor había asumido y no cumplido... no me dejaban, en efecto, prácticamente alternativa. Desde que llegué pude calibrar la expectación que mi visita suscitaba entre los ciento noventa mil habitantes de la isla. Vinieron más de diez mil personas a escuchar mi discurso en la explanada del mercado de Mamoudzou. Empecé con un *Kwesi wa mahoré* [Buenos días a todos] que obró un óptimo efecto a pesar de que mi pronunciación fuese menos que aproximativa y tuviera que repetirlo varias veces. Me anduve con pocos rodeos, pues empecé afirmando: «Mayotte es Francia». El éxito estaba asegurado. El calor húmedo era asfixiante y yo sudaba copiosamente, pero me impulsaba la fuerza que me transmitía el entusiasmo de todas aquellas personas que tantas veces se habían sentido abandonadas. En aquel momento entendí mejor lo que pudo sentir el general De Gaulle durante aquella famosa visita en la que exclamó «¡Viva Quebec libre!» o cuando pronunció desde el balcón del Palacio del Gobierno de Argel aquel célebre «¡Os he entendido!». Puede parecer que aquello era una manifestación de sensiblería, pero yo estaba verdaderamente conmovido por el amor que aquella gente manifestaba a Francia, con todo lo que eso representaba en términos de esperanzas que esta vez no cabía defraudar, habida cuenta de la magnitud de las expectativas. Para aquella isla —francesa desde 1841—, poder pasar a constituir un departamento de la República a partir de 2011 no era cualquier cosa. El desafío era inmenso. Un tercio de los habitantes sufría un desempleo endémico. La mitad de la población estaba en situación ilegal. El 90 % del territorio era musulmán. Es decir: aquel confín de Francia no se parecía a nada fuera de sí mismo. Y a mí aquello me lo hacía más atractivo si cabe. Estaba al tanto del abismo que existía entre el derecho consuetudinario que allí seguía rigiendo ampliamente y las reglas del Código Civil francés.

Para poner fin a la inmigración irregular que saturaba Mayotte y causaba unos dramas espantosos —pues no pocos desdichados provenientes de la vecina Unión de las Comoras se ahogaban intentando la peligrosa travesía—, propuse la creación, financiada por Francia, de una maternidad en dicho país; así las mujeres comorenses dejarían de acudir a Mayotte para dar a luz allí con el único objetivo de obtener, en virtud del derecho de suelo, la nacionalidad francesa para sus hijos. El retorcimiento de nuestros procedimientos para la obtención de la nacionalidad era, en efecto, tan evidente como múltiple… Yo avanzaba, sin embargo, con pies de plomo hacia una adaptación de tales procedimientos limitada a aquel territorio, ya que, en el clima de histeria que arriba describía, tal propuesta ya era objeto de bastante oposición y caricatura. Hoy que tanto han evolucionado las cosas en estos temas, encuentro ineludible la supresión del derecho de suelo en Mayotte. No se puede seguir de brazos cruzados ante la realidad de un territorio donde cada año se producen no menos de veinte mil deportaciones forzosas, es decir, ¡el mismo número para ese único departamento que para la Francia metropolitana entera! Pero, no obstante la pobreza, la inseguridad, los diversos comercios ilícitos, el desempleo…, me acogieron con un calor y una cordialidad que me hicieron olvidar los rigores del clima político de la metrópolis. Aunque fueron solamente unas horas, me sentaron bien. Conservo, todavía hoy, un recuerdo profundo. Aquella visita realmente confería sentido a esa función tan particular del presidente de la República Francesa. En Mayotte me sentí más útil que nunca en mis funciones. Fue un soplo de aire fresco, a pesar de las dificultades y los sufrimientos de los mayoteses.

Llegué entonces a la isla de La Reunión, que queda a pocas horas de vuelo de Mayotte. ¡En aquella parte del mundo, tres horas en avión es como acercarse a la puerta de al lado! Tenía previsto felicitar a los franceses de ultramar por el año nuevo desde Saint-Denis. A mí me obsesionaba siempre la idea de que, sin un desarrollo económico satisfactorio, acechaba el peligro de que todos aquellos territorios se decantaran, antes de lo que cabría imaginar, por la independencia, y además de forma irremediable. Quería intentarlo todo para evitar tal situación crítica, que se saldaría con un montón de violencias inútiles y con una degradación definitiva del estatus de Francia. La isla de La Reunión es un mundo propio, muy poblado con su millón de habitantes. Probablemente sea el único de nuestros departamentos de ultramar que puede contar con un mercado interior lo bastante amplio como para desarrollar una economía realmente endógena. Aquel nuevo modelo económico que yo proponía reposaba en un desarrollo sostenible basado en el turismo, la naturaleza y las energías renovables. Tenía asimismo la ambición de permitir a La Reunión ser autónoma en materia energética; la isla disponía de todos los recursos (para generar tanto energía fotovoltaica como eólica). Lo heterogéneo de la población —con europeos, criollos, indios, africanos— constituye una riqueza. Todo el mundo vive en armonía en un territorio que alberga la mezquita más antigua de Francia, inaugurada en 1905 (casi diez años antes que la Gran Mezquita de París). Habían venido a escuchar mi discurso de apertura del año —que se retransmitía en directo por toda la Francia ultramarina desde el Parque de Exposiciones de Saint-Denis— cinco mil personas.

La isla se ubica en medio de una cuenca francófona de unos treinta y cinco millones de habitantes (con Mauricio, Madagascar y las Seychelles). Yo creía que era posible convertirla en el *hub* de la región, su centro neurálgico. Quería sacar adelante una universidad de medicina en la que se formaran sanitarios para todos aquellos territorios, a los que tanta falta les hacía algo así. Me parecía posible pensar en circuitos turísticos combinados entre todos aquellos destinos de ensueño. Estaba dispuesto incluso a confiar responsabilidades diplomáticas a las autoridades locales para representar a Francia en todas las instancias propias de aquella zona del océano Índico. Apenas si daba abasto con tantas ideas nuevas y proyectos.

Yo realmente quería impulsar todas aquellas iniciativas, que se me antojaban prometedoras. ¿Por qué no lo conseguimos? Probablemente haya múltiples explicaciones. Para muchos ciertamente influyó, por ejemplo, la dificultad de encontrar enlaces locales sólidos y representativos. La metrópolis no era omnipotente, sobre todo teniendo en cuenta que, cuando se representa al exterior, cuesta tener peso en el interior. Seguramente, la organización administrativa francesa, que es la cosa menos dúctil del mundo con respecto a cuanto sea diferente, específico, original, tampoco facilitó el proyecto. La norma confiere seguridad a las administraciones; las excepciones se viven como grietas en el ejercicio de su poder. Por último, debo tener la honestidad de reconocer que, como dice el proverbio, «quien mucho abarca poco aprieta». Yo no podía hacer un seguimiento de todos aquellos proyectos que iba poniendo en marcha a espuertas. Tal vez hubiese debido jerarquizarlos mejor, pero, al mismo tiempo, había tanto que hacer… El último mandato de siete años de Mitterrand —debilitado ya por su enfermedad— y luego los dos mandatos de Jacques Chirac habían impuesto, por razones distintas, dilatados lapsos de «glaciación política». A mí me habían elegido a la primera. Estaba henchido de energía y de proyectos, pero no había entendido que, debido a mi sobreactividad, iba dejando un embotellamiento a mi paso. En cualquier caso, creo que he sido el presidente que más sinceramente convencido estaba del potencial de nuestros territorios de ultramar. No he sido el único al que le han gustado sus habitantes. Jacques Chirac los estimaba mucho, pero los veía como unos amigos con los que pasar buenos ratos. Les profesaba un afecto sincero, pero dudaba de su capacidad para cambiar. Mi ambición era distinta. Yo quería permitirles ganarse su autonomía y su dignidad con su trabajo y su aptitud. Para mí no estaban condenados a triunfar tan solo en el deporte y el turismo, por muy importantes que ambas actividades sean. Yo veía a nuestros compatriotas de ultramar como la juventud de la metrópolis. Quería brindarles todas las oportunidades posibles de desarrollo tanto personal como colectivo.

Los resultados no estuvieron a la altura de mi inversión (sobre todo en el plano político, como no tardaría en entender ante los resultados que allí obtuve en las elecciones de 2012). Quiero, así y todo, que ellos sepan que, cuando me paro a rememorar mis cinco años como presidente de la República, son muchas las imágenes que surgen en mi memoria y llevan sus rostros. Los encuentros con aquellas personas me dejaron una huella indeleble, probablemente más que en otros casos. Lo cierto es que empatizo con sus diferencias. Creo que las entiendo. Me dicen muchas cosas. Me atañen. No las he olvidado. Reconozco que puede parecer extraño identificarse con personalidades, situaciones y paisajes tan alejados de lo que uno mismo es. ¡A lo mejor hay un hilo invisible que conecta, por el corazón y por la mente, a todos los que en algún momento de su vida se han sentido ilegítimos!

*
* *

Puse muchísimo cuidado en el discurso que debía pronunciar para felicitar el año nuevo al sector de los docentes y a los investigadores, reunidos para la ocasión. Conocía las reticencias —por usar un término suave— que yo suscitaba en ese entorno fagocitado desde antiguo por la izquierda y, más recientemente, por el pensamiento *woke*. Invité conjuntamente a docentes, investigadores y rectores de universidades. A estas les había supuesto un primer *shock* el asunto de su «autonomía», que había provocado numerosas oposiciones, ocupaciones de locales y manifestaciones. Entre tanto las cosas habían vuelto al orden, toda vez que, de las ochenta y cuatro universidades francesas, cincuenta y una habían optado por hacerse autónomas antes de la fecha límite de 2012. Aquello era la mejor prueba de que el mundo universitario era menos conservador de lo que complacientemente se afirmaba. Yo mismo estaba sorprendido ante la rapidez y la facilidad con que se había asumido aquella importante reforma. Ni siquiera la izquierda replicaba. Para mí estaba claro que, a pesar de sus violentas protestas, nadie iba a dar marcha atrás (y ella menos incluso).

Yo quería aprovechar aquel impulso de cara a la nueva ofensiva. El primero de mis nuevos proyectos consistía en orientar al mundo universitario hacia las ciencias, que llevaban mucho tiempo desatendidas en beneficio de las disciplinas sociales. La sociedad francesa no padecía un exceso, sino una carencia de ciencia. Pero en un mundo sacudido por la crisis económica y financiera sin precedentes que acabábamos de vivir, nuestra principal arma era el saber. Denuncié, así, abiertamente el nuevo discurso de recelo hacia el progreso, el conocimiento y las disciplinas científicas. Debo reconocer que, en ese sentido, las cosas desde entonces no han ido sino a peor. La ciencia se ha convertido en un peligro allí donde para mis padres representaba una oportunidad; en una amenaza allí donde habría de considerarse una solución; es materia de polémica allí donde podría aglutinar en un mismo espíritu común. Una vez más, el pensamiento ecologista de ultraizquierda ha hecho estragos; ¡había que ponerle muros de contención para evitar que se llevara todo por delante! Aquel regreso a las ciencias iba de la mano con mi reiterado deseo de una escuela pública de excelencia. Yo sabía que la mera palabra se había vuelto polémica, pero no estaba dispuesto a dar mi brazo a torcer. La excelencia era lo contrario del igualitarismo y la nivelación. En una sociedad del conocimiento, el grado de exigencia tenía que ser más ambicioso que nunca. Yo abogaba por que en la escuela todo el mundo pudiera elevarse y no fuera el nivel general lo que se rebajara, de manera que el mayor número posible de alumnos pudiera obtener unos títulos que aún tuviesen valor.

Aquella orientación llevaba aparejada una política de igualdad de oportunidades infinitamente más voluntariosa. Dicha política no solo constituía un deber moral: era consustancial a la identidad francesa, que debía construirse sobre el talento de sus hijos y no sobre el color de su piel o sobre el estatus social de sus padres. Desde esa perspectiva teníamos mucho que mejorar, porque nuestro país extraía a sus futuras élites de un 10 % escaso de su población. Eso implicaba que nos estábamos privando del 90 % de la inteligencia potencial de Francia. De ahí que yo me hubiera marcado el objetivo de que, en cada centro de bachillerato *(lycée)* que impartía cursos preparatorios *(classes préparatoires)*, que guían a los alumnos para presentarse a las pruebas de acceso a los centros universitarios más prestigiosos de nuestro país, hubiese un 30 % de alumnos becados, objetivo que al final se alcanzó un año antes de lo previsto. ¡No podía permitirse que los mejores centros no estuviesen abiertos a todos! Y la misma ambición impuse para cada una de nuestras prestigiosas grandes escuelas *(grandes écoles)*: era vital ampliar su cantera social y abrirlas a talentos diferentes. Aquellas declaraciones suscitaron numerosas polémicas. Me acusaron ora de ceder a la fascinación por la discriminación positiva que se aplicaba en Estados Unidos, ora de desprestigiar los títulos de aquellas célebres instituciones. Fueran cuales fuesen los temores que entonces se expresaron —en ocasiones legítimos—, los perjuicios potenciales aducidos eran siempre infinitamente menos peligrosos que la perpetuación de un modelo social tan injusto y desequilibrado. A mí el peligro más grave me parecía el de que nuestro país se fracturara. Sin aquel voluntarismo no había perspectivas de poder alimentar ninguna esperanza ni de evitar que nos dirigiéramos derechos contra ese muro de incomprensión y frustración que yo veía, con angustia, venir hacia nosotros.

El ejemplo más emblemático de aquella política era la habilitación del campus de París-Saclay. Como arriba escribía, estoy orgulloso de que ese complejo universitario se haya convertido en el mayor de Europa por el número de científicos que allí trabajan. Para llegar a ese resultado hubo que librar feroces batallas con nuestras administraciones, que daban muestras de una inercia, un conservadurismo y un inmovilismo incalificables. Yo tenía la ambición de instituir en Saclay un complejo de nivel mundial en el ámbito científico y tecnológico. En aquella meseta se habían instalado instituciones prestigiosas al término de la Segunda Guerra Mundial; Frédéric Joliot-Curie había escogido en aquel sitio los primeros terrenos en que había de iniciar su andadura el futuro Comisariado para la Energía Atómica. Pero cada una de aquellas instituciones evolucionaba con independencia del resto; no estaban federadas por una visión de conjunto o por un proyecto común. Tras constatar que tantos talentos llevaban medio siglo estableciéndose allí sin estrategia y sin voluntad de desarrollar un campus digno de ese nombre, tenía uno la sensación de que aquello era un auténtico desperdicio; sobre todo considerando que tal campus habría podido ser para Francia una fuente de creatividad, de innovación, de desarrollo económico. Lo que ocurría era que cada uno de los centros que ya estaban allí pretendía seguir siendo dueño de su parcela con independencia absoluta. En cuanto a los que habían de trasladarse, creían que hacerlo les iba a acarrear una pérdida de categoría; únicamente se planteaban un porvenir en el París intramuros y pensaban que el extrarradio era indigno de su prestigio. Hube de imponer, así las cosas, al instituto AgroParisTech, a la Escuela Central de París, a la Escuela Nacional de Estadística y Administración Económica, a la Escuela Normal Superior de Cachan y a la Escuela de Minas que se instalasen en el campus de Saclay, que iba a convertirse en receptáculo de una concentración extraordinaria de inteligencia científica. A continuación asigné a aquel nuevo campus ochocientos cincuenta millones de euros de dotaciones en capital, a lo que se añadía una subvención de mil millones de euros procedentes de la gran emisión de deuda que habíamos realizado. La importancia de las sumas movilizadas evidenciaba la prioridad que tenía aquel proyecto. Aquella inversión ingente en la «materia gris» científica constituía una ruptura en una tradición universitaria francesa más orientada a las ciencias sociales. Insistí en la necesidad de una mutualización de los servicios para insuflar una auténtica vida a aquel nuevo centro. No quería que cada cual reivindicara su restaurante universitario, sus propios alojamientos, sus instalaciones deportivas propias, sus alumnos. Mi deseo era que allí imperase la regla de la comunidad de uso, y que el uso exclusivo fuera la excepción. Quería oponerme a cuanto pudiera suponer un freno a la mezcla de los alumnos y a la mutualización de las infraestructuras.

Anuncié asimismo la creación de una estación en Saclay, adonde llegaría el futuro metro automático que había de recorrer la región parisina en el marco del proyecto Grand Paris, todo lo cual está actualmente en fase de ejecución. Los ecologistas protestaron muchísimo; naturalmente se oponían (como siempre). Yo pensaba que, por sus convicciones, habrían tenido que estar a favor de la reducción del número de vehículos y del desarrollo de los transportes públicos. ¿Por qué se opusieron, contra toda lógica, a todos aquellos proyectos, ya fuera el del TGV (Tren de Alta Velocidad) o el del Grand Paris Express? Según ellos, siempre había una buena razón para oponerse. Pero ¿qué pretendían en realidad? ¿Dejar nuestros territorios y nuestros arrabales aislados? ¿Tendría yo que haber renunciado también a la estación prevista para dar servicio al instituto Gustave Roussy? ¿Tendría que haber dejado que esas familias que están sufriendo la enfermedad se las apañasen para llegar hasta allí? Jamás me he dejado influir por semejantes bobadas. Y así pudimos poner en marcha aquel campus de rango mundial que hoy figura en el pelotón de cabeza de los mejores complejos universitarios internacionales. Se trata, de hecho, de la única institución francesa de enseñanza superior actualmente situada en el top veinte global.

Aquella ambición mía suscitó múltiples y diversas oposiciones cuyo denominador común era la fuerza, cuando no la violencia, del rechazo. Había quienes planteaban, en nombre de la ecología, que el desarrollo de Saclay iba a perturbar —o directamente destruir— los equilibrios naturales, la actividad agrícola y la armonía medioambiental de aquel enclave. Se trataba, una vez más, de oponer naturaleza y progreso; aquello era otra forma de defender esa estrategia loca del crecimiento cero. Y había quienes se atrincheraban en la comodidad de su situación presente. Se negaban a que los mezclaran con nadie distinto, por más que los nuevos vecinos trabajaran con los mismos datos y fuesen perfectamente complementarios. ¡Era la versión científica del corporativismo francés! En aquello no había, en efecto, nada nuevo ni especialmente original. Personalmente me lo esperaba, aunque la potencia de la capacidad de frenada de aquella gente no dejaba de maravillarme. También se interponían los representantes electos locales, quienes veían con muy malos ojos una operación nacional cuya envergadura amenazaba con sobrepasarlos. Expresaban su temor de que el Estado los «mangoneara». Es decir: estaban de acuerdo en recibir las ingentes partidas que yo había anunciado, pero siempre y cuando pudieran disponer de ellas para sí mismos y por sí mismos. Lo último que a mí me interesaba era que los municipios y los departamentos de la zona se enredaran en delirantes tironeos al salir cada cual en defensa de sus respectivas prioridades, por supuesto diferentes de las del resto. Si les hubiese dejado hacer, habría sido el fin de aquel campus de excelencia mundial.

Y estaba, sobre todo, la izquierda universitaria, que era mayoritaria en esos medios y miraba con gran recelo mi ofensiva. Yo incurría, para ellos, en dos errores. Por una parte tenía ideas para la universidad, pero aquellas personas entendían que esta era su terreno exclusivo, de modo que ¿por qué tenía que meterme yo? Por otra parte, invertía dinero en el proyecto, y eso dejaba totalmente inoperativa la caricatura que ellos presentaban tanto de la derecha como de mí mismo. No había que olvidarse, por último, de todas las grandes universidades de provincias, que consideraban peligroso que París acaparara el grueso de la financiación universitaria disponible e inferían que, si el proyecto de Saclay salía adelante, ellas no recibirían nada. Aquello era inexacto, pero los temores ilusorios no eran los más fáciles de combatir. Había, en resumen, unos cuantos obstáculos que superar. A pesar de todo, pasaron solamente tres años desde el anuncio del proyecto hasta el inicio de su ejecución. (Lo cual no era mucho teniendo en cuenta los plazos administrativos franceses.) El resultado merecía la pena. Pocas ambiciones me han movilizado, apasionado y convencido como aquella.

Por supuesto había que confirmar también nuestros compromisos financieros. El mejor modo de lograr que prosperasen reformas difíciles era —así suele ser en Francia— acompañarlas de sumas importantes amén de recurrentes. Y en ese sentido no estábamos escatimando, ya que desde 2007 veníamos dedicando mil millones de euros adicionales cada año a la enseñanza superior. En 2009 yo había decidido que el aumento medio del presupuesto de las universidades fuese del 15 %. Los gastos destinados al reacondicionamiento de sus edificios se incrementaron, por su parte, en un 43 %. Todo ello sin contar los setecientos cincuenta millones de euros asignados para la investigación y la enseñanza superior de conformidad con el plan de relanzamiento. Tales cifras hablaban por sí mismas y permitían acallar las habituales oposiciones ideológicas procedentes de esos entornos. Semejante afluencia de recursos nuevos ayudaba mucho, en efecto, a la ministra del ramo, Valérie Pécresse, quien con razón se mostraba preocupada ante la posibilidad de nuevas fricciones en las universidades —lo que no le impidió desempeñar su cometido con solvencia— y habría deseado que yo fuese menos «creativo» en un terreno tan acostumbrado al inmovilismo. A pesar de todo, fue una ministra seria, trabajadora y leal.

Yo no solo creía sinceramente en la eficacia y en la utilidad de nuestra política, sino que mi activismo tenía, además, un propósito ulterior ya más estrictamente politiquero: quería poner fin al cuasimonopolio de la izquierda en el seno de ese sector de la educación. No me parecía que dicha situación fuese una fatalidad inamovible. De hecho me parecía algo profundamente anómalo. Era el resultado, en efecto, de una forma de pereza intelectual por parte de una derecha que, acomplejada por el pensamiento único surgido de los acontecimientos de 1968, había terminado convenciéndose de su propia ilegitimidad. Aquella actitud llevaba el signo de la elusión de responsabilidades —o incluso de la falta de valentía— cuando tocaba contrariar, aun mínimamente, a un mundo que conocíamos mal y al que atribuíamos un conservadurismo que en realidad no tenía. Confundíamos, sí, a los sindicatos y a sus representantes —implicados casi todos en un combate ideológico y político— con los docentes, que eran las primeras víctimas de aquellas fuerzas servidoras del inmovilismo. Una de las cosas que me enorgullecen de mi mandato presidencial de cinco años es haber podido imponer aquellos cambios sin ceder jamás a la ley de la calle, de los piquetes y de las ocupaciones de locales universitarios. Tras tantos años de repliegues y múltiples temores, logramos retomar por fin la iniciativa y recuperar la receptividad del mundo docente. Si he de ser sincero, pensaba que aquello sería más complicado de lo que al cabo resultó. En 2007 había dirigido una carta a los profesores: «Ayudar a la inteligencia y a la sensibilidad a expandirse, a que encuentren su camino. ¿Existe algo más grande y más hermoso? ¿Algo más difícil, también?». Siempre he sido consciente de la grandeza de ese oficio, que, cuando se elige, implica vocación. En la campaña de 2012 abogué por la remuneración de las horas extraordinarias y argüí que aquello supondría una reforma social, toda vez que habríamos estado poniendo a disposición de los alumnos que lo necesitaran unos profesores competentes que los acompañasen. Aquello habría sido —tengo el convencimiento— la forma más segura de ayudar a los jóvenes con más dificultades a salir adelante. Desde siempre hacemos como si tratáramos a todo el mundo de la misma forma, pero sabemos perfectamente que en la vida no todos empezamos con las mismas oportunidades. Más de la mitad de los alumnos que llegan a los cursos preparatorios que antes mencionaba tienen un progenitor con estudios superiores, con cargo directivo o que ejerce alguna profesión liberal. Los niños de padres desempleados acceden con retraso al primer curso de secundaria con una frecuencia diez veces mayor que los hijos de directivos. Hemos creado guetos, auténticas trampas de pobreza. Casi tres cuartas partes de los alumnos de secundaria de la REP + (Red de Educación Prioritaria) tienen padres obreros o desempleados…

Aumentar la presencia de los profesores hasta veintiséis horas semanales desde dieciocho —con un incremento salarial del 25 %— habría permitido también atraer talentos que hoy descartan la profesión docente por falta de una remuneración adecuada. Basta de disimulos: el igualitarismo desaforado desincentiva a los profesores más brillantes —que se ven relegados al mismo nivel salarial que el resto— y, lo que es peor, a los estudiantes que tendrían esa vocación. Por repetir la acertada fórmula de la ensayista Laetitia Strauch-Bonart: «Si los hijos de los ministros y de los altos funcionarios fueran a los mismos centros educativos que el resto de alumnos del país, la reforma escolar sería inmediata». Un efímero ministro de Educación ¿no preferiría llevar a sus hijos a un prestigioso colegio privado del sexto distrito parisino en lugar de a la escuela pública?

*

* *

En plena polémica sobre la identidad, decidí visitar el cementerio militar nacional de Notre-Dame-de-Lorette —en el departamento del Paso de Calais— para honrar la memoria de los combatientes musulmanes de los cruentos conflictos del siglo XX. No es mala idea volver los ojos a la historia de Francia para intentar que se conozca mejor y tratar de extraer de ella enseñanzas de cara al futuro. Resulta que aquella parte de nuestro pasado se conocía bastante mal. Por añadidura, no dejaba de aumentar la presión contra los franceses musulmanes. Desde el burka hasta el velo —pasando por los atentados cometidos a lo largo y ancho del planeta en nombre de un islam descarrilado—, las ocasiones para la suspicacia eran múltiples. Yo percibía el auge de un movimiento de cólera análogo entre los musulmanes franceses, que se veían injustamente señalados; también en una parte de la comunidad internacional, exasperada y a la vez inquieta. Honrar a los «antepasados musulmanes» que habían participado en las luchas por la liberación de la patria era una forma de mostrar a la comunidad internacional que los musulmanes no eran ajenos a nuestra historia, a nuestro pasado, a nuestra novela nacional. Era necesario que yo insistiera en el papel que habían desempeñado en ella tanto los abuelos como los padres de los musulmanes franceses de hoy. Habían pagado un enorme tributo para ganarse su lugar en Francia. Me daba cuenta de que aquella ceremonia tenía una dimensión esencialmente simbólica, pero ¿qué sería la República sin los símbolos? Es precisamente su acumulación lo que conforma nuestra historia común y permite que todo el mundo experimente un profundo sentimiento de pertenencia.

Entre las cuarenta mil tumbas de Notre-Dame-de-Lorette, había quinientos setenta y seis soldados franceses de confesión musulmana; los mataron en 1915 durante la batalla de Artois. Ser francés es pertenecer a una nación que se ha construido a lo largo de la historia, siglo tras siglo, superando no pocos retos. Ser francés es tener a Francia por herencia. Y dicha herencia incluía el comportamiento heroico de la llamada «división marroquí» y del 7.º regimiento de *tirailleurs* argelinos que, durante la Primera Guerra Mundial, se lanzaron para tomar la cresta de Vimy mediante un asalto del que dos de cada tres combatientes no volvieron. Incluía a los setenta mil soldados musulmanes caídos por Francia en Verdún. Incluía a aquel ejército de África que, compuesto por tabores, espahís, *tirailleurs,* zuavos y *goumiers,* hizo honor militar a Francia durante el desembarco de Provenza. Incluía también a los ciento sesenta mil *harkis* que optaron por Francia y sufrieron las terribles consecuencias. E incluía a Harouna Diop, aquel padre de seis hijos que acababa de caer en el campo del honor, a los cuarenta años, sirviendo a Francia en una operación exterior en Afganistán.

Me han reprochado con frecuencia mi apego a las ceremonias. Hay quien llega a considerarlo un intento de utilización política. Probablemente cualquier presidente demuestra ese mismo afán por ganar las siguientes elecciones. Se trata, al fin y al cabo, de una aspiración consustancial al funcionamiento de la democracia. Pero tales celebraciones van mucho más allá, porque confieren un alma a la República. La dotan de esa carne que necesita para poder ser amada. Celebran la profundidad de nuestra historia al dar sentido al sacrificio de todos esos jóvenes que perdieron la vida al servicio de Francia. No se trata de ejercicios huecos, artificiosos, vanos. Francia no es ninguna página en blanco. Todavía hoy sigo obligándome, en cuanto expresidente de la República, a participar en todas las ceremonias de conmemoración a las que me invitan. Porque es un deber. Pertenecemos a una historia. Debemos celebrarla. Haciéndolo, fortalecemos una continuidad y nos inscribimos en un movimiento que representa mucho más que la suma de nuestros destinos individuales.

Corresponde al jefe de Estado tomar esas iniciativas que permiten reunir al conjunto de la nación. Para los musulmanes franceses eran aún más necesarias en la medida en que conseguían combatir el comunitarismo, que se construye sobre la victimización y la humillación. La izquierda en absoluto apoyó mi iniciativa. Más bien todo lo contrario, puesto que fomentó con todas sus fuerzas un voto musulmán de revancha en los ayuntamientos que controlaba. Y lo peor es que aquella estratagema funcionó de maravilla, porque en las elecciones presidenciales de 2012 su candidato obtuvo la inmensa mayoría de aquellos sufragios. Pero tras los grandes principios y los bonitos discursos había una realidad muy distinta. En esos mismos resortes se apoya Mélenchon, quien, instigando el comunitarismo —el cual finge, sin embargo, aplacar—, se ha hecho con el voto musulmán. El 69 % de nuestros compatriotas musulmanes votaron a Mélenchon en las últimas elecciones presidenciales, y una nota del Servicio Central de Información Territorial revelaba una campaña activa a favor de este candidato por parte de *influencers* pertenecientes a las corrientes más rigoristas del islam. ¿Se trataría de una nueva secesión? Escribirlo hoy no sirve más que para manifestar una verdad que viene disimulándose y resulta incómoda para quienes no tenían más que la palabra «República» en la boca. Los musulmanes franceses merecen algo mejor que ser los instrumentos de una maniobra que, lamentablemente, ha dejado una profunda marca entre los más jóvenes de ellos.

*

* *

Tenía que volver sin dilación sobre las realidades económicas y financieras pronunciando una palabra que en Francia siempre ha resultado enojosa: «déficit». Tras la primera crisis del petróleo en la década de 1970, aquel no había dejado de agravarse. Los motivos eran bastante fáciles de entender; se trataba del efecto tijera generado entre, por una parte, un crecimiento demasiado débil —de resultas de una competencia mundial exacerbada— y, por otra, un gasto público que no paraba de aumentar exponencialmente. La crisis financiera telúrica de 2008 no había contribuido precisamente a arreglar las cosas, ¡ya que nuestro gasto se había incrementado en ochenta mil millones de euros! Dicho gasto se había convertido, de hecho, en el más alto de la zona euro, llegando al nivel récord del 55 %. En los treinta años precedentes, los efectivos del funcionariado habían crecido en un 36 %, mientras que la población solo lo había hecho en un 18 %. Aquello iba en menoscabo, en primer lugar, de las inversiones públicas, que durante el mismo periodo habían caído desde el 4 hasta el 3 % del producto interior bruto. Todo lo que se gastaba de más en la función pública se retraía, naturalmente, de la inversión. La conclusión era obvia: gastábamos demasiado y, sobre todo, gastábamos mal.

El hecho de que otros países europeos tuvieran dificultades parecidas no suponía sino un flaco consuelo. Yo me fijaba, por ejemplo, en Alemania, que había aumentado su déficit en casi cinco puntos del producto interior bruto pero se hallaba en una situación de equilibrio cuando empezó la crisis (como no era, ni por asomo, nuestro caso). Debíamos, por consiguiente, reaccionar sin demora. De manera que decidí organizar una conferencia sobre el déficit en el palacio del Elíseo a finales de aquel mes de enero. Prefería acometer el problema con antelación —llevando así la iniciativa— que dejar que se apoderaran del asunto todos mis oponentes. Los mismos que ayer me acusaban de no haber gastado lo suficiente para respaldar la vuelta al crecimiento eran quienes hoy más dispuestos se mostraban a reprocharme que había provocado unos desequilibrios presupuestarios sin precedentes. Todo un clásico, pero bastante peligroso habida cuenta de la versatilidad de la opinión pública y de los medios de comunicación. Estábamos, en efecto, en el periodo posterior a la crisis y habían cambiado enormemente tanto las expectativas como las prioridades. Debía hacerme cargo de aquello. Un semanario llegó a presentarme en un artículo como «El hombre que nos ha costado quinientos mil millones». Aquello denotaba una absoluta mala fe, simplismo y militancia; pero era representativo del estado de ánimo imperante, que empezaba a calentarse ante la perspectiva de las siguientes elecciones presidenciales.

Yo había aumentado la dificultad de aquel ejercicio prohibiéndome recurrir a las consabidas subidas de impuestos. Nuestros márgenes de maniobra en ese punto estaban más que consumidos ya. En Francia, los gravámenes obligatorios representaban el 43,6 % del producto interior bruto, o sea, siete puntos más que en Alemania y nueve puntos más que en 1970. Seguir subiendo los impuestos habría supuesto necesariamente una debacle económica tras el desastre financiero. Tal exceso impositivo habría alimentado el paro, acelerado las deslocalizaciones y agravado la desindustrialización. Me negué, así las cosas, a enfilar aquella senda mortífera, no obstante las múltiples presiones que surgían en ese sentido. En épocas como aquella siempre hay multitud de demagogos que reclaman que se haga pagar a los ricos (sin precisar, por lo demás, en qué momento empieza uno a serlo). Por esa peligrosa pendiente se había deslizado con demasiada frecuencia nuestro país, con unos resultados conocidos y que cualquiera puede constatar. No había más alternativa, en consecuencia, que emprender un difícil esfuerzo encaminado a controlar —cuando no reducir— el gasto público.

Aquella conferencia sentaba en la misma mesa a responsables del Estado, de las colectividades territoriales y de la Seguridad Social. A todos les incumbía, en efecto, nuestro nivel de déficit, que tras la crisis había alcanzado el 7,9 % de la riqueza nacional para el año 2009. La constatación se llevó a cabo en seguida: el gasto social constituía, por sí solo, más de la mitad del gasto público; era, además, el gasto que más rápido crecía. Yo tenía el propósito firme de poner en marcha la reforma de las pensiones ya en aquel año 2010. A la Seguridad Social le supondría nada menos que veinte mil millones de euros de ahorro. En modo alguno podíamos prescindir de aquella medida y dejar al margen un compromiso peligroso pero indispensable. Se me hacía evidente, una vez más, la inconsistencia de cuantos insistían en endosarme aquel fardo del déficit sin tener naturalmente la menor intención de compartir el lastre político que la reforma de las pensiones representaba. Las colectividades territoriales no iban a la zaga, puesto que, desde 1980, su gasto había aumentado en un 20 % (con independencia, se entiende, de los efectos de la descentralización). En lo que al Estado se refiere, confirmé que no estaba dispuesto a revocar la regla de que no se sustituyera a un funcionario de cada dos que se jubilaban, y ello a pesar de las protestas cada vez más vivas de los ministros. Brice Hortefeux, en concreto, planteaba la necesidad de eximir de aquella exigencia a las fuerzas del orden. Sus argumentos eran válidos, pero, si abríamos una sola brecha —por legítima que fuese—, el edificio en su conjunto amenazaría ruina. Francia corría un peligro constante de que la atacaran la especulación y los mercados financieros. Nuestro endeudamiento y nuestros déficits nos hacían demasiado frágiles. Yo no podía, ni quería, asumir en ese sentido el menor riesgo. Estábamos realmente en el filo de la navaja.

Muy poca gente se daba cuenta entonces —y hoy sigue siendo igual— de la precariedad extrema de la situación financiera de toda Europa en aquel momento preciso. Si los muros de contención no saltaron, de verdad que faltó poco. Y el anuncio de la reforma de las pensiones, así como las medidas encaminadas a reducir el número de empleados públicos, pesaron en la buena dirección. Cada noche al dormirme, cada mañana al despertarme, me asaltaba la imagen de la catástrofe que amenazaba. Hablaba del asunto con mis colaboradores más cercanos. Lo hacía, así y todo, con moderación, pues no quería aumentar el nivel de estrés que nos atenazaba a todos. Era extraño ver al mundo occidental bailando al borde de un volcán tan despreocupadamente y con una falta de lucidez tan tremenda. Yo me congratulaba de poder contar con la solidez de la ministra de Finanzas, Christine Lagarde —quien se mostró a la altura de la situación—, así como con Xavier Musca, cuyo pesimismo activo y cuya solvencia técnica obraron maravillas en aquella época saturada de peligros.

La única sombra del cuadro la proyectaban los representantes de las regiones y de los departamentos, que se negaron a participar en aquella conferencia (como si los déficits no les incumbiesen).

Huelga aclarar que su pertenencia al Partido Socialista los paralizaba si había que hablar de Francia con un presidente que no era de los suyos.

*

* *

Terminé el mes de enero con una nueva aparición televisiva en TF1 (Télévision Française 1). En ese terreno nunca supe dónde estaba el equilibrio adecuado entre el silencio, la comparecencia escasa, la ausencia o, al contrario, la explicación, la presencia, el riesgo de sobreexposición. Se me atribuyeron todo tipo de estrategias maquiavélicas al respecto, pero aquello era tenerme en demasiada estima. La verdad es que casi todo me lo iban dictando mi instinto y las ganas que tenía de explicarme. El proceso solía repetirse: primero encajaba las críticas, los ataques y las imprecisiones sin rechistar; luego acababa cediendo, sin haber tenido tiempo de interiorizarlo ni siquiera yo mismo, a las incontables invitaciones que llegaban a la oficina de Franck Louvrier. Este intentaba cribarlas con calma, método y profesionalidad. Él gestionaba las relaciones con la prensa. Era un colaborador valiosísimo por su sangre fría ante cualquier situación. Era capaz de contestar a las decenas de invitaciones diarias sin perder ni la paciencia ni la sonrisa. Yo lo admiraba por eso. El hombre sabía ser amable y cordial con todos sus interlocutores, «los peores» incluidos. Aquello me ayudaba mucho, pues evitaba que se añadiera más tensión a la que ya de por sí había (que no era poca).

Aquella emisión fue calificada de «excepcional» por el canal televisivo. Se articuló en dos partes. La primera consistía en responder a preguntas de actualidad en el telediario de las ocho de la tarde. A continuación me llevaban con Jean-Pierre Pernaut para que dialogara con once franceses previamente seleccionados por haber aparecido en diversos reportajes de la redacción de TF1. Siempre es un ejercicio difícil ese tipo de conversación «en plano de igualdad» con ciudadanos que llegan allí para hablar de sus preocupaciones, de sus cóleras o de sus frustraciones. Tiene uno que mostrarse cercano sin pasarse de familiar, explicar con claridad sin parecer simplista, saber escuchar sin dejar de responder con precisión. La simpatía del telespectador se decantaba, naturalmente, por el novato que preguntaba por primera vez y no por el profesional al que se suponía rodado en la faena. Más valía llevar cuidado para no caer en el repente de la agresividad, bastante pronunciado en mi caso… Contra lo que podría parecer, resulta mucho más sencillo contestar a las preguntas de un periodista profesional que a las de un francés «anónimo». Decir que aquella noche yo estaba concentrado es quedarse corto. La presencia de Jean-Pierre Pernaut me infundía seguridad. Lo apreciaba desde hacía mucho tiempo. Era un hombre con los pies en la tierra, no era ningún iluso; llegaba hasta el final con todas sus preguntas, pero era profundamente amable, benévolo, recto. A diferencia de tantos colegas suyos, conocía Francia bien y sabía en qué momento había riesgo de que el telespectador desconectara. Su presencia conjuraba mi temor de poder enfangarme en largos túneles politiqueros. Me impactó la noticia de su muerte el 2 de marzo de 2022. Era toda una época lo que con él desaparecía. Quise, por respeto a su familia y a él mismo, participar en la misa de su funeral. Me sorprendió negativamente no ver allí sino a unos pocos responsables políticos. Brigitte Macron asistió en representación de su marido, pero ¿dónde estaban todas aquellas personas que, en un momento u otro, habían pedido a Jean-Pierre Pernaut que les dedicara un reportaje, que los invitara, que les echase una mano? La vida trae seguramente esas cosas, pero aquello no honraba a los ausentes…

La primera pregunta de Laurence Ferrari durante el telediario no me decepcionó. Sacó a colación la polémica del momento: la del «doble sueldo» de Henri Proglio al frente de EDF (Electricidad de Francia) y de Veolia. La periodista no dudó en remarcar que los franceses estaban «¡profundamente impactados!». Contesté que a aquella gran empresa de ciento setenta mil empleados que era EDF, la segunda de Francia —en ese entonces— por capitalización, yo la había querido dotar del mejor presidente posible. El cual debía ser, a mi juicio, un industrial con gran experiencia. Y resulta que Henri Proglio cumplía todos los requisitos: llevaba treinta y nueve años al frente del grupo Veolia, al que había convertido en un imperio de dimensión mundial. Él no se había presentado para aquel puesto. Yo le había recibido para animarle encarecidamente a aceptarlo. No había muchos directivos que contasen con semejante experiencia. Me parecía claro que él reunía todas las cualidades para hacerlo bien. Terminó aceptando con la condición de que no hubiese de abandonar de un día para otro a los equipos de Veolia, que sumaban trescientas veinte mil personas por todo el mundo. Convinimos, así, que compaginaría durante algunos meses ambas responsabilidades para que pudiera organizar la mejor transición posible. Pero Laurence Ferrari continuó: «El sueldo del señor Proglio será de un millón seiscientos mil euros, es decir, ciento cuarenta veces el sueldo base de un trabajador asalariado». A mí me dejó de piedra la demagogia de aquella pregunta; era tan fácil... Contesté con vehemencia que, como presidente de Veolia, Henri Proglio cobraba dos millones de euros. Asumiendo la responsabilidad de EDF, estaba reduciendo, por tanto, en un 20 % sus ingresos. ¡Aquella polémica era tan típicamente francesa! Mucho más caro ha salido, desde entonces, tener al frente de la mencionada empresa a responsables peor pagados... ¡y menos competentes! Yo siempre pensé que la «calidad» tenía un coste. Ese era el criterio que debía prevalecer. ¡Qué ridícula parece ahora aquella controversia después de que nuestra gran eléctrica nacional haya estado al borde de la quiebra por la impericia de los Gobiernos y de los directivos de estos últimos diez años! Sobrepasado por aquello, terminé preguntándole a mi interlocutora si a mí también se me permitía comparar su sueldo de periodista «estrella de TF1» con el de alguien que cobrara el salario mínimo. A mi pregunta —que quedó sin responder— siguió un silencio, pero así por lo menos pudimos pasar a otra cosa...

La segunda pregunta remitía a la llegada de etíopes y somalíes a finales de 2009, pero esta vez se trataba de ciento veintitrés kurdos que habían desembarcado en las playas corsas en situación irregular. El ministro de Inmigración los había trasladado a un centro de retención y estaba preparando la deportación de los que no satisficiesen los criterios de admisión. La Justicia, secuestrada por las ONG, decidió poner a todo el mundo en libertad. El resultado era evidente: se nos estaba dejando en ridículo. Todo el mundo ponía de relieve la impotencia del Estado; se estaba haciendo mofa de nuestras fronteras. Nada ha cambiado desde entonces, a pesar de la buena voluntad del Gobierno. Con semejante conducta, los tribunales hacían imposible —como siguen haciendo— una gestión racional de la inmigración. Así fue como nuestras democracias se convirtieron en regímenes de la impotencia. Yo no creo que las cosas puedan seguir así mucho tiempo. Un día no muy lejano tendrá lugar una prueba de fuerza entre esos dos poderes que últimamente vienen enfrentándose y que se aniquilan: el poder político y el poder judicial. François Mitterrand pronunció unas palabras rotundas sobre este último: «Desconfiad de los jueces: acabaron con la monarquía. Acabarán con la República». No estoy tan lejos de pensar que no se equivocaba...

A continuación tuve que dar explicaciones sobre la reforma de las pensiones. Era demasiado pronto para cerrar, anunciando una fecha precisa, aquel debate explosivo que yo mismo acababa de abrir; pero aspiraba a hacer, por lo menos, un ejercicio de pedagogía. Los datos disponibles hablaban por sí solos. Al término de la Segunda Guerra Mundial, la esperanza de vida de los franceses era de sesenta y dos años. En 2010 había llegado a los ochenta. Veinte años antes eran dos las personas que cotizaban para financiar la pensión de un jubilado. En breve pasaría a ser solamente una. La conclusión era evidente: había que actuar. Aclaré que no tenía intención de abandonar el sistema de reparto vigente: era el garante de la solidaridad intergeneracional y se correspondía con nuestra historia. (Hoy sabemos qué ocurrió con el proyecto de jubilación por puntos que en su momento se planteó Emmanuel Macron, proyecto al que yo entonces le aconsejé que renunciara, convencido como estaba de que no iba a prosperar, como efectivamente ocurrió.) Por otra parte anuncié que la futura reforma afectaría a todo el mundo: tanto al sector público como al privado. ¡Con ello había material de sobra para la subsiguiente agitación sindical y política!

La primera pregunta de Jean-Pierre Pernaut parecía simple, pero su respuesta era compleja. El hombre quería saber si, cuando uno es presidente, «puede seguir en contacto estrecho con la realidad». Lo cierto es que el presidente está «sobreinformado». Recibe infinidad de notas, de visitantes; departe con incontables interlocutores y, sobre todo, ve su acción y sus decisiones sometidas al bombardeo incesante de las críticas y de los medios de comunicación. Realmente habría que ser un auténtico insensible para no entender, oír y percibir la realidad de la situación. Esta está siempre presente de forma más extrema y más negra que en la «vida real». Desde ese punto de vista estricto, era imposible no saber lo que no marchaba bien, teniendo en cuenta que la legión de mis opositores explicaba hasta la saciedad que nada funcionaba debidamente. Pero yo no me hacía ilusiones sobre mi capacidad de convencer, porque mi razonamiento desaparecía tras el imaginario del poder y de la vida que se atribuye a quienes lo ejercen. Ahí están, en efecto, el palacio, el día a día bajo protección policial, los desplazamientos oficiales —en los que uno tiene la sensación de que lo llevan como en aquellos palanquines de antaño—, los múltiples privilegios materiales cotidianos, las preocupaciones prácticas que, de repente, ya no existen... Así y todo, yo decía la verdad cuando afirmaba que no me sentía «desconectado de la realidad».

Las dinámicas cortesanas fueron frecuentes en mi época, igual que lo fueron antes y después. Pero aquello no era nada comparado con la algarabía exterior, que siempre terminaba penetrando en el palacio del Elíseo y haciendo saltar por los aires todas aquellas protecciones tan artificiales e ilusorias. Tanto más cuanto que nosotros habíamos decidido mantener nuestra residencia parisina, lo que resultó nuestra salvación cuando llegó la derrota de 2012. Añadí que los dos desplazamientos a provincias que realizaba cada semana me permitían confrontar directamente —y de manera, en ocasiones, harto brusca— los sobresaltos de la vida del país. Durante mi mandato, verdaderamente nunca me sentí ni encerrado ni desconectado de la vida cotidiana. ¡Lo cual probablemente también se deba a mi ansiedad natural, que me llevaba más a la vigilancia que a la somnolencia! No creo que yo pasara un solo día —ni medio— tranquilo y pensando que todo funcionaba a la perfección. Supongo que es sobre todo una cuestión de temperamento, más allá de las condiciones materiales de vida. ¿Resulté convincente aquella noche? Ando lejos de poder contestar a eso con seguridad.

Una joven con estudios universitarios y que no encontraba empleo me hizo una pregunta muy precisa, pero mi respuesta no podía dejar de ser general. La situación de los jóvenes licenciados se estaba convirtiendo en una pesadilla, pues un 10 % de ellos estaba en el paro. Aquella joven me explicaba que necesitaba un sueldo para vivir. Yo le contesté que hacía falta más crecimiento; que en eso estábamos trabajando. A continuación me referí a los dispositivos concretos que habíamos puesto en marcha, por ejemplo la exención total de impuestos para las TPE (*Très Petites Entreprises,* microempresas) que propusieran el primer contrato laboral de un joven. De hecho, fueron ochocientas mil personas las que se beneficiaron de aquella medida, y dos tercios de ellas tenían menos de veintiséis años. Mientras hablaba, me daba cuenta de la enorme dificultad de lograr que aquellas respuestas de macroeconomía cuadrasen con la realidad microeconómica de mi interlocutora. Tal era, sin embargo, la apuesta de aquella emisión.

Mi segundo entrevistador era más fácil de lidiar, pues era más caricaturesco. Se trataba de un sindicalista de la CGT (Confederación General del Trabajo) que trabajaba para un subcontratista de la automoción. Me acusó, así de entrada, de ser responsable de la ruptura social y de las deslocalizaciones. Empecé señalándole que él y yo estábamos de acuerdo en algunos puntos, concretamente en el de la defensa de nuestra industria, que representaba más del 10 % de la población activa francesa, esto es, más de tres millones de empleos. Llamé entonces la atención de mi contradictor sobre el hecho de que, si Renault y Peugeot seguían existiendo, era porque el Estado los había salvado de las consecuencias de la crisis y había reimpulsado el mercado automovilístico con las ayudas para la compra de vehículos limpios por parte de particulares. La prueba era que 2009 había sido el año en que más coches se habían vendido en Francia de los diez anteriores, con dos millones doscientos mil vehículos matriculados. El sindicalista debió de pensar que yo estaba tratando de dormirlo. Dio un volantazo y entró mucho más a la ofensiva, explicando que las ayudas del Gobierno no habían servido más que para enriquecer a los accionistas en detrimento del empleo. Aquel áspero interlocutor me prestó, bien mirado, un buen servicio. Al día siguiente de aquella emisión, todo el mundo me hablaba de él y de su sectarismo. El hombre, sin quererlo, me había facilitado la labor. Yo sabía que él había ido allí con su misión y que lo único que le importaba era que sus camaradas de la CGT lo encontraran lo bastante pugnaz con el presidente de la República. Cada cual estaba en su papel y hablaba para sus votantes. Por lo demás, tras haberse mostrado bastante desagradable durante el programa, aquel señor se comportó de modo encantador y cordial en el refrigerio que después reunió al plantel de mis entrevistadores. Evidenció con ello que andaba lejos de ser tan «cándido» como había pretendido.

Luego tuvo la palabra una enfermera que hizo una larga y apropiada descripción tanto de la dificultad de su profesión como de la falta de efectivos. Yo aproveché aquello para recordar que acabábamos de satisfacer una reivindicación muy antigua de las enfermeras al asignarles la subida estatutaria desde la categoría B hasta la categoría A, lo que representaba, a pesar de todo, un aumento de dos mil euros de su poder adquisitivo por año. La conversación derivó hacia la precariedad de la sanidad francesa y hacia los «recortes drásticos» que yo me disponía a infligirle. Hube de hacer, una vez más, un ejercicio de pedagogía para explicar que, ya solo en 2009, habíamos destinado dos mil millones de euros adicionales a la sanidad y que, ¡durante los diez años precedentes, los centros hospitalarios se habían beneficiado nada menos que de veintitrés mil millones de euros y de cien mil nuevos empleos! Que aquellas cifras fueran exactas no impidió que mi interlocutora me respondiera secamente que eso era «una visión contable de la sanidad». Y es posible, pero aquellas sumas eran el producto de los impuestos y de las cotizaciones, que tan negativamente pesaban sobre el empleo y, por tanto, sobre el paro. Estábamos en pleno meollo de las contradicciones francesas: había demasiados impuestos y no suficiente gasto... Surgieron multitud de cuestiones más, pues aquella emisión se eternizó hasta casi la medianoche. Yo no pretendía haber convencido, pero sí por lo menos haber demostrado mi buena fe y mi voluntad de explicar las restricciones, las dificultades, los desafíos frente a los que el país se hallaba.

Al día siguiente me levanté temprano. Esperaba con impaciencia las cifras de audiencia, que yo sabía serían los auténticos jueces de paz. No me decepcionaron, teniendo en cuenta que habían visto el programa 8,6 millones de personas y que, según un estudio de la empresa CSA, el 57 % de ellas me habían encontrado convincente. Aquello era algo realmente inesperado y difería mucho de la línea de los comentaristas y los observadores, quienes al término de la emisión se habían mostrado mucho más dubitativos sobre mi desempeño. Yo no esperaba tanto. Había querido hablar a la Francia profunda sin que se interpusieran los medios de comunicación tradicionales, de los que desconfiaba. Desde ese punto de vista al menos, habíamos salido bien parados. La televisión me había permitido comunicarme directamente con un gran número de franceses. Aquellos resultados dieron impulso a mi entorno. Sentí incluso cierta euforia entre quienes me apoyaban. Es decir: yo aún era capaz, a ojos de mi mayoría parlamentaria, de recuperar el tono de la campaña de 2007. (¡Lo que por contraste mostraba que algunos lo habían empezado a dudar!) Me alegraba aquel repunte, pero tenía el presentimiento de que no iba a durar y de que las semanas de comentarios acerbos no tardarían en volver a empezar —y con violencia redoblada— por aquel éxito de audiencia que mostraba que ni el Gobierno ni yo mismo estábamos en las últimas.

*

* *

Debía llevar a cabo dos nombramientos importantes a comienzos de febrero. El primero era para la presidencia del Tribunal de Cuentas, que había quedado vacante tras el inesperado deceso de Philippe Séguin, a quien yo había propuesto para aquel cargo en 2004, siendo yo ministro de Finanzas. Encontrar un sucesor para semejante figura no era cosa fácil, y yo quería que la persona escogida no pudiera suscitar oposiciones serias. Acababa de autorizar a aquella gran institución para que controlase, por primera vez en la historia, los gastos del Elíseo. ¡No podía permitirme nombrar a uno de mis amigos más cercanos ni, por supuesto, a un confidente! Eso habría sido indigno tanto de mi función presidencial como del Tribunal de Cuentas. Todos los ojos estaban pendientes de mi decisión. En los círculos políticos zumbaban los rumores. Proliferaban tanto las maniobras como las instrumentalizaciones más o menos burdas. Yo había tomado mi decisión hacía tiempo y no se la había comunicado a nadie más allá de al propio interesado, cuya lealtad y discreción pude comprobar en la medida en que no traicionó ninguna de nuestras conversaciones. Se trataba del diputado socialista del departamento del Isère Didier Migaud. Yo lo conocía desde hacía mucho tiempo, pues era un especialista en asuntos presupuestarios. Hube de vérmelas con él unas cuantas veces cuando yo no era sino un joven ministro del Presupuesto. Entonces aprecié su seriedad, su honestidad intelectual, su calma y su carácter empático. Nos habíamos caído bien, aunque sin llegar a hacernos amigos. Me fiaba de él. El hombre me había confesado que tenía pocas ganas de seguir trabajando en la Asamblea Nacional y que le interesaría algún cargo relacionado con su especialidad. Así fue como se nos ocurrió lo del Tribunal de Cuentas. La decisión era delicada, porque el titular de aquella función podía ocasionar grandes estropicios políticos si sus intenciones —y aun sus segundas intenciones— no estaban al servicio del Estado, sino de sus propios intereses políticos. Además, para mí era importante perseverar en la vía de la apertura, la única que me parecía digna de una democracia como la nuestra. Didier Migaud reunía todas las garantías de seriedad y de honestidad tanto política como moral. Para una Francia tan acostumbrada a las prácticas del sectarismo político que había estado a la orden del día lo mismo con François Mitterrand que con Jacques Chirac, aquello representaba un vuelco tan saludable como brusco. Colocar a un oponente político al frente del primer organismo de control de la República constituía una «innovación» en toda regla. Yo estaba orgulloso de aquella decisión y no tenía, por tanto, el más mínimo reparo en asumirla.

Hubo, no obstante, que afrontar la ira de una parte de mi mayoría parlamentaria, exasperada ante la idea de que se le pudiera escapar un puesto. Por ejemplo, el diputado del departamento de los Alpes Marítimos Lionnel Luca —a quien yo tenía, sin embargo, en gran estima y conocía desde hacía mucho tiempo— declaró: «La apertura puede hacer creer que en la derecha únicamente hay cazurros, y en la izquierda, solo personas inteligentes». Concluía el diputado que aquello era una mala decisión, pues llegó a precisar que «el resultado, como el pueblo dirá pronto, es que este votará a la izquierda». O sea: estaba vaticinando nuestra derrota. Para un parlamentario de la mayoría, aquello evidenciaba un malestar bastante hondo, así como dificultades para civilizar nuestras prácticas democráticas. Yo me consolaba pensando que era imposible poner fin a decenios de comportamientos de clan sin provocar determinadas reacciones. Me sorprendía, en cualquier caso, la inmadurez política de una parte de quienes me apoyaban, personas que pensaban sinceramente que la única forma correcta de ganar consistía en apropiarse de todo, acapararlo todo, quedarse con todo. Aquella no era mi visión de las cosas. Los franceses son demasiado eruptivos como para arriesgarse uno a exacerbar las tensiones limitándose a repartir el poder solo entre miembros del «clan».

Empeoré las cosas procediendo, simultáneamente, al nombramiento de Michel Charasse para el Consejo Constitucional. Aquel hombre, que había sido muy amigo de François Mitterrand, llevaba mucho tiempo demostrando pasión por los asuntos jurídicos. Deseaba ardientemente pertenecer a aquella gran institución. Había militado en la izquierda toda su vida, pero a menudo se desvinculaba de su familia política, para la que a veces había tenido palabras severas. Poseía, sobre todo, un sentido del Estado particularmente intenso. El Estado era su vida. Amaba la autoridad y era legalista. Yo lo conocía desde hacía mucho tiempo y en seguida nos habíamos caído bien. Era difícil, en realidad, no apreciar a aquella personalidad estrambótica y original. Le gustaba la buena vida, la buena mesa, los puros estupendos y el lenguaje florido. Uno nunca se aburría con Michel Charasse. Fue fiel a su departamento de Puy-de-Dôme hasta el final. Aquello le daba un punto de conexión con mi amigo Brice Hortefeux, quien lo veía con frecuencia. Confieso que siempre sentí cierto cariño hacia aquel hombre a pesar de nuestras grandes diferencias en materia de religión, política o amistades. Apreciaba sobre todo su valentía y su forma de hablar sin rodeos. Admiré el modo digno en que afrontó aquel cruel cáncer de mandíbula que se lo llevó por delante tras imponerle un camino de dolores y sufrimientos. En la vida política faltan hombres de su temple, su experiencia y su compromiso.

Pero resulta que ya eran dos los socialistas promovidos. Otro diputado de la mayoría parlamentaria —Christian Vanneste— se ahogó de rabia: «Ahora hay que tener carné del Partido Socialista para acceder a responsabilidades de la República», afirmó. Unos años después, aquel diputado cedería a los cantos de sirenas de Marine Le Pen. Pero sobre todo olvidaba que a Michel Charasse lo habían excluido del Partido Socialista por haberme apoyado en las elecciones presidenciales de 2007. Todavía hoy sigo pensando que la apertura es necesaria y útil en un país fracturado, dividido y violento. Y era el presidente de la República quien debía fijar el rumbo y plantear la estrategia, no la mayoría parlamentaria la que debía imponérsela. No creo que fuese por la apertura por lo que perdí en 2012. Creo, antes bien, que, si perdí por tan poco, fue precisamente porque los franceses me agradecieron mi rechazo a cualquier apropiación sectaria o partidista del poder. Debo reconocer que la prensa se mostró, en conjunto, bastante elogiosa sobre aquellos nombramientos. Fue el diario *Ouest-France* el que mejor resumió la atmósfera (bajo la pluma de Michel Urvoy): «Estos nombramientos son producto de un cálculo sutil. Hay que poner de relieve que el presidente, más de una vez zaherido por estas instituciones —por leyes mal rematadas o por gastos excesivos—, designe para ellas a figuras que no comparten exactamente su sensibilidad».

Hacia esa época, Dominique Strauss-Kahn empezaba a agitarse, embriagado por sondeos que lo colocaban a la cabeza de los candidatos socialistas para las próximas elecciones presidenciales. Declaró, con una modestia bastante relativa, que de momento tenía la intención de «concluir su mandato en el FMI», pero que igual se podría «replantear la cuestión en determinadas circunstancias». Aquello quería decir, hablando en plata, que, si se presentaba alguna oportunidad de cara a las presidenciales, se aferraría a ella. Es decir, que le importaban un bledo los compromisos que había adquirido con el FMI (Fondo Monetario Internacional) cuando yo lo catapulté a ese puesto. Tales compromisos pasaban a ser secundarios. Y no reproduzco aquí sino por razones formales las palabras que me dirigió, mientras me camelaba para conseguir el tan ansiado puesto, sobre su «lealtad hacia aquel» al que debiera la prestigiosa responsabilidad. Lo cierto es que todo aquello era previsible. Su compañera de ese entonces, la periodista Anne Sinclair, se lanzó a una carrera enloquecida de eventos sociales y apariciones glamurosas en las que varias veces me comentaron que se preguntaba ingenuamente sobre su capacidad para desempeñar dignamente las funciones de *first lady* que en breve habían de recaer en ella. No era la primera que «vendía la piel del oso…», etc. A mí todo aquel paripé de pijerío parisino «progre» me hacía bastante gracia, la verdad. Contra lo que tantos observadores de la vida política pensaban, yo no temía a DSK. No es que subestimara su inteligencia, su energía o incluso su excelencia; pero sabía hasta qué punto su arrogancia podría hacerle perder pie. Y resulta que, para los franceses, la arrogancia es siempre un defecto redhibitorio.

*

* *

Era un texto importante el que creaba el servicio cívico de los jóvenes. Yo había estado mucho tiempo planteándome la posibilidad de restablecer un auténtico servicio miliar, porque me había impresionado la atroz carencia que acarreó su supresión. La mezcolanza social que aquel año de servicio militar imponía era algo irremplazable. No había habido ningún dispositivo alternativo eficaz en términos de integración, especialmente para los jóvenes de los barrios. Terminé renunciando ante lo complicado de un servicio militar que cada año habría correspondido a toda una quinta de ochocientos mil nuevos reclutas. Habría sido incomprensible, en efecto, reservar dicho servicio a los muchachos, excluyendo a las chicas. Las cifras eran, así, enormes comparadas con la capacidad de acogida del ejército francés, e igual de enorme habría sido el coste de tal medida.

Aquel conjunto de razones me llevó a buscar una alternativa. Se impuso la de un servicio cívico de carácter puramente voluntario. Este último extremo reducía —lo reconozco— no solo el coste financiero, sino también la ambición de la iniciativa. Pero estaba obligado a ser realista y, por consiguiente, a revisar a la baja mis ambiciones iniciales. Concebimos, por tanto, un servicio cívico cuyo objetivo era incluir al 10 % de una quinta en un plazo de cinco años, es decir, a unos setenta y cinco mil jóvenes en 2014. Se preveían quinientos millones de euros para financiar cada año aquel dispositivo. El acceso había de ser fácil para los candidatos, y a los organismos que les acogieran debía resultarles sencillo hacerlo. El servicio cívico se proponía para jóvenes de entre dieciséis y veinticinco años a los que se ofrecía la oportunidad de comprometerse por un periodo de entre seis y veinticuatro meses en el seno de alguna asociación, de colectividades territoriales o de proyectos locales. Para su gestión habíamos previsto la creación de una agencia encargada de la conducción y del fomento de aquel compromiso cívico voluntario. Al finalizar este compromiso civil se les entregaría un diploma a los voluntarios.

Confié la realización del proyecto a Martin Hirsch, alto comisario para la Juventud. El hombre poseía una gran experiencia en el ámbito de las asociaciones; me parecía que estaba hecho para aquella misión. La ley se votó en el Parlamento con una cómoda mayoría. Se nos sumó una parte de la oposición, cosa que merece destacarse por insólita. Muchos parlamentarios lamentaron el carácter voluntario del nuevo dispositivo y habrían preferido que fuese obligatorio. Yo podía entenderlos, pero subestimaban lo complicado que resultaba para una asociación o una colectividad territorial el esfuerzo de ubicar a unos jóvenes de cuyas necesidades logísticas había que ocuparse. El arranque fue, por lo demás, bastante lento. Así y todo perseveré, pues veía todas las posibilidades que aquel servicio cívico podía ofrecer a jóvenes que se hicieran preguntas sobre su futuro o incluso pensaran que no había ningún futuro para ellos. También estaba convencido de que la reincorporación en el vocabulario público de las nociones de «servicio» y «civismo» únicamente podía ser provechosa. Aquello era un chollo para el mundo de las asociaciones, que así podía disponer de una cantera de voluntarios que ayudaran en sus labores. El Ministerio de Defensa mostró su alivio por no tener que gestionar aquel nuevo dispositivo. El paso de profesionalizar nuestras fuerzas armadas se había dado en la época de Jacques Chirac. Yo veía claramente que aquello no tenía vuelta atrás. Encontraba decepcionante, sin embargo, el poco interés que los medios de comunicación habían mostrado por aquella iniciativa. Desde su nacimiento, el servicio cívico sufrió esta falta de exposición mediática cuya consecuencia era que no se valoraba a quienes habían elegido comprometerse. Yo creo, sinceramente, que aquella iniciativa habría merecido otra acogida.

Más adelante me puso en un auténtico apuro el libro que publicó Martin Hirsch, quien acababa justo de dejar el cargo de alto comisario para las Solidaridades Activas contra la Pobreza: un panfleto titulado *Pour en finir avec les conflits d'intérêts* [Para acabar con los conflictos de interés]. Era un hombre que venía de la izquierda y había aceptado que yo le confiara responsabilidades cuasigubernamentales durante tres años sin que eso le supusiera el menor problema. Se acercaban las siguientes elecciones presidenciales y él quiso alejarse de las responsabilidades políticas activas. Yo lo entendí y lo acepté, pero jamás me habría imaginado que, a las pocas semanas de su marcha, fuese a publicar un libro en el que arremetía violentamente contra parte de los miembros importantes de mi mayoría, y esto en el mismo momento en que tenía la responsabilidad de implementar el servicio cívico. Aquello pasaba de castaño oscuro. Nunca me ha gustado, en efecto, que un ministro publique sus memorias nada más salir del Gobierno, dando a entender que encontró tiempo libre para escribir durante el ejercicio de sus responsabilidades. (Eso ya era, por sí solo, muy mala señal sobre su implicación personal en su trabajo.) Pero es que en este caso era peor todavía, porque lo que yo estaba descubriendo era la deslealtad de Martin Hirsch, que criticaba a quienes le habían brindado lealmente su apoyo. Se trataba de un auténtico ejercicio de «delación», digno de los años más siniestros de nuestro país. El blanco de sus ataques eran nada menos que Jean-François Copé, que presidía el grupo parlamentario mayoritario en la Asamblea Nacional, y Gérard Longuet, quien hacía otro tanto en el Senado. Al primero le reprochaba ejercer como «abogado de negocios», y al segundo, haberse comprado supuestamente una casa con lo que habría sacado vendiendo sellos de gran valor que Correos tenía la costumbre de regalar a las más altas autoridades del Estado. Martin Hirsch no era ni juez ni policía; ni siquiera periodista. Además, tenía muy a gala su actuación junto al abate Pierre, cuyas enseñanzas cristianas sobre el respeto a las personas y sobre el deber de no hacer daño salta a la vista que no le calaron. Por malas que fueran en ese momento mis relaciones con Jean-François Copé, para mí fue un *shock* aquel comportamiento de delator, aquella deslealtad y aquella voluntad de existir a cualquier precio, incluso utilizando semejantes métodos. Aquel día, Martin Hirsch no se engrandeció. Desde entonces no puedo evitar considerarlo desde ese prisma poco halagüeño de su personalidad profunda.

*

*   *

La prensa calificó mi viaje a Haití de «histórico». La isla acababa de sufrir el azote de un nuevo terremoto muy grave que esta vez se había cobrado doscientas ochenta mil víctimas mortales y había dejado a un millón trescientas mil personas sin hogar. Aquellas cifras eran de una crudeza inimaginable. La población, que ya estaba entre las más pobres del planeta, se hallaba expuesta a la indigencia más profunda. Era una situación apocalíptica. Yo no había visto nunca nada parecido. Teníamos que demostrar nuestra solidaridad y compasión ante tantas calamidades. Aproveché, así, una nueva visita a Martinica para hacer escala en Puerto Príncipe. Pero resulta que aquella era la primera visita de un presidente francés a esta antigua colonia, que se había liberado de la tutela de Francia en 1804. Supe de tal «anomalía» preparando el viaje. Era casi un milagro, en efecto, que Haití hubiera seguido siendo francófono durante los dos siglos transcurridos desde su emancipación, teniendo en cuenta los agravios que había padecido durante nuestra historia común. ¡Francia sobreexplotó sistemáticamente las riquezas de la isla, diezmó a sus élites cuando Napoleón intentó reconquistarla y la sangró financieramente a cambio de reconocer su independencia! Yo no me iba a prestar a ningún ejercicio de contrición, práctica que había denunciado en no pocas ocasiones; pero tampoco podía obviar aquel pasado doloroso. Tenía que referirme a él, cosa que hice en presencia del presidente René Préval. «Es mejor no disimular. Nuestra presencia aquí no solo dejó buenos recuerdos. Las heridas de la colonización y las condiciones de la separación dejaron marca.» Con tales palabras empecé.

Habíamos aterrizado a las siete de la mañana tras cruzar el Atlántico de noche. El presidente haitiano me recibió con calidez. Luego subimos al helicóptero que había enviado la Marina francesa para sobrevolar las zonas damnificadas. El caos era total. Todos los edificios administrativos sin excepción estaban arrasados. Los destrozos materiales superaban la cuantía del producto interior bruto íntegro. Los rostros de los haitianos estaban desencajados, sus miradas expresaban una angustia sin fondo; el miedo se leía aún en cada uno de ellos. El propio edificio de la embajada de Francia se había visto muy afectado. No pude entrar, porque una simple réplica sísmica habría provocado su derrumbe. De manera que todo transcurrió en los jardines, cuyos muros se habían desmoronado y se habían sustituido apresuradamente por alambradas. La multitud que se congregó para oír mi discurso era heterogénea. Había allí vendedores de *souvenirs,* representantes electos, familias que se abrían paso por entre los refugios improvisados, gallos en jaulas, ropa tendida... Aquello era conmovedor, impactante, irreal. En el liceo francés habían instalado un hospital de campaña. Visitarlo fue tremendo. Los heridos sufrían, gemían, aguantaban... en medio de una multitud de desdichados que no sabían adónde ir. Yo me preguntaba qué había podido hacer aquel pueblo haitiano para «merecer» tantas injusticias. Admiraba su capacidad de resiliencia. Estaba viendo sin filtro y en directo lo que tantas veces había visto distraídamente en la televisión con catástrofes previas. No era igual ver la desgracia con los propios ojos que oírla contar desde lejos. La violencia del destino haitiano arrebataba el corazón. Era literalmente inaceptable, así como inexplicable. Yo lo único que podía hacer era mirar en silencio. Las palabras se habían vuelto insignificantes.

Tocaba ahora aplicarse a la reconstrucción de aquella isla martirizada. Una primera cuestión ocupaba los pensamientos y suscitaba no pocos temores entre los haitianos: la imposición de una tutela estadounidense sobre la isla, como había ocurrido en la década de 1920. De hecho ya habían desembarcado, desde que se había producido el terremoto, veinte mil soldados del ejército de Estados Unidos. (La isla estaba acerrojada para evitar la emigración hacia Florida.) Los haitianos necesitaban, obviamente, de todo; pero no que se los dejara al margen de la reconstrucción de su propio país. El mes siguiente debía celebrarse en Nueva York una conferencia internacional sobre la ayuda a Haití. Previendo el panorama, declaré: «El pueblo haitiano está lancinado, está exhausto; pero está en pie». La posición de Francia estaba clara. Tenían que ser los propios haitianos quienes organizaran el levantamiento de su nación, por mucho que nos encontrásemos en plena esfera de influencia estadounidense. Era un modo de convertir aquella catástrofe en un nuevo punto de arranque, volviendo la espalda a los errores del pasado. También en esta isla había que encontrar los medios para un desarrollo endógeno, que era lo único que podía ir liberando a los haitianos, paulatinamente, de la dependencia de la ayuda internacional. Anuncié, por último, trescientos veintiséis millones de euros de ayuda. Parecía una cantidad significativa, pero, comparada con las necesidades de aquel país devastado, era una gota de agua. Mientras sobrevolaba Haití, me acordaba de las imágenes de los dictadores Duvalier —primero el padre y luego el hijo, apodados respectivamente Papa Doc y Baby Doc— y de aquellos cafres conocidos como los *tontons macoutes,* a los que dichos tiranos encomendaban los más viles menesteres. Cuando era más joven, había oído hablar mucho de ellos. Su nombre había pasado a ser una frase hecha para referirse a la fuerza bruta. Aquello a mí me parecía exótico, lejano, irreal. Ahora podía asociar lugares, paisajes, calles a tales recuerdos.

No pude quedarme allí más que una mañana. Era poco, seguramente demasiado poco; pero bastaba para entender el destino de aquel pueblo de esclavos que dos siglos antes había derrotado al ejército de cuarenta mil hombres de Napoleón. No tenían nada. Lo sufrían todo. Las catástrofes naturales se sucedían a un ritmo espeluznante. Estados Unidos estaba listo —vecino vigilante— para imponerles su tutela recurriendo al menor pretexto. Pero la voluntad que ellos tenían de vivir —o al menos de sobrevivir— era fortísima. Yo vi que aún tenían esperanza. Aquello fue una hermosa lección. He pensado mucho en ello desde entonces. El pueblo haitiano merece nuestra admiración.

*
* *

Lo bueno que tiene la política es que siempre está ocurriendo algo. Mientras yo me debatía con el drama de Haití —despegando a continuación para Martinica—, en la Francia metropolitana estallaba un psicodrama. La ministra encargada de los territorios de ultramar, Marie-Luce Penchard, había declarado en un mitin celebrado en Les Abymes (en el departamento y región de ultramar de Guadalupe): «Mi único deseo es servir a una población, la guadalupense». Dijo aquello pensando en su inminente candidatura para las elecciones regionales. Eran unas palabras a todas luces inapropiadas y ciertamente torpes, pero ¿eran realmente merecedoras de la algarabía que me encontré al aterrizar en Fort-de-France? Los medios de comunicación ya no hablaban de otra cosa. Qué lejanas parecían ya las imágenes del sufrimiento de los haitianos. Aquello fue algo realmente descomedido. Jean-Marc Ayrault, presidente del grupo socialista en la Asamblea Nacional, se había prodigado en sentencias explosivas: «La señora Penchard ya no tiene cabida en el Gobierno de la República». (Ni más ni menos.) En cuanto al Partido Comunista, que jamás cicateaba en eso de dar lecciones, calificó las declaraciones de la ministra de «intolerables». Tanto se hinchó la polémica que acabó llegando hasta la mayoría parlamentaria, donde siempre surgía algún voluntario para echar más leña al fuego. Y, así, Patrick Balkany declaró que había que «largarla del Gobierno». La nota de AFP (Agence France-Presse) precisaba que aquellas declaraciones las hacía una persona cercana al jefe de Estado, la cual naturalmente a mí no me había preguntado nada y no estaba facultada para expresar un parecer que nadie le había pedido. También quiso intervenir el portavoz del Nuevo Centro, quien señaló que la ministra debía «abandonar sin demora el Gobierno». Hube de cerrar la polémica apoyando a esta última como era debido. A partir de ahí, las cosas se calmaron y nadie volvió a hablar del tema. ¡Pero qué cantidad de tiempo y energía perdidos por tan poco! ¡Menuda impresión de desorden se había dado por nada! Yo no me enfadé con Marie-Luce Penchard; más bien conmigo mismo por haber nombrado a una persona de valía pero que, contra lo que ella pensaba, no manejaba ninguno de los códigos de la política. Por lo demás, si bien «manejar los códigos» tampoco es una garantía contra los pasos en falso, no «manejarlos» es, sin duda, garantía de que los cometerás. El diletantismo es lo peor que puede haber en política. Es lo que explica que los nombramientos de figuras de la sociedad civil terminen con frecuencia en fiascos. De lo cual yo me daba cuenta tarde...

*
* *

Terminé aquel mes de febrero de 2010 con un viaje «de alta tensión» a Ruanda. Aquella fue, sin lugar a dudas, una de las visitas más complejas y delicadas de mis cinco años de presidencia. Fue asimismo uno de los desplazamientos a los que más importancia atribuía. El drama ruandés me obsesionaba desde hacía mucho tiempo. Yo quería entender cómo había podido producirse aquel espeluznante genocidio que causó ochocientos mil muertos. ¿Cómo había sido posible tamaña acumulación de horrores? ¿Qué hacía el ejército francés en medio de aquel embrollo? ¿Y cómo era posible que, después de tanta violencia, Ruanda hubiera podido convertirse en uno de los países más estables y seguros de África? Esas eran las preguntas que no me dejaban tranquilo. Me había prometido a mí mismo no atenerme a la posición oficial. Quería comprender e ir más allá.

La ocasión se me había presentado unos meses antes, cuando asumí el riesgo de recibir al presidente Paul Kagame para gran disgusto de una parte de mi mayoría parlamentaria, para la cual el mero hecho de departir con él constituía ya de por sí una ofensa al ejército francés. Yo quería pasar página de aquel doloroso malentendido. Semejante bloqueo tenía consecuencias en el conjunto de nuestra política africana. Estaba decidido a resolver aquel problema o, por lo menos, a ponerlo en claro. El presidente ruandés es alto, esbelto, ascético, reservado. Su persona emana un halo de jansenismo (salvo cuando sonríe). Es, antes que nada, un combatiente que pasó más de diez años en la jungla ugandesa al frente de sus hombres para escapar a la muerte cierta que le habrían dado sus adversarios, que entonces ostentaban el poder. A fuerza de dormir en el puro suelo, su cadera se deterioró gravemente hasta el punto de hacerle sufrir todavía hoy. A pesar de aquel pasado de combatiente —aunque acaso hubiera que decir «gracias a», pues él conoce el valor de la vida por haberlo experimentado en carne propia y en la de sus compañeros—, Paul Kagame es un hombre tranquilo, lleno de sangre fría, dotado de una gran capacidad de escucha e incluso tímido. Además es reflexivo y particularmente inteligente. Desde nuestro primer encuentro pudimos ir al fondo de las cosas para constatar dónde estaban nuestras líneas rojas respectivas. Él quería que se reconociera el sufrimiento de su pueblo y el error de juicio de los occidentales, lo que aquí básicamente significa los estadounidense, los belgas, los alemanes y, por supuesto, los franceses. ¿Cómo no darle la razón? Le respondí que yo en ningún caso aceptaría que se declarara a Francia cómplice de un genocidio, pero me creyó cuando le expliqué mi voluntad de hacer el primer gesto y reconocer lo que para mí eran errores de juicio irrefutables. En prueba de buena voluntad, le señalé que estaba dispuesto a ir a Kigali para dirigirme al pueblo ruandés y pasar aquella página dolorosa. Él recogió el guante y me invitó. Era el momento de pasar a los hechos.

No sé por qué, pero inmediatamente confié en la palabra de Paul Kagame. Mi entorno andaba lejos de estar tan convencido. Decidí asumir el riesgo de aquel viaje, y eso apenas tres meses después del restablecimiento de las relaciones diplomáticas entre nuestros países. ¿Para qué andar mareando la perdiz y perdiendo el tiempo? Yo quería aprovechar la nueva dinámica. De manera que aquella era la primera vez que un presidente francés viajaba al país de las Mil Colinas desde el exterminio de los tutsis en la primavera de 1994. Era consciente de que hasta el más insignificante de mis actos y gestos sería examinado con lupa tanto por los dirigentes ruandeses como por mis propios amigos políticos (por ejemplo Édouard Balladur o Alain Juppé). Los primeros acusaban al Estado francés de complicidad con los asesinos hutus y esperaban unas disculpas públicas. Los segundos negaban cualquier responsabilidad en el genocidio y no querían oír hablar de ningún tipo de arrepentimiento y, menos todavía, de ninguna petición de perdón. El camino era estrecho. Hubert Védrine —colaborador de François Mitterrand y ministro de Asuntos Exteriores con Jacques Chirac—, un hombre en condiciones normales más tranquilo, daba muestras de una cólera implacable ante aquel acercamiento.

Luego estaba —por si todo eso fuera poco— la instrucción judicial que el juez Bruguière dirigía sin demasiada finura y bastante sesgadamente, en la cual rápidamente se había imputado a Paul Kagame la responsabilidad del asesinato de su predecesor, extremo que contradecían no pocos testigos de aquel entonces, así como las conclusiones de la misión de información parlamentaria francesa de 1998. El ambiente estaba, pues, cargado —por no decir más— cuando mi avión aterrizó en Kigali hacia el final de la mañana, habiendo despegado ese mismo día desde Libreville. Paul Kagame y yo tuvimos una primera reunión para coordinar nuestras respectivas intervenciones y preparar la rueda de prensa común, en la que el menor patinazo podía dar al traste con aquel sutil equilibrio que ambos queríamos sinceramente preservar. Confirmé a mi interlocutor que tenía la intención de mantener mi promesa, llegando todo lo lejos que consideraba correcto y podía. Lo noté aliviado, aunque todavía tenso. Ante los numerosos medios de comunicación de todo el mundo que se habían congregado, reconocí, ya desde mis palabras preliminares, «graves errores de apreciación y una especie de ceguera, por parte de Francia y de la comunidad internacional, durante el genocidio de 1994». Precisé, de hecho, que la operación Turquoise «se había lanzado demasiado tarde y sin la debida fuerza». En ese instante empezaron a proliferar por todo el continente africano las notas de prensa. Se acababa de echar abajo una barrera simbólica.

Paul Kagame estaba satisfecho, sabiendo como sabía que yo difícilmente podía ir más allá. Respondió, con dignidad y elegancia, que él se negaba a ser «rehén del pasado. Se han reconocido errores, lo hemos hablado. Ahora lo esencial es mirar hacia el futuro». Lo importante estaba hecho. El resto de la visita podía ser más tranquilo. Cuando llegábamos al monumento y centro de interpretación de Gisozi —dedicado a las víctimas del genocidio—, un transeúnte me interpeló sobre la responsabilidad de Francia. Yo no contesté nada; estaba absolutamente en guardia ante posibles provocaciones. ¡Hay que aclarar que aquel sitio se había construido en medio de las tumbas de doscientas cincuenta mil víctimas que allí habían encontrado sepultura! Es decir: la muerte estaba en todas partes. Es un lugar bastante austero, y eso lo hace aún más impactante. Era imposible no verse inundado de emociones: nos encontrábamos ante la realidad de lo que los hombres habían sido capaces de hacer. La sala reservada al genocidio de niños era más sobrecogedora si cabe. Estaban los nombres de pila de aquellas pequeñas víctimas, sus fotos, cuántos años tenían, sus quehaceres favoritos y cómo los habían asesinado. Yo me quedaba, literalmente, sin voz. Durante la visita, ninguno de los miembros de la delegación abrió la boca. De todas formas, ¿qué habría podido decirse que hubiera estado a la altura de todo aquel sufrimiento? Tras el Yad Vashem de Jerusalén y el Museo del Genocidio Armenio de Ereván, aquel lugar de memoria de Kigali era mi tercer «peregrinaje». Tendría que ser obligatorio llevar a los niños para que vean y entiendan. Eso fue, por lo demás, lo que Carla y yo hicimos con Giulia unos años después. Descubrir el lado oscuro del ser humano tal vez sea la última oportunidad de mantenerlo a raya y aun de reducirlo.

Había una foto terrible. Me habían hablado de ella, pero nunca la había visto. Me daba miedo enfrentarme a ella. Se trataba de una imponente columna de genocidas que, provistos de machetes, garrotes y cuchillos, se cruzaban, por las colinas ruandesas, con un destacamento francés armado que hacía como si no los viera. En ese momento preciso, el guía ruandés me soltó: «Aquí está la responsabilidad de Francia». A lo que añadió, señalando un retrato del ex secretario general de las Naciones Unidas Kofi Annan: «Él pidió perdón». A pesar de mi deseo ardiente de hablar, de explicar y también de condenar las equivocaciones del pasado, volví a no contestar nada. En cualquier caso, la emoción que nos embargaba a todos era demasiado fuerte como para poder entablar una conversación «razonable». Luego firmé en el libro de visitas de aquel lugar. Escribí: «En nombre del pueblo francés, me inclino ante las víctimas del genocidio de los tutsis. La humanidad conservará por siempre la memoria de aquellos inocentes y de su martirio». Durante toda la visita me acompañó la ministra de Asuntos Exteriores ruandesa, Louise Mushikiwabo. Esta mujer francófona, inteligente y sensible fue muy valiosa en aquellos momentos de grandes tensiones.

Una vez cumplida aquella labor política, había que dejar paso a los historiadores para que arrojasen luz sobre las zonas oscuras que quedaban. El proceso estaba en marcha. Ya nadie podía detenerlo. François Hollande, mi sucesor inmediato, no hizo nada. Ni para bien ni para mal. Probablemente le incomodaran los sutiles equilibrios politiqueros propios del Partido Socialista. Hablar de Ruanda era evocar, en efecto, la política africana de François Mitterrand, pero resulta que los vínculos entonces existentes entre París y el régimen hutu precedente del presidente Habyarimana eran de dominio público, por no hablar del papel que desempeñara el hijo del presidente francés, en aquella época encargado del gabinete del Elíseo para los asuntos africanos. ¡Era más cómodo dar lecciones que aplicárselas uno mismo! Me alegró, por el contrario, ver al presidente Macron retomar aquella política de reconciliación desplazándose a su vez a Kigali. Hizo bien, aunque él también tuviera que resistir las presiones de una parte de sus amigos. Los comentaristas ponen con frecuencia de relieve la pérdida de influencia de nuestro país en el continente africano. En ocasiones es verdad, pero con la notable excepción de Ruanda, donde Francia ha vuelto a recuperar su sitio, su papel y su dignidad. No era posible seguir ignorando el sufrimiento y el sacrificio del pueblo ruandés. Hay más fuerza en el reconocimiento de nuestros errores que en el vano intento de disimularlos. Yo estaba convencido de que habíamos hecho lo correcto y de que la historia lo confirmaría.

Mi mayoría parlamentaria, sin embargo, mantuvo su resistencia más tiempo del que yo pensaba. Y por eso en 2011 Alain Juppé se negó —siendo ministro de Asuntos Exteriores— a recibir a su homólogo ruandés. Gérard Larcher, el presidente del Senado, explicó, durante el mismo año, que no tenía «mucho tiempo para recibir a ese señor Kagame». Añádanse las declaraciones del general Lafourcade —quien había comandado la operación Turquoise—, que afirmó sin matices que «recibir a Paul Kagame en el Elíseo era un insulto a los militares franceses». Desde entonces ha llovido mucho. Los historiadores han hecho su trabajo, han ido compartiendo entre ellos sus pareceres, contrastando sus elementos probatorios. Todo lo que yo dije en 2010 ha resultado ser exacto, sobre todo a la luz del informe Duclert. Ahí se aprecia la dificultad de la política. Tener razón demasiado pronto puede provocar no pocas complicaciones y cóleras, pero es de lejos preferible a perseverar demasiado tiempo en el error. Entre tanto, Alain Juppé reconoció que se había equivocado. Eso es algo que le honra.

*

* *

Tenía sentimientos encontrados mientras me dirigía al Palais-Royal. Debía hacerlo para hablar ante el Consejo Constitucional justo el día en que entraba en vigor la figura jurídica de la cuestión prioritaria de constitucionalidad. Me alegraba poder explicar en qué sentido aquella reforma iba a marcar un punto de inflexión en nuestro derecho en la medida en que reservaba a los ciudadanos la posibilidad de impugnar, ante el juez encargado de su litigio, la ley que se le aplica si estima que es contraria a los derechos y libertades garantizados por la Constitución. Había preparado mi intervención minuciosamente con mis colaboradores. Vaya desde aquí mi homenaje a uno de ellos, el tan modesto como brillante Édouard Crépey, tan inesperadamente fallecido hace dos años. Fue uno de los artífices en la sombra de esa reforma para mí tan valiosa; le debo mucho. Volviendo a aquella época, recuerdo perfectamente mi estado de ánimo. Me hacía gracia esa situación anómala que reunía a tres presidentes de la República en el mismo lugar, pues Valéry Giscard d'Estaing y Jacques Chirac eran miembros de derecho de aquella alta instancia. Tenía que movilizar, por el contrario, todas mis energías ante la idea de volver a ver a Jean-Louis Debré con motivo de un tema técnico tan complejo, del cual, como yo había tenido ocasión de constatar varias veces, aquel hombre no dominaba ningunos de los elementos constitutivos. De hecho era impresionante ver hasta qué punto aquello lo superaba. Por fortuna, el secretario general del Consejo suplía las lagunas de su presidente. Verdaderamente tuve que obligarme a dar la impresión de una mínima cortesía. Una vez más, me veía confrontado con mis dificultades para «disimular».

En la gran sala de recepción del Consejo Constitucional se apiñaban unos trescientos invitados. Se trataba en general de jueces y jefes de jurisdicción llegados de toda Francia. Ambos expresidentes estaban sentados en la primera fila, justo delante de mí. Valéry Giscard d'Estaing parecía impenetrable y concentrado. Sus ojos brillaban de inteligencia y crueldad. Yo era consciente de sus reservas sobre aquella figura jurídica de la cuestión prioritaria de constitucionalidad y lo sentía dispuesto a aprovechar cualquier despiste mío para señalar «la liviandad de todo esto». Era como si lo hubiera escuchado antes de que dijera una sola palabra. Jacques Chirac estaba más sonriente, afable como era propio de él, y afectaba una gran distancia con el asunto del día. (También es verdad que las cuestiones jurídicas siempre le aburrieron enormemente.) Manifestaba un desinterés soberano pero cordial. ¿Qué pensaría para sus adentros viéndome hablar en su lugar y teniendo que escucharme desde el papel de espectador mudo, él que había estado ejerciendo las responsabilidades del poder tan recientemente? ¡Aquello era cruel! El hecho inédito fue que Jean-Louis Debré se mostró amable. Me dio las gracias por aquella reforma que ampliaba el ámbito de atribuciones del Consejo Constitucional. Eso bastó para satisfacer su ego y que se estuviese tranquilo aquella tarde.

Estoy convencido de que ahora convendría dar un paso más allá y hacer del Consejo Constitucional un auténtico Tribunal Supremo situado en la cima de nuestras instituciones judiciales, esto es, por encima del Tribunal de Casación y del Consejo de Estado. En la reforma constitucional de 2008 no me atreví a dar dicho paso, que habría sido muy importante. El ambiente no era propicio. Desde el momento, sin embargo, en que se otorgaba al Consejo Constitucional un poder jurisdiccional, la continuación del proceso me parecía evidente, por más que entonces no lo dijera por razones políticas. El cambio que estaba proponiendo ya tenía la suficiente importancia.

Ha llegado el momento, así, de transformar el Consejo Constitucional, lo que comportará una reforma profunda de su composición y del modo de designación de sus miembros. Habrá que poner fin, concretamente, a la presencia de expresidentes de la República en su seno, inspirándose, en cambio, en el proceso de nombramiento de los magistrados del Tribunal Supremo de la democracia más grande del mundo: Estados Unidos. Es, en efecto, el presidente estadounidense quien elige a los mencionados jueces entre juristas profesionales y con la aprobación de una mayoría del Senado. Luego habría que reflexionar sobre la inamovilidad de dichos magistrados y sobre la duración de un mandato que podría ser de diez años. Hago, pues, un claro llamamiento a una reforma profunda de nuestra Constitución. La filosofía que habría de imbuir tal reforma no puede ser otra que la del restablecimiento de la primacía del sufragio universal. Este debería tener siempre la última palabra. Porque resulta que ese ha dejado de ser el caso. Y nuestras democracias no pueden seguir siendo unos regímenes de la impotencia en los que cada cual tiene la potestad de decir «No» y nadie dispone ya de la fuerza para imponer el «Sí». Resulta extraño constatar que al presidente de la República se le atribuyen todos los poderes pero estos, en la práctica, se están volviendo bastante virtuales. De ahí que yo crea necesario proceder a la supresión de cierto número de esos comités y comisiones que, supuestamente independientes, a la hora de la verdad no hablan sino en nombre de sí mismos. Y para el resto de comités y comisiones, que el poder político se responsabilice tanto de «repolitizar» los nombramientos de quienes los dirigen como de asumir que las personalidades escogidas compartan la visión estratégica y el proyecto del Gobierno. Es el único modo de contener —o aun de poner término— a una tecnocracia administrativa que ya no debe rendir cuentas a nadie y cuya única legitimidad reside en su supuesta solvencia técnica. Yo preferiría, en vista del cariz que han adquirido las cosas, un sistema en el cual sea el poder salido de las urnas el que designe a los correspondientes responsables con una hoja de ruta precisa. Sería lógico, por ejemplo, que el presidente de la Comisión de la Competencia ponga en práctica la política del Gobierno si este quiere privilegiar la constitución de grandes grupos europeos. Nuestra República ganaría mucho en transparencia, eficacia y representatividad. Sabríamos, al menos, quién es responsable de qué.

Siempre he sido partidario de un sistema transparente y asumido para los nombramientos de los altos responsables de las empresas y entidades públicas, así como para las autoridades administrativas. Eso garantiza que se implemente la política con base en la cual ha sido elegido el Gobierno que está en el poder, y en absoluto se trata de algo anecdótico. La sensación de impotencia que transmite el Gobierno en ejercicio es tan peligrosa como desesperante para cuantos creen —como es mi caso— en el voluntarismo, en la visión, en la ambición y, por consiguiente, en la política. En la época de titubeos, elusión de responsabilidades y depresión que estamos viviendo, solo los grandes proyectos tienen la capacidad de enderezar nuestra República. Uno de ellos es la reforma constitucional. La democracia francesa la necesita como agua de mayo y sin demora.

*
* *

El mes de marzo empezó con un huracán. Esta vez no se trataba de política, sino de fenómenos climáticos naturales. El ciclón Xynthia acababa de azotar con una furia destructora sin precedentes los departamentos de la Vandea y el Charente Marítimo. Los destrozos eran considerables; la conmoción, fortísima; el desconcierto, profundo. Y ya empezaban a avivarse las polémicas. Tuve que trasladarme al lugar sin dilación. Lo que allí vi en aquel día fue edificante y, a decir verdad, bastante aterrador.

Teníamos que lamentar cincuenta y tres personas fallecidas y cinco mil damnificados, lo que resultaba bastante inédito para ese tipo de sucesos. Hay que decir que la naturaleza se había desatado literalmente bajo la presión de un triple fenómeno. Hubo, para empezar, unos vientos violentísimos que alcanzaron los ciento sesenta kilómetros por hora; luego, unas mareas especialmente fuertes, y, por último, una borrasca que acentuó ulteriormente la subida de las aguas, resultando de tal combinación la destrucción de varios diques. Y así fue como el mar pudo penetrar en la tierra la distancia alucinante de dos kilómetros. Tuve ocasión de hablar cara a cara con una pareja que vivía en una casa de dos plantas situada a un kilómetro y medio de la costa. Tenían el dormitorio en la planta superior. De noche, hacia las tres de la madrugada —mientras dormían—, una ola los lanzó despedidos al jardín trasero de la casa. Yo me imaginaba su espanto mientras me referían su extraña desventura. La cuestión es que el mar se había aventurado hasta muy dentro de la tierra.

Una vez exhumados los archivos, comprendimos que, varios siglos antes, el mar se encontraba exactamente en el lugar de aquellas viviendas actuales. La vieja regla según la cual el mar siempre regresa adonde había estado inicialmente se había vuelto a verificar. Se trataba de una mera cuestión de tiempo, pero era ineluctable. La primera polémica tenía que ver con los diques. Ségolène Royal, entonces presidenta de la región de Poitou-Charentes, explicó que estos no eran «lo bastante altos y sólidos como para soportar tal embate». Aquello no era del todo inexacto, toda vez que aquellos diques databan de la época de Napoleón; pero la presidenta regional pasaba por alto el verdadero problema, a saber, el de las construcciones en terrenos que jamás habrían debido destinarse a tal fin. Como tantas otras veces, Philippe de Villiers, quien presidía el consejo departamental de la Vandea, supo enfocar debidamente el asunto antes que el resto. Manifestó su convencimiento de que no era «tanto un problema de los diques como de las construcciones junto al mar… Las normas no son lo bastante estrictas». Las opciones eran claras. De hecho solo había dos: o se construían unos diques cada vez más altos y resistentes o se construían viviendas más lejos de la costa. A partir de ese momento, fueron los representantes electos locales —y sobre todo los alcaldes— quienes hubieron de hacer frente a la jauría de los fiscales que siempre proliferan en tales momentos de crisis. Los acusaban, sin orden ni concierto, de no respetar las reglas del código de urbanismo, de haber cedido a intereses políticos e incluso, algunas veces, de ser corruptos, es decir, de lo primero que se les pasaba por la cabeza. Lo cual era bastante injusto, teniendo en cuenta el tamaño de muchos de aquellos diminutos municipios, que disponían de pocos medios con relación a la presión del precio de los bienes raíces, que había aumentado mucho. Decir siempre «No» ante la insistente demanda de unos votantes que querían transformar terrenos agrícolas en suelo destinado a vivienda era una misión bastante ardua. No todos lo habían sabido hacer. Era muy fácil tirarles ahora la primera piedra. Aquello era, también, olvidar la infatigable abnegación de que habían dado prueba al servicio de sus territorios. Defendiendo a aquel sector de representantes electos rurales —tan útil para insuflar vida a unos sitios muy necesitados de actividades—, anuncié, para que la presión mediática aflojara, que el Estado asumiría sus responsabilidades y que, por consiguiente, determinados vecinos no podrían volver a sus casas si estas se encontraban en zonas susceptibles de inundaciones peligrosas.

Cuando me marchaba del municipio de La Roche-sur-Yon, pensaba en lo plácida y serena que era la imagen de aquellos territorios en los que la naturaleza acababa de desatarse. Habían sido unos hechos imprevisibles, sorprendentes, y habían cogido con el pie cambiado a todo el mundo. Era la prueba de que las complicaciones jamás venían de donde uno se pensaba. La vida es demasiado traviesa como para poder reducirla a un cálculo de probabilidades. Volví a París hecho polvo tras aquel día tan largo. Es difícil encontrar el tono adecuado en esa clase de circunstancias. Si no hubiera ido, me habrían hecho violentos reproches (con razón); pero, si iba —como decidí hacer—, mis oponentes hablarían —y no cabía esperar otra cosa— de un intento de recuperación política, toda vez que estábamos a pocos días de la segunda vuelta de las elecciones regionales. (Alternativa satisfactoria no había.) Además tenía que estar atento a todos aquellos sufrimientos que iba viendo nacer un poco por todas partes. Algunos lo habían perdido todo: seres queridos, su casa, sus posesiones, su entorno vital. Yo debía encontrar palabras que apaciguasen y confortaran. Y por último, dado que la actualidad corría tan deprisa, tenía que dar respuestas tanto para el presente como para el futuro, y ello sin que el balance de la catástrofe estuviera fijado aún. Por no hablar de que por añadidura había que detener todo el resto de proyectos políticos en curso para presidir multitud de reuniones a fin de evitar que las cosas se estancaran en la ciénaga administrativa. Eran sesenta y dos los municipios que habían solicitado ser declarados «zona catastrófica». Las aseguradoras estimaban los daños materiales en mil quinientos millones de euros. El Elíseo se estaba convirtiendo en un lugar de gestión de crisis ininterrumpidas y de todo tipo. Yo tenía la sensación de que estábamos siempre con el agua al cuello, de que habíamos de estar incesantemente achicando, de que el futuro estaba siendo devorado por el presente. ¿Cómo mantener un rumbo político legible en semejantes condiciones? Tal era en ese momento preciso la madeja que yo debía desenredar.

*

* *

La primera vuelta de las elecciones regionales no trajo ninguna noticia buena; de hecho fue una pesadilla. Eso tendría que haber bastado para evidenciar que, contra lo que se deleitaron en decir mis detractores, por mi parte no había habido la menor estrategia electoralista cuando acudí a confortar a los franceses afectados por aquel ciclón. La abstención alcanzó un nivel sin precedentes de casi el 53 %. Jamás se había visto semejante desmovilización en elecciones regionales ningunas. Además, la izquierda obtuvo un buen resultado con el 31 % de los votos. La UMP (Unión por un Movimiento Popular) estaba decepcionada con su 27 %. Si comparo tales cifras con los resultados obtenidos por la formación desde 2012, dejan de antojárseme tan malas como entonces me parecían. El único motivo de satisfacción relativa era el resultado del Frente Nacional, encorralado en un 11 %. Habíamos logrado mantener a la mayor parte de nuestro electorado al margen de cualquier deriva extremista. En cuanto a François Bayrou —cuya estrategia agresiva contra mí no había dejado de intensificarse—, su 4 % de los votos lo condenaba a una modestia muy poco habitual. La noche de su derrota se contentó con declarar que él no iba a optar entre la izquierda y la mayoría parlamentaria. Es decir: otra vez prefería hacerle el juego a la izquierda. ¡Aquello estaba convirtiéndose en una costumbre!

Los comentaristas se mostraron unánimes en atribuirme la responsabilidad del fracaso de la mayoría parlamentaria. Aquello era previsible y, para mí, natural. Tampoco es que esperase ninguna benevolencia por su parte... No habría servido de nada refutar tal atribución o relativizarla. Solo que igual se precipitaban un poco al anunciar «el divorcio absoluto entre Nicolas Sarkozy y la opinión pública». Muchos tomaban sus deseos por realidades. La situación era, con todo, muy complicada. No pocos de mis ministros se hallaban en grandes apuros en el frente electoral. Además —y como siempre ocurre en tales situaciones—, la mayoría parlamentaria prefería dividirse, ajustar cuentas y criticarme en vez de cerrar filas. Una vez más, era algo tan humano como previsible. Cada cual salía, por tanto, con su análisis. Para unos era mi «giro a la izquierda» lo que se había sancionado. Para otros eran, por el contrario, «el debate sobre la identidad nacional» y mi «radicalidad de derechas» lo que se desaprobaba. Luego estaban los que decían que el problema era mi comportamiento personal. Los más severos opinaban que era «tanto la forma como el fondo» lo que no funcionaba. En definitiva: si bien cada uno tenía su propia lectura, todos apuntaban al mismo blanco.

Digamos que no fue el periodo más agradable de mi mandato. Para colmo, algunas camarillas habían difundido el rumor de que, apenas se celebraran las elecciones regionales, Carla y yo nos íbamos a divorciar. En aquello no había ni el principio del comienzo de la mínima realidad, pero la información se daba por buena. Ella y yo estábamos estupefactos ante la mentira, la maldad y la bajeza de semejantes chismes. Sea como sea, más de un decenio después sigue pendiente de confirmarse la «supuesta información»... Desde entonces ambos decidimos, por lo demás, no volver a dar crédito nunca a ninguna información que la prensa publicara sobre la vida privada de nadie. Los dos sabemos por experiencia que todo eso no tiene otro propósito que destruir. De manera que aquello me hacía seguir aprendiendo, incluso a mi edad, sobre la naturaleza humana. El hecho de que ahora se trate de «los demás» no convierte esas prácticas odiosas en algo más aceptable.

Yo no esperaba nada bueno de la segunda vuelta; sabía que, en el mejor de los casos, confirmaría los resultados de la primera y, en el peor, los acentuaría. Mi experiencia en elecciones no me permitía alimentar ninguna ilusión. Y efectivamente empezamos con dos regiones —Alsacia y Córcega— y terminamos con tres: la Guayana Francesa, Alsacia y La Reunión. No habíamos ganado ninguna en la Francia metropolitana. Aquello era decepcionante, mediocre y preocupante, aunque tampoco era el maremoto de descontento y repudio que la prensa no paraba de proclamar. Yo andaba lejos de considerar satisfactorios aquellos resultados, pero, releyendo los editoriales de la época, sigo quedándome perplejo ante la violencia de los comentarios. *Le Progrès* decía, por ejemplo: «La derrota es sarkozista, forzosamente sarkozista. Pues todo el país gira alrededor de su persona. El hiperpresidente se ha convertido en el hiperperdedor». Menos mal que los lioneses tienen fama de moderados. De lo contrario, no quiero imaginarme cómo habría sido aquel editorial... El periódico *Libération Champagne* se esmeraba más aún: «Esta vez, al autista del Elíseo le va a costar minimizar su derrota sangrante. Ha recibido un nuevo varapalo». Sigo sin saber cuál fue el primero.

Lo cierto era que todos, percibiéndome y deseándome debilitado, se sentían libres de soltar sus golpes. Era la regla de la política. No servía de nada quejarse. Había que mantener en primer lugar la sangre fría y volver luego a salir a la lucha. Conservar la calma en tales circunstancias era tan indispensable como complicado. La violencia de los acontecimientos y la brutalidad de los comentarios movían todos los linderos, modificaban todos los puntos de referencia, desestabilizaban todos mis apoyos. Nada habría sido peor que sobrerreaccionar o intentar oponerse al raudal en el momento. Tenía que desplegarme deprisa pero con discreción. No era sencillo, pues no tenía ganas de mostrarme o aparecer públicamente. Cuando se acaba de sufrir un fracaso, siempre es un problema someterse a la mirada del público. Se siente uno escrutado, examinado, radiografiado. Cada vez que alguien me decía «Buenos días», era como si me estuviese tomando la tensión. Como todos estaban febriles, yo tenía que mantenerme tranquilo. Aunque no me apeteciera en absoluto, decidí multiplicar las reuniones para que todo el mundo pudiera expresarse, presentarme sus quejas, sentirse escuchado. Empecé reuniéndome dos veces con el primer ministro, François Fillon. La prensa hablaba de violentas tensiones entre nosotros con base en sondeos que eran más favorables para él que para mí. Daba igual que se tratara de informaciones falsas. Tenían la capacidad de desestabilizarnos. François Fillon fue muy leal durante esa época. De hecho calificó de «manipulaciones» las noticias que hablaban de nuestras posibles divergencias. Xavier Bertrand, el secretario general de la UMP, se multiplicó para difundir el relato verídico. Fue muy útil.

Entonces se planteó la cuestión de la estrategia. Para mí, las cosas estaban claras. Nuestros electores no habían ido a votar. Había que movilizarlos, pues. Hice una primera declaración al salir del consejo de ministros posterior a la derrota de las elecciones regionales. Puse las cartas sobre la mesa: «Nada sería peor que cambiar de rumbo. Hay que seguir con las reformas. Voy a cumplir, por tanto, mis compromisos». Precisé incluso que la reforma de las pensiones «se pondría en marcha en un plazo de seis meses». La única concesión que me pareció útil fue la del impuesto sobre el carbono.

Deseaba que no se aplicara hasta que Europa adoptase una medida equivalente. Tendría que haber puesto aquella condición desde el principio. Fue un error que ahora intentaba compensar. Sabía bien que cuantos me pedían que hiciera una pausa en las reformas habrían sido los primeros en denunciar mi inmovilismo si les hubiera hecho caso. No tenía intención de convertirme en un blanco inmóvil para mis oponentes, facilitándoles así el tiro. Pero lo esencial era, como en tantas ocasiones, que no diera la impresión de que aquel fracaso me dejaba abatido. Tenía que servir, antes bien, para impulsarme, despertarme, llevarme más allá. Necesitaba encontrar reservas de energía para transmitírselas a todos los míos, muchos de los cuales estaban como groguis por los resultados tan decepcionantes de aquellas elecciones. Quien mejor lo entendió fue Gérard Carreyrou (en *France-Soir*): «Lejos de ceder a abatimiento alguno, Nicolas Sarkozy ha escuchado el mensaje popular y ha vuelto inmediatamente a tomar las riendas». Y así era, pero ¿qué otra cosa podía hacer? Apenas tenía elección. Como de costumbre, una parte de los observadores anunció, estremeciéndose y exagerando, mi giro a la derecha. Con todos aquellos giros que llevaban tanto tiempo atribuyéndome —y siempre en la misma dirección—, tendría que haber estado ya en la extrema derecha de la extrema derecha…

En aquella declaración posterior al consejo de ministros mencioné la lucha contra el absentismo escolar, el proyecto de ley sobre la prohibición del velo integral, las dificultades de los centros médicos de atención primaria y la defensa de la política agraria común de la Unión Europea… Todos esos temas se analizaron como propios de la derecha. Aquello era muy reduccionista, pues se trataba de preocupaciones que trascendían con mucho el ámbito de mi mayoría parlamentaria. Pero al menos tenía la virtud de suscitar una avalancha de análisis, predicciones y comentarios más o menos pertinentes. En aquel momento preciso entendí de verdad que en Francia había tantas estrategias políticas como seleccionadores nacionales de fútbol. (Y mira que admiro el trabajo de esta...) Era algo interesante de constatar y entretenido de interpretar. Pero tenía que mantenerme al margen de todo aquel guirigay si no quería perder definitivamente el norte. Las conjeturas brotaban de todas partes —contradictorias siempre— sobre qué me disponía a hacer y sobre qué debería hacer. Como resulta que —conforme a aquella ocurrencia de Jacques Chirac— «las jodiendas vuelan en escuadrilla», en medio de todo aquel lío tuve que llamar secamente al orden, además, a una de mis ministras, Chantal Jouanno, que se acababa de declarar «desesperada» por que abandonáramos la tasa de carbono. (Solo nos faltaba eso.) Pero es que además a Nathalie Kosciusko-Morizet, que siempre estaba ahí si hacía falta echar más leña al fuego, le pareció oportuno proclamar su «absoluta solidaridad» con su colega. Hube de convocarlas para señalarles que, si querían dimitir, por favor no les diese apuro, porque tenía un montón de candidaturas para sustituirlas. Observé que, puestas ante aquel dilema, sus convicciones se evaporaron instantáneamente.

Decidí por último recibir, una semana después de nuestra derrota, a todos los parlamentarios de la UMP para un debate a calzón quitado que prometía ser, cuando menos, «franco» y, más probablemente, «calentito». Es una especie de tradición. En la familia gaullista, todo líder digno de ese nombre debe asumir la derrota igual que la victoria. Dar la cara es la única postura aceptable tanto para los representantes electos como para los militantes. Los más virulentos o los más contrarios se inclinarán siempre y volverán a la fila con la condición expresa de que se les conceda ese momento de confrontación en el que cada cual tiene la impresión de subir al cuadrilátero y, por tanto, de existir. Se trata de algo más físico que intelectual, y eso sirve de catarsis. La prensa estaba ojo avizor. Hubo quien habló incluso de un «ambiente insurreccional». Se mascaba la tensión cuando entré en la gran sala de fiestas del Elíseo. Estaba abarrotada. Reinaba un ambiente volcánico. Empecé con unas palabras preliminares destinadas a explicar las razones de nuestro fracaso y a aflojar la presión. Identifiqué las tres principales dificultades a las que habíamos tenido que hacer frente. La primera residía en la combinación de, por una parte, un sistema de representación proporcional con lista de partidos, y, por otra, dos vueltas. Aquella era, en efecto, una singularidad que no nos había simplificado la labor. Francia era el único país del mundo que mezclaba el mencionado sistema de votación con las dos vueltas. Con las elecciones «triangulares» impuestas para la segunda vuelta por los resultados del Frente Nacional en la primera, aquello nos complicaba las cosas una barbaridad. De hecho, si hubiese habido una única vuelta y hubiésemos obtenido los mismos resultados, ¡habríamos ganado como mínimo en ocho regiones! La segunda dificultad era que tuvimos que afrontar aquellas elecciones cuando aún no habíamos terminado de salir de una crisis económica como el mundo no había conocido desde hacía cien años. Una tercera dificultad venía a agravar, por último, los desastres económicos: la crisis agrícola, que igualmente resultaba ser una crisis sin parangón. Todas las producciones, todos los sectores y todas las regiones habían debido afrontar una gran pérdida de ingresos. Lo menos que cabía decir era que el contexto con el que habíamos tenido que lidiar no era propicio.

A aquello se añadía un fenómeno muy francés: se señalaba al presidente de la República como el perdedor de aquellas elecciones regionales sin que hubiera tenido «derecho» a hacer campaña. En efecto: si yo hubiera multiplicado los mítines, toda la prensa habría estigmatizado la falta de neutralidad del Estado; ¡pero esa misma prensa no tenía empacho ninguno en afirmar que era a mí a quien los franceses habían querido claramente sancionar! Es decir: yo tenía derecho a padecer, pero no a actuar. Concluí mi preámbulo exponiendo el meollo de lo que pensaba. Mi análisis era que habíamos emprendido las suficientes reformas como para hacer «sufrir» o para «molestar» a multitud de franceses, pero sin haber logrado, en contrapartida, resultados lo bastante tangibles, puesto que estábamos aún en el tercero de los cinco años de mi mandato. Los parlamentarios me escuchaban con atención. Se habría oído el vuelo de una mosca. Yo notaba físicamente que los sentimientos belicosos del inicio de aquel encuentro se iban atenuando. Había empleado toda mi energía en «lavarles» la cabeza de todos los comentarios hostiles que les habían inoculado. Había expuesto mis sentimientos más íntimos. Ellos habían entendido que no íbamos a cambiar de rumbo, que yo iba a mantenerlo y que, por encima de todo, me hacía cargo de la situación sin recular ni un centímetro. En el fondo, aquello les infundía seguridad.

La primera pregunta que me hicieron se refería a la reforma de las pensiones, que empezaba a preocuparles seriamente. La respuesta era fácil: faltaban treinta mil millones de euros en las cuentas de la Seguridad Social. Marear la perdiz y esperar no era una opción, salvo que aceptásemos la bancarrota. Les anuncié, así, un texto de reforma de las jubilaciones para el mes de septiembre. No maquillé la dificultad de la tarea. Podíamos encontrarnos con que dos o tres millones de personas se echaran a la calle, pero, pasara lo que pasase, habría que aguantar.

La segunda pregunta era más personal. Una diputada me preguntaba cómo vivía yo ese «desamor» con los franceses y, sobre todo, cómo pensaba ponerle remedio. Aquello estaba bien visto y era útil. Me permitía dejar las cosas claras liquidando de una vez por todas aquella temática tan en boga. Como por reflejo, y probablemente porque la pregunta me había afectado, contesté con un interrogante: «¿Tú te has preguntado por qué yo soy el blanco de todos los ataques? ¿Tal vez sea porque nuestros adversarios han entendido que el punto fuerte del anclaje del país en la derecha es el presidente de la República y que, por eso, si lo debilitan o lo derriban a él, entonces tienen el problema inmediatamente arreglado?». Continué con una segunda pregunta: «¿Ha habido un solo presidente que haya sido popular a mitad de su mandato?». Concluí con esta fórmula: «Nuestros adversarios piensan que yo soy el patrón. Por eso me las llevo todas». Pero yo no tenía intención de esconderme. Les exhorté a prestar menos atención a los sondeos, que eran efímeros, y más al balance de nuestra actuación, que estaba destinado a perdurar. Yo solamente conocía una estrategia que funcionaba: estar unidos, ser reactivos, mostrar determinación. Sentí, en un instante, que la sala levantaba la cabeza, que los parlamentarios recobraban su energía. Me daba cuenta de que todos se estaban diciendo: «¿Y si tiene razón?». Había vuelto a hacerme con las riendas. La ofensiva era, sin lugar a dudas, la mejor respuesta.

La tercera pregunta la hacía el diputado —y alcalde de Maisons-Laffitte— Jacques Myard, quien siempre se había opuesto al tope impositivo. Es un hombre bajito, de cara llena, dado a pegar voces y proclive a la crítica, pero siempre leal e incluso sentimental. A mí me caía muy bien y yo sabía que, en última instancia, podría contar siempre con él. (Lo cual era algo muy valioso.) Le dije por enésima vez que sería un error ir adonde todos nuestros oponentes querían que fuéramos. A mí me habían elegido con el planteamiento de que nadie pagaría al Estado más de la mitad de sus ingresos. Estaba decidido a seguir en esa línea, pues me parecía tanto justa con relación al «trabajo» —que merecía estar mejor recompensado— como eficaz desde la perspectiva de la competitividad de Francia.

La cuarta pregunta fue sobre la «dichosa apertura». Aquello era la prueba de que había libertad de palabra y cada cual podía expresar lo que realmente pensara. En respuesta traté de hacer reflexionar a mis interlocutores sobre qué era Francia y sobre qué hacía a nuestro país tan diferente de Estados Unidos, Inglaterra o Alemania. Para mí, estaba claro que Francia tenía una tradición de violencia y de atracción por los enfrentamientos ideológicos sin parangón en el mundo. En nuestro país todo, absolutamente todo, es susceptible de provocar un fogonazo con una rapidez apabullante. Les recordé el editorial de Pierre Viansson-Ponté del 15 de marzo de 1968 en *Le Monde:* «Quand la France s'ennuie…» [«Cuando Francia se aburre…»]. Pocas semanas después la nación estaba en llamas. Probablemente la apertura no nos hiciese ganar un solo voto, pero calmaba al país. Esa era su mayor virtud. Añadí que era curioso que se me reprochara que nombrara a personalidades de la izquierda cuando el presidente de la República, el primer ministro, los presidentes de la Asamblea y del Senado, veintinueve ministros…, eran todos de los nuestros. Así que sería de agradecer un poco de mesura…

A partir de ese momento, cuantos tomaron la palabra llamaron a cerrar filas en torno a mí; algunos querían incluso que me presentara ya, sin mayor dilación, para 2012. Así funciona la familia gaullista: somos sentimentales, excesivos, buscapleitos, idealistas… No era el partido más fácil de dirigir, pero era el más interesante, porque allí siempre estaba pasando algo. Era también el partido más reactivo, porque bastaba poco para que sus miembros de repente volvieran a la lucha con un entusiasmo sincero. Seguramente fuese la familia política en la cual los sentimientos de camaradería ocupaban el lugar más importante.

Los gaullistas raramente son cínicos. Podían pasar sin transición de la exasperación más fuerte a la amistad más calurosa. Por eso me gusta tanto esta familia, de la que me siento cerca. De hecho reconozco en mí mismo el estilo de sus miembros. Aquella tarde logré invertir la tendencia. Les sentó bien mi compromiso absoluto. Pero ellos me dieron a mí otro tanto. Yo también salí de allí robustecido. Así funcionábamos. Habíamos conseguido pasar página de aquellas elecciones regionales.

*

* *

Decidí responder afirmativamente a la invitación de la prestigiosa universidad estadounidense de Columbia. Aprovechábamos una invitación de los Obama a Washington para hacer aquella visita a Nueva York. Yo tuve una reunión de trabajo y luego cenamos con el matrimonio presidencial en su vivienda oficial de la Casa Blanca. Era la primera vez que entraba allí. Me alegraba descubrir el entorno de la vida íntima de los presidentes de Estados Unidos. Había un guardia armado detrás de cada puerta. Deduje que no debía de ser fácil mantener cierta intimidad familiar. Barack Obama me fue enseñando el lugar, concretamente las habitaciones de sus hijas, que estaban acabando los deberes que les habían puesto en el colegio para el día siguiente. Era una vivienda cómoda, típicamente estadounidense y, por ello, sin ese encanto de los edificios que tienen siglos de historia a sus espaldas. Sin ostentación y sin personalidad. De hecho me cuesta recordar algún detalle concreto. La velada había sido simpática. Carla y Michelle la terminaron acodadas en el balcón de la Casa Blanca al caer la noche.

Al día siguiente fuimos a Nueva York para encontrarnos con los jóvenes estudiantes estadounidenses. El pensamiento *woke* no había hecho aún los estropicios que conocemos hoy. Yo estaba muy contento de disponer de aquella oportunidad de tener contacto con la juventud transatlántica. Puede que también hubiese en ello un deseo de expresar un ego nacional herido ante la fascinación que el presidente estadounidense suscitaba en los jóvenes europeos cuando iba a nuestro continente. Que una de las universidades más prestigiosas de Estados Unidos organizara aquel encuentro era una forma de mostrar que Francia aún existía. Tal vez parezca fuera de lugar, o ingenuo, pero yo pensaba que había que reequilibrar los intercambios culturales y políticos entre ambos países. No podía ser que todo viniera de Estados Unidos y nunca nada del viejo continente europeo, que, al menos en mi opinión, tantas cosas tenía todavía que decir… Aquello era también una oportunidad de hablar al pueblo estadounidense y hacerle entender que podía contar con nosotros, pero que tenía que aceptar que no estuviésemos de acuerdo en todo. Pensaba en la visión que nosotros teníamos de un capitalismo regulado en el que no cualquier operación financiera había de aceptarse sin más condiciones, y donde la libertad debía estar dentro de un marco regulador para preservar los requisitos de una competencia equitativa. Se trataba, por último, de un modo de hacerles comprender que en el siglo XXI un país, por muy poderoso que fuera, no podía dirigir el planeta él solo. El mundo se había vuelto multipolar. Ellos eran los primeros que tenían que aceptar aquella nueva realidad, precisamente porque eran los más poderosos. Era necesario, por tanto, dar muestras de creatividad para inventar las respuestas a los desafíos de nuestra época. Para mí, las cosas estaban claras. Si Europa y Estados Unidos no lo hacían, nadie lo haría en su lugar. El primer ejemplo que tenía en mente era el de la regulación del precio de las materias primas. En menos de dos años, el coste del barril de petróleo había pasado de treinta a ciento cincuenta dólares. Aquello no era solo una cuestión de precio de mercado, sino sobre todo un asunto de especulación. La cual resulta que se había vuelto delirante cuando se trataba de materias primas.

Me enteré de que el premio Nobel de economía Joseph Stiglitz quería asistir a aquel encuentro con los alumnos que yo debía moderar. El hombre era profesor en Columbia y su presencia me halagaba. Así lo sentía yo sobre todo porque me habían apasionado sus trabajos sobre los «nuevos criterios» que habían de permitir medir el crecimiento y la riqueza de las naciones. Joseph Stiglitz ya no quería conformarse con mediciones únicamente cuantitativas. Él quería integrar criterios cualitativos como el bienestar, la educación o el respeto al medio ambiente.

Con todo, no era un reto pequeño el de defender, ante los alumnos de una prestigiosa universidad estadounidense, la idea de que era la ausencia de reglas lo que amenazaba con liquidar la libertad, y de que esta no podía prosperar sin un mínimo de regulación. La primera pregunta que me plantearon me sorprendió, porque mi interlocutor quiso saber qué admiraba yo más de las universidades estadounidenses y que me gustaría, por consiguiente, «importar» a Francia. El tema era de alto riesgo, teniendo en cuenta las polémicas y las manifestaciones que apenas habíamos dejado atrás a propósito de la ley para la autonomía de las universidades francesas. Contesté que era precisamente la amplitud de la autonomía de que gozaban las universidades estadounidenses lo que me había inspirado. Tomé el ejemplo del consejo de administración de Columbia, que había sido compuesto y elegido exclusivamente por la propia universidad e incluía a más responsables de empresas que docentes. Aquello era realmente un modelo en el que nos podíamos inspirar. Lo segundo que me había llamado la atención había sido tanto lo grandes como lo modernos que eran los campus estadounidenses. Verdaderamente en ningún otro lugar había unas instalaciones tan modernas, abiertas y bien mantenidas (tanto deportivas como culturales). A nosotros la comparación nos dejaba bastante mal parados, ¡con esos locales siniestros, a menudo degradados, cubiertos de pintadas y grafitis y con unas instalaciones deportivas antediluvianas! Había sido, pues, con el ejemplo estadounidense en mente como yo había decidido lanzar un ambicioso Plan Campus. Nuestro atraso en aquel terreno era impresionante.

Tras la trampa política francesa, fue el turno de la trampa política estadounidense, ya que un alumno me preguntó que qué pensaba yo del *Obamacare*. El presidente estadounidense había querido, con razón, que todos los ciudadanos de su país dispusieran de una cobertura médica mínima, cosa que en Francia parecía una obviedad pero que en Estados Unidos había provocado una nutrida y virulenta oposición. Me sentí obligado a expresar mi admiración hacia Barack Obama por haber logrado sacar adelante tal reforma. Puse de relieve, sin embargo, que este acababa de adoptar un sistema de seguro público que en Francia llevaba implantado más de sesenta años y para satisfacción general. De manera que no en todos los terrenos íbamos atrasados…

Un tercer alumno me preguntó por Europa, aclarando que nadie en su país entendía cómo funcionaba aquello o, de hecho, si funcionaba. No tuve ningún problema en contestarle que sí, que a nosotros también nos irritaban sus lentitudes, sus complejidades, sus puntos débiles. Pero igualmente señalé el prodigio que representaba aquella organización sin parangón en el mundo, puesto que había sabido federar a veintisiete países distintos, los cuales, para colmo, habían estado en guerra entre ellos durante varios siglos. Probablemente a ellos, desde su perspectiva estadounidense, les costara calibrar el milagro que eso suponía y hasta qué punto nosotros teníamos un apego visceral al proyecto. Por último me preguntaron por la futura gobernanza mundial y por cómo podríamos enfocarla. Dieron muestras visibles de adhesión cuando afirmé que ya no parecía pertinente una plantilla interpretativa en términos de vencedores y vencidos de la Segunda Guerra Mundial. Abogué por integrar en el meollo de la futura gobernanza multilateral a Japón y a Alemania, pero también a África y a América del Sur.

Aquel día en Estados Unidos sentí realmente la verdad de ese dicho de que «Nadie es profeta en su tierra». Lo cual explica, por otra parte, la querencia de todos los presidentes de la República por la esfera internacional. Justo cuando en mi propio país me escarnecían tras la derrota de las elecciones regionales, acababa de estar hablando dos horas con unos estudiantes estadounidenses y sus profesores. En Francia me habría costado encontrar una universidad que me recibiera en un ambiente tan tranquilo, atento y benévolo. Iba a tener que guardarme de tal confort engañoso y del riesgo de perder el contacto con la realidad de la Francia metropolitana. No era el primer presidente que sucumbía a los cantos de sirena del ámbito internacional, ni por supuesto sería el último. El presidente Emmanuel Macron da muestras —y decir esto no es hacerle agravio— de la misma querencia por lo que Jacques Chirac llamaba *les étranges affaires* [los extraños asuntos]. ¡Comprendo mejor, viéndole a él hoy, lo que me sucedía a mí ayer!

Durante aquel breve viaje, tuvimos una tarde libre en Washington. Aprovechamos para probar uno de los restaurantes preferidos de Barack Obama; él mismo nos lo había recomendado vivamente. Era el Ben's Chili Bowl, cuya especialidad eran los *half-smokes,* que básicamente son perritos calientes. El presidente estadounidense verdaderamente se relamía solo de pensar en aquel «lugar bendito». Aquel día pude constatar que no teníamos los mismos gustos culinarios. Estaba bueno, pero era grasiento y pesado a más no poder. Con tal régimen alimenticio, entiendo mejor los problemas de obesidad de tantos compatriotas suyos. En Estados Unidos, hasta una simple ensalada engorda.

La capital estadounidense era mucho más verde de lo que yo recordaba. Los numerosos lagos eran imponentes. Otro tanto la arquitectura de estilo inglés. Mirando a los transeúntes desde el coche que me transportaba, constataba que la población de color y la población blanca parecían formar parte de dos mundos que coexistían sin verdaderamente convivir. Yo veía en aquello el efecto del comunitarismo angloestadounidense, tan alejado de las reglas de nuestra República. Tuve el sentimiento de que, desde ese punto de vista, el foso que separaba a la sociedad estadounidense de sus homólogas europeas se iba haciendo mayor. La influencia del activismo *woke* estaba empezando ya a percibirse. Desde entonces la situación se ha degradado mucho. Las universidades estadounidenses se han convertido en caricaturas de lo que eran. Seleccionan a sus alumnos únicamente por criterios raciales, religiosos o sexuales. El pensamiento único se ha hecho allí dueño y señor. En su notable obra *La Révolution racialiste et autres virus idéologiques* [La Revolución racialista y otros virus ideológicos], el intelectual canadiense Mathieu Bock-Côté utiliza una expresión fuerte: «Los campus estadounidenses son como manicomios a cielo abierto». Es una frase cruel, pero, mirándolos de cerca, cuesta no compartir su opinión. Reconozco que, cuando era más joven, estaba fascinado por Estados Unidos. Me encantaban sus espacios inmensos, su dinamismo económico, su inventiva cultural, su forma de vida. Nueva York me seducía hasta el extremo de que iba varias veces al año... Era, en no pocos aspectos, una referencia. Yo no era el único de mi generación que albergaba aquellos sentimientos. Todos, o casi, teníamos este tropismo estadounidense. Probablemente fuésemos ingenuos, pero Estados Unidos nos hacía soñar.

Yo tenía la suerte de contar con un guía de excepción en la persona de Jean-Michel Goudard. Fue uno de los raros franceses de aquella generación que logró saltar el charco: dirigía, desde Nueva York, la oficina internacional de la agencia de publicidad francesa RSCG, tras lo cual pasó a estar al frente de la famosa empresa estadounidense del mismo sector BBDO. Tenía en Nueva York un piso que me prestaba cada vez que yo se lo pedía. Jamás dejaba de llevarme a conocer el último restaurante de moda o a algún directivo empresarial que le hubiera cautivado. Luego íbamos a correr a Central Park hiciera el tiempo que hiciese. Pienso con nostalgia en este querido amigo, que nos abandonó hace ahora cuatro años y que me ha dejado un gran vacío. Hay todavía en el mundo muchísimos países que no conozco. Por eso ahora les doy preferencia y prescindo, en general, de unos Estados Unidos a los que todo debería acercarnos pero que no dejan de alejarse. Del mismo modo que mengua la influencia de Occidente en el mundo.

*

* *

Una catástrofe aérea inauguraba siniestramente aquel mes de abril. El presidente polaco Lech Kaczyński había muerto al estrellarse el Tupolev presidencial. El hombre iba de visita oficial al oeste de Rusia para conmemorar le masacre de Katin, donde veinte mil oficiales polacos habían sido asesinados por la policía secreta soviética. Durante décadas, aquella tragedia se había ocultado. Se trataba de un gran día para el nacionalista Kaczyński. Lo acompañaban su esposa y numerosas familias de víctimas de aquella masacre odiosa. Aquel era, por tanto, el momento en que esperaban recogerse en conmemoración de sus mártires, a los que había golpeado el destino. Misteriosa coincidencia y dramática conclusión. Yo había pasado muchas horas con aquel interlocutor intratable, negociando en 2007 el contenido del futuro acuerdo de Lisboa. Las discusiones eran complicadas, pues él solo hablaba polaco; no sabía una palabra de inglés. Su universo empezaba con Polonia y terminaba con ella. No tenía ni tarjeta bancaria ni talonario de cheques. Se había quedado en su época, que no era la nuestra. No decidía nada sin recibir el beneplácito de su hermano gemelo, al que consultaba a cada instante y que ejercía las funciones de primer ministro. Extraña situación que había puesto a dos hermanos a la cabeza de un país de casi cuarenta millones de habitantes. Todas aquellas particularidades no impedían al hombre ser simpático y bastante vividor.

El día de la conmemoración hacía un tiempo horroroso, con una niebla que se habría podido cortar con un cuchillo. El momento del aterrizaje fue muy delicado. El avión chocó contra un árbol con una de las alas mientras se acercaba al suelo. ¿Qué había pasado realmente? Se decía que el piloto no quería aterrizar porque la visibilidad era demasiado mala. El presidente dijo, según parece, que de eso nada. Las repercusiones políticas de una anulación habrían sido demasiado graves dado el carácter sumamente «simbólico» de la conmemoración. De manera que habría ordenado efectuar un aterrizaje forzoso y en tales circunstancias se habría producido la tragedia. Sentí una sincera tristeza ante aquella noticia, por más que yo jamás hubiera tenido la idea absurda de obligar al piloto del avión gubernamental a hacer algo de lo que el hombre no se sintiera capaz. Si aquello era cierto, entonces realmente había asumido todos los riesgos y lo había pagado. Aquel suceso era insólito, sorprendente, desolador.

A algunos, sin embargo, les pareció que estaba bien tomarlo a guasa. El «humorista» de France Inter Stéphane Guillon echó mano de aquella historia en su crónica matutina para hacer un editorial contra mí. Me había convertido en su obsesión. Yo sabía que él era un adversario declarado. Desconocía que careciera hasta ese extremo de sensibilidad y de finura. No olvidemos que aquello lo hacía en una radio pública francesa y con cargo a los impuestos de los franceses. La cuestión es que el supuesto humorista había tenido un sueño delicioso aquella noche, el sueño de verme a mí «en el lugar del presidente polaco que se ha matado en el avión». Y no se detenía ahí, sino que se mofaba de la actitud de Carla durante los funerales de su marido, confortada «por sus dos primeras esposas». En fin: una elegancia perfecta. He aquí en qué se había convertido un servicio público que supuestamente había de hablar a todos los franceses y atenerse a una neutralidad de buena ley. Soñar con la muerte del presidente de la República era, pues, la nueva norma. Huelga aclarar que no me sentí obligado a derramar ni media lágrima de cocodrilo cuando Jean-Luc Hees decidió, al año siguiente, devolver a aquel lamentable sujeto a sus ocupaciones políticas y partidistas. Lo más gracioso es que si a mí se me hubiera pasado por la cabeza manifestar la más mínima crítica hacia él, Stéphane Guillon no habría dejado de protestar vivamente en nombre de la democracia ofendida. Su susceptibilidad por sí mismo era directamente proporcional al descomedimiento que ejercía tratándose de los otros. Señales como aquella indican el estado de descomposición de una sociedad.

*
*   *

Recibía en el Elíseo a un interlocutor recio: Recep Tayyip Erdoğan, jefe del Gobierno turco. Había un serio contencioso entre nosotros, porque él me consideraba —con razón— el primer oponente a la entrada de su país en la Unión Europea. Yo no podía tomárselo a mal: era exactamente así. Jamás oculté aquella oposición y la recordé públicamente en múltiples ocasiones. Mi deseo era, a pesar de todo, mantener con aquel país inmenso unas buenas relaciones, profundizando incluso en las posibilidades de un vínculo franco y privilegiado. Aquel era nuestro primer encuentro en sentido propio. Mi interlocutor no se dejaba desanimar por tan poca cosa: declaró que no había perdido la esperanza de hacerme cambiar de idea a propósito de su país y Europa, ¡lo que representaba un objetivo verdaderamente ambicioso!

Erdoğan sabía lo que quería y no dudaba en decirlo claramente. Aquel aspecto de su personalidad no me resultaba desagradable. (Antes al contrario, pues yo siempre he apreciado la franqueza.) No tardé en entender, sin embargo, que esta podía llevar aparejada cierta brusquedad o, incluso, una tendencia a la amenaza. Era un hombre inteligente, trabajador, hábil y que no tenía ni dudas ni complejos. El límite de sus evidentes cualidades residía en que estaba dispuesto a cualquier cosa para alcanzar sus objetivos. Dicho brevemente: nada lo detenía y nada le parecía imposible a poco que sirviera a sus intereses o a lo que él creía que eran sus intereses. La conversación era difícil, pues el hombre siempre intentaba vencer dejándole fuera de combate.

La comida duró un buen rato. Era interesante ver en acción, sin contención ninguna, a aquel representante de un islamismo conquistador y orgulloso. Otra gran desavenencia que teníamos era, en efecto, la cuestión armenia y el reconocimiento del genocidio armenio de comienzos del siglo XX. Aquel asunto —que, desde un punto de vista meramente histórico, tan evidente resultaba— en el ámbito turco era motivo de unos debates histéricos. La simple petición de que reconocieran aquellos horrores cometidos un siglo antes se vivía allí como una afrenta al conjunto de la nación. No había argumentos aceptables o, por lo menos, comprensibles. (Para mí se trataba de un extremo innegociable.) En aquel encuentro tuve ocasión de constatar un tercer punto de desacuerdo a propósito de Israel. Erdoğan era muy excesivo. En aquel momento preciso me di cuenta de la intensidad del proceso de radicalización en el que andaba sumido. Y resulta que aquello solo era el inicio... Sus ataques contra Israel eran de una gran virulencia. Calificó al Estado judío de «principal amenaza para la paz del mundo». Yo estaba atónito ante su parcialidad y su absoluto compromiso a favor de los palestinos. Aquello era algo nuevo en él y marcaba una nueva etapa en su endurecimiento ideológico. Ni siquiera en lo referente a Europa se resignaba a mantener un perfil bajo: reivindicaba con sumo énfasis, antes bien, la legitimidad de la candidatura de su país. ¡Llegó a afirmar públicamente que Turquía satisfacía muchos más criterios que algunos de los veintisiete Estados actuales! Yo no sabía si él creía sinceramente en aquellos argumentos o simplemente intentaba provocar. Me costaba contenerme: su arrogancia me dejaba de verdad estupefacto. Podía imaginármelo —menuda pesadilla— en la reunión del Consejo Europeo representando al país más poblado de la Unión. Pensaba en las incomprensiones, en el riesgo de malentendidos, en las diferencias culturales y políticas inmensas entre él y el resto de jefes de Estado europeos. ¿A quién se le ocurría pensar en serio que aquello pudiera funcionar? Realmente era una cuestión de puro sentido común. Tras aquella visita me sentí reafirmado en mi idea inicial de rechazar la posibilidad de una adhesión de Turquía.

Pero lo peor llegó con el asunto del burka. Erdoğan me explicó, con un descaro infinito y un aplomo impresionante, que «le costaba entender el debate francés sobre el velo islámico integral». Llegó hasta el punto de presentarse como el exégeta de la laicidad: «En un sistema laico, cada cual debe poder vivir sus propias creencias». Le contesté señalando que encerrar a las mujeres en una «cárcel de tela» no encajaba en el concepto de libertad femenina que nosotros teníamos. (Por no hablar de todas las desdichadas que se veían obligadas a vestirse así bajo la presión del marido, de la familia o incluso la coacción social del barrio.) Puse de relieve que se trataba de nuestros valores y de nuestros principios; que eran, en consecuencia, los que habían llegado en último lugar a Francia quienes debían adaptarse a los usos y costumbres del país que los recibía. Aquello no le convencía en absoluto. La incomprensión era total.

Incluso con la mejor voluntad del mundo nos habría costado horrores encontrar un solo tema en el que coincidiéramos por completo, pero es que nuestro trato fue recio incluso en términos de forma. Anduvo lejos, en cualquier caso, de las apacibles maneras de la diplomacia. Nos devolvíamos cada golpe. Nadie quería, ni a un lado ni a otro de la mesa, ceder un ápice. Los diplomáticos que me rodeaban estaban aterrorizados. Rara vez me había visto yo ante semejante nivel de discrepancia. Pero aquello no tenía nada que ver con la antipatía. Yo no experimentaba, por lo demás, tal sentimiento; antes al contrario. Era algo más grave aún: estábamos en desacuerdo sobre absolutamente todo. Yo empezaba a preguntarme, de hecho, qué íbamos a poder decir en el comunicado de prensa que había de seguir a aquella comida.

Fue en ese instante cuando Erdoğan de repente me invitó nada menos que a visitar su país para continuar nuestras conversaciones. Una vez más, me pregunté si aquello era una trampa o respondía a una auténtica voluntad de diálogo. Acepté, sin embargo, la propuesta de visita por considerar que sería más honesto afrontar aquellos desacuerdos de fondo yendo a Ankara y explicándole los motivos de mi rechazo a la opinión pública turca que quedarme tranquilamente en mi «palacio». Albergaba la íntima esperanza de que los turcos apreciaran, a fin de cuentas, tal valentía o tal franqueza. No me hacía muchas ilusiones dada la dificultad de aquella visita, pero ya tendría tiempo de ir tomando las decisiones oportunas cuando estuviera entre la espada y la pared.

*

* *

La maniobra para recuperar la calma en las filas de la mayoría parlamentaria dio frutos solamente durante unos días. Las tensiones seguían ahí. Cualquier cosa servía para acentuar las divisiones. Para unos se trataba del tope impositivo, contra el cual despotricaba concretamente Alain Juppé, quien abogaba por que yo pidiera «a los muy ricos un esfuerzo de solidaridad adicional». Yo me oponía, pues sabía demasiado bien cuánto le habían costado a la derecha las constantes subidas de impuestos y de gravámenes cuando él desempeñaba las funciones de primer ministro. Para otros era en la reducción del número de funcionarios donde radicaba el problema. Otros decían que no, que la clave estaba en el velo integral. Bernard Accoyer, entonces presidente de la Asamblea Nacional, me instaba a «ser muy prudente» y argüía que había «prioridades más urgentes». (Como si no pudieran hacerse dos cosas a la vez.) Por último, todos mis adversarios «históricos internos» lanzaban ataques más o menos velados sobre mi estilo presidencial, que los sacaba de quicio. Jean-Pierre Raffarin lo hacía con bastante habilidad y astucia. En ese ámbito le tengo que reconocer la destreza propia de un orfebre. Proclamó que nos hallábamos ni más ni menos que «en un callejón sin salida institucional con esa República del liderazgo» que yo había instituido. Fue más lejos, pues según su teoría aquella práctica era «muy distinta de la tradicional de la Quinta República francesa». ¡Probablemente estimara que De Gaulle, Pompidou, Mitterrand y Chirac tenían un «liderazgo» menor que el mío! El razonamiento era muy pobre, pero era la conclusión lo que importaba: el hombre exigía que se planteara «una cuestión de confianza». Dominique de Villepin se agitaba en su legítima esperanza de un desquite, hasta el punto de que me echó encima al senador Lambert, quien proclamó: «Nicolas Sarkozy ya no es capaz de conseguir imponer nuestras ideas». El ambiente era de nuevo execrable.

Era interesante ver cómo, a partir de una derrota real en las elecciones regionales, nos estábamos precipitando en un torbellino negativo que nosotros mismos nos encargábamos de alimentar. Ahora todos trabajaban eficazmente al servicio nada menos que de… la oposición, a pesar de que nadie terminara de darse cuenta. Por fortuna, un sondeo cuyo objetivo era complicarme un poco más la labor me ayudó, por el contrario, a calmar provisionalmente los ánimos. La empresa Ipsos había puesto a prueba a todos los candidatos potenciales de la derecha para las siguientes elecciones presidenciales. Resultó, inesperadamente, que el 72 % de nuestros votantes creía que yo seguía siendo el mejor candidato. A mí aquello se me antojaba de una fidelidad y una valentía inquebrantables, puesto que habían sabido resistir al torrente constante de críticas y ataques variopintos. Me sentía tan en deuda con ellos que los habría «abrazado» uno a uno, de haber podido.

Era difícil, así y todo, quedar bien en semejante atmósfera, en la que todo podía interpretarse negativamente. Cada vez era más difícil mantener el buen ánimo, sonreír, hallar el gusto al desempeño de la labor cotidiana, conservar la esperanza en éxitos futuros o encontrar reservas de energía para poner en marcha una vez más la máquina. Aquello me resultaba mentalmente agotador. Había días especialmente pesados, en los que las ganas de mandar todo a paseo se hacían más fuertes; pero yo no tenía derecho a hacer eso. Menos mal que mi familia estaba ahí; Carla y los niños fueron un apoyo valiosísimo. A partir de aquel sondeo de Ipsos, las cosas se calmaron un poco. Hubo incluso una nota de la AFP (Agence France-Presse) que se preguntaba: «¿A lo mejor se trataba solamente de un malestar pasajero?». Teniendo en cuenta el ambiente de entonces, aquello era prácticamente un cumplido. No me quedaba otra que contentarme con poco, pero ese poco ya era mucho.

También iban perdiendo el norte y la calma paulatinamente algunos de mis colaboradores. Tal vez fuera por el cansancio, por el desgaste, por la desconexión con la realidad o incluso por ese fenómeno del «engreimiento» tan común entre quienes trabajan en el Elíseo. La cuestión es que tuve que intervenir con autoridad, e incluso de manera un poco brusca. El problema se produjo en el seno de la decena aproximada de mis colaboradores más cercanos, quienes cada mañana se reunían a las 08:30 h en el despacho del secretario general de la Presidencia, Claude Guéant. Eran concretamente catorce los que ultimaban el plan de trabajo del día. Algunos de los asistentes a aquellas reuniones se habían puesto a contar a la prensa lo que allí sucedía, atribuyéndose naturalmente el mejor papel y sin olvidarse de arremeter contra sus vecinos. Las filtraciones eran cada vez más numerosas y me creaban, en cada ocasión, dificultades nuevas. Había que poner fin a aquello. Es una debilidad tradicional de los políticos —yo mismo había sucumbido a ella unas cuantas veces— pensar que, si uno proporciona informaciones a los medios de comunicación, estos le van a estar agradecidos. Es un comportamiento, en efecto, de una ingenuidad tremenda, pues semejante proceder suscita, entre los periodistas, más desprecio que consideración. Imaginar, por lo demás, que se puede creer sin reservas en un periodista o simplemente hablar en confianza con él es un error que jamás tarda en recibir su castigo.

Empezaban a cuestionar la autoridad del secretario general Claude Guéant. Henri Guaino se creía destinado a los más altos menesteres y no aceptaba que nadie lo contradijera; Pierre Charon, a quien yo quería mucho, se desvivía por ayudarme, pero no siempre con tino; a Catherine Pégard le costaba cada vez más encontrar su sitio. La prensa hacía su agosto —legítimamente— con todas aquellas disputas de egos. Me tocaba sacar el silbato y pitar sin mayor dilación el final del recreo. El asunto ya duraba demasiado. Yo estaba exasperado y era, al mismo tiempo, responsable. Los había elegido a todos por sus grandes cualidades, pero les había dejado demasiada libertad. Ahora estaba pagando el precio. Suprimí, así las cosas, aquella reunión matutina y me planteé por vez primera sustituir al secretario general Claude Guéant, en quien sin embargo tenía una gran confianza. Yo pensaba que podía aguantar con el mismo equipo durante los cinco años de mi mandato, pero estaba equivocado. El poder desgasta, también a los asesores. Necesitaba sangre nueva.

Hube de hacer frente a otra polémica, esta vez relativa a la publicidad en los canales de France Télévisions y a la renovación de su presidente, Patrick de Carolis. Tenía mucho interés en llevar a buen término aquella reforma, que me parecía indispensable para liberar al servicio público de la tiranía de la audiencia, ya que esta determinaba los flujos de publicidad. Yo quería que el servicio público tuviera una identidad más diferenciada frente a los canales privados. Siempre me respondían que era imposible ir en esa dirección porque implicaría perder demasiados ingresos publicitarios. A mí me parecía que, suprimiendo dichos ingresos y compensándolos hasta el último céntimo, se arreglaba el problema. Veía aquello muy claro. Y a ese argumento ya de por sí bastante convincente se añadía la exasperación creciente que yo sentía al ver obras cinematográficas cortadas dos o tres veces por pausas publicitarias. En ocasiones me había quedado estupefacto viendo la televisión estadounidense, cuyas interrupciones eran constantes. No quería que nosotros siguiéramos aquel camino odioso.

Los creadores, los artistas y los telespectadores se identificaban, todos, con este enfoque. Por motivos que aún hoy desconozco, Jean-François Copé tenía la visión inversa, es decir, él quería mantener la publicidad en France Télévisions. Y Patrick de Carolis era de la misma opinión. (Yo entonces desconocía los vínculos de este con Bygmalion.) El asunto se complicaba por un elemento ya más personal: mi antipatía por Patrick de Carolis. A mí aquel hombre me había gustado cuando presentaba el programa *Des Racines et des Ailes* [Raíces y alas]. Me parecía cultivado, unificador, de una elegancia muy superior a la media del mundillo televisivo. Apreciaba también el tándem que hacía con Patrice Duhamel, ese periodista de gran calidad, formado a la antigua (cosa que para mí supone una virtud). Luego observé una evolución muy marcada cuando Patrick de Carolis se convirtió en presidente de France Télévisions. Lo recibí varias veces y advertí una arrogancia que no le conocía. Se había vuelto muy seguro de sí mismo. Lo cierto es que le cogí ojeriza. No había ningún contencioso, ninguna oposición política, ya que él era incluso claramente de derechas; no había ningún «cadáver» en el armario. Era sencillamente una cuestión de temperamento: yo quería que lo sustituyeran. Aquello dio lugar a un nuevo lío, porque mi propuesta era el joven y talentoso Alexandre Bompard, que trabajaba en el grupo Lagardère. Lo apreciaba mucho y me parecía que hacía falta insuflar juventud al servicio público. A sus treinta y siete años, el hombre ya tenía, sin embargo, bastante experiencia; era el candidato ideal. Lamentablemente mi amigo Alain Minc, que estaba al tanto, soltó aquella información demasiado pronto. Se desató la polémica y yo me vi obligado a desmentir una noticia que era perfectamente cierta. Aquel nombramiento se hacía imposible por motivos muy injustos. Fue una magnífica ocasión desaprovechada de colocar un verdadero talento al frente de France Télévisions.

Yo apreciaba los enfoques siempre originales de Alain Minc, pero sus incesantes indiscreciones le perjudicaban mucho. Probablemente ese sea uno de los asuntos primordiales cuando se está en la cumbre del poder. ¿En quién se puede confiar de verdad? ¿Quién es realmente capaz de guardar el secreto de una información? ¿Quién sabrá mantenerse en su sitio sin tratar de atribuirse un papel que no le corresponde? Siendo más joven, yo mismo caí con frecuencia en la tentación de demostrar que estaba informado. Ya en el poder, con frecuencia me equivoqué a la hora de elegir a mis confidentes, que rara vez supieron mantener la boca cerrada. No les he guardado ningún rencor por la sencilla razón de que el único responsable era yo. Saber escoger a las personas en las que confiar es lo mínimo que cabe esperar de un jefe de Estado.

*

* *

Terminé aquel mes con un auténtico momento de placer, nostalgia y ensueño. Aquella tarde debía imponer la insignia de gran oficial de la Legión de Honor a Michèle Morgan. Siempre he admirado, hasta donde me alcanza la memoria, a aquella actriz maravillosa. Durante mucho tiempo me pareció la quintaesencia tanto de la belleza como de la elegancia. Cuando ejercía las funciones de vendedor de sorbetes en la heladería de la calle Madeleine-Michelis del municipio de Neuilly-sur-Seine, todos los días a las seis de la tarde salía a la puerta del establecimiento porque sabía que era la hora en que Michèle Morgan pasaba por allí para volver a su casa. Jamás le dirigí la palabra. Aquella mujer intimidaba muchísimo. Nunca me habría atrevido. Caminaba derecha, mirando muy al frente. Nada podía distraer aquella mirada azul acero. Era un espectáculo verla recorrer la calle. Conservé devotamente aquel recuerdo hasta el momento en que, mucho después, tuve la oportunidad de volver a verla. A veces puede uno llevarse un chasco al ver de cerca a su «ídolo». No fue el caso, sino todo lo contrario, pues descubrí, además de cuanto ya conocía de su exterior, su amabilidad extrema, su atención hacia los demás y su apoyo personal, que nunca me faltó. Probablemente me deje llevar por la nostalgia cuando insisto en las cien mil vueltas que les da ella a todo ese montón de *influencers* o supuestas celebridades con millones de seguidores y dispuestas a decir y hacer lo que haga falta por un *like*.

Michèle Morgan encarnaba otra época. Era una mujer de paradojas. Cualquiera puede sentirla cerca considerándola, al mismo tiempo, muy distinta del común de los mortales. Era famosa en todo el mundo y supo conservar su misterio milagrosamente intacto. Su filmografía era impresionante: actuó en no menos de sesenta películas. Era profundamente francesa, por más que tuviese una doble cultura francoestadounidense. En múltiples ocasiones manifestó su amor por Francia, hasta el extremo de declarar que la quería «como se quiere a alguien de la propia familia». Luego estaba su hermosa historia de amor con ese otro gran genio que fue Gérard Oury, tan presente, también él, en el corazón de los franceses. Fueron una pareja mítica que forma parte de la leyenda de Francia. Aquella tarde en el Elíseo estaba sentada en primera fila Danièle Thompson, convertida ya en la gran cineasta que todos reconocemos. Continuaba la historia familiar siguiendo los pasos de su padre. Era conmovedor verla allí emocionada junto a su «madrastra» cuatro años después del fallecimiento de Gérard Oury. Prendiendo aquella medalla en aquel prestigioso pecho pensé, con una pizca de orgullo, que iba a ser el presidente de la República que había condecorado a Michèle Morgan. El joven vendedor de helados de la década de 1970 no se habría creído nunca aquello si se lo hubieran anunciado. Será siempre uno de mis más bellos recuerdos.

*

* *

La Exposición Universal de Shanghái me brindó la ocasión de un nuevo viaje a China. Aquello siempre era una fuente de fascinación y, al mismo tiempo, de incomprensión. China me cautiva por su historia, por sus dimensiones, por sus logros económicos, por su identidad invulnerable, por su confianza en sí misma, por su resiliencia. Pero a la vez confieso que, cuanto más viajaba a aquel país, menos lo entendía. La distancia cultural es inmensa. Lo más desconcertante es la casi imposibilidad de entablar unas relaciones personales, amistosas, íntimas con sus dirigentes. Era como si perteneciésemos a dos planetas distintos sin nada en común. Y, así, no fue sino después de haber pasado tres días juntos cuando supe —y a costa de unos cuantos quebrantamientos del protocolo— que el presidente Hu tenía dos nietos. Tras su sonrisa imperturbable y a menudo inexpresiva se ocultaba un hombre que jamás desvelaba sus sentimientos y que apenas se abría. Casi siempre leía un papel que le habían preparado y que había sido objeto de debate previo —y en ocasiones, incluso de votación— entre los siete miembros permanentes del politburó del Partido Comunista. Todo estaba reglamentado, pautado, enmarcado, incluidos los encuentros a solas, que en realidad nunca eran tales en sentido estricto, pues el presidente chino estaba siempre rodeado de unos consejeros solícitos cuya función precisa y cuya importancia en el proceso de decisión no estaban claras.

Resultaba impresionante que, no obstante la pesadez de aquel aparato político administrativo, China funcionase de manera realmente eficaz. Aquello era a la vez frustrante; yo me terminaba preguntando de qué podían servir mis esfuerzos persuasivos si todo había sido fijado de antemano y no tenía, por consiguiente, ninguna perspectiva de cambiar. ¿Cómo negociar, dialogar, construir con semejantes socios? La ecuación era compleja. Yo intentaba desterrar cualquier idea preconcebida y cualquier asunción previa. El primer punto importante era aceptar el hecho de que fuesen tan distintos de nosotros. Querer convertirlos a nuestras ideas, a nuestra cultura, a nuestra forma de ver y de hacer era una estrategia abocada al más absoluto fracaso. Con China convenía ser, en primer lugar, pragmático, para crear una situación de mutuo interés tanto económico como político. Sobre tal base, siempre será posible un acuerdo. La cuestión era hacerlo prescindiendo de ideología, pues, en ese juego, los chinos eran siempre los más fuertes. Ellos son, antes que nada, ideólogos. En ese terreno eran imbatibles.

También había que ceder a esa tentación tan occidental —y tan francesa— de quererles dar lecciones. Hacerles quedar mal era lo último que convenía, porque su memoria es tan larga como antigua es su historia. Eso no quiere decir que hubiese que renegar de nuestras convicciones sobre el trato reservado en China a los cristianos, a los uigures o a los derechos humanos, sino que había que defender dichas convicciones en un marco adecuado, es decir, fuera de los medios de comunicación occidentales. La publicidad relativa a tales temas era del todo contraproducente. Me costó muchísimo, en efecto, neutralizar el impacto de las polémicas que se produjeron sobre el paso de la antorcha olímpica por París en su camino hacia los Juegos Olímpicos de Pekín. Yo no había tenido nada que ver en aquella afrenta que orquestó Bertrand Delanoë, pero fue a mí a quien se lo reprocharon. Delanoë había intentado salir de la trampa que le había tendido Robert Ménard, quien entonces no era todavía representante electo de la Agrupación Nacional, sino que alzaba la voz junto a la extrema izquierda. Era el abanderado de Reporteros Sin Fronteras, en calidad de lo cual se oponía con virulencia al paso de la antorcha olímpica. De hecho había multiplicado las provocaciones, llegando a escalar la catedral de Notre Dame para defender al pueblo tibetano y saliéndose con la suya, pues la pusilanimidad de Delanoë desembocó —sumada a su activismo— en uno de esos psicodramas en los que Francia es maestra mundial. Piensa uno retrospectivamente en aquel izquierdismo de Ménard y no puede evitar sonreír. ¡Eso sí que es creerse de verdad una pose!

Después de aquel asunto, el arreglo con las autoridades chinas fue un proceso largo. Ya la mera redacción del comunicado de «reconciliación» exigió largas horas de negociaciones por parte de Jean-David Levitte y de mi asesor para Asia (Bertrand Lortholary, magnífico sinólogo). Cada palabra de cada frase se diseccionaba. En resumen: convenía ser realista. Les gustara o no a las ONG, nada era posible sin los chinos. Ya se tratara del crecimiento, de la prosperidad de nuestras empresas, de la lucha contra el cambio climático, de la paz mundial y aun de los equilibrios monetarios, necesitábamos a China, a sus mil cuatrocientos millones de habitantes y a todos los países incendiarios —por ejemplo Corea del Norte— sobre los que ella es la única que tiene influencia. Mis adversarios me reprochaban que me dedicara a la realpolitik, pero aquello era absurdo: la política está obligada a ser real para no caer en la pusilanimidad o en la mentira. Yo no veía cómo iba a ser posible boicotear a una cuarta parte de la humanidad y a la segunda potencia económica planetaria. Añado que la multiplicación de los vínculos, los intereses y los contactos entre China y el mundo era el mejor modo de abrir aquel país inmenso a las influencias extranjeras.

¿Cuál va a ser el futuro de China? Voy a guardarme de un pronóstico demasiado preciso. El país está obsesionado con la caída de la Unión Soviética. Sus dirigentes harán lo que sea por evitar la desintegración del régimen chino. Pero ¿cuánto tiempo podrán gestionar las contradicciones entre un sistema económicamente liberal y una organización política totalitaria? Y sobre todo: ¿cómo van a evitar que se rebele la clase media, casi cuatrocientos millones de personas con un nivel de formación y renta cada vez más elevado? Porque no es verosímil que dicha clase media vaya a dejarse tratar como si fuera aquella sociedad agraria de comienzos del siglo pasado, carente de formación y educación y mucho más fácilmente manipulable. Ese será probablemente el gran desafío interno de la China del siglo XXI.

Me impresionó mucho —incluso me conmovió— ver cómo trataron al presidente Hu Jintao en el último congreso del Partido Comunista chino. Viendo ese vídeo en el que dos esbirros le obligan a abandonar su sitio en la tribuna, advertí por primera vez cómo la emoción embargaba el rostro de ese hombre precozmente envejecido con el que en tantas ocasiones me reuní. Yo también experimenté su estupefacción y su incomprensión. Quien había dirigido el partido, las fuerzas armadas, el Estado… recibía el trato reservado a un impertinente cuya mera presencia resultaba enojosa. Comprendí que, en semejante régimen, todos estaban en la cuerda floja. Aquello daba una impresión de brutalidad extrema y sin límites. ¿Hay que volver la espalda por eso a China? ¿Debemos declarar a los chinos los enemigos de Occidente? ¿Hacer más grande todavía el abismo que nos separa? Yo no lo creo. Al mundo no le beneficiaría en nada una guerra con China, por muy fría que fuera esta. Necesitamos, por el contrario, ser más poderosos para hablar de igual a igual. Los chinos solo comprenden y respetan las relaciones de fuerza, mientras que las lecciones de moral o de política que pudiéramos endilgarles quedan en papel mojado.

Las visitas a China han sido siempre delicadas para los presidentes franceses. Aquella que yo efectué no se sustraía a la regla. La prensa me conminaba a poner sobre la mesa el tema de los derechos humanos, pero China no quería entablar ningún tipo de polémica en el momento en que albergaba la Exposición Universal. Yo me hallaba realmente en una situación de equilibrio precario. A pesar de todo, el viaje transcurrió sin incidentes. Firmamos una cantidad nada desdeñable de contratos, por ejemplo para dos nuevas fases de la central atómica EPR (Reactor Europeo Presurizado) y para muchos Airbus más. Una parte de la prensa me acusó de vender mi alma. Mi sensación era la de estar sencillamente cumpliendo con mi deber de dar trabajo a las empresas de Francia. Eterno diálogo de sordos. Inauguré con Carla el pabellón francés. Estaba bien arquitectónicamente y era interesante: bastante creativo. Nos acompañaba Alain Delon. El hombre se mostraba muy contento de estar allí. Pensaba sinceramente que encarnaba a Francia. Probablemente fuese cierto. Daba gusto ver su entusiasmo. Su necesidad de reconocimiento era infinita y refrescante. Le guardo gratitud por haber hecho aquel viaje, aunque tuviera que andar ocupándome de él constantemente. Le daba muchísima importancia a cada gesto o a cada falta de atención hacia su persona, lo que podía desembocar en persistentes enfurruñamientos.

La Exposición estaba bien, pero yo quedé un poco decepcionado. No por Shanghái, siempre tan efervescente, enérgica e impresionante desde todos los puntos de vista. De hecho yo tenía debilidad por los paseos por el *bund,* con esa mezcla de arquitectura colonial y futurista. ¡Aquello era a la vez el pasado —presente todavía— y el futuro ya ahí! Mi decepción tampoco venía de la Exposición, cuyos pabellones rivalizaban todos en inventiva; era más bien el concepto mismo el que se había quedado viejo. La ambición era demasiado grande, y los recursos de los países participantes, probablemente demasiado reducidos. Las marcas comerciales ocupaban, además, un espacio desproporcionado.

Salimos de Shanghái hacia las 22:30 h para tomar el avión presidencial, que había de llevarnos de vuelta a París. Yo venía sintiendo, desde por la mañana, un dolor difuso en la mandíbula. Traté de no prestarle demasiada atención, de hacer como si no existiera. El método Coué en todo su esplendor. En el momento de salir de China, aquella molestia se intensificó: ya no podía pensar en otra cosa que no fuera aquel dolor lancinante. Consulté al médico apenas hube entrado en la cabina del avión. El veredicto vino sin demora ni duda: se me había infectado una muela del juicio; había que extraerla, como muy tarde, al llegar a París. Pero entre tanto teníamos once horas de avión, lo que no era el contexto ideal para un dolor de muelas. El sufrimiento se había vuelto intenso, difícil incluso de soportar. Supliqué al médico que no me dejara sufrir. No sé qué me daría, pero hizo efecto. Dormí de un tirón hasta que llegamos a París, donde el dentista me esperaba para proceder de urgencia a aquella operación.

Yo no creo que se deba intervenir en los «asuntos internos» de los chinos. Ellos no van a tolerar, en ese sentido, más de lo que nosotros mismos aceptaríamos. ¿Qué podemos hacer entonces por Hong Kong tras la inevitable decisión de los ingleses de marcharse? Nada o poca cosa. Hace tiempo que el destino de esa península está sellado. Quedan Taiwán y sus casi veinticinco millones de habitantes. Lo mejor que cabe esperar es el *statu quo,* que satisface los intereses de todos (taiwaneses incluidos). Me pregunto qué mosca le picaría a Nancy Pelosi, la presidenta de la Cámara de Representantes de Estados Unidos, para tomar la decisión de visitar aquella isla en un viaje ampliamente cubierto por los medios de comunicación. Con aquel viaje avivó las tensiones cuando habría hecho falta aliviarlas. Complicó la situación cuando habría sido necesario simplificarla. La «ambigüedad» es la única forma de gestionar este asunto candente para la paz mundial.

*
* *

La situación financiera de Grecia se había convertido en el gran tema. A todo el mundo le preocupaba, y con razón. La angustia era palpable hasta en Estados Unidos, donde temían que la crisis volviera a empezar con más fuerza todavía en caso de quiebra griega. Barack Obama había hablado del asunto en varias ocasiones tanto con Angela Merkel como conmigo. Cada día traía su lote de malas noticias. El borde del precipicio volvía a estar muy cerca. La cuestión griega ponía de relieve una importante diferencia de interpretación entre Alemania y Francia. Decir que discrepábamos es quedarse corto. La canciller consideraba, como su nuevo Gobierno y sobre todo su ministro de Finanzas —Wolfgang Schaüble—, que la crisis griega atañía a Grecia y nada más que a Grecia. Para ellos era el resultado de la mala gestión de ese país y de la complacencia de los mercados, pues habían estimado equivocadamente que los títulos griegos eran tan fiables como los alemanes o los franceses por el mero hecho de que Grecia estuviese en la zona euro. En aquella crisis veían, por tanto, un «debido restablecimiento de las cosas» que había que aprovechar para corregir tanto el comportamiento de los griegos como el de los mercados. En resumen: tocaba «castigar» a aquellos malos europeos, que eran unos defraudadores y unos impostores. Los alemanes se atenían, pues, a una lectura estricta de los tratados para negarse a cualquier posibilidad de una ayuda europea a ese país.

Yo no compartía en absoluto aquel análisis, pues consideraba que la fragilidad griega podía poner en entredicho la solidez del conjunto de la zona euro. Es decir, que todos debíamos acudir sin dilación y de manera contundente en auxilio de Grecia. De lo contrario, la crisis se agravaría, se extendería a otros países —entre los cuales se encontraba en primer lugar Italia— y acabaría volviéndose incontrolable. La canciller, empujada por una opinión pública alemana muy hostil a la totalidad de los países mediterráneos

—a los que se tachaba casi explícitamente de «vagos»—, no atendía a razones y se enrocaba en una firmeza muy germánica y carente de finura en el análisis. Cabía hacer el juicio moral más severo sobre los griegos; en especial sobre sus dirigentes, que habían maquillado las cuentas públicas ocultando la realidad de la deuda. Yo podía comprender tal postura y, en parte, compartirla. Pero ceñirse exclusivamente a ella era en el mejor de los casos estúpido y, en el peor, irresponsable. Aquello suponía darse un gusto político a costa de graves riesgos. Apenas salíamos, en efecto, de la crisis financiera mundial para entrar, sin ni siquiera darnos cuenta, en una crisis financiera europea cuyas consecuencias podían ser igualmente sistémicas. Hostigué literalmente a Angela Merkel para que saliera de su inmovilismo. Recurrí incluso a un argumento muy poco diplomático pero que se correspondía a la perfección con mi convicción íntima: «¿Te gustó Lehman Brothers? Pues Grecia te va a encantar». No podíamos dejar que un país europeo de once millones de habitantes quebrara y dejara de pagar sus deudas. La crisis de confianza en la zona euro de los prestamistas mundiales habría sido insuperable. La Italia de Berlusconi ya estaba bajo la amenaza de los especuladores y de los mercados internacionales. Yo estaba convencido de que después le tocaría a Francia. Le decía a la canciller: «No pienses que tu país está a salvo. Nosotros somos tus primeros clientes y vosotros sois nuestros primeros proveedores. Si nosotros quebramos, vosotros iréis detrás ineludiblemente». Tan siniestras perspectivas no eran probables. Eran seguras.

Conseguí, a duras penas, convencer a Angela Merkel. Aceptó, como siempre, sumarse; ¡pero qué cantidad de energía y de tiempo perdidos! Yo veía la amistad y el eje francoalemanes como un calvario tan esencial como agotador. Fue una época de tensiones entre Angela y yo, pero seguramente hiciera falta pasar por aquello para verificar la solidez de nuestra alianza. Al final nos pusimos de acuerdo sobre una ayuda sin precedentes de ciento diez mil millones de euros, por parte de la Unión Europea y del FMI (Fondo Monetario Internacional), para una Grecia sobreendeudada. Los países europeos le exigían, en contrapartida, dolorosos sacrificios. No teníamos otra opción; se lo debíamos a la opinión pública de cada Estado miembro, que no entendían que encontrásemos dinero para Grecia cuando en todos los demás países escaseaba. El plan de apoyo era considerable, mayor incluso que los que anteriormente se habían puesto en práctica para Argentina y México o durante la crisis asiática. La cura de austeridad prometía no serlo menos, e igualmente considerable era la deuda de Grecia: trescientos mil millones de euros. Aquellas decisiones se tomaron en una cumbre europea de jefes de Estado y de Gobierno. Yo esperaba evitar así el contagio de la crisis. El primer ministro griego de entonces era Yorgos Papandréu. Era socialista y pertenecía a una gran familia que llevaba cuarenta años alternándose en el poder con la de los Karamanlís. Su propio padre había ejercido las funciones de jefe del Gobierno. El hombre se hallaba en una situación imposible, pues sus convicciones sociales y políticas entraban en total contradicción con las medidas que iba a tener que aplicar. Las medidas que se le imponían se anunciaban, en efecto, muy difíciles. Había que suprimir las pagas décima tercera y décima cuarta en la función pública, aumentar el IVA en dos puntos —cuando ya estaba en el 21 %— y conseguir, además, aproximadamente treinta mil millones de euros de ahorro presupuestario. Estábamos hablando de una bajada de ingresos que podía llegar hasta el 35 % para la clase media griega. El esfuerzo que se les pedía era inmenso.

Aquello me valió una nueva polémica con el inefable Daniel Cohn-Bendit, quien me acusó de haber «sometido a Grecia a una presión contraria a las reglas democráticas». Se ahogaba de rabia y de indignación. Llegó a tacharnos, a Angela Merkel y a mí, de «locos que exigían esfuerzos desmesurados». Desde entonces no le he oído un solo comentario sobre la situación de Grecia, que hoy está recuperada; tampoco sobre nuestra estrategia europea, ¡que resultó fructífera! Menuda irresponsabilidad la de ese hombre, que no se cansa jamás de equivocarse. Los medios de comunicación se preguntaron mucho por aquella conversión de Angela Merkel. Según un rumor, terminó aceptando porque yo la había amenazado con salir de la zona euro si persistía en su rechazo a ayudar a Grecia. Aquello era totalmente inexacto. Merkel terminó cediendo porque entendió qué consecuencias habría tenido la quiebra de un país europeo. Así de sencillo. Y tardó en aceptarlo porque jamás se anticipaba si se trataba de cambios que implicasen una modificación de los procedimientos habituales o incluso, simplemente, ¡de los hábitos!

Para mí fue un alivio que al final pudiera encontrarse una solución, aunque desatara de inmediato en Francia un nuevo frente político con la palabra «austeridad», que había vuelto al debate público. Como habíamos impuesto la austeridad a Grecia, eso significaba que nos estábamos preparando para aplicarla también en Francia. (Así razonaba la oposición.) Pedí a François Fillon que se prodigara para explicar que no iba a haber ningún nuevo «giro a la austeridad», sino únicamente saludables medidas de ahorro. Entre estas confirmé que se continuaría con la no sustitución de un funcionario de cada dos que se jubilasen, lo que tenía la virtud —aunque eso probablemente fuera un argumento «contable»— de dar credibilidad a nuestro compromiso de volver a un déficit de menos del 3 % para 2013. Así funciona el debate político francés, donde la más mínima medida encaminada a reducir el gasto se analiza al punto como un rebrote del famoso giro en 1983 de François Mitterrand hacia una política de austeridad. Aquello evidenciaba una especie de «inmadurez» francesa siempre que se trataba de gasto público. Llevábamos, así, treinta y cinco años sin aprobar un solo presupuesto equilibrado. Pero eso no impedía que la mayoría tanto de los comentaristas como de los actores de la vida política denunciaran la austeridad de Mauroy, de Bérégovoy, de Alain Juppé... Como cabía constatar, dicha austeridad era bastante relativa y, en cualquier caso, en las cifras no se reflejaba. Con el «cueste lo que cueste» de la época del COVID, hemos vivido un nuevo ejemplo de esa capacidad de recurrir a los fondos del Estado como si no tuviesen límite y como si hacerlo no implicara consecuencias. ¡Desde ese punto de vista al menos, las cosas no cambian!

*
* *

Elegí conmemorar el 65.º aniversario de la victoria del 8 de mayo de 1945 visitando Colmar. No era casualidad. Siendo muy joven leí el relato de Guy Sajer en *El soldado olvidado*. Trataba de los *malgré nous* [a pesar nuestro], es decir, de aquellos jóvenes alsacianos que fueron enrolados a la fuerza en las SS nazis y enviados al frente ruso. No sé por qué, pero aquel testimonio me marcó tan hondamente que me seguí apasionando por aquel tema delicado, complejo y, desde bastantes perspectivas, dramático. Colmar fue la última ciudad francesa liberada. De hecho, el último soldado alemán salió del territorio nacional el 19 de marzo de 1945. Colmar había recuperado la libertad apenas un mes antes. Es decir, que la batalla de Alsacia se eternizó. Los sufrimientos soportados por la población fueron terribles durante un invierno glacial, con unas temperaturas por debajo de los –20 °C. Yo me había prometido reparar una injusticia que solo rara vez se mencionaba en los libros de historia. Únicamente Alsacia y Mosela hubieron de enfrentarse al drama de los *malgré nous*. En 1940, la zona de Alsacia-Mosela vivió una anexión *de facto*. Todo lo que recordase a Francia se prohibió, se persiguió, se castigó. En Colmar, incluso la lengua francesa estaba proscrita. Hubo que cambiar los apellidos y los nombres. Las ciudades se dividieron en secciones, núcleos y bloques para poder controlarlas mejor. A la población se la enroló en las organizaciones nazis. A los jóvenes de entre diez y dieciocho años se les obligó a sumarse a las Juventudes Hitlerianas. Pero el peor de los sufrimientos fue el que más se ocultó. Y el silencio que se creó en torno a él no hizo sino acrecentar el dolor, porque aquel silencio era una sospecha. Y aquella sospecha pesó mucho en la memoria de aquella región.

A partir de 1942 enrolaron a la fuerza a los alsacianos y moselanos en el ejército alemán y los enviaron, en su mayoría, al frente oriental para evitar la sedición. Fueron ciento treinta mil; treinta mil murieron. Los enviaron a luchar por una causa que no era la suya y que ellos odiaban. Hubieron de actuar contra su patria, contra su juramento, contra su conciencia. Las amenazas que pesaban sobre sus familias no les dejaban otra opción. En el frente ruso, los sufrimientos físicos se sumaron a la aflicción moral. Yo quería, como presidente de la República, decirles a sus familias, a sus hijos y a los supervivientes de aquella tragedia que Francia se había deshonrado permitiendo que se les tratara así. El destino de aquellos hombres formaba parte de nuestra historia, de nuestra memoria colectiva; y su dolor merecía comprensión y respeto.

Era importante reconocer que los *malgré nous* no eran traidores, sino víctimas. Para mí significaba mucho restañar aquella herida. También es la labor del presidente de la República revisitar nuestra historia para reparar injusticias tan flagrantes. Aquello era una cuestión de identidad y de verdad. De camino hacia Colmar pensaba también en la maravillosa película de Kubrick *Senderos de gloria,* que describe la historia no de los amotinados, sino de todos aquellos jóvenes campesinos que un día se derrumbaron y no tuvieron la fuerza de salir de la trinchera para participar en el asalto. Muchos fueron fusilados como desertores tras un sórdido sorteo. No eran objetores de conciencia. Sencillamente llevaban meses y años sufriendo demasiado. No podían más. No merecían ni la muerte ni el oprobio. También ellos se contaban entre esas «dobles víctimas» de la guerra. El cine y la literatura les habían restituido el sitio que les correspondía en nuestra novela nacional. Ya iba siendo hora de que la política hiciera lo mismo.

Yo estaba convencido de que el discurso de Colmar entraría en la historia como el que había reparado una injusticia. Era la primera vez que un jefe del Estado saludaba públicamente la memoria de los *malgré nous,* fuente de tantos malentendidos entre esos tres departamentos y el resto de Francia. Aquella incomprensión llegó a su apogeo en 1953, cuando el tribunal militar de Burdeos, juzgando a los culpables de la masacre de Oradour-sur-Glane, condenó a penas de cárcel y trabajos forzados a trece *malgré nous* que habían sido obligados a incorporarse a una unidad de las SS. En Alsacia la indignación fue tremenda y finalmente la Asamblea Nacional los amnistió. Los accidentes de la historia pueden dejar heridas profundas en la comunidad de un país.

Aquella era la ocasión de reagrupar y de pasar una página dolorosa. El día en que llegué a Colmar, el cielo estaba radiante. La plaza mayor estaba atiborrada de una multitud compacta. Allí había muchos más alsacianos que en las celebraciones patrióticas habituales. No había efusiones, sino una gran atención. Supuse que todos los que me escuchaban tendrían en la memoria a algún miembro de su familia. Me aplaudieron sin histeria y aun sin ostentación visible, pero yo sentí una aprobación profunda. Me pregunté cómo reaccionarían a mis palabras las asociaciones patrióticas o de excombatientes de otras zonas de Francia. Me sorprendió gratamente la ausencia total de polémica. He de reconocer que tampoco hubo aquiescencia. Todo el mundo había entendido. Todos estaban de acuerdo, pero nadie quiso referirse a mis palabras; como si la incomodidad de aquel episodio de nuestra historia estuviese todavía muy presente... (Más de lo que yo había supuesto, sin duda.) Guardo un recuerdo muy nítido de aquellos instantes. La emoción que experimenté era auténtica. Sigue conmigo desde entonces.

*
* *

Era una gran satisfacción proceder a la inauguración de la primera institución cultural nacional descentralizada, y sobre todo hacerlo en una ciudad —Metz— a la que hice sufrir durante la reestructuración de nuestras instalaciones militares. Algunos meses antes había decidido cerrar, en efecto, múltiples cuarteles en el territorio nacional; concretamente en Lorena, donde abundaban. Los representantes electos locales protestaron violentamente; la población se movilizó; se organizaron unas manifestaciones impresionantes. Todos ponían el grito en el cielo por el abandono de aquellos territorios y por el sacrificio de su región. Metz había sido siempre una ciudad de guarnición y pretendía seguir siéndolo. Yo me desgañité en vano para explicar que no podíamos mantener abierta una estructura militar cuyo objetivo exclusivo era la planificación territorial. Las fuerzas armadas francesas tenían que garantizar la seguridad del país, no el volumen de negocio de los comercios del centro de una ciudad o el número de niños necesario para evitar los cierres de colegios. Una delegación de representantes electos locales me pidió que descentralizara administraciones de su ciudad para compensar el déficit de empleos públicos tras la marcha de los soldados. Contesté que eso sería mucho mejor hacerlo con el Centro Pompidou-Metz, que crearía una formidable dinámica económica en torno a aquel proyecto cultural de dimensiones nacionales. Recibieron mi propuesta con escepticismo.

Ya nadie creía en las promesas. Ahora todos querían juzgar solamente por los hechos. Y en los hechos estábamos con la inauguración de aquel edificio espectacular. A pesar de la crisis y los inmensos problemas de financiación que aquello nos planteaba, quise desplegar una ambiciosa política de inversión cultural a escala nacional. El Pompidou de Metz movilizaba setenta y dos millones y medio de euros de fondos públicos. Le seguirían el Museo Louvre-Lens, la Filarmónica de París y el MUCEM (Museo de las Civilizaciones de Europa y del Mediterráneo) de Marsella. Aquel plan era muy ambicioso; incluso demasiado, a decir de mis detractores. Yo estaba íntimamente convencido de que la cultura era una de las mejores respuestas a la crisis, ya que generaba crecimiento y creaba mucha riqueza. De ahí que la hubiese convertido en un elemento estratégico del desarrollo de Francia. Precisamente a eso respondía aquella inauguración, que había de comportar el renacimiento económico de Lorena. El Centro Pompidou-Metz participaba, así, de la continuidad presidencial. Era Georges Pompidou quien lo había creado. Y no fue fácil. Los vanguardistas de la época afirmaban que encerrar el arte contemporáneo en un museo era una provocación. Los conservadores, por su parte, no paraban de denunciar la estructura tubular de aquel centro. En resumen: todos tenían sus buenos motivos para estar en contra. Pero el presidente Pompidou aguantó. Luego fue el ministro de Cultura de Jacques Chirac —Jean-Jacques Aillagon— el primero que tuvo la buena idea de aquella descentralización. Y, finalmente, fue iniciativa mía que el Ministerio de Economía no congelase las partidas necesarias para la construcción de este nuevo museo.

Fueron muchas las críticas por el carácter «dispendioso» de aquella inversión. Posteriormente los hechos desactivaron cualquier polémica, ya que el nuevo Centro Pompidou se convirtió en un éxito popular al recibir, en el primer año posterior a su apertura, ¡más de medio millón de visitantes! ¿Quién iba a atreverse hoy a pedir su cierre, o simplemente a sugerir que no se ha convertido en el principal emblema de Metz? Aquel museo tenía, además, una vocación internacional, al quedar tan cerca de Luxemburgo, Suiza y Alemania. Cabía incluso afirmar que tenía una dimensión europea, completamente acorde con las raíces del territorio en el que ahora se erigía. Lo cual no era sino de justicia para una ciudad que era la cuna natal de Robert Schuman, aquel lorenés, aquel moselano, que, nacido en Alemania en una familia francófona, creció en Luxemburgo y fue luego diputado por el departamento de Mosela durante cuatro decenios. En la inauguración me acompañó Bernadette Chirac. Estaba encantada. Charlamos, nos reímos mucho y también criticamos —debo confesarlo— a cuantas personas nos desagradaban a los dos. (No eran pocas…) Fue un rato muy agradable. Era satisfactorio asistir a la materialización de lo que habíamos decidido. Eso es algo infrecuente en política, donde los plazos son larguísimos. Razón de más para no desdeñar semejantes oportunidades.

Quiero añadir que el gesto arquitectónico que inspiró el desarrollo de aquel nuevo centro cultural estaba especialmente bien logrado. Era obra de dos arquitectos, Shigeru Ban, japonés, y Jean de Gastines, francés. Juntos tuvieron la idea —arriesgada pero coronada por el éxito— de crear una estructura integrada por tres cajas superpuestas como en abanico, rematadas por un sombrero chino y sostenidas por seis pilares cónicos y una aguja central. El conjunto era algo verdaderamente digno de verse y daba a los representantes municipales electos la oportunidad de reestructurar por completo aquel barrio del centro de Metz. De regreso a París, me sentía reforzado en mi convencimiento —ya antiguo— de la importancia crucial de la arquitectura, que tenía que estar en el meollo de cualquier actuación pública de entidad. Aclaro que, para mí, la arquitectura no es ningún complemento de dichas actuaciones. Ha de ser, antes bien, su fundamento, su causa y aun su inspiración.

*

* *

El mes de abril terminaba con una ceremonia realmente ardua. Hube de asistir a las exequias de una joven policía municipal a la que había abatido cobardemente un delincuente. Este último no había dudado en utilizar su Kaláshnikov contra las fuerzas del orden. Rédoine Faïd era un multirreincidente; acababa de escaparse de la cárcel y de cometer un nuevo asalto. Los agentes salieron en su persecución por la autopista A-4, en el departamento de Sena y Marne. En el coche de policía habían impactado veinticuatro balas. La voluntad de matar era evidente. La violencia de la escena fue terrible. La joven Aurélie Fouquet tenía veintiséis años. Era madre de un pequeño de catorce meses. Fue la primera mujer policía municipal que cayó, estando de servicio, por disparos de un criminal.

El tiempo era lluvioso cuando llegué ante el Ayuntamiento de Villiers-sur-Marne. Se había congregado allí una enorme multitud conmocionada. Yo sentía la cólera silenciosa, pero profunda, que embargaba a todos los asistentes. Los padres de Aurélie Fouquet se mantenían con gran dignidad en primera fila. A su lado se encontraba su pareja. Estaban destrozados. ¿Qué decirles? ¿Cómo encontrar las palabras adecuadas? ¿Cómo no hablar como un robot? Había que tomar la palabra una vez más. Me costaba disimular tanto mi cólera como mi indignación. En mi discurso expuse lo que había sido la vida y la carrera de aquella joven hasta aquel dramático desenlace. Me daba cuenta de lo «patético» que podía resultar ir desgranando las etapas de aquella vida sacrificada y que tan corta había sido. Lo había hecho ya en múltiples ocasiones y entendía que se trataba, para todos nosotros —y para mí el primero—, de la constatación de un fracaso. Habíamos decidido entablar una guerra sin cuartel contra el crimen y me encontraba ante aquel destino roto. Era un drama más en una lista demasiado larga. Unas semanas antes moría apuñalado un septuagenario. El mes previo, un comando de ETA había abatido fríamente a un policía. Aquello estaba, por desgracia, en el orden de las cosas. Cuanto más en serio nos tomábamos la apuesta por la seguridad, más brutal se volvía la respuesta del crimen. Había que pasar por ello y seguir «golpeando» sin flaquear.

Aproveché para anunciar la apertura de un debate de fondo sobre el papel y el estatuto de los dieciocho mil policías municipales. Nos hacían mucha falta para dar apoyo a la policía y a los gendarmes. Yo estaba resuelto a autorizar que se les proporcionasen armas. Al fin y al cabo, llevaban uniforme. Tenían que disponer de los medios para defenderse y hacerse respetar. Volviendo hacia el Elíseo pensaba en aquella joven, en aquel niño de catorce meses al que apenas le habría dado tiempo de conocer a su madre, en aquel hombre que había perdido a su compañera de una forma insólitamente brutal, en todos aquellos franceses que esperaban de nosotros que los protegiéramos mejor. Había unas expectativas inmensas. Yo notaba que la demanda de firmeza y de sanciones iba en aumento. Les había dicho que estaba preparado. Veía sobre todo el desfase tremendo con el mundo de los medios de comunicación y con las élites. La brecha se iba haciendo más profunda de manera ineluctable. Los editorialistas estaban desatados. El acusado había pasado a ser yo. *Le Télégramme de Brest* escribía: «No será apretando el puño como Sarkozy consiga mitigar la preocupación suscitada por la muerte de una joven madre de familia». Desde luego que no, pero ¿qué otra cosa habría debido o podido decir? Apenas anunciaba una medida represiva, el consorcio de los paladines de los derechos humanos me acusaba de derivas ultraderechistas. Apenas se producía un nuevo hecho luctuoso y yo lo denunciaba, me acusaban de echar más leña al fuego precisamente quienes sacaban de ahí sus titulares. En caso, por último, de que no reaccionara, me señalaban como el responsable del laxismo imperante y de la resignación general. Aquello era verdaderamente la cuadratura del círculo. Viéndome ante tantas contradicciones, yo optaba por seguir mi instinto. Estaba convencido de que no estábamos haciendo lo suficiente. Realmente habíamos subido el ritmo, pero seguía sin ser bastante. A veces pienso que aquella presión mediática nos paralizó, y que tendría que haber luchado con mayor firmeza.

*

* *

La tensión por la reforma de las pensiones iba aumentando paulatina pero resueltamente. El diario *Le Monde,* especializado en la «información militante», acababa de dedicarle su portada a la descripción de un proyecto de reforma íntegramente inventado por su redacción. Sin el menor empacho ni asomo de comillas, los periodistas anunciaban, como algo ya decidido, la jubilación a los 61 años para 2019, a los 62 para 2020 y a los 63 para 2030. Aquello no estaba pensado para facilitarle la labor al Ejecutivo. El anuncio provocó un guirigay y reforzó la movilización de todo el espectro de la oposición. Tal era, por lo demás, su objetivo: se trataba de hacer subir la presión para lograr una activación masiva en futuros movimientos sociales. Hice que desmintieran de inmediato aquella supuesta información y aproveché un encuentro con las organizaciones sindicales para aclarar que no habría ninguna subida de las cuotas obligatorias para financiar las pensiones y que, por consiguiente, la única vía que yo contemplaba era la de retrasar la edad legal de jubilación. Añadí que se exigiría un esfuerzo tributario adicional tanto a las rentas altas como a las rentas del capital. Todo lo cual en absoluto evitó la radicalización del conflicto contra nuestra futura reforma.

Los incidentes empezaron, de hecho, con las primeras manifestaciones. Los analistas ya agitaban el fantasma de la retirada, por parte de Jacques Chirac, de su CPE (Contrato de Primer Empleo), vaticinando con ello que yo también daría mi brazo a torcer. Para más inri, la CGT (Confederación General del Trabajo) decidió bloquear las refinerías, cortando a los franceses el suministro de petróleo y carburantes. Decidí ordenar de inmediato la evacuación de los piquetes y liberar los depósitos de carburante. Estaba dispuesto a usar la fuerza para evitar la parálisis de toda la economía de Francia. Contrariamente a lo que cabría pensar, era mejor actuar deprisa. Andar mareando la perdiz solo habría servido para agravar la situación. Aquella perspectiva no le hacía ninguna gracia al ministro del Interior, Jean-Louis Borloo, quien tenía sus ambiciones presidenciales y no quería correr el menor riesgo de dañar su imagen. Guardo un recuerdo penoso de la primera reunión de crisis sobre aquel asunto en el Elíseo, en la que Borloo y su jefe de gabinete —Jean-François Carenco— estaban especialmente aturdidos. Su nerviosismo me convenció de que tenía que ir siguiendo en persona, día tras día, la evolución del asunto.

Estaba resuelto a mantenerme en primera línea. Había demasiado en juego como para no hacerlo así. Aquel mes de mayo marcaba el inicio de la movilización contra nuestro proyecto de reforma de las pensiones. Lo cual era bastante prematuro teniendo en cuenta que el texto no había de presentarse al Parlamento hasta el otoño. Me preparé para una auténtica carrera de fondo, mucho más en la línea de un maratón que de un esprint. Mi asesor para asuntos sociales —Raymond Soubie— utilizó una expresión extraña pero precisa: «La reforma de las pensiones no va a ser un camino de rosas». Lo cierto es que nada podía echar abajo mi determinación. El Consejo de Orientación de las Pensiones había sido muy claro: una de cada diez pensiones se financiaba con la deuda, y si no hacíamos nada al respecto, para 2030 serían seis de cada diez. En 2010 se contaban dieciséis millones de jubilados; en 2050 serían veinticinco millones. Hacía falta, así las cosas, trabajar más años. Aquello era una constatación irrefutable en ese momento. Sigue siéndolo hoy. Nada ha cambiado, salvo que los déficits han seguido agravándose y la demagogia sobre los «riesgos laborales» ha cobrado unas proporciones inauditas.

*

* *

Estaba impaciente por subir por vez primera a bordo del portaaviones *Charles de Gaulle,* aunque desconfiaba un poco de mi entusiasmo de jefe de las fuerzas armadas. Salimos de Tolón en helicóptero y aterrizamos en el puente de aquel inmenso navío que fondeaba en la ensenada de la capital del departamento del Var. Volar hasta él fue impresionante, pues íbamos teniendo ocasión de calibrar tanto la anchura como la longitud de aquella catedral de los mares. Cuando aterrizamos, no sentí el menor balanceo, a pesar de que hacía viento. El buque era tan estable como poderoso. Buena parte de la tripulación estaba formada en una impecable fila en lo que normalmente constituía la pista de despegue y aterrizaje. Los Rafale Marine y los Super Étendard esperaban, obedientes, sus nuevas misiones. Mirando a lo lejos divisé, en torno al *Charles de Gaulle,* los barcos acompañantes que formaban la escolta del navío principal. Porque el gigante nunca zarpaba solo: necesita una fragata capaz de hacer frente a los submarinos enemigos, otra que pudiera responder a incursiones aéreas, y un submarino nuclear de ataque… Se trataba de una auténtica ciudad marítima lo que había allí congregado.

En el rostro de cada miembro de la tripulación se leía el orgullo de estar a bordo. Me impresionaron su juventud, la pasión que los animaba —desde el simple marinero hasta el almirante—, la esbelta hechura de todos. Constaté que la actividad física no era mera teoría en aquel buque. También me admiró la variedad de los múltiples oficios reunidos en un único lugar. Era grato observar aquella actividad efervescente y aquel entusiasmo, que tanto contrastaban con el estancamiento del clima político en tierra firme. Pensé que las fuerzas armadas eran sin duda la institución que mejor se resistía a aquella labor de demolición que las autodenominadas «fuerzas progresistas» habían puesto en marcha contra el trabajo, la estructura familiar y el orgullo nacional. Yo veía en la mirada de todos aquellos soldados que Francia podía contar con ellos, y eso infundía seguridad.

Había en torno a un 12 % de mujeres jóvenes que no eran ningunas ilusas y allí estaban en sus puestos sin darle más vueltas al asunto. Era la mejor respuesta a la cuestión fundamental de la igualdad entre hombres y mujeres. Estas gozaban ahora de plena legitimidad en lo que previamente había sido un auténtico santuario masculino. Los tiempos habían cambiado, y era bueno que así fuera. Las fuerzas armadas han estado desde entonces plenamente implicadas en la feminización, con lo que daban muestras de una modernidad y de una capacidad de abrirse y reformarse que sus calumniadores habituales andaban muy lejos de suponer.

Durante mi visita a bordo despegaron y aterrizaron una serie de aviones con un estruendo ensordecedor. Me habían provisto de un casco con micrófono que me permitía comunicarme con quienes me rodeaban. Especialmente espectacular resultaba el aterrizaje de los aviones en el navío, sobre todo cuando el gancho situado debajo del caza agarraba uno de los enormes cables metálicos instalados en la pista. La aeronave se inmovilizaba provocando un estrépito increíble y una nube de humo. La maniobra de acercamiento debía ser sumamente precisa: cualquier error podía ser fatal. Traté de imaginar el *shock* físico que sentirían los pilotos al pasar de doscientos cincuenta kilómetros por hora a la inmovilidad en menos de sesenta metros. Aquel prodigio de la tecnología había costado tres mil quinientos millones de euros. Llevaba operativo seis años. Eso era al mismo tiempo mucho en términos de presupuesto y poco si queríamos considerar al *Charles de Gaulle* como uno de los elementos del seguro de vida de la Nación.

Hice aquella visita para transmitir confianza a nuestras fuerzas armadas en un contexto tan tenso de las finanzas públicas. Temían convertirse en la primera víctima de dicha situación. Yo tenía un margen de maniobra complicado: debía respetar las ambiciones que nuestro *Libro blanco* establecía para la reorganización de la defensa —pues lo había sometido a votación— y al mismo tiempo no podía despojar a las fuerzas armadas de todo esfuerzo presupuestario. Era una cuestión de equilibrio y justicia: habíamos previsto una congelación del gasto estatal durante tres años y tal congelación había de aplicarse sin excepción a todos los ministerios.

Pero había otro asunto delicado con la posible construcción de un segundo portaaviones nuclear, que la Marina reclamaba con argumentos de peso. El primero consistía en que el *Charles de Gaulle* permanecía inoperativo por lo menos seis meses cuando debía someterse a sus revisiones completas, lo que podía suponer un riesgo para la defensa de Francia. Y no menos convincente resultaba el segundo argumento: Francia es una potencia marítima presente en todos los océanos del planeta; disponer de un segundo portaaviones reforzaría considerablemente la capacidad de proyección de nuestros activos militares, la imagen de nuestro país como potencia mundial y la defensa de nuestros intereses económicos y estratégicos en todo el mundo. De manera que yo era más bien partidario de satisfacer las demandas del Estado Mayor de nuestras fuerzas armadas, lo que indignaba sumamente tanto al titular de la jefatura del Gobierno como al de la cartera de Economía. Luego estaba el asunto del prestigio, en el sentido de que Francia era, con Estados Unidos, el único país del mundo capaz de diseñar y construir un portaaviones nuclear y su sección aérea embarcada. (Todavía hoy sigue tratándose de un club muy restringido.) Emprender la construcción de un segundo navío de aquellas características era la mejor garantía de no perder tales capacidades extraordinarias.

En un portaaviones no tienen cabida la improvisación ni el diletantismo, lo que explica esa tradición de excelencia y profesionalidad. A ello se sumaba la capacidad de hacer vivir en armonía a una tripulación de casi dos mil miembros. El almirante Guillaud, que fue jefe del Estado Mayor de los Ejércitos y, previamente, jefe del Estado Mayor particular del presidente de la República durante mi mandato, con anterioridad a todo eso había comandado el *Charles de Gaulle*. Gracias a él tuve acceso a las mejores informaciones.

Es posible que la verdad sea cruel, pero quien quiera sencillamente ser lúcido no puede dejar de afrontarla. El último elemento incontestable de nuestro rango de potencia mundial sigue siendo nuestro arsenal nuclear. Por eso las decisiones al respecto no podían tomarse solamente con criterios presupuestarios y de contabilidad. En efecto, las responsabilidades del presidente de la República Francesa, el cual es, al mismo tiempo, jefe de las fuerzas armadas, tienen ese carácter particular. Esta figura no tiene nada de simbólico. Es plenamente operativa en las decisiones de intervención y de estrategia que debe asumir. Yo no me imaginaba, antes de ejercer las funciones presidenciales, cuánto tiempo tendría que dedicarles a los asuntos de defensa nacional. Hacía falta verse en la situación para saberlo. Hube de aprender, comprender y, finalmente, decidir. Cada etapa era necesaria y exigía una total implicación. Afortunadamente, mis funciones ministeriales previas —tanto en Economía como en Interior— me habían preparado; ya me había podido «foguear». La política es un oficio que se aprende poco a poco y no se improvisa. En el fondo constituye una curiosa paradoja que el presidente derrotado tenga que dejar sus funciones en el momento en que es la persona mejor preparada para ejercerlas y podría ser más eficaz de lo que fue (al menos en sus comienzos). Tal es la consecuencia paradójica de las reglas democráticas y de las alternancias sucesivas... Digo esto sin lamentar que así sea. Se trata, simplemente, de una observación que es fruto de mi experiencia.

*

* *

Fue el 16 de junio cuando empezó aquel largo y nauseabundo folletín del llamado «caso Bettencourt». Yo entonces estaba muy lejos de imaginar cuáles serían sus múltiples vicisitudes y cómo unas camarillas sin escrúpulos intentarían implicarme en el asunto recurriendo a cualquier expediente, incluidos los más fraudulentos. Fue la web *Mediapart* la que armó el complot. Por obra de una «feliz coincidencia», el asunto salpicó al ministro de Trabajo —Éric Woerth— precisamente cuando este presentaba la reforma de las pensiones. El tejemaneje era muy burdo; yo no creía que aquello pudiera colar. Pero eso fue exactamente lo que ocurrió. Daba igual que no hubiese ningún elemento probatorio contra mi ministro, como el resultado del procedimiento judicial terminó demostrando. Lo importante era, como de costumbre, dejar que la calumnia prosperase. Y los medios de comunicación se emplearon con efusividad. A mí me llovían las presiones para que destituyera sin tardanza a Éric Woerth. Resultaba verdaderamente inconcebible que la presunción de inocencia se pisoteara hasta ese extremo en la patria que se enorgullece de ser la de los derechos humanos. Aquel estallido fue de una violencia extrema.

La esposa de mi ministro trabajaba para Liliane Bettencourt; se encargaba, formando parte de un equipo, de sus inversiones financieras. Y resulta que Éric Woerth era amigo de Patrick de Maistre, que era el hombre de confianza de la mencionada Liliane Bettencourt. Nada de aquello era ilegal, ni siquiera extraño. El problema vino con la disputa privada que enfrentó a Françoise Meyers —la hija de Liliane Bettencourt— con el fotógrafo François-Marie Banier, a quien aquella acusaba de aprovecharse de la debilidad de su millonaria madre. A mí lo primero que me dejó pasmado fue la violencia de aquellas relaciones familiares entre la hija y la madre. Querer demostrar la senilidad de esta última con el único objetivo de evitar sus prodigalidades cuando disponía de una fortuna inmensa ¡me pareció indicativo de una especial crueldad y de cierta acritud! Lo menos que cabía decir era que el cariño no ahogaba a la señora Meyers. Yo conocía a Liliane Bettencourt porque durante veinte años había sido alcalde de la ciudad donde esta vivía con su marido; de ahí que me viera con ella una vez al año. No era su amigo íntimo; no pertenecíamos a la misma generación; el matrimonio Bettencourt tenía mucho más trato con François Mitterrand y Jacques Chirac. Por añadidura, el mayordomo de la anciana había realizado unas grabaciones clandestinas. Lo que siguió fue una inverosímil sucesión de diversas escenas a cuyo término Liliane Bettencourt habría defraudado al fisco con la complicidad del matrimonio Woerth. Todo lo cual era mentira de cabo a cabo, incluidos los supuestos desplazamientos de Florence Woerth a Ginebra.

Al final, todas aquellas tonterías quedaron en nada; pero entre tanto la cosa fue muy diferente. Edwy Plenel se despachó a gusto; dio rienda suelta a su pasión de destilar calumnia y odio. Por supuesto, con total impunidad: ni siquiera se disculpó cuando quedó acreditada la falsedad de cuanto había dicho. Nada más empezar la polémica, publicó un texto en el que explicaba las razones que tendrían que haber forzado a Éric Woerth a dimitir. La principal residía en un supuesto «fraude fiscal a gran escala». El ministro demostró, punto por punto, que aquellas acusaciones carecían de fundamento. Fue inútil. Arnaud Montebourg insistía en el semanario *L'Express*: «Tenemos un ministro del Presupuesto, tesorero al mismo tiempo de la UMP (Unión por un Movimiento Popular), cuya esposa trabaja organizando el fraude fiscal de la señora Bettencourt». Éric Woerth era ministro del Presupuesto; su esposa trabajaba para Liliane Bettencourt; esta era, ciertamente, multimillonaria. Todo aquello era verdad… con la notable excepción de que no había habido el menor fraude fiscal, como después quedó formalmente demostrado.

Menciono esta historia para poner de relieve hasta qué punto los medios de comunicación habrían tenido que mostrarse más escrupulosos, circunspectos y atentos para no ser manipulados o manipular. La propia política no podía sobrevivir a semejante estallido alimentado por una Justicia a su vez instrumentalizada (en ocasiones de buena fe). Más allá de los estragos personales que derivan de tales calumnias, los perjuicios ocasionados en el ánimo público resultan más graves todavía y no se pueden reparar. Queda una pregunta: ¿cómo seguir concediendo el más mínimo crédito a unos supuestos periodistas capaces de tamañas faltas deontológicas? Se trata de comportamientos militantes que ya no deberían engañar a nadie. Sea como sea, yo conocía bien a Éric Woerth, su honradez, su rigor, su integridad. Mantuve en él mi confianza sin asomo de duda y le pedí que continuara su trabajo al servicio de la reforma de las pensiones, cosa que él hizo con una energía y un coraje que reforzaron mi admiración por su persona. Afortunadamente, mi mayoría parlamentaria se mostró unánime y también le brindó su apoyo sin ambigüedad.

Lo que pasaba era que el dinero hacía perder el norte a todo el mundo, como ocurre siempre en Francia. En primer lugar, a los medios de comunicación, que no paraban de remarcar el hecho de que Liliane Bettencourt tuviese una ingente fortuna. La palabra «millonaria» era, por sí sola, sinónimo de oprobio. Se había convertido en una prueba de culpabilidad. Aquella mujer era rica y, por tanto, culpable de avidez, de falta de generosidad, de fraudes... También perdía el norte ante el dinero la izquierda, que en aquello veía una oportunidad de colocarme en el bando de los propietarios y del capital. Otro tanto le ocurría a Françoise Meyers, quien debería haber asumido que, no habiendo hecho nada para merecer semejante fortuna, más le valía limitarse a esperar la «marcha» de su madre y dejarla vivir contenta sus años postreros. Y por último estaba el caso de François-Marie Banier, quien había abusado de la generosidad de su amiga sin empacho ni vergüenza ningunos. El dinero vuelve loca a la gente. ¿Por qué tiene Francia esa relación tan malsana con él? Los observadores suelen responder que a los franceses el dinero no les gusta. Yo diría, a la inversa, ¡que es porque nos gusta o lo deseamos en exceso por lo que suscita semejantes pasiones!

Sigue costándome entender, todavía hoy, cómo aquella maniobra pudo funcionar tan bien, permitiendo a las camarillas salirse con la suya. Estábamos, en efecto, debilitados (y Éric Woerth más aún, lo cual era bastante injusto). Yo empezaba a asimilar que no íbamos a poder evitar lo peor, es decir, la dimisión de mi ministro. Toda la prensa coincidía en que su posición se había vuelto «insostenible». El periódico *Libération,* tan preocupado siempre por defender los derechos humanos, atacaba sin ambages ni miramientos: «Este caso suscita un profundo malestar y es de esos que alimentan en la opinión pública las peores sospechas sobre el político en cuestión: connivencias, conflictos de intereses, impunidad de los poderosos». Aquello era una secuencia de palabras que no se correspondía con ninguna realidad, pero que daba alas al populismo bajo el pretexto de luchar contra él. ¡Era difícil llegar más lejos en materia de hipocresía y cinismo! La prensa de provincias, en general más moderada, se sumaba a aquel estallido preguntándose: «¿Es posible salvar todavía al soldado Woerth?» y concluyendo al punto que había que sacrificarlo de inmediato invocando una supuesta connivencia entre políticos y grandes fortunas. Jamás había oído hablar en tales términos, a aquellas mismas personas, sobre las amistades mucho más estrechas que François Mitterrand mantuvo con François Dalle —el fundador de L'Oréal—, con André Rousselet —el riquísimo propietario de Taxis G7, a quien se le concedió Canal+— o con los propios André y Liliane Bettencourt, con quienes efectivamente tenía un trato muy cercano. Las palabras «dinero» y «derecha» enfurecían a los observadores. El mero hecho de ser amigo de una «familia rica» lo convertía a uno en culpable de indecencia, de deshonestidad, de avidez, de falta de cualquier clase de generosidad.

Al desdichado Éric Woerth todos aquellos profesores de virtud lo condenaban antes de que hubiese podido aducir el más mínimo argumento para defenderse. ¿Que los hechos lo exculpaban? Daba igual. Lo inculpaban las apariencias. No se podía oír hablar de otra cosa que no fuese su culpabilidad. Se exigía su dimisión. Aquello era el regreso del Terror. Pero del Terror no ya de los tribunales populares, sino de los mediáticos, que tampoco es que tuvieran nada que envidiar a aquellos. Huelga aclarar que la izquierda era la avanzadilla de aquella batalla por la virtud y la transparencia. ¡Aquello fue, por supuesto, mucho antes de que se descubriera que el ministro del Presupuesto de François Hollande tenía en Singapur una cuenta opaca al fisco! ¿Qué no habríamos oído si ese hubiera sido el caso de Éric Woerth, quien sin embargo fue declarado inocente de todas aquellas mezquindades tras cinco años de pesadilla? Por otra parte, ¿quiénes fueron los fiscales o los acusadores que se disculparon o fueron sancionados? Ninguno. De hecho todo siguió de maravilla, porque unos meses después Pierre Bergé, un gran amigo —muy rico— de François Mitterrand, compraba el periódico *Le Monde,* operación que fue unánimemente saludada como un progreso de la democracia. Por el contrario, cuando la señora Bettencourt quiso hacer —de manera absolutamente legal— una aportación económica a la UMP, eso se interpretó como la prueba de una connivencia malsana. ¡Dos raseros, dos varas de medir! Resultaba muy difícil acostumbrarse.

Pero aquello no fue todo en materia de montajes y calumnias, porque la misma *Mediapart* me acusaba ahora de haber sido el «arquitecto», en 1994 —cuando era ministro del Presupuesto—, del caso Karachi, que supuestamente habría permitido financiar la campaña presidencial de Édouard Balladur. Desde entonces he quedado claramente limpio de cualquier sospecha. (¡Tras catorce años de instrucción, eso sí!) Pero, de nuevo, a aquellas camarillas les iba bien cualquier método para ensuciar y envilecer. Y era algo que se repetía sin límites, porque jamás va a haber la más mínima sanción contra aquel cúmulo de mentiras. Aquellos manipuladores me acusaban, en efecto, de haber autorizado la creación de una sociedad por la que habrían pasado sobornos. (¡Ni más ni menos!) Lo cual era aún más inverosímil si se tiene en cuenta que había escritos de aquella época que acreditaban, con claridad meridiana, que yo me había opuesto siempre a aquel dichoso contrato de compra de armas a Pakistán. Se trataba de un montaje zafio, obvio, sin escrúpulos; pero eso no impidió que se sospechara de mí durante todos esos años sin que a nadie le chocara. El Elíseo tuvo que hacer un comunicado —en coordinación con mi abogado y amigo Thierry Herzog— para desmentir aquellas fabulaciones. Nadie hizo el menor caso y yo entraba en el lúgubre universo de las camarillas, cuya vocación consistía en ensuciar y calumniar socavando, con ello, los cimientos de la democracia.

*
* *

Me apasiona el fútbol desde los primeros años de mi juventud. Siempre me ha gustado ese deporte. A mediados de la década de 1970 iba, yo solo, al Parque de los Príncipes, inaugurado hacía pocos años. No conocía a nadie. Me compraba mi entrada para animar al París Saint-Germain de entonces, que ya me hacía soñar. Cincuenta años después, no he cambiado. Sigo yendo al mismo estadio para ver el partido de mi equipo. Tengo la fidelidad anclada en lo más hondo de mi identidad. Mis gustos son inmutables, así como impermeables al paso del tiempo. Probablemente sea demasiado tarde para que eso cambie lo más mínimo. Aquel año de 2010 esperaba con impaciencia que empezara la Copa Mundial de Fútbol, que se iba a celebrar en Sudáfrica. Poco podía sospechar que sería pródiga en disgustos y, también, en problemas políticos. Debería haberme dado cuenta, pues la competición arrancó con especial mal pie. El primer partido de la selección francesa contra Uruguay acababa de terminar con un decepcionante empate a cero. Había estado precedido de una primera polémica inútilmente lanzada por la secretaria de Estado de Deportes, Rama Yade, quien había denunciado lo «ostentoso que era el hotel» escogido para alojar a nuestros jugadores. Con una demagogia infinita, se permitió llamar a estos a la «decencia». Imposible imaginar peor comienzo, sobre todo porque aquel alojamiento lo había elegido la Federación Francesa de Fútbol. De modo que mi joven ministra se echó encima a todo el mundo. Los jugadores estaban furiosos por verse señalados; los dirigentes futbolísticos, por verse acusados. Los periodistas, como por lo demás era legítimo, sacaban tajada del asunto. Rama Yade había querido aprovechar para darse bombo a costa de la selección francesa. Me irritó, porque, a tres días del inicio de la competición, creaba una agitación inútil y malsana.

Pero aún no sabía que aquello no era más que el aperitivo, y eso que tener una secretaria de Estado de Deportes considerada indeseable en el Mundial de Fútbol ya era una primicia que habría estado encantado de ahorrarme. La segunda polémica no se hizo esperar: consistió en la expulsión, en pleno Mundial, de Nicolas Anelka, obligado a abandonar la selección francesa tras dirigir unas palabras ofensivas al seleccionador Raymond Domenech durante el descanso del partido Francia-México, que perdió Francia. En respuesta a aquella decisión, ¡al resto de los jugadores no se le ocurrió otra cosa que negarse a participar en el entrenamiento del día siguiente! La situación de unos futbolistas en huelga era ya lo bastante inverosímil, pero, para colmo del ridículo, Raymond Domenech fue obligado por sus jugadores a leer un comunicado en el que estos explicaban su actitud incomprensible. Desde París, yo miraba aquellas imágenes con estupefacción. No podía creerme lo que estaba viendo y oyendo. El fiasco era absoluto. Todos los responsables que había sobre el terreno estaban sobrepasados. El desdichado seleccionador había perdido el control por completo. La situación degeneraba a una velocidad cada vez mayor. Roselyne Bachelot intentaba, con arrojo y cierta sangre fría, poner un poco de calma en la medida de lo posible. Hablé con ella por teléfono y le pedí que se quedara en Sudáfrica al menos hasta el siguiente partido, que algo me decía que no nos reservaba ninguna sorpresa positiva. Organizó una reunión, a modo de último intento de arreglar las cosas, con el presidente de la Federación (Jean-Pierre Escalettes), el capitán del equipo (Patrice Évra) y el seleccionador (el mencionado Raymond Domenech). Habló incluso con los jugadores para exigirles que se tranquilizaran. Sus esfuerzos resultaron vanos.

El tercer y último partido —contra Sudáfrica— terminó con una nueva derrota. Francia fue eliminada de manera lamentable. Yo estaba que me subía por las paredes; pero no por el resultado —que tiene su parte aleatoria—, sino por el espectáculo ofrecido, así como por aquella vorágine a la que asistía impotente. Los franceses, que habían adorado a su selección, ahora la detestaban. ¿Qué había sucedido realmente? ¿Cuáles eran los motivos de aquella debacle? Todo se mezclaba, y yo voy a guardarme mucho de creerme en posesión de la verdad. Únicamente pude constatar una falta palmaria de autoridad. El presidente de la Federación era un buen hombre, pero no se sabía imponer. Se hacía mofa de su autoridad constantemente. A su sucesor, Noël Le Graët, se le podrán reprochar muchas cosas, pero no eso. Cuando no hay un jefe, o cuando este falla, no hace falta esperar mucho para asistir al estropicio. Un exceso de autoridad será siempre preferible a su ausencia, sobre todo tratándose del mundo privilegiado y consentido de los jóvenes futbolistas, demasiado adulados, demasiado ricos y no siempre dotados de los códigos de la buena educación.

Raymond Domenech, cuya competencia y cuya experiencia no cabía cuestionar, me dio la sensación de ser totalmente incapaz de comunicarse con la generación joven, mayoritaria en su selección. No conocía ninguno de sus códigos y se encontraba muy alejado de su psicología. Aquello lo tenía paralizado, dudoso siempre entre la brusquedad y el laxismo. Lo cierto era que la situación lo superaba. Lo hallé perdido, sin saber a qué santo encomendarse ni a quién dirigirse. En cuanto a mis dos ministras, aparte de que en absoluto eran responsables de la selección francesa, tampoco es que fuesen aficionadas al fútbol desde hacía mucho tiempo y no contaban, en consecuencia, con ninguna red de información privilegiada que hubiese podido alertarlas, aconsejarlas o protegerlas. Debo admitir que este no era mi caso, y aquella diferencia debería haberme empujado a ponerme en primera línea. Pero en esa época me acusaban cada día de ser el «omnipresidente» que quería ocuparse de todo, por lo que puse un cuidado extremo para no interferir en los asuntos futbolísticos. Y así me fue. Lo que tendría que haber hecho era meter las narices en el tema. Probablemente al final tampoco hubiese cambiado nada, pero al menos habría podido intentar actuar para evitar lo peor.

A todo aquello se añadía cierto engreimiento generalizado del fútbol francés, heredado de nuestros éxitos pasados. La selección de Francia se veía más guapa de lo que era en realidad. En su seno abundaban los clanes, pero no siempre basados en afinidades amistosas, sino más bien en cercanía de «orígenes». Allí había comunidades antagonistas. El conjunto constituía un cóctel incendiario que explotó a la primera ocasión. El mundial y la sobrecobertura mediática que lo rodeaba se prestaban a todo género de excesos. Lo más gracioso fue observar el comportamiento de cuantos habrían protestado violentamente, en caso de éxito, contra cualquier intento de utilización política por mi parte y que, sin embargo, me señalaban como responsable del fracaso. La coherencia no era la principal virtud de mis oponentes.

Al término de aquellos días extraños y desagradables, me sorprendió que solicitara reunirse conmigo quien entonces era el mejor goleador de la selección de Francia, Thierry Henry. Deseaba, de hecho, que lo recibiera nada más volver él de Sudáfrica. Yo estaba intrigado por aquella petición, sobre todo habida cuenta de que el hombre no tenía ninguna información particular que comunicarme ni ningún ruego que hacerme. Mi entorno estaba escindido sobre la conveniencia de tal encuentro. Decidí aceptar por respeto a la personalidad de aquel jugador, a quien yo estimaba por todo lo que había aportado a la selección francesa: sus cincuenta y un goles marcados a lo largo de sus ciento veintitrés partidos como internacional, algo bastante notable y que merecía ser tomado en consideración. Lo recibí en la terraza del parque del Elíseo. Ya era verano, lucía el sol; hacía mucho calor. Yo quería darle a aquel encuentro un carácter informal y cordial. Thierry Henry acababa de bajar del avión y no se le notaba el cansancio del viaje. Vestía con gran elegancia. Parecía un lord inglés. Yo le había pedido que entrara por la verja del parque para evitar las fotos. Me confesó su preocupación por el lamentable espectáculo que había dado la selección francesa. Me pareció tranquilo, inteligente, sensato. No tenía nada que ver con los comportamientos de niños consentidos de algunos de sus compañeros de selección. También es verdad que él tenía más años. Hablamos de la asamblea plenaria del fútbol que yo quería organizar para sacar consecuencias del fracaso francés en el Mundial. Muchos periodistas querían conocer a toda costa el contenido de nuestra conversación. Estaban convencidos de que incluía escandalosos secretos sobre el «topo» que había revelado a la prensa el altercado entre Raymond Domenech y Nicolas Anelka o sobre los entresijos de aquel desastre. No hubo nada parecido. Y yo le agradezco a mi interlocutor de aquel día que se mostrara especialmente discreto tanto sobre la forma como sobre el fondo de nuestra entrevista.

El único punto positivo de aquella triste aventura fue la confirmación de la importancia del deporte y de la selección francesa en nuestra epopeya nacional, para lo mejor y para lo peor. Tanto si se trata de exultantes manifestaciones de alegría como de la expresión del desencanto más amargo o de la humillación más terrible, nadie queda indiferente y cada cual se afana por expresar su opinión. El deporte seguramente sea uno de los últimos ámbitos de actividad pública en los que las pasiones nacionales se siguen pudiendo expresar sin reservas y sin temor a juicios condescendientes por parte de nuestras élites. La esfera deportiva ha conservado su capacidad de generar emociones cuya intensidad no mengua. Si yo esperaba contar con el «efecto Mundial de Fútbol» para volver a levantar la moral a los franceses, tan maltrechos tras aquellos dos años de crisis financiera global, no funcionó. La opinión pública estaba decepcionada, molesta, y soñaba con desquitarse. Más valía llevar cuidado para no acabar yo puesto en su punto de mira exclusivo. Aquello no me facilitaba la labor.

*
* *

Tras la gran crisis, las pequeñas. Definitivamente, aquella primavera de 2010 no acababa de soltar su veneno. Yo esperaba la pausa estival ya con cierta impaciencia. El periódico *Le Monde* estaba al borde de la suspensión de pagos. Necesitaba recapitalizarse y buscaba compradores. Le hacía falta, hablando en plata, «dinero fresco». El escritor Éric Fottorino solicitó reunirse conmigo. Quería conseguir una serie de ventajas para el periódico que dirigía. El hombre estaba en su papel. No era el primer pedigüeño —ni sería el último— entre los directivos de la prensa, tan puntillosos siempre en lo tocante a su independencia y tan poco recatados en sus exigencias financieras... Lo recibí con especial agrado porque había leído con interés varias de sus obras. Era afable, risueño, simpático, conciliador (al menos en apariencia). A mí me resultó natural confiar en aquella persona cultivada, de aire moderado y que daba siempre la impresión de estar de acuerdo con quien fuera su interlocutor. No me inspiraba el menor recelo. Me equivocaba. No fue esta la primera vez que caí en la trampa de las impresiones inmediatas, que son por naturaleza superficiales.

De manera que mi visitante me presentó las dos ofertas de compra que contaban con la preferencia de la redacción, la cual tenía, según los estatutos del periódico, la última palabra, debiendo obtener el candidato propuesto una mayoría de dos tercios de los votos. La primera oferta venía del trío integrado por Pierre Bergé, Xavier Niel y Matthieu Pigasse; la segunda, del propietario del grupo Nouvel Observateur, Claude Perdriel, con quien yo mantenía unas relaciones «polares» desde aquel episodio del falso SMS de «Si vuelves, lo anulo todo». Se trataba, por tanto, de dos ofertas de capitalistas claramente comprometidos con la izquierda y que en absoluto ocultaban su militancia. El dinero, como es sabido, cuando viene de la izquierda no supone ningún menoscabo en la virtud de nuestros demócratas quisquillosos. Sea como sea, a mí me habría costado muchísimo decantarme por alguna de ambas opciones o expresar cualquier preferencia clara, ya que no me sentía afín a ninguna y conocía, por añadidura, la hostilidad que todos aquellos hombres me profesaban. Escuchaba, así, con cierta distancia lo que Éric Fottorino me decía y me habría cuidado mucho de elegir entre «lo malo y lo peor». No tenía nada que ganar ni que perder. Sabía, desde hacía mucho, que la redacción de *Le Monde,* antaño un gran periódico de referencia, llevaba ya tiempo «gangrenada» por la extrema izquierda, lo que le había hecho perder su magisterio.

La polémica estalló cuando se mencionó la posibilidad de que la empresa Orange se sumara como inversora a la oferta de Claude Perdriel. Entonces dirigía dicha empresa Stéphane Richard, que era un viejo amigo mío, aunque había empezado su carrera en el gabinete ministerial de Dominique Strauss-Kahn, con quien también tenía trato cercano. Aquella posibilidad no pasó de unos tanteos de lo más superficiales, pero eso bastó para inflamar al mundillo político-mediático, que se inventó de cabo a rabo una milonga según la cual yo quería hacerme con el control de aquel periódico para cerrar el paso a inversores demasiado izquierdistas. De hecho se decía que yo me decantaba por la opción de Perdriel, ¡a quien resulta que llevaba sin dirigir la palabra dos años! El Gobierno, para colmo, acababa de asignarle a Xavier Niel la cuarta licencia de telefonía para Free. En buena lógica, por tanto, yo tendría que haber preferido a este último. Pero la lógica no tenía nada que ver con aquella polémica. De lo que se trataba era de presentarme como un adversario de la democracia, dispuesto a todo para defender sus intereses electorales. La mala fe y la deshonestidad intelectual se propagaban a una velocidad estratosférica. Había que defender a *Le Monde,* que ahora se presentaba como una víctima a pesar de aquellos multimillonarios de izquierdas que se apresuraban a proporcionarle recursos para vivir holgadamente. Era el colmo de la hipocresía. Éric Fottorino hizo un tenue intento de calmar las cosas. Él conocía, sin embargo, la verdad y sabía que yo no había ejercido ninguna presión, no había expresado alguna preferencia y no había evidenciado voluntad de injerencia ninguna en un proceso que, de hecho, para mí carecía de todo tipo de interés factible o alcanzable. Aquello no era, por tanto, mera fantasía: era manipulación pura y dura.

El semanario *Le Point* afirmó, sin aportar la menor prueba que sustentara tal tesis, que yo había «amenazado a los directivos del periódico *Le Monde* con no darles las ayudas estatales para salvar su imprenta si optaban por el trío de inversores». Era verdad que también la imprenta de *Le Monde* estaba al borde de la quiebra. Tampoco es que eso inquietara demasiado a los responsables del periódico, a quienes les parecía natural que el contribuyente subsanara las incoherencias de su gestión. Así y todo —como los hechos demostraron—, yo nunca pronuncié aquellas palabras. Ese fue el momento que François Hollande eligió para intervenir solemnemente, calificando de «inadmisible la intervención de Nicolas Sarkozy con el objetivo de excluir una oferta de rescate del diario *Le Monde*». Prosiguió señalando que yo quería «ser el dueño del mundo, incluido el periódico…». ¡Definitivamente, el líder socialista dedicó más tiempo siempre a buscar la palabra ingeniosa que el programa adecuado! Afirmar que yo tenía el proyecto de controlar aquella redacción a través de Claude Perdriel —cuando nuestra mutua enemistad era de todos conocida— resultaba simplemente ridículo.

Había que tener en cuenta, no obstante, la voluntad de destruir de mis oponentes, para quienes cualquier pretexto era bueno aunque fuera el más disparatado. Ninguna de aquellas polémicas era grave, ni siquiera preocupante; yo sabía que la verdad terminaría imponiéndose. Pero la acumulación de una tras otra cada semana tenía un efecto de enorme desestabilización tanto en mi mayoría parlamentaria como en mis apoyos. También terminaba cansando a la opinión pública, la cual se decía que todo aquel griterío probablemente fuera exagerado, pero que algo sí podría haber de cierto. Calumnia, que algo queda. Ahora veo claramente que aquello, por desgracia, resultó ser exacto.

*
* *

Aquel mes de junio tan sombrío trajo, por fin, una muy buena noticia con el cambio favorable de la canciller Merkel sobre un asunto que, para mí, era prioritario: la necesidad de institucionalizar un verdadero Gobierno económico europeo. Hacía tres años que yo libraba aquella batalla infructuosamente. La zona euro se había dotado de una moneda única —y de un banco central común— y organizaba con regularidad cumbres de ministros nacionales de Finanzas, pero no siempre disponía de una instancia de coordinación de las políticas económicas de sus Estados miembros. Aquello era incoherente para la solidez de nuestra moneda, y peligroso para la estabilidad de toda la zona. Había hecho falta la dramática crisis financiera de 2008 para que se celebrara por fin la primera cumbre de jefes de Estado y de Gobierno de la eurozona. Eran ellos, y solo ellos, quienes estaban en condiciones de armonizar las distintas políticas económicas. Tenían poder para hacerlo utilizando todos los resortes: los de la fiscalidad, los de la formación profesional, los de la legislación social, los de la realización de grandes infraestructuras que hicieran posibles futuros crecimientos. Los alemanes se oponían visceralmente aduciendo que semejante instancia acarrearía el peligro, dado su peso político, de influir en el Banco Central Europeo. Resulta que su independencia representaba, para nuestros socios de allende el Rin, algo así como un pedazo de la Vera Cruz. No querían dar su brazo a torcer por entender que el Banco Central era depositario, él solo, de la credibilidad y la seriedad de Europa. Era esta una visión bastante poco política de la construcción europea, y sobre todo muy contable.

Por el contrario, yo trataba de hacerle ver a la canciller que no servía de nada echar pestes contra la falta de coherencia de las economías europeas si estas nunca se reunían para hablar del tema y actuar. Jean-Claude Trichet, entonces presidente del Banco Central Europeo, mantenía exactamente la misma postura que Angela Merkel; entendía que la independencia de la institución era una línea roja que no podía franquearse bajo ningún pretexto. Hube de discutir con él sobre este tema en incontables ocasiones, explicándole que la independencia —que yo respetaba— nunca había comportado la ausencia de diálogo y, mucho menos, de debate. Ahora bien: para dialogar y debatir hacían falta, como mínimo, dos. La ausencia de un Gobierno económico europeo imposibilitaba el intercambio de argumentos y aun su confrontación. El Banco Central era sin duda independiente en sus decisiones, pero los Gobiernos tendrían que poder plantearle preguntas e incluso «desafiarle» en caso de necesidad si algún aspecto de su política monetaria no estuviese produciendo los efectos previstos. Yo quería que, en la línea de lo que sucedía en Estados Unidos con la Reserva Federal, aquello no fuese un tema tabú.

Incorporé este asunto al orden del día, una vez más, en la cena de trabajo que la canciller organizaba en Berlín el 14 de junio. Estaba resuelto a llegar hasta el final. No podíamos asumir los riesgos que conllevaba mantener el *statu quo*. Las incoherencias económicas —y no solo financieras— que se daban en el seno de la zona euro implicaban nuevos peligros de crac financiero. Aquella noche, la discusión fue larga y ardua. Angela Merkel terminó cediendo con la condición de que ella salvase la cara. Es decir: reconoció la necesidad de un Gobierno económico europeo siempre y cuando no se tratara de una nueva institución. Con otras palabras: ella no quería que se instaurasen reuniones periódicas de los jefes de Estado y de Gobierno de la eurozona. Yo lo lamenté, pero tampoco hice un drama al respecto, pues estaba convencido de que, una vez decidida y refrendada la idea, se impondría ineluctablemente un calendario regular. Lo esencial era reventar el cerrojo alemán. Y ya bastante inesperado era haberlo conseguido teniendo en cuenta que, hasta aquel momento, ningún dirigente alemán había querido siquiera pronunciar la expresión «Gobierno económico». Los mercados no se equivocaron y reaccionaron muy favorablemente ante aquella perspectiva. La zona euro ganaba en credibilidad. Una vez logrado el visto bueno de Alemania, la aprobación del resto de miembros de la Unión Europea fue un mero trámite: todos ellos consideraban que las divergencias de política económica nos habían salido ya bastante caras. Era hora de poner término a aquella situación.

Pude volver a constatar la rigidez del conjunto de prejuicios de los más europeístas. Los padres fundadores habían dado muestras de imaginación, creatividad y flexibilidad. Yo tenía la desagradable sensación de que ahora, para que lo reconocieran a uno como un europeísta convencido, había que aferrarse a una especie de inmovilismo ideológico. Todo se movía en el mundo y en nuestro continente, pero nada tenía que cambiar. Aquello era insostenible. Los pueblos de Europa lo entendían perfectamente y exigían, consulta tras consulta, que Europa se reformase. Hacía falta audacia. El sistema solamente engendraba prudencia. Habríamos tenido que dar pasos de gigante. Y solo éramos capaces de seguir dando pasitos. Teníamos la sensación de avanzar cuando en realidad estábamos retrocediendo. Yo presentía aquel desfase. Veía el muro acercarse y la inevitable colisión. A mí también me atenazaba aquel sistema que nos paralizaba a todos. Seguramente se trate de mi mayor frustración. Lanzaba mis arengas para que saliéramos de aquella situación y todo el mundo despertase, pero luego debía aceptar soluciones de compromiso. ¿Tendría a lo mejor que haber permitido una crisis institucional para provocar una reacción salvífica? Me lo planteé, pero al final renuncié ante el riesgo de desestabilización en un momento en que estábamos a las puertas de una nueva crisis financiera. Lo lamento porque ahora, con la distancia, puedo imaginar cuántos sufrimientos y fracasos se habrían podido evitar. En primer lugar, la catástrofe del *brexit*.

*

* *

A finales de aquel mes de junio de 2010, fui el invitado de honor del Foro Económico Internacional de San Petersburgo, presidido por el presidente ruso Dmitri Medvédev. A la luz de los acontecimientos que todos conocemos desde la guerra de Ucrania, constato hasta qué punto las cosas han evolucionado desfavorablemente entre nuestros países. Todavía no nos damos cuenta de la magnitud del desastre. Muy poca gente es capaz de calibrar la gravedad de la situación ni cuántos decenios harán falta para calmar los ánimos y retomar unas relaciones «normales» con ese gran vecino de Europa que es Rusia. Y sin embargo, si adoptamos una perspectiva histórica —y no la de la simple actualidad—, yo no reniego en absoluto de lo que dije en aquella ocasión: «La Guerra Fría terminó. El Muro terminó. Rusia es una gran potencia. Somos vecinos. Estamos llamados a ser amigos. Tenemos que acercarnos». Eso dije ante dos mil responsables políticos y económicos del mundo entero, aunque en su mayoría rusos. Me ovacionaron. Empezaba a renacer la confianza tras años de tensiones y conflictos. El futuro estaba en la cooperación. Incluso logré convencer a Medvédev de que compartiera las prioridades de Francia para regular el sistema financiero internacional en la próxima cumbre del G-20 que iba a celebrarse en Toronto.

Yo pensaba que Europa sería más fuerte con Rusia. Ese país-continente no lleva trazas de desmoronarse. A lo largo de la historia, cada vez que nos hemos enfrentado se ha saldado con una catástrofe. Cada vez que nos entendimos y nos aliamos fue en beneficio de todos. Recordemos la Segunda Guerra Mundial, donde vencimos en el frente occidental gracias a los estadounidenses, pero en el frente oriental salimos victoriosos gracias al papel determinante, a partir de 1941, de los soviéticos. Tendremos que reflexionar sobre esa lección de la historia. Los errores de Putin no cambian en absoluto las leyes de la geografía. La necesidad de defender a Ucrania no modifica los intereses estratégicos de Europa y de Rusia, que deberán volver a hablar y reconciliarse si quieren evitar una nueva y catastrófica guerra mundial.

Nosotros no estuvimos allí en esa época. Yo me alegraba de hacer aquel viaje, aunque San Petersburgo siempre me hubiese parecido una ciudad magnífica, pero triste. No seré yo quien niegue la belleza de los canales del Nevá, la suntuosidad de esa arquitectura tan particular, la riqueza insólita de las colecciones allí reunidas o incluso la singularidad de esas noches en pleno día. La ciudad desprende, así y todo, una nostalgia característica del alma eslava e incluso una ausencia de ligereza que crea una atmósfera pesada. Siempre he preferido la actividad intensa y efervescente de Moscú, que se ha convertido en una de las ciudades más bonitas del continente europeo. De ella emana una energía y una fuerza vital que yo no encuentro en San Petersburgo, como si el peso de la historia todavía la agobiara demasiado, a la que le cuesta abrirse al siglo XXI. Ambas ciudades albergan, por supuesto, el alma rusa; pero yo la percibo más alegre en una que en la otra.

Mientras me dirigía a aquel foro, pensaba en los destinos de nuestras dos naciones, a la vez tan distintas y tan cercanas. La patria de Balzac y de Victor Hugo no podía sino entender a la de Tolstói y Dostoyevski. Hace poco más de un siglo se hablaba francés en la corte del zar. Pocos países como los nuestros estaban tan apegados a sus culturas, a sus raíces, a sus tradiciones. Aquella era la parte europea de nuestro gran vecino ruso. Pero con demasiada frecuencia se nos olvida la influencia asiática de la nación más extensa del mundo, que mantiene más de cuatro mil kilómetros de fronteras comunes con China. El lago Baikal queda a solo dos horas de vuelo desde Pekín y, sin embargo, a seis desde Moscú. Tal vez radicara ahí el origen de la violencia latente en el alma rusa, de la brutalidad de sus prácticas políticas y de la ausencia casi absoluta, durante toda su historia, de paréntesis democráticos. ¿De dónde le viene a este país-continente esa obsesión de sentirse asediado que lo socava? No sabría decirlo, como tampoco podría explicar el origen de los complejos que manifiesta Rusia con Europa; complejos que ya existían en época de los zares y que les llevaba a buscar a cualquier precio la consideración de los reyes de Francia. Lo cierto es que somos diferentes. Probablemente mucho más de lo que pensamos. Y esas diferencias podrían convertirse en una fortaleza si fuéramos capaces de considerarlas complementarias. Pero resulta que, desde ambos lados, nos empeñamos a toda costa en considerarlas antagonistas. Se trata de una postura peligrosa y que solo puede derivar en catástrofe. Hace falta cordura y fuerza para entender cuál habría de ser la naturaleza de las relaciones francorrusas.

Yo pienso, contra viento y marea, que sigue siendo posible privilegiar la cooperación sobre el enfrentamiento, en consonancia con lo que hicieron, en Alemania y Francia, las generaciones posteriores a la Segunda Guerra Mundial. Se me dirá que esa opción queda excluida mientras Vladímir Putin siga en el poder. Yo no lo veo así. Es a los rusos a quienes corresponde elegir a sus dirigentes, y no a nosotros. Si Putin se encuentra enfangado en su «error ucraniano», tendría que ser posible reconducirle a un posicionamiento más pacífico y más respetuoso con los grandes principios internacionales tal como están recogidos en la Carta de las Naciones Unidas. Habrá que recurrir a una mezcla de fuerza —que es lo que Vladímir Putin comprende y respeta— y psicología, pues de la humillación de Rusia solo cabe esperar dramas. Es un error querer sancionar al pueblo ruso, que no debe pagar por el comportamiento de unos pocos. Podrá objetárseme que, cuando yo era presidente, tenía como interlocutor a Dmitri Medvédev y todo era, por tanto, más fácil. Eso es cierto solo a medias, pues todo el mundo sabía entonces quién mandaba de verdad. Y, sin embargo, me gustó hablar y trabajar con el presidente Medvédev. La situación era extraña: el hombre se comportaba como si fuera el responsable último, sin expresar jamás la menor reserva hacia su primer ministro Vladímir Putin, que era quien entre bastidores ejercía de verdad el poder. Seguramente aquello fuera más fácil de decir que de hacer.

Yo puedo dar fe de que aquella «extraña pareja» funcionaba. Medvédev ofrecía una imagen más moderna y más abierta de Rusia. Era posible convencerle y conseguir que tomase decisiones. Sigo confundido ante su actual radicalidad. No obstante, no quiero ni puedo resignarme a esta nueva Guerra Fría, que en cualquier momento puede derivar en el enfrentamiento más caliente que quepa imaginar.

En aquel foro, la relación francorrusa era espléndida y sumamente prometedora de cara al futuro. Habíamos firmado multitud de contratos. Estaban previstos tres mil millones de inversiones francesas en Rusia y dos mil millones de inversiones rusas en Francia. Nuestras empresas consiguieron contratos por valor de dos mil millones y medio de euros. Alcanzamos un acuerdo que preveía la entrada de la empresa francesa GDF-Suez en el gaseoducto Nord Stream. Además, Rusia había decidido adquirir cuatro navíos de clase Mistral. El balance económico era más que favorable. Yo oía las críticas de cuantos denunciaban la diplomacia de los contratos en detrimento de nuestros valores y principios, pero semejante argumento solo se sostenía como mera pose mediática. ¿Se nos ha olvidado que la paz y la reconstrucción de una Europa devastada por la guerra solo fueron posibles gracias a que se inscribieron en el contexto de la Comunidad Europea del Carbón y del Acero? Los intercambios económicos acercaron a las naciones. La imbricación de los intereses financieros dificultó el surgimiento de conflictos nacionales territoriales. En Europa la paz se construyó sobre la economía. A largo plazo, la diplomacia económica protege mejor los intereses de pueblos antagonistas que la estrategia de la guerra, la cual siempre termina en humillaciones y en deseos de revancha que solo sirven para azuzar las histerias nacionalistas. Hay que defender a Ucrania, eso no es discutible; pero sin destruir nuestras relaciones con el gran vecino ruso. El sendero es estrecho, pero no hay más opciones.

De camino a aquel foro de San Petersburgo, yo me decía que la vía de la paz y el crecimiento mutuo quedaba definitivamente abierta. Estos últimos años me han hecho ver que me equivocaba, ya que aquello solo era un paréntesis. En pocos meses hemos retrocedido más de treinta años, y me temo que lo peor está aún por llegar. Francia goza de la mejor situación para apelar a todos a la razón. El deber de un hombre de Estado es ver más allá y aceptar colocarse a contracorriente de una opinión mediática que solo contempla el cortísimo plazo. El deber de un presidente francés es mantener abierta la vía del diálogo con Rusia. La historia juzgará severamente a quienes no hayan tenido la valentía de entenderlo a tiempo.

*

* *

El mes de julio no empezó mejor de lo que había terminado junio. Dos de mis ministros se vieron obligados a dimitir por la torpeza de unos comportamientos que, con lo inflamable del ambiente político del momento, tuvieron gran impacto en la opinión pública. A Christian Blanc los problemas le vinieron por abusar de su afición a los cigarros puros. La factura de doce mil euros daba una pésima impresión, agravada por el hecho de que él solo había pagado de su bolsillo la cuarta parte. *Le Canard enchaîné* se había hecho con ella; imposible imaginar un símbolo más caricaturesco. El ministro tuvo que dejar el Gobierno cuando estaba centrado en el proyecto Grand Paris. Yo no tenía más opción que aceptar su dimisión, por mucho que apreciara la eficacia y la fidelidad de aquel gran servidor del Estado, que había sido miembro del gabinete de Michel Rocard y había demostrado sus capacidades de negociador en Nueva Caledonia. Aquello fue una pérdida, pues Blanc trabajaba mucho y bien. Poseía una visión y un saber hacer bastante infrecuentes. La suya había sido una falta de atención y de prudencia. Le afectaron muchísimo las condiciones de su marcha, lo que aún ponía más de relieve su profunda honradez. Así y todo, aquel primer sacrificio era necesario para tratar de encarrilar las cosas.

La otra dificultad la protagonizó el secretario de Estado para la Cooperación y la Francofonía, Alain Joyandet, quien tres meses antes ya había dado que hablar porque tuvo la desafortunada idea de utilizar un avión privado para un desplazamiento gubernamental a Martinica. También aquella factura de ciento sesenta mil euros ocasionó, desde luego, problemas. El nuevo «asunto» tenía que ver con la obtención de una licencia para construirse una casa en

Grimaud. Se decía que la legalidad de dicha licencia no estaba clara. Luego quedó de relieve que allí no había nada reprochable. Pero aquellas dos polémicas sucesivas, que provocaron cierta agitación en los círculos político-mediáticos, desestabilizaron a mi ministro más de lo que él podía imaginar. El hombre sucumbió a una auténtica depresión que no le permitía afrontar las cosas con la debida distancia. Me enteré de su dimisión por una nota que AFP (Agence France-Presse) publicó en la tarde de un domingo del mes de julio, sin que él se hubiera molestado siquiera en avisarme. Era un viejo amigo con el que siempre había podido contar. Aquella forma de actuar no era, en absoluto, propia de él. Siempre había sido un hombre tranquilo, ponderado y fiable. Aquel cambio de actitud tan brusco y tan sorprendente me permitía comprender la profundidad de su angustia. Ni siquiera se lo reproché. ¿De qué habría servido? El daño estaba hecho. Aquellas dos marchas ilustraban, una vez más, que la política al más alto nivel es un oficio que tiene sus reglas, sus exigencias, sus riesgos y, sobre todo, sus contrapartidas. Todos los responsables electos aspiran a convertirse en ministros. No todos pueden. No es una cuestión de talento o inteligencia. Es un asunto de resistencia, es decir, de capacidad de aguante y fortaleza. Pero resulta que no todo el mundo posee dicha capacidad. La negativa a ser elegido para un puesto ministerial no ha destrozado nunca a nadie. Promocionar, sin embargo, a tal puesto a alguien que no esté preparado o que no tenga la solidez necesaria puede tener graves consecuencias en el equilibrio de la persona en cuestión. Pude observarlo en la época de François Mitterrand con Georgina Dufoix, que quedó destrozada tras aquel episodio de la sangre contaminada. Aquello me dejó marca; realmente me impactó. Tendría que haber estado más atento a ese aspecto cuando elegí a algunos miembros de mis Gobiernos.

Sea como sea, aquellas dos dimisiones, sumadas a los problemas de Éric Woerth, permitían a mis opositores atacarme frontalmente. Y máxime considerando que acabábamos de adoptar medidas de austeridad presupuestaria y que yo había hecho campaña sobre el tema de la «República ejemplar». Martine Aubry, de la que cabía esperar algo mejor, llegó a denunciar «las enojosas conexiones entre el poder político y los intereses del dinero». ¡Aquello era exagerar un poco el asunto de los puros de Christian Blanc! Ségolène Royal, como de costumbre, competía en demagogia y exigía que a partir de ese momento el dinero del Airbus presidencial se destinara a la reparación de los diques que el ciclón Xynthia había destruido en la región que ella presidía. Cuando volvió a ser ministra —en la época en que fue presidente François Hollande, su expareja y padre de sus hijos—, el avión de la República se utilizó hasta la saciedad sin que ni uno ni otra se plantearan, ni por un instante, venderlo o separarse de él. Así funciona la izquierda: «¡Haced lo que yo diga pero jamás lo que yo haga!».

Yo entonces no quise abrumar con reproches a mis dos ministros. Mi entorno, sin embargo, me animaba a hacerlo. Pensaban que sería bueno para mí, que de algún modo me protegería. Pero yo no lo veía así. Nunca he creído que desentenderse, autoexculparse, sea la estrategia correcta. De hecho, tengo una profunda aversión a tal comportamiento, que no es más que cobardía. Los franceses nunca se dejan embaucar. Añado además que los dos interesados ya estaban siendo objeto en ese momento de una venganza tan generalizada como descomedida. Los comentaristas se emplearon a fondo. Era fácil, teniendo en cuenta su «estúpida» conducta. Pero a mí siempre me han horrorizado esas muestras de encarnizamiento. En esos casos experimento una simpatía espontánea por el destinatario de ese odio colectivo, que se prolonga unos días para finalmente desaparecer. Entonces vemos cómo se desatan la maldad, la envida, la aversión…, los sentimientos más bajos de los que todos somos, por desgracia, capaces. Hay que golpear, humillar, denunciar, envilecer. Yo nunca quise formar parte de eso. Habría perdido mi dignidad y mi autoestima…

A todo aquello se añadió, por si fuera poco, la dimisión del embajador de Senegal, Jean-Christophe Rufin. Al comienzo de mis cinco años de presidencia quise retomar la tradición de los embajadores escritores. Jean-Christophe Rufin me parecía el candidato ideal; su novela *Rojo Brasil* me había enganchado e incluso entusiasmado. Dakar era una ciudad francófona y muy dada a los debates intelectuales. Los senegaleses sin duda apreciarían que les enviáramos a un embajador tan cultivado. Yo lo consideraba, además, si no amigo, sí al menos del entorno del ministro de Asuntos Exteriores, Bernard Kouchner. Su compromiso común con la ONG Médicos Sin Fronteras evidenciaba la afinidad de sus sensibilidades. La idea era prometedora. La realidad resultó ser mucho menos buena. Yo no había coincidido nunca con Jean-Christophe

Rufin. No sabía nada de su personalidad íntima ni de su carácter profundo. Desconocía en concreto esa arrogancia propia de una parte de nuestras élites. Es un defecto que no se perdona en ningún sitio, pero menos aún en Senegal, donde el orgullo de la población no tiene nada que envidiar al de los franceses. Nuestro nuevo embajador se creía adorado. Nada más lejos de la realidad. Únicamente lo apreciaban quienes detestaban al presidente Abdoulaye Wade. Pero resulta que yo no lo había nombrado embajador para que se convirtiera en jefe de la oposición, sino para que representara a Francia. Y eso exigía mantener una equidistancia con todos. De manera que el presidente senegalés exigía su marcha, a lo que tuve que negarme en varias ocasiones. También me sorprendieron las relaciones que entabló con su ministro competente, a quien él despreciaba tan notoria como manifiestamente. Aquello se había vuelto realmente incómodo. ¿De dónde venía esa envidia enfermiza? Tal vez de antiguos conflictos de juventud entre ambos hombres de los que yo no sabía nada. La situación tenía visos de acabar desembocando en un desastre. Jean-Christophe Rufin, que se daba cuenta, quiso tirar la toalla con pompa —y con cierta habilidad—, lo que le permitía evitar que quedara de manifiesto su deficiente gestión como embajador. Así que dejó teatralmente su cargo para protestar, según él, contra «la ausencia total del Ministerio de Asuntos Exteriores en los asuntos africanos». Era extraño atacar así a un ministro al que se le suponía amigo suyo, insistiendo en su «falta de influencia». A mí, naturalmente, jamás me había comentado nada. Aquello era un puro pretexto que le permitía abandonar el barco sin tener que rendir cuentas. Un comportamiento banal y poco glorioso.

*

* *

Terminé aquel mes de julio con una intervención televisiva de poco más de una hora en France 2. Tras aquellos dos meses de polémicas —y en el momento en que la reforma de las pensiones iniciaba su larga andadura parlamentaria—, tenía que tomar la palabra para volver a encarrilar la acción del Gobierno, responder a todas las preguntas que se planteaban e intentar cerrar el interminable capítulo de aquellas controversias y aquellos escándalos que acaparaban la actualidad. Todo el mundo me presionaba para que lo hiciera; en primer lugar, quienes me respaldaban, cuya moral volvía a estar por los suelos. Aquello era un auténtico trabajo de Sísifo. Me veía obligado a insuflar ánimos cada vez con más frecuencia. Para mí esa era la prueba más clara de que nos acercábamos al término de mi mandato de cinco años. Todo el mundo andaba haciendo cábalas sobre la futura evolución de los acontecimientos y, concretamente, sobre mi posible reelección. Así funciona la política, a base de mareas ascendentes o descendentes, pero jamás se queda quieta. ¡En política siempre se está en vísperas o con la resaca de unas elecciones! Los sentimientos se expresan con colores vivos, nunca con tonos pastel. Muchísimos pasaban de la euforia al abatimiento. Yo debía asumir aquello y mantener la sangre fría porque era el único que estaba en condiciones de transmitir seguridad y de afrontar el futuro —es decir, las siguientes elecciones— con alguna posibilidad de éxito.

David Pujadas empezó su entrevista —lo que no me sorprendió, precisamente— con el caso Woerth-Bettencourt. Estábamos instalados en la terraza del parque del Elíseo. Yo intenté liquidar el tema abordándolo en detalle y con la mayor brevedad posible. El enfoque de la polémica apenas había cambiado. Las diligencias preliminares corrían a cargo del fiscal de la República de Nanterre, Philippe Courroye. Mis oponentes consideraban que este no ofrecía las debidas garantías de independencia; el motivo era simplemente que, en el entorno judicial, el hombre tenía fama de no ser de izquierdas. Yo lo conocía —aunque no era ni un amigo ni una persona cercana—, pero el mero hecho de que no perteneciera al sindicato izquierdista de jueces Syndicat de la magistrature bastaba para convertirlo en sospechoso. De manera que había que iniciar una instrucción y encomendársela a jueces de instrucción cuya independencia respecto a la derecha estuviese garantizada… pero mucho menos respecto a la izquierda o incluso la extrema izquierda. El paréntesis nos llevó un cuarto de hora largo a pesar de mis esfuerzos por sortearlo.

Entonces pasamos a la reforma de las pensiones. Mi interlocutor parecía favorablemente impresionado tanto por la magnitud de las manifestaciones como por el frente unido de los sindicatos. Le contesté que con mis oponentes de izquierdas siempre era lo mismo: lo que perdían en las urnas en el momento de las elecciones querían recuperarlo en la calle con manifestaciones. A eso le llamaban ellos «democracia». Si la derecha se hubiera comportado así cuando eran ellos quienes estaban en el poder, no habrían dejado de tacharla de facciosa, fascista y brutal. En cualquier caso, yo no tenía la menor intención de ceder. François Hollande, cuyo sentido del humor hoy todos conocemos, declaró solemnemente que, si él asumía las responsabilidades gubernamentales, «la izquierda se comprometía a recuperar la jubilación a los 60 años». Naturalmente no lo hizo, pero lo más sorprendente no fue el hecho de que mintiera, sino que nadie en la prensa le recordara aquella promesa traicionada cuando solo habían transcurrido dos años desde que la hiciera. Confieso que me cuesta acostumbrarme a lo que no es sino mera complacencia. En cualquier caso, estaba preparado para lo que nos esperaba en septiembre a la vuelta de las vacaciones, pues François Chérèque, en nombre de la CFDT (Confederación Francesa Democrática del Trabajo), y Bernard Thibault, en representación de la CGT (Confederación General del Trabajo), habían hablado de un «divorcio total entre el Gobierno y los sindicatos». Concluían que no quedaba otra que mantener «relaciones de fuerza». Luego abordamos el asunto de la seguridad, que volvía a ocupar el primer plano informativo; desde todos los lados llamaban mi atención sobre ese tema. Anuncié mi decisión de implicarme otra vez frontalmente y presentar, apenas comenzara el curso, una nueva ley que responsabilizara a los padres de los menores de edad que delinquían, pues su dejación de funciones resultaba flagrante. Andaba preparando, de hecho, el discurso de Grenoble, que había de pronunciar unos días después.

Las repercusiones mediáticas de aquella emisión televisiva fueron más bien elogiosas. Incluso *Libération* escribía: «Hay que reconocerle al presidente que ha gestionado muy hábilmente su contraofensiva político-mediática para intentar sofocar el tumulto provocado por el caso Woerth-Bettencourt». Me hizo gracia el editorial de *Le Progrès:* «Nicolas Sarkozy jamás tendrá la untuosidad de François Mitterrand ni la compasión de Jacques Chirac. A pesar de todo, ayer ejerció de presidente». Yo no sé si el autor de aquellas líneas, normalmente tan crítico conmigo, calibraba el alcance del piropo que entonces me hacía. Lo cierto es que aquellas «mieles» relativas resultaron tan efímeras como las yemas primaverales; no dejaban huella y no tenían la menor importancia. Esa es una de las características que siempre me han impresionado de los comentaristas: jamás releen lo que escribieron antes, y eso les permite cambiar de enfoque y de postura con una rapidez pasmosa; sus textos se escriben, se leen y se olvidan, lo cual supone, de algún modo, una ventaja que les da margen para adaptarse al ritmo que marca la actualidad. Tal actitud resultaba, por supuesto, mucho más discutible en cuestión de coherencia y convicciones. Sea como sea, eran justamente las características contrarias a las que debía mostrar un estadista.

*

* *

Yo no sabía, cuando me dirigía a la capital del departamento del Isère para pronunciar un discurso sobre el asunto de la seguridad, que me disponía a desatar un clamor que dejaría huella y se inscribiría en la pequeña historia como el «discurso de Grenoble». No hacía mucho se habían producido unos graves incidentes en distintos barrios periféricos de esa ciudad. Yo estaba resuelto a poner término a aquello y había decidido designar a un nuevo prefecto —Éric Le Douaron, especialista en cuestiones de seguridad— para restablecer la calma. Mi «crimen» aquel día consistió en asociar los temas de la delincuencia y la inmigración, lo cual no tenía nada de original, ni menos aún resultaba chocante, salvo para los incontables tartufos que se obstinaban en negar las evidencias. Yo planteaba, en buena lógica, que se pudiera retirar la nacionalidad francesa a cualquier persona de origen extranjero que atentase voluntariamente contra la vida de un policía, de un gendarme o de cualquier otro individuo depositario de la autoridad. Añadí —agravando con ello mi caso— que en adelante no sería automática la obtención de la nacionalidad francesa por parte de un delincuente menor de edad al alcanzar la mayoría de edad. A ese respecto expliqué que la nacionalidad francesa había que merecerla y, por tanto, había que demostrar ser digno de ella; de lo contrario, no se obtendría. Terminé mi discurso pidiendo que se evaluaran los derechos y las prestaciones sociales a los que entonces tenían acceso los extranjeros sin papeles. Precisé que, a mi juicio, una situación irregular no podía conferir más derechos que una situación regularizada y legal. Todo aquello, aun siendo de puro sentido común, era susceptible de resultar chocante a cuantos rivalizaban en «generosidad mediática» en menoscabo de la realidad que tantos conciudadanos nuestros vivían en aquellos barrios socavados por la delincuencia, el miedo y los tráficos ilícitos.

Pero lo que realmente prendió la mecha fue que mencionara el asunto de los gitanos. Para mí era importante, en efecto, acabar con el descontrol de los campamentos que instalaban miembros de esa comunidad. Porque se habían multiplicado; constituían zonas sin ley que exasperaban a cuantos tenían la desdicha de vivir en los alrededores respetando escrupulosamente, ellos sí, las normas de nuestro derecho y pagando sus impuestos tanto nacionales como locales. Anuncié que la mitad de aquellos asentamientos sin control serían objeto de desalojos en un plazo de tres meses. Es decir: mi discurso carecía de la más mínima ambigüedad; estaba, de hecho, absolutamente en consonancia con todo lo que yo había dicho y puesto en práctica durante mis años como ministro del Interior.

La respuesta a mis anuncios no se hizo esperar. Se alzó, como si de un resorte se tratase, un auténtico muro unánime de protestas desproporcionadas. Había osado ponerme en la mira no solo de las comunidades itinerantes, de los gitanos y de los jóvenes delincuentes, sino también de la inmigración. Este último extremo constituía una verdadera línea roja que sumía en un estado de histeria al conjunto de la izquierda y, lamentablemente, también a una parte de la derecha. En esta ocasión no cabía duda, para mis oponentes, de que yo había retomado la retórica de la ultraderecha. De hecho estaba violando, según el periódico *Le Monde,* la Convención sobre los Derechos del Niño, de la que Francia era signataria y que establecía que todos los niños tenían derecho a adquirir una nacionalidad. Aquella conclusión la enunciaba, sin ambages ni finura, el expresidente de la asociación francesa Ligue des droits de l'Homme [Liga de los Derechos Humanos], el oscuro Michel Tubiana. Con el discurso de Grenoble yo estaba concitando el odio contra los extranjeros, sospechosos de «venir a quitarnos el pan». El hombre iba más allá, pues me acusaba de retomar «las viejas consignas racistas y antisemitas de la década de 1930». Todo lo cual se espetaba, naturalmente, ¡en nombre del bando de la razón, la moderación y la República! Aquel hombre recurría al insulto, a la caricatura, al anatema y, de hecho, me atacaba por mis rasgos físicos, pero quien había dado muestras de violencia era yo. El semanario *Marianne* llegó hasta el punto de publicar, en su portada, una foto mía junto al titular: «El maleante de la República».

Estábamos efectivamente en la década de 1930, pero por culpa de ellos: por sus maneras chabacanas y por su vocabulario. El Partido Socialista se mantenía fiel a sí mismo explicando que la inseguridad había aumentado porque faltaban los funcionarios que yo había suprimido. Por tanto urgía crear miles de empleos públicos. Teniendo en cuenta que la crisis financiera volvía y que nuestros déficits se agravaban, aquella propuesta llegaba en el peor momento. Pero al menos ponía de manifiesto una idea constante: la obsesión por el aumento del gasto estatal. Un socialista de Grenoble declaró —sin reírse— que no había que «meter en el mismo saco la delincuencia y la inmigración». Cuesta encontrar una negación más flagrante de la realidad. Yo me preguntaba sinceramente cómo era posible estar tan desconectado de lo que pensaban y vivían los franceses. Tales declaraciones y tales comportamientos les exasperaron mucho más de lo que los comentaristas o los sondeos pudieran llegar a decir: prepararon y fomentaron el auge de los comportamientos populistas y desmesurados; llevaron a la abstención de muchísimos votantes que dejaron de reconocerse en lo que veían y oían de la clase política. El balance es desastroso para la democracia, para el humanismo sincero y para los inmigrantes, que cada vez padecen más el rechazo y la incomprensión. La negativa a aceptar que no todos los inmigrantes eran, por supuesto, delincuentes pero que muchos delincuentes estaban en situación irregular desplazó profundamente el eje central del debate público; pero no hacia la derecha, sino —lo que era más peligroso— hacia el radicalismo. He aquí adonde pueden llevar las ideas más generosas cuando no son sino meros constructos intelectuales al servicio de poses mediáticas artificiosas, sin ningún arraigo en la realidad cotidiana. Era verdaderamente impresionante observar aquella situación (la violencia de las declaraciones, la hipocresía de las posturas adoptadas, la fascinación de tantos charlatanes mediáticos por su propia imagen, la caricaturización desvergonzada del adversario). Rara vez había visto un estallido de tal magnitud ni tan desproporcionado. Era una manipulación a gran escala que contaba con el apoyo de un universo mediático dispuesto siempre a atribuirse el papel del bueno si se trataba de adoptar poses ventajosas.

Me consolaba, sin embargo, la escasa movilización que había provocado mi visita a Grenoble: apenas trescientas personas en una ciudad donde «la mano de obra» reivindicativa había sido siempre numerosa y muy dispuesta. Sus eslóganes también eran piezas modélicas del género: «Chicago, Al Capone, Sarkozy». (¡No podemos negar que el nivel intelectual subía!) El presidente de la CIMADE, un colectivo de ONG sectarias, se superó a sí mismo al declarar: «Nicolas Sarkozy establece una identificación —sin ningún fundamento— entre los suburbios, la inmigración y la delincuencia». Con la perspectiva de los trece años transcurridos, resulta fácil constatar hasta qué punto tales declaraciones se correspondían con una ideología militante que se negaba obstinadamente a ver —y sobre todo a entender— la gravedad de los problemas ante los que se hallaban tanto Francia como Europa, con una crisis migratoria que había quedado absolutamente fuera de control. Y, por último, la inigualable Ségolène Royal volvía a traspasar todos los límites del ridículo al declarar: «¡Nuestra República se está pudriendo por la cumbre!».

Yo estaba resuelto a no ceder frente a aquel virulento rechazo. Sabía que Francia había oído mi mensaje y se disponía a esperar que se tradujese en hechos. Y eso fue lo que hice al convocar, dos días después de mi visita a Grenoble, una reunión en el Elíseo sobre «los problemas que planteaban los comportamientos de ciertos miembros de las comunidades itinerantes y de la etnia gitana»; quería que se hiciera efectiva aquella expulsión de todos los campamentos en situación irregular que había anunciado. La mera mención de tal reunión de trabajo volvió a encender los ánimos. La mencionada asociación francesa Ligue des droits de l'Homme se erigió, una vez más, en guardiana de la virtud de la República: «No hace falta organizar una reunión para estigmatizar a una etnia». Tal era su planteamiento de partida: el problema era la reunión que yo iba a convocar, ¡no los campamentos ilegales! Es decir, había que seguir utilizando los más alambicados circunloquios y negarse a describir los hechos. Por lo menos estaba claro que, no hablando de los temas enojosos, era, efectivamente, mucho menos probable resolverlos. Pero en cualquier caso saltaba a la vista que eso no les iba a quitar el sueño a nuestros paladines de los derechos humanos. Los franceses exigían respuestas concretas. Yo debía perseverar y llegar más lejos en aquella cruzada que era mi obligación emprender.

Los comentarios de los editorialistas estaban en consonancia con los de la izquierda, lo que tampoco era extraño. El *Midi libre* resumía bastante bien el ambiente del momento: «Nicolas Sarkozy no ha estigmatizado. Pero ha señalado con el dedo. Ha traspasado, por tanto, un límite». El matiz era admirable. Para el autor de aquellas líneas, identificar y llamar por su nombre a un problema significaba situarse fuera de los valores de la República. ¿Cómo calificar no ya la obcecación sino la arrogancia que hacía falta para pretender decidir lo que había de decirse y lo que no se podía decir? No menos exagerada se mostraba *La Voix du Nord:* «Ladrones de gallinas, amigos de lo ajeno, delincuentes potenciales…: todos los prejuicios llevan a los *roms* [gitanos] y al resto de familias de las comunidades itinerantes». Ninguno de los comentaristas de esa época tenía la lucidez de entender que en el siglo XXI resultaba inconcebible que los gitanos —o cualquier otro colectivo— recorriesen Europa sin tener intención de encontrar un empleo o escolarizar a sus hijos, así como que decidieran detenerse donde se les antojara y conectarse, sin pagar, a las redes eléctricas y de suministro de agua. Describir esa realidad de sentido común era, pues, una actitud «estigmatizadora y cuasirracista» a ojos de quienes siempre imparten lecciones. Actuando así, se olvidaban alegremente de que la política debía afrontar la realidad, la vida cotidiana. Semejante ceguera auguraba un porvenir doloroso para la democracia y para su imagen de ineficiencia, pero de momento me colocaba a mí en un gran aprieto, pues me veía atrapado entre dos fuegos que no paraban de disparar con cierta eficacia y, sobre todo, sin tregua. De un lado estaban, en efecto, quienes consideraban que yo hacía demasiado. Del otro, cuantos creían, por el contrario, que no hacía lo suficiente y, sobre todo, que no había resultados. Aquello era realmente la cuadratura del círculo. Máxime porque a una parte de mi mayoría parlamentaria —la más quebradiza— le impresionaba mucho el fuego graneado de las críticas. Los mismos que, cuando se instituyó la jornada laboral de 35 horas, habían sucumbido a la fascinación de aquellas dichosas teorías de Pierre Larrouturou y compañía sobre los beneficios de una reducción drástica del tiempo de trabajo, se sentían incómodos a la hora de acometer los asuntos relativos a la seguridad. Las mismas causas producían exactamente los mismos efectos. Y, así, Jean-Pierre Raffarin llamaba —no sin cierta perversidad— al primer ministro François Fillon «a intervenir, como jefe de la mayoría parlamentaria, para corregir la deriva derechista en materia de seguridad». (Deriva de la que se me estaba señalando a mí como responsable, hablando en plata.) La credibilidad de Jean-Pierre Raffarin en materia de autoridad no era tanta como para que su posicionamiento pudiera hacer tambalear lo más mínimo «las columnas del templo». Pero aquello creaba, en la unidad de la mayoría parlamentaria, una brecha que todos mis oponentes estaban encantados de aprovechar. Yo sabía, desde hacía mucho tiempo, que aquel supuesto angelito estaba deseando meter baza a la primera ocasión. Y lo hizo.

He querido traer a colación todo este anecdotario para mostrar hasta qué punto era difícil para el Gobierno emprender una acción ofensiva y serena contra todas aquellas derivas mafiosas que socavaban el pacto de nuestra República. Los verdaderos delincuentes oían aquellos debates y sacaban la conclusión de que podían seguir campando a sus anchas por sus barrios, pues pensaban que podían beneficiarse de una especie de impunidad que les garantizaban todos aquellos discursos de falsa generosidad. Esos mismos comentaristas deslegitimaban la dificilísima labor de la policía al colocar en el mismo plano la violencia de la delincuencia y la respuesta de las fuerzas del orden. Lo cierto era que una mayoría de la clase político-mediática se oponía claramente a una verdadera prueba de fuerza entre la delincuencia y el orden constitucional con la adopción de las medidas firmes —y en ocasiones drásticas— que requería. La opinión de los franceses era estrictamente inversa; ellos reclamaban una firmeza que se situaba claramente en las antípodas de tales reparos. Iba gestándose así un desequilibrio que desde entonces no ha hecho más que aumentar. A veces me sonrío cuando algunos amigos me reprochan que no hice lo suficiente. ¿Se han olvidado del bloqueo al que tuvimos que enfrentarnos entonces? Realmente parece que sí. Aunque no por eso dejo de hacerme preguntas sobre la fragilidad de una parte de la derecha de nuestra República. ¿A qué se debe? ¿Por qué sigue ahí? No tengo la respuesta. La cual, de hecho, probablemente sea múltiple. Pero es obligado reconocer que, por muy minoritaria que sea, la izquierda ha conseguido culpabilizar a una parte de la derecha republicana, cuyo objetivo —al cabo fútil— de obtener una patente de respetabilidad otorgada por los partidarios del pensamiento único, ultramayoritarios en los medios de comunicación, cada vez está más lejos. Por lo demás, quien mejor encarnaba dicho pensamiento fue Bernard-Henri Lévy, quien, siempre en busca de otra batalla que librar, se sirvió de un artículo del periódico *Le Monde* para señalar los que a su juicio eran mis «tres errores», el primero de los cuales —como es lógico— era «querer meter en la lista negra a las comunidades itinerantes». ¡Aquello era un copipega y un compendio de todos los temas architrillados —y de supermoda— de la avanzadilla del café de Flore del bulevar Saint-Germain! De verdad que en los periódicos ya no quedaba hueco para los fogosos artículos de cuantos anhelaban denunciar mi supuesta «deriva».

Fue en ese momento preciso cuando publicaron un sondeo del instituto de estudios de opinión IFOP que dejó helados a mis oponentes, o por lo menos les obligó a mostrar provisionalmente un poco más de discreción y modestia. Según dicho estudio, la política de seguridad que yo había planteado contaba literalmente con el refrendo de los franceses, toda vez que mis distintas propuestas obtenían entre un 55 y un 89 % de opiniones favorables, incluida la de la privación de la nacionalidad, a la que sin embargo se habían opuesto tanto la izquierda como la derecha, además de varios juristas. En cuanto a los desmantelamientos de campamentos ilegales de gitanos, supuso un maremoto porque recibió el apoyo tanto de los votantes de derechas como de los de izquierdas. Mis oponentes recibían un buen rapapolvo que los dejaba mudos y sin saber qué hacer. Realmente daba gusto asistir a aquello. En ocasiones había momentos de consuelo profundo. Era un alivio constatar que los franceses no se dejaban embaucar y sabían a qué atenerse. Era una prueba interesante acerca de su psicología y, sobre todo, de su sentido común. La brecha entre las élites y el pueblo estaba haciéndose abismal.

Fueron, por último, las críticas formuladas por el papa y por la Iglesia las que me parecieron más legítimas y también más sinceras. Benedicto XVI exhortó a los peregrinos franceses que habían ido al Vaticano a «acoger a los hombres de todos los orígenes». Se remitía a textos litúrgicos que indicaban que «todos los hombres están llamados a la salvación». Estaba en su papel apelando a la fraternidad universal. Aquello no era ni grotesco ni exagerado. Ahí no había ni pose ni hipocresía. Yo no quería polemizar y me abstuve de responder de ningún modo. Muy distinto fue mi juicio sobre los comentarios de los Gobiernos rumano y búlgaro, que acusaban a Francia de organizar nada menos que «la deportación de los gitanos». Aquello ya era el colmo del tartufismo teniendo en cuenta el trato que esos dos Gobiernos dispensaban a sus ciudadanos expatriados. Nosotros lo único que hacíamos era aplicar el derecho europeo. Curiosa interpretación de la letra de los tratados esa de considerar que la única perspectiva que ciertos países podían ofrecer a sus conciudadanos gitanos era la posibilidad de emigrar a Francia, ¡en la que debía recaer la responsabilidad de integrarlos! Cada Estado miembro de la Unión Europea tenía la obligación de garantizar la protección y la integración de sus ciudadanos expatriados. Con el discurso de Grenoble y con los ardorosos debates que siguieron, prácticamente no hubo tregua estival. Fue una época intensa en la que resistir se convirtió en una cuestión de supervivencia. En tales condiciones, la llegada a Cap Nègre para descansar unos días fue una auténtica bendición.

*

* *

Como estaba previsto, el mes de septiembre se abrió con una jornada-prueba de movilización de los sindicatos contra el proyecto de reforma de las pensiones. Todo empezó con las declaraciones del secretario general de la CGT (Confederación General del Trabajo), Bernard Thibault, señalando que me veía «mucho más nervioso» de lo que yo dejaba entrever. Basaba su razonamiento en el hecho de que hubiese convocado a los ministros competentes para una inesperada reunión sobre la prevención de riesgos laborales. Siempre era el mismo dilema. Si no hacía ninguna concesión, se me colocaba en la categoría de los «brutos» que nunca escuchaban. Si por el contrario proponía avances, se interpretaba de inmediato como el signo precursor de una marcha atrás en toda regla. Aquellas declaraciones «sindicales» terminaron de convencerme de que no me tenía que mover. En una prueba de fuerza, la primera sospecha de debilidad podía resultar fatídica. Y aquel no era precisamente el momento de flaquear, pues los anuncios de futuros paros se multiplicaban. Todos los sindicatos y la oposición de izquierdas habían hecho un llamamiento a una jornada nacional de huelga y manifestación contra la reforma que elevaba la edad legal de jubilación de los 60 a los 62 años. Y aunque el número real de manifestantes no fuese tan alto como el que los sindicatos pretendían, aquello era mucha gente en la calle. Pero justamente por lo nutrido de aquellas convocatorias, tenía que dar pruebas de mi firmeza. No quería, ni podía, echarme atrás con lo de los 62 años. Eso habría supuesto firmar la sentencia de muerte de mi Gobierno y poner fin prematuramente a mi presidencia de cinco años. No tenía más remedio que aguantar.

Mis oponentes, por supuesto, echaban mano tranquilamente de cualquier *fake news,* empezando por aquel argumento de que nuestra reforma penalizaría más a las mujeres que a los hombres. Semejante juicio sumario lo emitía la Alta Autoridad de Lucha contra las Discriminaciones y para la Igualdad, que justificaba su argumentario alegando que las mujeres estaban empleadas con más frecuencia a tiempo parcial y sus carreras profesionales eran más discontinuas. Yo repliqué poniendo de relieve que no le correspondía al sistema de pensiones corregir todas las desigualdades. Sea como sea, aquel posicionamiento público en aquella jornada de movilización social no estaba pensado para facilitarnos la labor ni evidenciaba una gran imparcialidad por parte de un organismo público. Al final, ninguno de ambos bandos podía declararse enteramente satisfecho con aquella primera jornada social. Ni el Gobierno estaba derrotado, ni los sindicatos, vencidos. Estos últimos redoblaron su ardor llamando a nuevas manifestaciones y a huelgas esta vez prorrogables. Yo, con mi optimismo habitual, me congratulaba no con cifras de la movilización que constatasen un descenso sino con cifras que no marcaban un aumento exponencial. Menos daba una piedra. Puede que no hubiese sido el vencedor del comienzo del curso político, pero al menos —me decía— tampoco había sido el perdedor del comienzo del curso social.

*

* *

Fue un paréntesis verdaderamente mágico poder visitar la cueva de Lascaux en compañía del famoso paleontólogo Yves Coppens. Era un sueño que me obsesionaba desde hacía mucho tiempo. Que unos seres humanos hubieran podido adquirir tal destreza veinte mil años antes de nuestra era constituía un milagro. Que ya tuviesen semejante capacidad de usar el «símbolo» y la perspectiva era algo realmente pasmoso. Me había prometido ir a ver aquellas pinturas en vivo algún día. La ocasión se me presentó de resultas de una cena en mi domicilio a la que había invitado a Yves Coppens y a su esposa, así como a sus hijos. Me pasé la velada hostigándole con preguntas sobre las condiciones de vida de aquellos antepasados nuestros tan lejanos. Fue realmente apasionante, pues nuestro invitado era un narrador maravilloso. Sabía simplificar como nadie su discurso para hacerlo accesible a quien fuera su interlocutor. A pesar de los años, su entusiasmo permanecía intacto. Era ya bien tarde cuando la familia Coppens se marchó. Nos emplazamos a hacer juntos aquella visita al Périgord. Yo estaba encantado, pues iban a abrir la cueva auténtica para nosotros de manera excepcional. (Para evitar su degradación, llevaba cerrada al público desde 1963.) Aproveché, además, el pretexto de la celebración de los 70 años de la apertura de la gruta —en 1940— para disfrutar de aquel privilegio, que todavía hoy permanece nítido en mi memoria.

Ya las condiciones del descubrimiento de la cueva eran rocambolescas. Cuatro niños precedidos por un perrito entraron, de pura casualidad, en aquel agujero y se dieron de bruces con semejantes obras maestras. Es fácil imaginar su estupefacción. Carla me acompañaba con su hijo Aurélien, al que también le apasiona la paleontología. Volamos hasta el municipio de Périgueux para trasladarnos luego en coche hasta el de Montignac por las carreteras de ese departamento de mil y un castillos, cuya belleza nos subyugó. Carla me dijo lo contenta que estaba de poder visitar por vez primera el «Périgou». Nos dio un ataque de risa al comprobar que le quedaba alguna laguna que cubrir en su conocimiento de la geografía de Francia. (Aunque hay que reconocer que ella sabía mucho más sobre este país que yo sobre Italia.) El cierre de la gruta al público se decidió tras la aparición de unos hongos que amenazaban con destruir las pinturas. Desde 1983, sin embargo, el público puede acceder a Lascaux II, que está a unos cientos de metros del sitio original y ofrece una réplica exacta de este. Todo el mundo puede, así, descubrir el lugar sin que haya riesgo de dañar las representaciones rupestres. Mi visita fue recibida con entusiasmo por la comunidad científica, que veía en ella —con razón— una oportunidad para atraer el foco mediático sobre uno de nuestros tesoros nacionales. Este necesitaba, en efecto, una mayor promoción. Al propio Yves Coppens le entusiasmaba la idea de hacernos de guía.

Si se me hubiera olvidado que estábamos en Francia, me lo habría recordado la presencia de apenas un centenar de manifestantes llegados al lugar para protestar por mi visita y especialmente por el privilegio que se me reservaba. Sus convicciones eran férreas: si la gruta estaba cerrada para todo el mundo, también debía estarlo para mí («en nombre de la abolición de los privilegios»). Yo lamenté aquella obsesión robespierrista, tan acendrada siempre en una minoría de nuestros compatriotas…

El recibimiento de los vecinos fue, por el contrario, caluroso; expresaba el gran orgullo que sentían por poder mostrar semejante maravilla de la humanidad que su departamento albergaba. Antes de penetrar en la cueva, nos equiparon como a escafandristas que fuesen a descender a las profundidades del océano. Estábamos vestidos, de la cabeza a los pies, con un mono blanco que apenas nos dejaba respirar. Tras recorrer un pequeño camino, llegamos a la entrada de la cueva. Tuve la sensación de penetrar en una catedral. Nos descubrimos hablando en voz muy baja, como si estuviéramos en un santuario. En ese momento preciso entendí por qué la Unesco había inscrito aquella gruta en el patrimonio mundial. Los muros estaban cubiertos de representaciones de escenas de caza —o de la vida cotidiana— de una belleza asombrosa. Los hombres de aquel entonces solo disponían de cuatro colores: negro, blanco, rojo y ocre. Se iluminaban con la llama producida por una mezcla de grasa animal y liquen. Los trazos eran seguros; los movimientos, envolventes; la perspectiva, perfecta. Todas aquellas obras eran de una gran modernidad. Dedicamos más de una hora a aquella inmersión completa en el interior de aquella Capilla Sixtina prehistórica. Ese día sentí físicamente, en el sanctasanctórum de la expresión artística de los primeros hombres, la dimensión sagrada del arte. El lugar podía ser una escuela de los artistas de la prehistoria, un museo, una iglesia. Allí nuestros ancestros lejanos vivieron, experimentaron emociones y quisieron dejar una huella. ¿Qué los separaba de los Soulages, Giacometti, Picasso o Hartung? Nada, pues todos están de paso. Representan un continuo, un escorzo del destino de la especie humana. Lo cual resulta al mismo tiempo estremecedor y vertiginoso. Me reafirmé en la idea de que el arte era el rasgo distintivo del hombre frente al resto de seres vivientes y en que, desde los primeros tiempos de la humanidad, tendía a la perfección. Lo que yo tenía ante los ojos era simplemente perfecto. No hay progreso en el arte. No pintamos mejor desde entonces. Es posible que, simplemente, pintemos distinto. El propio Pierre Soulages asociaba el color negro que utilizó toda su vida con el negro de manganeso de los frescos de Lascaux. Y qué decir de la exclamación de Picasso ante ellos: «¿Por fin he encontrado a mi maestro?».

Fue un hermoso domingo lleno de sol y de solemnidad. Estábamos bajo el impacto de tanta belleza y tanto misterio. Sentaba bien alejarse de la actualidad y volver a lo esencial. En el avión que nos llevaba de regreso a París, tenía la curiosa sensación de haberme recogido ante una tumba en la que reposaban, si no miembros de mi familia, sí al menos personas que me eran cercanas. Nunca he sentido de manera más intensa que entonces el alcance del término «fraternidad». A pesar de los años que nos separaban, éramos hermanos de humanidad.

Lascaux era una invitación a meditar tanto sobre la historia como sobre el paso del tiempo. En un momento en que las crisis se sucedían y la historia se aceleraba, hacían falta lugares para reflexionar sobre la permanencia y sobre la identidad. Lascaux era uno de esos lugares. Aproveché la ocasión para anunciar la creación de la Casa de la Historia de Francia en las instalaciones de los Archivos Nacionales. Afirmé, una vez más, que la crisis financiera representaba, para Francia, una oportunidad de multiplicar las iniciativas encaminadas, sobre todo, a no replegarse sobre sí misma. El repliegue sería mortal. Sigo sin entender por qué mi sucesor inmediato se sentía orgulloso de que su primera decisión hubiese consistido en destruir aquella iniciativa. ¿Qué fue lo que pudo molestarle? ¿La palabra «historia»? ¿La palabra «Francia»? ¿La yuxtaposición de ambos términos? Poco importan los motivos. Ahí queda el hecho, bastante elocuente sobre la falta de comprensión de la palabra «identidad» por parte de François Hollande.

*

* *

Era emocionante proceder a la inauguración, en Marly-le-Roi, del primero de aquellos internados de excelencia cuya creación yo había dispuesto y que tanto significaban para mí. Había hecho del asunto una de las prioridades que el ministro de Educación debía culminar en coordinación con Jean-Baptiste Froment, mi asesor para esa clase de cuestiones. Yo creía profundamente en aquel nuevo camino al éxito. Doce de tales internados estaban en proceso de conclusión. Eso significaba que casi siete mil niños iban a tener la suerte de integrarse en aquellos establecimientos innovadores. El objetivo era llegar a los veinte mil alumnos al año siguiente. Yo quería reconciliar a las familias de Francia con la idea del internado, hacerles ver que este podía ser, en lugar de un castigo, una opción prometedora. Era una oportunidad que quería que se brindara a los niños de familias humildes, quienes así tendrían la ocasión de disfrutar de una habitación, de unos medios informáticos y de un entorno que propiciaran su interés por los estudios. ¿Cómo iban a poder trabajar si en el domicilio familiar no disponían de ninguno de esos elementos esenciales para un buen desempeño escolar? Me cuidé de insistir en que, para integrarse en aquellas nuevas estructuras, había que ser un «joven meritorio». Eso no significaba, tal y como yo lo entendía, que únicamente nos dirigiéramos a los primeros de la clase, ni siquiera a los mejores. La idea era acoger a cuantos querían salir adelante, a aquellos que hacían esfuerzos y, por tanto, debían disfrutar de mejores oportunidades (aunque no estuvieran a la cabeza de su clase). En eso consistía el «mérito». El término se correspondía a la perfección con la idea que yo tenía de la República. Uno podía no haber llegado a la media de su clase y, sin embargo, ser un alumno meritorio. Se trataba, pues, de dirigirse exclusivamente a familias cuya vida cotidiana era socialmente difícil porque no llegaban a fin de mes. Yo pensaba muy concretamente en las estructuras monoparentales, donde la madre debía trabajar y al mismo tiempo criar a sus hijos. Esa madre no podía estar con ellos cuando salían de clase. Habían de apañarse, por tanto, solos. Los internados de excelencia estaban ahí para compensar tales ausencias forzosas.

Dichos centros no tenían, pues, una dimensión disciplinaria. Representaban una oportunidad, e incluso una recompensa; en ningún caso una sanción. Yo no quería, por otra parte, encorsetar aquella iniciativa en un marco normativo demasiado rígido o estricto. No quise que su puesta en marcha estuviese circunscrita a una circular ministerial que detallase su organización. Prefería que una veintena de tales instituciones pudieran ver la luz, vivir su experiencia, desarrollarse libremente durante uno o dos años. Y, según mi planteamiento, no sería sino después cuando habría que concretar las cosas. De hecho, no quería que al final estuviesen todos organizados conforme a un mismo modelo. Un internado de excelencia que se ubicara en pleno entorno rural, con ciento cincuenta hectáreas de terreno en medio del campo, no debía —ni podía— tener las mismas restricciones que el de Marly-le-Roi, situado en pleno corazón de una ciudad. Convenía dejar vivir al proyecto, permitirle crecer para que diera sus frutos. Realmente aquella era la oportunidad idónea de organizar un proceso de retroalimentación, de análisis de experiencias; sobre todo teniendo en cuenta que todos los docentes allí destinados se habían ofrecido voluntariamente.

Aquella innovación suscitó, por supuesto, una enérgica oposición por la sencilla razón de que constituía una novedad. Cualquier argumento valía. Para unos podía tratarse de algo «discriminatorio». Para otros podía resultar injusto. Luego estaban los que veían el peligro de que se acabaran formando guetos. En resumidas cuentas: se esgrimía cualquier pretexto con una mala fe desconcertante y muy propia del conservadurismo de ese entorno. En la enseñanza pública, todo lo que no se atuviese a la regla y se sustrajera al control del sistema representaba una amenaza y debía, por tanto, combatirse. ¡O se le daba a todo el mundo exactamente lo mismo o no se le daba nada a nadie! Todo aquello en lo que pudiera advertirse el más mínimo atisbo de discriminación positiva resultaba inadmisible. Era bastante descorazonador constatar hasta qué punto el Ministerio de Educación se había convertido en un mamut, capaz de oponerse a todo, de hacer perder la ilusión a las más férreas voluntades y de complacerse únicamente en un diálogo ficticio y convenido con unas organizaciones sindicales igual de fosilizadas. Precisamente porque era consciente de aquel desequilibrio de fuerzas, quise implicarme personalmente para aflojar el cerco. Cuando dejé el poder, comprobé que los internados de excelencia desaparecían. Requerían entusiasmo, generosidad e imaginación y, por encima de todo, la voluntad de sacudirse los hábitos. Y eso era pedir demasiado a la Administración educativa que, tras volver a contar a partir de 2012 con unos responsables ministeriales mucho más acordes con sus aspiraciones políticas y culturales, no paró hasta conseguir terminar con aquellos «centros al margen del sistema». Es una auténtica pena si pensamos en todas esas familias humildes a las que tanta falta les hacía una cosa así. El desaguisado fue enorme.

También me habría gustado que, junto a aquellos internados de excelencia, pudieran hacerse un hueco los centros de reinserción escolar. Anuncié, así, que para aquel nuevo curso se inauguraba, en el municipio de Tende, el primero de tales centros. Estos sí que tenían una dimensión disciplinaria. Era una decisión claramente asumida. Había dispuesto que, en una primera fase, se habilitara una veintena de centros dirigidos a jóvenes de entre 13 y 16 años que hubiesen fracasado completamente en el sistema estándar de la enseñanza pública. Se trataba, para ser más precisos, de «individuos» que hacían imposible la vida de los demás a la vez que destruían su propia existencia. Ya nadie sabía qué hacer con aquellos jóvenes «descolgados». Estábamos, por consiguiente, trabajando ni más ni menos que en esa lógica de los derechos y los deberes sobre la cual yo había construido mi identidad política. Para unos, el mérito (con los internados de excelencia); para los otros, la sanción (con los centros de reinserción escolar, que estaban pensados para alumnos a los que ningún otro centro quería ya aceptar). De manera que a esos jóvenes «difíciles» se les iba a integrar en aquellas estructuras de manera obligatoria —por no decir «a la fuerza»— durante al menos un año. Y aquí las normas sí que eran muy estrictas, habida cuenta de las dificultades que planteaban los usuarios. Pues bien: este proyecto recibió las mismas críticas virulentas sin que en ningún momento nadie propusiera ninguna alternativa viable como no fuera la tradicional de irse pasando, de centro en centro, los casos imposibles que destruían el equilibrio de una clase y arrastraban, de paso, a todos los demás hacia el peor ejemplo posible. Todavía hoy sigo creyendo profundamente que aquellas dos iniciativas eran útiles y ofrecían un enorme y variado potencial de cara al futuro. Nadie ha sido capaz de explicar por qué la izquierda, tan locuaz ella cuando se trata de estigmatizar las desigualdades, abandonó esas dos palancas de integración tan prometedoras. La enseñanza pública se halla en una situación de fiasco tal, y son tantos los casos de fracaso escolar que produce, que hace falta innovar y probar vías nuevas. Eso es lo que nosotros intentamos entonces.

*
* *

Terminé el mes de septiembre con dos nuevos problemas políticos que, si bien no eran de gran magnitud, me planteaban, no obstante, dilemas morales. El primero tenía que ver con Jacques Chirac, que había sido llevado ante los tribunales por el caso de los empleos ficticios del Ayuntamiento de París y se veía ante la perspectiva de tener que pagar más de dos millones de euros a dicho consistorio por daños y perjuicios. Aquello preocupaba muchísimo a Bernadette Chirac, que vino a hablarme del tema para requerir mi ayuda. Yo le prometí que no me iba a desentender de su marido, con independencia de los desacuerdos que él y yo hubiésemos podido tener en el pasado. Ahora que Jacques Chirac ya no era presidente y estaba, por añadidura, enfermo y consecuentemente debilitado, para mí era inconcebible darle la espalda. Aquello era implanteable desde un punto de vista moral. Decidí, pues, que fuera mi familia política, la UMP (Unión por un Movimiento Popular), de la que seguía siendo presidente honorífico, la que asumiera la mayor parte de la deuda de mi predecesor. Los sesenta miembros del comité central aprobaron por unanimidad mi resolución, con la excepción de uno, que optó por votar en contra. Se trataba de Louis Giscard d'Estaing —el hijo, sí, de Valéry Giscard d'Estaing—, quien al parecer no había terminado de saldar las cuentas de su padre con Jacques Chirac. (Aquello evidenciaba un resquemor poco glorioso.) Pero hubo otros parlamentarios de la mayoría que también denunciaron aquel arreglo, que, según ellos, presentaba el peligro de «alimentar la tesis del "todos corruptos"». Curiosamente se trataba de miembros del sector más derechista de mi familia política. A mí me parecía que daban muestras de muy poca valentía y de cierta dureza de corazón. Finalmente quedé satisfecho con aquella solución amistosa, que no suscitó polémicas en la prensa. Naturalmente, nadie me atribuyó tal gesto a mí. Pero tampoco me lo echaron en cara, y eso ya era algo.

Yo había sido militante, y luego dirigente, del partido de Jacques Chirac; me sentía deudor de los actos de quien había presidido tanto tiempo el partido y al mismo tiempo responsable tanto de lo que hubiese hecho bien como de lo que hubiese hecho menos bien. Debía asumir, en consecuencia, mi parte de responsabilidad colectiva, aunque no hubiese tenido ninguna a título individual. Era una cuestión de ética personal, sin ningún tipo de segundas intenciones políticas. Sabía perfectamente que ni Jacques Chirac ni su hija Claude me manifestarían el menor agradecimiento. No me hacía ilusiones; no tenía nada que esperar al menos en ese sentido. De hecho, no experimenté sorpresa ni decepción cuando en 2012, a pesar de lo que acababa de hacer por él, mi predecesor pidió el voto para François Hollande. Con Bernadette Chirac era distinto: nos unía, desde hacía mucho tiempo, un cariño que no me permitía dejarla en un apuro sin acudir en su ayuda.

La segunda dificultad también tenía un cariz politiquero, pero en el clima político en el que estábamos inmersos bastaba una ramita para incendiarlo todo. El caso afectaba al matrimonio Kouchner-Ockrent, que se hallaba bajo el fuego graneado de las críticas y al que yo debía dar mi apoyo aunque ellos a mí solo me respaldaran de un modo cada vez más intermitente. El problema lo había provocado yo, pues unos meses antes propuse —seguramente de forma imprudente— el nombramiento de Christine Ockrent al frente del canal de televisión France 24, siendo su marido ministro de Asuntos Exteriores. Nadie cuestionaba las competencias profesionales de la interesada; sí, en cambio, su legitimidad, dadas las funciones que desempeñaba su esposo. Yo había pecado, como digo, de imprudencia. Añádase que el carácter de la famosa periodista —carácter que yo iría teniendo múltiples ocasiones de descubrir— no facilitaba las cosas. Era brillante, profesional pero tajante y autoritaria. En pocas semanas, ya se había echado a todo el mundo encima. La mujer acababa de despedir al director de informativos del canal que dirigía —Ulysse Gosset— tras la difusión de un retrato satírico de Bernard Kouchner. La asociación entre ambos hechos estaba clara, aunque yo nunca llegase a conocer los pormenores del asunto. Para colmo, el trato de Christine Ockrent con el presidente de France 24 —Alain de Pouzilhac— se iba haciendo más difícil cada día. Aquello había terminado convirtiéndose en un cóctel explosivo. Bernard Kouchner, por su parte, encadenaba las rabietas y las pifias. Su gestión llevaba trazas de desembocar en una crisis política, y en una línea parecida andaba él en lo referente a su estado anímico: oscilaba constantemente entre la euforia y la depresión. En la misma semana podía pedirme más responsabilidades y más cercanía y luego plantearse dimitir. Era para volverse loco. De hecho, *Le Nouvel Observateur* había conseguido una carta que supuestamente mi ministro me había enviado trasladándome su decisión de abandonar el Gobierno. El problema era que yo no había recibido tal misiva, la cual él tampoco me había mandado... En un momento de pesadumbre, debió de compartir un borrador con alguno de sus amigos periodistas de aquella redacción cuya militancia de izquierdas era de todos conocida, lo que desde luego no fue una idea muy lúcida. Y cuando yo le pregunté si quería marcharse, se indignó muchísimo, apelando a su fidelidad y su compromiso. Aquello era difícil de seguir y, más aún, de soportar. Yo sentía que mi paciencia estaba llegando a su límite. Mi decisión empezaba a tomar forma: me separaría de Bernard Kouchner probablemente en la siguiente reestructuración del Gobierno. Hacerlo de inmediato habría provocado una agitación completamente inútil en un contexto político en el que algo así resultaría especialmente pernicioso, teniendo en cuenta que nos hallábamos en el meollo de la reforma de las pensiones.

El Parlamento estaba votando el texto y la movilización de la calle no amainaba. Era el momento en que todo podía dar un vuelco, en un sentido o en otro. Hube de hacer una declaración al respecto en el consejo de ministros que inauguraba el curso político. Era una forma de marcar el rumbo y de instar a todos a mantener la sangre fría. Estábamos en el buen camino, pero una torpeza podía arruinar en un instante todos nuestros esfuerzos. Expliqué que una de cada diez pensiones estaba financiada por la deuda. Por tanto, había que salvar de la quiebra al sistema. No podía permitirme ceder, por más que comprendiera el fastidio que todas esas huelgas suponían para los usuarios de los servicios públicos. Añadí que, en cualquier caso, aquello era una buena ocasión para poner a prueba los servicios mínimos que habíamos aprobado en 2007. Anuncié un último esfuerzo concediendo ampliar el mantenimiento de la jubilación a los 60 años para los asalariados que tuviesen una discapacidad igual o superior al 20 %. Puse de relieve que, en aras de la equidad, habíamos decidido imponer un esfuerzo adicional a las rentas altas, lo que se traducía en cuatro mil millones, una cantidad en absoluto desdeñable. Confirmé la convergencia de las reglas de lo público y lo privado, que se esperaba desde hacía mucho. Los 62 años como nueva edad de jubilación regían, en consecuencia, para todos los asegurados, y especialmente para los funcionarios. Terminé apelando a la responsabilidad de todos e insté a la mayoría parlamentaria a mostrar su solidaridad con el Gobierno.

Como puede constatarse, no hay nada nuevo bajo el sol. Trece años después, eran los mismos reproches los que se le hacían al presidente Emmanuel Macron, y era la misma cólera resignada la que embargaba a los franceses. Aquella reforma no era ni agradable ni fácil. No lo era en mi época más de lo que lo es hoy. Los franceses no estaban contentos, pero en el fondo sabían que había que pasar por ahí. Yo habría podido describir, paso a paso, lo que iba a ocurrir en 2023. Era algo absolutamente previsible y, sobre todo, muy parecido a lo que había vivido yo.

Notaba a mi mayoría parlamentaria febril. Hay que decir que tenían motivos. Cientos de estudiantes de bachillerato se sumaron a las filas de los manifestantes, lo que afectó a ochenta liceos (catorce de ellos, bloqueados). Por lo demás, un tercio de los departamentos del país tuvieron problemas de suministro de carburantes debido a los bloqueos de las refinerías. Éric Woerth se batía bien y con auténtico denuedo, respaldado por su brillante director de gabinete Sébastien Proto. El único punto positivo era que los editorialistas empezaban a preocuparse por la radicalización del movimiento social. En *La Charente libre* se podía leer que «una radicalización salvaje que prácticamente no tenía ninguna posibilidad de hacer dar marcha atrás a un poder inflexible mutilaría seriamente el capital de simpatía de las organizaciones sindicales». Sentí que aquello era una grieta que debía aprovechar. Los sindicalistas, sin embargo, no cejaban en su determinación: las manifestaciones de comienzos de octubre congregaron a casi tres millones de personas, lo que no dejaba de ser mucho. También habían entrado en el conflicto las universidades. Once de las ochenta y tres estaban ya ocupadas por los huelguistas. La prensa extranjera, siempre ojo avizor, se preocupaba por un posible «caos» en Francia. Numerosos medios de comunicación internacionales dedicaban sus portadas a aquella movilización contra la reforma de las pensiones. Todos hablaban de un país paralizado por un pulso cada vez más férreo entre un presidente «que recalca que no va a ceder» y un «movimiento contestatario que se vuelve más duro cada día». Nadie se aventuraba, eso sí, a prever el desenlace del conflicto. Yo mismo era incapaz de hacerlo, por muy convencido que estuviera de que no podía ceder. *The Times* resumía las cosas a su modo —que tampoco es que fuera el más malo— exclamando en su portada: «¡Situación explosiva!». Era cierto, dado el auge de la violencia, que empezaba a generalizarse.

La primera señal esperanzadora no llegó hasta el séptimo día de acción del movimiento sindical. Era el día siguiente a la adopción definitiva del texto por parte del Parlamento. La prensa tituló: «Una movilización en claro declive». Por fin podía expresar mi alivio. Habíamos franqueado la cumbre más escarpada. Ahora podíamos acometer el descenso. Decir que estaba aliviado es decir poco. ¿Qué determinó ese cambio?

Aún me lo sigo preguntando hoy. ¿Por qué aquel movimiento social que parecía «al borde de la explosión» empezaba a desmoronarse, a resignarse, a aceptar su derrota tan repentinamente? Es verdad que la votación de la reforma en el Parlamento, y su consiguiente carácter definitivo, marcaron un punto de inflexión en la opinión pública. Protestar por aquello habría equivalido a cuestionar el funcionamiento de la democracia; máxime cuando yo no había recurrido al artículo 49.3 de la Constitución francesa (que da al Gobierno potestad para aprobar un proyecto de ley prescindiendo del voto de la Cámara). Eso nunca goza de popularidad en una Francia que guarda un recuerdo confuso pero desagradable de los periodos de revueltas y barricadas, cuya idea a menudo le fascina, aunque no tanto su materialización. ¿Fue el cansancio de las huelgas y los bloqueos, que empezaban a exasperar a los franceses? ¿Fue la perspectiva de las elecciones presidenciales? Daba la impresión de que todos los actores de la revuelta pensaban que iban a poder tomarse la revancha en unos meses, haciéndome morder el polvo. Es posible que hubiera un poco de todo eso, aunque yo no soy capaz de desenredar los hilos. La cuestión es que acabábamos de ganar aquel pulso. Yo estaba convencido de que tal logro tendría su peso cuando los observadores hiciesen balance de mi mandato. Entre tanto, aquello se traducía en un nuevo descenso de mi popularidad, como si la opinión pública, que me tenía vigilado, me lanzara el mensaje de que, sobre todo, no me apresurara a cantar victoria.

*

* *

Para evadirse a otros horizontes, seguramente no haya nada mejor que una buena película. El arte del cine, cuando lo ejercen directores de talento, lo embarca a uno en su poesía y le permite abandonarse a sus emociones. Es lo que Carla y yo elegimos hacer, en una tarde de aquel lúgubre mes de octubre, proyectando en la sala del Elíseo *De dioses y hombres,* de Xavier Beauvois. La sala está ubicada bajo el jardín de invierno del palacio presidencial. Tiene una sesentena de cómodas butacas de color rojo y permite, con toda discreción, no alejarse demasiado de la actualidad cinematográfica. Me gustaba mucho ir, pese a que siempre haya preferido ver las películas en compañía de auténtico público. Para aquella ocasión invitamos al director de la cinta, a los productores —Pascal Caucheteux y Étienne Comar, que eran también los guionistas—, a Costa-Gavras y al ministro de Cultura, Frédéric Mitterrand; se nos sumaron algunos amigos personales. La interpretación tanto de Lambert Wilson como de Michael Lonsdale era deslumbrante por su verdad y su autenticidad. Habían hecho suya la personalidad de los monjes de Tibhirine con una facilidad desconcertante. A mí la película me conmovió de una manera especial porque, siendo ministro del Interior, pude visitar los lugares de aquellos abominables asesinatos, en plena montaña argelina. Jamás llegamos a esclarecer el asunto ni supimos quiénes fueron los autores materiales ni intelectuales de tales crímenes contra unos hombres que no habían dejado de predicar y hacer el bien a su alrededor (también a los musulmanes en medio de los cuales vivían). Aquellos mártires merecían que se les rindiera un homenaje póstumo. La película de Xavier Beauvois los honraba. No era sino un acto de justicia.

Fue en aquel mes de octubre cuando decidí lanzar la iniciativa Ciné Lycée [Cine Liceo], que me parecía importante para fomentar la afición por el cine entre los más jóvenes. Quería que los cuatro mil quinientos centros de bachillerato franceses se convirtieran en lugares que pudiesen favorecer el surgimiento de un público enamorado de la cultura, esto es, abierto al cine, al teatro, a los conciertos, a las exposiciones. Estaba convencido de que los 2,1 millones de alumnos de bachillerato tenían que estar preparados para convertirse en los espectadores del futuro, y de que había que animarlos a ello. Se trataba, por tanto, de poner a disposición de todos esos centros educativos las obras maestras de nuestro patrimonio cinematográfico para que sus alumnos pudieran acceder a ellas, hacerlas suyas, conocerlas y apreciarlas. Tenía la certeza de que, ofreciéndoles aquella posibilidad desde su primera juventud, estábamos contribuyendo a crear los hábitos de futuros ciudadanos apasionados por la cultura. Se trataba de multiplicar, en la Francia del mañana, el número de adultos cultivados gracias a los cuales perduraría la economía de la cultura y prosperaría la identidad cultural francesa.

La primera dificultad fue la negociación de los derechos de las doscientas películas seleccionadas. Aquello costó no menos de seiscientos cincuenta mil euros; para mí se trataba de una inversión que merecía tal esfuerzo. La segunda cautela consistió en no considerar obligatoria aquella iniciativa, pues ese habría sido el mejor modo de repeler a no pocos alumnos. De manera que nos servimos de las redes sociales y pusimos a disposición de cada instituto una web montada *ad hoc* que podían utilizar como mejor cuadrara a su alumnos. Empezamos por el cine porque, por retomar esa bonita frase de Claude Lelouch, se trata del arte más inmediatamente accesible, sobre todo para los más jóvenes, que tan familiarizados están con la imagen. El último escollo era el de la selección de las películas, que se prestaba a toda clase de polémicas. Nosotros habíamos elaborado una primera lista que cualquiera podía criticar y que yo deseaba que fuese objeto, al final del curso escolar, de un «balance cruzado» por parte de cuantos alumnos se hubiesen implicado en la organización de aquella operación Ciné Lycée. Era muy ambicioso respecto a esa nueva iniciativa cultural; quería que al año siguiente se abriera al teatro, de manera que todas las obras subvencionadas pudieran exhibirse en los institutos en versión filmada una vez concluida la representación ante el público. Me parecía una retribución justa dado que las obras se habían beneficiado de ayudas públicas.

Luego llegaría el turno de la ópera. Yo quería que el mundo de la cultura pudiera salir de su rutina y abrirse a otros públicos, a otras iniciativas, a otras formas de hacer. Resultó más exigente y arduo de lo que yo había supuesto, pues se trata de un mundo muy conservador y que detesta ver turbada la comodidad de su funcionamiento habitual. De hecho, era asombroso el contraste entre la libertad del talento creativo del entorno de la cultura y la rigidez que mostraba ese entorno llegado el momento de la «difusión».

*

* *

Debía viajar una vez más al Vaticano para reunirme con el papa Benedicto XVI, por el que siempre sentí, como ya he tenido ocasión de afirmar, una honda admiración y una muy sincera simpatía. Solicité aquella cita con la intención de disipar cuantos malentendidos hubieran podido surgir de resultas de mi discurso de Grenoble sobre los gitanos. El santo padre me concedió la audiencia con una celeridad que impresionó tanto a las personas cercanas al Vaticano como a los expertos en su funcionamiento. La prensa esperaba una confrontación. Se quedó con un palmo de narices, pues Benedicto XVI me dispensó una calurosa bienvenida y me dedicó, en un francés especialmente cuidado, un «Buenos días, señor presidente; guardo un recuerdo maravilloso de mi visita a Francia». Estuvimos conversando en la biblioteca privada del papa. Fue en aquella audiencia cuando hablamos de Florence Cassez. Yo le había llevado un regalo que escogí con sumo cuidado: una edición de época del *Genio del cristianismo* y de las *Memorias de ultratumba* de François-René de Chateaubriand. El santo padre, que era un fino literato y un gran amante de los libros antiguos, se alegró visiblemente. Me dio las gracias con efusividad. Me correspondió regalándome un grabado antiguo que representaba la plaza de San Pedro; llevaba el sello papal fijado al propio marco. Lo conservo con devoción. Tiene un gran valor afectivo para mí. Me recuerda a aquel hombre santo y las múltiples conversaciones que mantuvimos.

Los periodistas ironizaron mucho sobre los motivos profundos de aquel viaje. Para ellos, todo se reducía a consideraciones políticas espurias: mi visita obedecía al objetivo de reconquistar a un electorado católico que, a su juicio, yo había perdido. Para empezar, si ese hubiera sido el caso, tampoco habría habido en ello nada escandaloso, ni siquiera anómalo. Como nos acercábamos, en efecto, a la cita decisiva, yo habría estado cumpliendo mi papel intentando movilizar a mi electorado. Pero lo más extraño era que ninguno de aquellos periodistas me atribuyese un sentimiento sincero. Ninguno concebía que a mí pudieran interesarme, conmoverme, preocuparme las opiniones del papa sobre los grandes temas del momento ni que yo pudiera realmente desear entrevistarme con él. Tal vez fuese culpa mía, pero los analistas políticos a menudo me achacaban una «ligereza» con la que nunca me he identificado. Las cuestiones relativas a la trascendencia me fascinan desde antiguo. ¿Con quién podía sacarlas a colación mejor que con el papa? Jamás hablaba en público de tales cosas, seguramente por pudor, y actuaba igual con cuanto de verdad revestía importancia a mis ojos. Ya más en general, resulta bastante turbador comprobar que nunca se consideraban sinceras las iniciativas de un responsable político, que siempre era sospechoso de cinismo. Qué distintas son las cosas cuando se trata de dirigentes de ONG o de asociaciones, a quienes los medios de comunicación sistemáticamente atribuyen las intenciones más puras. Y no estoy insultando a dichos dirigentes si pongo de manifiesto que las luchas de poder en el seno de tales organismos no tienen nada que envidiar, por su virulencia, a las de la política.

Durante aquella visita pasamos a la capilla de Santa Petronila, donde tuvimos un rato de recogimiento y el cardenal Tauran ofició una ceremonia por Francia. La basílica de San Pedro es un lugar propicio para la introspección. Aquel fue como un tiempo suspendido que sentaba bien y permitía la calma de una reflexión más esencial. A mí realmente me conmovía la gran serenidad de aquellos lugares.

François Bayrou se destacó por su acritud. Declaró que no aprobaba mi visita al Vaticano. (Yo no recordaba, sin embargo, haberle pedido su opinión…) Dijo concretamente: «Soy un hombre de fe. No me gusta que se mezcle religión y política». Eso era, ni más ni menos, lo que estaba haciendo él. Seguramente le habría gustado disfrutar de tal audiencia. Durante mi entrevista con el santo padre, estuvimos hablando de Dios y de su lugar en nuestras sociedades. Benedicto XVI era un hombre sabio y bueno. Le reiteré mi convencimiento de que los dramas que la humanidad había conocido en el siglo XX no nacieron de un exceso de la idea de Dios, sino de su temible ausencia. El papa no tenía dudas al respecto. Me reiteró su apoyo a la idea que yo había planteado de una laicidad positiva y me confesó lo injustas que le habían parecido las críticas que se me habían hecho. La laicidad debía velar por la libertad de pensamiento, por la de creer o no creer; pero no podía conducir a que las religiones se consideraran un peligro.

Tengo la certeza, después de haber reflexionado a fondo sobre todas estas cuestiones, de que la idea de Dios no esclaviza al hombre, sino que lo libera. Sin ella, el hombre se considera a sí mismo su propio dios y es ahí donde se produce la catástrofe. Que el presidente de un país que compartía con la Iglesia dos mil años de historia común expresara tal convencimiento me parecía legítimo. No podíamos permitirnos olvidar de dónde venía ese tesoro que son los valores morales, la cultura, la civilización, cosas que están inscritas en el corazón de nuestras raíces cristianas y de nuestra identidad. Decir y pensar eso no excluye en absoluto la distinción —perfectamente necesaria— entre lo espiritual y lo temporal. La Iglesia no podía seguir indiferente a los problemas de la sociedad a la que pertenecía en cuanto institución, como tampoco podía la política permanecer indiferente al hecho religioso y a los valores espirituales y morales. No hay religión sin responsabilidad social ni política sin moral. La última palabra sobre este tema debería corresponderle a Charles Péguy: «La fe que más me gusta, dice

Dios, es la esperanza. […] Esa pequeña esperanza que parece una cosita de nada». ¿De qué modo iba a poder ser la esperanza un problema para la política? De ninguno…

*

* *

En aquel mes de noviembre de 2010, Dominique Strauss-Kahn estaba más que de moda; al menos para los medios de comunicación, que no dejaban nunca de encomiar su inteligencia y de admirar sus capacidades. Así empezaba un artículo de *Newsweek*: «DSK se ha ocupado de salvar el mundo y eso podría cualificarlo para dirigir Francia». (¡No cabe juicio más imparcial!) Toda la prensa internacional estaba contaminada; insistía en que el poder del director general del Fondo Monetario Internacional no paraba de «crecer en medio de la crisis». Llegaban a afirmar que los países del G-20 habían acudido a DSK para que les ayudara. A ojos de aquellos observadores, ese hombre podía revestir los hábitos de salvador, si no del mundo, sí al menos de la economía mundial. Todo aquello resultaba exagerado y evidenciaba esa voluntad sectaria que a menudo se observa cuando se trata de describir la actividad de un hombre de izquierdas, sobre todo si este reivindica su pertenencia a una corriente moderada y liberal. En Francia, el semanario *L'Express* hacía campaña abiertamente, sin matices ni distancia, por su nuevo campeón. El editorial era inaudito en lo referente a imprudencias prospectivas: «O bien DSK sirve a Francia declarándose candidato a la presidencia, o bien la sirve igualmente salvando la economía mundial en el FMI. Se trata de un dilema grandioso que sería el sueño de cualquier político». Tras unas palabras tan fogosas —y tan alejadas de cualquier esfuerzo de análisis—, se entendía por qué aquel semanario, en otro tiempo serio y de referencia, andaba entonces de capa caída, a fuerza de decepcionar a sus lectores con tanta profesión de fe tan candorosamente pía. Los analistas aprovechaban para explicar que yo ya había perdido las siguientes elecciones, y esbozaban un retrato mío completamente opuesto al de mi futuro competidor. La realidad resultaba ser, naturalmente, muy distinta.

DSK era un hombre inteligente, hábil y simpático. Eso era indiscutible. Yo llevaba, sin embargo, observando en él, desde hacía ya mucho tiempo, dos defectos que se iban agravando paulatinamente. En primer lugar, su diletantismo. No era capaz de concentrarse durante mucho tiempo. En seguida se cansaba si se le pedía que atendiese algún asunto y prefería andar saltando de una cosa a otra en vez de profundizar. Y luego estaba tan pagado de sí mismo que la situación había terminado por volverse grotesca. También es cierto que la adulación de que era objeto no debía de facilitar el ejercicio de una lucidez introspectiva. Los periodistas describían como sigue el dilema de conciencia de DSK: «Dado lo ambicioso de sus miras, no es extraño preguntarse si Francia no se le queda demasiado pequeña a Strauss-Kahn». ¡Francia demasiado pequeña! Sí, ha leído usted bien. Es una cita reproducida textualmente por la famosa Agence France-Presse. Indica hasta qué extremo el mundo mediático había perdido cualquier mesura y se explayaba sin miedo al ridículo, que, según el proverbio, no mata. Yo andaba lejos de verlo así…

Una vez más, la realidad era distinta. Dominique Strauss-Kahn cumplía bien con sus funciones de director general del FMI. Pero cualquiera que conozca de cerca el funcionamiento de esa institución, sabe que es la tecnoestructura la que asume el trabajo esencial, y que el margen de maniobra del director general es exiguo, por no decir ínfimo. Sin contar con que son los estadounidenses, y nadie más que ellos, quienes allí hacen y deshacen. Nada se decide sin su visto bueno previo. Eso no disminuía un ápice los méritos de DSK, pero reconducía por unos cauces más adecuados aquella moda hagiográfica que tanto impacto tenía en Francia en favor del probable candidato socialista. Habiendo participado en todas las reuniones del G-20 junto a los jefes de Estado —antes que presidir yo mismo dicha instancia—, puedo dar fe de que jamás oí a DSK tomar la palabra o proponer siquiera alguna iniciativa nueva. No se lo estoy reprochando en absoluto; me limito a describir una realidad. En cuanto al riesgo que ese hombre representaba en la carrera presidencial, yo no compartía los análisis unánimes de los politólogos, ni siquiera los temores tantas veces expresados por mis propios amigos. Estaba íntimamente convencido de que los defectos de DSK serían obstáculos insalvables bajo la cruda luz de la lucha por la presidencia. Sabía que, llegado el momento, no faltarían ángulos de ataque. Lo peor en una competición tan dura y violenta es encontrarse frente a un competidor que no deja el menor asidero, al menos mientras dure la campaña. Los candidatos más banalmente normales son, en ese sentido, temibles, pues son capaces de camuflar esa falta de personalidad durante el breve periodo de la lucha electoral; es solo luego cuando aparecen sus puntos débiles. Los defectos excesivamente pronunciados, por el contrario, no se pueden disimular. Los hechos posteriores demostrarían lo acertado de este análisis...

Mi impresión general fue confirmada por el encuentro que fijé con Dominique Strauss-Kahn a comienzos de aquel mes de noviembre. Habíamos establecido la costumbre de vernos cada seis meses para hacer balance de la situación del FMI y de la economía mundial. Nuestras conversaciones eran por regla general agradables y bastante interesantes. Departíamos con libertad y con una relativa confianza, pues no nos andábamos con dobles juegos ni formalismos. Pero aquel día percibí de inmediato que mi visitante imponía otra actitud... Si he de ser sincero, ya no caminaba. Volaba. Había despegado psicológicamente. Empezó impartiéndome una clase sobre la situación internacional. Cuando hablaba de los jefes de Estado con los que se había visto, insistía en usar siempre los nombres de pila para dar a entender hasta qué punto mantenía un trato cercano con ellos. Sus pareceres y sus juicios caían con la rotundidad de una guillotina. Ya no había rastro de inseguridad en él. Fue un encuentro extraño, aunque relajante. Relajante porque prácticamente no tuve que abrir la boca habida cuenta de que mi interlocutor se embriagaba con su propia logorrea. Y extraño porque yo veía físicamente los estragos que el exceso de confianza y satisfacción podían hacer en un hombre que sin embargo poseía una inteligencia innegable. Cuando Dominique Strauss-Kahn salió de mi despacho, me planteé sinceramente la pregunta de qué le depararía el futuro a semejante arrogancia...

Yo nada sabía de las complicaciones que le esperaban —las cuales eran, por lo demás, inimaginables—, pero advertí, como pocas veces, un desequilibrio en aquel hombre, que me dio la impresión de que caminaba por una cuerda floja tendida sobre el abismo de sus demonios íntimos. Aquello era una mezcla de presunción y fragilidad. ¿A lo mejor él mismo era consciente, más allá de las meras apariencias, de ambas? Tenía ante mí a un jugador adicto que apostaba cada día de manera más alocada precisamente porque apenas se hacía ilusiones sobre su longevidad. Yo no estaba ni contento ni triste con aquel espectáculo. Solamente incómodo.

*
* *

Empecé el mes de noviembre con un nuevo viaje a Londres. Era una visita importante. Yo tenía la ambición de reforzar nuestra cooperación y nuestros vínculos militares con la única potencia europea dotada de unas fuerzas armadas dignas de ese nombre. Siempre he creído en la alianza francobritánica. Quería, por tanto, darle verdadera consistencia. Fue en aquella ocasión cuando firmamos los acuerdos de Lancaster House, que tuvieron auténtica repercusión y que siguen siendo una referencia todavía hoy. Yo apreciaba al primer ministro David Cameron, joven, inteligente, jovial y realmente muy simpático. Rara vez conocía a políticos extranjeros que me provocaran un deseo espontáneo de hacerme amigo suyo o de tener, por lo menos, un trato cercano con ellos. Él siempre estaba sonriendo y de buen humor. Su buena educación y su falta de ego en las relaciones personales me impresionaban. Era muy fácil hablar con él e incluso llegar a acuerdos. Solamente me decepcionó una vez: cuando cometió el grave error de ceder frente al ala más soberanista de su mayoría parlamentaria abandonando el Partido Popular europeo. Ese fue el primer paso de aquel largo y fatal descenso a los infiernos del *brexit*. Desvincularse de la familia de los europeos convencidos para arrojarse en brazos de los soberanistas más encarnizados significaba comprar para su país un billete a lo desconocido sin vuelta posible. Aún no estábamos en esas, pero yo presentía la tentación del separatismo y tenía la esperanza —probablemente ingenua— de que reforzando la cooperación pudiésemos evitar la catástrofe.

Para poner en marcha aquel acuerdo histórico, habíamos previsto la firma de dos tratados. El primero concernía a las armas nucleares y a la posibilidad de que nuestros países realizaran pruebas e investigaciones conjuntas. Era importante compartir los gastos en el terreno de las tecnologías avanzadas por motivos financieros evidentes. El mero coste de mantenimiento de la «bomba nuclear francesa» se acercaba a los cuatro mil millones de euros anuales, y eso simplemente para conservarla en perfecto estado de uso. El segundo tratado preveía la creación de una fuerza militar conjunta de varios miles de hombres movilizables para operaciones exteriores. La idea era, de nuevo, racionalizar los costes para reducir y compartir los riesgos políticos, lo que a mi juicio era, por lo menos, igual de importante. Todas aquellas intervenciones fuera de nuestras fronteras nos exponían mucho en la escena internacional. Actuar junto a los británicos era una forma de reducir el tamaño del blanco que Francia representaba. Aquellos acuerdos eran de un alcance inédito y evidenciaban la afinidad de nuestros análisis. David Cameron y yo nos habíamos dicho que «nuestros países habían alcanzado un nivel de confianza sin precedentes en nuestra larga historia común». Y no estábamos exagerando. Era verdad, y por eso constatar el punto al que actualmente han llegado las cosas me produce aún mayor pesar. Algún día los sepultureros de la Unión —por ejemplo Boris Johnson— deberán rendir cuentas por aquel error histórico que permitió semejante distanciamiento de las relaciones entre las islas británicas y el continente europeo.

Los acuerdos de Lancaster House preveían que, en adelante, las simulaciones sobre el funcionamiento de nuestro arsenal nuclear se desarrollaran en un mismo laboratorio, cerca de Dijon. Paralelamente debía abrirse a los especialistas de ambos países un centro de investigación francobritánico en el sur de Inglaterra. Aquello era, además, una manera de poner de relieve nuestra voluntad de no cejar en nuestro esfuerzo de defensa en un mundo que se volvía cada vez más peligroso e inestable. En esa ocasión David Cameron fue valiente, pues eran muchos los que, en su propio partido, le reprochaban ese «germen de ejército europeo». Aquello era absolutamente inexacto, teniendo en cuenta que cada país conservaba su soberanía íntegra, en concreto de cara al uso de las armas nucleares, uso que competía, como era lógico, exclusivamente a las autoridades nacionales. Pero eso no evitó que en Inglaterra se desatara una intensa polémica.

Nosotros, lejos de arredrarnos, fuimos incluso más lejos previendo la instalación de aviones franceses en un portaaviones británico y por supuesto garantizando la de los británicos en nuestros propios navíos. No fue tan fácil, porque los cazas ingleses despegaban y aterrizaban verticalmente ¡mientras que los aviones franceses utilizaban catapultas y cables de frenado! (Allí la dificultad estaba en una serie de detalles técnicos que, sin embargo, logramos superar.) Aquella me parecía una cooperación tanto estratégica como natural para dos países que creían en los mismos valores democráticos y a los que solo separaban geográficamente la treintena de kilómetros del canal de la Mancha. Se me antojaba, en cualquier caso, una iniciativa infinitamente más realista que la neblinosa idea de unas fuerzas armadas europeas, en la cual nunca he creído. Tal cooperación entre dos Estados soberanos ofrecía solamente ventajas y ningún inconveniente.

Aquel gran paso político no habría sido posible sin la decisión que unos años antes habíamos tomado de reintegrarnos en la OTAN. La coherencia de aquella decisión quedaba ahora claramente de manifiesto. Los comentaristas no se equivocaban y saludaron casi unánimemente aquel acercamiento espectacular. En *La Voix du Nord* podía leerse: «Quedan olvidados Juana de Arco, Trafalgar, Waterloo, Fachoda… Mañana veremos aviones Rafale catapultados por un portaaviones de Su Graciosa Majestad». Aquello estaba bien visto. Mostraba que, a pesar de una historia tormentosa, dos países que tantas veces habían sido anteriormente adversarios podían hacerse amigos y aliados. La política, si se ponía al servicio de la paz y de la unión, podía conseguir importantes logros, siempre que se entendiera que el camino de la concordia era mucho más escarpado, accidentado y complejo de enfilar que el de la discordia, el divorcio y la separación. Este último camino ha sido, por desgracia, el que he visto transitar todos estos años atrás en las relaciones entre el Reino Unido y la Unión Europea. No hemos terminado de pagar el precio de semejante estropicio…

La única sombra en el contexto de aquella visita a Gran Bretaña fue el comportamiento verdaderamente asombroso de Hervé Morin, mi ministro de Defensa. Aquel tendría que haber sido, si no su día de gloria, sí al menos el de su omnipresencia. Para mi gran sorpresa, apenas lo vi durante la larga jornada de negociaciones de los acuerdos de Lancaster House. Lo que recuerdo es que el hombre se pasó gran parte de aquella cumbre colgado de su teléfono móvil y que era evidente que lo que decía y escuchaba por él le importaba mucho más que lo que estábamos haciendo. Yo pregunté a mis colaboradores, preocupado, si a mi ministro le había sobrevenido algún problema personal concreto. Nadie supo decirme nada en tal sentido; ni en mi equipo ni en el suyo. No fui más allá en mis pesquisas, pues no quería ser entrometido. (Siempre me han horrorizado las personas indiscretas.) Pero eso no quita que aquel comportamiento fuese inapropiado para la solemnidad del momento que vivíamos. A mí me dejó atónito. Aquello al interesado no le vino nada bien, porque me disponía a poner en marcha la siguiente reestructuración del Gobierno. Para mí, el destino de Hervé Morin estaba sellado. Él no tardó en entenderlo… demasiado tarde.

*
*   *

Quería insuflar frescura en el equipo gubernamental, que había salido exhausto —al menos en términos de imagen— de la ruda lucha por la reforma de las pensiones. Necesitábamos, a todas luces, un nuevo comienzo que marcara el fin de un periodo y el comienzo de otro. Yo sabía que una reestructuración, por importante que fuera, no iba a producir ningún vuelco en la opinión pública. Pero ¿qué hacer si el Gobierno estaba tan desgastado? Aquello me permitía corregir, además, ciertos puntos débiles que habían terminado haciéndose flagrantes. Muchos me sugerían que cambiara de primer ministro. El primero, Jean-Louis Borloo, que tenía especial prisa por ponerse el traje de futuro inquilino de Matignon. El hombre hacía campaña por todos los frentes, esgrimiendo su «imagen social» y su capacidad para reconciliar a todo el mundo. Y lo cierto es que había salido bastante indemne de la lucha por elevar la edad de jubilación a los 62 años, ¡aunque eso se debiese al hecho de que apenas se había implicado! Es decir: se había escondido tan cuidadosa como diestramente. Era un maestro en desaparecer cuando se sentía incómodo. Lo vi clarísimo cuando caí en la cuenta de que no había concedido ni una sola entrevista sobre el tema, lo cual no hizo que yo le estimara más. Por otra parte, con los déficits acumulados de resultas de la crisis financiera, en absoluto me veía confiando las llaves de la gestión presupuestaria a un ministro de gran empatía pero al que le habría costado decir «No». Jean-Pierre Raffarin tuvo a bien publicar una declaración en *Le Monde* para sugerir «un giro social y un reajuste», dando con ello a entender que yo estaba demasiado a la derecha y, sobre todo, que yo era el problema. Dicho «buen amigo» sacaba la conclusión de que, para el cargo de primer ministro, se imponía un nombre: el de Jean-Louis Borloo. Si hubiese querido comprometer las esperanzas de este, no podría haberlo hecho mejor, pues, para mí, las cosas estaban claras: la suma de Jean-Louis Borloo y un giro social equivalía a dejarle el camino expedito a Marine Le Pen y a fomentar la desmovilización de mi electorado, al que yo debía, al menos en parte, reconquistar. Me parecía, además, del todo contraproducente desestabilizar mi mayoría parlamentaria cambiando por capricho a un primer ministro que no estaba desgastado y cuya imagen era complementaria de la mía. François Fillon transmitía seguridad a aquellos a los que yo podía provocar inquietud. Y, al contrario, yo estimulaba a aquellos a los que él podía molestar por su excesivo conservadurismo.

Una vez zanjada la cuestión del primer ministro, debía ocuparme de los ministros. Sabía que Jean-Louis Borloo se sentiría humillado por mi negativa a promoverle. Me había preparado para su marcha, sobre la que ya no me quedaban dudas teniendo en cuenta que lo sentía agitarse ante la idea de una posible candidatura para las próximas elecciones presidenciales. (La tentación seguramente fuera demasiado grande.) Aquello no me preocupaba en exceso, habiéndole observado tantas veces. Conocía el riesgo, siempre posible en su caso, de que hiciese gala de su veleidad. Me parecía, por añadidura, que sus innegables cualidades y su fina inteligencia no iban a encajar demasiado en el periodo de lucha que nos disponíamos a afrontar. No lamentaba, en consecuencia, pasar aquella página. Jean-Louis Borloo se desvivió por convencer de que fue él quien había decidido irse, concretamente para recuperar su «libertad de expresión». Fue una buena ocurrencia, la verdad; aunque no engañase a nadie. Más difícil me resultó, desde el punto de vista humano, lo de Éric Woerth. Había trabajado bien. Contaba con mi absoluta confianza. Nos habíamos cogido mucho aprecio desde el comienzo de mi mandato. Realmente estuve dudando si prescindir de él. De hecho, me costó mucho decidirme. Aquello era injusto. Y yo lo sabía. No estaba orgulloso de ceder frente a la jauría. Me adapté, sin embargo, al parecer de mis asesores más cercanos, a quienes su marcha les parecía ineluctable. Una cosa era haberle respaldado en la tempestad del caso Bettencourt, y otra muy distinta, volver a nombrarle, pues haciéndolo me habría arriesgado a socavar a todo el Gobierno recién nombrado. Recibí, pues, a Éric Woerth para explicarle mis motivos y mi decisión. Él se mostró digno, pero triste y hondamente decepcionado. A diferencia de tantos otros, jamás se quejaba en público. Y, sin embargo, habría podido hacerlo. Le guardo por aquello una enorme gratitud y una profunda estima.

Pero no había terminado con las salidas, pues no solo quería prescindir de Hervé Morin, sino también de Rama Yade, que se lo había ganado por su comportamiento y por sus toscas declaraciones. De hecho, se lo comuniqué con una simple llamada telefónica. Se quedó de piedra. Jamás me habría creído capaz de actuar tan drásticamente. Estaba demasiado segura de sí misma. Le expliqué los motivos de su cese sin andarme por las ramas. Entendió que había ido demasiado lejos en lo que yo consideraba que constituía deslealtad. Percibió mi exasperación con ella a pesar del cariño que le tenía, y le sigo teniendo, y a pesar también del gran talento que yo le atribuía. Aquello fue una pena; yo no había conseguido dirigirla adecuadamente. Más sencillo fue todo con Patrick Devedjian, cuyo resquemor se iba haciendo cada vez más visible y, por consiguiente, menos gestionable. Era difícil entender por qué habíamos llegado hasta ese punto y cómo había podido degradarse tanto nuestra relación. Yo le quería mucho, a pesar de que siempre se hubiese mostrado pesimista, sombrío y a veces cínico. No superó que no le nombrara ministro de Justicia. Curiosamente, nunca me perdonó aquello. Por mi parte, sigo sin entender qué legitimidad incontestable era esa que le hacía idóneo para un puesto que, según él, le correspondía por derecho. Terminé incorporándolo al Gobierno, pero no encontró su sitio. Su resquemor no hizo más que crecer. Me acabé cansando de aquel enfurruñamiento continuo. Sigo lamentando tal ruptura, ahora que él ya no está. La política puede separar y deshacer hermosas amistades. Es un precio que cuesta pagar.

La marcha de Hervé Morin no me planteó los mismos problemas sentimentales, aunque entonces tuviera ocasión de descubrir un aspecto de su personalidad que yo había subestimado: la agresividad. También es culpa mía, pues le habría tenido que dar todas las muestras de consideración que él esperaba, cosa que no hice. La noticia se le atragantó, como yo podía comprender; pero tanto, ya era extraño. Se explayó en acerbas críticas, explicando que el nuevo Gobierno no sería otra cosa que un mero equipo de campaña a mi servicio. En resumen: su marcha suponía el regreso al Estado-RPR (Agrupación por la República). Él estaba convencido, en cambio, de que haría falta un voto centrista para las elecciones de 2012. Y de ahí a imaginarse a sí mismo como candidato, había un paso. Eso fue lo que hizo sin el menor escrúpulo. A mí todo eso me dejaba indiferente —al menos el fondo del asunto— y me reafirmaba en mi decisión. No tuve que esperar mucho para recibir una nueva embestida del interfecto, quien efectivamente en las semanas que siguieron a su marcha publicó un panfleto donde decía todo lo malo que pensaba sobre el Gobierno al cual había pertenecido, así como sobre el presidente que guiaba su actuación. Yo me pregunté, en vista de aquello, por qué había insistido en seguir en el equipo gubernamental si tanto le desagradaba. ¡Debía de haberse vuelto un poco masoca!

Una vez que hube terminado con las salidas, pude dedicarme a las incorporaciones. En primer lugar, a la de Alain Juppé, a quien confié el Ministerio de Defensa. Era una muestra de seriedad hacia los militares tras la pobre impresión que había dejado Hervé Morin. Las fuerzas armadas ganaron con el cambio y apreciaron aquel nombramiento. Yo pensaba también que, con la entrada del ex primer ministro en el Gobierno, me ahorraría algún sobresalto, pues Juppé iba a tener que abstenerse de lanzarme las flechas que a intervalos regulares me venía disparando. Además, aunque tampoco es que hubiera entre nosotros mucha química, yo apreciaba su rigor. Desde ese punto de vista, su presencia reforzaba al Gobierno. ¡Su nuevo puesto le hizo tanta ilusión que se encargó de anunciarlo él mismo cuarenta y ocho horas antes de la decisión oficial!

Luego propuse a Nathalie Kosciusko-Morizet que sustituyera a Borloo en el Ministerio de Ecología, Desarrollo Sostenible, Transportes y Vivienda. Aquello suponía para ella saltarse de golpe diecinueve puestos en la jerarquía gubernamental, lo que se tradujo en tal aumento de su exposición mediática que parecía una recién llegada. Yo confiaba en que, con sus capacidades, diera vida a aquel inmenso ministerio. Sabía que no iba a tardar en hacer caer en el olvido a su ilustre predecesor. No me hacía ilusiones, en cambio, sobre las polémicas y las peculiaridades que no podía dejar de provocar. Me gustaban tanto su talento como su personalidad. La consideraba una de mis auténticas amigas. En resumidas cuentas: estaba dispuesto a arriesgarme sin dejar, eso sí, de mantenerme lúcido y alerta.

Los medios de comunicación siguieron aquella reestructuración del Gobierno prácticamente en directo durante todo el fin de semana. Yo me regocijaba con cierto cinismo, pues ya nadie hablaba de la reforma de las pensiones, cuya nueva ley acababa de promulgar. La actualidad disipaba la actualidad. Era justo lo que yo había intentado propiciar y deseaba. Desde ese punto de vista al menos, la reestructuración del Gobierno había cumplido su función. ¿Pero iba a permitirme reconquistar a la opinión pública? Eso era ya otra cuestión; yo no era ingenuo al respecto. La prensa insistía en que aquello era «el fin de la política de la apertura». Matemáticamente era cierto, pero se debía menos a una opción política por mi parte que a una mera cuestión de calendario electoral. A un año y medio de las siguientes elecciones presidenciales, todos volvían a su «lecho» político natural. El río estaba otra vez en su cauce histórico. Era previsible. Yo debía dedicarme ahora más a reconquistar a los míos que a ampliarlos. Así funciona la vida electoral: cuando alguien se lanza a una competición, debe tener a todas sus tropas congregadas y unidas en torno a él; la mano tendida a los adversarios de ayer solo es posible tras la victoria. Ampliar requiere haber ganado primero. La democracia gira en torno a las convocatorias electorales, que son las que finalmente imponen su ritmo.

Debía proceder asimismo a una serie de ajustes en mi equipo del Elíseo. Para mi gran pesar, después de tres años de buenos y leales servicios, Raymond Soubie me comunicó su deseo de retomar las riendas de su grupo empresarial, dejando por tanto el Elíseo. El hombre era, en efecto, además de un magnífico asesor social, un jefe de empresa tan fino como juicioso. La reforma de las pensiones estaba ya aprobada. No podía negarme a devolverle la libertad a aquel hombre al que admiraba y apreciaba. Iba a echarlo de menos, pues me gustaban nuestras conversaciones y nuestros intercambios. Sustituirlo no era nada fácil.

Terminé optando por Jean Castex, quien había dirigido el gabinete de Xavier Bertrand y era, además, alcalde de Prades, pequeño municipio del departamento de los Pirineos Orientales —cerca de

Perpiñán—, donde había sido elegido bajo las siglas de la UMP (Unión por un Movimiento Popular). Me gustaba el perfil mixto de aquel hombre que, oriundo del departamento de Gers, era al mismo tiempo alto funcionario y representante electo local. Era un hombre práctico que se remangaba y se ponía manos a la obra en lo más alto de la función pública. Yo apreciaba su competencia y su jovialidad. Tanto con su predecesor como con él, pude apoyarme en dos óptimos conocedores de nuestra democracia social. Me fueron útiles ambos, sobre todo teniendo en cuenta que nunca he sido especialmente dado a los interminables parloteos sindicales. A mí me gustaba decidir, actuar, argumentar; ¡aunque me gustaba menos pasar horas escuchando discursos de un interés necesariamente desigual! Jean Castex se mostró eficiente e indispensable desde el primer momento. Le debo mucho. Me gustó trabajar con él. Aprendí a conocerlo. Es un trabajador infatigable, un perfeccionista capaz de retenerlo todo en su cabeza. Y es fino; más de lo que él deja entrever. Su acento, su hombría de bien y su apariencia sencilla disimulan una ambición férrea y una gran confianza en sí mismo. Saber exactamente quién es y qué quiere no es la última de sus virtudes. Le gusta muy poco la confrontación. A veces puede preferir la habilidad a la valentía, lo que podría perjudicarle si algún día quisiera llevar sus ambiciones más lejos.

Para cerrar aquel episodio tan político —destinado a dar carpetazo a la dramaturgia de las pensiones—, acepté la invitación que me hicieron conjuntamente TF1 (Télévision Française 1), France 2 y Canal+ para una larga entrevista televisiva a una hora de gran audiencia; era la ocasión de responder a todas las polémicas —que habían sido muy numerosas— y de intentar una vez más fijar un rumbo, es decir, un calendario de trabajo para el Gobierno. Lo cierto es que temas no faltaban; empezamos con Fillon, Borloo, Woerth y, por supuesto, el nuevo Gobierno. No había sorpresas en las preguntas; mis respuestas seguramente tampoco fueran las más originales. Rememorando aquella emisión, me acuerdo de cuánta energía tuve que desplegar con temas periféricos que al final no dejarían sino una huella ínfima. Yo era tan culpable como mis interlocutores, aunque hay que reconocer que con David Pujadas, Michel Denisot y, sobre todo, Claire Chazal iba pero que muy bien servido en lo referente a asuntos de política superficial. (Sobre todo con la última, a la que yo le adivinaba una extrema fragilidad apenas se dejaba el terreno de la mera política para saltar al de los asuntos de fondo, con los que ella no estaba demasiado familiarizada.) Salió a colación concretamente el nuevo avión presidencial —bautizado para la ocasión «Air Sarko One»—, su coste y su utilidad. Traté de contestar con humor —y con cierta ironía— apostando a que mis sucesores considerarían aquella compra una excelente decisión y ninguno lo revendería. Apuesta que he ganado, como cualquiera puede comprobar. Pero ¿por qué no le han llamado nunca «Hollande One» o «Macron One»? Mis dos sucesores han usado ese avión tanto como yo, si no más. Sin embargo, nadie les ha hecho nunca ninguna pregunta al respecto. ¡A menudo he pensado que aquello era injusto! Me preguntaron hasta por un sórdido asunto de espionaje a la prensa. A un periodista que estaba investigando sobre el caso Bettencourt le habían robado unos ordenadores. ¿Los había perdido? ¿Se los habían robado? Yo no tenía ni idea, pero eso no impidió a mis interlocutores interrogarme pomposamente sobre aquella memez.

Ya más en serio, anuncié mi voluntad de avanzar en la cuestión del gravamen de las transacciones financieras para movilizar un dinero que África necesitaba urgentemente. Eso era algo, a mi juicio, capital, aunque solo fuera para evitarle a Europa el drama de una inmigración que amenazaba con volverse incontrolable si aquel continente no salía de la pobreza que empujaba a tantos de sus hijos a soñar con instalarse entre nosotros. Había decidido también retomar la ofensiva contra el Partido Socialista, que estaba llevando a cabo un asalto demagógico sin precedentes. ¡Lo último había sido impulsar a los alumnos de bachillerato a echarse a la calle para defender la jubilación a los 60 años! Hoy sabemos que eso se ha acabado convirtiendo en una mala costumbre. Yo dije entonces que «movilizar a los más jóvenes para esa protesta es absurdo cuando resulta que, con el aumento de la esperanza de vida, muchos de ellos pueden esperar perfectamente cumplir cien años».

Por último, confirmé mi rechazo a cualquier tipo de alianza con el Frente Nacional, pues habían surgido al respecto ciertas veleidades en el seno de mi mayoría parlamentaria. La cuestión de mi futura candidatura a las elecciones presidenciales de 2012 empezaba a estar en boca de todos. En realidad, nadie dudaba que yo fuera a postularme, pero yo no lo tenía tan claro como daban a entender los comentaristas. En mi fuero interno, no me había decidido aún.

Me preguntaba si seguía teniendo dentro el «fuego sagrado», como decimos en Francia. Para presentarme con opciones de victoria, debía tener verdaderas ganas; muchas más, en cualquier caso, que mis posibles competidores. Y yo sentía cierto cansancio. No quería reconocerlo ante mí mismo, pero el desgaste de aquellos cuatro años empezaba a embotar mis energías. A eso había que añadirle los casi cinco años con las carteras de Interior y Finanzas. Me daba cuenta, además, de que tal situación terminaba suponiendo, tanto para Carla como para mis hijos, muchos más sacrificios de los que podíamos imaginar. No me gustaba la idea de verlos pagar hasta ese punto el precio de mi pasión por la política. Respondí, pues, haciendo una pirueta que era mucho más sincera de lo que entonces reconocieron: «Todavía no he tomado la decisión. Lo haré en algún momento a lo largo del otoño de 2011». Naturalmente no era adecuado desvelar mis intenciones antes; habría sido una gran imprudencia. Pero aquella respuesta no era solamente táctica. Yo quería mantener mi libertad de elección, también de cara a una renuncia.

Algo sí que tuve claro, no obstante, hasta el último minuto de mi mandato: teníamos que mantener intacto el afán de reforma. Tal era, por lo demás, el tema del discurso de política general que pedí a François Fillon que pronunciara ante la Asamblea Nacional. Él realizó con solvencia aquel ejercicio que dominaba y recibió la merecida ovación de los parlamentarios de la mayoría. Yo estaba por fin contento de haber superado el escollo de la reforma de las pensiones sin graves estropicios políticos y sin la menor «ruptura social». Ya nadie hablaba del asunto. Se había pasado página. Era como si aquello nunca hubiera existido, lo cual constituía en sí mismo una victoria tremenda.

*

* *

A finales de aquel año debí hacer frente al que seguramente fuera el asunto más delicado, y también más grave, que surgió en África durante mi mandato. Me refiero a las elecciones presidenciales de Costa de Marfil, en las que había salido vencedor

Alassane Ouattara y cuyos resultados impugnaba violentamente, contra todos los indicios, el presidente saliente, Laurent Gbagbo. El escrutinio era, sin embargo, incuestionable en aquel país de treinta millones de habitantes: el 54,1 % de los sufragios para el primero y el 45,9 % para el segundo. Tales cifras habían sido comunicadas por la Comisión Electoral Independiente, pero fueron inmediatamente impugnadas por el presidente del Consejo Constitucional marfileño, una figura cercana a Gbagbo. El lío era total. La tensión estaba disparada. En cualquier momento podía estallar una cruenta guerra civil, enardecida por las polémicas a propósito de la *ivoirité* de Alassane Ouattara, a quien se ponía en entredicho con una deshonestidad palmaria. Miles de franceses vivían allí y su seguridad se veía ahora claramente amenazada. No podíamos desentendernos de una situación que se estaba convirtiendo en un polvorín. Yo estaba al tanto, con sumo detalle, de lo que ocurría sobre el terreno gracias a mi asesor para África —André Parant— y a su adjunto —Clément Leclerc—, quienes estaban plenamente movilizados y en contacto permanente con nuestro embajador de Abiyán y sus equipos.

El presidente saliente se aferraba al poder por todos los medios, incluidos los más violentos. Se acumulaban los muertos y los heridos. Un ataque a la sede de Alassane Ouattara, en el barrio popular de Yopougon, acababa de causar la muerte de ocho de sus partidarios. El Consejo de Seguridad de la ONU decidió acometer la situación, que realmente amenazaba con sumir a todo el país en el caos. Dicha instancia internacional emprendió una serie de consultas urgentes. El secretario general de la Organización, Ban Kimoon, se desvivía por encontrar la mejor solución, que no podía pasar sino por la publicación de unos resultados electorales lo más incontestables como fuera posible. Tras una serie de minuciosas investigaciones, la victoria de Alassane Ouattara fue establecida y reconocida unánimemente, también por parte de la Unión Africana y de la CEDEAO (Comunidad Económica de Estados del África Occidental). Laurent Gbagbo protestó vivamente contra aquellas «injerencias extranjeras» y se erigió en defensor de la soberanía marfileña. Fue en ese momento cuando se desató la violencia ciega de sus partidarios.

Costa de Marfil, otrora modelo de estabilidad del África Occidental, volvía a convertirse en escenario de graves enfrentamientos.

El número de víctimas no dejaba de aumentar. El presidente saliente, que se había quedado solo frente a la comunidad internacional y frente a todas las evidencias, se aferraba mediante la violencia a los jirones de su poder. La ONU había reconocido la victoria del presidente Ouattara; su líder Ban Ki-moon pedía al presidente electo que trabajase para una paz duradera y para la reconciliación de Costa de Marfil. También la Unión Europea y Estados Unidos presionaban al presidente saliente para que cediera. Francia había adoptado la misma posición. En respuesta, Laurent Gbagbo desplegó un violento argumentario antifrancés y antiblancos. Aquello era racismo puro y duro. Yo mismo insté a este último a reconocer su derrota, dejándole claro que tenía la posibilidad de abandonar el poder de forma digna, con un estatus favorable de exjefe de Estado que el presidente Ouattara le garantizaba. La conversación fue franca y bastante desabrida, pues yo le confirmé que, si no se avenía a razones, la comunidad internacional no iba a permitir que aquel asalto electoral quedara sin consecuencias ni que se siguiera desatando la violencia contra civiles inocentes. Laurent Gbagbo contestó preguntándome si aquello era una amenaza. Yo no tuve el menor problema en certificarle su intuición: «Interprételo como desee, pero como mínimo se trata de una advertencia que haría usted muy mal en subestimar». Estaba siendo tan sincero como transparente. El presidente saliente y derrotado, haciendo caso omiso de todas aquellas admoniciones, decidió intensificar las intimidaciones, los atropellos y los insultos. La prensa de todo el mundo había reconocido la victoria de Alassane Ouattara. Yo decidí lanzar un llamamiento a todos los dirigentes y responsables civiles y militares marfileños para que respetaran la voluntad del pueblo y se abstuvieran de cualquier iniciativa encaminada a provocar la violencia.

En los días siguientes hubo intercambio de fuego intenso. La tensión en Costa de Marfil era máxima. Yo estaba cada vez más preocupado por la suerte de los quince mil ciudadanos franceses que residían allí. La Unión Africana tomó cartas en el asunto decidiendo suspender la membresía de Costa de Marfil mientras Laurent Gbagbo siguiera al frente del Estado. Era un gesto insólito y, por tanto, firme. En el pasado, aquella organización internacional no nos tenía acostumbrados a semejante claridad y, sobre todo, a tal valentía. Aquello era realmente tan útil como inédito.

En absoluto impidió, sin embargo, que la crisis siguiera quemando fases en la escalada de violencia. El acceso al complejo hotelero Hôtel du Golf, que servía de cuartel general a Alassane Ouattara, fue bloqueado por fuerzas de seguridad fieles al presidente derrotado. Dichas fuerzas decidieron paralelamente establecer un toque de queda en Abiyán. Corría peligro nada menos que la vida del presidente elegido democráticamente. Los medios de comunicación internacionales contaban un mínimo de treinta muertos y un centenar de heridos.

Yo me veía en una situación política delicada. La democracia y el derecho nos colocaban en la obligación de respaldar a Ouattara, pero nuestra condición de antigua potencia colonial nos hacía, por el contrario, continuamente sospechosos de injerencia en la vida política marfileña. Laurent Gbagbo se servía, con cierta destreza, de tal retórica y no dudaba en hablar de «la defensa de la segunda independencia». Estábamos ante el peligro de una nueva guerra civil comparable a la que había desgarrado el país en 2002 y 2003. Para colmo, yo había afirmado en varias ocasiones que ya era hora de acabar con la idea de la *Françafrique*. Tenía que evitar, así las cosas, que Francia se encontrara en primera línea; máxime cuando disponíamos de un millar de soldados acantonados, desde hacía mucho tiempo, en una base militar de Abiyán. Pero todo eso eran consideraciones teóricas; la práctica iba a obligarme a reaccionar de manera muy distinta. El presidente faccioso interpretaba la prudencia y la cautela como indicios de debilidad. Por consiguiente, había que intensificar nuestras muestras de firmeza para evitar que la situación degenerara y que se impusiera el *statu quo*. Tuve que dejarme de remilgos y exponerme más de lo que esperaba. Dos semanas después de la publicación de los resultados, lancé a Gbagbo un ultimátum en toda regla para que depusiera sin dilación su cargo, que claramente ya no le correspondía. Paralelamente —y en previsión de lo peor—, pedí al nuevo ministro de Defensa —Alain Juppé— que pusiera en marcha los preparativos para una posible evacuación de nuestros compatriotas allí residentes. En aquel caso extremo, la logística resultaba especialmente compleja. Había que anticiparse a todo. Abiyán se había convertido en el escenario de auténticas escenas bélicas, y en el interior del país la situación no era mucho mejor. La posibilidad de una intervención militar francesa estaba en boca de todos en Costa de Marfil. Yo quería postergar tal opción hasta el último momento posible. Al presidente Laurent Gbagbo le seguían ofreciendo múltiples salidas dignas. Él las rechazaba todas. Ni siquiera aceptó que tuviéramos una segunda conversación telefónica. Durante todo ese tiempo el balance que arrojaba la violencia postelectoral no dejaba de aumentar. Habíamos llegado, según la ONU, prácticamente a los doscientos muertos. Se había acudido al Tribunal Penal Internacional, que investigaba las atrocidades de las que había sido informado.

Decidí recomendar a los franceses que abandonaran «provisionalmente» Costa de Marfil. Unos dos mil lo habían hecho ya. La inminencia de las fiestas navideñas y del fin de año nos facilitaba la labor, propiciando los regresos a Francia para ver a la familia. Laurent Gbagbo multiplicó las acusaciones contra lo que él calificaba de «conspiración francoestadounidense» encaminada a apartarlo del poder; nuestro valiente embajador en Abiyán —Jean-Marc Simon— fue especialmente señalado como «instigador de la maniobra». La violencia proseguía inexorablemente su carrera enloquecida. Gbagbo atacaba ya con morteros a su rival victorioso. Aquel Hôtel du Golf en el que estaba refugiado Alassane Ouattara padecía el azote de obuses de gran calibre varias veces al día. Los civiles tampoco se libraban. El bando de Gbagbo no dudaba en atacar, con armas pesadas, barrios considerados afines a su adversario, como ocurrió en el mercado de Abobo. Así transcurrieron semanas. Se acumulaban las víctimas. Reinaba el caos. La vida del presidente electo pendía de un hilo. La inacción había dejado de ser, a todas luces, una opción aceptable. Aquello era una mofa para la autoridad de la comunidad internacional. Y Costa de Marfil, que llevaba diez años sin conocer unas solas elecciones libres y transparentes, veía cómo aquellas que acababan de celebrarse con todas las garantías quedaban reducidas a la nada por voluntad de aquel nuevo dictador.

Yo había hablado varias veces por teléfono con Alassane Ouattara. Me instaba a que interviniera para que las tropas francesas pusieran fin a las masacres. «Sin vosotros no lo vamos a conseguir», me confesó. Y efectivamente Gbagbo estaba atrincherado en su palacio rodeado de carros de combate en manos de sus partidarios. Era un señor de la guerra dispuesto a recurrir a cualquier medio, incluso a los peores. Alassane Ouattara, por el contrario, era un demócrata, un economista, un intelectual, un político. No podía competir con su rival en el terreno de la violencia. Era una lucha demasiado desigual. Había llegado el momento de que yo asumiera mis responsabilidades. Tenía que actuar, aun siendo consciente del peligro político que representaba el uso del ejército francés en un conflicto interno. Decidí extremar las precauciones. Para empezar, habíamos dejado pasar casi tres semanas desde las elecciones robadas. Eso había dado tiempo a todo el mundo a hacerse una idea clara de qué papeles desempeñaban los protagonistas. Gbagbo era claramente el usurpador. Además, yo quería disponer de un mandato oficial de las Naciones Unidas para actuar, así como del apoyo inequívoco de la Unión Africana y de la CEDEAO. Nuestra intervención militar solo podía gozar de legitimidad si la comunidad internacional la aceptaba y solicitaba expresamente. No podía quedar la menor duda al respecto. Por último, necesitaba asegurarme de que a Laurent Gbagbo lo capturasen vivo y no se le infligiera violencia ninguna. Ese punto específico fue objeto de una larga conversación telefónica con Alassane Ouattara. Le pedí su palabra de honor de que garantizaría la integridad física de Laurent Gbagbo. Él debía respetar su compromiso. Yo lo conocía bien y desde hacía mucho tiempo. Sabía hasta qué punto era un hombre en el que se podía confiar. No tenía la menor duda en ese sentido. De hecho, nunca ha defraudado ni traicionado nuestra amistad.

Mi admiración por Alassane Ouattara era antigua y auténtica. Extrañamente mi predecesor, Jacques Chirac, prefería al expresidente marfileño Henri Konan Bédié. A Alassane Ouattara no le tenía mucha estima. Cuando me hablaba de él, utilizaba la expresión —deliberadamente sarcástica— «tu amigo Ouattara» y luego añadía: «Hazme caso, nunca saldrá elegido». Un día que volví a sacar el tema para saber las razones de tan lúgubre pronóstico, me soltó: «Porque es musulmán, y eso no puede funcionar en Costa de Marfil». Le respondí instantáneamente: «Yo no lo veo así. Todo el norte marfileño es, de lejos, mayoritariamente musulmán. El hecho de que él lo sea no tendría que ser un argumento insalvable». Él zanjó aquel intercambio con un juicio inapelable: «Tú no conoces África». Tenía derecho, cómo no, a pensar así; pero es obligado reconocer que yo tenía razón: Alassane Ouattara no solo salió elegido sino, de hecho, ¡reelegido en dos ocasiones! De todos los dirigentes africanos, hoy es uno de los más reconocidos e influyentes.

Su experiencia, su sensatez y su gestión le confieren una autoridad sin parangón. Supo reinstaurar la paz civil en su país, lo que no era tarea fácil. Y lo hizo mediante el perdón y la reconciliación, en ningún caso recurriendo a la venganza o el desquite. Tuvo incluso la inteligencia de indultar a su predecesor —a Laurent Gbagbo—, con lo que evitó convertirlo en un mártir. Y ha conducido a su país hacia la paz, el progreso y la concordia, lo que le vale la admiración de muchos en el continente africano.

La necesidad inmediata era entonces poner término al caos, por lo que decidí movilizar al ejército francés. Era una decisión cargada de connotaciones y, lo reconozco, políticamente arriesgada. Nos amparaba, sin embargo, el claro mandato de las Naciones Unidas. Las operaciones militares en sí mismas no fueron ningún problema. Nuestras tropas eran profesionales, iban bien armadas y sabían perfectamente lo que debían hacer. Yo había dado órdenes precisas de que los soldados franceses no penetraran en el recinto del palacio presidencial. No quería imágenes —que habrían dado la vuelta al mundo— de soldados franceses participando en el arresto de un presidente africano, por ilegítimo que este fuera. De eso tenían que encargarse las tropas marfileñas leales al nuevo presidente. Y aquello se cumplió escrupulosamente. Laurent Gbagbo fue arrestado y enviado al Tribunal Penal Internacional. No sufrió ningún tipo de violencia.

El presidente Ouattara pudo tomar posesión de su cargo e iniciar su labor reconciliadora. La comunidad internacional aplaudió tanto la rapidez como la eficacia del trabajo de los militares franceses. El prestigio de Francia en África —y no solo allí— salió reforzado. Nos habíamos puesto al servicio de la democracia y de la paz. Lo habíamos hecho en nombre de un principio que las Naciones Unidas habían adoptado por unanimidad seis años antes pero que hasta ese momento no había encontrado traducción concreta: la responsabilidad de proteger. Yo estaba contento, a título personal, por Alassane Ouattara, quien hacía mucho tiempo que había dejado las responsabilidades gubernamentales y veía su paciencia y su inteligencia recompensadas. (Durante su exilio había hecho una brillante carrera en Washington como director adjunto del FMI.) De manera que el ex primer ministro del presidente Houphouët-Boigny, a quien se había impedido presentarse a las elecciones presidenciales de su país durante más de un decenio por motivos falaces, recuperaba el poder. Aquella fue una de las satisfacciones de mi mandato. Cuando, pocas semanas después, volví a Yamusukro para participar en las ceremonias oficiales de la investidura, tuvimos que efectuar un trayecto de varios kilómetros en coche para llegar, desde el aeropuerto, al palacio presidencial. La multitud que se apiñaba en los arcenes era impresionante. Los medios de comunicación internacionales aventuraron la cifra de un millón de marfileños. Yo no sé si aquel número era exacto; lo que sí puedo decir es que los vi, a lo largo de todo aquel trayecto, apretados en una decena de filas a cada lado de la carretera. El espectáculo era, de verdad, tan sorprendente como grato. Cuando mi coche pasaba con el banderín tricolor ondeando sobre el capó, los gritos y los aplausos arreciaban y los *Merci la France!* [¡Gracias, Francia!] se oían por todas partes. Yo pensaba en mi fuero interno que el fin de la *Françafrique* no suponía que nuestro país tuviera que desentenderse de este continente tan cercano a nosotros. De hecho, era todo lo contrario. Volvíamos a estar legitimados para actuar como socios. La lucha por la libertad de Costa de Marfil era incontestable. Ese no había sido siempre el caso en nuestras intervenciones previas, como tampoco lo sería siempre en el futuro.

Al final, la única polémica vino de la metrópolis. Laurent Gbagbo era miembro de la Internacional Socialista. Disponía, por tanto, de poderosas redes en el seno del Partido Socialista francés. (Dichas redes incluían a Henri Emmanuelli.) Hasta el último momento, y a pesar de los hechos y de todas las evidencias, aquellos militantes se obstinaron en respaldar a su amigo. Resultaba divertido, una vez más, constatar que la izquierda francesa estaba dispuesta a sacrificar sus principios de generosidad, democracia y transparencia por sus intereses cortoplacistas o por sus amistades internacionales. Llegaron a enviar a uno de los suyos —Stéphane Fouks— para asesorar y ayudar al presidente faccioso. (Afortunadamente fue en vano.) Después de Danielle Mitterrand y Fidel Castro, ahora teníamos al Partido Socialista con Gbagbo. No es que hubieran progresado mucho…

*

* *

En el momento de su anuncio, la noticia suscitó pocas polémicas y un interés, de hecho, moderado. La FIFA (Federación Internacional de Fútbol Asociación) acababa de tomar la audaz decisión de encomendar la organización del Mundial de 2022 a un país árabe de pequeñas dimensiones: Catar. Las polémicas no se hincharían sino mucho después, alcanzando su cénit pocas semanas antes del inicio de la competición. Luego cesarían de golpe una vez empezados los partidos, y todo el mundo pudo constatar la perfecta organización del acontecimiento. Yo apoyé públicamente, en su momento, aquella decisión, como también, anteriormente, la de que los futuros Juegos Olímpicos de Invierno se celebraran en Sochi, en el país de Vladímir Putin. No resulta inútil volver sobre aquel tema para entender sus imbricaciones tanto estratégicas como políticas.

Desde hace varias décadas, el deporte ha adquirido una importancia de primer orden en la vida cotidiana de los ciudadanos del mundo. Las competiciones entre los mejores atletas del planeta ofrecen momentos irremplazables de emoción compartida con la familia y los amigos. Son también ocasiones de orgullo, digamos, nacionalista en las que el patriotismo puede expresarse pacíficamente, sin perjuicio de nadie. Gracias al deporte, miles de millones de individuos disfrutan inocuamente de esas pequeñas dichas que hacen la vida cotidiana más feliz o, por lo menos, más aceptable. Los medios de comunicación, concretamente las televisiones, lo han entendido de maravilla. Para conseguir audiencia y atraer a las decenas o incluso a los cientos de millones de espectadores, nada es más eficaz que una gran cita deportiva. El deporte se ha convertido, así, en una baza económica, en un instrumento de desarrollo, en una industria especialmente próspera. Se trata de un fenómeno mundial que ha conquistado la totalidad del planeta hasta sus rincones más lejanos. Hoy el deporte es un factor de conexión, de intercambio, de experiencias compartidas entre todas las civilizaciones. Constituye, bien mirado, el único ejemplo auténtico de una especie de idioma mundial común a todos. Todo el mundo habla, entiende, ama el deporte, al menos cuando este se expresa a través de esos grandes acontecimientos que son las competiciones deportivas.

Dentro de esta nueva economía está el caso específico del fútbol. Es especial porque su auge y su popularidad no tienen parangón con el resto de las disciplinas deportivas del mundo. En el caso del fútbol realmente cabe hablar de un fenómeno planetario. En este nuevo contexto resultaba absolutamente imposible seguir reservando la organización de esos grandes acontecimientos siempre a las mismas naciones occidentales que los habían acaparado a lo largo del pasado siglo. El fútbol no podía seguir quedando reducido a Inglaterra, Alemania, Italia, España, Brasil… y Francia. Había llegado la hora de ampliar la lista incorporando a esos nuevos actores del deporte mundial que son África, Asia y el mundo árabe. Y era especialmente cierto en el caso de este último, cuyo creciente sentimiento de injusticia y humillación alimentaba la cólera contra Occidente y el riesgo de radicalización. La incomprensión recíproca se reforzaba cada día, creando unos abismos cada vez más anchos y profundos. Y en ese contexto la FIFA decidió encomendar a Catar la organización de esa cita planetaria que es el Mundial de Fútbol. A mí me pareció una oportunidad única de crear vínculos allí donde solo había confrontaciones. Era la primera vez que una logística tan compleja y gigantesca se confiaba a un país árabe. Podía suponer una ocasión de orgullo e identificación para todas las naciones musulmanas. Permitía intensificar los intercambios y las conexiones entre Oriente y Occidente. Favorecería, por último, la apertura de ese pequeño país islámico al exterior y lo animaría a avanzar en la senda de la modernidad de las costumbres sin renegar un ápice de su identidad y sus tradiciones. Mantuve la misma actitud cuando se celebraron los Juegos Olímpicos de Pekín, a los que acudí a pesar de los múltiples llamamientos al boicot. Abrir China, abrir el mundo árabe, abrir Rusia a través del deporte siempre me pareció que ofrecía numerosas ventajas y apenas inconvenientes. Añado que el deporte nunca debería ser rehén de la política ni ponerse al servicio de causas partidistas. Llevo mucho tiempo observando, en efecto, que los llamamientos a los diversos boicots provienen de aquellos a quienes el deporte no les gusta y solamente se sirven de él en beneficio de los objetivos partidistas que persiguen. Salta a la vista que no todo era perfecto en los países en cuestión, pero ¿en qué sentido habría agravado su situación el hecho de que esas grandes competiciones deportivas se organizaran en ellos? Si solo se pudiera escoger como países organizadores a naciones irreprochables, ¿tan seguros estamos de que nosotros lo mereceríamos? Puede que no esté tan claro…

Tratándose de Catar, hizo falta algo de tiempo para que se organizaran las protestas y se consolidaran las polémicas. Una vez puesta en marcha, la campaña de vapuleo fue de una violencia inusitada. Primero fue el asunto del clima. En verano hacía mucho calor. Ciertos observadores estaban, por tanto, legítimamente preocupados por la salud de los jugadores. El argumento se agotó cuando se tomó la decisión de organizar la competición en invierno. Luego fue la polémica sobre el aire acondicionado de los estadios. Las ONG ecologistas protestaron contra aquel atentado flagrante contra las buenas prácticas. Este planteamiento pasaba por alto el hecho de que en Estados Unidos —el otro país candidato para organizar aquel Mundial— muchos estadios están igualmente climatizados; y también que, de resultas del cambio climático, actualmente las temperaturas en pleno mes de agosto a menudo son, en muchas ciudades estadounidenses, superiores a las registradas en Doha en el mes de diciembre. Esas mismas ONG se olvidaban asimismo de que un Mundial que se celebraba en una única ciudad en la que los estadios distaban entre sí pocas decenas de kilómetros resultaba infinitamente menos contaminante que un acontecimiento que se distribuía en varias sedes alejadas cientos de kilómetros —cuando no miles— unas de otras. Porque en este último caso habría hecho falta coger el avión para desplazarse de un lugar a otro, con el consiguiente balance catastrófico en lo referente a huella de carbono. Después llegó el tema de las prácticas religiosas, que eran contrarias a la cuestión LGTBI. Los grupos de presión sugirieron entonces que todos los jugadores lucieran los colores del arcoíris del respeto a las diferencias. Era una lucha justa, pero ¿por qué imponérsela solo a Catar? Los hinchas del mundo entero querían ver fútbol, no una instrumentalización política. A ese respecto, se empezaron a mezclar mil temas: que los homosexuales serían expulsados de los estadios, que las parejas no se podrían besar, que no se serviría alcohol… (A mí me pareció, dicho sea de paso, una excelente idea prohibir las bebidas alcohólicas en los recintos deportivos, donde no pintan nada.)

Al final, todas esas polémicas se evaporaron cuando se impuso la realidad, que fue muy diferente de la esperada. Los llamamientos al boicot no tuvieron ningún éxito, pues la competición fue tan apasionante que registró, en casi todos los países, récords de audiencia televisivos. La mayoría del pleno municipal de París adoptó el comportamiento más hipócrita y sectario. De puertas adentro, los ediles parisinos estaban encantados de que Catar fuese el dueño del club de la capital. De puertas afuera, ¡reivindicaban el boicot de aquella competición porque se celebraba en Catar! (Que lo entienda quien pueda.) No se equivocaron los parisinos que, como ocurrió en muchísimas partes, siguieron aquel Mundial, que pasará a la historia como uno de los mejor organizados. Y, de hecho, los observadores del mundo entero pudieron apreciar un modelo de seguridad, de belleza de los estadios, de calidad en la acogida a los turistas, de respeto hacia la personalidad de cada cual, de calma por parte de los organizadores. Tras la desastrosa final de la Liga de Campeones del Estadio de Francia, realmente no estábamos en condiciones de dar lecciones a nadie… Cabe esperar que nuestros Juegos Olímpicos estén, por lo menos, tan bien organizados.

Con el tiempo, ese Mundial habrá insuflado una buena dosis de orgullo y consideración al mundo árabe, y no solo en el ámbito estricto de ese pequeño emirato. No ha suscitado ningún estallido de violencia —lo que nunca está de más en el fútbol, que en estos últimos años no nos tenía acostumbrados a tanta calma— y ha demostrado hasta qué punto es mala idea mezclar deporte y política. La instrumentalización exaltada fracasó. Y fue una magnífica noticia. Los nuevos ayatolás del pensamiento, de la moral y de la política se quedaron con un palmo de narices. Probablemente, incluso quepa afirmar que el ridículo los ha acallado… por un tiempo.

*

* *

El año se acercaba ya a su fin. A mí el tiempo se me había pasado volando. Se me escurría entre los dedos como el agua que uno intenta vanamente retener en el cuenco de sus manos. ¿Era posible que estuviese entrando ya en el último de mis cinco años de mandato? Estábamos a diecisiete meses de las siguientes elecciones presidenciales. Es una perogrullada decir que la vida pasa en un instante. Pero el poder actúa como un formidable acelerador de partículas. La velocidad era supersónica. Yo estaba justo empezando a darme cuenta. Mi pelo había encanecido. Mis cicatrices se habían multiplicado. Me prometía actuar con energía redoblada al sentir que ahora mis días estaban contados. Tenía que centrarme en lo esencial. Renunciar a dispersarme en proyectos secundarios. Adoptar una nueva forma de gravedad.

Ese era mi estado anímico en el momento del tradicional discurso televisado del presidente de la República a los franceses por el fin de año. Insistí en el hecho de que no cabía inmovilismo preelectoral ninguno. Debíamos seguir con las reformas; de hecho, hasta el último minuto de mi mandato. Quise insistir en mi deber de proteger Francia y a los franceses. A tal efecto, puse a todo el mundo en guardia frente a aquellos que, tras la crisis financiera mundial, pretendían que saliésemos del euro: «El fin del euro sería el fin de Europa. Yo me opondré con todas mis fuerzas a tal marcha atrás, que supondría tirar por la borda sesenta años de construcción europea». Dicho compromiso era especialmente necesario toda vez que Francia había de asumir, durante aquel año 2011, la doble presidencia del G-8 y del G-20. Semejante perspectiva podía proporcionarme no pocas palancas de acción para gestionar la época posterior a la crisis financiera. Era algo a la vez apasionante, difícil y prometedor. Jean-David Levitte llevaba muchos meses —acompañado de Olivier Colom y de su adjunta Consuelo Remmert— preparando aquella doble presidencia. Yo no sabía —ni había, por tanto, previsto en modo alguno— que durante ese nuevo año tendríamos que hacer frente a otra crisis financiera de gran envergadura, localizada esta vez en Europa y derivada de una falta de financiación de la deuda de ciertos Estados europeos entre los que figuraban, en primer lugar, Grecia e Italia. De una cosa sí que estaba seguro: no íbamos a tener tiempo de aburrirnos. Desde ese punto de vista al menos, mi vaticinio fue más que acertado…

*

* *

Buena parte de aquel mes de enero de 2011 se dedicó a un acontecimiento que verdaderamente me cogió desprevenido. Fue un suceso que, como tantos otros que se produjeron por todo el mundo, yo no había visto venir: la revolución tunecina. Por eso reaccioné con retraso a lo que se daría en llamar las «primaveras árabes». Todo había empezado con unos disturbios sociales en la región de Sidi Bouzid, a doscientos cuarenta kilómetros de Túnez capital. La represión que ejerció el régimen del presidente Zine El Abidine Ben Ali fue brutal y desproporcionada. Ya en los primeros días hubo que lamentar un muerto y numerosos heridos. Aquello era deplorable, y digno de ser condenado, pero no hacía presentir, al menos en un primer momento, un nivel de gravedad fuera de lo común. Túnez ya había conocido unas cuantas erupciones parecidas. Sin embargo, una circunstancia cambió el curso de las cosas. La censura había sido siempre omnipresente y había mantenido atenazado al país, pero entonces estábamos en el inicio del advenimiento de la era de las redes sociales. Todo lo que antes se mantenía oculto se colgaba ahora en Facebook y, en menor medida, en Twitter. Los internautas tunecinos estaban en condiciones de publicar en internet vídeos y artículos sobre aquellos acontecimientos. Era como si cada cual pudiera disponer de su propio canal de televisión. El eslogan de los internautas tunecinos era claro: «Compartir nos salvará». Y dichos internautas disfrutaban rivalizando en creatividad, rapidez y capacidad técnica. El Gobierno intentó bloquear cientos de perfiles de Facebook, impedir que se colgaran vídeos o fotos, multiplicar las iniciativas para perseguir a los usuarios de todas aquellas cuentas súbitamente puestas al servicio de la insurrección popular; pero, en vista de la magnitud del movimiento contestatario de Sidi Bouzid, todos aquellos intentos desesperados del poder fueron en vano. Internet se había convertido en un espacio de libertad que nada podía detener. Las cifras daban una idea de la relación de fuerzas: en un país de diez millones de habitantes, había casi cuatro millones de usuarios de internet, ¡de los cuales 1,8 millones disponía de un perfil en Facebook! Durante aquellos acontecimientos, Túnez se convirtió, de hecho, en el tercer país del mundo por número de búsquedas del término «Facebook». Todo estaba al descubierto. Cualquiera podía tener acceso a información no censurada. Aquello creaba una suerte de embriaguez en un país tanto tiempo acerrojado.

La ola estaba anegando al poder. Nada podía detenerla, ni siquiera ralentizarla. ¡El presidente Ben Ali estaba desbordado en sentido tanto literal como metafórico! El número de muertos aumentaba rápidamente. Unos días antes del inicio de las revueltas, se contaban ya catorce, y había cientos de heridos. Cuanto más insistía el poder en arrestar a manifestantes y blogueros tunecinos, más rápidamente aparecían otros. Hacía mucho tiempo que Francia era el socio privilegiado de Túnez. Ben Ali era francófono y amigo de nuestro país. Su balance en materia de libertades políticas era pésimo, pero la cosa era muy distinta en lo referente a desarrollo económico y cultural, así como al lugar que se otorgaba a las mujeres en la sociedad tunecina. En lo referente a estos aspectos, Ben Ali podía poner legítimamente de relieve avances muy sustanciales. Además, siempre había cooperado con las democracias europeas contra el terrorismo islamista; no había razones para cuestionar la sinceridad de su compromiso con la laicidad. Y precisamente a todo ese cúmulo de elementos se debió la timidez inicial de Francia. Apelamos, eso sí, a la calma, a la contención, a la libertad de expresión, pero nosotros a Ben Ali no lo considerábamos un simple dictador; no tengo ningún problema en reconocer que yo mismo opté por la cautela. En el seno del Gobierno, Túnez podía contar con la fidelidad de Frédéric Mitterrand —cuyos vínculos con el país eran sabidos desde hacía mucho tiempo— y Bruno Le Maire, que declaró: «A Ben Ali con frecuencia se le juzga injustamente, porque resulta que ha hecho muchas cosas». Yo no discrepaba demasiado de aquel análisis, aunque probablemente lo habría formulado de otro modo.

A mediados de enero, los acontecimientos se precipitaron y adquirieron una magnitud ya muy distinta. Las revueltas ahora proliferaban por todo el país, y ya no eran sociales, sino políticas. Se había impuesto el toque de queda en toda el área metropolitana de la capital. Eran los jóvenes tunecinos quienes con más vehemencia se oponían al poder. Cada día miles de ellos gritaban consignas hostiles al régimen en la plaza de la Puerta de Francia. Los disparos de las fuerzas tunecinas con munición real eran cada vez más frecuentes. La intensidad de la crisis había subido varios enteros. Ben Ali, sintiendo que su régimen se tambaleaba, intentó un apaciguamiento anunciando la liberación de todas las personas arrestadas durante las revueltas y destituyendo a su ministro del Interior, Rafik Belhaj Kacem. Anunció asimismo la creación de un comité de investigación sobre la corrupción, como reclamaban la oposición tunecina y las ONG. La crisis duraba casi un mes. Había que lamentar más de cincuenta muertos. El desencadenante había sido el suicidio a lo bonzo de un joven vendedor callejero que protestaba por la incautación de sus productos por parte de la policía, pero la situación había degenerado en un levantamiento popular y político contra el régimen de Ben Ali. La magnitud de todo aquello era tal que tuvimos que elevar el tono. Le pedí a François Fillon que diera un paso al frente, cosa que hizo denunciando «la represión por parte de las fuerzas de seguridad» y condenando «el uso desproporcionado de la violencia». Con ello nos situábamos en la misma línea que Estados Unidos y la Unión Europea. Era mejor así, aunque hubiéramos ido un poco a la zaga —cuando no claramente con retraso— frente al desarrollo de los acontecimientos.

Una torpeza de la ministra de Asuntos Exteriores, Michèle Alliot-Marie, puso de relieve, por desgracia, aquel desfase, pues ofreció «el saber hacer de las fuerzas de seguridad francesas» al régimen tunecino. Lo dijo en el sentido de evitar pérdidas humanas entre los manifestantes, pero en aquel clima político se interpretó como una desafortunada muestra de respaldo al vilipendiado régimen de Ben Ali. El jefe de filas de los diputados socialistas, Jean-Marc Ayrault, calificó aquellas palabras de «ruines». La reacción era un poco excesiva, ¡pero hay que reconocer que se lo habíamos puesto en bandeja! Los acontecimientos se precipitaron más aún con la marcha inesperada de Ben Ali a Arabia Saudí. Se trataba de una fuga en toda regla ante una situación que se había vuelto insostenible. De este modo lamentable ponía fin a un periodo de veintitrés años ininterrumpidos en el poder. (Me alivió que Ben Ali no hubiese pedido asilo a Francia, lo que no habría dejado de incendiar más los ánimos.) Ejercía de presidente interino el primer ministro Mohamed Ghannouchi. Se había decretado el estado de emergencia en todo el país. En la capital habían empezado los pillajes. Por el centro se oían disparos. Ben Ali se había ido, pero Túnez se sumía en el caos. Nosotros decidimos evacuar de urgencia a los residentes franceses, algunos de los cuales habían sufrido agresiones sin que supiéramos si se trataba de actos de delincuencia o si había en ello voluntad política. En Francia me atacaban mucho por lo que la prensa consideraba un «enorme retraso en la comprensión de la Revolución del Jazmín». Ese era ahora el nombre de aquel movimiento, al que se le atribuían todas las virtudes y que depararía, a decir de los observadores, un porvenir radiante para la nueva democracia tunecina.

Era cierto que yo no había percibido la gravedad de los sucesos iniciales. Me reprochaba aquella nula capacidad de reacción, al mismo tiempo que constataba la incapacidad de nuestra embajada en Túnez para comunicarnos la información adecuada. Desde ese punto de vista, habíamos fracasado; al menos, con respecto a la actualidad del momento. Con la distancia que nos proporcionan los doce años transcurridos desde aquella crisis, me parece que tanto el análisis como las conclusiones deberían ser más ecuánimes. Yo entonces no quería dar mi brazo a torcer. Ben Ali había hecho cosas buenas por su pueblo en materia económica, y también en el ámbito de la educación y la formación. Para mí, su gestión no era solo negativa. Los regímenes autoritarios del Magreb representaban, a mi juicio, un mal menor frente al peligro islamista. Presentía que los grupos extremistas iban a aprovechar la confusión. Además, temía el efecto dominó en el resto de países de la región. Pero mi discurso resultaba completamente inaudible en ese entonces. Las imágenes y la emoción arramblaban con todo. La menor divergencia respecto al pensamiento imperante se consideraba de inmediato la prueba de un vínculo indecente con el «autócrata tunecino», como antes que a mí les había ocurrido a François Mitterrand y Jacques Chirac. Analizando retrospectivamente la evolución de ese país amigo de Francia —un país de un saber vivir proverbial y de un altísimo nivel cultural y cívico—, es imposible no sentir tristeza. Tanto Túnez como Egipto han vuelto al punto de partida, ¡y eso en el mejor de los casos! ¿Qué decir, por ejemplo, del actual presidente tunecino, que se ha arrogado todos los poderes, ha prohibido los partidos que le incomodaban y ha encarcelado a sus oponentes? El país ¿ha ganado con el cambio? No es a mí a quien corresponde contestar a esa pregunta, pero el simple hecho de que hacérsela lleva implícita ya parte de la respuesta. Sea como fuere, hoy no lamento ni mi prudencia ni mi reserva de entonces. Ninguno de los acontecimientos de estos últimos años ha venido a desmentir mi intuición inicial.

Tan fuerte era el estallido mediático-político contra Ben Ali que tuve que aclarar que su familia no tenía intención de residir en Francia. No me sentía especialmente orgulloso de aquel posicionamiento frente a unas personas que buscaban asilo. (Más incontestable fue nuestra decisión de bloquear en Francia los bienes tunecinos que pudieran ser sospechosos.) Tampoco me hizo mucha gracia la ocurrencia del ministro de Cultura —Frédéric Mitterrand— de publicar, sin haberme informado, una carta abierta al pueblo tunecino en la que se enredaba en disculpas y lamentos por sus declaraciones iniciales. La intención seguramente fuese buena, pero, como tantas otras veces, sobreactuaba. Les felicitaba por haberse deshecho de la «asfixiante sujeción» que pesaba sobre ellos. Y estaba bien visto, pero ¿por qué denunciar a continuación a Ben Ali, que le había intentado «recuperar» concediéndole la nacionalidad tunecina? ¡Nadie le había obligado a aceptarla! Ben Ali tenía muchos defectos, pero el ensañamiento «de los antiguos amigos» siempre me desagradaba y no engrandecía a quienes se entregaban a él. Cerré aquella secuencia «liquidando» a nuestro embajador en Túnez; probablemente fuera un chivo expiatorio, pero no lo veía capaz de mantener unos contactos fluidos y mínimamente útiles con el futuro Gobierno tunecino, fuese el que fuera.

Aquellos sucesos confirmaron mi idea de que el peso de la historia no hacía las cosas más sencillas a los dirigentes de un gran país como es Francia. La gestión de las relaciones con nuestras excolonias requería un gran arte diplomático, aunque solo fuera para preservar un *statu quo* y salir del atolladero político a fin de construir el futuro. No hacer lo suficiente, hacer más de la cuenta: daba igual cuál fuera la decisión; estaba condenada de antemano. El camino era verdaderamente estrecho, por no decir impracticable. Saqué la conclusión de que la mejor postura posible —y probablemente la única— era la cautela. No era algo encomiable, pero sí realista. Únicamente la experiencia me ha llevado a adoptar esa actitud, poco ambiciosa pero lúcida. Después de todo, la política consiste en hacer todo lo que es posible, pero también en descartar lo que no lo es. Este último extremo es menos noble, pero puede revelarse igualmente útil.

*

* *

El año tuvo un comienzo dramático: el 9 de enero supe que los dos rehenes franceses secuestrados en Níger habían fallecido. No cabía imaginar un escenario peor. Ambos hombres tenían 25 años. A mí aquello me impactó doblemente. La edad de las víctimas, primero, sumada al hecho de que nunca hubiesen desarrollado ninguna actividad política, hacía odioso aquel crimen e intensificaba el sentimiento de injusticia. Esos jóvenes se habían encontrado, simplemente, en el lugar equivocado en el momento equivocado. Su asesinato había sido tan inútil como cruel.

Pero es que, además, yo había estado relacionado con el desarrollo de aquellos acontecimientos. Me sentía, por tanto, responsable del trágico desenlace. No habíamos podido —o no habíamos sabido— liberarlos a tiempo. Estaba realmente conmocionado. Siempre experimenté sentimientos muy fuertes en el momento en que se resolvían —ya fuese para bien o para mal— las numerosas tomas de rehenes que hube de gestionar como ministro del Interior o como presidente. Me impliqué siempre como si el rehén en cuestión fuera una persona cercana o un miembro de mi familia. Jamás pude considerar aquellas situaciones tan intensas como un mero aspecto de mi responsabilidad profesional o política. Ser el último recurso para mujeres y hombres en situación de peligro extremo exigía, a mi juicio, una implicación personal absoluta. Podría pensarse, legítimamente, que reaccionando así daba muestras de una sensibilidad exacerbada. Es un reproche que me hicieron con frecuencia. Sin embargo, nunca me ha parecido que la sangre fría necesaria en tales situaciones sea incompatible con las emociones que el responsable último pueda experimentar. En caso de éxito, sentía una felicidad profunda al pensar que el trabajo se había hecho bien y que habíamos salvado vidas. (Con ciertas víctimas, incluso he mantenido el contacto.) En caso de fracaso, nunca he podido resignarme a pensar que fue culpa del destino o de la mala suerte. Pasaba semanas enteras reconstruyendo en mi cabeza el hilo de los acontecimientos que habían desembocado en el drama. Así ocurrió con los rehenes de Níger.

Una de las dos víctimas residía en aquel país. Trabajaba para una ONG. En cuestión de días iba a casarse con una joven nigerina. El otro era un amigo íntimo que acababa de llegar la víspera solo para asistir a la ceremonia. Eran ambos oriundos de Linselles, una pequeña población del norte de Francia. Aquellos desdichados estaban cenando en un restaurante de Niamey, en un barrio turístico y concurrido de la capital. Varios hombres armados irrumpieron de repente en el restaurante. Obligaron a nuestros compatriotas a seguirlos y acto seguido les hicieron entrar en un todoterreno con matrícula de Benín en el que les esperaban más hombres armados. El cortejo partió a gran velocidad con los faros apagados. La identidad política de los secuestradores no dejaba lugar a dudas. Comprendimos de inmediato que se trataba de terroristas afiliados a Al Qaeda a través de su «filial» del Magreb islámico (AQMI). Tres meses antes, esta última organización había reivindicado el secuestro de cinco franceses. Nuestro país se había convertido en el objetivo de aquellos bárbaros. Su intención era claramente transmitir a todos nuestros ciudadanos que no estaban a salvo en ningún punto del continente africano.

Aquella organización criminal no buscaba ningún tipo de negociación. Su fin último era la prueba de fuerza a largo plazo, con la voluntad de acentuar la presión mediática. Querían obligar a Francia a intervenir militarmente con el propósito de desestabilizar a los países africanos más afines a nosotros. Una de sus reivindicaciones prioritarias era que el ejército francés se retirara de Afganistán, ¡una exigencia imposible de satisfacer! Esa gente quería matar; no conversar, negociar, hablar. Semejante contexto nos hacía temer especialmente por la suerte de los dos rehenes. Desde el primer momento teníamos claro que corrían un grave peligro. Había que actuar rápido y estar dispuestos a toda clase de iniciativas —incluidas las más drásticas— para intentar sacarles de semejante brete. Tardamos bastante poco en saber que los vehículos que transportaban a nuestros compatriotas estaban en camino hacia un campamento del mencionado AQMI; habían tomado la carretera que llevaba a la frontera con Mali. Las fuerzas armadas nigerinas fueron las primeras en intervenir. Localizaron el convoy terrorista y salieron tras él para detenerlo. En el momento en que cruzaron la frontera y estuvieron en Mali, los militares nigerinos interrumpieron la persecución, dado que no podían penetrar en un país vecino. Fue en ese momento cuando pidieron a Francia que les ayudara movilizando sus helicópteros. El jefe del Estado Mayor de nuestras fuerzas armadas solicitó inmediatamente mi autorización; como jefe que era de dichas fuerzas, tenía que dar el visto bueno presidencial. Y lo hice, por supuesto, una vez que obtuvimos el permiso de las autoridades malienses para acceder a su espacio aéreo.

Nuestros soldados no tardaron en localizar los vehículos. Cuando los terroristas advirtieron la presencia de nuestros aviadores, entraron en pánico y comprendieron que habían sido descubiertos; inmediatamente abrieron fuego contra nuestros helicópteros. Nosotros estábamos en contacto permanente con la comandancia militar francesa que dirigía la intervención; yo seguía la operación minuto a minuto. Solicitaron mi consentimiento por segunda vez; en esta ocasión, para responder a aquel fuego enemigo. La decisión era muy delicada, pues teníamos a nuestros dos compatriotas —que esperábamos siguiesen vivos— dentro de los vehículos a los que nos aprestábamos a disparar. No había margen para la reflexión, ya que la orden debía darse en el momento. Estaban disparando contra nuestros hombres; tenían que defenderse, a pesar de los riesgos que ello comportaba para los dos jóvenes franceses. Autoricé la respuesta armada; no podíamos dejar a nuestros soldados expuestos a las balas de los terroristas sin que pudieran hacer uso de sus armas. Precisé que el primer objetivo debía ser la inmovilización de los vehículos y que acto seguido habían de acometer una acción por tierra para liberar a nuestros rehenes. Era un momento de gran tensión en el que no paraba de preguntarme si había tomado la decisión correcta.

Los acontecimientos evolucionaron, en parte, como habíamos previsto. Los terroristas tuvieron que detenerse. Inmediatamente se echaron cuerpo a tierra y fueron rodeados. Siguió un violento intercambio de tiros. A cuatro de los secuestradores los mataron en la operación. A dos los capturaron y los llevaron de vuelta a Niamey. De nuestro lado teníamos que lamentar tres soldados nigerinos muertos y dos militares franceses heridos. El balance humano evidenciaba la violencia del combate en tierra. Pero lo más dramático era que nuestros dos compatriotas habían muerto durante la operación. Habíamos fracasado en nuestro intento de liberar a Antoine y Vincent.

Asistí a la ceremonia de las exequias, que tuvo lugar en la iglesia de Notre Dame de Linselles. Acudieron cientos de personas. La emoción era intensa. El atrio estaba lleno de coronas y ramos de flores blancas. La familia quiso que, en aras de la discreción y la dignidad, no hubiera periodistas en la celebración. Avancé a través de la multitud en un silencio total. Todos los rostros rezumaban tristeza y cólera. Un allegado de las jóvenes víctimas habló con gran emoción: «Habíamos venido a celebrar una boda y nos encontramos asistiendo a un entierro». Aquella frase se me ha quedado grabada, pues describía mejor que nada la brutalidad extrema de aquellas desapariciones y lo imprevisible de la vida. La desgracia había descargado su golpe; los bárbaros habían segado dos jóvenes existencias. Allí estábamos rezando por ellas; yo estaba en medio del recogimiento de aquella multitud. Era lo único que cabía hacer para recuperar un poco de esperanza en la humanidad. Aquel momento de recogimiento también me confortaba a mí. La decisión y sus consecuencias eran duras de sobrellevar. Me costó conciliar el sueño aquella noche y no pocas de las que siguieron. ¿Tendríamos que haber actuado de otro modo? ¿Había otra opción posible? Todavía me lo sigo preguntando. Acometimos aquello lo mejor que pudimos y todo el mundo —tanto la clase política como los medios— parecía darse cuenta de que así fue, pero dos jóvenes habían encontrado la muerte y eso era, en sí mismo, inaceptable. Conservo el recuerdo de aquel drama —y de aquel fracaso— como uno de los momentos más difíciles de mi mandato. La verdad absoluta no existe. No podemos volver atrás. No he olvidado aquellas dos vidas rotas. Me habría gustado tanto haberlo hecho mejor…

*
* *

Puse un cuidado muy especial en mi discurso de apertura del año ante las autoridades religiosas. Camille Pascal, que aún no era el brillante escritor de novelas históricas en que se ha convertido, acababa de incorporarse a mi equipo del Elíseo. A mí me alegraba haber podido atraer aquel talento en bruto; siempre quise estar rodeado de los mejores. Aquel era un momento importante y solemne. El aumento de las tensiones religiosas en Francia me preocupaba. La confusión de conceptos cada vez era mayor. Todo se metía en el mismo saco. En todos los ámbitos sociales se imponían la caricatura y la intolerancia. Al islam se lo reducía al islamismo político. A las religiones se las identificaba con la guerra y con la intransigencia. El comunitarismo se vivía como una protección. Allá donde miraba, veía humillación, rigidez e incomprensión. La recepción a las autoridades religiosas era la ocasión de intentar reinstaurar un poco de calma y claridad. Además, quería enviar un mensaje de apoyo y solidaridad a los cristianos de Oriente, cuya situación empeoraba por momentos. No era exagerado utilizar la palabra «genocidio» para describir la situación que estaban sufriendo. El 31 de diciembre se había producido una matanza especialmente atroz en el atrio de la iglesia de Todos los Santos de Alejandría cuando la comunidad cristiana se preparaba para celebrar la Navidad. La suerte reservada a los cristianos de Oriente era una ofensa a la historia misma de aquella parte del mundo. Hacía dos mil años que el cristianismo participaba de la inmensa riqueza cultural y humana de Egipto. Los coptos siempre se habían sentido en casa en ese país milenario. Querer asesinarlos, plantearse convertirlos en extranjeros, proscribirlos…, constituía un absoluto sinsentido histórico. Y aquel no era, por desgracia, un hecho aislado: ¡unas semanas antes, un comando de Al Qaeda había asaltado la catedral siríaca de Bagdad y pasado a cuchillo a más de cincuenta personas! Francia no podía tolerar que a personas inocentes que rezaban se las convirtiera impunemente en objetivo de un terrorismo delirante y bárbaro.

En mi discurso califiqué a aquellos desdichados de «mártires de la libertad de conciencia». Lo que se estaba haciendo con los cristianos de Oriente no era sino un plan especialmente demoníaco y perverso de limpieza religiosa de Oriente Próximo. La diversidad humana, cultural y cultual estaba desapareciendo en esa parte del mundo. Qué lejos quedaban los tiempos en que era posible presenciar el gesto, lleno de nobleza, del emir Abd el-Qáder corriendo en auxilio de los cristianos maronitas de Damasco. Esta nueva intolerancia resultaba especialmente chocante dado que la historia del mundo musulmán demostraba que este siempre había tolerado —y a veces incluso acogido y protegido— a aquellos que el propio Corán llama «las gentes del Libro».

A la purga de Oriente Próximo respondía, como en un espejo, la incomprensión occidental. Un sondeo publicado la víspera de aquella recepción a las autoridades religiosas indicaba que un tercio de los franceses consideraba a los musulmanes una amenaza. Y eso era sumamente preocupante, pues el islam no tenía nada que ver con la faceta horrenda de aquellos «locos de Dios» que mataban por igual a cristianos, a judíos, a suníes y a chiíes. Quise remarcar la idea, por lo demás cierta, de que «el terrorismo fundamentalista también mata a musulmanes».

Tenía que sacar a colación, una vez más, mi concepción de la laicidad, que no consistía en la prohibición, sino en la libertad. En

Francia había de ser posible que cada persona rezara al dios que prefiriese, ya fuera el de sus antepasados o el que hubiese elegido mediante la conversión. La oración no hace ruido. La oración no ofende. La oración no agrede a nadie. Todo el mundo tiene derecho en Francia a perder la fe, a descubrirla o a recuperarla. Yo abogaba por que la República laica mantuviese un diálogo permanente con las religiones practicadas en su territorio a fin de oírlas e incluso, por qué no, ¡de escucharlas! Esta última palabra sorprendió mucho. Pero este sigue siendo, sin embargo, mi convencimiento. Las religiones tienen cosas que decirnos sobre el mundo en que vivimos y sobre la sociedad en la que nos expresamos. Sigo sin entender qué interés podría tener la República en librar una guerra contra Dios y contra los creyentes.

Reconozco que demostré más empeño que mis predecesores en promover una imagen positiva de la laicidad que suponía reconocer el papel de las religiones en el espacio público. De ahí que deseara el reconocimiento oficial del islam a través del CFCM (Consejo Francés del Culto Musulmán). Solo una concepción positiva de la laicidad permitiría evitar el auge del fundamentalismo y fomentaría una expresión sosegada y legítima de las religiones. Fui objeto, una vez más, de vivos ataques de cuantos blanden el estandarte de la laicidad sectaria. En nombre de la tolerancia por la que aseguran manifestarse, esos integristas de la laicidad adoptaban, sin ni siquiera darse cuenta, un absolutismo y un fundamentalismo que no dejaban de recordar al del bando opuesto. La laicidad sigue siendo, para mí, un llamamiento a la libertad, a la tolerancia, a la comprensión del otro, al respeto de todos. A ojos de esos nuevos ideólogos debía revestirse, por el contrario, con los hábitos de la veda, la prohibición y el odio. Rara vez he visto prosperar un sinsentido tan profundo.

*
* *

El mes de enero terminó con un toque divertido. La CGT (Confederación General del Trabajo) había decidido, según comunicó su secretario general Bernard Thibault, boicotear mi discurso de apertura del año. Aquello era una primicia. De manera que no habría ningún representante de la CGT en el Elíseo para la celebración de las fuerzas vivas de la nación. En su opinión, yo era culpable de no haber cedido a la presión de la calle en el conflicto sobre la reforma de las pensiones. Había dejado de ser, por tanto, un interlocutor válido —y aun legítimo— para aquella organización tan aficionada a dar lecciones de democracia. Para ella, la alternativa estaba clara: o bien yo cedía —en cuyo caso sus representantes podrían hablar con un interlocutor debilitado al que impondrían sus planteamientos—, o bien me negaba a plegarme y entonces se me identificaba con una especie de dictador moderno, intratable por principio. Verme llamado al orden de aquel modo por una organización supeditada al Partido Comunista suponía un auténtico desafío para mis reservas de paciencia, que, como todo el mundo sabe, tampoco son infinitas... Hice, así y todo, el esfuerzo de llamar por teléfono a Bernard Thibault para convencerle de que viniese y de que rebajásemos la tensión. Fue en vano. Aunque en realidad no creo que él tuviese elección: ¡muchos de sus compañeros le afeaban «cierta falta de combatividad» conmigo! Yo no estaba de acuerdo, pues no me constaba que él hubiese incurrido en semejante indulgencia.

Actuando así, aquel sindicato no se daba cuenta de que impugnaba la legitimidad de quienes ejercían el poder, ponía en entredicho el funcionamiento de las instituciones y tensionaba mucho el clima social. Otro tanto sucede hoy con Emmanuel Macron y su Gobierno. Definitivamente, no hay nada nuevo bajo el sol. Yo sigo prefiriendo, sin embargo, a los Gobiernos que se atienen a sus reformas y resisten a la presión de la calle antes que a los que las retiran sin haber tenido la valentía de llegar hasta el final. Para la democracia, los años 2010 y 2023 fueron, con sus reformas de las pensiones, más memorables que 1995, con la retirada de la reforma de la Seguridad Social, y 2004, con el proyecto abortado de CPE (Contrato de Primer Empleo).

*

* *

Después de Túnez, ahora era Egipto el que se incendiaba. La historia se estaba acelerando. El mundo árabe mediterráneo vivía una revolución. Nosotros seguíamos los acontecimientos con una atención constante, tratando de entenderlos o incluso de prever su evolución. Todos nuestros puntos de referencia habían desaparecido. También nuestros contactos habituales en aquellos países andaban desnortados. Era realmente difícil analizar el curso de las cosas. Yo había reaccionado tarde en el caso de Túnez. No quería repetir el mismo error con Egipto.

La situación era aún más complicada porque yo había entablado una relación de auténtica confianza con el presidente Hosni Mubarak; ejercíamos juntos la copresidencia de la Unión por el Mediterráneo. No se trataba, claro está, de un demócrata como lo concebimos en Europa. Su régimen estaba, además, socavado por la corrupción. Pero Mubarak había continuado el proceso de paz con Israel que iniciara Anwar al Sadat, y aquello era muy relevante. También libraba una lucha resuelta contra el islamismo radical. Añádase que amaba Francia y con frecuencia había optado por nuestras empresas antes que por los grandes grupos estadounidenses. Yo apreciaba nuestros intercambios y nuestras conversaciones. Lamentablemente su avanzada edad —82 años— y el encierro en que su entorno lo mantenía le habían desconectado de su pueblo y, sobre todo, de los más jóvenes y mejor formados.

La revolución egipcia no se gestó en el campo. Fue, en primer lugar, y ante todo, fruto de la revuelta de El Cairo. Miles de personas adoptaron la costumbre de congregarse en la plaza Tahrir —rebautizada «plaza de la Liberación»— al grito de «¡Fuera Mubarak!». Eran cada día más. Tras una semana de manifestaciones, según el canal de televisión Al Jazeera superaban los dos millones. Los Hermanos Musulmanes estaban al acecho y tramaban su desquite tras décadas de poder laico. El ejército egipcio tomó la sabia decisión de no hacer uso de la fuerza. Así y todo, ocho días después de que empezara el conflicto había trescientos muertos y tres mil heridos, víctimas de las fuerzas del orden. Hasta el mismo ejército estaba a punto de sublevarse tras llegar a la conclusión de que las reivindicaciones del pueblo eran «legítimas». La presión sobre Mubarak se estaba haciendo insoportable. La dimisión del ministro del Interior y la constitución de un nuevo Gobierno no cambiaron nada. El fin era ineludible.

Los acontecimientos se precipitaron. Tras unos días de inútil resistencia, el presidente egipcio se marchó con su familia a la localidad de Sharm el-Sheij, en el Sinaí. Miles de manifestantes se dirigieron de inmediato hacia el palacio presidencial —en la periferia de El Cairo— y hacia la sede de la televisión pública. Mal informado por su ministro del Interior y presionado por su hijo Gamal para que no hiciera caso a la calle, Hosni Mubarak estaba abocado a dimitir de la forma más penosa. Su dimisión se hizo pública el 11 de febrero. Ponía término a treinta años de poder ininterrumpido. Dieciocho días de protesta habían bastado para dar al traste con un régimen de cuya solidez estaban convencidas todas las cancillerías del mundo. Sin ánimo de ofender a Túnez, el alcance del levantamiento egipcio era totalmente distinto. Se trataba del país árabe más poblado, con sus aproximadamente noventa millones de habitantes. Y aquello era solo provisional, porque cada seis meses Egipto aumentaba su población con un millón de nuevos ciudadanos. Era un gigante cuya estabilidad condicionaba la de buena parte del mundo musulmán. Fue en ese momento cuando tomé conciencia de la verdadera importancia de aquellas primaveras árabes, que podían traer tanto lo mejor como lo peor. Y mi temor era ahora la propagación de la onda expansiva.

La situación se estaba deteriorando por todas partes. En Argelia habían empezado una serie de huelgas con movimientos del personal paramédico y docente que exigían aumentos salariales; la oposición estaba organizando una marcha a Argel para exigir el «fin del sistema». El presidente de Yemen, Alí Abdalá Salé, se enfrentaba a protestas populares; miles de yemeníes se manifestaban en Saná tras un llamamiento de los opositores para exigir su dimisión después de treinta años en el poder. La crisis también había llegado a Jordania; el rey Abdalá II se vio obligado a destituir a su primer ministro para calmar a la calle, que exigía su marcha. Pero una vez más, los islamistas radicales estaban involucrados en el tema y maniobraban hábilmente para avivar las tensiones. Incluso Siria se inflamaba contra «la monocracia, la corrupción y la tiranía»; cada vez más grupos de Facebook pedían la salida de Bashar al-Ásad.

Yo estaba realmente perplejo ante todos aquellos movimientos de la calle. Cuando menos, no podía identificarme plenamente con el entusiasmo de los medios de comunicación y de los observadores. Todo el mundo estaba encantado con la marcha de los tiranos laicos. Yo temía, en mi fuero interno, que fueran reemplazados por tiranos de una naturaleza bien distinta y mayor crueldad: los islamistas. Tal inquietud se tradujo en el llamamiento que hice junto a otros cuatro líderes europeos —Merkel, Cameron, Zapatero y Berlusconi— para que el proceso egipcio no derivase en un descontrol violento. También hice una declaración oficial desde el palacio del Elíseo para explicar y establecer la posición de Francia sobre las primaveras árabes. Me hallaba en la cuerda floja: no podía respaldar a unos regímenes derrocados por la calle y completamente desacreditados, pero tampoco es que tuviera una confianza ciega en los nuevos sistemas, cuya verdadera naturaleza y cuya futura orientación no acababan de estar muy claras.

Escribí un texto tratando de explicar el retraso de nuestras primeras reacciones y los motivos de nuestra cautela. Reconocía, en primer lugar, que aquellas «revoluciones árabes» abrían una nueva era en nuestras relaciones con unos países tan cercanos a nosotros histórica y geográficamente; teníamos que acompañar, respaldar y ayudar a aquellos pueblos que estaban optando por la libertad. Ponía de relieve, sin embargo, que la esperanza que acababa de nacer era frágil, y que el destino de aquellos movimientos de liberación era incierto. Advertía de que, si las cosas salían mal, podrían tener graves repercusiones tanto en los flujos migratorios como en nuestra eficacia en la lucha contra el terrorismo. Frente a tanta incertidumbre, me parecía que Europa debía mantenerse en primera línea adoptando una posición común a la altura de la dimensión histórica de lo que estábamos viviendo. Por último, tenía que adaptar el dispositivo diplomático francés a aquel contexto nuevo. Los antiguos responsables y las estructuras tradicionales ya habían tenido su época. Los acontecimientos les habían pasado por encima tanto en sentido propio como figurado. Decidí promover a un trío de sólida experiencia a todos los puestos clave con relación a la situación mediterránea. Alain Juppé pasaba a ser ministro de Asuntos Exteriores; Gérard Longuet, ministro de Defensa, y Claude Guéant, ministro del Interior. Era inaceptable seguir con retraso el curso de aquellas revoluciones árabes que sacudían una zona tan próxima. Intenté sacar conclusiones de mis errores iniciales lo más rápido posible. La promoción de aquellos tres «pesos pesados» me garantizaba que los ministerios de la línea de frente estarían férreamente controlados.

Aquellos cambios me permitían, ya puestos, arreglar el caso de Michèle Alliot-Marie. Tras sus primeras torpezas tunecinas —que habían permitido a *Le Canard enchaîné* apodarla, cruel e injustamente, «MAM-la-Gaffe»—, me hallaba ante una nueva polémica protagonizada por mi ministra. Se le reprochaba ahora que hubiera pasado las fiestas de fin de año en Túnez, cuando el país se hallaba inmerso en un levantamiento popular. El problema era que el viaje lo había hecho en un avión privado propiedad de un tal Aziz Miled, pero también de Belhassen Trabelsi, es decir, del yerno de presidente Ben Ali. En realidad aquello no era gravísimo, pero en aquel contexto resultaba bastante inoportuno. Por otra parte, se le reprochaban las condiciones de pago de la factura del hotel donde se había alojado con su familia. La oposición estaba desatada y la prensa se mostró unánimemente severa. Aquello era el acabose.

Para colmo, a MAM le costaba bastante deponer su rigidez natural. Yo veía cómo aquella mujer honrada y recta se iba hundiendo cada día más sin entender realmente lo que le estaba pasando. Entre desmentidos, indignaciones y desdenes hacia aquella «vil polémica», mi ministra no conseguía recuperar el oxígeno político que tanta falta le habría hecho. Me daba pena. Comprendía su dolor. Los ensañamientos nunca me han gustado, ¡y estábamos presenciando uno! En seguida entendí que aquello no podía seguir así y que había que cortar por lo sano. Las cuestiones de actualidad se habían convertido en un martirio. Nuestra política exterior pasaba desapercibida. MAM ya no podía ir a ningún sitio sin que le echasen en cara la polémica. Tenía que dejar el Gobierno. La recibí para comunicarle mi decisión. Obviamente la situación no era fácil ni agradable. Intenté mostrarme lo más humano posible, refiriéndome a lo injusto de aquella polémica, insistiendo en el hecho de que nadie dudaba de su honradez y haciéndome cargo del sufrimiento que aquel asunto había provocado a su familia. MAM se mostró digna, afectada y, a fin de cuentas, bastante realista. Yo le agradecía su calma. Acordamos que me enviaría su carta de dimisión ese mismo día. La carta era como ella. Negaba todo rotundamente. Ella no había cometido errores. Aunque habría podido continuar perfectamente su labor, su sentido del deber la obligaba, así y todo, a marcharse. El texto estaba lleno de contradicciones, pero la solución satisfacía a todos. Desde aquel día, nadie volvió a hablar de aquel asunto; se había pasado página. Comprobé que

Michèle Alliot-Marie era una persona de una gran elegancia moral, porque su marcha forzosa no enturbió en modo alguno nuestras relaciones personales. Podría haber sido distinto. De ahí que le guarde una profunda estima.

*
* *

Que la «política exterior» se inflamara de aquel modo no implicaba que la «política nacional» estuviese más tranquila. El mundo de la judicatura se movilizaba, una vez más, contra mí. Laëtitia, una joven de 18 años, había sido asesinada de un modo especialmente atroz par Tony Meilhon, criminal multirreincidente y de sobra conocido por la Justicia y por los servicios de policía. Yo había recibido a la familia, desesperada por la pérdida de su niña, pocos días antes. Me habían hecho partícipe de su incomprensión ante el hecho de que un peligroso delincuente que ya había hecho estragos estuviera en libertad y sin ninguna medida de seguimiento. Estaban profundamente conmocionados por la noticia. Yo comprendía su pena y su indignación ante una negligencia tan incomprensible y que había desembocado en aquel nuevo drama. Mi «error» había sido, a ojos del mundo de la judicatura —siempre tan solidario cuando se trata de defender a uno de los suyos—, afirmar en público lo que no era sino de puro sentido común: «Cuando se deja salir de la cárcel a un individuo como el presunto culpable sin asegurarse de que un agente de reinserción le va a hacer un seguimiento, se está cometiendo un error». No había dicho ni más ni menos. Pero aquello bastó para sacar de quicio a ese círculo hermético y apoltronado.

Asistí a un aluvión de declaraciones a cuál más desmesurada. El presidente del sindicato de los jueces —Christophe Régnard— me conminaba a «dejar de difundir a la opinión pública el odio al juez, al policía, al agente de reinserción». (Todavía hoy me sigo preguntando dónde vio aquel sindicalista el menor vestigio de odio.) Su álter ego del sindicato izquierdista de jueces Syndicat de la magistrature —Matthieu Bonduelle— no se quedó atrás, pues instó a sus colegas a la «revuelta». (¡Ahí es nada!) Y ya solo faltaba el jefe de los tartufos, Jean-Louis Nadal, primer fiscal de Francia —así como puntal del Partido Socialista y de François Hollande, aunque esto de tapadillo—, que llegó al extremo de declarar a *Le Nouvel Observateur:* «Sí, soy un hombre de izquierdas. [...] Hoy es François Hollande el candidato y quien enarbola el estandarte de la izquierda. Yo quiero que gane». Este magistrado «imparcial» lanzó, en efecto, una auténtica fetua contra mí al afirmar: «Infundir en la opinión pública sentimientos viles instilando de manera extravagante la confusión entre la responsabilidad del criminal y la del juez —cuyo fallo se denigra—, eso es zaherir a la República». Es decir: allí, a juicio de Sus Señorías, ¡no había habido ningún error, ni víctima, ni excarcelación prematura! Había un solo culpable y un único escándalo: un presidente de la República que estaba del lado de las víctimas. De no haber sido tan grave, habría provocado risa.

¿Cómo era posible impugnar hasta ese punto la realidad, negarse a ver los hechos, cerrar los ojos ante semejantes negligencias? La necesaria independencia de los jueces no debía impedir la crítica de tal o cual decisión; en la República ningún poder podía quedar exento de rendir cuentas a nadie y estar, por estatuto, por encima de cualquier comentario. Los sindicatos de jueces decidieron entablar una auténtica lucha política sin pudor y, además, sin las cautelas básicas. Sigo afirmando, todavía hoy, que aquello que dije no era en absoluto sorprendente y para nada ofensivo. La prensa, en su totalidad, sumaba su voz a la de los jueces y hablaba de «un presidente siempre ávido de chivos expiatorios». Se dedicó un número considerable de editoriales a denunciar mi intervención. Habíamos pasado, en unos instantes, del escándalo del asesino de Laëtitia al escándalo —a decir de ellos, «infinitamente más grave»— que yo había provocado señalando un fallo, ¡por lo demás bastante indiscutible! La famosa asociación francesa Ligue des droits de l'Homme [Liga de los Derechos Humanos] fue más lejos incluso al describirme como «un delincuente constitucional reincidente». ¡A juicio de los mismos observadores, el vocabulario empleado no tenía nada de chocante!

El «caso» cobró cierta entidad, pues cientos de jueces se congregaron para expresar su cólera y decidieron un aplazamiento de las audiencias, una iniciativa inédita. El juez antiterrorista Marc Trévidic declaró: «La política del presidente de la República en materia de Justicia no es seria». Y prosiguió vituperando mi «desprecio por la institución» que él representaba. Él también me calificaba de «multirreincidente». Era un bonito discurso corporativista y político. Como de costumbre, las víctimas eran las grandes olvidadas en aquellas oleadas de virtuosa indignación mediática. Lo cual reforzaba mi convencimiento de que había dos mundos paralelos que no dejaban de alejarse peligrosamente: el de las élites político-mediáticas —a las que el menor careo con la realidad dejaba en evidencia— y el de los ciudadanos, que no aguantaban más aquella desconcertante negación de sus padecimientos. A mí la cuestión me parecía tan crucial que estaba decidido a no ceder ni un palmo de terreno; en absoluto lamento mis palabras de entonces. A veces me pregunto si no será por aquella transparencia y por aquella franqueza por lo que ciertos jueces me han querido hacer pagar todos estos últimos años. Sin embargo, soy incapaz —como optimista incorregible— de creer que, más allá de algunos casos concretos, eso sea generalizable a la mayoría. Pero incluso si ese fue el precio de aquella lucha justa, entablarla valió la pena. Yo no podía callarme cuando lo importante estaba hasta ese punto en juego. Se lo debía también a todos esos «sin voz» que se reconocieron en mis palabras sin poder pronunciarlas por sí mismos. ¡Nada de lo que ha pasado en estos últimos doce años me ha hecho dudar de mi balance inicial! No me arrepiento de nada.

*
* *

No habíamos terminado con las primaveras árabes, pues Libia se sumaba ahora a la ya larga lista de países en situación de revuelta y caos. Aquel levantamiento era el último —al menos cronológicamente— de todos los que estábamos viviendo, pero era, sin duda, el más brutal, teniendo en cuenta la personalidad «enfermiza» del dictador que llevaba en el poder cuarenta y un años: el coronel Muamar el Gadafi. Estaba mentalmente trastornado. Cualquier discusión con él, incluso en una situación de calma, era imposible. Recibía en una jaima —rodeado de un montón de gente— en medio de las ruinas de su antiguo palacio presidencial de Trípoli, que había sido bombardeado y parcialmente destruido por los estadounidenses. Sus parlamentos eran interminables. No había forma de interrumpirlos. Llevaba sobre la chilaba, prendida en el pecho a modo de identificación, una gran representación del continente africano. Era un espectáculo extraño y que le hacía a uno sentir incómodo.

El asunto libio empezó en Bengasi, la segunda ciudad del país, reacia siempre, a lo largo de su historia, a la dominación de Trípoli. Las cosas no tardaron en ponerse realmente feas, pues el ejército recibió instrucciones, desde el primer día, de repeler a los manifestantes disparándoles con munición real. Cada día se saldaba con decenas de muertos. La revuelta en seguida se extendió a Misurata, la tercera ciudad del país, donde los mercenarios africanos que el poder tenía a sueldo atacaban a la multitud de opositores. En televisión, Saif al Islam, uno de los hijos de Gadafi, advertía a los manifestantes «del riesgo de un baño de sangre». Su padre fue más lejos al día siguiente al declarar: «Voy a luchar hasta la muerte y los manifestantes serán castigados con la pena capital». Luego acusaba a estos últimos de ser «unos drogadictos y servir a los intereses del jefe de Al Qaeda, Osama bin Laden». Aquellas declaraciones ponían de manifiesto un evidente estado de locura.

En menos de dos semanas, el secretario general de la ONU, Ban Ki-moon, calculaba más de mil víctimas mortales en los enfrentamientos; el coste en vidas humanas era el más grave de todas las crisis árabes. El presidente Obama fue el primero en declarar que Gadafi tenía que «irse ya». Estábamos a finales del mes de febrero. Vivían en Libia unos setecientos cincuenta compatriotas nuestros. Nosotros les pedíamos prudencia y que anticipasen su regreso a Francia. La presión mediática iba intensificándose a medida que las pantallas del mundo entero mostraban las impactantes imágenes de violencia y masacres. Fue *The Wall Street Journal* el primero que llamó a «derrocar a Gadafi y a armar a los manifestantes». *The Washington Post* no se quedaba atrás: acusaba a Gadafi de «asesinar a su propio pueblo». La prensa del mundo entero denunciaba «crímenes contra la humanidad». Y efectivamente las fuerzas leales al dictador libio disparaban sobre los manifestantes desde aviones y helicópteros. La situación había desembocado en la violencia más ciega. Pedí que la Unión Europea «suspendiera todas las relaciones económicas y financieras con Libia y que sus responsables fuesen llevados ante instancias penales internacionales». Lo cierto es que en el caso de Libia cambiaron las reglas del juego.

Hasta entonces, los occidentales se habían mantenido en una postura de apoyo prudente —y en ocasiones perplejo— a las revoluciones árabes; pero yo estaba convencido de que si dejábamos a Gadafi recurrir a la fuerza contra su propio pueblo, nuestra posición en el mundo árabe sería irreversible para las generaciones venideras y seríamos objeto de un severo juicio, al menos ante el tribunal de la historia. No ayudar a aquellas poblaciones ávidas de libertad equivalía a traicionar los valores e ideales que proclamábamos para nosotros mismos; yo deseaba que diéramos una oportunidad a la democracia y al pluralismo político en aquella región del mundo que casi nunca los había conocido. A eso se añadía la decisión de Gadafi de lanzar sus tanques y su aviación contra los manifestantes. Ni Mubarak ni Ben Ali lo habían hecho; no al menos a aquella escala. El ejército libio había anunciado incluso que estaba en marcha «para purgar el país». A primeros de marzo, Gadafi prometió «millones de muertos». Y efectivamente las ONG que quedaban sobre el terreno habían contado seis mil víctimas mortales en apenas un mes tras el inicio de la revuelta. Estábamos hablando de unas cifras que no eran comparables con lo que había pasado en el resto de «revoluciones árabes».

En Europa, la respuesta diplomática se organizó en torno al tándem francobritánico. David Cameron y yo hacíamos el mismo análisis de la situación. Instábamos a Gadafi a abandonar el poder, y a sus hombres, a retirarse de las ciudades en las que se había desplegado el ejército. Los estadounidenses nos apoyaban, aunque no tenían muy claro hasta dónde llevar su compromiso. Su reticencia tenía que ver con la psicología de Obama, a quien yo podía comprender y que quería mostrarse siempre como el «anti-Bush», esto es, como el hombre que pone fin a las guerras, no como el que las inicia. Yo notaba el cansancio de los estadounidenses tras diez años de conflictos en Irak y Afganistán; aquello pesaba mucho en su estado anímico. Por mi parte, yo tampoco deseaba, obviamente, una guerra —faltaría más—, pero en ningún caso podíamos aceptar la masacre de la oposición libia a menos de mil quinientos kilómetros de nuestras fronteras. La canciller Merkel vacilaba, recurriendo a la tradicional postura alemana a favor del pacifismo. La reunión del Consejo Europeo de mediados de marzo adoptó una posición de firmeza sobre todo «verbal». No había consenso para ningún tipo de intervención.

La situación dio un vuelco gracias a dos circunstancias que resultaban absolutamente novedosas en aquellas revoluciones árabes. La primera fue el surgimiento de una oposición libia unida, creíble y en vías de estructuración con el nacimiento del Consejo Nacional de Transición (CNT), presidido por Mustafa Abdul Jalil. Francia sería el primer país del mundo en reconocer, el 10 de marzo de 2011, al CNT como único representante legítimo del pueblo libio. Se me criticó mucho por ello, pero es preciso constatar que todos los países terminaron siguiendo el ejemplo de Francia (tanto los europeos como los americanos). Fue Bernard-Henri Lévy quien sirvió de intermediario para que el primer viaje del CNT al extranjero fuese a París. La segunda circunstancia fue más sorprendente, ya que se trataba de la movilización de todos los países árabes contra Gadafi. La Liga Árabe adoptó una resolución absolutamente sin precedentes al solicitar a Naciones Unidas que impusiera una zona de exclusión aérea en Libia para proteger a las poblaciones de la violencia del dictador y su régimen, que, en palabras de la propia organización, habían «perdido su legitimidad» como consecuencia de sus «peligrosas violaciones de los derechos y de sus crímenes». Aquel fue un factor determinante que acabó de convencer al Consejo de Seguridad de que había que intervenir. Dicho Consejo adoptó, el 17 de marzo, la resolución 1973 que autorizaba «el uso de la fuerza con todos los medios necesarios para proteger a las poblaciones civiles». Las Naciones Unidas hacían efectivo por primera vez el principio de la «responsabilidad de proteger», como volverían a hacer unas semanas más tarde para Costa de Marfil. Aquella resolución de la ONU excluía de forma explícita la intervención de fuerzas terrestres. Los rusos y los chinos se abstuvieron durante la votación, ¡lo que significaba que no querían oponerse! Era una muestra de unanimidad inesperada y, sobre todo, muy infrecuente.

Una vez aprobado sin ambigüedades el marco jurídico, faltaba constituir la coalición que llevase a efecto la resolución 1973. Y ese fue el único tema de la Cumbre de Amigos de Libia que se celebró en París el 19 de marzo y que reunió en el Elíseo a veinte jefes de Estado y de Gobierno y al secretario general de la ONU. Ya era hora, pues las fuerzas de Gadafi estaban a las puertas de Bengasi, donde querían «hacer correr ríos de sangre», como había anunciado Saif al Islam, el hijo del dictador libio. Ese día habría podido desaparecer toda la oposición libia. La coalición incluía a países árabes, lo que estratégicamente era capital. La operación militar empezó el mismo día. Se movilizó una veintena de aviones franceses. Estados Unidos estaba representado en París por la secretaria de Estado Hillary Clinton, que resultó que tenía mucho más empuje y valentía que su presidente. Cuando los cazas franceses penetraron en el espacio aéreo libio, me sentí orgulloso de que las fuerzas armadas de Francia fueran a salvar miles de vidas evitando una masacre inminente. Tras llegar tarde a Túnez y Egipto, en Libia liderábamos la intervención junto con los británicos. La acción militar era impecable tanto jurídica como humanitariamente. La prueba más clara eran las vidas que se habían salvado gracias a aquella importante decisión política. La intervención de la coalición permitió evitar que Gadafi masacrara a su pueblo y salvó a miles de civiles inocentes.

Aquella fue, con la de Costa de Marfil, la segunda operación militar de cuya puesta en marcha y dirección fui responsable. Extrañamente, los mismos comentaristas que me habían reprochado una timidez excesiva con Ben Ali y Mubarak se mostraron igualmente críticos con el papel determinante que tuve que desempeñar en la resolución de la crisis libia. Aquello era absolutamente contradictorio: tras afeárseme haber hecho demasiado poco, se me acusaba ahora de hacer demasiado. Era injusto, pues hasta el último momento habíamos desplegado una intensa actividad diplomática —oficial y oficiosa— encaminada a convencer al dictador de que renunciara a la violencia. Y también era falso, pues las consecuencias de una masacre de tal magnitud a las puertas de Europa sin que esta reaccionara habrían sido considerables. Luego me acusaron de haber provocado el caos en el que hoy se encuentra sumida Libia. Aquello era completamente incierto, pues las primeras elecciones legislativas que siguieron a la caída del tirano —en julio de 2012— movilizaron a más del 62 % de los electores a pesar de las amenazas y se saldaron con la victoria de los demócratas sobre los islamistas. Fue entonces cuando se cometió el error: cuando, en otoño de ese mismo 2012, se abandonó a su suerte a las nuevas autoridades democráticas libias; no se las ayudó y se le dio la espalda a aquel país mártir. En una entrevista concedida a pocas semanas del final de su presidencia, el propio Barack Obama reconoció que aquel fue su mayor error. Los libios merecían aquella ayuda. No la recibieron.

François Hollande explicó, con su mala fe habitual, que fue aquella intervención en Libia lo que había desestabilizado a Mali. ¿He de inferir que, si Gadafi siguiera en el poder, este país del África subsahariana estaría tranquilo? Eso es un disparate. Mali llevaba ya muchos años inestable y gangrenado por crisis políticas recurrentes, situación que había propiciado que Al Qaeda se instalara en el norte del país; pero eso nada tenía que ver con Libia. Siempre hace falta un mínimo de distancia para analizar los resultados de una política exterior.

David Cameron y yo teníamos la sensación de haber sentado las bases de una nueva entente entre los pueblos del sur y el norte del Mediterráneo. Había que abrir vías de acceso y de diálogo para evitar aquel choque de civilizaciones, tan previsible, entre Oriente y Occidente. ¿Por qué tras mi derrota en las elecciones de 2012 se abandonó a Libia? Un país que merecía la democracia y nunca la había conocido, un territorio tan importante para controlar los flujos migratorios. Aquel fue un error garrafal. A mi juicio, no fue sino el resultado de esa política sectaria de alternancia por la cual optó mi sucesor inmediato. El de Libia probablemente fuese, junto al abandono del sector nuclear, su error más grave.

Desde el punto de vista operativo, Libia constituyó para nuestras fuerzas armadas un terreno de entrenamiento sumamente instructivo para situaciones de crisis. Ordené destacar aviones Rafale del Ejército del Aire en la base de Solenzara, en Córcega. Desde allí nuestros pilotos necesitaban tres horas de vuelo para llegar al territorio libio. Habían de repostar una vez para la ida y otra vez en el camino de regreso. A eso se añadía una hora de vuelo en territorio enemigo. Se trataba, en total, de una misión de siete horas que constituía un desafío extremo para nuestros pilotos. Estos hicieron un trabajo extraordinariamente eficaz y preciso. Nuestras fuerzas armadas dieron una imagen de gran profesionalidad. Fueron objeto de admiración en todo el mundo. Francia salía de aquellas crisis reforzada tanto militar como políticamente.

En el plano político me ayudó mucho mi nuevo ministro de Asuntos Exteriores, Alain Juppé. Hizo una declaración con la que yo me identificaba palabra por palabra: «Se trata de una intervención arriesgada, es una decisión trascendental; nos hacemos cargo. Pero yo pregunto simplemente qué se habría dicho de Francia si nos hubiéramos desentendido de la insurrección libia, que estaba a punto de ser masacrada. Me pregunto qué nos habrían dicho los jóvenes tunecinos, los jóvenes egipcios y todos los nuevos revolucionarios de la democracia...». Me apoyó incluso Jean Daniel, quien escribía en *Le Nouvel Observateur*: «Esta guerra aérea no tiene nada que ver con la guerra total librada en Irak por George Bush sin el acuerdo del Consejo de Seguridad ni de la Liga Árabe. Piénsese en el destino que habría tenido la causa de los insurgentes, y en el sacrificio al que se les habría empujado, si, después de darles esperanza, el Consejo de Seguridad hubiese bloqueado la decisión francesa». (Imposible expresarlo mejor.) Hubert Védrine se sumó al bando de los partidarios de la intervención remitiéndose a la «responsabilidad de proteger»; se trataba del concepto sobre el que los miembros de la ONU se habían puesto de acuerdo para dar por zanjado el delicado debate sobre el derecho de injerencia. Proseguía señalando que «Nicolas Sarkozy y Alain Juppé estuvieron a la altura en este asunto».

Tras las operaciones militares, quise convencer de que la solución final tendría que ser necesariamente política y diplomática; lo hice tomando la iniciativa de una nueva cumbre sobre Libia que se celebraría en Londres y en la cual se abordarían las perspectivas de ayuda y reconstrucción. Aquello era muy importante porque yo no quería que las operaciones aliadas en aquel país se eternizasen; me planteaba una duración de semanas, en modo alguno de meses. Tenía muy presente lo que había ocurrido en julio de 1995 en Srebrenica —donde los serbios asesinaron a ocho mil musulmanes bosnios sin que la comunidad internacional reaccionara— y no quería que aquello se repitiese; pero tampoco éramos un ejército de ocupación. La brevedad de la intervención militar era el único modo de evitar ese riesgo y conjurar la amenaza de parecer una expedición colonial. Solo pretendíamos permanecer allí mientras la población siguiera bajo la amenaza de los carros de combate y los aviones; íbamos en auxilio del pueblo árabe. Aquel era un momento verdaderamente histórico; Europa había logrado superar sus diferencias gracias a una declaración unánime del Consejo Europeo.

El futuro de Libia pertenecía a los libios. No nos correspondía a nosotros decidir por ellos. No habíamos intervenido con el propósito de tratar de imponer nada, sino en aras de la conciencia universal, que no podía tolerar semejantes crímenes. Pude contar incluso con el insólito apoyo de Dominique de Villepin, quien se felicitó por la iniciativa francesa, de la que dijo que «ha permitido al país estar a la altura de sus ideales». Aquello tenía el mérito de carecer de ambigüedad, viniendo de uno de mis oponentes más belicosos. Hubo, en resumidas cuentas, un profundo consenso en torno al planteamiento y a la gestión de nuestra acción en Libia. Nadie impugnó de forma seria el planteamiento. De no ser por Francia, que había desempeñado un papel de líder, no se habría concretado nada. Sigo orgulloso de aquel episodio de política exterior que tuve que dirigir. Las polémicas que luego se suscitaron —muy tardías— fueron un intento de reescribir la historia para hacer olvidar el incomprensible repliegue francés y europeo a partir de 2012. Entonces ya no había ningún responsable político que acometiera resueltamente ninguna acción, a la altura de los acontecimientos históricos que se desarrollaban en la periferia de la Europa mediterránea.

Terminé el interludio libio recibiendo, en el mes de abril, y por tercera vez, a los representantes del Consejo Nacional de Transición; sin embargo, era la primera que me veía con su presidente, Mustafa Abdul Jalil. Lo acompañaba un representante de Bengasi y otro de Tobruk; todos me pidieron intensificar las acciones contra las fuerzas del coronel Gadafi, sobre todo en Misurata, donde la situación era muy grave. Únicamente Francia, Italia y Catar les habían reconocido. Europa, en general, iba con retraso, como de costumbre. Aquello se debía a la obsesión por el consenso y la unanimidad. Con el pretexto de querer que todo el mundo estuviese de acuerdo, siempre se acababa dejando pasar la oportunidad de fijar un rumbo y asumir una decisión. Siempre había un país que pensaba que íbamos demasiado deprisa, era arriesgado o convenía esperar.

El resultado era una inversión de los valores, de modo que la inacción, la pusilanimidad y la procrastinación pasaban a considerarse muestras de cordura. Ese fue el origen y la causa de la pérdida de influencia de Europa; en vez de decidir rápido, habíamos terminado cogiéndole el gusto a las deliberaciones largas y, sobre todo, inconcluyentes. El presidente del CNT había sido ministro de Gadafi antes de abandonarle e incorporarse a la resistencia. Era importante mandar la señal de que quienes habían colaborado con Gadafi porque no pudieron hacer otra cosa tendrían la posibilidad de participar en la reconstrucción del país; Libia iba a necesitar a todas sus fuerzas vivas. El debate ya no versaba sobre la legitimidad de la intervención militar, sino sobre la necesidad de hacer más y de enviar tropas por tierra. La presión había aumentado mucho; Bernard-Henri Lévy se desplegaba con insistencia para conseguir el envío de tropas y tenía poderosos contactos en la prensa. Yo reconocía que había buenas razones para tal escalada, concretamente el hecho de que prosiguieran las masacres. No quise dar, no obstante, aquel nuevo paso, que presentaba el riesgo de dividir a la coalición internacional y llevarnos a un atolladero del que tendríamos serias dificultades para salir. Había que conservar la mesura y la sangre fría, indispensables en esa clase de situaciones en las que los hechos y las imágenes suscitan fuertes reacciones emotivas y sentimientos exacerbados.

El papel de Bernard-Henri Lévy fue a la vez tildado de exagerado, objeto de mofa y considerado digno de encomio. Como todo lo que atañe a este brillante intelectual, su participación en aquel momento de la historia de Libia estuvo en el centro de múltiples polémicas. En el momento en que ocurrieron los hechos, nuestras relaciones eran gélidas. Fue por mi culpa, pues yo le había afeado su compromiso con Ségolène Royal sabiendo, como sabía, que él le tenía poca consideración. A pesar de ello —y en aras de su propia reputación de «hombre de izquierdas»—, se había comprometido, en efecto, con su causa. Yo le dije que, cuando la imagen pesaba más que las convicciones, uno se estaba rebajando; y estuvimos tres años sin dirigirnos la palabra. Pero resulta que BHL tiene una curiosidad insaciable por el mundo. Sus sentidos están constantemente alerta y su instinto a menudo es acertado. Por eso, cuando me llamó para pedirme que recibiera a sus amigos del CNT, de entrada le escuché y en seguida le dije que sí. Me habían decepcionado mucho nuestras redes diplomáticas tradicionales, que no habían advertido los primeros signos de aquellas primaveras árabes. Y yo pensaba que esas informaciones que proporcionaba la sociedad civil eran un complemento útil que podía evitar que fuéramos, una vez más, a remolque de los acontecimientos. Desde ese punto de vista, BHL fue útil y yo le estaba agradecido. Eso no significa que compartiera todas sus luchas ni, por supuesto, todos sus arrebatos. En cualquier caso, siempre optaré por hombres que tengan hambre de descubrimiento, que no cicateen con los sentimientos, que conserven la valentía de sus convicciones y que sigan, sobre todo, siendo entusiastas, antes que por los cínicos, los pedantes y los del «ya os lo había dicho yo». A eso se debe que, a pesar de nuestras diferencias, aprecie la amistad de Bernard-Henri Lévy y me guste departir con él. Porque él está, a mi juicio, muy por encima de muchos de quienes se dicen «intelectuales» sin atreverse jamás a asumir el menor riesgo.

*

* *

A finales de aquel mes de abril participé en una cumbre francoitaliana en Roma. Silvio Berlusconi seguía siendo jefe de Gobierno de su país. Nuestras relaciones se habían empezado a degradar. El hombre se estaba convirtiendo en la caricatura de lo que había sido. El brillante empresario, el político de energía indomable..., ya no era más que un lejano recuerdo; aquel triste episodio del «bunga bunga» anunciaba un fin poco glorioso. Así que no esperaba gran cosa de aquel encuentro ritual. Quería lanzar, sin embargo, un mensaje positivo a ese gran país tan próximo a nuestra cultura y a nuestros corazones. Hacía mucho tiempo que ningún italiano ejercía una responsabilidad europea de primer nivel. A mí aquella situación me parecía injusta y, sobre todo, contraproducente, tratándose de un país de más de sesenta millones de habitantes.

Aproveché la ocasión de mi presencia en Roma para apoyar la candidatura de Mario Draghi para suceder a Jean-Claude Trichet al frente del Banco Central Europeo. Ser italiano no era su única virtud. Se trataba, sobre todo, de un hombre competente, abierto, simpático. Yo había estado con él varias veces cuando era presidente del Consejo de Estabilidad Financiera durante la crisis de 2008. Aprecié mucho sus convicciones en materia de política monetaria. Era exactamente lo contrario que Jean-Claude Trichet. El primero solo hablaba de crecimiento. El segundo, de estabilidad. Huelga aclarar que yo compartía las posturas de Mario Draghi.

Estaba convencido de que con él Europa utilizaría de una vez por todas la política monetaria como un arma al servicio del crecimiento. Su larga colaboración con Goldman Sachs nos garantizaba una estrategia más «estadounidense» que «alemana». Y a mí eso me parecía una baza decisiva. Había que innovar, espabilarse y convertir el euro en una herramienta al servicio del desarrollo de nuestro continente. Aquel anuncio me valió un buen disgusto con la canciller Merkel, a quien no había avisado de que lo haría. Para ella había sido un gran chasco no poder imponer a su candidato, Axel Weber, el presidente del Bundesbank. Yo quería evitar a toda costa el nombramiento de aquel hombre, pues, en lo que a ortodoxia se refiere, habría sido aún más rígido que Jean-Claude Trichet (que ya es decir…). Habríamos tenido que seguir luchando contra la recesión, contra la especulación y contra el aumento del paro sin poder contar con el respaldo de una política monetaria «dinámica». Era un riesgo que no convenía correr.

Yo sabía, por indiscreciones de terceros, que Angela Merkel se planteaba ahora respaldar a un oscuro candidato finlandés que ella esperaba se colocase instantáneamente bajo la protección del Bundesbank. A mí aquello se me antojaba una opción especialmente timorata; en absoluto a la altura, en cualquier caso, de la situación de crisis de las deudas soberanas a la que estábamos haciendo frente. Posicionándome en favor de Mario Draghi, me aseguraba el apoyo de los italianos y de toda la Europa del Mediterráneo. A los alemanes no les quedaba otra que amoldarse. Aquel nombramiento fue todo un éxito. El nuevo presidente del BCE hizo suyo aquel cargo con una facilidad desconcertante. Desempeñó un papel crucial en el salvamento financiero de Europa. No se alzó contra él ni una crítica. Su actuación fue unánimemente elogiada desde el primer momento hasta el final de su mandato, que se prolongó hasta 2019. Su éxito impresionó mucho más allá de las fronteras de Europa. Italia estaba tan orgullosa de su actuación que no tardaría en elegirlo jefe del Gobierno de la nación. Mario Draghi sigue siendo uno de los responsables tanto gubernamentales como financieros por los que yo he tenido mayor consideración y aprecio. Era un banquero competente sin resultar tedioso. Era un técnico cuyos razonamientos se entendían. Era alegre como buen italiano sin que su credibilidad quedara jamás en entredicho. Un hombre poco común…

*

* *

Pero la política interior seguía imponiendo su ley: la conjunción del calendario —que dictaba la proximidad de las siguientes elecciones presidenciales— con mis pobres resultados en los sondeos como consecuencia de la reforma de las pensiones llevaba a pensar a los oponentes de mi mayoría parlamentaria que yo estaba debilitado y animaba a cuantos estaban resentidos conmigo a tomar iniciativas (cosa natural y en modo alguno sorprendente). El más impaciente de todos era Jean-Louis Borloo, que acababa de anunciar su decisión de abandonar la UMP (Unión por un Movimiento Popular) para crear una nueva formación política, la Confederación de Centros. Menuda ambición, porque el centro cada día estaba más frecuentado... Estaban Bayrou, Hervé Morin, Jean Arthuis y ahora Borloo. Todos querían reunir en torno a sí a los demás y presentarse, con su apoyo, a las siguientes elecciones presidenciales. Todo ese cúmulo de ambiciones tenía un único punto en común: la voluntad de hacerme pagar la escasa confianza que había depositado en ellos. Borloo olvidaba que había sido ministro de Estado y solo recordaba la humillación de no haber sido nombrado, como él creía merecer, primer ministro; Morin, que había sido tan desdichado en Defensa, lamentaba ahora mi decisión de liberarle de tal cargo. Ese fue el momento que Rama Yade escogió para sumarse a Borloo anunciando que respaldaría su candidatura para las elecciones presidenciales. Ocultaba el hecho, dicho sea de paso, de que yo acababa de nombrarla embajadora ante la Unesco para que mantuviera cierto estatus tras la pérdida de su cargo ministerial. Era curioso observar su falta de agradecimiento absolutamente ingenua y desinhibida. Aquella agitación no me preocupaba demasiado, pues presentía que la unión de todas esas personalidades no aguantaría más allá de unas pocas semanas y que la capacidad de organización no era, además, la principal virtud de Jean-Louis Borloo. Así y todo, semejantes fisuras en el seno de mi mayoría parlamentaria me debilitaban. Sabía que se trataba de una de las viejas reglas de la vida política. Ante la adversidad, a todos les beneficia unirse. Pero yo asistía al movimiento inverso: las fuerzas centrífugas estaban dominando a las fuerzas centrípetas. Había que aguantar, soportar y seguir adelante. No tenía otra opción.

Paralelamente, François Hollande era objeto de un cortejo incesante por parte de los periodistas. Se trataba de algo sin precedentes y, de nuevo, totalmente descarado. Hubo incluso una nota de la AFP (Agence France-Presse) cuyo título era, en sí mismo, toda una declaración programática: «François Hollande, el buen amigo de los medios de comunicación». A un año de las elecciones presidenciales, a nadie le parecía chocante —o cuando menos llamativo— aquel movimiento partidista en el seno de una profesión que supuestamente informaba a los franceses «con absoluta imparcialidad». Porque el resto de la mencionada nota de prensa seguía el mismo derrotero. Una periodista de France Info explicaba, con aires de experta, que «él nunca manda a paseo a nadie, como pueden hacer otros; no tiene ningún problema en dar su número de móvil y siempre devuelve la llamada ». (Yo me daba por aludido con eso de «otros».) Aquello era enternecedor, pero ¿se imagina alguien a un periodista emitiendo un juicio tan favorable sobre un responsable político de derechas? La respuesta es, obviamente, negativa. Otro periodista iba un paso más allá (siempre en la mencionada nota de la AFP): «François Hollande siente curiosidad por la vida de los periodistas. Hace muchas preguntas. Pero, a diferencia de Nicolas Sarkozy, lo hace sin agresividad y sin tutear». No habiendo yo coincidido jamás con el autor de aquellas líneas —ni habiéndole tuteado—, no sé de dónde sacaría sus informaciones. Se le olvidaba aclarar, en cualquier caso, que era coautor de un libro con François Hollande, ¡lo que alertaba ya de su parcialidad! Incluso los defectos de este último se describían como virtudes: «Jamás se le verá con una novela en la mano. Solo lee la prensa. La devora». Aquello estaba escrito tal cual en la misma nota de la AFP. Era la primera vez que yo veía que la ausencia de cultura literaria se presentase como prueba de simpatía e incluso de inteligencia.

Detrás del lado caricaturesco de estas citas, había una realidad: la sobrerrepresentación de la izquierda en los medios de comunicación franceses. Eso es lo que haría de François Hollande, unos meses después, un adversario temible. No lo era ni por su talento, ni por sus ideas, ni por su energía; menos aún por su carisma. Su normalidad tranquila desinhibía a los periodistas comprometidos, que, en consecuencia, lo habían tomado bajo su protección. Si pronunciaba un discurso insípido, decían que el hombre era cercano; si decía una banalidad, decían que aquello evidenciaba su seriedad. No suponía un peligro para nadie. Yo entendía que, al no tener Hollande la menor sombra de aspereza, sería complicado encontrar ángulos de ataque. Si le azuzaba con demasiada intensidad, me reprochaban mi agresividad; si no decía nada, él podía seguir medrando bajo la mirada benévola de los medios de comunicación. La ecuación era compleja; yo empezaba a echar de menos la perspectiva de una confrontación con Dominique Strauss-Kahn. François Hollande era tan consciente de aquella ventaja que incluso decidió ponerse a régimen. Su pareja de entonces, Valérie Trierweiler, ¡estaba muy orgullosa de aquello e infería que tenía una gran influencia sobre su compañero! El régimen duró lo que la campaña, tras la cual fue echado al cajón de las resoluciones tomadas y olvidadas con la misma rapidez. A veces lamento no tener noticias de todos aquellos comentaristas tan entusiasmados con ese «candidato normal» que prometía hacer mucho y, claro, apenas cumplió nada.

*

*   *

El terrible atentado de Marrakech, con diecisiete víctimas mortales —entre ellas, ocho franceses— marcó el comienzo del mes de mayo. El objetivo era un café de la plaza Yamaa el Fna. Yo conocía bien los lugares por haber estado muchas veces con mi familia. Recordaba la alegría de mis hijos en aquella ágora siempre llena de vida y de gente; los encantadores de serpientes les impresionaban de forma muy especial. Bastantes veces habíamos ido a tomar un refresco a la terraza de aquel café antes o después de una visita al zoco que hay muy cerca; podía vernos sentados en torno a una de las mesas de la terraza, desde la que se veía aquella plaza que ahora estaba de luto. Imaginaba el terror de las familias golpeadas por el destino, la crueldad de haberse cruzado en el camino de aquellos asesinos; me preguntaba por qué nosotros nos habíamos librado y aquellos desdichados no. Conocer tan bien aquel entorno me hacía experimentar la tragedia de una forma más precisa y más intensa. La naturaleza terrorista de aquel acto no dejaba lugar a dudas. Un artefacto explosivo había sido activado a distancia en medio de una multitud de turistas tan inocentes como despreocupados. La fachada del café-restaurante Argana había recibido el impacto de la deflagración. El dueño del establecimiento estaba gravemente herido; uno de los camareros, que tenía 28 años, había muerto. Entre las víctimas de tal barbarie había una niña de 10 años. Aquel era el atentado más grave que Marruecos conocía desde los de Casablanca de 2003. El rey Mohamed VI reaccionó, como de costumbre, con celeridad y gran eficacia. Insistió en la necesidad de una investigación rápida y totalmente transparente. Esto último nos tranquilizaba; tendríamos acceso a toda la información que nuestros servicios necesitaban y que las familias no dejarían, con razón, de exigir. Hablé con el rey ese mismo día. Nos pusimos de acuerdo sobre el enfoque de la investigación, sobre las ceremonias para recibir a las víctimas y a sus familiares y sobre la información que podíamos transmitir a los medios de comunicación del mundo entero. Bruno Joubert, nuestro embajador en Marruecos —que antes había sido mi asesor para África en el Elíseo—, garantizó aquella perfecta coordinación con gran profesionalidad. Los servicios marroquíes y franceses trabajaban codo con codo, en perfecta sincronización. La confianza entre ambos países era absoluta.

El recuerdo de aquella época me produce gran nostalgia habida cuenta de la lenta degradación de las relaciones francomarroquíes que se ha ido produciendo en el último decenio. Tal situación es consecuencia, en primer lugar, de la obstinación de mis dos sucesores en conceder una importancia y una atención desproporcionadas a la relación con Argelia. Se trata de un error estratégico, pues el poder argelino, cuya legitimidad democrática es frágil, necesita un adversario para existir y este no puede ser sino Francia, cuyo pasado colonial la convierte en un blanco fácil. (¡Como si nosotros tuviésemos la culpa de los fracasos de Argelia durante los seis últimos decenios!) Mientras ese país no cuente con un Gobierno verdaderamente representativo de la población —y no solamente de las facciones que dominan el ejército—, la relación francoargelina seguirá siendo un callejón sin salida. No disponemos de los medios para mantener un trato cercano con todos los países del mundo.

Una diplomacia eficiente exige optar. Y en este caso, a mi juicio, la opción es obvia. Más adelante, cuando Argelia esté lista para reanudar sus vínculos con Francia sobre una base clara, sin complejos y decidida, podremos construir un futuro sobre las ruinas de esta época poscolonial demasiado larga.

La ceremonia de recepción de los restos de las víctimas del atentado de Marrakech fue especialmente emotiva y también dura. Llegué con Carla al aeropuerto de París-Orly, donde habían colocado los ocho féretros. Permanecimos un buen rato en recogimiento. El silencio era de plomo, solamente interrumpido por los breves y desgarradores sollozos de las familias. Reinaba una gran solemnidad. Hacía un buen día, lo que marcaba más acusadamente el contraste. El *shock* era, para los allegados, de una violencia inaudita. ¿Cómo era posible que unas vacaciones que aquellas familias esperaban con tanta ilusión se hubieran transformado en semejante pesadilla? ¿Cómo asimilarlo? ¿Cómo aceptarlo? ¿Cómo volver a levantarse? Esos eran mis pensamientos mientras me inclinaba ante cada una de aquellas vidas rotas. Lo que esas personas estaban viviendo era realmente inhumano. Luego tuve que pronunciar un discurso. Lo había escrito yo mismo, pues para mí era importante expresar, del modo más veraz posible, los sentimientos que tal crimen me provocaba. Me dirigí hacia el atril de la tribuna. Prometí solemnemente a las familias que aquella barbarie no quedaría impune. «Esos criminales no van a tener un momento de paz en ningún sitio, nunca. Dondequiera que estén, dondequiera que se escondan, nosotros vamos a usar todos los medios para hacerles salir.» Luego evoqué la existencia de cada uno de aquellos desdichados. Traté de insuflarles vida por última vez, de rendirles homenaje, de hacer que sus familias se sintieran orgullosas de lo que representaban para Francia. Entre aquellas víctimas estaba Camille, una niña de 10 años desfigurada y muerta en el atentado. Yo no la conocía. Y escribí: «Un terrorista asesino de niños decidió que Camille no volviera a clase nunca más». Al pronunciar aquellas palabras, fue como si el pequeño rostro de la niña apareciera ante mí. Aquello ya no era nada abstracto, oficial, incorpóreo; era el cuerpo lancinado, acribillado por clavos y por piezas de metal, lo que ahora quedaba a plena luz. Experimenté una emoción intensa. Ya no podía pronunciar una palabra. Hube de interrumpir mi discurso. Las lágrimas se me agolpaban en los ojos. Todo el mundo a mi alrededor lloraba. Me ahogaba la emoción. Rara vez he conocido un momento de comunión semejante. La aflicción era demasiado profunda. Carla se deshacía en lágrimas. Luego estuvimos un buen rato con las familias. Habían entendido hasta qué punto queríamos compartir y hacer nuestro su dolor. No hubo muchas palabras. De nada servían, en realidad. ¿Qué habríamos podido decir que tuviese verdadero sentido? Estábamos unidos en comunión y las miradas expresaban mucho más que ninguna frase. Evocar el recuerdo de Camille y de todos aquellos mártires me sigue conmoviendo hondamente todavía hoy. No los he olvidado y no los voy a olvidar nunca.

Como ya me había sucedido tantas veces, me volvió a sorprender la visión profunda y la admirable capacidad de reacción del rey de Marruecos. En varias ocasiones habíamos hablado sobre el modo en que enfocaba su función; era un tema que le ocupaba mucho y sobre el que sus planteamientos siempre me habían parecido imaginativos, ¡pero yo no imaginaba que fuera a ser capaz de decidir tan rápido y, sobre todo, con tal acierto! También Marruecos había experimentado, como otros países árabes, una importante agitación; las manifestaciones fueron numerosas y tensas. El soberano no disponía de ningún maná petrolero o gasístico con que tratar de aplacar a una multitud enfurecida, lo que obviamente representaba una dificultad adicional. Viéndose, así, confrontado también con las erupciones volcánicas de las primaveras árabes, decidió anticiparse e innovar. Podía haberse quedado paralizado. Hizo lo contrario. Mantuvo, pues, la ventaja de la iniciativa. No estaba obligado a actuar bajo presión; podía controlar los tiempos. Cogiendo a todos sus opositores por sorpresa, el rey anunció una reforma de calado de la Constitución del reino. Cuando se aprobase, sus poderes políticos y religiosos se habrían reducido. Ya solo eso suponía un avance muy sustancial, pero fue aún más lejos porque decidió someter su proyecto a referéndum y hacerlo ya ese mismo mes de julio. La sorpresa era total; la innovación, profunda; los plazos, deliberadamente acotados. Y si aquella nueva Constitución se aprobaba, sería el futuro jefe de Gobierno el que dirigiría el Ejecutivo. Pero lo más innovador era que, en tal caso, dicho jefe de Gobierno saldría elegido de las filas del partido más votado en las elecciones para la Cámara de Representantes del Parlamento marroquí; eso se traducía en que Marruecos en adelante tendría un

Gobierno salido del sufragio universal directo. Hasta ese momento, el rey de Marruecos podía elegir libremente a su primer ministro; ahora renunciaba a ese poder. Sus cambios hacían que el reino entrara en una era absolutamente nueva. Aquello fue todo un acontecimiento.

Pregunté a Mohamed VI si tenía intención de atenerse a aquella hoja de ruta aunque ganaran las elecciones los Hermanos Musulmanes, que yo sabía que eran sus adversarios históricos. En su respuesta no hubo la menor ambigüedad: «Sí». Y eso fue exactamente lo que hizo, llegado el momento. El rey añadía a todo aquello la independencia de la Justicia y la renuncia, por su parte, a la potestad de designar a los altos funcionarios civiles del Estado, potestad que pasaba a recaer, una vez más, en el jefe del Ejecutivo. El carácter «sagrado» de la persona del rey se suprimía y se reemplazaba por una fórmula infinitamente menos pomposa: «La integridad de la persona del rey no puede ser violada». El islam seguía siendo la religión del Estado marroquí, y el rey, el jefe de las fuerzas armadas. Yo celebré, mediante un comunicado oficial, lo que calificaba de «iniciativa modélica». Gracias a aquella iniciativa sin precedentes, Mohamed VI conservó la confianza y el afecto de su pueblo. La realeza resistía a la tormenta de las revoluciones árabes. La calma volvió a las calles, y cuando los Hermanos Musulmanes ganaron las elecciones legislativas unos meses después, el rey mantuvo su compromiso y nombró jefe del Gobierno a su líder. Los marroquíes tuvieron la experiencia de ser gobernados por los islamistas. Duró menos de un decenio, al término del cual estos solo obtuvieron un 4 % de los votos. El rey había evitado, llamándolos a ejercer responsabilidades, convertirlos en víctimas. Como él mismo me dijo: «Cuando tengan que enfrentarse al paro, a la subida del precio de las materias primas, a los problemas de vivienda..., les va a costar mantener el apoyo de sus bases populares». Lo había sabido ver. Gracias a este lúcido soberano, hoy Marruecos se presenta como una isla de estabilidad democrática en el seno de un mundo musulmán sumido en múltiples crisis y divisiones. La personalidad de Mohamed VI es única en el mundo de las cabezas coronadas y los jefes de Estado. Es un hombre al que nunca he dejado de admirar y respetar.

*
* *

La muerte de Bin Laden sorprendió al mundo. Fue el 2 de mayo cuando el presidente Obama anunció que se había hecho justicia con la muerte del que fuera responsable del asesinato de miles de inocentes. Estados Unidos había sido capaz de localizar al jefe de Al Qaeda y eliminarlo. La estupefacción fue general, y la satisfacción subsiguiente, casi universal. Aquel terrorista había desaparecido de los radares en 2001, en algún lugar de las montañas de Tora Bora (al este de Afganistán). Desde entonces, nadie sabía exactamente dónde estaba. Informaciones arrancadas en interrogatorios de sospechosos habían permitido llegar hasta uno de los mensajeros que le servían de contacto con el mundo exterior. La Administración de George W. Bush había autorizado el recurso a la «tortura» si se trataba de prevenir tragedias. Resultaba chocante y absolutamente contrario a todos nuestros principios, pero en aquella ocasión fue eficaz. El conflicto entre «lo ideal» y «los hechos» no era nuevo, ¡pero resultaba siempre tan tremendo! Tras unas semanas de seguimientos, los servicios secretos estadounidenses habían terminado descubriendo una lujosa residencia en Abbottabad, en Pakistán. Luego hubo meses de escuchas y vigilancia para determinar la presencia de Bin Laden. Tras una larga reflexión, el presidente estadounidense finalmente dio luz verde: un comando de élite de marines se desplazó al lugar para eliminar al jefe de Al Qaeda. Se movilizó a unos ochenta soldados. Fue un golpe quirúrgico culminado con gran valentía y perfecta eficacia. Nadie estaba al corriente; ni siquiera el Gobierno de Pakistán, que en aquella ocasión vio su soberanía territorial violada. Los setenta y nueve hombres del comando partieron, a bordo de cuatro helicópteros, de la base estadounidense de Yalalabad, en Afganistán. A Bin Laden lo mataron de un tiro en la cabeza. Uno de sus hijos murió también, una de sus mujeres fue herida y dieciséis miembros de su familia fueron trasladados a un lugar seguro.

Yo me enteré en la madrugada de aquel lunes, 2 de mayo. Me impresionó la osadía de la operación, su astucia, su eficacia. Las fuerzas estadounidenses no tenían que lamentar ningún herido. Aquello era una nueva demostración de la fuerza y del saber hacer de los estadounidenses. Ese día admiré sin reservas a nuestros socios transatlánticos. Pensé que, con aquella acción, le habían devuelto su honra a todas las democracias del mundo. Ya no era posible aceptar que «el mal» triunfara siempre sobre «el bien». Se había producido un vuelco tan inesperado como oportuno y justo. Los estadounidenses justificaban, mediante aquel golpe de efecto, su liderazgo sobre el mundo libre. Observando el actual estado de división del planeta, podemos valorar mejor la auténtica unanimidad que hubo en torno a aquel hecho. El secretario general de las Naciones Unidas celebró «un giro en la lucha mundial contra el terrorismo». Arabia Saudí, país natal de Bin Laden —a quien había privado de su ciudadanía—, se alegraba de su «eliminación». El primer ministro de la Autoridad Palestina —Salam Fayyad— habló de un «acontecimiento capital». El presidente turco Abdullah Gül insistió en «su gran satisfacción». Incluso Rusia atribuía a Estados Unidos un «importante éxito en la guerra contra el terrorismo internacional». Las voces discordantes eran realmente minoritarias. Se alzaban —como era esperable— la de Hamás y, en menor medida, la de los iraníes. Es decir: hace doce años era posible aglutinar al mundo en torno a un acto «violento pero estructurador». Ya no había ni oeste ni este; ni países pobres ni países ricos; ¡únicamente la unión de las conciencias! Cabe calibrar, de paso, la pérdida de liderazgo moral de Estados Unidos desde entonces. Se trata de un descenso a todas luces vertiginoso.

Yo celebré aquella noticia, en nombre de Francia, retomando la expresión de que se había «hecho justicia». Aquel comunicado suscitó múltiples comentarios; algunos, muy hostiles. Se me acusó, concretamente, de «respaldar un asesinato bajo el estandarte de la justicia» en el mismo año en que Francia celebraba el 30 aniversario de la abolición de la pena de muerte. El aluvión de las redes sociales acababa de empezar…

Y, de hecho, del grueso de las polémicas se produjo después del suceso. Primero fue el asunto de las condiciones de la sepultura —en pleno mar— del cuerpo de Bin Laden, que hicieron mucho ruido. Se había celebrado un funeral islámico en el puente del portaaviones estadounidense *Carl Vinson,* adonde se habían trasladado los restos del difunto. Se lavaron, se colocaron en un sudario blanco, se introdujeron en un saco lastrado y se lanzaron al océano. El gran imán Ahmed el-Tayeb declaró que el islam no aceptaba «la inmersión en el mar, solamente el entierro». Aquel proceder chocó a muchos musulmanes sinceros. Los estadounidenses habían decidido hacerlo así para evitar que la tumba de aquel criminal pudiera ser objeto de un culto indecente y perverso. Yo aprobé aquella decisión y hoy sigo pensando que hicieron bien, a pesar de que aquello pudiera ser contrario a las convicciones religiosas o sencillamente humanistas. Era un ejemplo paradigmático de las contradicciones que deben afrontarse cuando se ejerce el poder. Desde un punto de vista intelectual, yo podía comprender lo impactante que resultaba ver lanzar un cuerpo en mitad del mar, con independencia de la perfidia del difunto. Desde un punto de vista político, aquello era necesario para evitar un peregrinaje que habría provocado incontables amenazas futuras. El presidente Obama, acordándose de lo que había pasado con el cadáver de Sadam Husein, no quiso que se hiciera pública ninguna foto del cuerpo de Bin Laden, lo cual iba en detrimento de la transparencia y la curiosidad de los medios de comunicación; pero los riesgos de que se instrumentalizara la representación de aquel cuerpo, de que se victimizara a Bin Laden, de que se comentara el modo en que lo habían matado…, eran demasiado graves como para exponerse a ellos. De manera que también hice explícito mi apoyo a aquel *modus operandi* excepcional. Las democracias tenían que defenderse contra ese terrorismo universal que podía golpear en cualquier lugar y en cualquier momento. Entre dos males, había que elegir. Y yo elegí aquel mal antes que su contrario, es decir, la debilidad. Porque si la democracia se identifica con esta última, eso supondrá su muerte. Se trataba, por tanto, de una cuestión vital. Agradezco a los estadounidenses que eligieran la vida asumiendo la responsabilidad de dar muerte.

*
*   *

Desde hacía casi cuatro meses, Carla sabía que estaba embarazada. Aquella noticia nos llenó de felicidad. Fue un embarazo muy deseado y que se había hecho esperar. Yo estaba en un estado de ingravidez, de dicha. Aquella criatura coronaba el milagro de nuestro encuentro y de ese amor súbito e imprevisto. Lo habíamos estado anhelando. Por superstición en el caso de Carla, por voluntad de proteger nuestro vínculo, en el mío, optamos por guardar un secreto absoluto. Solamente se lo habíamos contado a nuestros hijos. Los chismes sobre nuestro matrimonio, las suposiciones ridículas de gente supuestamente informada, los repetidos anuncios de un divorcio inminente..., todo aquello nos enseñó a ser prudentes y a replegarnos en nuestra familia y en poquísimos amigos íntimos. Hasta tal punto buscábamos discreción que ni siquiera quisimos saber de antemano el sexo del bebé. Preferíamos que fuera una sorpresa. Que fuese niña o niño no tenía la menor importancia con tal de que estuviera sana o sano. Estábamos encantados. No había nada que decir o comentar. Habíamos decidido hacerlo público cuando el vientre de Carla no pudiera seguir disimulándose. Disponíamos de algunas semanas todavía. Teníamos intención de aprovecharlas.

En cualquier caso, yo por nada del mundo quería entristecer a mi madre. Tenía que ponerla al corriente. Se habría disgustado si se hubiera enterado por la prensa. Yo a mi madre la he querido mucho; le debía muchísimas cosas. La hicimos partícipe de la confidencia. Aquella fue una de sus últimas grandes alegrías; se puso contentísima. Yo sabía que ella esperaba una niña, después de mis tres hijos varones. Me conmovía y me emocionaba su felicidad por volver a ser abuela, de modo que celebré nuestra decisión de comunicárselo. A pesar de sus ganas de contárselo a sus muchas amigas, guardó concienzudamente el secreto. Mi trato con mi padre no era tan cercano. Yo le guardé rencor muchos años por haberse alejado de nosotros cuando tanta falta nos habría hecho. Pero había pasado el tiempo y yo deseaba la reconciliación. Habiendo informado a mi madre, no tenía más opción que hacerle partícipe de la confidencia también a él. Y eso fue lo que hicimos, encareciéndole que no dijese nada por las razones arriba expuestas. Hizo lo contrario. Así que me quedé pasmado al enterarme, escuchando la radio a primera hora de la mañana, de que había concedido una entrevista al diario alemán *Bild* en la que se alegraba del inminente nacimiento de su nieto. Se trataba de uno de los periódicos más leídos de Europa. ¿Por qué lo hizo? ¿Fue una simple torpeza? ¿Quiso, una vez más, darse importancia? ¿Se daba cuenta de la situación en la que nos ponía? Yo no tenía ni idea y sigo sin tenerla. Desde luego no va a ser ahora, que ya no está, cuando le haga ningún tipo de reproche. Eso sería cruel e inútil. Cuento esta anécdota para explicar hasta qué punto el cargo de presidente de la República puede alterar el comportamiento de muchas de las personas que te rodean. Yo estaba furioso y se lo dije a mi padre, sin filtros ni rodeos. Siguió una nueva época de distanciamiento glacial entre nosotros. Después del libro que había insistido en publicar a pesar de mis enérgicos ruegos en sentido contrario, ahora la entrevista... Aquello era demasiado para mí, aunque con el paso del tiempo he comprendido que, a fin de cuentas, tampoco era un drama. Una vez más, me daba cuenta tarde de que ponerse nervioso solo servía para mostrar tu debilidad.

*
* *

A finales de aquel mes de mayo, Francia presidía el G-8. Para la víspera de la cumbre organicé en París un «e-G8». Los principales dirigentes del planeta y los jefes de los gigantes de la red —entre ellos los llamados GAFA: Google, Apple, Facebook y Amazon— se reunían por primera vez para sentar las bases de un «internet responsable», algo que yo anhelaba... y sigo anhelando. Se hizo cargo de aquella importante iniciativa mi asesor para asuntos digitales, Nicolas Princen. Y es de lamentar que, desde entonces, no se haya retomado. Para la cumbre del G-8 propiamente dicha escogí Deauville. Me gusta esa localidad turística del litoral normando. Basta que haga un tiempo decente para contemplar sus magníficas vistas. Esa mezcla de paisajes campestres de tierra rica y pesada e inmensas playas bañadas por el canal de la Mancha resulta, verdaderamente, tan singular como inspiradora. Además, la localidad se ha conservado bastante bien arquitectónicamente, lo que le confiere un cierto aire inglés en plan *belle époque*. A dos horas de París, el cambio de aires está garantizado. Los servicios de seguridad, con razón preocupados ante la perspectiva de la cumbre, estaban encantados con aquella elección. El municipio resultaba fácil de asegurar, emplazado como está en una suerte de callejón sin salida cerrado por el mar. Así y todo, había hecho falta movilizar prácticamente a doce mil gendarmes y policías; era el precio que había que pagar para que los alborotadores no destrozaran el lugar. Deauville disponía de un gran sector hostelero de calidad. Podíamos acoger a todas las delegaciones, así como a los periodistas del mundo entero. Estábamos hablando de no menos de seis mil personas. La organización resultaba latosa y compleja. Yo me alegraba de volver al hotel Royal, donde me había alojado tantas veces con mis hijos para pasar un fin de semana o unas vacaciones cortas. El tiempo, desgraciadamente, fue normando, es decir, lluvioso. Pero como a mal tiempo, buena cara, me dije que al menos la reunión sería sustanciosa.

Era la primera vez que presidía aquella cumbre. En torno a la mesa estaban Barack Obama, Dmitri Medvédev, Angela Merkel, David Cameron y Silvio Berlusconi, a quienes se habían sumado los primeros ministros canadiense y australiano, así como los presidentes del Consejo y la Comisión Europeos. Mucha gente, pues, congregada en el mismo sitio. Habíamos decidido que, en la sala de la reunión, únicamente estuviesen los jefes de Estado y de Gobierno (sin sus colaboradores). Eso permitiría unos debates más libres, menos institucionales y, por tanto, más eficaces. En seguida entendí que una cosa era participar en aquellas cumbres internacionales y otra muy distinta presidirlas y, en consecuencia, animarlas. Era importante, concretamente, ir dando la palabra con habilidad y tacto, de manera que todos pudieran expresarse suficientemente pero sin impedir que los demás lo hicieran y sin indisponerlos con intervenciones demasiado largas o ajenas al tema en cuestión. Conceder la palabra no presentaba mayor dificultad. Negarse a hacerlo —o abreviar una intervención interminable— ya no era tan obvio, sobre todo teniendo delante al presidente ruso o al estadounidense. A veces había que demostrar autoridad, aunque estos dos últimos no fuesen los más complicados de canalizar.

La presidencia también era responsable del orden del día (y de que se respetara). Teniendo en cuenta el contexto candente de las primaveras árabes, quise que abriéramos la sesión de trabajo con un intercambio sobre el tema y un comunicado común. Ese era al menos mi deseo hasta que un incidente me enfrentó, apenas iniciada la reunión, con Barack Obama. Estábamos de acuerdo sobre el fondo del asunto. Teníamos que respaldar a los pueblos que aspiraban a la democracia y a la libertad. El consenso fue igualmente rápido a la hora de movilizar el dinero necesario para apoyar a los países que se encaminaban a una transición democrática. El problema estalló a propósito de la situación del expresidente egipcio Hosni Mubarak. Se había visto obligado a dejar el poder por la presión de la calle. El nuevo Gobierno lo había arrestado y se disponía a someterlo a un juicio. El hombre estaba, además, enfermo. Padecía un grave cáncer y había sido hospitalizado tras una crisis cardíaca aguda sobrevenida un meses antes, durante uno de los interrogatorios. A mí me habían impresionado las imágenes en las que aparecía en una silla de ruedas o incluso en una camilla. Me parecía que no merecía semejante trato. Por eso había preparado un proyecto de comunicado en el que el G-8 exigía que Mubarak tuviera «un juicio justo» y recibiera «unos cuidados adecuados»; era lo mínimo que podíamos pedir para aquel hombre al que todos habíamos conocido muy bien. Cuál no sería mi sorpresa al asistir a la reacción negativa de Barack Obama. Declaró tranquilísimamente: «Si publicamos ese comunicado, nos vamos a echar encima a la juventud egipcia. De manera que me opongo». Yo no daba crédito. Recordé a mi interlocutor que, pocos meses antes, él había recibido en la Casa Blanca, con todos los honores, a ese mismo Mubarak, a quien entonces se presentaba como el gran amigo de Estados Unidos. Traté de que Obama comprendiera que no podíamos ser tan cínicos, que eso nos deshonraba. Él no quiso oír nada y no modificó su posición ni un milímetro. Concluí nuestro intercambio con un mordaz: «Con amigos como tú, ¿quién necesita enemigos?». Él retiró la mirada e hizo como si no me hubiese oído. Así fue como el G-8 se desentendió de Hosni Mubarak. Fue un ejemplo más del cuidado obsesivo que el presidente estadounidense dedicaba a su imagen. Nada podía dañarla, ni siquiera sus lealtades o sus amistades.

Aquel contratiempo no ensombreció el clima del G-8. Hacía mucho que los vientos no me eran tan propicios; por fin podía respirar… Se me consideraba el líder de la operación militar en Libia, que era un éxito; presidía el G-8 —lo que reforzaba mi estatus internacional—, y los medios de comunicación solo tenían ojos para Carla y su maternidad. Todo aquello, unido a «las aventuras strauss-kahnescas», no estaba nada mal. Me permitía zanjar el episodio de la reforma de las pensiones y de los calamitosos sondeos subsiguientes. Por añadidura, el G-8 había estado precedido de una reunión bilateral con el presidente ruso, que había confirmado que su país compraría a Francia dos navíos militares de clase Mistral. (Era una óptima noticia para los astilleros de Saint-Nazaire, situados a unas decenas de kilómetros de Deauville, donde nos encontrábamos.) Por último, aproveché aquel encuentro de jefes de Estado para promocionar a la candidata francesa al FMI (Fondo Monetario Internacional), Christine Lagarde, cuya carrera iba viento en popa. Tras el «accidentado asunto» DKS, ¡me parecía que sería una proeza lograr imponer a dos franceses seguidos para el mismo puesto! La prensa francesa nunca es patriotera; esa es una de sus características, de hecho. Pone de relieve sin indulgencia los puntos débiles de nuestro país y relativiza sus éxitos. En aquella ocasión, describía el probable ascenso de Christine Lagarde como algo absolutamente natural. En absoluto lo era —a pesar de las grandes virtudes de nuestra candidata—, pero sí que evidenciaba la influencia de nuestro país en aquel momento preciso.

Quise que en aquella cumbre hubiera un rato de intercambios sobre el asunto del sector nuclear. Se trataba, a mi juicio, de un tema clave, pese a que complicara mucho mis relaciones con Alemania, país que había decidido zanjar ese tema. De hecho, cuando el 16 de marzo de 2023 hablé ante la Asamblea Nacional, recordé el cariz de una conversación telefónica con Angela Merkel en junio de 2011, cuando ella acababa de anunciar su decisión de cerrar todas las centrales, habiendo interrumpido ya el funcionamiento de las ocho más antiguas. Le dije: «Angela, ¿qué pasa?». Y ella: «Pero Nicolas, ¿es que no has visto Fukushima?». Y yo: «Pero ¿de dónde va a llegar el tsunami a Baviera?». Bajo la ligereza de aquella réplica ingeniosa, se escondía la auténtica irracionalidad de aquella decisión, tomada en una situación de impacto emocional. No quise insistir en público sobre tal desavenencia, pero no tenía intención de ceder sobre lo que yo consideraba que era la energía del futuro. Había que gestionar las consecuencias de la catástrofe de Fukushima. La tensión estaba por las nubes. Nadie hablaba de otra cosa que no fuera la seguridad nuclear cuando lo cierto es que se trataba de un cataclismo natural de gran magnitud. Retrospectivamente, terminó por imponerse la verdad. Japón no fue víctima de un accidente nuclear en Fukushima el 11 de marzo de 2011, sino de un terremoto de magnitud nueve, es decir, de una intensidad jamás registrada en el país y que provocó un gigantesco tsunami. La ola que irrumpió en Japón medía más de catorce metros de alto y penetró hasta diez kilómetros tierra adentro. El balance humano fue catastrófico, ya que alcanzó la cifra de veintidós mil víctimas. Como consecuencia de las radiaciones que emanaron de la central de Fukushima solo hubo que lamentar, por el contrario, un muerto. El tsunami sumergió los diques que protegían la central —que solamente tenían siete metros— y provocó el fallo de las bombas de refrigeración del motor nuclear, pero los sistemas de seguridad no dejaron de funcionar y evitaron un accidente como el de Chernóbil. En el momento, sin embargo, todos los detractores de la energía nuclear se explayaron sin medida ni límite. Aquello fue un reguero universal de pólvora basado en un infundio a gran escala. Los medios de comunicación lo asimilaron para editar sus borreguiles portadas. En tales condiciones, manifestar el más mínimo apoyo al sector nuclear se interpretaba como una postura irresponsable y casi criminal. Quienes, como yo, trataban de ofrecer un discurso sencillamente razonable lo tenían muy, pero que muy crudo. Entre los más combativos estaban los socialistas franceses, «siempre a la vanguardia en cuestión de moda». Martine Aubry dijo: «Con su apoyo al sector nuclear, Nicolas Sarkozy demuestra que es el presidente del siglo pasado». (François Hollande no fue mucho más amable.) Y así fue como el sector nuclear francés, que llevaba cuatro decenios garantizando nuestra independencia y avergonzando a los demagogos de la izquierda ecologista, fue sacrificado. El tartufismo llega al colmo cuando se constata que el cierre de las centrales nucleares alemanas se ha traducido en la reapertura de todas sus centrales de carbón, ¡que envían sus partículas contaminantes hasta París!

Al término de la primera jornada, estaba exhausto por la tensión, por la duración de los debates y por los incontables arbitrajes que había tenido que ejercer para que todas las delegaciones tuviesen algún motivo de satisfacción. Eso en ocasiones dependía de muy poca cosa; una vez más, el peligro estaba realmente en los detalles. Cenamos en un restaurante que estaba en la playa, frente al mar. Las vistas eran espléndidas; podíamos distinguir la silueta de El Havre a lo lejos. Como de costumbre, hice lo posible para que la comida no se eternizara; apenas pasadas las 22:00 h, di la señal para que nos fuéramos. Todos los jefes de Estado y de Gobierno volvieron al hotel caminando. Fue un paseo nocturno muy agradable y como ajeno al tiempo. Sentaba bien hablar un poco de cualquier cosa, de temas banales y fútiles, en un intercambio si no amistoso, sí al menos cordial. Cuando llegamos al vestíbulo, Angela Merkel me tomó del brazo y me pidió que fuésemos a tomar una última copa al bar del hotel, que durante esos días estaba reservado para los asistentes a la cumbre. Al margen de que no he probado una gota de alcohol en mi vida, estaba impaciente por reunirme con Carla, que estaba descansando en nuestra habitación. (El embarazo empezaba a pesar.) Afortunadamente, Dmitri Medvédev estaba justo detrás de nosotros. Lo paré y le dije, sonriendo, que la canciller buscaba quien le hiciese compañía. El presidente ruso no se hizo de rogar: aceptó la invitación y se fue con la canciller alemana. Advertí el alivio en los ojos de los colaboradores de esta última al comprobar que no iban a tener que quedarse con su jefa hasta bien avanzada la noche; su jornada laboral había terminado. El resto de la velada fue tranquilo. Carla y yo nos instalamos en la terraza de nuestra habitación, frente al mar. Estuvimos hablando de la inminente llegada del bebé. Aquello casi se me antojaba un fin de semana en familia en Deauville como tantos otros.

El segundo día de la cumbre permitió a Barack Obama afirmar que estaba «decidido a terminar el trabajo en Libia», lo cual era una buena noticia para la coalición, que necesitaba la implicación militar de los estadounidenses. A continuación fue el presidente ruso quien puso de relieve que «Muamar el Gadafi había perdido cualquier legitimidad y debía marcharse». Que esas dos grandes naciones —tanto tiempo enfrentadas— estuviesen de acuerdo era la prueba del éxito de aquel G-8. Por lo demás, lo esencial de la cumbre residía en el interés de los numerosos encuentros bilaterales que la jalonaban. Era una ocasión única para departir, aprovechando aquella estancia en el mismo lugar, con socios de todo el mundo. Podíamos hablar directamente unos con otros sin necesidad de hacer viajes agotadores y sin abusar de un crédito mediático que menguaba cuando las visitas eran formales y sin gran contenido.

El G-8 de Deauville llegaba a su conclusión; no habíamos tenido que lamentar ningún problema. Eso era infrecuente, ya que todas las cumbres anteriores de ese tipo habían provocado auténticas batallas entre los manifestantes y las fuerzas del orden. ¿Fue por la calma normanda? ¿Por la virtud apaciguadora de aquella campiña? La cuestión es que allí no hubo ni la más mínima manifestación de violencia. En el plano diplomático, no había habido más choques o desacuerdos visibles tras el asunto de Mubarak, y también la vertiente política acababa satisfactoriamente: se publicó un sondeo que señalaba un aumento significativo de mi popularidad. Aquello sentaba bien tras los «descensos» de las semanas previas. Yo sabía que no iba a durar, pero de todas formas sentaba de maravilla. Me decía que a lo mejor el inicio de la semana siguiente sería sosegado… ¡Uno siempre podía soñar!

*

* *

Una vez más, me había hecho demasiadas ilusiones. Acababa de enterarme de que el secretario de Estado para la Función Pública —Georges Tron— estaba siendo objeto de una audiencia preliminar por unos hechos susceptibles de ser calificados de agresión sexual y violación. Me caí, literalmente, de las nubes. No es que tuviéramos un trato estrecho, pero lo conocía desde que él fuera colaborador de Édouard Balladur cuando este era primer ministro. Iba siempre vestido con mucha elegancia, mostraba una cortesía ligeramente afectada y emitía unos juicios muy rotundos. Yo lo apreciaba, pese a que le achacara cierta falta de imaginación y una auténtica capacidad de generar aburrimiento. ¡No era, en resumen, la compañía más divertida! Llevaba mucho tiempo respaldando a Dominique de Villepin y formulando juicios políticos severos sobre mí. Aquello no era grave, y por eso yo no había tenido inconveniente en incorporarlo a mi equipo de gobierno para dejar clara mi voluntad de agrupar a toda la mayoría parlamentaria. Era un hombre serio y trabajaba duro. Una vez en el Gobierno, su lealtad y su compromiso fueron irreprochables.

Me quedé de piedra al enterarme de los hechos que se le imputaban. Dos empleadas municipales de Draveil denunciaban su actitud cuando era alcalde del municipio. Allí se mezclaban masajes de pies, reflexología, agresiones sexuales y escenas de sexo colectivas. Todo aquello me parecía muy ajeno a la persona que yo creía conocer. No sabía si eran calumnias o si yo era muy ingenuo por no haber detectado absolutamente nada. El movimiento #MeToo estaba en ciernes, de modo que yo me mostraba escéptico y tendía a creer la versión de mi ministro. Él afirmaba que se trataba de un complot urdido por la familia Le Pen para denostarlo; el hecho de que el abogado de las presuntas víctimas fuese Gilbert Collard —una persona cercana a Marine Le Pen— parecía dar credibilidad a su defensa. Lo recibí un domingo a primera hora de la tarde en el Elíseo. Estaba realmente afectado. Yo no podía evitar pensar en la mujer y los hijos de Georges Tron. Presentía el calvario que estaban a punto de vivir a pesar de no tener nada que ver con aquella historia escabrosa. En seguida estuvimos de acuerdo en que, hasta que no quedara libre de cualquier sospecha, no podía seguir ejerciendo sus responsabilidades gubernamentales. Para él era un suplicio, pues había anhelado mucho aquella consagración ministerial. Pero no había otra opción y yo debía ser resolutivo. Tras aquella entrevista, me escribió una larga carta en la que explicaba que iba a conseguir que se reconociera su inocencia. En absoluto fue ese el caso. El procedimiento judicial se eternizó. Hubo unos cuantos sobreseimientos y hasta una absolución, pero al final fue condenado a prisión firme en segunda instancia. A menudo he pensado en él: en el misterio insondable de los hombres, en sus puntos débiles, en su capacidad de cometer errores, en el secreto de su intimidad. Vi a muchos de sus amigos volverle la espalda en el momento en que lo perdía todo. Yo le deseo que pueda reconstruirse, porque, como cualquier ser humano, tiene derecho; merece una segunda oportunidad. Esta no afectará nada a sus víctimas, que lograron que se dictara justicia y se castigara a su agresor. En modo alguno he querido minimizar los hechos; sencillamente, hablar de la miseria humana, que me conmueve. El poder jamás me inmunizó. Nunca cedí a esa insensibilidad que a menudo se atribuye a las grandes fieras de la política.

*
* *

El mes de junio empezaba con el regreso inesperado de mi predecesor —Jacques Chirac— al primer plano de la escena política. Y, como me podía imaginar, aquello no era la mejor noticia (al menos para mí). Todo empezó con la publicación del segundo tomo de sus memorias. Yo no las había leído, pero todo lo que la prensa contaba eran opiniones críticas por lo que respectaba a sus relaciones conmigo; los comentarios eran unánimes sobre «las numerosas pullas de Jacques Chirac». Era extraño, pues yo tenía la sensación de que nuestras relaciones, si no se habían normalizado, al menos sí habían mejorado debido a las atenciones y muestras de estima que yo había tenido con él. Habíamos comido juntos varias veces, incluso en el ámbito familiar de nuestra casa de Cap Nègre. Pero aún no había visto nada: lo mejor estaba por llegar… Estando de visita en su departamento de Corrèze —en el municipio de Sarran—, Jacques Chirac soltó como una bomba: «Voy a votar a François Hollande en las próximas elecciones presidenciales, salvo que se presente Alain Juppé». La frase hizo mucho ruido, sobre todo teniendo en cuenta que, en las memorias, él ya había querido subrayar las «virtudes de hombre de Estado» del candidato socialista. ¡Qué barbaridad! Y lo peor era que yo veía sincera su expresión de aquella preferencia. Jacques Chirac nunca perdonó a toda una parte de la derecha que no le hubiera tenido en la suficiente consideración (al menos a su juicio). Le agradaba moverse en esa paradoja de encontrar puntos en común con quienes, sin embargo, unos años antes se manifestaban contra él al grito de «Jacques Chirac, a prisión». (¡Por lo menos no era rencoroso!) Aquella salida no me sorprendía tanto porque yo sabía que su salud era precaria y que ahora todo lo dirigía su hija Claudia, que no es que me tuviese mucho cariño precisamente. Esa «pasión» por mi persona siempre me ha parecido extraña. Por lo demás, no estoy faltando a la memoria del expresidente si digo que este apenas intervino en la redacción del segundo tomo de su autobiografía; lo escribieron por él. Aquello era un nuevo ejemplo de ese dicho popular tan famoso de que «la venganza es un plato que se sirve frío». Pero no había solo desventajas en aquel posicionamiento paradójico, pues reforzaba mi estatus de «héroe de la derecha republicana» y me preservaba de los cargos de negligencia que se habían presentado contra él. Así y todo, con mucho gusto me habría ahorrado aquel episodio precisamente cuando tenía la impresión de estar iniciando una remontada en el corazón de los franceses.

A lo largo del mismo mes, sucedió algo a lo que nunca me había enfrentado. Yo estaba en el departamento de Lot y Garona, concretamente en el pequeño municipio de Brax. Me esperaban varios cientos de personas, cabalmente colocadas tras las barreras metálicas habituales en ese tipo de visitas oficiales. Acababa de participar en la asamblea general de los alcaldes de aquel departamento rural. Viendo a aquella multitud apiñada a pocas decenas de metros de donde yo estaba, me dirigí hacia ella para saludar y entablar un breve diálogo, como había tomado por costumbre y, sobre todo, me gustaba hacer. El ambiente era campechano; no había ni gritos ni pancartas hostiles. No exagero si digo que reinaba una alegre cordialidad. Los periodistas estaban igualmente distendidos. No había ninguna presión exterior, ni siquiera subyacente. Yo estaba hablando con una señora que me saludaba con calidez y quería expresarme su apoyo cuando sentí un violento dolor a la altura del hombro, un poco debajo de la nuca. Fue repentino, brusco y fuerte. Sin tiempo para pensar —recordando simplemente los gestos del yudoca que fui en mi adolescencia—, me eché hacia abajo en lugar de resistirme, lo que tuvo por efecto inmediato desequilibrar hacia delante a mi agresor y dar tiempo, así, a mis agentes de seguridad para hacerse con él. Al no oponer resistencia, conseguí que la fuerza de quien me había atacado se volviera contra sí mismo. Fue algo tan súbito que logró adelantarse unas décimas de segundo a los policías que me rodeaban. Con eso bastó. Yo no me di cuenta de lo que había pasado hasta que vi a un hombre alto y corpulento tumbado en el suelo y esposado. Me dio tal coraje aquella tontería de mi agresor que reconozco que sentí pulsiones feas hacia su persona. No tuve miedo, pues no me dio tiempo. Era la primera vez que me agredían físicamente. Se trataba de un empleado del conservatorio de Agén. En su web se describía como un «funcionario gandul». Con aquello no daban muchas ganas de seguir conociéndole…, sobre todo porque más adelante añadía: «Estoy ebrio de luz». En vista del poco interés que suscitaba la personalidad de aquel hombre, y de su cuestionable equilibrio mental, opté por no poner ninguna denuncia. Lo que sí hice fue llamar a Carla y a los niños para tranquilizarlos; los medios habían difundido de inmediato aquella agresión. Al teléfono, mi mujer hablaba con voz débil; obviamente estaba al tanto. ¡Qué distinto habría sido todo si aquel individuo hubiera ido armado! Aquel percance no me dejó huella. Sencillamente me dio la ocasión de pararme a pensar. El destino dependía de muy poca cosa. Era un útil recordatorio de la fragilidad de cualquier persona..., incluido el presidente de la República; me prometí que en adelante sería más prudente. Aquella decisión apenas duró unas horas. Al día siguiente retomé mis costumbres. ¡Me gustaba demasiado el contacto físico como para prescindir de él!

*
* *

Para mí era una alegría condecorar al gran pintor Pierre Soulages, a quien «veneraba» desde que admirara por primera vez sus obras, que Patrimonio Nacional había puesto en mi despacho de joven ministro del Presupuesto del Gobierno de Balladur en 1993. A aquella época se remonta, en efecto, mi fascinación, que me ha llevado a no ejercer jamás una responsabilidad pública sin tener al alcance de la vista una obra del genio del «ultranegro». Pierre Soulages será recordado como el pintor de la luz. Sus monocromías juegan con ella. Son su reflejo en cualquiera de los periodos del artista, ya sea el de las décadas de 1950 y 1960 o el de la de 2000. Siempre me ha subyugado la intensidad de sus obras.

Tuve la suerte de visitar en varias ocasiones su taller parisino y departir largamente con el maestro. Son recuerdos inolvidables. Él ya había pasado los noventa. Sus últimos lienzos estaban puestos a secar en el suelo. Pierre Soulages me mostró las herramientas que había concebido para aquellas obras, que combinaban pintura y escultura. Era fascinante verle y escucharle cuando estaba en su guarida... Su esposa, Colette, estaba como siempre junto a él: atenta, menuda, silenciosa, admirativa... La pareja que formaban era un ejemplo de complicidad y ternura después de más de siete décadas de matrimonio. Aquella tarde de junio yo elevaba a aquel auténtico mito viviente a la categoría de gran oficial de la Legión de Honor. Él quiso una ceremonia íntima en el palacio del Elíseo. Era un hombre modesto, discreto y apasionante. Su vida estuvo íntegramente dedicada a su obra. ¡Seguía pintando a los 100 años! Se consagró a la pintura hasta el final. Nacido en el departamento de Aveyron, se trasladó a París a los 18 años y obtuvo el reconocimiento definitivo con su magnífico museo de la localidad de

Rodez, en el corazón de su mencionado departamento natal. Pierre Soulages es la prueba de que sí que se puede ser profeta en tu tierra. La paradoja de aquel genio fue que se pasó la vida entera explorando en múltiples direcciones pero ahondando siempre en el mismo surco del negro. Ahí residía todo su misterio. ¿Cómo pudo enfilar tantos caminos diferentes sin dejar de buscar exclusivamente en el ámbito del color negro y sus variantes? Era un artista meticuloso. Trabajaba sin descanso hasta alcanzar la perfección a la que aspiraba. Dedicó varios años a encontrar la fórmula de colores adecuada para las vidrieras de la iglesia abacial de Conques. Había que probar, experimentar, volver a empezar. Sobre todo, no quedarse satisfecho mientras no se hubiera alcanzado el objetivo.

Me conmovió su historia: la de un muchacho que pasaba horas observando un pequeño «agujero negro» del muro que tenía frente a la ventana de su habitación y preocupaba a su madre cuando, con la misma edad, ¡dibujaba copos de nieve negros! A mí me gustaban su reserva y su timidez. Lo vi acechando las reacciones de su mujer ante uno de sus nuevos lienzos. «Me gusta mucho, Pierre. De verdad.» «¿En serio? ¿Estás siendo sincera, Colette? Ay, qué alegría.» Cada vez que yo le preguntaba algo —sobre el tema que fuera—, él siempre respondía buscando la aprobación de su mujer; durante toda su vida quiso que ella estuviera orgullosa de él. Pierre Soulages tenía una humanidad profunda. Eso no es algo tan normal para un artista consagrado en vida. Se ha hablado mucho del «monstruo» que era Picasso en el ámbito privado. A Soulages el éxito mundial que tuvo —y sigue teniendo— no le cambió. Le gustaban París y Sète, donde tenía su segundo taller. Yo admiro al pintor y quería al hombre. No me pierdo una exposición de sus obras. No he conseguido terminar de verlas. Redescubro detalles, telas que creía conocer. La fascinación permanece intacta. La obra de Pierre Soulages ayuda a vivir. Es una fuente de inspiración y, al mismo tiempo, de esperanza. ¿De dónde venía su genio? Artistas de su magnitud pueden hacer pensar que el hombre no está solo y abandonado en la Tierra, sino que hay una parte divina en el alma humana. Esa es una gran noticia y, posiblemente, la única…

*
* *

Terminé el mes de junio con una nueva rueda de prensa temática, en esta ocasión sobre las «inversiones de futuro». Me importaba mucho asegurar personalmente la continuidad de aquella gran operación que, justo dos años antes, había anunciado ante el Congreso, reunido en Versalles. No quería que aquella gran emisión de deuda cayese en el olvido ni que sirviera para financiar los típicos proyectos que llevan años dormidos en los polvorientos archivadores de los ministerios. Habíamos tenido que superar la crisis de 2008, pero también hacía falta pensar en el futuro. A mí me preocupaba el lento pero ineluctable declive de las inversiones del Estado. Su nivel había pasado del 12,5 % del gasto público en 1974 al 7,5 % en 2007. Tales cifras hablaban por sí solas. Cuanto mayor era el número de déficits, menor era el de créditos disponibles para financiar las inversiones. Aquello se había convertido en una realidad incontestable.

Relanzar las inversiones del Estado constituía, así las cosas, una prioridad. Yo había calculado aquel esfuerzo en treinta y cinco mil millones de euros. Jamás se había reunido de una vez semejante suma. Puse a mi amigo René Ricol al frente del Comisariado General para la Inversión; hizo una labor notable en cuanto a precisión, competencia y honradez. De fijar las prioridades se había encargado la comisión presidida por Michel Rocard y Alain Juppé. A René Ricol le correspondía concretarlas y llevarlas a término. Transcurridos dos años, se habían movilizado veinte mil millones de euros para financiar proyectos específicos. No cabía esperar tal resultado teniendo en cuenta la extrema pesadez de los procedimientos administrativos franceses. Yo había impuesto, de manera «no consensuada», otro criterio que fue muy criticado: el de la excelencia. Chocaba frontalmente, en efecto, con la fascinación nacional por el igualitarismo. Y así, en vez de ir espolvoreando por los diversos institutos de investigación aquel maná de nuevas partidas presupuestarias, habíamos seleccionado cien proyectos de laboratorios de excelencia a los que se dotaría tres mil millones de euros.

Aquella voluntad de selección generó un enorme revuelo en un mundillo en absoluto acostumbrado a la competencia y a la política de resultados. El mismo método aplicamos en el ámbito de la sanidad, escogiendo tan solo seis institutos hospitalarios universitarios que reunían los requisitos para recibir un trato privilegiado en atención a sus capacidades. Constituían, de algún modo, seis

CHU (Centros Hospitalarios Universitarios) punteros y de dimensión mundial; fue un jurado internacional independiente el que los seleccionó. ¡Aquella era una iniciativa innovadora y arriesgada! Innovadora porque hacía falta, igual que en el deporte, una élite capaz de contribuir a mejorar todo el sistema. Arriesgada porque sabíamos que dejaríamos a mucha más gente decepcionada que satisfecha, dada la extrema exigencia de los criterios de selección aplicados. Queríamos unos centros universitarios de prestigio, capaces de atraer talentos de todo el mundo. Se trataba de un impulso hacia la excelencia, que a menudo está mal vista en nuestro país, tan dispuesto siempre a denunciar las desigualdades para así enmascarar mejor lo que en ocasiones puede ser una falta de esfuerzo, cuando no de talento. (Este último no se reparte equitativamente, como todo el mundo sabe.) Hoy, doce años después, me siento muy orgulloso al ver hasta qué punto aquellos IHU (Institutos Hospitalarios Universitarios) se han convertido en centros de excelencia de renombre internacional, en la línea del instituto Imagine, que impulsó mi amigo el profesor Arnold Munnich. Este pediatra genetista, que es la quintaesencia de la abnegación al servicio del prójimo, se implicó con todas sus fuerzas para hacer de Imagine el primer centro europeo de investigación, cuidados y docencia sobre enfermedades genéticas.

También decidimos invertir en una serie de grandes proyectos de investigación industrial claramente identificados y asumidos. Fue el caso de la lanzadera espacial de nueva generación que aspiraba a convertirse en el sucesor del cohete *Ariane 5,* de los motores para aviones del futuro —que consumirían menos combustible—, de los nuevos satélites de telecomunicaciones de banda ancha y, sobre todo, de la cuarta generación de reactores nucleares, a los que habíamos asignado mil millones de euros. El conjunto representaba una estrategia política al servicio del crecimiento y de la creación de riqueza; era el requisito para que Francia siguiera siendo una gran nación. Quiero poner de relieve que todo aquel dinero se invirtió con tino, sin que el uso de aquellos treinta y cinco mil millones de euros generase la menor polémica o el más mínimo escándalo; retrospectivamente es posible valorar la complejidad de semejante desafío. Hoy se habla mucho de la necesidad de reindustrializar el país. Soy el primero que está convencido de ello, razón por la cual he prestado siempre una gran atención al mundo de las fábricas y los obreros.

Desde el grupo Alstom hasta el astillero Chantiers de l'Atlantique, muchos fueron los ejemplos de mi apuesta personal por tales cuestiones clave. El esfuerzo que se está haciendo actualmente es loable y beneficioso, pero no ha empezado con este mandato presidencial de cinco años. Esa es una verdad que convendría recordar.

*

* *

El mes de julio traía el aroma de las inminentes vacaciones. Yo sabía que iban a ser las últimas antes de la campaña para las elecciones presidenciales. Quería aprovechar para hacer acopio de energías, a las que el año que acababa de pasar había sometido a una dura prueba. El embarazo de Carla le imponía más reposo que de costumbre. Yo le pedí que, durante ese mes de julio, descansara en Brégançon, y yo pasaría allí con ella los fines de semana. Eso hice el 2 de julio. Me resultaba además comodísimo porque tenía que asistir, en el principado de Mónaco, a la boda de Su Alteza serenísima el príncipe Alberto II con Charlene Wittstock. Como en esa época estival el tráfico estaba especialmente complicado, salí en helicóptero de Brégançon y aterricé en el barrio monegasco de la Roca treinta y cinco minutos después. Hacía un sol espléndido. El calor era asfixiante, pero las vistas dejaban sin aliento. El Mediterráneo estaba más bonito que nunca. Ese mar es un espectáculo del que no puedo cansarme ni prescindir. Sobrevolamos las islas de Lérins, en la bahía de Cannes; aquello era la visión del paraíso terrenal. Una de las islas alberga un monasterio en el que yo había pasado unas horas hacía años. Es uno de los sitios más hermosos e inspiradores de la Costa Azul. Había muchos barcos pequeños y grandes fondeando en los alrededores. Me habría encantado hacer un alto en aquel lugar que siempre me ha atraído por su placidez. La bahía de Niza se ofrecía en todo su esplendor. El mar entraba literalmente en la ciudad. Los veraneantes disfrutaban de sus vacaciones. Las familias estaban en la playa. A mí me daba gusto mirarlas. Me acordaba de los primerísimos comienzos de mi carrera política en esa ciudad, ¡treinta y seis años antes! Aquella vuelta al pasado era de vértigo.

Entonces llegó Mónaco. Confieso que me gusta ese lugar, que, pese a su pequeña superficie y todas esas imágenes de glamur que se le asocian, ha logrado mantener su autenticidad. Montecarlo en concreto respira historia y tradición. Es toda una satisfacción para la familia reinante haber preservado ese país de apenas diez mil nacionales, encajonado entre esos dos gigantes que son Francia e Italia. Su seguridad era legendaria, y también su prosperidad, aunque esto no era tan obvio. Para mí tenía su importancia asistir a aquella ceremonia. Francia se lo debía a Mónaco, habida cuenta de los fuertes vínculos que unen a nuestros países. Y yo se lo debía al príncipe Alberto, a quien aprecio desde hace ya mucho (lo mismo como soberano que como persona). En su faceta de soberano admiro su gran constancia en la lucha por la protección del mar y del medio ambiente. Jamás ha cambiado en ese sentido, ni esperó a la «moda ecológica» para comprometerse. Y lo hizo con valentía y con una original visión del futuro. En su faceta personal admiro que no haya dejado de ser un hombre sencillo y recto que siempre ha asumido sus responsabilidades personales, cosa que le honra. La ceremonia no fue, por consiguiente, ningún suplicio; estaban el presidente alemán y el rey de los belgas. Penetré en el patio de honor del palacio, que estaba lleno de monegascos de pura cepa, felices todos por aquel enlace principesco. Todos lucían sus mejores galas; sobre todo las mujeres, tocadas con espectaculares pamelas. Me brindaron un cálido recibimiento. Yo tenía la sensación de estar en la plaza mayor de una pequeña ciudad de provincias, con el rey y todo. El ambiente era cordial, un poco anticuado y casi *kitsch*. Presidía la unión religiosa el arzobispo de Mónaco, Bernard Barsi; me recibió en la entrada de la iglesia. Dentro el ambiente era más solemne. Cada cual tenía su lugar. Yo tenía por vecino al rey de los belgas, que llevaba su uniforma de gala y su sable. La misa fue magnífica. La música de Mozart era el hilo conductor. La novia me pareció muy elegante con su vestido blanco inmaculado del diseñador Armani. Era una mujer bonita que hacía honor a su nueva patria. En su rostro se leía la emoción. El príncipe vestía un uniforme militar de color beis. Ya había superado la cincuentena y también parecía feliz y emocionado por aquella unión. El conjunto ofrecía la imagen de una dicha un poco irreal y como ajena al tiempo. A muchos de los miembros de la familia principesca yo entonces los veía por primera vez; concretamente a la princesa

Estefanía. Era dulce, atenta, tímida. La rodeaban sus hijos, a los que se comía con los ojos. Me sorprendieron sus numerosos tatuajes, probablemente recuerdos de viejas aventuras de juventud. Pensé que la vida no debió de ser tan fácil para aquella joven princesa cuya extrema sensibilidad hubo de verse herida en más de una ocasión por los rigores propios de la pertenencia a una familia aristocrática. Carolina parecía más distante. Velaba por su hermano con una autoridad que me pareció, curiosamente, más de madre que de hermana. La tercera generación era más sonriente, y también más rubia y despreocupada; podías percibir su ingenuidad. Entre los asistentes estaba Bernadette Chirac. Yo sabía, conociéndola, que por nada del mundo se habría perdido aquel acontecimiento. Era una mezcla de sentido del deber y de regocijo por poder ocupar aún su sitio. Iba tocada con un sombrero con plumas que no pasaba desapercibido. ¡Eso era esencial!

Di mi enhorabuena al príncipe Alberto, que en adelante ya tendría su propia familia. Supuse lo difícil que le iba a resultar a la princesa la adaptación. No era solo por la distancia geográfica que separaba Mónaco de Sudáfrica; estaban también los paisajes infinitos de este país, la libertad de las relaciones humanas, la cercanía a la naturaleza. Yo pensaba en la tranquilidad de los inviernos en el principado; el cambio prometía ser considerable. De vuelta en Brégançon —donde Carla me esperaba con unos pocos amigos cercanos—, me bombardearon con preguntas sobre la ceremonia, sobre el vestido de la novia, sobre infinidad de pormenores en los cuales yo no siempre había reparado. Aquello era la prueba de que el poder de fascinación de Mónaco no era ningún espejismo. Yo era el presidente de un país que se enorgullecía de haber guillotinado a un rey y a una reina, de haber echado abajo trece siglos de realeza y de haber inscrito la palabra «igualdad» en el frontispicio de todos sus edificios públicos pero al que siempre le cautivaban las historias de princesas. Años después, la fascinación sería aún más evidente con motivo de la desaparición de Isabel II, la gran reina de Inglaterra. Aquella no era ni nuestra primera paradoja ni la única. Volviendo en el helicóptero, estaba más convencido todavía de nuestra atracción simultánea por el regicidio y por la realeza. Ambas cosas van juntas. ¿Cómo se iba a guillotinar a un rey que no existiera?

*

* *

El final del curso escolar coincidía con el del curso político. Había que darse prisa para desenvainar las últimas fórmulas, lanzar las últimas flechas, pronunciar las últimas tonterías. En esto último fue la candidata ecologista Eva Joly quien se llevó, sin discusión, la palma. Propuso ni más ni menos que suprimir el desfile militar del 14 de julio ¡y sustituirlo por una marcha ciudadana con «niños de los colegios, estudiantes, personas mayores»! Yo estaba estupefacto. No podía dar crédito a mis oídos. Por un momento llegué a pensar que aquello era una manipulación demasiado exagerada para ser cierta. Me equivocaba. Era exactamente lo que había dicho aquella mujer. Sus declaraciones resultaban aún más chocantes si se tiene en cuenta que acabábamos de perder, apenas unos días antes, a seis soldados franceses en Afganistán. (Y pensar que en su día Eva Joly fue una jueza que supuestamente encarnaba el sentido común y la ecuanimidad…) A mi juicio, aquello era un insulto a los soldados caídos por Francia y por la libertad de los franceses. Era algo más que un error político: era una ofensa moral. Las palabras no resultan lo bastante contundentes… Para alguien que aspiraba a dirigir Francia, aquello evidenciaba una absoluta desconexión con los valores franceses. Tras la autoridad y el sector nuclear, ahora era el desfile militar. Jamás me había parecido tan abismal la distancia que me separaba de aquellos supuestos ecologistas, que no eran más que izquierdistas que, desconectados de cualquier realidad, reciclaban su adolescencia marxista en un presunto amor por la naturaleza y conseguían engañar cada vez a menos gente. Desde entonces, Eva Joly ha desaparecido de la vida política francesa —lo que tampoco es que constituya una gran pérdida—, pero sus ideas han sido retomadas por sus sucesores, a los que reconozco que a menudo me supone una tortura oír. La prensa se mostró en general severa —como correspondía— ante aquellas declaraciones desmesuradas, con la excepción notable del periódico *Libération,* que denunció «el torrente de lodo que han levantado las palabras más bien anodinas de Eva Joly». ¿Anodinas? Viniendo de una publicación que en la década de 1970 había protestado contra el encarcelamiento de reconocidos pedófilos,

¡aquello daba muestras, como mínimo, de una prolongada contumacia!

La ceremonia de homenaje a nuestros soldados caídos en Afganistán, celebrada en el patio de Los Inválidos, estuvo en las antípodas de aquella triste polémica; fue digna, recogida y solemne. Llovía a cántaros. Yo estaba calado hasta los huesos. Iba deteniéndome ante cada féretro para prenderle su condecoración. Mis pies chapoteaban en charcos inmensos y profundos. Los destartalados adoquines del mencionado patio de honor del complejo ya son incómodos cuando hace bueno, pero, cuando además se pone a llover... el sitio se convierte directamente en impracticable. Ségolène Royal volvió a distinguirse al declarar que aquellos habían sido unos «sacrificios inútiles». Impugné de inmediato aquella fórmula tan torpe como inapropiada. Cuando un soldado muere por la paz —sirviendo a su país—, nadie tiene derecho a decir que ha muerto en vano; especialmente en el día de su entierro, en presencia de su familia y de sus allegados. ¿Por qué herir a unas personas ya tan devastadas?

Desde el inicio de la intervención francesa en Afganistán, con aquellos eran setenta y cinco los soldados que habían muerto (dieciocho solamente en aquel año de 2011). Había sido el revés más mortífero de nuestras tropas en aquel país. El balance era gravoso, muy gravoso. Yo había hablado con el presidente estadounidense Barack Obama unos días antes. Fui muy franco. Mi razonamiento era sencillo y, a mi entender, coherente. No podíamos seguir controlando un país de cuarenta y dos millones de habitantes por los siglos de los siglos. O bien las fuerzas armadas afganas estaban en condiciones de tomarnos el relevo —y eso sería la prueba de la eficacia de nuestra intervención—o bien no lo estaban y tendríamos que marcharnos, pues eso significaría que los afganos no querían nada de nosotros. Sin la adhesión sincera de una mayoría de la población, nuestra presencia a largo plazo estaba destinada al fracaso. Yo advertía, por lo demás, el cansancio de la opinión pública francesa —y, más en general, de todas las opiniones públicas occidentales— ante el esfuerzo que se estaba exigiendo a nuestros ejércitos. Anuncié, así, la retirada de un millar de los cuatro mil soldados franceses que allí estaban desplegados.

Era el inicio de un repliegue que yo sabía ineluctable, aunque al mismo tiempo esperaba que el presidente Karzai y sus aliados pudiesen tomar el relevo e impedir el regreso de los talibanes. Todos conocemos los hechos posteriores y el destino terrible que tan duramente se abatió, una vez más, sobre ese país mártir. Afganistán es el ejemplo perfecto de lo compleja que puede ser una política extranjera activa. Sigo creyendo que el planteamiento de una intervención internacional para ayudar a los afganos a librarse de esos talibanes medievales era correcto (tanto política como moralmente); aquello exigió, durante años, un enorme sacrificio humano y financiero para los países que participaron en tal lucha contra el terrorismo islámico más brutal. Pero todos sabíamos que, antes o después, los afganos iban a tener que retomar las riendas de su propio destino. Nuestra presencia no pretendía ser eterna. Las imágenes de la marcha lamentable y catastrófica de los últimos soldados estadounidenses me dejaron un sabor amargo. Puedo decir que sentí vergüenza. Recordaba al abandono estratégico de Saigón a mediados de la década de 1970; era un espectáculo enojoso para cuantos creían en la democracia. El verdadero drama residía, sin embargo, más en el desmoronamiento del sistema político afgano que en la marcha de los estadounidenses que siguió a la de sus aliados occidentales. Todo se vino abajo como un castillo de naipes. Tras la fachada, no había nada tangible o sólido. Volvieron los talibanes; seguían siendo los mismos. Se trata de un gran golpe para cualquiera que crea en los valores universales del humanismo, pero la verdad que esta epopeya nos habrá enseñado es que solamente los afganos podrán liberarse de esa opresión bárbara. Ellos tienen en sus manos la llave de su destino. Nosotros no podíamos, ni podemos, actuar o decidir en su lugar. Este razonamiento podrá parecer cínico, o carente de atractivo o poco inclinado al idealismo; pero yo insisto en él, pues constituye el fundamento de lo que mi experiencia me ha enseñado. No tengo ningún problema en admitir que, en ocasiones, «saber más» puede frenar las ambiciones iniciales. Sin duda es el necesario y fructífero diálogo entre el idealismo y el realismo lo que constituye la esencia misma del ejercicio del poder y de la comprensión de su complejidad. La campaña de Afganistán no fue un fracaso porque Occidente fuera cobarde o veleidoso, sino porque una mayoría de afganos así lo quiso.

*

* *

Quise aprovechar la actualidad política más ralentizada del mes de julio para celebrar dignamente el centésimo aniversario del nacimiento de Georges Pompidou. Me desplacé, así, a su lugar de nacimiento, la localidad de Montboudif (en pleno centro del departamento de Cantal). Aquello era la auténtica Francia eterna: lejos de las redes sociales, de las polémicas superficiales y de los arrebatos mediáticos. Allí cada cual tenía su opinión y no estaba dispuesto a andar cambiándola. Yo estaba encantado de aquella inmersión en aquel pasado tan presente; sentaba bien volver a lo esencial, lo que permanece. En la plaza del pueblo, la estatua de un *poilu* triunfante dominaba el monumento a los caídos. La iglesia reinaba majestuosa en el centro de aquel pueblecito, sin que a nadie se le ocurriera cuestionar su presencia o preocuparse por una laicidad ofendida. Velaba por todos y cada uno de los habitantes, creyentes o descreídos. La agricultura, los campesinos, las labores rústicas seguían siendo la realidad cotidiana. Las vacas rojizas de Cantal —las famosas *salers*— daban vida a los verdes pastos. Pensé para mis adentros que aquello debía de asemejarse al entorno que Georges Pompidou conoció de joven. Pero aquel no era un viaje nostálgico. La nostalgia lleva a lo que desapareció, mientras que allí seguía estando la Francia del presente, que no quería morirse y tenía aún muchas cosas que decir.

Puse un gran esmero en la escritura de mi discurso. Aunque nunca había estado ni siquiera cerca de Georges Pompidou, él siempre había sido para mí una referencia. De todos los presidentes de la Quinta República francesa, era con el que yo sentía una mayor afinidad por motivos tanto personales como políticos. Personales porque me enternecía la pareja que el hombre formaba con su esposa, Claude. La amaba. No lo escondía, y sufrió horrores con aquella espantosa maquinación del caso Marković. Fue un viacrucis que le hizo muchísimo daño. No podía soportar que atacaran a su esposa. Yo he comprendido y compartido esa sensibilidad, que solo los necios pudieron tomar por flaqueza. A Georges Pompidou el poder no le había hecho perder su humanidad. Su matrimonio era auténtico; sus sentimientos, también. Su ejemplo me inspiró en el momento tanto de mi divorcio como de mi matrimonio. Encontrar el equilibrio adecuado entre el pudor y la transparencia, entre la verdad y la intimidad, no es cosa fácil. Él supo hacerlo con dignidad y firmeza, lo cual no fue una proeza menor: seguir siendo un ser sintiente, sensible y genuino mientras se ejercen las máximas responsabilidades requiere realizar un esfuerzo constante; no volverse mecánico, automático y desapegado constituye un desafío. Georges Pompidou fue, de nuestros presidentes, quien mejor lo supo afrontar. El hecho de que también me inspirara políticamente, se debe a que entendió, como buen pionero que fue, que había que conjugar la necesidad de la modernidad con la de la tradición y la identidad. El *shock* que le causaron los acontecimientos de mayo de 1968 le obligó a anticipar los movimientos de fondo de la sociedad francesa. Moderno fue por el centro nacional de arte y cultura que lleva su nombre, por sus gustos artísticos, por su apoyo a la industria, por su apertura en cuestiones sociales. Su reacción al caso Russier se recordará como un modelo de inteligencia y sensibilidad. Entender la historia de amor entre una profesora y uno de sus alumnos en la década de 1970 era mucho más que audaz; negarse a juzgar y a condenar era un comportamiento de absoluta ruptura con sus raíces y su entorno social. Conservador fue, al mismo tiempo, por su adhesión a los valores del ruralismo, por su sentido común «campesino», por su voluntad constante de no empujar y, todavía menos, de embestir. Semejante conjunción, atrevida para su época, en modo alguno estaría desfasada actualmente. Sucediendo como sucedía a un gigante, tuvo el coraje de afirmar: «No voy a imitar el estilo del general De Gaulle. Tampoco podría, y además soy, como ustedes pueden ver, un hombre diferente». Una constatación sencilla y veraz que evidenciaba su aplomo y su serenidad en el momento de emprender la transición con una figura de legitimidad histórica inigualable. Pompidou, ante una situación que habría podido sobrepasar a no pocas personalidades, no se vio abrumado.

El final de su vida fue una tragedia que le permitió dar una lección de coraje. Su agonía duró tres días; fueron momentos de sufrimiento agudo que pusieron fin a un calvario de varios meses durante el cual no se le oyó quejarse nunca. Este verso de Pierre Corneille parece escrito premonitoriamente para él: *Meurs, mais quitte du moins la vie avec éclat* [Muere, pero deja al menos la vida con fulgor]. Provenía de esa vieja tierra auvernesa, de esa meseta de Cantal, de esas generaciones de campesinos de las que heredó las virtudes sencillas y verdaderas. El discurso que pronunció en la localidad de Saint-Flour el 26 de junio de 1971, incluía esta frase admirable: «Yo creo que la costumbre ancestral de recorrer nuestros llanos y nuestras montañas al paso lento del campesino confiere, de manera absolutamente natural, ese gusto por las vastas extensiones y ese sentido de la durabilidad que hacen falta para llegar a la meta». No tuvo tiempo de terminar su obra, pero poseía sentido de la durabilidad. Era un hombre profundamente anclado a la vida cotidiana. A propósito de una circular anónima del Ministerio de Obras Públicas de entonces —que, por razones de seguridad vial, pretendía talar los árboles que flanqueaban nuestras carreteras nacionales—, Pompidou escribió una carta a su primer ministro —Jacques Chaban-Delmas— que sigue siendo una pieza antológica. Ojo a la fuerza y al humor de la misiva presidencial: «La salvaguardia de los árboles plantados al borde de las carreteras —y estoy pensando concretamente en esas magníficas carreteras del Mediodía francés flanqueadas de plátanos— resulta esencial para la belleza de nuestro país, para la protección de la naturaleza, para la preservación de un entorno humano. [...] Los árboles no tienen, según parece, más defensores que yo mismo, y da la impresión de que eso no cuenta. [...] Le pido que haga retirar esa circular [para que] no se continúe en la práctica lo que solo se habría abandonado en la teoría y para darme una satisfacción visual de apariencia». Realmente muchos de nuestros ecologistas actuales serían incapaces de formular tan bien semejante compromiso ambientalista. Durante aquella visita, la prensa empezó a acusarme de un intento de «utilización» política. Tampoco es que me chocara, porque, después de todo, ¡algo de verdad había! Debo reconocerlo: quería seguir en la estela de aquel predecesor lejano. El periódico *Le Monde* ya fue más ofensivo al afirmar que Georges Pompidou y yo no teníamos nada en común, siendo él «un literato apegado a sus raíces auvernesas», y yo, un presidente urbanita «que se esfuerza por ralentizar el ritmo de sus pasos cuando atraviesa un pueblo». Era verdad que yo no había nacido en el campo. ¿Eso me impedía amarlo y entenderlo? Tampoco me había formado en la ENA (Escuela Nacional de Administración). ¿Y acaso eso me impedía ser un amante de la lectura y apreciar profundamente la compañía consoladora de los libros? Era cierto que, desde que estaba con Carla, iba todos los veranos a Cap Nègre, pero ¿había olvidado ese periódico que nuestra casa está a veinticinco kilómetros de un Saint-Tropez que a los Pompidou les encantaba sin que nadie nunca les señalara por ello? Y yo no podía negar que había pasado cinco días en el barco de Vincent Bolloré, pero ¿ya nadie se acuerda de que Georges Pompidou conducía él mismo su Porsche y era aficionado a practicar actividades náuticas sin que se lo tachara de pijo ostentoso? La maldad gratuita seguramente sea la peor, porque no sirve para nada (salvo para dejar al descubierto la personalidad profunda de quien la ejerce). Pero a pesar de todo aquel día de Montboudif fue bonito. Yo tenía la sensación de que había hecho bien honrando a un hombre al que se había olvidado demasiado deprisa, y mostrando que Francia no era una página en blanco, sino que su pasado podía arrojar una instructiva luz sobre su porvenir.

*

* *

El mes de agosto empezó con un movimiento de pánico en las plazas bursátiles. Hubo caídas en todas partes: en Estados Unidos, en Madrid, en Milán, en Frankfurt y, por supuesto, en París, que perdió un 4 % en una sola jornada. El jueves, 4 de agosto, el índice bursátil francés CAC 40 alcanzaba su nivel más bajo desde julio de 2009. Fue un día negro para las bolsas mundiales. Aquello en sí mismo no era lo más grave, pero evidenciaba un gran nerviosismo en los mercados, ¡que se preguntaban qué país iba a ser el primero en ceder! Era una pesadilla, puesto que acabábamos de salir de la crisis financiera sistémica de 2008. La cuestión de la deuda griega planteaba el peligro de un nuevo crac mundial. Cundía el pánico. Había que tomar la iniciativa porque, de lo contrario, yo estaba convencido de que aquello se nos llevaría a todos por delante.

No había muchas alternativas. Únicamente una iniciativa francoalemana podía estar a la altura de la gravedad de la situación. Dicha iniciativa requería convencer, una vez más, a Angela Merkel, muy decantada, como de costumbre, a esperar hasta el último momento para decidirse… Pero resulta que no teníamos tiempo; desde luego no para andarse con rodeos. España e Italia estaban sometidas a la presión de los mercados. Jean-Claude Trichet, entonces al frente del Banco Central Europeo, acababa de fracasar en su intento de mitigar los temores de una extensión de la crisis de la deuda a toda la zona euro. Su intervención pública, tan esperada, no había producido ningún resultado…

En aquel momento preciso, yo presidía al mismo tiempo el G-8 y el G-20; difícilmente cupiese «peor» situación en lo referente a asunción de responsabilidades en semejante época. Para agravar un poco más las cosas, la agencia de calificación de riesgos Standard and Poor's acababa de rebajar la calificación de la deuda de Estados Unidos, que pasaba de AAA a AA+. Con ello ponía espectacularmente de relieve los riesgos de la deuda estadounidense, ¡que alcanzaba la friolera de 14.500.000 millones de dólares! Aunque estuviésemos en pleno mes de agosto, yo me pasaba el día hablando por teléfono con todos los dirigentes del planeta. Concretamente tenía que conseguir que Roma y Madrid pusieran en marcha, lo más rápido posible, medidas para enderezar sus cuentas públicas. Llegué a plantearme interrumpir mis vacaciones y volver a París para coordinar todos los equipos. Terminé descartándolo para no dar la impresión de que habíamos perdido la sangre fría. Bastante preocupante era ya la situación. (Yo sabía que podía contar con mi ministro de Economía, François Baroin —en quien tenía una gran confianza—, y con mis asesores del Elíseo Xavier Musca y Emmanuel Moulin, que hicieron un trabajo reseñable.) Pero las conversaciones telefónicas y las *conference calls* no bastaban para llegar al fondo de aquellos asuntos, a cuál más complejo; así que decidí organizar de urgencia en París una cumbre francoalemana de crisis el 16 de agosto. La fecha era insólita y ponía de manifiesto el estado de tensión en que vivíamos. Yo quería lograr la aquiescencia de la canciller para presentar propuestas comunes relativas a la reforma de la gobernanza de la zona euro, que había que reforzar urgentemente. Ya el mero anuncio de aquella cumbre bilateral había bastado para calmar un poco a las bolsas europeas. Era algo provisional, pero venía bien. El problema era que ya no teníamos opción. Había que llevar aquella reunión a buen puerto y superar las divergencias francoalemanas para evitar que la crisis de la deuda acabara haciendo saltar a la eurozona en pedazos.

Alemania tenía dos obsesiones. Quería impedir a toda costa tanto la asunción conjunta de las deudas europeas como un apoyo financiero «infinito» a los Estados frágiles. En resumen: nuestros vecinos del norte no querían pagar por los demás. Angela me explicó que la opinión pública alemana no estaba dispuesta a trabajar por unos países debilitados por sus propias deficiencias. Había «un poco» de suficiencia en aquella actitud. Los alemanes tenían el convencimiento de estar protegidos frente a la crisis en virtud de esa famosa «seriedad germánica». La canciller no quería oír hablar, así las cosas, de emisión de obligaciones europeas, lo que equivaldría a comunitarizar una parte de la eurozona. Los alemanes ni siquiera eran partidarios de un aumento de la capacidad de préstamo del Fondo Europeo de Estabilidad Financiera, que en aquel momento preciso ascendía a cuatrocientos cuarenta mil millones de euros. (La razón de ser de aquella institución era el respaldo a los países más endeudados de la eurozona.) En fin: los puntos de partida andaban muy alejados…

Me ayudó mucho, sin embargo, una parte de la prensa alemana. El diario *Süddeutsche Zeitung* escribía: «El presidente y la canciller están condenados a entenderse, pues están entre esas raras personalidades políticas de las que depende el destino del euro, de la Unión Europea y de los europeos». Aquello era una presión útil para vencer el inmovilismo cultural de la canciller. No teníamos elección. Había que encontrar la mejor solución de compromiso posible. A todos los países que estaban sometidos a la presión de los mercados les quedaba una única salida: anunciar medidas de ahorro o planes de austeridad. El nombre que se le diera importaba poco porque se trataba de lo mismo. Y Francia no escapaba a aquella regla general. Tuve que dejar clara en varias ocasiones «nuestra voluntad absoluta de respetar nuestros compromisos europeos en materia de gasto, déficit y deudas». La cumbre fue larga, escabrosa y, al final, fructífera: pudimos comparecer en una rueda de prensa conjunta para presentar las propuestas que ambos haríamos al resto de miembros de la zona euro. De manera que Angela Merkel terminó cediendo al planteamiento de un Gobierno de la eurozona; de hecho aceptó que Herman Van Rompuy fuera su primer presidente durante dos años y medio. Se trataba de un avance bastante notable, dado que así podíamos disponer de un marco adecuado para reforzar la coordinación de nuestras políticas financieras y económicas, lo que era garantía de solidez futura. A cambio de tal avance, yo cedí en el asunto de las euroobligaciones; Angela Merkel no creía en aquello y no podía imponérselo a su mayoría parlamentaria. Salí del paso explicando que esos bonos debían ser el resultado de un proceso de integración, no su premisa, lo que básicamente significaba que, si bien todavía era pronto para esa medida, yo no tenía dudas de que terminaríamos adoptándola. También nos habíamos puesto de acuerdo sobre la idea de gravar las transacciones financieras y sobre nuestra voluntad común de armonizar los impuestos societarios de Francia y Alemania. ¡No estaba nada mal!

De modo que aquella cumbre del mes de agosto fue útil, pero estuvo precedida de un encuentro interminable de siete horas —a finales del mes de julio— sobre el tema exclusivo de la deuda griega. En menos de un mes, habíamos tenido que reunirnos en dos ocasiones y trabajar juntos a matacaballo para evitar el colapso general. Resulta indicativo de la intensidad de los vínculos, así como de la importancia que yo atribuía a la coordinación de las dos primeras economías europeas. El primer encuentro fue tan difícil como el segundo. Adoptar un nuevo plan de ayuda a Grecia fue un calvario. El primero, que se había decidido en la primavera de 2010, ascendía a ciento diez mil millones y ya no bastaba. En esta ocasión, el problema residía en la exigencia alemana de que en la financiación del segundo plan se involucrasen los bancos; yo estaba bastante de acuerdo con aquel objetivo. Estábamos en Berlín. Yo me alojaba en el Hotel de Rome. Apenas tuve tiempo de disfrutar de la atmósfera de aquel gran hotel de finales del siglo XIX. Angela Merkel se mostraba tan obcecada en sus posiciones, que me dijo que estaba dispuesta a asumir el «fracaso» de Grecia. ¡Pero eso habría sido una noticia calamitosa! Un país de la eurozona en quiebra no habría dejado de provocar un desastre. Esta vez, yo compartía los temores de Jean-Claude Trichet, quien no quería ni oír hablar de tal posibilidad. La situación se había complicado más si cabe porque la propia delegación alemana estaba escindida. El ministro de Finanzas —Wolfgang Schaüble— se mostraba mucho más duro que la canciller. Para desbloquear la situación, tuvimos que hacerle venir a nuestra cena, en plena noche, y pedir paralelamente a Jean-Claude Trichet —que estaba en Frankfurt— que se trasladara urgentemente a Berlín para unirse a nosotros. Era el momento de las decisiones. Al final, el ministro alemán aceptó que ampliáramos las herramientas de intervención del Fondo Europeo de Estabilidad Financiera; yo acepté, en contrapartida, mencionar el riesgo de una quiebra parcial de Grecia. A las tres de la madrugada alcanzamos una solución de compromiso que pudimos plantear, ya al día siguiente, a los diecisiete jefes de Estado y de Gobierno, con los que ese mismo día teníamos que reunirnos para una cumbre de la eurozona. (Yo fui directamente a Bruselas desde Berlín.) Nuestro texto se adoptó sin ulteriores dificultades. Nuestro acuerdo alivió a todos. No hubo un solo roce. El eje francoalemán había funcionado de maravilla. El resto de los países —España e Italia incluidos— sentían seguridad ante la fuerza de nuestra entente, que protegía a todo el mundo.

Nunca insistiré lo suficiente en lo indispensable que fue para salvar a Europa, en aquella época tan difícil, la colaboración con nuestro gran vecino. Francia, en solitario, no habría podido hacer nada. No había ninguna otra opción posible. Había que adoptar numerosas soluciones de compromiso que en ocasiones fueron dolorosas, pero siempre preferibles a un colapso generalizado que podía destruir todo el sistema europeo. Esta es una verdad incontestable y tan vigente hoy como ayer. Da igual que a uno le gusten o no los alemanes, que estos tengan un Gobierno de izquierdas o de derechas, o que durante toda aquella época a mí se me acusara de haber cedido demasiado ante la canciller. Se trataba del interés superior de Francia y de Europa, que había de prevalecer sobre cualesquiera coyunturas de política interna. Francia y Alemania tenían que colaborar, pues nuestros países, juntos, tenían mucho más peso. Así renunciaban, además, a la tentación natural de enfrentarse. Muchos políticos franceses no entendieron aquel imperativo y se burlaron del famoso «Merkozy»; no paraban de apelar a los sentimientos germanófobos que siempre están presentes en nuestro país. No conviene jugar con esas cuestiones esenciales que deberían constituir la línea divisoria definitiva entre los «políticos» y los «estadistas».

*

*   *

Terminé aquel mes de agosto —definitivamente turbulento— con un viaje a Nueva Caledonia. Llegué a Numea directamente desde Pekín, adonde había tenido que desplazarme como director del G-20. Es un territorio que siempre me ha gustado; mi primera visita al archipiélago databa, de hecho, de 1989. Es un sitio realmente especial. Para empezar, el espacio es inmenso. La concentración de dos tercios de la población en torno a Numea refuerza esa impresión de paisajes infinitos a medida que uno se va alejando de la capital para adentrarse en la *brousse,* que es como llaman a las vastas extensiones de la Caledonia rural. Las vistas y los paisajes dejan sin aliento. Nada que ver con las simples postales típicas que representan islotes paradisíacos insulsos y artificiales. Nueva Caledonia es un mundo aparte con sus relieves, sus montañas, sus playas, sus pastizales inmensos, sus minas de níquel a cielo abierto, su identidad particular. Siempre he percibido un apego visceral a Francia por parte de la comunidad de los caldoches (los neocaledonios de origen europeo), quienes, a pesar de los veinte mil kilómetros que los separan de la metrópolis, nunca han querido cortar el hondo vínculo afectivo que los une a ella. Otro tanto sucede con buena parte de los canacos, para los que la lucha independentista es una seña de identidad, pero que reconocen a Francia que les permitiese su emancipación política en la República. Confieso que mantengo un interés constante por las tradiciones y costumbres canacas. Desde la época de Jean-Marie Tjibaou, me he reunido con muchos de sus líderes y he departido con ellos en profundidad, a veces en unos términos de bastante confianza. Los canacos tienen un legítimo apego por aquella tierra, que consideran suya en la medida en que sus antepasados llevaban siglos establecidos allí. Comparten tal legitimidad con quienes llegaron después —en ocasiones, sin haberlo elegido—, los cuales también construyeron Nueva Caledonia. Así, cuando nace un niño, no queda bajo la autoridad de sus progenitores biológicos, sino bajo la de su tío materno, al cual compete tomar todas las decisiones importantes de su recorrido vital. El mestizaje de ambas comunidades existe desde la noche de los tiempos, pero el mestizaje cultural resulta muy difícil, por no decir imposible, teniendo en cuenta la diferencia estatutaria entre el derecho consuetudinario y el derecho común. Esta partición invisible de la sociedad caledonia es un obstáculo importante para la construcción de un futuro verdaderamente común; reconciliar dicha sociedad requerirá la institución de un derecho civil común con elementos de ambos estatutos. Así y todo, era necesario, y va a serlo más aún, encontrar un camino de compromiso en el que nadie resulte humillado y todos tengan la impresión de haber conseguido algo sustancial. De la violencia de la década de 1980, no podía salir nada positivo. La única vía posible era la de las soluciones de compromiso, con una línea roja que fue siempre la mía: la de una Nueva Caledonia francesa y con vocación de seguir siéndolo. Referéndum tras referéndum, ese fue el camino que eligieron los caledonios. Pero eso no bastaba para instaurar una paz duradera. Había que encontrar una vía de paso original. A esa tarea me apliqué yo en aquel año de 2011.

Mi visita había suscitado una gran expectación, teniendo en cuenta la agitación que había vuelto a instalarse tanto en el plano social como en el político. Una protesta sobre el precio de los billetes de avión había tenido una súbita deriva violenta en el contexto de conflicto consuetudinario de la isla de Maré, a doscientos kilómetros de Numea. El balance era terrible: cuatro jóvenes canacos habían perdido la vida, mientras que otros treinta habían resultado heridos. En Nueva Caledonia a menudo se sabe cuándo empieza la violencia, pero nunca cuándo acabará. Los conflictos son allí más explosivos que en ningún otro lugar de Francia. En ese sentido arrastran, desgraciadamente, una larga tradición (antes incluso de los sucesos de Uvea, que provocaron veinticinco muertos).

Yo estaba impaciente por volver a aquel territorio de ultramar, que había sido aquel en el que más votantes habían confiado en mí en las elecciones presidenciales de 2007, con casi el 63 % de los sufragios. No quería decepcionarlos; quería trabajar en la búsqueda de una solución a largo plazo. Mis primeras declaraciones fueron en ese sentido. Las pronuncié en el transcurso de la mesa redonda que presidí en el Alto Comisariado de la República nada más llegar a Numea: «Sigo convencido de que incluso en el bando de los independentistas —a quienes respeto— hay un apego a Francia, a la historia común; y de que hay, de hecho, preocupación ante la idea de que pudiéramos separarnos. ¡Va a hacer falta adoptar soluciones de compromiso!». En ese estado de ánimo había aceptado comparecer ante el senado consuetudinario. Se trataba de una muestra de respeto hacia la cultura canaca. Yo estaba convencido de que sería imposible construir ningún futuro que implicase la negación de sus raíces por parte de esta comunidad. El presidente de la institución, Pascal Sihazé, me espetó a modo de desafío: «No tenga miedo de los canacos». Le contesté instantáneamente: «No tenga miedo de la República Francesa». Quedaba, pues, marcado el tono. Insistí sobre el callejón sin salida que representaba la violencia. En Caledonia, aunque la mecha sea diminuta, puede provocar un gran incendio.

A primera hora de la tarde debía pronunciar el discurso de apertura de los XIV Juegos del Pacífico, cuya ciudad organizadora era Numea. El evento reunía a veintidós países y a tres mil quinientos atletas; se trataba de una gran organización. Acudí al estadio del barrio de Magenta, abarrotado por unos cuatro mil espectadores pertenecientes a todas las comunidades y llegados de todos los países de los alrededores. El recinto estaba a rebosar; el heterogéneo público, encantado. Para mi gran sorpresa, me aplaudieron cuando entré. Es verdad que había tomado una decisión que me valió polémicas en la metrópolis —e incluso con algunos neocaledonios—, pero fue bien acogida en la Nueva Caledonia profunda: autoricé que la delegación de atletas franceses desfilara tras dos insignias, la tricolor y la canaca. ¡En la Francia metropolitana, una minoría me acusó nada menos que de traición! El argumento era descomedido y, sobre todo, falso. Resultaba verdaderamente emocionante ver aquellas dos oriflamas ondeando al viento en paz, una junto a otra. Bastantes víctimas había habido ya. Lo más emotivo fue ver y oír la acogida que el numerosísimo público les dispensó en aquel día de fiesta. No hubo pitos ni la menor protesta. Yo me puse en pie cuando pasaron ante mí ambas insignias. Realmente tenía la sensación de que estábamos pasando a otro nivel. Aquello era un primer paso, pero muy prometedor. Yo estaba, sin ambigüedades, a favor de la permanencia de Nueva Caledonia en Francia; pero sabía que eso no podía construirse perdurablemente sobre la humillación de la identidad, de la cultura, de la historia canacas. Yo tenía una línea roja: la República; dentro de esta, sin embargo, estaba dispuesto a contemplar amplias cesiones sobre las lenguas canacas —que se enseñarían en los colegios públicos—, sobre los poderes de representación diplomática —que podrían conferirse a los representantes electos del territorio—, sobre símbolos de pertenencia como las banderas y los himnos, y sobre las responsabilidades que recaían específicamente en las regiones. Había unas cuantas cosas que hacer…

El tercer día de mi visita, fui al inmenso pabellón deportivo de Paita —en el extrarradio de Numea—, donde se apiñaban tres mil quinientas personas. Quería dirigirme concretamente a la comunidad caldoche para dejarle clara mi determinación de defenderla y mi deseo de que se abriera a alcanzar soluciones de compromiso con los canacos. Era precisamente mi reconocida querencia por una Nueva Caledonia francesa lo que me permitía pedir más a los habitantes de origen europeo. Asumí el riesgo de declarar: «Hay que mirar a la cara al periodo colonial, que fue una época de negación de la identidad canaca». A pesar de tal franqueza —que podía considerarse brusca—, no hubo ninguna protesta en aquel pabellón. Tampoco cuando afirmé —y eso que era una novedad para un presidente de la República desde la firma de los acuerdos de Matignon de 1988— que mi preferencia era la de la permanencia de Nueva Caledonia en Francia: «Dicha preferencia sale del corazón y reposa en el convencimiento de que ese es el deseo tanto de Caledonia como de los caledonios». El de aquel auditorio era un silencio grave y atento. La prensa fue elogiosa. Charles Jaigu escribió en *Le Figaro:* «La visita de Nicolas Sarkozy probablemente haya sido la más consensual desde la crisis política de la década de 1980. A diferencia de lo que ocurrió con sus predecesores, el curso de su viaje no se ha visto interrumpido por ningún incidente; los partidarios independentistas más radicales no han llevado a cabo ninguna contramanifestación». Terminé mi viaje con una última declaración de principios: «Francia no es ningún yugo que oprime. Es un espacio de libertad que protege».

La política de las dos banderas debía mucho a mi amigo Pierre Frogier, representante electo caledonio de larga trayectoria y hombre a la vez sensible, inteligente, sensato y visionario. Así quedaba demostrada la posibilidad de sentir un apego visceral por una Nueva Caledonia francesa, y departir en confianza con los independentistas. No me ha gustado la postura de mis dos sucesores, que pensaron que debían atenerse a una estricta neutralidad entre los independentistas y los leales a la República. Si el presidente de Francia no es partidario de una Caledonia francesa, ¿quién lo va a ser? Esa neutralidad artificial ha desestabilizado a los leales a la República, generándoles inquietud, y ha radicalizado a los independentistas, permitiéndoles inferir la debilidad del Estado.

Subí al avión que había de llevarme de vuelta a París sintiéndome más tranquilo tras aquella estancia en el corazón del Pacífico y felicité a mis asesores Olivier Biancarelli y Benoît Lombrière por la organización del viaje. El desfase horario de doce horas con París, sumado al de cinco con Pekín —donde había estado justo antes—, me empezaba a pesar. De verdad que ya no sabía a qué horario atenerme. Las veinticuatro horas de vuelo hasta París me permitieron recuperar poco a poco las fuerzas y reubicarme en el espacio-tiempo; me desplomé del cansancio y dormí profundamente durante todo el trayecto de vuelta. Lamentaba que Carla no estuviese conmigo. Me habría encantado enseñarle aquel pedazo de Francia tan distinto, tan lejano… y al mismo tiempo tan próximo.

*
* *

Recordaré durante mucho tiempo aquel primer viaje a la Libia ya libre de Gadafi, viaje que yo esperaba con impaciencia. Por razones obvias de seguridad, pedí a mi *sherpa* Jean-David Levitte y al asesor diplomático a cargo de la región, Nicolas Galey —pero también a mi Estado Mayor militar, que estaba bajo la autoridad del general Puga—, que lo preparasen en el mayor secreto. Fue imposible, por supuesto, mantener la reserva hasta el final; pero hasta la víspera de mi partida la prensa no destapó la noticia de que yo iba a visitar primero Trípoli, y luego Bengasi. Había prometido al primer ministro británico, David Cameron, que no viajaría hasta allí sin él. Tenía muchísimo interés en que fuéramos juntos, algo totalmente comprensible dado que habíamos colaborado en aquella maniobra de principio a fin. Compartíamos el mismo análisis y nos habíamos entendido a la perfección; no era admisible faltar a mi compromiso. De manera que había llegado el gran día. Yo percibía una gran tensión en mi equipo de seguridad. Gadafi seguía vivo y los combates no habían terminado. Para los líderes de la insurrección que había puesto fin a más de cuatro décadas de poder absoluto por parte de uno de los peores dictadores de la historia, nuestra visita significaba mucho. Era un símbolo contundente del reconocimiento de la comunidad internacional.

Trípoli había caído hacía tres semanas. Además de David Cameron, me acompañaban el ministro de Asuntos Exteriores —Alain Juppé— y Bernard-Henri Lévy. Nada más llegar, rendí homenaje a «la Libia liberada», a la que quería trasladar un mensaje de perdón y reconciliación. Nos recibió el número dos del Consejo Nacional de Transición libio, Mahmud Jibril, quien con valentía y honradez había insistido en desmentir que hubiese ningún tipo de acuerdo sobre un futuro reparto de los hidrocarburos libios. Una vez más, el periódico *Libération* había incurrido en un infundio al publicar una carta atribuida al mencionado CNT en el que prometía a Francia el 35 % del petróleo crudo libio a cambio de su apoyo a la insurrección. Se trataba de una falsedad... La primera de una larga lista destinada a «ensuciar» la intervención internacional; era una burda manipulación, como los hechos pondrían de manifiesto. ¿Por qué se prestaron a eso? ¿Eran conscientes de lo que hacían? Aquello no era más que la expresión de una voluntad gratuita de destruir.

Visitamos un hospital de Trípoli en el que había muchos heridos; luego ofrecimos una rueda de prensa. Circulando por las calles de aquella capital finalmente liberada, tuve ocasión de ver las inscripciones y los múltiples grafitis de los muros. Los *Thank you Britain* [Gracias, Gran Bretaña] y los *Merci Sarkozy* [Gracias, Sarkozy] estaban por todas partes, con todo tipo de caligrafías y colores. La AFP (Agence France-Presse) les dedicó, de hecho, una de sus notas. Antes de nuestra visita se acababa de producir la de un secretario de Estado adjunto estadounidense; tras nuestra marcha, llegaron al país Erdoğan y el ministro egipcio de Asuntos Exteriores. Es decir, que aquí la voz de la comunidad internacional era unánime. Durante todo ese tiempo Muamar el Gadafi, a quien hacía tres meses que no se veía en público, seguía ilocalizable, mientras que muchos altos responsables de su régimen habían huido del país desde que las fuerzas del CNT entraran en Trípoli. Únicamente había tenido tiempo de dirigir una lunática carta al Consejo de Seguridad de la ONU pidiéndole que defendiera Sirte, su ciudad natal —aún en manos de sus partidarios—, de lo que él llamaba «las atrocidades de la OTAN». Mi reacción fue hacer un llamamiento a los países que acogían a exresponsables libios buscados por la justicia para que cooperaran con las instancias internacionales «a fin de que rindan cuentas». No había la menor ambigüedad en la posición que mantenían Francia y el Reino Unido.

La llegada a Bengasi, ciudad rebelde del este libio, fue mucho más colorida. Desde el helicóptero pude divisar un gentío inmenso congregado en torno a la plaza Tahrir, símbolo de la revuelta contra Gadafi. Allí habían instalado una tribuna con un atril rodeado por la bandera de la nueva Libia; en distintas azoteas que daban a la plaza habían tomado posiciones hombres de la unidad de élite francesa RAID. Aterrizamos en el puerto de Bengasi, contiguo al enclave de aquella concentración popular. Una vez hube bajado del vehículo, no podía ver nada por culpa de los servicios de seguridad, que me rodeaban tan de cerca que mi visión quedaba totalmente obstruida. Nunca había sentido tamaña opresión. Tanto a mi alrededor como sobre mi cabeza, habían desplegado escudos blindados de Kevlar; el jefe de mi seguridad me gritó —era imposible oír nada debido a la multitud— que le preocupaban los francotiradores. La población nos dispensó un recibimiento triunfal, como pusieron de relieve los títulos de todos los artículos de la prensa (francesa y extranjera). El espectáculo era realmente impactante. Ver al pueblo árabe recibir así a dos dirigentes europeos, era un hecho político inédito y, por tanto, sumamente significativo. Yo jamás me habría imaginado semejante acogida. Me tomé el tiempo de darme un baño de masas que aumentó la angustia de quienes me protegían.

La prensa decidió interrogar aleatoriamente a vecinos de Bengasi que habían acudido a aquel evento. Sus testimonios espontáneos resultaban asombrosos. Valga de ejemplo, entre cientos más posibles, este —recogido por la AFP— de Leila Tahouri, maestra de 35 años, que declaró: «He venido a saludar y dar las gracias al jefe del Estado francés, que ocupa un puesto muy alto en mis oraciones, donde están Dios, los revolucionarios... y luego Sarkozy». Pronuncié entonces el último discurso, aunque poco importaba qué dijera. Improvisé algunas frases que fui declamando con vigor y que mi intérprete iba traduciendo. Tenía la barrera del idioma, las más dificultosas aún del ruido y la muchedumbre... y sobre todo la barrera de la alegría. Aquellos millares de libaneses querían hablar, expresarse, manifestar su dicha por haber sido liberados. Las palabras habrían resultado muy pobres. Se trataba simplemente de mirar, aprovechar, saborear y comprender la exaltación de un pueblo que había conseguido ser libre. Lo que aquel día yo viví en Bengasi, nadie me lo va a poder quitar. Aquella gente a la que salvamos ocupa un lugar infinitamente más grande en mi memoria que todas las polémicas que siguieron. Estas fueron fruto, en primer lugar, de la ignorancia de muchos de quienes hablaron de la intervención en Libia sin el menor conocimiento de causa. Pero también fueron obra de las redes de Gadafi que habíamos erradicado y que quisieron vengarse con esa bajeza que, como a su jefe, las caracterizaba.

Quedaba por escribir el futuro de Libia. Yo no pude, por desgracia, tomar parte en él, pues perdí las elecciones presidenciales de 2012. Francia desapareció del panorama libio. El país se hundió. Aquel desastre, que se habría podido evitar, no pone sin embargo en entredicho, ni por un instante, la legitimidad de la actuación de Francia y de la comunidad internacional, que hicieron honor a los valores humanistas, que por una vez se tradujeron en hechos.

El avión aterrizó en Villacoublay a primera hora de la noche. Yo estaba aliviado de que todo hubiese transcurrido sin el menor incidente. Habíamos cenado en el avión de vuelta, donde se produjo una situación interesante de observar, porque tres de mis invitados de aquel día se odiaban de un modo bastante profundo. (Me refiero a Alain Juppé, Bernard-Henri Lévy y Henri Guaino.) El avión presidencial está provisto de un comedor con cabida para una decena de convidados. Teníamos casi tres horas de vuelo, de modo que invité al grueso de mi pequeña delegación a compartir aquella cena de regreso a casa. Juppé me había advertido de que no pensaba dirigir la palabra a ese «holgazán» de BHL, quien por su parte me había señalado que a él no le daba ningún miedo vérselas con mi ministro, el cual se había «equivocado siempre en todo». De Guaino no podía esperar ningún espíritu conciliador, pues me había confesado que «despreciaba a ambos por igual». (¡Aquello prometía!) En condiciones normales, la explosión habría estado asegurada y yo no habría podido hacer nada por atenuarla; pero el «milagro libio» obró sus efectos benéficos. Todos éramos conscientes del privilegio de haber podido vivir aquellos instantes, de la alegría que habíamos visto, de la esperanza que se había concitado, la dicha de la libertad que embargaba a todo el mundo. Todo aquello junto apaciguó los ánimos y al final reinó el buen humor.

Naturalmente, al inicio de la cena los rostros y las expresiones estaban un poco envarados (sobre todo por parte de Alain Juppé). Luego las lenguas se desataron y el ambiente se hizo más distendido. Yo dije, apenas nos sentamos a la mesa, que «lo que distingue a las personas inteligentes es tener cosas que decirse que valga la pena oír». BHL afirmó que el Ministerio de Asuntos Exteriores había hecho todo lo posible por «sabotear» su actuación en el asunto libio. Juppé le contestó con vehemencia. Guaino se abstuvo —por petición mía expresa— de añadir su toque de sal. Yo me limité a sonreír sin tomar partido. Por una vez, podía hacer el papel de «hermano mayor juicioso». ¡No quise desaprovechar una ocasión tan infrecuente!

*
* *

Acepté la invitación de una fundación a un coloquio organizado bajo el prometedor título de «Quince años de reformas de las universidades. Logros y desafíos». Me alegraba participar, pues el tema siempre me había apasionado. La ocasión venía al pelo. ¿Qué era lo que no había funcionado para que nuestras universidades se encontraran en semejante situación, a la zaga de sus homólogas extranjeras? Para Francia, aquello constituía una auténtica humillación; quería expresarme sobre el tema. Pero también me parecía importante estar allí porque consideraba primordial que la derecha aprendiera a manifestarse sobre una cuestión de la que llevaba desentendiéndose demasiado tiempo, al dar por sentado que la izquierda la había convertido definitivamente en su coto privado. Por último, siempre me han parecido interesantes las fundaciones que se dedican a la reflexión y presentan propuestas sobre los grandes asuntos de actualidad. La vida política francesa no concede la suficiente importancia al trabajo de estas organizaciones, y eso es un error.

Todos estos motivos justificaban que quisiera dirigirme a los participantes de aquel coloquio. Pero la verdad me obligaba a confesar que deseaba, sobre todo, aprovechar la ocasión para poner de relieve el balance del Gobierno en la materia, pues no era un balance exiguo: por una vez en la historia de los Ejecutivos de derechas, me había negado a ceder a la presión de la calle y de los bloqueos en aras de una reforma que confería a las universidades un estatuto de autonomía que se esperaba desde hacía mucho tiempo. La sala estaba hasta arriba. Había entre los asistentes muchos profesores e investigadores, algunos de cierto renombre. Yo era «de derechas» y, por consiguiente, mirado con recelo por un sector que no ocultaba precisamente su anclaje casi unánime a la izquierda. Quise adoptar una perspectiva histórica para tratar de explicar la naturaleza de las oportunidades que se habían desaprovechado, de los errores ideológicos que se habían cometido y del peligro que el mundo universitario corría de permanecer hasta tal punto fascinado por el inmovilismo y la procrastinación. No tenía intención de andarme con rodeos. Mi afán era que el sistema evolucionase. El único método posible era el de la franqueza. Hacía ya demasiados años que las dificultades se venían eludiendo. Los sucesivos Gobiernos no querían, bajo ningún concepto, suscitar protestas ni, sobre todo, complicarse.

El problema era que, durante los treinta años previos a 2007, el número de estudiantes universitarios se había multiplicado por seis. Las cifras hablaban por sí solas: trescientos mil alumnos en 1960; 1,7 millones en 1990; 2,3 millones en 2011. No era difícil imaginar el desconcierto de una estructura universitaria ante semejante tsunami demográfico. Todas las partidas presupuestarias se veían afectadas por aquella avalancha. Ya no quedaba margen financiero para cambios de ningún tipo, ni siquiera para la más mínima adaptación. Y a eso se añadía que muchos de aquellos nuevos alumnos pertenecían a entornos sociales que hasta entonces no frecuentaban las universidades o apenas lo hacían. El inmovilismo del marco universitario había sido absoluto hasta 1998, cuando Claude Allègre decidió la armonización europea de las licenciaturas y la construcción de un espacio europeo. Gracias a aquella decisión empezaron las primeras modernizaciones.

Las universidades francesas tuvieron que replantearse toda la arquitectura de las formaciones que ofrecían. Aquello fue una toma de conciencia colectiva que nos permitió abandonar un sistema que, en aras de la igualdad, rechazaba la diferencia, la excelencia, la competitividad. Y el caso es que, sin estas, no había progreso posible. Esa fue, en efecto, la gran mentira francesa: la de la nivelación que resultaba del igualitarismo. La consecuencia fue el surgimiento de una auténtica segregación social encubierta: para los hijos de las clases acomodadas, las grandes escuelas *(grandes écoles)*, que se habían convertido en el camino prestigioso; para los hijos del resto, unas universidades depauperadas y relegadas a los confines de las periferias de las ciudades. Por lo demás, el mundo universitario había terminado convenciéndose —y no sin buenas razones— de que cualquier reforma era, para el Gobierno de turno, un pretexto para hacer recortes.

Tal era la situación a la que tuve que hacer frente en 2007: inmovilismo, desconfianza, crispación. Convencido de que debíamos actuar —porque nos jugábamos la futura competitividad de Francia—, propuse al ámbito universitario apostar por la autonomía, con sus correspondientes recursos financieros. No había un solo sistema universitario en el mundo que hubiera funcionado sin autonomía. Se trataba, sencillamente, de confiar en las universidades. La autonomía no significaba la mercantilización de las universidades, la apertura al gran capital, conferir el poder a los empresarios; significaba dar a nuestras universidades la posibilidad de decidir por sí mismas con relación a sus alumnos y a sus planes docentes. En aquel coloquio me di el gusto de recordar que, ya en la Edad Media, las universidades eran autónomas en lo referente a poder gestionar el patrimonio del que eran propietarias. La autonomía que nosotros les habíamos ofrecido y ellas habían hecho suya solo suponía, por tanto, un saludable regreso a los orígenes. Y la habíamos acompañado de un esfuerzo presupuestario sin precedentes, ya que en 2011 el gasto francés por alumno universitario acababa de alcanzar, por fin, la media de los países de la OCDE (Organización para la Cooperación y el Desarrollo Económicos), esto es, diez mil euros anuales, lo que implicaba un aumento de dos mil euros por estudiante desde 2007. Yo estaba encantado de ofrecer aquellas cifras, pues la izquierda nunca había hecho tanto. Todo era objeto de una batalla homérica; no había espacio para desfallecer. Otro tanto sucedió con las bibliotecas universitarias, que cerraban los fines de semana y muy pronto por las tardes, ratos de trabajo útiles tanto para los alumnos como para los investigadores. Había hecho falta nada menos que cuatro años de movilización intensa para conseguir la ampliación de los horarios de apertura. ¡Me había tenido que ocupar personalmente!

Eran muchos otros los proyectos que quería poner en práctica, concretamente la composición de los consejos de administración, que a mi juicio eran desproporcionadamente endogámicos. Mi propuesta era que se aumentara el número de personalidades cualificadas y, sobre todo, ¡que se les concediera el derecho de voto que no tenían y siguen sin tener! Pensaba seguir avanzando en ese asunto tan delicado de la financiación. Había que diversificar a toda costa sus fuentes. Las partidas públicas no eran ilimitadas. ¿Por qué no desarrollar programas de investigación específicamente financiados por empresas que pudieran obtener una contrapartida en forma de investigación aplicada? Yo quería que en torno a cada universidad se instituyesen espacios que los alumnos pudieran aprovechar para crear sus propias *startups* beneficiándose de exenciones fiscales. A la universidad, en caso de éxito, le interesarían las ganancias futuras. La imaginación y la universidad tenían que poder caminar de la mano.

Tenía mil proyectos para aquel mundo del cual no procedía, pero que me apasionaba. Quería transmitir la idea de que había multitud de posibilidades si todo el mundo deponía su estrechez de miras, sus prejuicios, sus sectarismos políticos y se ponía al servicio de la causa universitaria en su conjunto. Percibí la perplejidad del público que me escuchaba en aquella ocasión, escindido entre las ganas de creer en lo que les decía y la consabida duda existencial. Me consolé diciéndome que no podía cambiar tanto las mentalidades en solo cuatro años. Si me hubieran reelegido, este habría sido, sin lugar a dudas, uno de mis ámbitos de acción privilegiados, porque valía la pena y a Francia le hacía falta.

*

*   *

El mes de octubre de 2011 empezaba con un viaje al Cáucaso. Tenía que ir a Armenia, a Azerbaiyán y a Georgia. Cada una de aquellas visitas tenía su importancia; era una región estratégica, aunque mal conocida por los franceses. Armenia celebraba el vigésimo aniversario de su independencia. De aquellas tres naciones, era la más cercana a nosotros. Francia siempre había mantenido unos vínculos excepcionales con ese país. Se trataba de una amistad que hundía sus raíces en una historia antigua pero que se había forjado para siempre en la tragedia del genocidio, al acoger Francia a decenas de miles de armenios que lograron sustraerse a las masacres. Fue aquel acto fundacional el que sentó las bases de una comunidad armenia francesa que todavía incluye a seiscientas mil personas.

Emprendí aquel viaje rodeado de una delegación imponente, pues las solicitudes habían sido numerosísimas; entre todas destacaba la del armenio más famoso de Francia: Charles Aznavour. A mí me alegraba tenerlo entre mis invitados. Todo lo que de forma directa o indirecta tuviese que ver con Armenia, le conmovía profundamente. Él era, antes que nada, armenio. Para mí, su canción «Ils sont tombés» [Cayeron] es de los textos más preciosos que me ha sido dado oír. Estaba contento de participar en aquel viaje y, al mismo tiempo, yo lo sentía vigilante hacia la realidad de mi compromiso con la causa armenia. No era un hombre que entregara fácilmente su confianza. Teníamos, no obstante, un trato amistoso. Él conocía mi admiración sincera tanto por su obra como por su persona, aunque desconfiara por naturaleza de todo lo que tuviese que ver con la política. A mí me impresionaba su forma física. Era un hombre literalmente infatigable. Pequeño y enjuto, comía poco, bebía exclusivamente vinos de calidad y en absoluto aparentaba los 87 años que había cumplido. Podía ser bastante mordaz tanto en sus respuestas como en sus preguntas, sin dejar por ello de mostrarse siempre educado y tranquilo. De su persona emanaba una gran autoridad. Su cultura era amplísima. Con él se podía hablar de los temas más diversos. Era un compañero de viaje de los más gratos.

Aterrizamos en el aeropuerto de Ereván, adonde yo llegaba por primera vez. Me dispensó un cálido recibimiento el presidente Serzh Sargsián, que encajaba exactamente con la típica imagen que se tiene de un armenio. Hablaba amistosa y vehementemente, sonreía a menudo y era como los hombres de aquella región, pujante y fogoso. Pasamos revista a las tropas. El festival de colores de los uniformes era un bonito espectáculo. Yo me sentía transportado a otra época. La influencia del siglo XIX era omnipresente. Se percibía la tradición guerrera y el espíritu combativo de las gentes a las que el destino había hecho nacer en esa parte del mundo, donde las relaciones entre los vecinos siempre fueron agitadas y conflictivas. Aquellos territorios forjaban un temperamento pugnaz y recio.

Me dirigí directamente al monumento de Tsitsernakaberd para rendir homenaje a las víctimas del genocidio. Era una cita tan ineludible como estremecedora. Lo que los armenios habían sufrido durante la Primera Guerra Mundial era algo absolutamente indecible. Los turcos los habían exterminado con un esmero diabólico. Las mujeres y los niños no recibían mejor trato que los hombres. El genocidio armenio quedará para siempre en la memoria como una mancha indeleble en la historia de la humanidad. Nada podrá reparar aquella monstruosidad ni suavizar su recuerdo. Únicamente un reconocimiento como es debido de esa aterradora realidad por parte de los turcos podría borrar la injuria, aunque se mantuviera el sufrimiento. Las fotografías y filmaciones que me mostraron, evidenciaban lo peor de lo que la humanidad había sido capaz de llevar a cabo. Aquella tarde, esa primera visita me afectó tanto como lo había hecho el Yad Vashem de Jerusalén, que mantiene vivo el recuerdo de los niños judíos del Holocausto. Terminé la ceremonia, como era costumbre, plantando un abeto en los jardines que rodeaban el monumento a las víctimas del genocidio. Aquella era la última etapa de toda visita oficial.

Volví a mi hotel apenas hubo concluido la cena de Estado. Mi habitación daba a una gran plaza bastante animada a pesar de lo avanzado de la hora. Unos altavoces escupían con bastante chisporroteo los grandes clásicos del repertorio de Charles Aznavour. Daba gusto oír nuestro idioma tan lejos de Francia. Y es que estábamos en Armenia, un país hermano. El hotel era cómodo, pero recordaba más a esos lujosos hoteles de la época soviética de estilo trasnochado y triste, que a los que podían encontrarse por entonces en las capitales europeas. Aquello era un útil recordatorio de la geografía: estábamos mucho más en Oriente que en Occidente. Al día siguiente temprano, me puse en marcha para inaugurar la Casa Charles Aznavour. De camino divisé, desde el coche, el espectáculo magnífico del monte Ararat cubierto de nieve. Era imposible no identificarlo: es absolutamente único en el mundo, con esa cumbre partida como si fuera un diente con una raja diagonal. Cuenta la leyenda que fue el arca de Noé lo que provocó tan curiosa muesca al encallar en el pico de la montaña tras la inmersión general del planeta. Hoy ese monte pertenece a Turquía, pero sigue siendo el emblema de toda Armenia. Su visión resultaba verdaderamente sobrecogedora. Lo había visto incontables veces en fotografías o sellos y me alegraba de aquel primer encuentro con el gigante, que en absoluto me defraudaba. Pensé en la suerte que tenía de poder hacer todos aquellos viajes. Esa pasión por el movimiento no me ha abandonado. Siempre he sentido la alegría del descubrimiento, como si fuera un neófito. Aquel fue un momento de sosiego sobrevenido por casualidad, en un desvío de un trayecto en coche que me abstraía del estrés de una campaña presidencial que se aproximaba a grandes zancadas.

Durante toda la visita insistí en interpelar a Turquía sobre el tema del genocidio, sobre todo en el discurso que hube de pronunciar en la plaza de Francia, en pleno centro de Ereván. Se habían congregado para la ocasión varios miles de personas. Expresaban, con su mera presencia, la importancia y la profundidad de sus expectativas respecto a Francia. Aquel entusiasmo alegre, aquella esperanza ingenua y aquella confianza en la fuerza de nuestra nación ofrecían un marcado contraste con el ambiente que yo había dejado en París.

Regalé a Armenia una estatua de Auguste Rodin dedicada al pintor Jules Bastien-Lepage. La descubrimos en la plaza de Francia, cuyo nombre resultaba tan apropiado en aquel día de fiesta. Recordé que la cristiandad y las cruzadas pertenecían a nuestra historia común, que el último rey de Armenia reposaba junto a los reyes de Francia en la basílica de Saint-Denis y, por último, que la élite armenia se formó en francés en el siglo XIX. Me dedicaron una intensa ovación cuando, al final, pronuncié estas palabras: «Turquía tiene que enfrentarse a su historia. Solo los grandes países son capaces de hacerlo. La reconciliación no puede ser a cualquier precio». Paralelamente, sin embargo, insté a los armenios a la reconciliación, siguiendo el ejemplo de lo que habían hecho Alemania y Francia cuando el recuerdo de la ocupación y de las atrocidades de la guerra estaba todavía tan reciente: «Armenios, azerbaiyanos, turcos: ese es el camino que todos debéis enfilar, porque no hay otro». Ahí me aplaudieron menos, claro. Pero yo esperaba que, algún día, aquella semilla llegase a germinar en una región que, más que cualquier otra, necesitaba paz.

Salí de Ereván hacia Bakú, donde solo me detuve durante ese día. Visitaba, así, sin solución de continuidad, a enemigos inveterados y que directamente no se hablaban. Aquello podía parecer provocador, pero era algo deliberado y asumido, pues yo quería que Francia desempeñara su papel en esa parte del mundo, donde su impronta era fuerte. A tal efecto, era preciso dirigirse a todos sin dar la impresión de privilegiar a ninguno. Es tremendo el daño que puede hacer un viaje presidencial que se detenga en un bando sin tomarse el tiempo de hacerlo también en el contrario. Los símbolos tienen mucho peso y, con la intensa cobertura mediática internacional, las malas interpretaciones pueden acarrear graves consecuencias.

De modo que la escala en Bakú era esencial. Había que ser consciente de dónde estaban las líneas rojas de cada uno de los actores del drama latente. Yo tenía una gran ambición respecto a Francia, lo bastante poderosa como para garantizar la paz entre vecinos antagonistas, pero no lo suficiente como para infundir miedo en un territorio en el que las inmensas naciones amenazantes eran legión: Rusia, Irán, Turquía y China. Bakú fue un descubrimiento. Jamás había pisado aquel lugar. Me quedé estupefacto, desde que llegué, de lo bonita que era la ciudad. Los edificios del centro, construidos con sillares, estaban limpios y bien mantenidos. El mar Caspio penetraba en la ciudad como lo hace el Mediterráneo en Niza; de hecho me pareció que ambas ciudades realmente se daban un aire. Allí la luz es omnipresente. Bakú ofrece todas las ventajas de una ciudad costera, y al mismo tiempo las de una capital con numerosos restaurantes de calidad. Hay terrazas por todas partes. Las familias caminan alegremente por el paseo marítimo. Todo en aquel entorno remitía al arte, a la cultura, a la historia. Jamás habría imaginado que esa ciudad tan poco conocida en Europa poseyese una identidad tan marcada y familiar. Lamenté que no hiciésemos noche allí. La impresión de opulencia procedía en su totalidad de las reservas petrolíferas, cruelmente ausentes en Armenia, donde la pobreza era, en consecuencia, más visible. Bakú daba la imagen de una urbe segura, optimista. Las avenidas eran amplias; el tráfico, bastante intenso. Yo tenía casi la sensación de hallarme en un mundo distinto del que acababa de dejar. Azerbaiyán tenía tres veces más habitantes que la pequeña Armenia. Ahora podía entender mejor los temores de esta última, sobre todo teniendo en cuenta la mala pasada que le había jugado la geografía: Azerbaiyán estaba dividido en dos partes que no podía conectar ningún corredor… ¡salvo a través de Armenia! En cuanto al famoso Nagorno Karabaj, estaba poblado fundamentalmente por armenios, ¡pero ubicado en pleno centro de Azerbaiyán! Imposible imaginar un embrollo más complejo.

Apenas llegué, me condujeron al palacio presidencial de Zagulba, donde el presidente Ilham Aliyev había organizado una comida en honor de Francia. Antes tuvimos un encuentro a solas que duró casi dos horas. El palacio estaba hecho de un mármol rutilante. Sus proporciones eran grandiosas. Era bonito, opulento, nuevo, pero carecía de encanto y, sobre todo, de esa pátina que confieren la historia y el paso de los siglos; a mí se me antojaba un decorado cinematográfico. La guardia de honor era igualmente colorida, impecable y disciplinada; la ceremonia fue vistosa. Hacía un tiempo espléndido a pesar de ser otoño. Pedí permiso al presidente Aliyev para asomarme a la amplísima terraza que dominaba el mar Caspio. Era la primera vez que lo veía. Me habían hablado mucho de él. Yo en ocasiones me había relamido pensando en su caviar. El espectáculo era impresionante. Esa manía que tenemos los europeos de pensar que nuestros paisajes son por definición los más bellos realmente es un disparate. Puedo dar fe de que el Cáucaso, al menos desde ese punto de vista, nada tiene que envidiarnos…

El presidente Aliyev es alto, esbelto, reservado —casi tímido— y, sobre todo, desconfiado por naturaleza. Para él, la persona más cercana y esencial es su esposa; de hecho, la ha nombrado su vicepresidenta. No se trata de un mero formalismo: ella pone en la tarea empeño e inteligencia. Yo veía que aquella mujer representaba al mismo tiempo el punto fuerte de su marido, pues el vínculo entre ambos era obvio, y su punto débil: no podía soportar el menor ataque hacia ella. Confieso que aquello me lo hacía cercano y simpático. Estuvimos hablando un buen rato. Era interesante comprender la necesidad que tenía ese hombre de mantener un trato sosegado con unos vecinos más grandes y mucho más poblados que su país, que solo cuenta con diez millones de habitantes. El presidente me explicó que Teherán quedaba a solo seis horas en coche de la frontera. Azerbaiyán compartía con su gran vecino iraní la prevalencia de la comunidad chií —que representaba casi el 90 % de la población en ambos países—, pero él se negaba a cualquier instrumentalización de la religión y acababa incluso de decidir la prohibición del velo femenino en los colegios. Era evidente que no iba a tolerar ningún tipo de extremismo islámico. Su régimen no era democrático en el sentido en que nosotros lo entendemos, pero era plenamente laico, lo que lo convertía en un aliado muy valioso contra el terrorismo; su valentía resultaba incuestionable. Sus relaciones con Rusia eran un tema de reflexión constante y, a veces, de preocupación. Incluso con su vecino y aliado turco percibí que las cosas no siempre eran sencillas, y que el endurecimiento de Erdoğan —que pronto había de trocarse en obsesión expansionista— no dejaba de suscitarle cierto recelo. El que a ojos de los armenios era el agresor —cuando no el invasor—, se veía, por tanto, a su vez en la necesidad de llegar a soluciones de compromiso con quienes le rodeaban. Cada cual podía ser, así, el agresor y el agredido, el fuerte o el débil, el culpable o la víctima. Yo no había reparado en aquella complejidad hasta que no la constaté por mí mismo. Ninguna nota diplomática podía dar cuenta de dicha realidad.

Pude tratar con el presidente Aliyev la delicada cuestión de los derechos humanos, de la democracia e incluso de su oposición, varios de cuyos miembros estaban en la cárcel. Él no rehuía el tema, y, de hecho, me pareció sincero. Me confesó, en efecto, que, si su régimen no era «fuerte», si empezaba a mostrar escrúpulos, no tardaría en ser reemplazado por unas fuerzas religiosas medievales muy presentes en la región. Él quería para su país el progreso y el desarrollo, ¡no a los mulás! Su discurso era coherente en aquel contexto geográfico, pese a ser consciente de que pudiera resultar chocante a no pocos observadores. Por mi parte decidí no juzgar y confiar. Sí que esperaba, por el contrario, que mi interlocutor se mostrara predispuesto a abordar el asunto de la reconciliación con Armenia. Lo conminé a «correr el riesgo de la paz». Él no rechazó el planteamiento y yo no habría sabido decir si su sinceridad era absoluta.

Antes de marcharme, fuimos juntos al lugar en que había de construirse el liceo francés de Bakú, cuya primera piedra yo debía colocar. Era un acontecimiento infrecuente; a mí me había tocado solamente una vez, en Doha. La totalidad de la financiación la asumía el Gobierno azerbaiyano. Para mí, aquella red internacional era una prioridad; la defensa de nuestro idioma, su carácter universal y perenne pasaban por aquellos centros docentes. Es obvio que hemos perdido la batalla lingüística por el primer puesto.

Querer seguir compitiendo con el inglés no tiene sentido: la suerte está echada. Pero eso no era un motivo para dejar de defender nuestro lugar en el cortejo de las grandes lenguas todavía en uso por todo el planeta. Cuantos más liceos franceses haya, mejor le irá al francés.

La última etapa de aquel viaje era la más sencilla, pero también la más emotiva, pues me llevaba a Tiflis, la capital georgiana. Yo ya había estado allí por culpa de Vladímir Putin y su malograda invasión de 2008. También conocía al presidente Mijeíl Saakashvili, con quien había mantenido numerosas conversaciones, sobre todo en los momentos de gran tensión durante aquella invasión de su país. El hombre era simpático e inteligente, pero profundamente inestable. Yo nunca había conocido a nadie tan políglota. Hablaba un número de lenguas extranjeras increíble. Su francés era perfecto, igual que su ruso, su inglés o su alemán. De hecho podía hablar en italiano con Carla. En seguida advertí que apenas tenía límites ni en sus ambiciones ni en sus ímpetus. Teníamos, no obstante, un trato amistoso. Él llevaba mucho tiempo queriendo darme las gracias públicamente por la intervención de 2008, que había permitido preservar la independencia de su país. Debo decir, en honor a la verdad, que mi calendario internacional no era del todo ajeno al contexto político nacional. Tres semanas después de haber sido recibido en Bengasi como el libertador de Libia, hacer otro tanto en Georgia no podía sino afianzar mi estatus internacional antes de entrar en la campaña presidencial francesa. Sabía que mi competidor iba a ser François Hollande, para quien los asuntos exteriores eran una *terra incognita,* un continente desconocido. Él tenía incluso a gala haber viajado poco; será que cuadraba con esa imagen de «presidente normal» que quería transmitir. La cuestión es que sus relaciones se limitaban estrictamente a la red socialista, lo que no era mucho. Aquello carecía de envergadura. Yo quería, por el contrario, tener mi punto fuerte ahí.

Habían pasado tres años desde la negociación del alto el fuego entre Rusia y Georgia. Las autoridades georgianas habían organizado todo un *show* al modo estadounidense, con un montón de pantallas gigantescas, equipos de sonido ensordecedores y, sobre todo, decenas de miles de georgianos entusiastas; todo aquello daba realmente la impresión de un alborozo popular sincero. Estábamos en la plaza de la Libertad, en el corazón de Tiflis. Anteriormente se había llamado «plaza de Lenin». Otros tiempos, otros símbolos: ¡los georgianos no habían salido perdiendo con el cambio! Desde la tribuna, la visión era impresionante. Allí me sentía verdaderamente en campaña electoral; reconectaba con el ambiente de mis mítines de las presidenciales de 2007. El presidente Mijeíl Saakashvili fue el primero en tomar la palabra. Dijo en un francés perfecto: «Jamás olvidaremos quién acudió en nuestro apoyo hace tres años». A mí me preocupaba un poco, antes de pronunciar mi discurso, hasta qué punto iba a entenderlo aquella ingente multitud. Los francófonos no debían de ser tantos. Me tranquilicé cuando vi que en las pantallas iba apareciendo la traducción simultánea.

Opté por pronunciar un discurso marcado por la franqueza hacia Rusia. No pocos analistas consideraban, a mi juicio injustamente, que yo había sido demasiado clemente con esta. Denuncié, así, con firmeza «el mantenimiento, contraviniendo los compromisos adoptados, de fuerzas militares rusas en Osetia del Sur y en Abjasia... Hay que poner término a la retórica de la confrontación, de las intimidaciones, de las amenazas y de las inaceptables tentativas de desestabilización». Aquello tenía la virtud de la claridad, si bien recordé que Francia consideraba a Rusia una amiga. Porque cortar cualquier relación con aquel país inmenso habría representado, según yo lo veía, un error estratégico, como de hecho sigo pensando hoy. Sobre todo no había que dejar que los rusos cayeran en esa especie de paranoia antioccidental que siempre ha sido su querencia instintiva. Establecer un diálogo franco y directo, mantener un contacto regular y asumir las desavenencias sin romper la baraja, siempre me ha parecido la fórmula más sensata y, sobre todo, más eficaz.

Pero eso chocaba con la presión mediática, deseosa siempre de poder hablar en términos de buenos y malos. Había que resistir a tal presión para seguir siendo un interlocutor creíble para todas las partes implicadas. *Le Figaro* tituló: «Nicolas Sarkozy triunfa ante decenas de miles de georgianos congregados en el centro de Tiflis». Fue, en efecto, un espectáculo inolvidable. Terminé mi discurso exigiendo la presencia de observadores europeos; quería que estuviesen allí, sobre el terreno, para observar la evolución de la situación y permitir el regreso de todas las personas que habían sido desplazadas de sus hogares. Al final, aquella gira por el Cáucaso fue un éxito. Permitió a Francia hacer sentir su presencia en esa zona del mundo, donde podía desempeñar un papel de entidad aprovechando las rivalidades entre las grandes potencias regionales, que iban moviendo con frenesí sus respectivas fichas. Nuestro tamaño relativamente modesto y nuestro estatus de nación mundial podían representar, bien mirado, una ventaja muy valiosa. Yo estaba resuelto a jugar tal baza a fondo. Considero que hoy sigue vigente.

*

* *

El 19 de octubre de 2011 fue una fecha importante para nuestra familia, pues ese día nació Giulia. Es mi primera hija y fue fruto del amor. Por la mañana temprano, Carla rompió aguas. Yo estaba preocupado, pues ese día tenía que acercarme a Frankfurt para hablar otra vez con Angela Merkel y con las autoridades monetarias sobre la crisis griega. No podía cancelar mi asistencia pero, al mismo tiempo, no quería que Carla se preocupara sabiéndome en el extranjero mientras ella estaba a punto de dar a luz. Por precaución decidimos ir, ya a primera hora, a la clínica La Muette. Apenas eran las ocho cuando llegamos. Carla llevaba su maletita para los tres días siguientes. Yo me quedé tranquilo sabiendo que ella estaba en buenas manos. Aquello era un poco prematuro, pero prudente; Carla tuvo que armarse de paciencia. Yo le había pedido incluso al jefe de mi equipo médico que se quedara allí. Una vez que mi mujer estuvo bien instalada, y tras hacerle una última visita a primera hora de la tarde, pude dirigirme al aeropuerto militar de Villacoublay y despegar hacia Alemania.

Allí me reuní con Angela Merkel, quien se mostró especialmente interesada por el futuro nacimiento; fue un gesto amable y amistoso por su parte. La canciller estuvo preguntándome toda la tarde para saber si sería niña o niño. Le juré por todos los dioses que no tenía ni idea; me creyó solo a medias. No habíamos querido saber el sexo de aquel bebé; lo único que nos importaba es que estuviera sano. Elegimos aquella pequeña clínica de La Muette buscando discreción y porque el médico obstetra de Carla ejercía allí. Era la primera vez en la historia de la Quinta República francesa que un presidente en ejercicio se convertía en padre. Tras el divorcio y el nuevo casamiento, ¡aquella era la tercera primicia! Pero los franceses las habían recibido todas con mucha tranquilidad, con una gran apertura mental e, incluso, con auténtica benevolencia. Yo en ningún momento percibí en ellos el menor juicio. Lo único que les importaba era la sinceridad de los sentimientos que se expresaban en cada una de aquellas ocasiones. La prensa, por su parte, había publicado multitud de comentarios y editoriales al respecto, a veces inventándose cosas y a menudo emitiendo juicios sobre mi nueva familia. Esta vez se había desatado una batalla encarnizada por la primera fotografía. Estábamos completamente rodeados de *paparazzi*. Salir de allí era todo un desafío. Era imposible dar un paso sin que nos ametrallaran a fotos. El personal de la clínica fue amabilísimo y sumamente discreto. También a ellos les pedían información o, a ser posible, una imagen. Allí nadie nos traicionó. Se lo agradeceré siempre.

Me informaron en Frankfurt del nacimiento de Giulia. Se trataba, por tanto, de una niña. (Si hubiera sido niño, le habríamos llamado Lorenzo.) Me disculpé de inmediato con Angela y salí de Frankfurt hacia París. Todo se había desarrollado perfectamente. Mi madre ya estaba allí acompañando a mi mujer y a mi hija. En el avión de regreso trataba de imaginarme esa cabecilla que no había visto aún, y sonreía para mis adentros ante aquel guiño del destino. ¡Después de tres muchachos, una niña! No podía imaginarme una felicidad mayor. Llegué a la clínica pasadas las 22 h. Carla me preguntó de dónde venía exactamente; le confesé que de Frankfurt… Y conocí a Giulia… Desde aquel día mi vida, nuestra vida, la vida de toda nuestra familia cambió. A veces me pregunto cómo podíamos vivir sin esa criatura que, desde el instante mismo de su nacimiento, pasó a ocupar un sitio tan grande. Aquello cerraba el círculo. Había conocido a Carla, nos habíamos casado, habíamos hecho frente a todo juntos; había nacido Giulia, sus hermanos la querían; esa familia tan audazmente recompuesta podía proseguir su camino.

Doce años después, volviendo la vista atrás, valoro el camino recorrido, los riesgos asumidos, la dicha que desde entonces nos ha llenado. Resulta que yo era presidente de la República y padre de una niña más joven que Solal, ¡mi primer nieto! Muchos comentaristas peroraban sobre la modernidad de aquella familia recompuesta. A mí esa supuesta «modernidad» me resultaba totalmente ajena; lo único que me importaba era la felicidad de mi familia, que pronto iba a sumirse en el infierno de la futura campaña electoral. La única «pequeña» inconveniencia nos llegó con las declaraciones de Marine Le Pen. La lideresa del Frente Nacional, tan dispuesta a atacar siempre, lamentó públicamente que el nombre de pila de nuestra hija no fuera «francés, en vez de italiano…». «Es mi lado patriota», añadió, «y creo que muchos franceses piensan lo mismo». O sea, que hasta nuestra hija tenía que convertirse en tema de polémicas. Aquello no era ni amable ni educado; pero sobre todo era bastante estúpido. Hacer del patriotismo una cuestión de nombres de pila resultaba grotescamente reduccionista. Philippe Pétain y Pierre Laval, ¿fueron buenos patriotas por tener nombres de pila franceses? Lazare Ponticelli, el último de los *poilus* supervivientes, ¿fue un mal francés por tener un apellido italiano? Semejante salida evidenciaba una dureza y una aspereza que la predisponían a echar mano de lo que fuese, incluso del nacimiento de mi hija. Cualquier cosa le iba bien. Ese día entendí que su objetivo no era ganar, sino que yo perdiera la siguiente contienda electoral. Marine Le Pen y François Hollande se habían convertido en aliados sólidos y plenamente conscientes de lo que estaban haciendo juntos, casi concertadamente. Nosotros, por lo demás, nos atuvimos a nuestra resolución inicial de una comunicación minimalista; ni siquiera hubo un comunicado del Elíseo para anunciar el nacimiento. En cuanto Carla salió de la clínica, nos fuimos los tres a La Lanterne. Dimos largos paseos por las sendas del parque de Versalles. Nos comportábamos como una pareja normal. Aquellos pocos días fueron unos momentos de felicidad serena que a veces todavía recordamos con emoción.

*
* *

Pero el paréntesis duró un abrir y cerrar de ojos. Apenas volví al Elíseo, ya me esperaba una mala noticia. Un sondeo realizado justo después de las primarias socialistas —que habían entusiasmado a la prensa—, daba por ganador a François Hollande con el 62 % de los votos en la segunda vuelta, frente a un pobre 38 % para mí. Me permito recordar que al final fui derrotado solamente por un poco más de un punto y no por veinticuatro, ¡como aquel sondeo parecía anunciar! Es decir: o bien hice una magnífica campaña que me permitió remontar tal distancia, o bien aquel sondeo de la empresa CSA se equivocaba o estaba falseado. Al redactor de la nota de la AFP (Agence France-Presse) le costó disimular su alegría: «Hollande aplastaría a Sarkozy en la segunda vuelta». Eso decía mucho del ambiente parisino de aquel momento. Así que, dadas las circunstancias, personalmente me inclinaría, más bien por la segunda hipótesis. Yo estaba prevenido. Teníamos bastante faena por delante si aspirábamos a la victoria. La campaña iba a ser larga y difícil. Mantener la moral alta y conservar las ganas de actuar y seguir adelante en aquellas condiciones, exigía unas reservas de energía y concentración inagotables. No es sencillo imaginar el calvario «psicológico» que ha de afrontarse en tales situaciones. Dar confianza, inspirar confianza, respirar confianza cuando se tiene todo en contra, suponía un ejercicio extenuante.

Así y todo, disfruté de una breve tregua con el anuncio de Jean-Louis Borloo de que renunciaba a presentarse a las siguientes elecciones presidenciales. Fue algo tan sorprendente para los observadores, como esperado para mí. Yo sabía desde el principio que él no iba a llegar hasta el final, pero, cuanto antes se retirara, mejor sería para mi candidatura. Desconozco por qué tomó en aquel momento preciso tal decisión, que fue muy criticada por los analistas, los cuales inferían que «definitivamente no tenía la talla de un hombre de Estado». Cualquier cosa que pareciera beneficiarme había de ser atacada. Incluso Jean-Louis Borloo…

Al final, la novedad más relevante de ese final de octubre fue la muerte de Gadafi. Yo me enteré como todo el mundo, es decir, cuando me llevaron la nota que informaba al respecto. Me apresuré a solicitar la confirmación de la noticia pero no fue fácil: en Libia la situación era especialmente confusa. Los datos más fiables que me llegaron, hablaban de la fuga de un importante convoy de ochenta vehículos todoterreno que intentaba salir de Sirte, donde se había refugiado Gadafi. Nadie sabía si el dictador viajaba en aquel convoy. Los radares de la OTAN lo detectaron y el mando militar envió cazas que detuvieran aquella larga fila de vehículos equipados militarmente. Fueron aviones franceses los que acometieron la misión. Los disparos de los aviadores inmovilizaron el convoy sin destruirlo. Un dron estadounidense también lanzó un misil contra aquella columna motorizada. Fue en ese momento cuando los rebeldes anti-Gadafi fueron en su busca por tierra. Al parecer el dictador se refugió entonces con sus guardaespaldas en una tubería de alcantarillado. Fue localizado, rodeado y, finalmente, capturado. Lo que ocurrió a continuación, nunca pudo describirse de forma precisa. El presidente del comité ejecutivo del Consejo Nacional de Transición —Mahmoud Jabril— declaró que Gadafi había sido detenido portando un arma y que tenía una mano herida. Un combatiente libio dijo, de hecho, que el arma era una pistola de oro.

¿Cómo murió? ¿En un tiroteo entre gadafistas y antigadafistas, como afirmó el líder del mencionado CNT? ¿Lo ejecutaron unos revolucionarios sobreexcitados por su captura, como podrían llevar a pensar una serie de vídeos que circulaban por internet? El canal de televisión Al Jazeera difundió otro vídeo en el que se podía ver al dictador probablemente ya muerto, desvestido y linchado… Hay que imaginar el miedo que, durante decenios, impuso en su país aquella mente desnortada. La tortura era una práctica común. El terror era el día a día de los libios. Las desapariciones repentinas de personas eran moneda corriente. Cuando un dictador cae, ese miedo se transforma en odio, y el odio, en violencia (sobre todo si se ha juntado una multitud). De ahí que yo, personalmente, casi opte por la hipótesis de un asesinato a manos de un grupo sobreexcitado, lo cual no era ni deseable ni aceptable; pero sí seguramente inevitable en aquel contexto de exacerbación. La muerte de Gadafi no fue, en modo alguno, encargada por la OTAN.

Tomamos nota, por tanto, de aquella desaparición, que ponía fin a la operación militar que la coalición había emprendido. Declaré que se abría así una página nueva para el pueblo libio, «la de la reconciliación en la unidad y en la libertad». Con aquello concluían, en cualquier caso, ocho meses de valiente lucha por parte de los libios para liberarse de un régimen violento que llevaba oprimiéndolo más de cuarenta años. Solo a título anecdótico me permito recordar la infame y estúpida polémica que siguió, dándose a entender que yo habría podido ordenar el asesinato de Muamar el Gadafi. Digo «infame» porque atribuirme tales intenciones iba mucho más allá de la mera contienda política. Aquello era una injuria, en absoluto un argumento. Marine Le Pen, otra vez manos a la obra, no dudó en cruzar esa línea. Y digo «estúpida» porque creer que un jefe de Estado, por muy francés que sea, pudiera imponer «bajo cuerda» semejante acción al mando militar de la OTAN —que representa nada menos que a veintiocho naciones soberanas—, pensar tal cosa revela la incompetencia más total. Hay protocolos, controles, informes, autorizaciones. Todo se archiva y se verifica. Es imposible que una actuación «oficiosa» —sobre todo de esa naturaleza— pueda llevarse a cabo al margen de los procedimientos oficiales, que son especialmente estrictos. En aquella ocasión pensé que habíamos llegado al colmo de la indignidad. Los hechos me demostrarían que, de nuevo, yo había pecado de exceso de optimismo.

*

* *

El gran asunto de aquel mes de noviembre era la reunión del G-20, que se celebraba en Cannes. Se trataba de la sexta cumbre desde que concebí la idea de aquella nueva institución, pero por supuesto era la primera vez que tenía la responsabilidad de presidirla, fijar el orden del día e informar sobre los debates. Sentía el peso de las responsabilidades de aquellos tres días de trabajo internacional y contactos al más alto nivel. Habíamos elegido la ciudad de Cannes, probablemente la única —con París— capaz de acoger, en lo referente a hoteles y salas de conferencias, un evento de tal magnitud. Aquello era, sumando todas las delegaciones, una auténtica urbe itinerante de treinta mil personas reunidas en un único lugar, con la presencia de varios cientos de periodistas de todo el mundo. El desafío logístico no era baladí. Ser el maestro de ceremonias exige mucha diplomacia y requiere cierta autoridad. Ya solo el reparto de los turnos de palabra entre los jefes de Estado y de Gobierno era todo un rompecabezas. Negar una intervención a Lula, interrumpir a Obama porque se estaba extendiendo demasiado, contener a la señora Kirchner —la impetuosa presidenta argentina—, no ofender al presidente chino…, eran cosas que precisaban un ejercicio de milimetrado constante. Se trataba, cuando menos, de personalidades fuertes, cada cual con su dosis de temperamento. Yo estaba, al mismo tiempo, entusiasmado ante aquel papel que tanto había deseado, preocupado por cómo fuera a desarrollarse todo y feliz de que el G-20 alcanzara su velocidad de crucero tan rápidamente.

El tiempo era tormentoso. Llovía a cántaros. La bahía de Cannes, tan luminosa normalmente, estaba gris y triste. El cielo estaba bajo. Yo me consolaba diciéndome que al menos no nos iban a acusar de estar allí disfrutando del sol y de aquella ciudad costera. Las medidas de seguridad se habían extremado. Todos los grandes dirigentes del planeta se hallaban en Cannes. No hubimos de lamentar, sin embargo, ningún incidente, ni siquiera la menor concentración de altermundistas.

Es verdad que la situación financiera europea había vuelto a ponerse tensa. Nadie podía cuestionar de forma mínimamente creíble la legitimidad de aquel encuentro. Los periodistas estaban al acecho del menor detalle. Decían de mí que estaba «bajo tensión» por todo lo que había en juego en aquel G-20 de crisis... una vez más. Acabábamos de recibir en plena cara una pésima noticia. Se trataba del desconcertante anuncio, por parte del primer ministro griego —Yorgos Papandréu—, de la organización de un referéndum en su país sobre lo oportuno o no de aceptar las medidas de financiación y austeridad que, apenas cuatro días antes, tanto me había costado hacer adoptar, junto con Angela, al Consejo Europeo. Aquel plan de salvamento de la zona euro era la única vía posible para resolver el problema de la deuda griega. La iniciativa del primer ministro Papandréu sorprendió a toda Europa y puso completamente en entredicho la estrategia adoptada por los diecisiete países miembros de la eurozona. En la víspera de la reunión de Cannes, el anuncio de Atenas no podía caer peor. Yo contaba con presidir aquel G-20 en una posición de fuerza, teniendo en el bolsillo una respuesta global y ambiciosa a la crisis de la zona euro; se lo habíamos prometido a nuestros socios de todo el mundo. Ahora todo saltaba por los aires, pues las medidas urgentes adoptadas para Grecia quedaban suspendidas a la espera del resultado de aquel referéndum. Papandréu había cedido a todos los que, en su país, le reprochaban que permitiera someter a Grecia a la tutela internacional. Aquello era cierto en cuanto al resultado, pero falso en lo que respectaba al motivo profundo. Era, en efecto, la ingente deuda griega lo que había hecho vacilar la independencia de aquella nación, y no la decisión de los jefes de Estado de la eurozona. Merkel y yo estábamos, naturalmente, en primera línea. El socialista Papandréu acababa de propinarnos una sonora bofetada.

Llamé de inmediato a la canciller para saber su reacción. Lo vi bastante claro. Estaba pasmada y muy irritada por lo que ella llamaba «la decisión irresponsable del Gobierno griego». No tardamos en ponernos de acuerdo de cara a una declaración de firmeza. Corroborábamos nuestra «voluntad de hacer adoptar la hoja de ruta inicialmente prevista para garantizar la aplicación del plan». Es decir, habíamos quemado las naves. O aquello salía adelante, o era el acabose. Entre tanto, todas las bolsas del mundo se estaban desplomando ante la perspectiva de que Grecia quebrara y la zona euro saltara en pedazos. A continuación le pedimos al primer ministro griego que viniera a Cannes en la víspera del G-20 para considerar las consecuencias de su decisión. El ambiente en Bruselas oscilaba entre la amargura y la depresión. Las líneas telefónicas entre las capitales europeas echaban humo. El primer ministro griego, sometido también a presión, terminó comunicando que asistiría a una cena de trabajo en Cannes con los dirigentes de Alemania y Francia, así como con la directora general del FMI (Fondo Monetario Internacional), Christine Lagarde. Aquella cena prometía ser «caliente»: desde nuestro punto de vista, Grecia no podía pedir a los bancos que le redujesen a la mitad la deuda, a las autoridades monetarias y a Europa que la financiaran con más de cien mil millones de euros… y luego someter las decisiones difíciles a referéndum, corriendo el riesgo de que al final se rechazaran; la incoherencia también tenía sus límites. En resumen: la presión inicial propia de ese tipo de cumbres se había decuplicado por la decisión griega. Ahora estaba en tela de juicio todo el G-20.

Pero las desgracias nunca llegan solas: Italia también empezaba a dar muestras de estar seriamente tocada. La bolsa de Milán había caído un 8 % solo en las dos primeras sesiones de la semana. Y, mucho más grave, las primas de riesgo —esto es: la diferencia entre la rentabilidad de los bonos a diez años del Tesoro italiano y los de Alemania, que eran los que servían de referencia— ¡acababan de alcanzar su récord! El propio presidente Obama se mostró inquieto: «Hay que resolver la crisis financiera de Europa». El presidente chino dio otra vuelta de tuerca: «Le corresponde a Europa arreglar el problema de la deuda europea». No se equivocaba…

La reunión con Papandréu fue, como era previsible, muy tensa. Era evidente que no esperaba tanta firmeza por nuestra parte. Empezó relativizando la importancia de su iniciativa. Quería presentarla como algo banal. Yo empecé a apretarle con preguntas. «Si gana el no, no vais a poder respetar ninguno de vuestros compromisos iniciales. Todo se irá al garete.» Él se iba poniendo pálido a medida que asimilaba la gravedad de la situación. Ahora estaba atenazado entre sus promesas politiqueras internas y la necesidad vital de que sus socios europeos confiaran en él y le apoyaran. Tuvimos un altercado bastante fuerte sobre la naturaleza de la pregunta que había de plantearse en el referéndum. Para mí, no podía tratarse sino de la pertenencia de Grecia a la eurozona; en ningún caso de la aprobación de un enésimo plan de austeridad. Solo entonces sería políticamente aceptable el referéndum griego. Y Papandréu terminó por ceder. Al final de la reunión, ya solo era una sombra de sí mismo. Menudo contraste con cuando llegó. Había entendido que la demagogia tenía sus límites y que nosotros no íbamos a ser cómplices de la catástrofe financiera que se anunciaba. ¿Quería quedarse Grecia en la zona euro, o no quería? Esa era la única cuestión. Nosotros estábamos resueltos a no ingresar un céntimo a Atenas hasta que nos contestaran. Mientras tanto, el aprovisionamiento del país se interrumpía. Papandréu salió de la habitación prácticamente tambaleándose. De vuelta en su país, no aguantó más de dos días. Lo echó una votación de su Parlamento, que le negó su confianza. La «debilidad» lo aisló de sus socios europeos y lo condenó en Grecia. Viéndole actuar así, me pareció que tenía ante mí al doble de François Hollande: todo valía antes de las elecciones; ¡luego nada se cumpliría!

Tanta tensión y tanto regateo no tranquilizó a las plazas bursátiles, que no paraban de hundirse. Pero ahora se trataba de salvar a la tercera economía de la zona euro, es decir, a Italia. Los intereses que Roma debía pagar para refinanciar su deuda colosal habían batido un nuevo récord con el 6,4 %. Habíamos llegado al límite de la sostenibilidad de la deuda italiana. Esta vez fue a Silvio Berlusconi a quien Angela Merkel y yo tuvimos que convocar para forzarle a tomar nuevas medidas presupuestarias destinadas a calmar la tormenta financiera. Empezó explicándonos que nosotros no habíamos entendido que la deuda italiana estaba en manos de los italianos y, por tanto, no había ningún riesgo con los mercados internacionales. Él quería, en consecuencia, hacer una emisión de deuda nacional dirigida solamente a sus compatriotas, lo cual era bastante delirante. Además, todo su discurso iba salpicado con sus típicas bromas de costumbre, que en aquella ocasión estaban todavía más fuera de lugar. Estábamos asistiendo, aterrorizados, al inicio del fin de una gran carrera política. Se produjo un momento de gran tensión cuando hube de explicarle que el problema de Italia... ¡era él! Angela y yo estábamos convencidos de que él se había convertido en esa «prima de riesgo» que el país debía pagar a los prestamistas del Tesoro italiano. Pensábamos sinceramente que la situación habría sido menos grave sin él y su actitud patética. Él ignoraba que, antes de que acabara el mes, también iban a echarlo y a obligarle a abandonar sus responsabilidades. A pesar de la evolución de nuestras relaciones, experimenté una tristeza sincera cuando falleció. Dejará el recuerdo de un gran empresario, de un político de auténtico talento y de un hombre alegre y benévolo que amaba la vida más allá de lo razonable.

Durante todas aquellas discusiones, los miembros no europeos del G-20 aguardaban impacientes la fumata blanca de nuestras reuniones. A ninguno le apetecía que la crisis europea contaminara su correspondiente economía; nadie quería vivir un nuevo Lehman Brothers, encarnado esta vez por Grecia o Italia. La tensión era extrema. Ya ni siquiera se veían las sonrisas de fachada habituales en tales contextos. La situación era grave. No era momento ni de medias tintas ni de andarse por las ramas. Habíamos tenido que sacrificar a Papandréu y a Berlusconi para intentar contener el tsunami de una crisis financiera cuyo epicentro esta vez se situaba claramente en el corazón de Europa.

Barack Obama, que observaba los esfuerzos que estábamos haciendo para salir de aquella ratonera, se puso a darnos una «clase magistral». Aquello que no dejaba de tener su gracia, habida cuenta de la responsabilidad de Estados Unidos en la sacudida financiera mundial de 2008. Le puse en su sitio sin demasiados miramientos diciéndole que ya bastante difícil era la situación y que desde luego no necesitábamos que nuestros aliados vinieran a complicarnos más el trabajo. Él lo reconoció y pasó a mostrarse atentísimo. De hecho pude participar en directo con él, desde el

Ayuntamiento de Cannes, en una entrevista televisada conjunta en la que estuvo muy amable. El título de la nota de la AFP (Agence France-Presse) resumía bien lo que había pasado: «Obama cubre de elogios a Sarkozy en una hora de gran audiencia». Aquello era más sorprendente, si cabe, porque no era dado ni a compartir el protagonismo ni a poner de relieve las virtudes de sus interlocutores. Quiso incluso insistir en que, a su juicio, yo me había convertido en un «socio absolutamente esencial».

Cuando llegamos al Ayuntamiento de Cannes, el personal municipal estaba alborotadísimo. Era un detalle simpático, cálido, y daba una buena imagen de Francia. A la salida hubo un largo baño de multitudes. A mí aquello me inyectó una buena dosis de confianza; fue uno de los buenos momentos de aquel G-20. Terminamos la primera jornada bastante tarde por la noche. Yo estaba exhausto y me recluí con gusto en mi habitación. Estaba solo; Carla se había quedado en París con Giulia, porque tenía que darle el pecho. Me desperté temprano para ir a hacer mi *jogging* a La Croisette. Necesitaba aquel esfuerzo físico tras la tensión nerviosa de las últimas horas; tenía que eliminar el estrés acumulado. Serían alrededor de las 7 de la mañana y me crucé en el ascensor con Angela, que ya a tan tempranas horas bajaba a desayunar. Insistió en que la acompañara. Le expliqué mis proyectos deportivos, que la dejaron muy desconcertada. Le pregunté por qué no se quedaba a desayunar tranquilamente en la habitación. Me contestó con la mayor sinceridad del mundo: «¡Pues porque en el bufé hay más cosas!». Yo seguía tronchándome de risa durante mi carrera matinal, imaginándome a mi amiga sin poder resistirse a ninguna de las tentaciones del desayuno del hotel Majestic...

El segundo día fue más tranquilo, pues la rueda de prensa que dimos la canciller y yo la víspera a última hora tuvo la virtud de la claridad. Estábamos dispuestos a contemplar la posibilidad de que Grecia saliera de Europa. Si quería seguir siendo un socio de pleno derecho, sería con las condiciones de la Unión. Tal mensaje de firmeza tranquilizó a los mercados, que también entendieron que queríamos que Berlusconi se marchara. Aquello era cruel, pero necesario. Se trataba, sin embargo, de la primera vez que se planteaba de una forma tan explícita la posibilidad de que un Estado que hubiese entrado en bancarrota abandonara la unión monetaria. Quedaba así de manifiesto la enorme gravedad de la situación.

Hubo otro punto de discordia en aquel G-20; no tan candente como la crisis financiera, pero más profundo. Me refiero a la reticencia que las primaveras árabes había suscitado en los países emergentes frente a las intervenciones militares de la comunidad internacional. Pensaban muy concretamente en el caso libio. Para ellos, las cosas estaban claras: había que afirmar la primacía, en cualesquiera circunstancias y lugares, del principio de no injerencia en los asuntos internos. Tal era el credo de China, Rusia, Brasil, India y Sudáfrica, es decir, un montón de gente. Yo me veía rozando el límite de la unidad del G-20. Aquello realmente se asemejaba a caminar por la cuerda floja intentando no caerse. Cada cual pensaba, por supuesto, en su propia situación interna y no quería que «los demás» se preocupasen. Esas reticencias que manifestaban contenían los gérmenes de la división que hoy conoce el mundo, con el asunto ucraniano y con el hecho de que, pese a todos los esfuerzos de Occidente, Vladímir Putin no está ni mucho menos tan aislado como los medios de comunicación afirman. Nuestra pretensión de imponer nuestras reglas, nuestras ideas, nuestros razonamientos..., cada día tiene menos aceptación por todo el planeta. Se trata, guste o no, de un hecho al que conviene que nos enfrentemos. No debemos ceder ni sobre nuestras convicciones ni sobre nuestros principios; pero sí renunciar a que el resto del mundo los adopte sin más y sin poder siquiera opinar sobre ellos. En Cannes sentí nacer aquella cólera de los países emergentes. Desde entonces ha estallado ampliamente en la cara de todos los dirigentes occidentales. En aquel G-20 había, a todas luces, dos bandos opuestos que aprestaban sus armas. Los más fuertes no eran los que se creía. La demografía era favorable a las potencias en vías de desarrollo, que entre tanto no han dejado de fortalecerse. Cada vez aceptarán menos cualquier forma de imposición que llegue del oeste.

La idea de gravar las transacciones financieras, de la cual yo era un ferviente partidario, fue objeto de encarnizadas discusiones. Mi deseo era que lo recaudado con aquel gravamen se destinara al desarrollo de los países pobres, empezando por el continente africano. Estados Unidos y el Reino Unido no querían ni oír hablar del tema. Era interesante constatar el desajuste que existía entre las rendidas expectativas de toda la izquierda francesa respecto a Barack Obama, y la realidad de los posicionamientos de este, a menudo en las antípodas de dicha izquierda. Gané, con todo, para la causa de aquel impuesto sobre las transacciones financieras a cierto número de países importantes. Aparte de Alemania, se nos sumaron naciones como Brasil, España o Sudáfrica. Yo declaré: «Un impuesto sobre las transacciones financieras es técnicamente posible, financieramente indispensable y moralmente ineludible». Naturalmente, no logré que se instituyera; las posiciones antagónicas estaban demasiado alejadas. Pero el mero hecho de que en el comunicado final se mencionara el planteamiento, a mi juicio ya constituía una victoria, sobre todo teniendo en cuenta la lucha titánica que había hecho falta librar para conseguirlo. ¿A lo mejor me contentaba con poco? Que aquel impuesto hubiera estado en el centro de nuestros debates, para mí suponía un progreso efectivo.

Estaba realmente aliviado de que la cumbre terminara sin incidentes reseñables. Las delegaciones estaban, en general, satisfechas: consideraban que aquel viaje no había sido «en balde». La prensa se mostró más bien benevolente, si bien puso de relieve los límites de aquel ejercicio. Mi oposición se mantuvo bastante muda. ¿Qué podía decir? François Hollande se contentó con calificarme de «simple animador del G-20» puesto que no podía aspirar a ser «un auténtico actor». Fue un comentario mezquino, pero podría haber sido peor. En cuanto al inefable François Bayrou, lo que se le atragantó fue mi aparición televisiva junto a Obama. (La envidia es un defecto muy feo…) Llegó al extremo de calificar nuestra entrevista a dos de «insoportable operación de imagen». No salir en la foto le sentó fatal, pero ¿en calidad de qué iba a haber salido?

La única auténtica polémica fue provocada por un error de los técnicos del Elíseo, que lamentablemente dejaron abiertos los micrófonos de la sala de reuniones de los jefes de Estado. A los periodistas les dieron, con un poco de antelación, unos dispositivos que les permitían acceder a la traducción de una rueda de prensa que yo debía dar junto con Barack Obama, y algunos pudieron captar una conversación entre el presidente estadounidense y yo sobre el primer ministro israelí Benjamín Netanyahu. El problema residía en que aquellos comentarios no eran nada amables. Barack Obama me reprochó que hubiese votado a favor de la adhesión de los palestinos a la Unesco. «Ha sido una decepción», me decía, «así que no vamos a ingresar ni un céntimo más en esa organización».

A mí aquella posición me parecía muy extremista. Yo no tenía que demostrar nada sobre mi apoyo a la causa israelí. Siempre he apoyado a Israel. De hecho dije en la tribuna de las Naciones Unidas que, si ese país era atacado, Francia se colocaría junto a él. Pero también quería transmitir un mensaje de esperanza a los palestinos, para no abocarlos a la desesperación. No era pertinente votar su adhesión a las Naciones Unidas, pero sí me parecía que la Unesco, que se ocupaba de la educación y la cultura, podía ser un paso interesante. De ahí mi apoyo a su candidatura. Viniendo de un país amigo de Israel, podía interpretarse como un mensaje de paz, de equilibrio y, sobre todo, de ánimo a los más moderados del bando palestino. Si no le dábamos nada a Mahmud Abás, lo estábamos debilitando frente a los extremistas de Hamás.

Aquella conversación con Obama fue tan franca como áspera: yo no tenía ninguna intención de aceptar un alineamiento con Estados Unidos; menos aún iba a andar recibiendo lecciones. Fue entonces cuando empezamos a hablar de Benjamín Netanyahu. Le conté al presidente estadounidense que yo había tenido con este conversaciones tensas sobre aquel tema y que llegaba a cansarme de sus provocaciones, que a veces se me antojaban inútiles. Añadí que, en un momento de irritación, hasta le había señalado que me había «mentido en varias ocasiones». Mi interlocutor me confesó que a él también le irritaba. «Y yo», prosiguió, «me veo obligado a hablar con él prácticamente a diario...». Aquella conversación privada, de la que se hicieron eco los medios de comunicación de todo el mundo, se publicó drásticamente transformada: «Sarkozy llamó mentiroso al primer ministro israelí». ¡Aquello no causaba la mejor impresión! La polémica se extinguió igual de rápido que había estallado, pero evidenciaba el clima inflamable que reinó en Cannes durante aquellos tres días de intenso trabajo de relaciones internacionales.

Al fin y al cabo, fue una experiencia realmente apasionante tener a las veinticinco primeras potencias económicas del mundo sentadas en torno a la misma mesa. Veías perfilarse las nuevas alianzas o los antagonismos futuros. Había una diversidad fascinante de temperamentos varios, de historias personales intensísimas y de talentos genuinos. Todos contaban con una sólida legitimidad y tenían unas convicciones que no eran negociables. Aprendí mucho durante aquella cumbre.

Como el orden del día iba muy cargado, pedí que nos sirvieran la comida en bandejas para no tener que abandonar la sala de la reunión. Así se evitaban esas pérdidas de tiempo inmensas que supone el traslado de las delegaciones cada vez que se interrumpe la sesión. Yo quería, en efecto, que también durante la pausa de la comida pudiéramos trabajar. Y aquellas bandejas que se sirvieron no contenían cualquier comida ordinaria: las había preparado con todo esmero Nicole, la famosa propietaria del restaurante nicense La Petite Maison. Desde mi primera visita —de la que hacía mucho tiempo ya entonces—, ese local sigue siendo uno de mis favoritos. La calidad de su cocina nicense es única; la calidez de su acogida, inolvidable; la alegría y la animación que allí reinan no tienen parangón. Me encantan ese sitio y la familia que le da vida. En un primer momento, no puedo decir que mis colegas jefes de Estado mostraran entusiasmo. Barack Obama parecía el más decepcionado. Pero cambiaron de opinión en cuanto probaron aquellos manjares. Hubo entonces un concierto de elogios, sobre todo en el momento de los sándwiches a la trufa, célebre especialidad de la casa. Incluso Cristina Kirchner recuperó su sonrisa, que había perdido cuanto tuve que interrumpir su intervención, en la sesión de la mañana, porque ya había superado con creces los veinte minutos, lo que al resto se le hacía insoportable. Aquello dio lugar a un intercambio bastante vivo entre ella y yo. A todos los que estaban en la mesa les alivió mi iniciativa. Muchos me felicitaron. Fue en ese momento cuando Barack Obama se inclinó para decirme al oído: «¿Ya eras así en el colegio?». Le contesté que no tenía claro si, viniendo de él, se trataba de una crítica o de un piropo, pero que yo me había limitado a cumplir con mi trabajo de presidente del G-20 y que, si todos hubiesen hecho como la presidenta argentina, tendríamos que haber organizado una cumbre no de tres, sino de siete días.

Pasé el testigo de la presidencia —a mi pesar— a México, con la esperanza de que ese país se afanase por insuflar vida a aquella nueva institución con la ambición que esta necesitaba para consolidar su legitimidad. Quedaba tanto todavía por hacer… Yo habría querido crear un Secretariado General del G-20 —para dar un mejor seguimiento a sus decisiones—, que abandonáramos la regla de la unanimidad por la de la mayoría —para preservar la eficacia de la institución—, e incluso que ampliáramos la duración de la presidencia rotatoria en aras de la estabilidad y de una mejor representación. Estaba convencido de que aquel nuevo formato de discusión del G-20 era el debido, pero había que afinar su funcionamiento. Tal labor sigue pendiente todavía hoy. Es una lástima.

*

* *

Yo intentaba alternar, como ya era mi costumbre, las secuencias internacionales con una presencia nacional más marcada y, por tanto, más visible. La opinión de los franceses sobre aquellas grandes cumbres era ambivalente. El incontestable sentimiento de orgullo se mezclaba, en efecto, con una exasperación que se veía despuntar a cada instante. Si Francia no ocupaba su sitio y no desempeñaba su papel en la escena mundial, la condena estaba asegurada; pero un éxito en tal ámbito no exoneraba, en absoluto, de rendir cuentas sobre el balance de los asuntos internos. Los franceses se imaginaban —y no sin razón— que el ámbito internacional era una escapatoria para el presidente, y que por eso había que traerle de vuelta a lo esencial. A ello se añadían las inevitables polémicas sobre el coste económico de tales reuniones, siempre excesivamente dispendiosas a juicio de los observadores.

De manera que, tras una agenda dedicada casi en exclusiva a los asuntos internacionales, debía retomar sin dilación la iniciativa política. El calendario jugaba a mi favor: me ofrecía la oportunidad de presidir las conmemoraciones de la Gran Guerra para explayarme en condiciones. Aproveché para rendir un homenaje tan enfático como merecido a Charles Péguy, gran escritor francés muerto en el campo del honor y apenas en boga en estos días. No había que olvidar que Francia es, todavía hoy, un país donde se admira la literatura, a los escritores, el buen lenguaje. Incluso aquellos que no leen —o que leen poco— veneran lo que en su vida diaria les suscita rechazo o lo que desconocen. Podría formularse incluso la paradoja de que en Francia, cuanto menos se lee, más respeto se tiene por la literatura, como cosa especial. ¡Es un fenómeno extraño, pero cierto! Se trata de un rasgo específicamente francés.

Me dirigí, por tanto, a la localidad de Villeroy, donde se encuentra el monumento en honor de aquel gran hombre, erigido en el lugar preciso en que cayó en la víspera de la batalla del Marne, el 5 de septiembre de 1914. Había escrito de manera premonitoria: «Dichosos quienes murieron en las grandes batallas / Echados sobre el suelo ante el rostro de Dios. / [...] Dichosos quienes murieron en una guerra justa. / Dichosas las espigas maduras y los trigos cosechados...». Se había aplicado a sí mismo aquellas palabras, que ilustraban admirablemente el espíritu de sacrificio y el amor a la patria. Yo no podía encontrar un mejor ejemplo que ofrecer a todas las generaciones que no habían conocido la guerra. Siempre me he preguntado por los motivos profundos que han alejado de este autor a tantos de nuestros educadores. ¿En qué sentido se habrían quedado anticuados los valores de Péguy? ¿Por qué privilegiar a quienes quieren a toda costa destruir, en detrimento de quienes preconizan el respeto a la historia, la veneración de la identidad y el fomento de los valores humanos más nobles? Péguy debería, de hecho, suscitar el consenso, habida cuenta del socialismo de su juventud y del catolicismo de sus últimos años. Estuve planteándome ampliar aquel homenaje a otro gran escritor de nuestro siglo, Alain-Fournier —el autor de *El gran Meaulnes*—, muerto igualmente en el campo del honor, apenas unos días después que su amigo Péguy. Pero tuve miedo de pasarme y me limité a homenajear a este último.

Siempre sentí predilección por aquellos monumentos que permitían aunar la historia, la literatura y los dramas que han sacudido Francia, dramas que han modelado nuestra gran novela nacional. A menudo me acusaron de insistir demasiado en lo simbólico. Nunca entendí esa crítica, que equivale a negar que hacen falta símbolos y héroes para construir una nación y un sentimiento de pertenencia. Hablar de patria, de sacrificio, de abnegación y de la necesidad de una Europa de la paz en un momento en que acabábamos de lidiar con dos crisis financieras mundiales de una gravedad sin precedentes, me parecía más que oportuno. Justo en eso consistía, a mi juicio, el papel del presidente de la República, a quien de hecho competía encarnar una parte del simbolismo propio de Francia. A falta de poder reagrupar a través del presente —se interponía la campaña electoral—, me parecía útil hacerlo recurriendo al pasado.

La prensa habló largo y tendido de lo que ella denominaba mi estrategia de «represidencialización». No se equivocaba, pues ese era uno de los objetivos que yo perseguía. Y aquello empezaba a dar sus frutos, toda vez que, tras semanas —cuando no meses— de bajadas en los sondeos, mi índice de popularidad había terminado finalmente por enderezarse con vigor. ¿Recibiría el trabajo su recompensa? En aquel momento preciso, yo casi tendía a pensarlo. Anuncié, así, que el Gobierno presentaría un proyecto de ley para designar el 11 de noviembre como «la fecha de la conmemoración de la Gran Guerra y de todos los caídos por Francia». Ahora que ya no quedaba vivo ningún excombatiente de la Primera Guerra Mundial, me parecía útil asociar aquella fecha con todos los caídos por Francia, fueran cuales fuesen los conflictos en los que hubieran participado. Prefería, de lejos, una única ceremonia anual muy concurrida que una sucesión de ellas a lo largo de todo el año que resultase en múltiples conmemoraciones pero tristemente dispersas. La propuesta recibió una aquiescencia bastante general, con la excepción de François Hollande, que consideró que no era «el momento adecuado» y que había «otras cosas mejores que hacer». A su juicio, bien mirado, nunca era el momento oportuno para nada. Se trataba del típico argumento del procrastinador. Aquello le resultaba comodísimo, porque podía aplicarlo a cualquier tema. Obviamente, una vez que fue elegido, la estrategia dejó de funcionar. Todo el mundo lo pudo advertir tras sus cinco años en el Elíseo.

*
* *

El mes de diciembre arrancó con lo que se convirtió, al final, en el primer mitin de la campaña electoral de 2012. Tanto fue así que el Consejo Constitucional decidió cargar los gastos en mis partidas electorales, que fueron examinadas con el esmero que hoy sabemos y con la malevolencia de Jean-Louis Debré, que yo podía temerme pero que resultó peor de lo que me esperaba. Los observadores hablaron entonces de aquel acto como de un «Tolón II», con referencia al discurso que yo había pronunciado en el mismo lugar tres años antes —en pleno meollo de la crisis financiera— para garantizar todos los depósitos de los franceses.

La sala estaba hasta arriba: probablemente varios miles de personas, entusiastas y circunspectos al mismo tiempo. Siempre me ha gustado el Zénith de Tolón, uno de los mayores auditorios de Francia, en el que he tomado la palabra tantas veces. Tenía que fijar un rumbo y adaptar a Francia al nuevo mundo que surgía tras aquella segunda crisis financiera. Me dediqué a conciencia a la redacción de aquel discurso; yo mismo me encargué de corregirlo, pulirlo, enmendarlo. Henri Guaino fue, como de costumbre, mi compañero de escritura, ¡aunque en aquel momento en que había que hablar de austeridad y desendeudamiento lo sentí menos cómodo que cuando se trataba de utilizar el maná procedente de la emisión de deuda! No me quedaba otra opción. Había que adaptarse. Los mercados estaban nerviosísimos. Las agencias de calificación de riesgos se impacientaban ante la posibilidad de tener que rebajar la calificación de Francia. Una palabra ambigua o torpe podía tener unas repercusiones financieras temibles. Xavier Musca, el secretario general del Elíseo —en cuya competencia en materia económica no hacía falta insistir—, me había ayudado mucho. Entre Guaino y él, podía estar seguro de que disponía de un panorama completo de los argumentos enfrentados. ¡Ya solo me quedaba intentar extraer la síntesis!

Los periodistas habían entendido la importancia de aquel evento. Acudieron muchos. Todos estaban en sus puestos ya una hora antes de que yo llegara. La tensión iba subiendo en la sala a medida que se acercaba el momento. Me di cuenta nada más llegar. Aquel era el ambiente de las grandes ocasiones. Sentí la energía del público y la impaciencia de los observadores. Sabía que iban a estar pendientes de cada detalle. No experimentaba, sin embargo, ningún estrés y estaba incluso contento por aquella ocasión de tomar la palabra ante el electorado, ¡algo que siempre me ha encantado! Subir a escena, imponer un silencio atento, recibir ánimos, provocar una emoción colectiva ha sido siempre mi ejercicio predilecto. (A lo mejor tendría incluso que admitir que me metí en política para vivir y conocer esos momentos privilegiados de intercambio recíproco.) Estaba tranquilo, pues no tenía ninguna duda sobre lo que debía hacer. Se trataba de explicar a los franceses en qué punto estábamos y adónde trataba de llevarlos. Quería hablar claro y sacudir las conciencias.

No me anduve, de hecho, por las ramas. En primer lugar me referí a la necesidad que Francia tenía de «una auténtica revolución» para hacer frente a los efectos de la crisis, para recuperar la confianza de los mercados sobre su solvencia y transmitir seguridad a los franceses, que temían que nuestro país perdiera las riendas de su destino. Yo estaba convencido de que nos hallábamos en una encrucijada. Volví sobre el tema de la reforma de las pensiones, que no cabía «postergar» y había sido duramente criticada, del mismo modo que hoy lo es la que ha emprendido Emmanuel Macron. Se trata siempre de los mismos críticos: no quieren oír hablar ni de cambio, ni de esfuerzos, ni de la verdad. (¡Así todo es muchísimo más fácil!) Se oponían a la jubilación a los 62 años igual que ahora a la de los 64. Las arcas estaban vacías, los déficits se acumulaban. A ellos les daba lo mismo. Su demagogia carecía ya de cualquier límite. Yo estigmatizaba frontalmente aquella irresponsabilidad que se disfrazaba de modernidad o de diálogo social. ¡Cuánta dejación de funciones y cuánta cobardía se han estado ocultando tras esa fachada!

Pero la propuesta que más polémicas y debates suscitó, fue la de la regla de oro presupuestaria que yo quería incluir en la Constitución. Nuestro déficit era del 5,7 %; nuestra deuda ascendía a 1.600.000 millones de euros, lo que representaba la friolera del 85 % de nuestro producto interior bruto. No podíamos seguir deslizándonos por esa pendiente. Había que asumir medidas difíciles sin dilación. Confirmé, por consiguiente, mi voluntad de no sustituir a un funcionario de cada dos que se jubilaran. Era una regla severa, y me salió cara políticamente; pero era la única susceptible de dar resultados en materia de reducción del déficit. Las retribuciones de la función pública representaban la mayor partida presupuestaria del Estado. No reducir el número de funcionarios equivalía a no querer disminuir el déficit. Era tan sencillo como eso. Me acusaron al punto de «alineamiento» con los alemanes y aun de capitulación. El periódico *Libération* tituló su portada con este llamativo eslogan: «Merkozy candidato».

Los ataques germanófobos arreciaban por todas partes sin pudor ni complejos, y eso en un momento en que todos los analistas habían podido constatar la importancia del dúo francoalemán en la resolución de las dos crisis financieras. Mi convencimiento tenía bases sólidas: solos habríamos sido infinitamente menos eficaces.

El tándem que tan bien había funcionado durante la crisis ¿por qué tendría que disolverse apenas terminada esta? Aquello no tenía ningún sentido. Por lo demás, ¿cómo podía alguien considerarse europeo y oponerse por principio a la pareja francoalemana, que era la columna vertebral del continente? La contradicción se me antojaba flagrante. Como de costumbre, los socialistas franceses se apuntaron a aquel absurdo. Los hubo, de hecho, que se superaron en desmesura a sí mismos. El diputado del Partido Socialista Jean-Marie Le Guen, por ejemplo, comparó mi actitud respecto a Angela Merkel con la de «Édouard Daladier en Múnich en 1938». Es posible, en efecto, que alguien que no ha hecho nada importante en política deje huella, así y todo, ¡por su necedad! Más allá, sin embargo, del error histórico, la idea era excitar el odio hacia los alemanes... Manuel Valls, gran experto en chaqueterismo, habló de «claudicación frente a Alemania», como si Francia se hubiese convertido en una mera vasalla de su vecina. Arnaud Montebourg comparó a la canciller ni más ni menos que con un nuevo Otto von Bismarck. ¡Aquello era muy revelador de lo que el Partido Socialista estaba dispuesto a decir y hacer por recuperar el poder a cualquier precio! Mi «crimen» consistía simplemente en haber intentado combatir la amenaza de una rebaja de la calificación de Francia por parte de la agencia de calificación de riesgos Standard and Poor's. Era prioritario conservar la triple A. Pero no por una cuestión de estatus o de ego, sino porque, con una calificación rebajada, la financiación de nuestra deuda se encarecería en varios miles de millones de euros. No preocuparse por eso habría sido irresponsable. Con la reforma de las pensiones, el «uno de cada dos» de la función pública y el anuncio de la inclusión en la Constitución de una regla de oro que garantizara el equilibrio presupuestario, consideraba que había hecho lo que convenía para responder a las inquietudes de los mercados. Recordé, de pasada, que desde 1974 no se había aprobado un solo presupuesto que mantuviera el equilibrio. ¡Cualquier observador de buena fe se lo tendría que pensar dos veces antes de alertar contra la austeridad!

Anuncié asimismo mi voluntad de refundar Europa. Propuse, de hecho —de común acuerdo con Alemania—, un nuevo tratado europeo que replanteara toda la organización de la Unión Europea. Quería sacar consecuencias del fracaso del Tratado de Maastricht. Europa no era una opción: era una necesidad. Pero la libre circulación en su seno no debía llevar aparejada la laxitud en el control de las fronteras exteriores. Eso imponía, como mínimo, la refundación del espacio Schengen. Si esa labor se hubiese llevado a cabo, Europa nunca habría tenido que sufrir el *brexit*. Y nos habríamos ahorrado muchas explosiones de populismo. Yo era consciente de que con un único discurso no podía cambiarlo todo, pero aposté por la verdad, por el contenido, por unas propuestas firmes que reposaban en mi credo político: trabajo, esfuerzo, mérito. Me negué, por consiguiente, a anunciar ni una sola «medida social» o «nueva prestación», a pesar del contexto preelectoral. Tampoco estaba dispuesto a ceder sobre la necesidad de reducir el déficit. Aquel no era, por tanto, un discurso complaciente. Me hacía cargo perfectamente del riesgo que asumía en un país tan sumamente enganchado a la droga del gasto público y la demagogia, sobre todo teniendo enfrente a François Hollande. Al mismo tiempo yo no quería ni oír hablar de la «austeridad», que siempre había fracasado. Había enfilado una senda extremadamente angosta.

Todos los comentaristas me describían como un «presidente en campaña». Yo no podía afirmar lo contrario, desde luego; tal era el objetivo que tenía en la cabeza. En lo referente al fondo del discurso, las valoraciones carecieron de sorpresas. Los amigos apoyaban. Los oponentes criticaban. Nada que se saliera de lo normal. En el avión que me llevaba de Tolón a París sentí, sin embargo, que había tocado una fibra sensible al posicionarme como un «presidente protector» que llamaba al esfuerzo y al discurso veraz. Vi la adhesión profunda del auditorio y la espontaneidad de los aplausos. Eso implícitamente ponía de relieve la inexperiencia de François Hollande, su flojera y su dejadez. Tenía que seguir en esa línea. Era mi instinto el que me lo dictaba, mucho más que ningún análisis en profundidad. Si había de vencerle, sería por aquella senda escarpada y no por la de la complacencia. En cuestión de demagogia, estaba convencido de que él lo haría mejor —es decir, peor— que yo. Yo tenía un hilo. Estaba resuelto a no soltarlo. Observaba, por lo demás, que, aparte de que estaba mejorando en los sondeos, por primera vez las críticas se hacían más acerbas contra mi competidor. De manera que yo debía de estar en lo cierto. Estaba muy lejos de salir victorioso, pero atisbaba una luz. Era un primer paso.

Y efectivamente los ataques contra François Hollande habían ido en aumento y eran cada vez más severos y habituales. Desde que inició la campaña, había multiplicado las pifias sin que, en un primer momento, nadie lo advirtiera realmente: con el referéndum griego, sobre el que no fue capaz de expresar ningún tipo de idea; con el G-20, durante el cual optó por desplegarse en Corrèze, mofándose de la importancia de los asuntos internacionales; con Standard and Poor's, pronosticando la rebaja de la calificación francesa triple A y dando así la sensación de jugar contra su país. Y, lo que era más grave, solo se le veía interesado por las pequeñas transacciones políticas entre los socialistas y los verdes, unas transacciones que acaparaban toda su energía y por las que sacrificó el sector nuclear francés. Por no hablar de la presentación de su equipo de campaña, que se había convertido en el hazmerreír. (Aquello era el ejército de Pancho Villa.) De manera que empezaba a descorrerse el velo. La duda se iba insinuando. François Hollande, ¿tenía envergadura para ponerse tal traje? Incluso el pesimista Alain Juppé declaró: «Tras la inquietud y la época de las preguntas, renace la esperanza en el bando presidencial». La frase resumiría su propio estado anímico, ¡pero tampoco es que evidenciara un entusiasmo enorme! Yo tenía que contentarme con eso. De todas formas, estaba convencido de que, pasara lo que pasara, me iba a corresponder a mí situarme en primera línea. La lucha acababa de empezar. Se prometía dura. Todos me daban, con diferencia, por perdedor. Los pronósticos eran realmente desfavorables. Muchas figuras de mi mayoría parlamentaria habían renunciado incluso a hacer campaña. Estaban desmoralizadas y desmovilizadas. Pero yo sabía que todo podía dar un vuelco en un instante. No tenía nada que perder. De hecho, la dificultad de la empresa me aportaba energías. Estaba deseando plantar cara y devolver cada golpe. Sabía que, en un mundo que se había vuelto tan competitivo, Francia pagaría caros cinco años de socialismo. Estaba resuelto a darlo todo para evitarle aquel callejón sin salida.

Índice onomástico

Créditos fotográficos

Todas las fotos de los dos cuadernillos de imágenes son de © Élodie Grégoire, excepto:

— Cuadernillo 1, pp. 2, 3 y 4: © Colección personal.
— Cuadernillo 1, p. 8, abajo: Condecoración de Bernadette Chirac en la Maison de Solenn, 18 de marzo de 2009. © Presidencia de la República/Archivos Nacionales/L. Blevennec, reportaje 091035.
— Cuadernillo 1, p. 10, arriba: Visita a Montboudif con ocasión del centésimo aniversario del nacimiento de Georges Pompidou, julio de 2011. © Presidencia de la República/Archivos Nacionales/C. Alix, reportaje 112099.
— Cuadernillo 1, pp. 12-13: Visita a Gravelinas dedicada a la política energética de Francia, 3 de mayo de 2011. © Presidencia de la República/Archivos Nacionales/L. Blevennec, reportaje 112009.
— Cuadernillo 1, p. 16, arriba: © Rogelio Pinate-Pool/Getty Images.
— Cuadernillo 1, p. 16, abajo: © Eric Feferbeg/AFP/Getty Images.
— Cuadernillo 2, p. 5: Entrega de la Legión de Honor a Clint Eastwood, 13 de noviembre de 2009. © Presidencia de la República/Archivos Nacionales/Blevennec/Segrette, reportaje 091332.

Los años de las luchas, libro de memorias
cargado de actualidad, escrito por Nicolas Sarkozy,
se editó y compuso a lo largo de los meses
de septiembre y octubre de 2023